庐江汉墓

安徽省文物考古研究所　编著

科学出版社
北　京

内 容 简 介

本书发表了2007~2008年对安徽庐江县董院、松棵两个汉代墓地135座墓葬发掘的全部考古资料。以墓葬为单位，逐个介绍了墓葬形制及随葬品。并以陶器为核心，对墓地进行了分期和年代判断；同时对墓地的合葬墓及家族墓现象进行了初步考察。

本书适合于从事汉代考古的专家学者和相关专业的大专院校师生参考阅读。

图书在版编目(CIP)数据

庐江汉墓 / 安徽省文物考古研究所编著. —北京：科学出版社，2013.9
ISBN 978-7-03-038651-9

Ⅰ.①庐⋯ Ⅱ.①安⋯ Ⅲ.①汉墓–考古发掘–庐江县 Ⅳ.①K878.85

中国版本图书馆CIP数据核字（2013）第222807号

责任编辑：宋小军　王琳玮 / 责任校对：桂伟利
责任印制：钱玉芬 / 封面设计：谭　硕

科学出版社 出版
北京东黄城根北街16号
邮政编码：100717
http://www.sciencep.com

中国科学院印刷厂 印刷

科学出版社发行　各地新华书店经销

*

2013年9月第 一 版　开本：889×1194　1/16
2013年9月第一次印刷　印张：25　插页：104
字数：700 000

定价：298.00元
（如有印装质量问题，我社负责调换）

目 录

第一章　概述 …………………………………………………………………（1）

　　第一节　自然环境与历史沿革 …………………………………………（1）

　　第二节　墓地概况与发掘经过 …………………………………………（2）

　　第三节　资料整理与报告编写 …………………………………………（3）

第二章　墓葬 …………………………………………………………………（4）

　　第一节　董院墓地 ………………………………………………………（4）

　　　M1 …………………………………………………………………（4）

　　　M2 …………………………………………………………………（6）

　　　M3 …………………………………………………………………（8）

　　　M4 …………………………………………………………………（10）

　　　M5 …………………………………………………………………（13）

　　　M6 …………………………………………………………………（17）

　　　M7 …………………………………………………………………（22）

　　　M8 …………………………………………………………………（26）

　　　M9 …………………………………………………………………（30）

　　　M10 ………………………………………………………………（31）

　　　M11 ………………………………………………………………（36）

　　　M12 ………………………………………………………………（37）

　　　M13 ………………………………………………………………（40）

　　　M14 ………………………………………………………………（42）

　　　M15 ………………………………………………………………（45）

　　　M16 ………………………………………………………………（47）

M17	(50)
M18	(54)
M19	(60)
M20	(61)
M21	(62)
M22	(62)
M23	(63)
M24	(65)
M25	(68)
M26	(71)
M27	(79)
M28、M29	(84)
M30	(93)
M31	(96)
M32	(98)
M33	(100)
M34	(103)
M35	(104)
M36	(105)
M37	(109)
M38	(111)
M39	(114)
M40	(117)
M41	(118)
M42	(119)
M43	(121)
M44	(124)
M45	(129)
M46	(134)
M47	(139)
M48	(142)

M49	(144)
M50	(147)
M51	(150)
M52	(152)
M53	(154)
M54	(156)
M55	(159)
M56	(160)
M57	(162)
M58	(164)
M59	(166)
M65	(169)
M66	(171)
M67	(174)
M68	(177)
M69	(181)
M70	(184)
M71	(187)
M72	(188)
M73	(190)
M74	(193)
M75	(194)
M76	(196)
M77	(198)
M78	(199)
M79	(201)
M80	(203)
M81	(205)
M82	(207)
M83	(209)
M84	(213)

M85	(216)
M86	(218)
M87	(220)
M88	(223)
M89	(226)
M90	(229)
M91	(231)
M92	(235)
M93	(238)
M94	(239)
M95	(243)
M96	(245)
M97	(247)
M98	(250)
M99	(253)
M100	(254)
M101	(257)
M102	(260)
M103	(263)
M104	(264)
M105	(267)
M106	(269)
M107	(271)
M108	(274)
M109	(277)
M110	(281)
M111	(283)
M112	(285)
M113	(286)
M114	(290)
M115	(292)

M116	(296)
M117	(300)
M118	(300)
M119	(302)
M120	(303)
M121	(305)
M122	(306)
M123	(306)
M124	(307)
M125	(308)
M126	(310)
M127	(312)
M128	(312)
M129	(314)

第二节 松棵墓地 (316)

M1	(316)
M2	(317)
M3	(319)
M4	(322)
M5	(324)
M6	(326)
M7	(327)
M8	(337)
M9	(340)
M10	(342)
M11	(346)

第三章 分期与年代 (349)

第一节 随葬器物的类型学研究 (349)
第二节 分期及年代 (355)

第四章 结语 …………………………………………………………………（358）

附表 ………………………………………………………………………………（364）

  附表一 董院墓地墓葬登记表 …………………………………………（364）

  附表二 松棵墓地墓葬登记表 …………………………………………（372）

Abstract …………………………………………………………………………（373）

后记 ………………………………………………………………………………（374）

插 图 目 录

图一　董院、松棵墓地地理位置示意图 ……………………………………………（2）
图二　董院墓地平面图 ………………………………………………………（插页）
图三　M1平、剖面图 …………………………………………………………（5）
图四　M1出土陶器 ……………………………………………………………（5）
图五　M2平、剖面图 …………………………………………………………（6）
图六　M2出土陶器 ……………………………………………………………（7）
图七　M2出土器物 ……………………………………………………………（8）
图八　M3平、剖面图 …………………………………………………………（9）
图九　M3出土器物 ……………………………………………………………（10）
图一〇　M4平、剖面图 ………………………………………………………（11）
图一一　M4出土器物 …………………………………………………………（12）
图一二　M5平、剖面图 ………………………………………………………（13）
图一三　M5出土陶器 …………………………………………………………（14）
图一四　M5出土陶器 …………………………………………………………（15）
图一五　M5出土器物 …………………………………………………………（16）
图一六　M5出土铜器 …………………………………………………………（17）
图一七　M6平、剖面图 ………………………………………………………（19）
图一八　M6出土器物 …………………………………………………………（20）
图一九　M6出土陶器 …………………………………………………………（21）
图二〇　M6出土器物 …………………………………………………………（22）
图二一　M7平、剖面图 ………………………………………………………（24）
图二二　M7出土器物 …………………………………………………………（25）
图二三　M7出土陶器 …………………………………………………………（26）
图二四　M8平、剖面图 ………………………………………………………（27）
图二五　M8出土器物 …………………………………………………………（28）
图二六　M8出土器物 …………………………………………………………（29）
图二七　M9平、剖面图 ………………………………………………………（30）

图二八	M9出土器物	（31）
图二九	M10平、剖面图	（32）
图三〇	M10出土陶器	（33）
图三一	M10出土陶器	（34）
图三二	M10出土陶器	（35）
图三三	M10出土器物	（36）
图三四	M11平、剖面图	（37）
图三五	M11出土陶壶	（37）
图三六	M12平、剖面图	（38）
图三七	M12出土陶器	（39）
图三八	M12出土铜器	（39）
图三九	M13平、剖面图	（40）
图四〇	M13出土器物	（41）
图四一	M14平、剖面图	（42）
图四二	M14出土陶器	（43）
图四三	M14出土器物	（44）
图四四	M15平、剖面图	（45）
图四五	M15出土器物	（46）
图四六	M16平、剖面图	（47）
图四七	M16出土陶器	（48）
图四八	M16出土铜器	（49）
图四九	M17平、剖面图	（50）
图五〇	M17出土陶器	（51）
图五一	M17出土器物	（52）
图五二	M17出土器物	（53）
图五三	M17出土器物	（54）
图五四	M18平、剖面图	（55）
图五五	M18出土陶器	（56）
图五六	M18出土陶器	（57）
图五七	M18出土陶器	（58）
图五八	M18出土器物	（59）
图五九	M19平、剖面图	（60）
图六〇	M19出土陶器	（61）
图六一	M20平、剖面图	（61）
图六二	M20出土陶罐	（62）
图六三	M21平、剖面图	（62）

图六四	M22平、剖面图	（63）
图六五	M22出土陶壶	（63）
图六六	M23平、剖面图	（64）
图六七	M23出土陶器	（64）
图六八	M24平、剖面图	（65）
图六九	M24出土陶器	（66）
图七〇	M24出土陶器	（67）
图七一	M24出土铜镜	（68）
图七二	M25平、剖面图	（68）
图七三	M25出土陶器	（69）
图七四	M25出土器物	（70）
图七五	M26平、剖面图	（71）
图七六	M26出土陶罐	（73）
图七七	M26出土陶器	（74）
图七八	M26出土陶器	（75）
图七九	M26出土陶壶	（76）
图八〇	M26出土陶器	（77）
图八一	M26出土器物	（78）
图八二	M27平、剖面图	（79）
图八三	M27出土陶器	（81）
图八四	M27出土陶器	（82）
图八五	M27出土器物	（83）
图八六	M28、M29平、剖面图	（插页）
图八七	M28出土陶器	（85）
图八八	M28出土陶壶	（86）
图八九	M28出土陶器	（87）
图九〇	M28出土器物	（89）
图九一	M29出土陶壶	（90）
图九二	M29出土陶器	（91）
图九三	M29出土器物	（92）
图九四	M30平、剖面图	（93）
图九五	M30出土陶器	（94）
图九六	M30出土器物	（95）
图九七	M30出土器物	（96）
图九八	M31平、剖面图	（97）
图九九	M31出土陶器	（98）

图一〇〇	M32平、剖面图	（99）
图一〇一	M32出土器物	（100）
图一〇二	M33平、剖面图	（101）
图一〇三	M33出土器物	（102）
图一〇四	M34平、剖面图	（103）
图一〇五	M34出土器物	（103）
图一〇六	M35平、剖面图	（104）
图一〇七	M35出土器物	（105）
图一〇八	M36平、剖面图	（106）
图一〇九	M36出土陶器	（107）
图一一〇	M36出土器物	（108）
图一一一	M37平、剖面图	（109）
图一一二	M37出土器物	（110）
图一一三	M37出土陶器	（111）
图一一四	M38平、剖面图	（112）
图一一五	M38出土陶器	（113）
图一一六	M38出土器物	（114）
图一一七	M39平、剖面图	（115）
图一一八	M39出土器物	（116）
图一一九	M39出土陶器	（117）
图一二〇	M40平、剖面图	（118）
图一二一	M40出土陶壶	（118）
图一二二	M41平、剖面图	（119）
图一二三	M42平、剖面图	（120）
图一二四	M42出土陶器	（120）
图一二五	M43平、剖面图	（121）
图一二六	M43出土陶器	（122）
图一二七	M43出土器物	（123）
图一二八	M44平、剖面图	（125）
图一二九	M44出土陶壶	（126）
图一三〇	M44出土陶器	（127）
图一三一	M44出土陶灶	（128）
图一三二	M44出土器物	（129）
图一三三	M45平、剖面图	（130）
图一三四	M45出土陶器	（131）
图一三五	M45出土陶器	（133）

图一三六	M45出土器物	（134）
图一三七	M46平、剖面图	（135）
图一三八	M46出土陶器	（136）
图一三九	M46出土陶器	（137）
图一四〇	M46出土铜器	（138）
图一四一	M47平、剖面图	（139）
图一四二	M47出土陶器	（140）
图一四三	M47出土器物	（141）
图一四四	M48平、剖面图	（142）
图一四五	M48出土器物	（143）
图一四六	M49平、剖面图	（144）
图一四七	M49出土陶器	（145）
图一四八	M49出土器物	（146）
图一四九	M49出土器物	（147）
图一五〇	M50平、剖面图	（148）
图一五一	M50出土陶器	（148）
图一五二	M50出土器物	（149）
图一五三	M51平、剖面图	（150）
图一五四	M51出土陶器	（151）
图一五五	M52平、剖面图	（152）
图一五六	M52出土陶器	（153）
图一五七	M53平、剖面图	（154）
图一五八	M53出土陶器	（155）
图一五九	M53出土陶罐	（156）
图一六〇	M54平、剖面图	（157）
图一六一	M54出土陶器	（158）
图一六二	M54出土陶器	（158）
图一六三	M55平、剖面图	（159）
图一六四	M55出土器物	（160）
图一六五	M56平、剖面图	（161）
图一六六	M56出土陶器	（161）
图一六七	M57平、剖面图	（162）
图一六八	M57出土陶器	（163）
图一六九	M57出土器物	（164）
图一七〇	M58平、剖面图	（165）
图一七一	M58出土陶器	（165）

图一七二	M59平、剖面图	（166）
图一七三	M59出土陶器	（167）
图一七四	M59出土陶器	（168）
图一七五	M59出土铜器	（169）
图一七六	M65平、剖面图	（170）
图一七七	M65出土器物	（171）
图一七八	M66平、剖面图	（172）
图一七九	M66出土陶器	（173）
图一八〇	M66出土器物	（174）
图一八一	M67平、剖面图	（175）
图一八二	M67出土陶器	（176）
图一八三	M68平、剖面图	（178）
图一八四	M68出土陶器	（179）
图一八五	M68出土器物	（180）
图一八六	M68出土铜镜	（180）
图一八七	M68出土铜镜	（180）
图一八八	M68出土器物	（181）
图一八九	M69平、剖面图	（182）
图一九〇	M69出土陶器	（183）
图一九一	M69出土铜镜	（183）
图一九二	M69出土器物	（184）
图一九三	M70平、剖面图	（185）
图一九四	M70出土陶器	（186）
图一九五	M70出土陶器	（187）
图一九六	M70出土铜镜	（187）
图一九七	M71平、剖面图	（188）
图一九八	M71出土陶壶	（188）
图一九九	M72平、剖面图	（189）
图二〇〇	M72出土陶器	（189）
图二〇一	M73平、剖面图	（190）
图二〇二	M73出土陶器	（191）
图二〇三	M73出土器物	（192）
图二〇四	M74平、剖面图	（193）
图二〇五	M74出土陶壶	（194）
图二〇六	M75平、剖面图	（195）
图二〇七	M75出土器物	（196）

图二〇八	M76平、剖面图	（197）
图二〇九	M76出土器物	（197）
图二一〇	M77平、剖面图	（198）
图二一一	M78平、剖面图	（199）
图二一二	M78出土陶器	（200）
图二一三	M78出土器物	（201）
图二一四	M79平、剖面图	（202）
图二一五	M79出土铜器	（203）
图二一六	M80平、剖面图	（204）
图二一七	M80出土陶器	（205）
图二一八	M81平、剖面图	（206）
图二一九	M81出土器物	（207）
图二二〇	M82平、剖面图	（208）
图二二一	M82出土陶器	（209）
图二二二	M83平、剖面图	（210）
图二二三	M83出土陶器	（211）
图二二四	M83出土陶器	（212）
图二二五	M83出土陶灶	（212）
图二二六	M84平、剖面图	（213）
图二二七	M84出土陶器	（214）
图二二八	M84出土器物	（215）
图二二九	M85平、剖面图	（216）
图二三〇	M85出土陶器	（217）
图二三一	M85出土铜器	（218）
图二三二	M86平、剖面图	（219）
图二三三	M86出土器物	（220）
图二三四	M87平、剖面图	（221）
图二三五	M87出土器物	（222）
图二三六	M88平、剖面图	（223）
图二三七	M88出土器物	（224）
图二三八	M88出土器物	（225）
图二三九	M89平、剖面图	（226）
图二四〇	M89出土陶器	（227）
图二四一	M89出土器物	（228）
图二四二	M90平、剖面图	（229）
图二四三	M90出土陶器	（230）

图二四四	M90出土器物	（231）
图二四五	M91平、剖面图	（232）
图二四六	M91出土陶器	（233）
图二四七	M91出土器物	（234）
图二四八	M92平、剖面图	（235）
图二四九	M92出土陶器	（236）
图二五〇	M92出土陶器	（237）
图二五一	M92出土五铢钱	（238）
图二五二	M93平、剖面图	（238）
图二五三	M93出土陶灶	（239）
图二五四	M94平、剖面图	（240）
图二五五	M94出土陶盒	（241）
图二五六	M94出土陶器	（242）
图二五七	M94出土器物	（243）
图二五八	M95平、剖面图	（244）
图二五九	M95出土陶器	（245）
图二六〇	M96平、剖面图	（246）
图二六一	M96出土器物	（247）
图二六二	M97平、剖面图	（248）
图二六三	M97出土陶器	（249）
图二六四	M97出土器物	（250）
图二六五	M98平、剖面图	（251）
图二六六	M98出土器物	（252）
图二六七	M98出土陶器	（252）
图二六八	M99平、剖面图	（253）
图二六九	M99出土陶壶	（254）
图二七〇	M100平、剖面图	（254）
图二七一	M100出土陶器	（255）
图二七二	M100出土铜器	（256）
图二七三	M101平、剖面图	（257）
图二七四	M101出土陶器	（258）
图二七五	M101出土器物	（259）
图二七六	M102平、剖面图	（260）
图二七七	M102出土陶器	（261）
图二七八	M102出土陶器	（262）
图二七九	M102出土铜器	（263）

图二八〇	M103平、剖面图	（264）
图二八一	M104平、剖面图	（265）
图二八二	M104出土陶器	（266）
图二八三	M104出土器物	（267）
图二八四	M105平、剖面图	（268）
图二八五	M105出土陶器	（268）
图二八六	M106平、剖面图	（269）
图二八七	M106填土内出土陶器	（270）
图二八八	M106填土内出土陶器	（270）
图二八九	M107平、剖面图	（271）
图二九〇	M107出土陶器	（272）
图二九一	M107出土陶器	（273）
图二九二	M107出土铜器	（274）
图二九三	M108平、剖面图	（275）
图二九四	M108出土陶器	（276）
图二九五	M108出土器物	（277）
图二九六	M109平、剖面图	（278）
图二九七	M109出土陶器	（279）
图二九八	M109出土器物	（280）
图二九九	M110平、剖面图	（281）
图三〇〇	M110出土器物	（282）
图三〇一	M111平、剖面图	（283）
图三〇二	M111出土器物	（284）
图三〇三	M112平、剖面图	（285）
图三〇四	M112出土陶器	（286）
图三〇五	M113平、剖面图	（287）
图三〇六	M113出土陶器	（288）
图三〇七	M113出土陶器	（289）
图三〇八	M113出土铜器	（290）
图三〇九	M114平、剖面图	（291）
图三一〇	M114出土器物	（291）
图三一一	M115平、剖面图	（292）
图三一二	M115出土陶器	（293）
图三一三	M115出土陶器	（294）
图三一四	M115出土器物	（295）
图三一五	M116平、剖面图	（297）

图三一六	M116出土陶器	（298）
图三一七	M116出土器物	（299）
图三一八	M117平、剖面图	（300）
图三一九	M118平、剖面图	（301）
图三二〇	M118出土陶器	（301）
图三二一	M119平、剖面图	（302）
图三二二	M119出土器物	（303）
图三二三	M120平、剖面图	（304）
图三二四	M120出土陶器	（304）
图三二五	M121平、剖面图	（305）
图三二六	M122平、剖面图	（306）
图三二七	M123平、剖面图	（306）
图三二八	M124平、剖面图	（307）
图三二九	M124出土器物	（308）
图三三〇	M125平、剖面图	（309）
图三三一	M125出土陶器	（309）
图三三二	M126平、剖面图	（310）
图三三三	M126出土器物	（311）
图三三四	M127平、剖面图	（312）
图三三五	M127出土铜镜	（312）
图三三六	M128平、剖面图	（313）
图三三七	M128出土陶器	（314）
图三三八	M129平、剖面图	（315）
图三三九	M129出土器物	（315）
图三四〇	松棵墓地平面图	（316）
图三四一	M1平、剖面图	（317）
图三四二	M1出土陶罐	（317）
图三四三	M2平、剖面图	（318）
图三四四	M2出土陶器	（319）
图三四五	M3平、剖面图	（320）
图三四六	M3出土陶器	（321）
图三四七	M3出土器物	（322）
图三四八	M4平、剖面图	（323）
图三四九	M4出土陶器	（324）
图三五〇	M5平、剖面图	（325）
图三五一	M5出土器物	（325）

图三五二	M6平、剖面图	（326）
图三五三	M6出土陶罐	（327）
图三五四	M7平、剖面图	（328）
图三五五	M7出土陶器	（330）
图三五六	M7出土陶壶	（331）
图三五七	M7出土陶器	（332）
图三五八	M7出土陶器	（333）
图三五九	M7出土陶灶	（334）
图三六〇	M7出土器物	（335）
图三六一	M7出土铜器	（336）
图三六二	M7出土铜镜	（337）
图三六三	M8平、剖面图	（338）
图三六四	M8出土器物	（339）
图三六五	M9平、剖面图	（340）
图三六六	M9出土陶器	（341）
图三六七	M9出土器物	（342）
图三六八	M10平、剖面图	（343）
图三六九	M10出土陶器	（344）
图三七〇	M10出土陶器	（345）
图三七一	M10出土器物	（345）
图三七二	M11平、剖面图	（346）
图三七三	M11出土陶器	（347）
图三七四	M11出土器物	（348）
图三七五	泥质陶典型器物演变图	（350）
图三七六	硬、釉陶鼎、盒、瓿、罐演变图	（352）
图三七七	硬、釉陶壶演变图	（354）
图三七八	董院家族墓地之一	（363）
图三七九	董院家族墓地之二	（363）

彩版目录

彩版一　工地原貌
彩版二　M5、M6
彩版三　M5出土随葬品
彩版四　M5出土随葬品
彩版五　M6出土随葬品
彩版六　M7、M8
彩版七　M7出土随葬品
彩版八　M7、M8出土随葬品
彩版九　M8出土随葬品
彩版一〇　M13、M14
彩版一一　M13出土随葬品
彩版一二　M12、M14出土随葬品
彩版一三　M14出土随葬品
彩版一四　M17、M18
彩版一五　M17出土随葬品
彩版一六　M17出土随葬品
彩版一七　M17出土随葬品
彩版一八　M18出土随葬品
彩版一九　M18出土随葬品
彩版二〇　M18出土随葬品
彩版二一　M18出土随葬品
彩版二二　M26、M27
彩版二三　M26出土随葬品
彩版二四　M26出土随葬品
彩版二五　M26出土随葬品
彩版二六　M26出土随葬品
彩版二七　M26出土随葬品
彩版二八　M27出土随葬品

彩版二九	M27出土随葬品
彩版三〇	M28、M29
彩版三一	M28出土随葬品
彩版三二	M28出土随葬品
彩版三三	M28出土随葬品
彩版三四	M28、M29出土随葬品
彩版三五	M29出土随葬品
彩版三六	M58、M59
彩版三七	M58、M59出土随葬品
彩版三八	M59出土随葬品
彩版三九	M59出土随葬品
彩版四〇	M67、M68
彩版四一	M67、M68出土随葬品
彩版四二	M68出土随葬品
彩版四三	M68出土随葬品
彩版四四	M69、M70
彩版四五	M69出土随葬品
彩版四六	M69、M70出土随葬品
彩版四七	M70出土随葬品
彩版四八	M74、M75、M76
彩版四九	M74、M75出土随葬品
彩版五〇	M76出土随葬品
彩版五一	M118、M119、M120
彩版五二	M118、M119、M120出土随葬品
彩版五三	M120出土随葬品
彩版五四	董院墓地出土钱币
彩版五五	M7、M8
彩版五六	M7出土随葬品
彩版五七	M7出土随葬品
彩版五八	M7出土随葬品
彩版五九	M7出土随葬品
彩版六〇	M8出土随葬品
彩版六一	M9、M10、M11
彩版六二	M9出土随葬品
彩版六三	M10出土随葬品
彩版六四	M10、M11出土随葬品

图 版 目 录

图版一　　M1、M2
图版二　　M1、M2出土随葬品
图版三　　M2出土随葬品
图版四　　M3、M4
图版五　　M3、M4出土随葬品
图版六　　M9、M10
图版七　　M9、M10出土随葬品
图版八　　M10出土随葬品
图版九　　M10出土随葬品
图版一〇　M11、M12
图版一一　M11、M12出土随葬品
图版一二　M15、M16
图版一三　M15、M16出土随葬品
图版一四　M16出土随葬品
图版一五　M19、M20
图版一六　M22、M23
图版一七　M19、M20、M22、M23出土随葬品
图版一八　M24、M25
图版一九　M24出土随葬品
图版二〇　M24、M25出土随葬品
图版二一　M25出土随葬品
图版二二　M30、M31
图版二三　M30出土随葬品
图版二四　M30、M31出土随葬品
图版二五　M32、M33
图版二六　M32、M33出土随葬品
图版二七　M34、M35、M36
图版二八　M34、M35、M36出土随葬品

图版二九　M37、M38
图版三〇　M37出土随葬品
图版三一　M37、M38出土随葬品
图版三二　M38出土随葬品
图版三三　M39、M40
图版三四　M39出土随葬品
图版三五　M39、M40出土随葬品
图版三六　M42、M43
图版三七　M42、M43出土随葬品
图版三八　M44、M45
图版三九　M44出土随葬品
图版四〇　M44出土随葬品
图版四一　M44、M45出土随葬品
图版四二　M45出土随葬品
图版四三　M45出土随葬品
图版四四　M46、M47
图版四五　M46出土随葬品
图版四六　M46、M47出土随葬品
图版四七　M47出土随葬品
图版四八　M48、M49
图版四九　M48、M49出土随葬品
图版五〇　M49出土随葬品
图版五一　M50、M51
图版五二　M50出土随葬品
图版五三　M51出土随葬品
图版五四　M52、M53
图版五五　M52、M53出土随葬品
图版五六　M54、M55
图版五七　M54、M55出土随葬品
图版五八　M56、M57
图版五九　M56、M57出土随葬品
图版六〇　M65、M66
图版六一　M65、M66出土随葬品
图版六二　M66出土随葬品
图版六三　M71、M72、M73
图版六四　M71、M72、M73出土随葬品
图版六五　M73出土随葬品

图版六六　M78、M79
图版六七　M78出土随葬品
图版六八　M78、M79出土随葬品
图版六九　M80、M81
图版七〇　M80、M81出土随葬品
图版七一　M82、M83
图版七二　M82、M83出土随葬品
图版七三　M83出土随葬品
图版七四　M84、M85
图版七五　M84出土随葬品
图版七六　M84、M85出土随葬品
图版七七　M85出土随葬品
图版七八　M86、M87
图版七九　M86出土随葬品
图版八〇　M86、M87出土随葬品
图版八一　M88、M89
图版八二　M88出土随葬品
图版八三　M88、M89出土随葬品
图版八四　M89出土随葬品
图版八五　M90、M91
图版八六　M90出土随葬品
图版八七　M91出土随葬品
图版八八　M92、M93
图版八九　M92、M93出土随葬品
图版九〇　M94、M95
图版九一　M94出土随葬品
图版九二　M94出土随葬品
图版九三　M94、M95出土随葬品
图版九四　M96、M97
图版九五　M96、M97出土随葬品
图版九六　M97出土随葬品
图版九七　M98、M99
图版九八　M98、M99出土随葬品
图版九九　M100、M101
图版一〇〇　M100出土随葬品
图版一〇一　M100、M101出土随葬品
图版一〇二　M101出土随葬品

图版一〇三	M102、M104
图版一〇四	M102出土随葬品
图版一〇五	M102、M104出土随葬品
图版一〇六	M105、M106
图版一〇七	M105、M106出土随葬品
图版一〇八	M107、M108
图版一〇九	M107出土随葬品
图版一一〇	M107出土随葬品
图版一一一	M108出土随葬品
图版一一二	M108出土随葬品
图版一一三	M109、M110
图版一一四	M109出土随葬品
图版一一五	M110出土随葬品
图版一一六	M111、M112
图版一一七	M111出土随葬品
图版一一八	M111、M112出土随葬品
图版一一九	M113、M114
图版一二〇	M113出土随葬品
图版一二一	M113、M114出土随葬品
图版一二二	M115、M116
图版一二三	M115出土随葬品
图版一二四	M115出土随葬品
图版一二五	M115出土随葬品
图版一二六	M116出土随葬品
图版一二七	M116出土随葬品
图版一二八	M124、M125、M126
图版一二九	M124出土随葬品
图版一三〇	M125、M126出土随葬品
图版一三一	M127、M128、M129
图版一三二	M127、M128、M129出土随葬品
图版一三三	M1、M2
图版一三四	M1、M2出土随葬品
图版一三五	M3、M4
图版一三六	M3出土随葬品
图版一三七	M3、M4出土随葬品
图版一三八	M5、M6
图版一三九	M5、M6出土随葬品

第一章 概 述

第一节 自然环境与历史沿革

一、自然环境

庐江县位于安徽江、淮之间，大别山东麓山前地带。境内地形以丘陵、平原为主。县境中部最西为大别山最东端，有县内最高峰牛王寨，海拔约595米，向东延至余脉冶父山一线，地势高亢，多为岗地、小山地形。南部与枞阳县、无为县交界处同样为地势高亢的山地。两山之外多为平原或圩区。受此地形布局影响，中部以北地区水系多向东北汇注入巢湖，南部地区水系多汇聚于黄陂湖后注入长江。

县城庐城镇位于中部山地之南，北郊多有岗地和小山，城南有称"县河"之小河向东南注入黄陂湖。

本报告发表的董院、松棵两个汉代墓地，即位于县城北郊，已与城区相连。

二、历史沿革

庐江县史前遗存至今尚无发掘报道，据文物普查结果，境内有多处新石器时代遗址。三代时期，文献载江淮地区为群舒之地。战国时期为楚地。

秦以楚地设九江郡。

汉初属淮南国，文帝时分淮南国为淮南、衡山、庐江三国。元朔中，除庐江国后属衡山国、庐江郡。武帝时废江南庐江郡，以其地分属豫章、鄣郡，以江北衡山郡东部及九江郡南部别为新庐江郡，郡治舒。《汉书·地理志》庐江郡置县十二，有舒、龙舒、临湖、襄安、枞阳等，今庐江县盖在其地。

后汉因循。

晋仍为舒县，属豫州庐江郡。

隋、唐时期为庐江县，属庐州。

第二节 墓地概况与发掘经过

一、墓地概况

董院、松棵汉代墓地位于庐江县庐城镇北郊塔山社区董院村民组和松棵村民组（图一）。

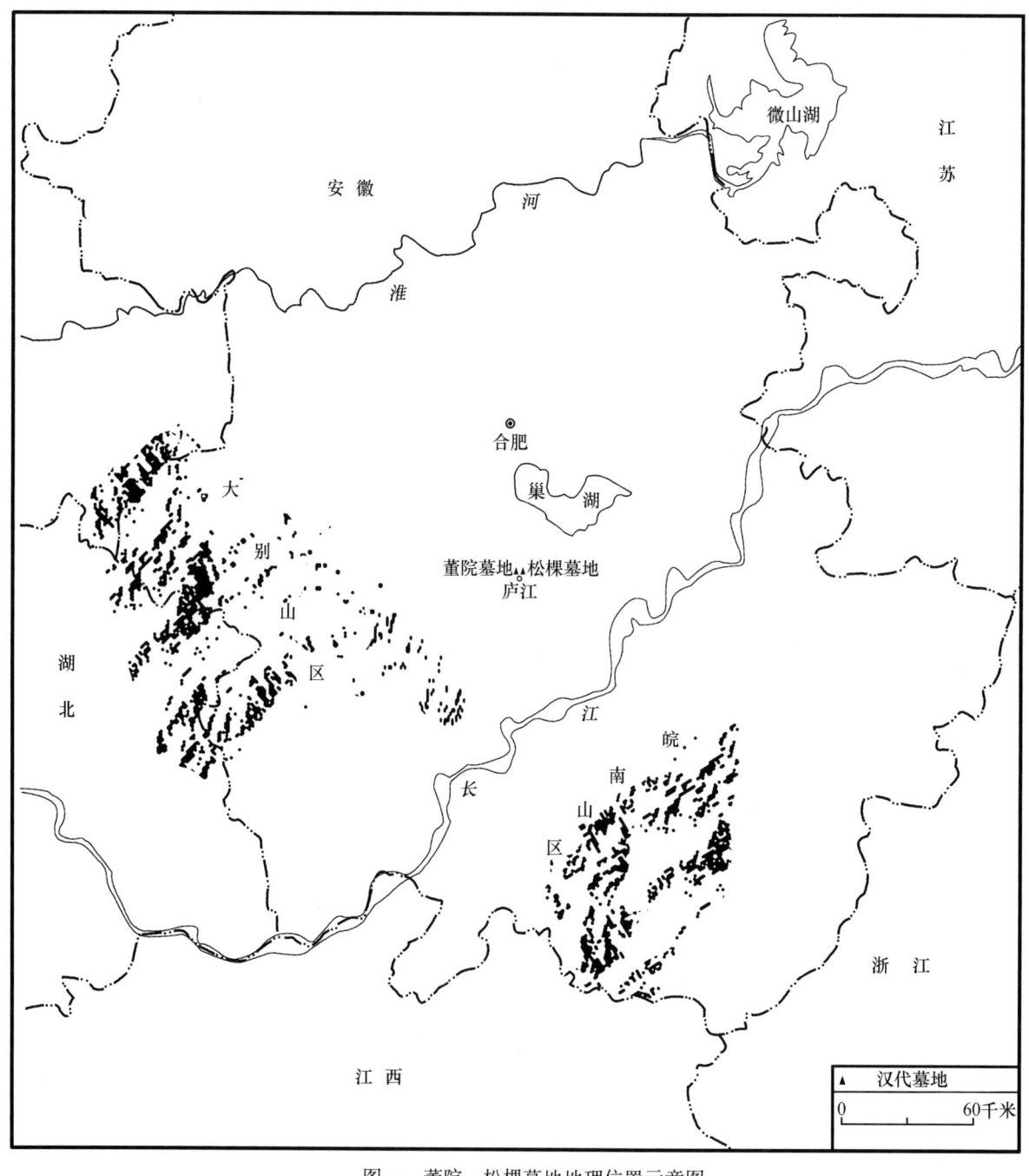

图一 董院、松棵墓地地理位置示意图

两个墓地各自分布于南北向的岗陇上，地势由南向北渐高，岗陇东西相距约300米，岗陇之间为低洼的水田。发掘前，董院墓地所在岗陇的东部区域早年已遭施工取土破坏，其余地表为荒地，其间隐约有隆起的封土（彩版一，1）。松棵墓地则位于岗陇南端，发掘前已经清表、平整，岗陇北部为林地、民房，其下当另有汉墓分布（彩版一，2）。

二、发掘经过

2007年8月，庐江工业园平整土地时发现了松棵墓群，安徽省文物考古研究所及时对该墓地进行了抢救性发掘，共发掘汉墓11座，编号为LSM1～LSM11，当属于一个墓地的局部。随后，因园区扩大施工范围，需要对董院墓地进行抢救性发掘。安徽省文物考古研究所及时向国家文物局申请了发掘执照（考执字2008第207号），发掘领队为王峰。

董院墓地的发掘是根据施工单位用地的先后顺序穿插安排的，编号时偶有预留墓号的情况。在董院墓地LDM1～LDM129的129个墓葬编号中，LDM60～LDM64实为预留的空墓号，实际发掘了124座汉墓。

参与发掘的有安徽省文物考古研究所王庆华、王灯良、李化；庐江县文物管理所王御寇、唐承勇；安徽大学历史系在校学生刘春、王蓉、刘腾飞、汪全武也在假期参加了发掘。

第三节　资料整理与报告编写

这批资料的整理，基本上是在发掘工作的间隔期断断续续进行的。2008～2009年期间，主要是完成了陶器的拼对和修复；2009～2010年期间，完成了各墓葬出土器物的核对工作，并开始绘制部分器物图；2011年底，完成了器物及墓葬遗迹图的清绘工作。

2012年10月，经与吉林大学边疆考古研究中心滕铭予老师协商，邀请吉林大学2011级博士研究生于焕金、2011级硕士研究生聂卓慧参与资料整理。仅用了2个月的时间，就完成了所有线图的电子版制作以及器物的描述工作。报告在此基础上得以最后完成。

第二章 墓 葬

第一节 董院墓地

共发掘汉墓124座，编号LDM1～LDM59、LDM65～LDM129（以下LD省略），包括土坑竖穴墓118座，砖室墓6座（图二），其中M128、M129在世纪大道以北，不在平面图内。

M1

1. 墓葬形制

长方形土坑竖穴墓。方向194°。墓口长2.8、宽1.64、深0.6米。墓内填土为黄褐色花土，土质较硬。葬具不清。随葬品有陶鼎1件、盒1件、壶1件、罐6件、灶1件，成一列置于墓底东侧。其中M1∶3陶壶、M1∶4陶鼎、M1∶5陶罐残碎（图三；图版一，1）。

2. 随葬品

陶鼎　1件。M1∶4，残碎。

陶盒　1件。M1∶1，残。泥质黄褐陶。敛口圆唇，弧鼓腹。素面。口径12、底径10.4厘米（图四，6）。

陶壶　1件。M1∶3，残碎。

陶罐　6件。M1∶2，泥质灰陶。直口圆唇，圆弧腹，平底。素面。口径11.6、底径11.8、通高11.6厘米（图四，1；图版二，1）。M1∶6，泥质灰陶。直口圆唇，圆弧腹，平底。素面。口径10.6、底径11、通高11厘米（图四，2；图版二，3）。M1∶7，残。泥质灰陶。直口圆唇，圆弧腹，平底。素面。口径11.4、底径11.2厘米（图四，3）。M1∶8，残存底部。泥质灰陶。平底。内表饰弦纹。底径10厘米（图四，4）。M1∶9，残。泥质灰陶。直口圆唇，弧鼓腹，平底。肩部饰两道弦纹。口径11.4、底径10.8厘米（图四，5）。M1∶5，残碎。

陶灶　1件。M1∶10，泥质灰陶。平面呈前方后圆形。前端设一拱形灶门，后端有一细短烟囱。灶面置双火眼，其上置釜甑1组、锅1件。通长20.6、最宽15、高5厘米（图四，7；图版二，5）。

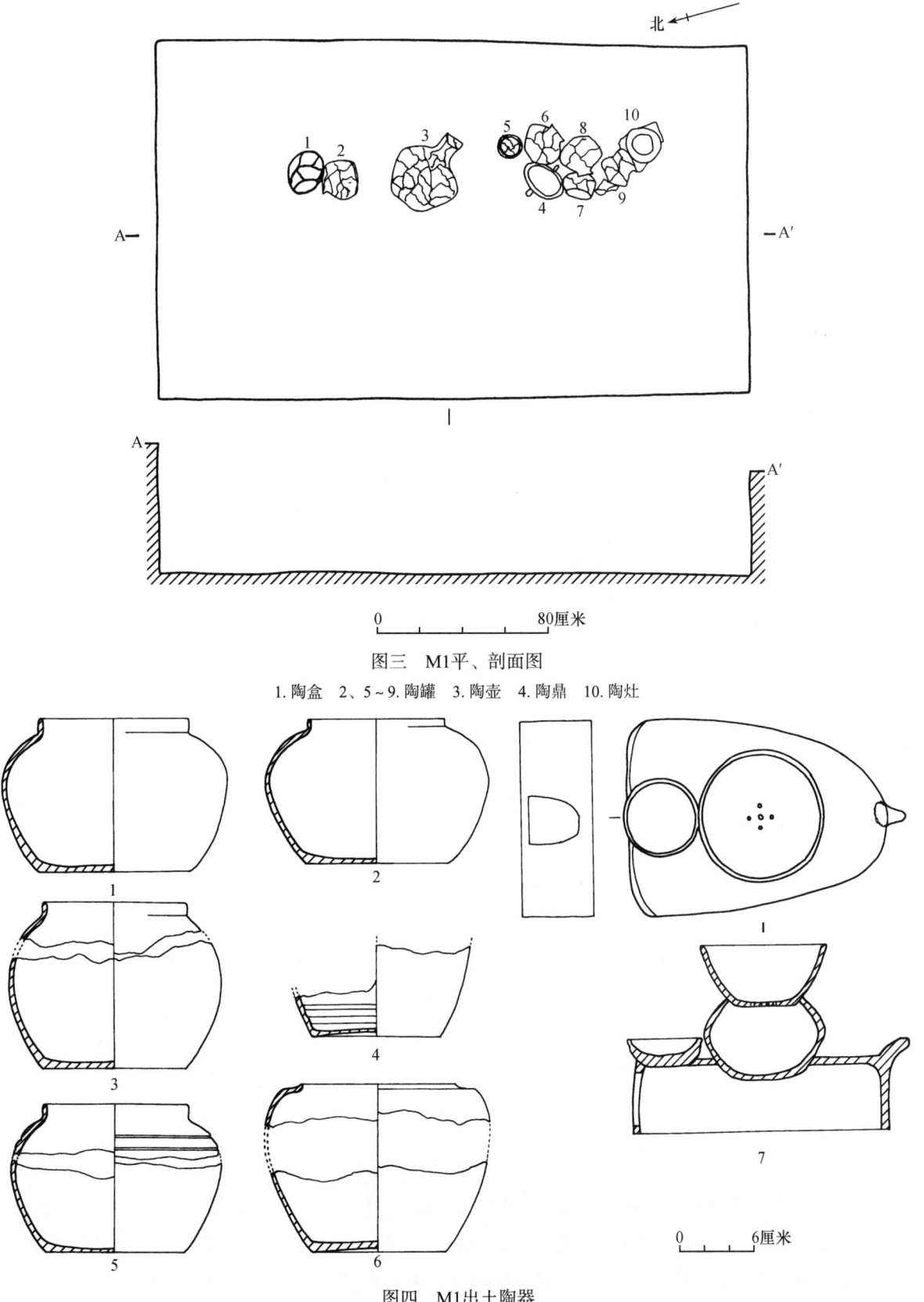

图三 M1平、剖面图

1. 陶盒 2、5~9. 陶罐 3. 陶壶 4. 陶鼎 10. 陶灶

图四 M1出土陶器

1~5. 罐（M1:2、M1:6、M1:7、M1:8、M1:9） 6. 盒（M1:1） 7. 灶（M1:10）

M2

1. 墓葬形制

长方形土坑竖穴墓。方向295°。墓口长3.2、宽1.8、深1.2米。墓内填土为红褐色花土，土质较硬。葬具不清。随葬品有陶鼎3件、盒1件、壶3件、罐3件、灶1件、井1件、猪圈1件，成一列置于墓底北侧。另有铜钱5枚、镜1件，均置于墓底中部。其中M2：11陶盒、M2：12陶灶残碎（图五；图版一，2）。

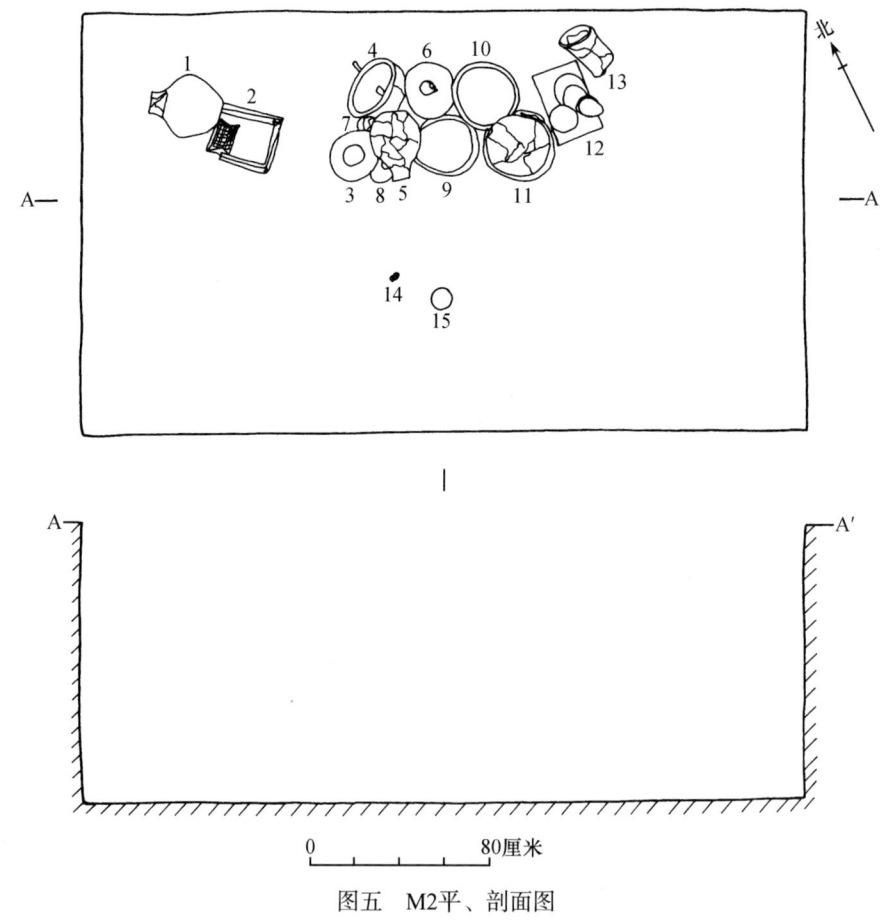

图五　M2平、剖面图

1、5.陶壶　2.陶猪圈　3、7、8.陶罐　4、9、10.陶鼎　6.釉陶壶　11.陶盒　12.陶灶　13.陶井　14.铜钱　15.铜镜

2. 随葬品

陶鼎　3件。M2：4，口部残。泥质灰陶。斜弧腹，圜底，兽蹄足。双附耳。素面。残高10厘米（图六，9）。M2：9，泥质灰陶。子母口，斜弧腹，下部残。双附耳。肩部饰两道弦纹。口径13.2厘米（图六，8）。M2：10，泥质灰陶。仅存兽蹄足。足高约5厘米（图七，2）。

陶盒　1件。M2：11，残碎。

陶壶　3件。M2：1，泥质灰陶。直口微敞，方唇，粗直颈，圆鼓腹，平底。肩部饰两道弦纹，内表存轮制弦纹。口径13.6、底径16、通高27厘米（图六，4；图版二，2）。M2：5，泥质灰陶。微敞口，粗颈，圆鼓腹，平底。颈部饰弦纹，内表存轮制弦纹。口径13.8、底径14.4、通高28厘米（图六，7；图版三，1）。M2：6，釉陶，上半部施釉。敞口，方唇，直颈，圆鼓腹，平底。肩部双铺首耳。颈部饰波浪纹，肩部饰凸弦纹，通体存轮制弦纹。口径11.6、底径11.5、通高26.8厘米（图六，1；图版三，3）。

陶罐　3件。M2：3，硬陶。直口，方唇，圆鼓腹，平底。肩部饰双叶脉纹桥形耳。通体存轮制弦纹。口径10、底径10.2、通高14.6厘米（图六，2；图版二，6）。M2：7，硬陶。直口微敞，圆唇，弧鼓腹，平底。肩部饰双叶脉纹桥形耳。通体饰轮制弦纹。口径8.6、底径8.6、通高9.6厘米（图六，6；图版三，5）。M2：8，硬陶。直口微敞，圆唇，弧鼓腹，平底。肩部饰双叶脉纹桥形耳。通体饰轮制弦纹。口径8.5、底径8.2、通高10.4厘米（图六，3；图版三，2）。

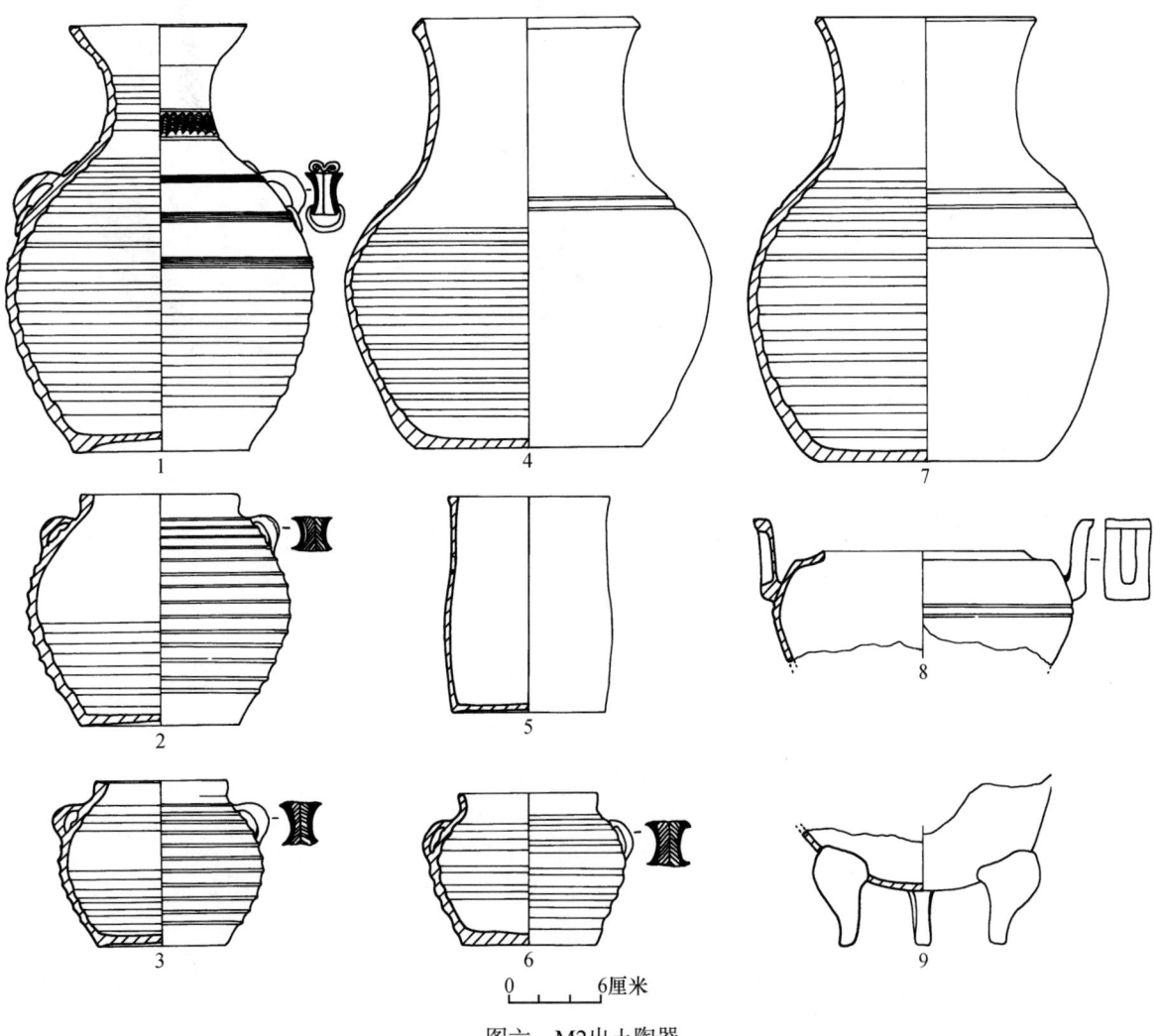

图六　M2出土陶器

1.釉陶壶（M2：6）　2、3、6.罐（M2：3、M2：8、M2：7）　4、7.壶（M2：1、M2：5）　5.井（M2：13）　8、9.鼎（M2：9、M2：4）

陶猪圈 1件。M2：2，猪圈残碎未修复，存内置陶猪1件。泥质灰陶。长条形。通长11.4厘米（图七，1；图版二，4）。

陶井 1件。M2：13，泥质灰陶。平口，方唇，筒形，平底。口径10.4、底径9.8、通高13.6厘米（图六，5；图版三，4）。

陶灶 1件。M2：12，残碎。

铜钱 5枚。M2：14，皆为五铢钱（图七，4）。

铜镜 1件。M2：15，日光镜。体薄，桥形纽，圆形纽座，素平缘。内区为八瓣内向连弧纹，外区为铭文带，铭文为："见日之光，天下大明"。直径7.3、缘厚0.2厘米（图七，3；图版三，6）。

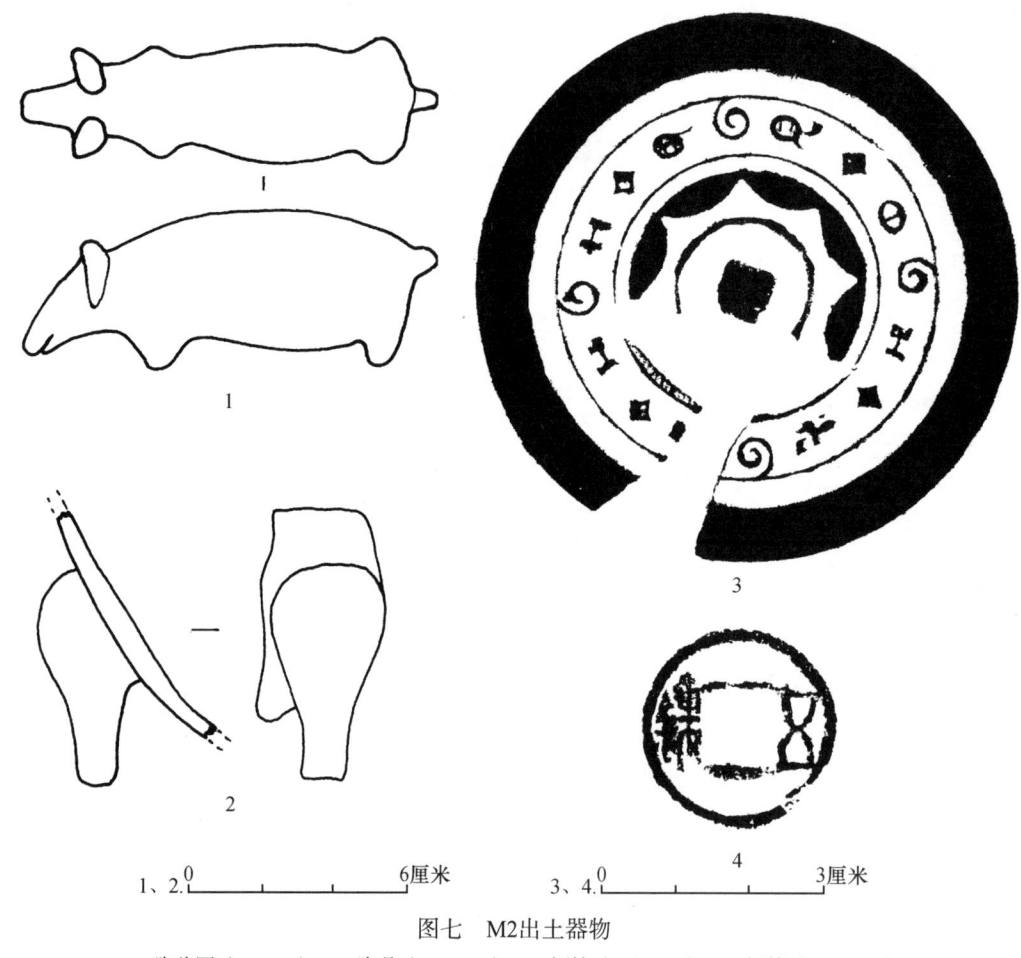

图七 M2出土器物
1.陶猪圈（M2：2） 2.陶鼎（M2：10） 3.铜镜（M2：15） 4.铜钱（M2：14）

M3

1. 墓葬形制

曲尺形土坑竖穴墓。方向200°。墓室长2.94、宽2.14、深0.8米。墓道位于墓室南壁一侧，长方形斜坡状，上口长1.6、宽1.48米。墓内填土为红褐色花土，土质较硬。墓底中央有木棺残片。随葬品有陶壶1件、灶1件；铜镜2件、铜钱20枚，分散置于墓底。其中M3：5陶灶残碎（图八；图版四，1）。

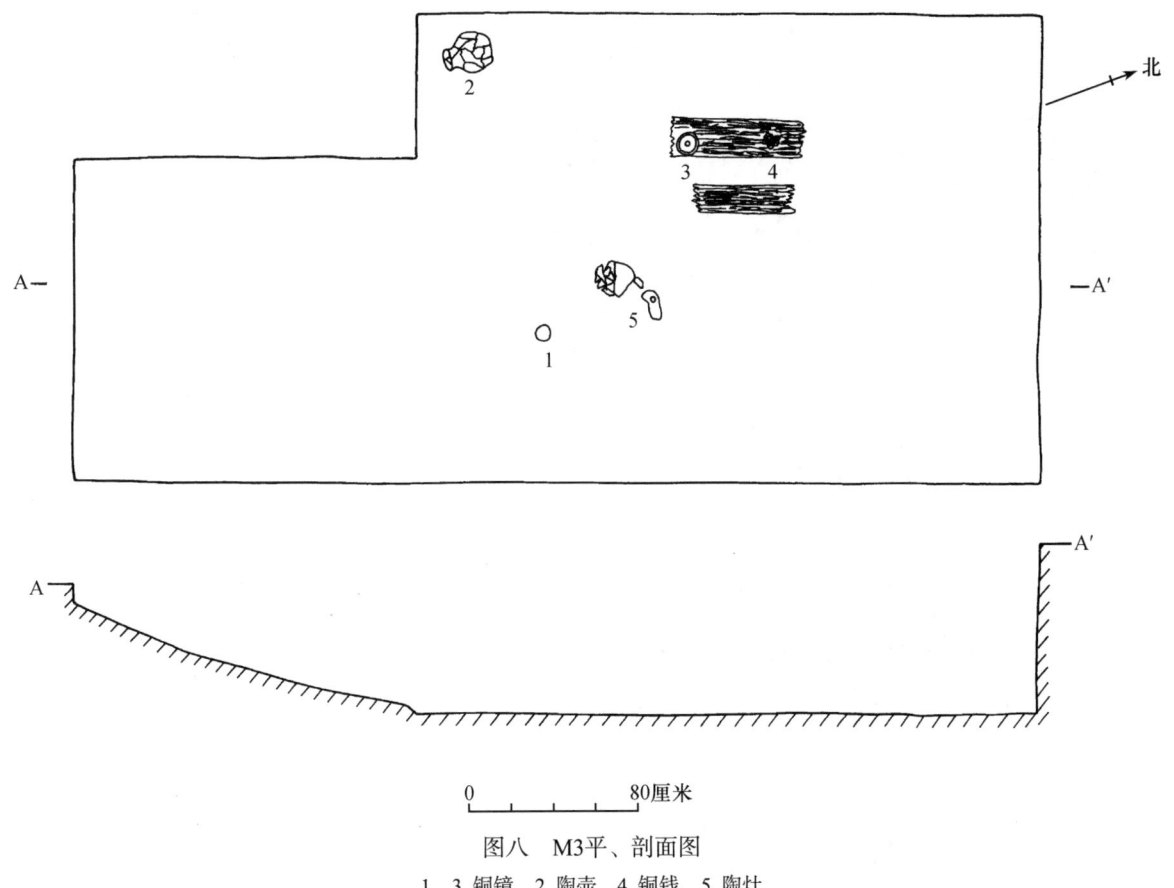

图八　M3平、剖面图
1、3.铜镜　2.陶壶　4.铜钱　5.陶灶

2. 随葬品

陶壶　1件。M3：2，釉陶，红褐胎，上半部施釉。敞口，束颈，圆鼓腹，平底。肩部饰弦纹。口径9.4、底径9、通高17厘米（图九，3；图版五，1）。

陶灶　1件。M3：5，残碎。

铜镜　2件。M3：1，日光镜。体薄，桥形纽，圆形纽座，素平缘。内区为八瓣内向连弧纹，外区为铭文带，铭文残缺不全。直径8、缘厚0.3厘米（图九，2）。M3：3，四乳四虺镜。桥形纽，圆形纽座，素平缘。内区饰四乳四虺纹。直径10.3、缘厚0.8厘米（图九，1；图版五，3）。

铜钱　20枚。M3：4，皆为五铢钱（图九，4）。

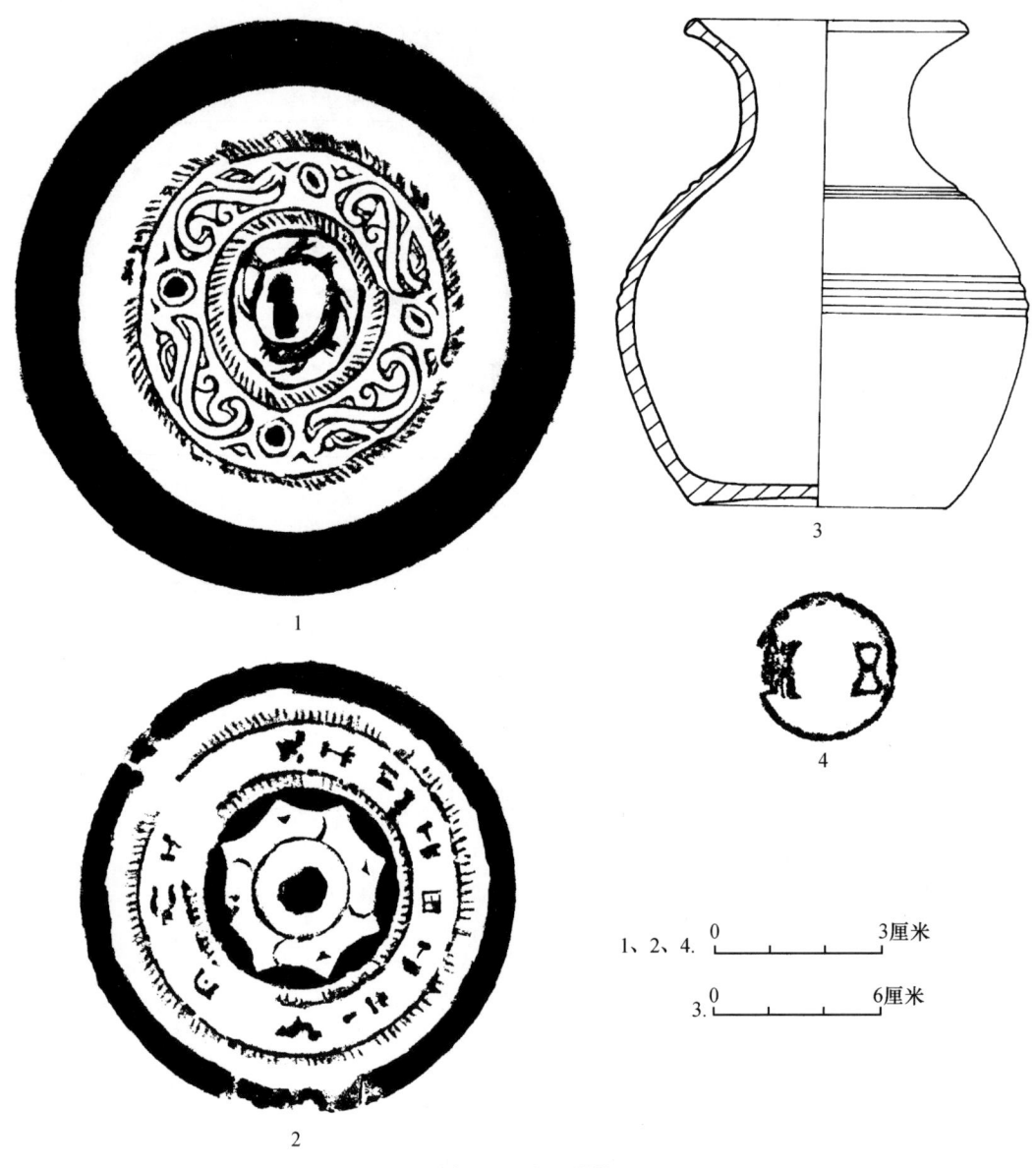

图九　M3出土器物
1、2.铜镜（M3∶3、M3∶1）　3.陶壶（M3∶2）　4.铜钱（M3∶4）

M4

1. 墓葬形制

长方形土坑竖穴墓。方向115°。墓口长2.8、宽1.7、深2.3米。墓内填土为红褐色花土，土质较硬。随葬品有陶鼎1件、盒1件、壶1件、灶1件；铜剑1件、铜钱3枚。铜剑和铜钱出土于墓底中部，陶器位于墓底南侧（图一〇；图版四，2）。

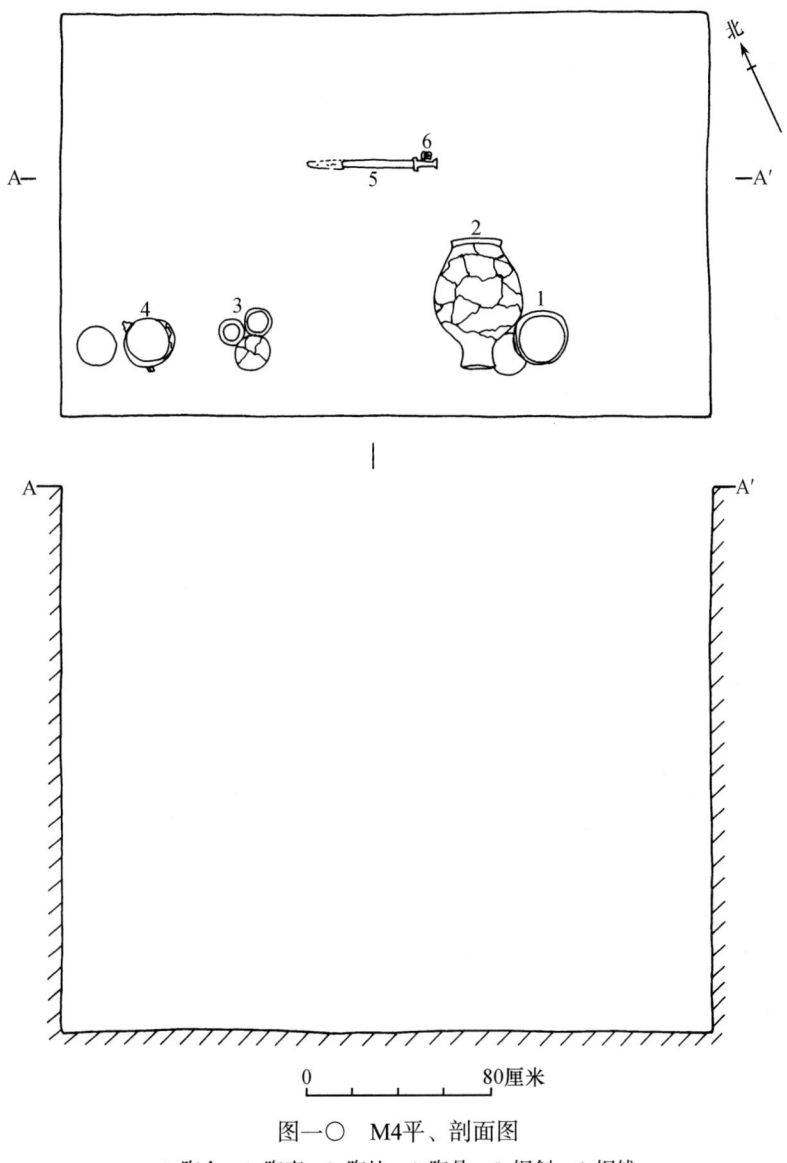

图一〇　M4平、剖面图
1.陶盒　2.陶壶　3.陶灶　4.陶鼎　5.铜剑　6.铜钱

2. 随葬品

陶鼎　1件。M4∶4，泥质灰陶。子母口，圆弧腹，圜底，兽蹄足。方形兽面附耳，覆钵形器盖。器腹下部饰绳纹。口径18.4、通高23厘米（图一一，3；图版五，4）。

陶盒　1件。M4∶1，泥质灰陶。子母口，方唇，圆鼓腹，近平底。覆钵形器盖。口径18.8、底径12、通高14.7厘米（图一一，5；图版五，5）。

陶壶　1件。M4∶2，泥质灰陶。敞口，方唇，微束颈，圆鼓腹，圈足。覆钵形器盖。下腹部饰绳纹。口径16、底径23、通高42厘米（图一一，1；图版五，2）。

陶灶组件　1组。M4：3，由釜2件、甑1件组成。M4：3-1釜，泥质灰陶。敛口，鼓腹，平底。素面。口径5.2、底径3、通高4.6厘米。M4：3-2釜，泥质黄褐陶。敛口，鼓腹，平底。素面。口径6.8、底径3、通高7厘米。M4：3-3甑，敞口，斜弧腹，平箅底，四眼。素面。口径11、底径3.8、高5.2厘米（图一一，4-1、4-2、4-3）。

铜剑　1件。M4：5，剑首残，茎扁平，上有一小穿孔。菱形剑格，脊起棱，末端收起成锋，剑身剖面呈菱形。残长38厘米（图一一，2；图版五，6）。

铜钱　3枚。M4：6，为五铢钱。

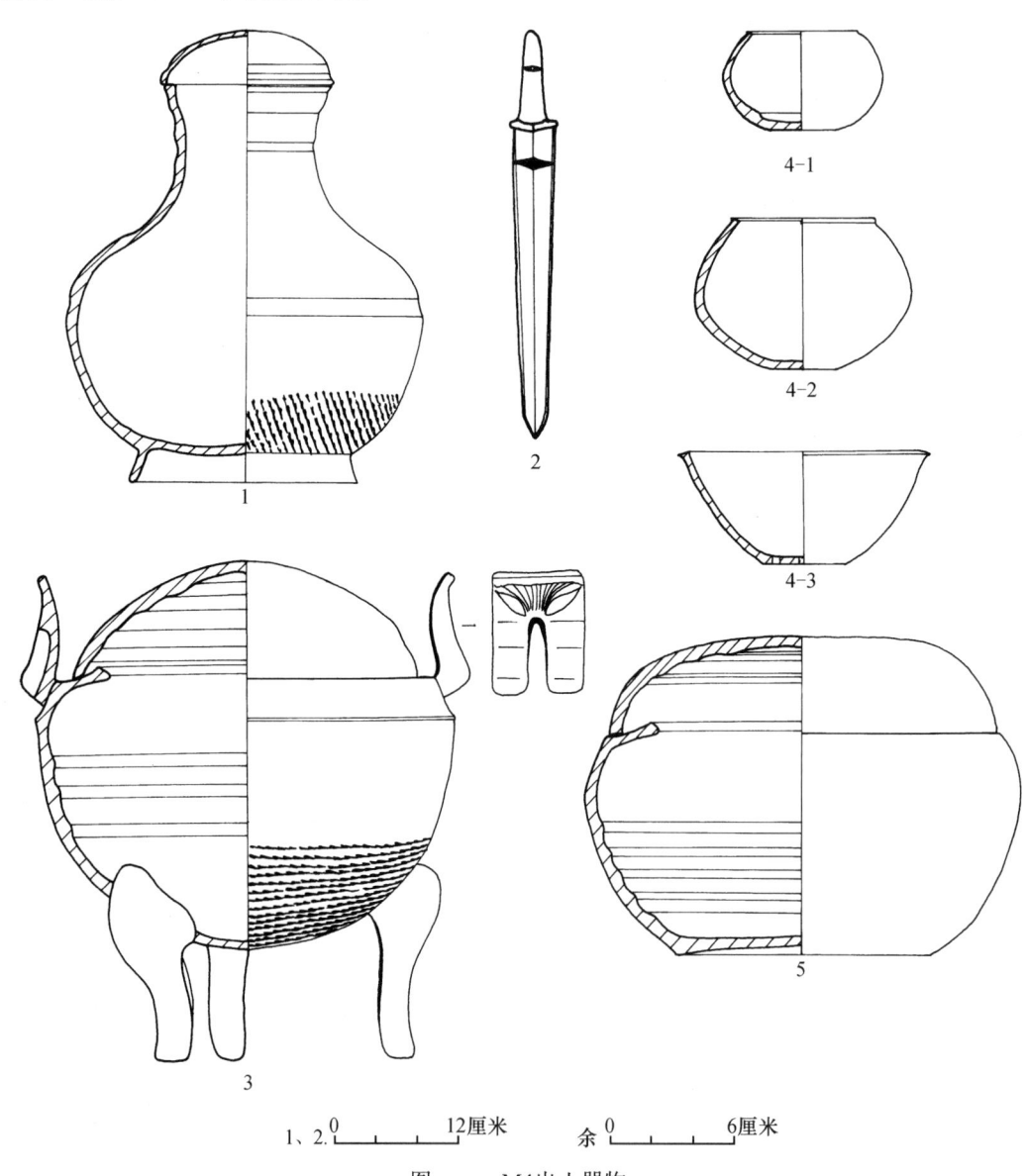

图一一　M4出土器物
1. 陶壶（M4：2）　2. 铜剑（M4：5）　3. 陶鼎（M4：4）　4-1. 釜（M4：3-1）　4-2. 釜（M4：3-2）　4-3. 甑（M4：3-3）
5. 陶盒（M4：1）

M5

1. 墓葬形制

凸字形土坑竖穴墓。方向117°。墓室长3.2、宽2.54、深2.3米。墓道位于墓室东壁中央，长方形斜坡状，上口长2、宽1.36米，底坡长2.4米。墓内填土为红褐色花土。墓室内发现有木椁，长3、宽2.38、残高0.8米，椁板厚10厘米。四周各存一块木板，椁底由三块木板拼合而成。木椁内存单棺，木棺长2.08、宽0.74、残高0.4米。随葬品有陶鼎3件、盒2件、壶3件、罐4件、灶1件、猪圈1件；铜鼎1件、釜1件、镜1件、铜钱26枚。铜镜、部分铜钱位于棺内，其余分置于南北边厢。其中M5：17陶罐残碎；M5：4铜釜存残片（图一二；彩版二，1）。

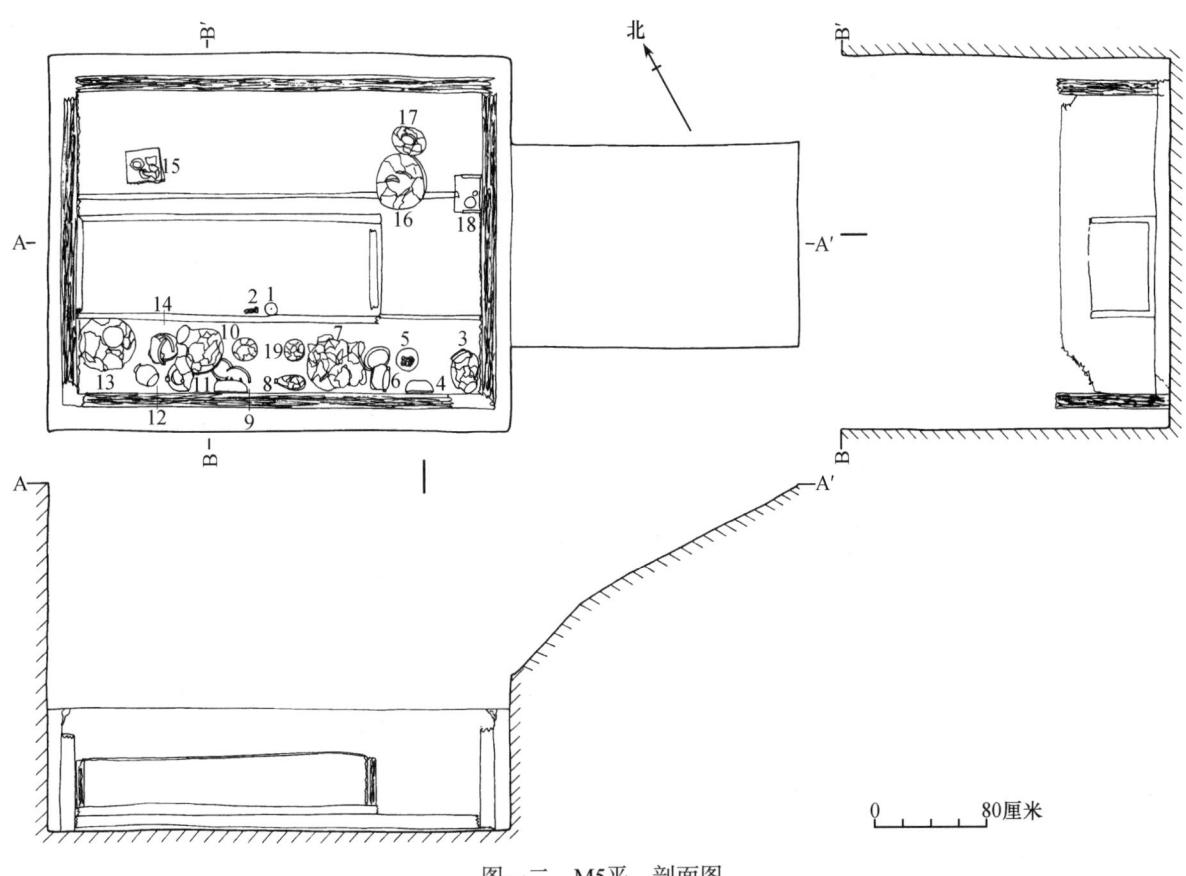

图一二　M5平、剖面图
1.铜镜　2、5.铜钱　3、11、16、17.陶罐　4.铜釜　6.铜鼎　7～9.陶鼎　10、12、13.陶壶　14、19.陶盒　15.陶猪圈
18.陶灶

2. 随葬品

陶鼎　3件。M5：7，残，存器盖、附耳。泥质灰陶。方形附耳，覆钵形顶盖，盖顶饰三纽。口径19.4、高4.3厘米（图一五，5）。M5：8，残。泥质灰陶。子母口，圆鼓腹，圜底，

图一三 M5出土陶器

1. 罐（M5∶11） 2. 灶（M5∶18） 3. 猪圈（M5∶15）

兽蹄足。方形附耳。口径15.2厘米（图一五，3）。M5：9，泥质灰陶。子母口，圆鼓腹，圜底，兽蹄足。方形附耳，覆钵形器盖。口径15.8、通高16.4厘米（图一五，1；彩版三，2）。

陶盒 2件。M5：14，泥质灰褐陶。子母口，弧腹，圈足。素面。口径15.6、底径12、通高12.6厘米（图一五，2）。M5：19，泥质灰褐陶。子母口，弧腹，圈足。素面。口径15.4、底径11.2、通高12.8厘米（图一五，4；彩版四，6）。

陶壶 3件。M5：10，泥质灰褐陶。盘口方唇，圆鼓腹，圈足。肩部饰双铺首耳和两道凸弦纹。口径17.2、底径19、高41.6厘米（图一四，3；彩版三，4）。M5：12，泥质灰褐陶。侈口方唇，微束颈，弧鼓腹，圈足。素面，内表饰弦纹。口径12.8、底径14.8、通高28.2厘米（图一五，7；彩版四，1）。M5：13，泥质灰陶。口残，圆鼓腹，双铺首耳，圈足。肩部饰两道凹弦纹，腹部饰一道宽凸弦纹。底径19.4、残高35.4厘米（图一四，4；彩版四，3）。

陶罐 4件。M5：3，泥质灰陶。直口微敞，圆鼓腹，圈足。肩部对饰兽首桥形耳。素面。口径16、底径15.6、通高26.6厘米（图一四，1；彩版三，3）。M5：11，泥质灰陶。侈口，肩部双系，平底。上腹部与内表饰细弦纹。口径10、底径8.8、通高9.8厘米（图一三，1；彩版三，6）。M5：16，泥质灰陶。侈口方唇，圆鼓腹，圈足。肩部饰双兽首桥形耳和两道凹弦纹。口径14、底径15.6、高28.2厘米（图一四，2；彩版四，2）。M5：17，残碎。

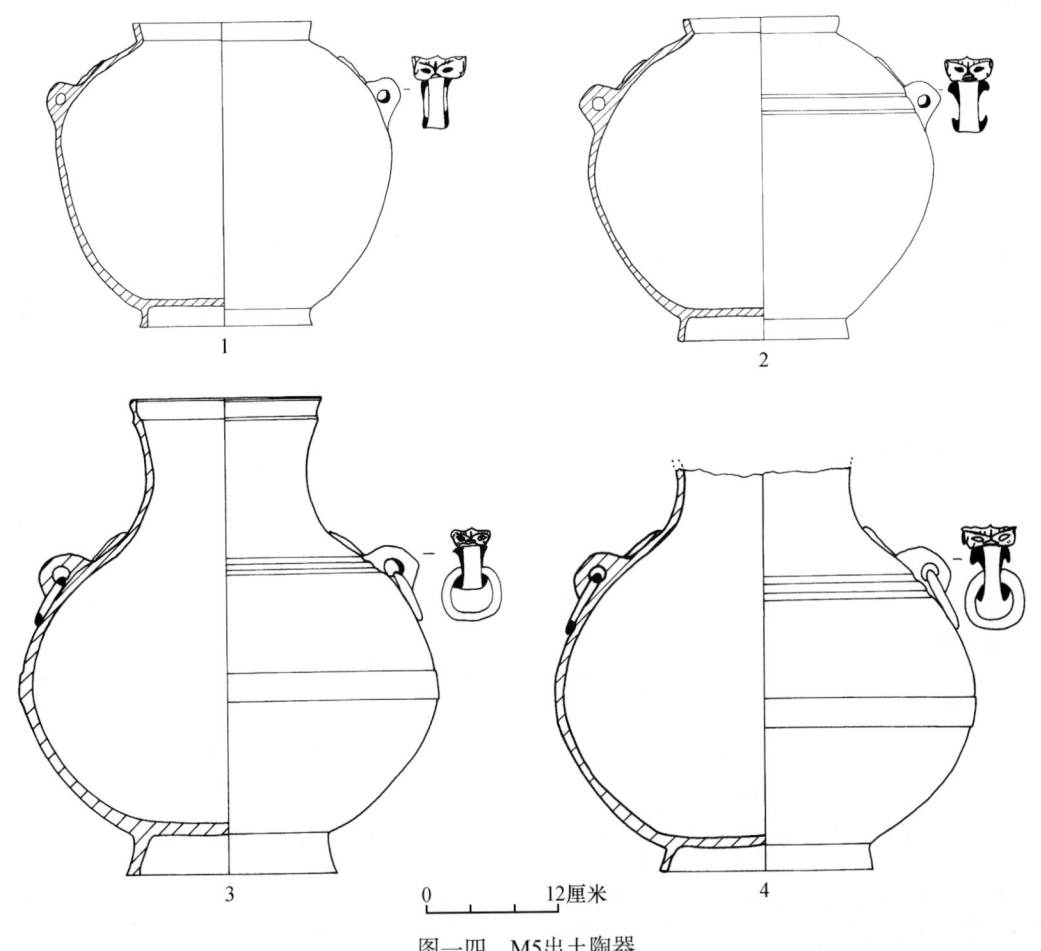

图一四 M5出土陶器

1、2.罐（M5：3、M5：16） 3、4.壶（M5：10、M5：13）

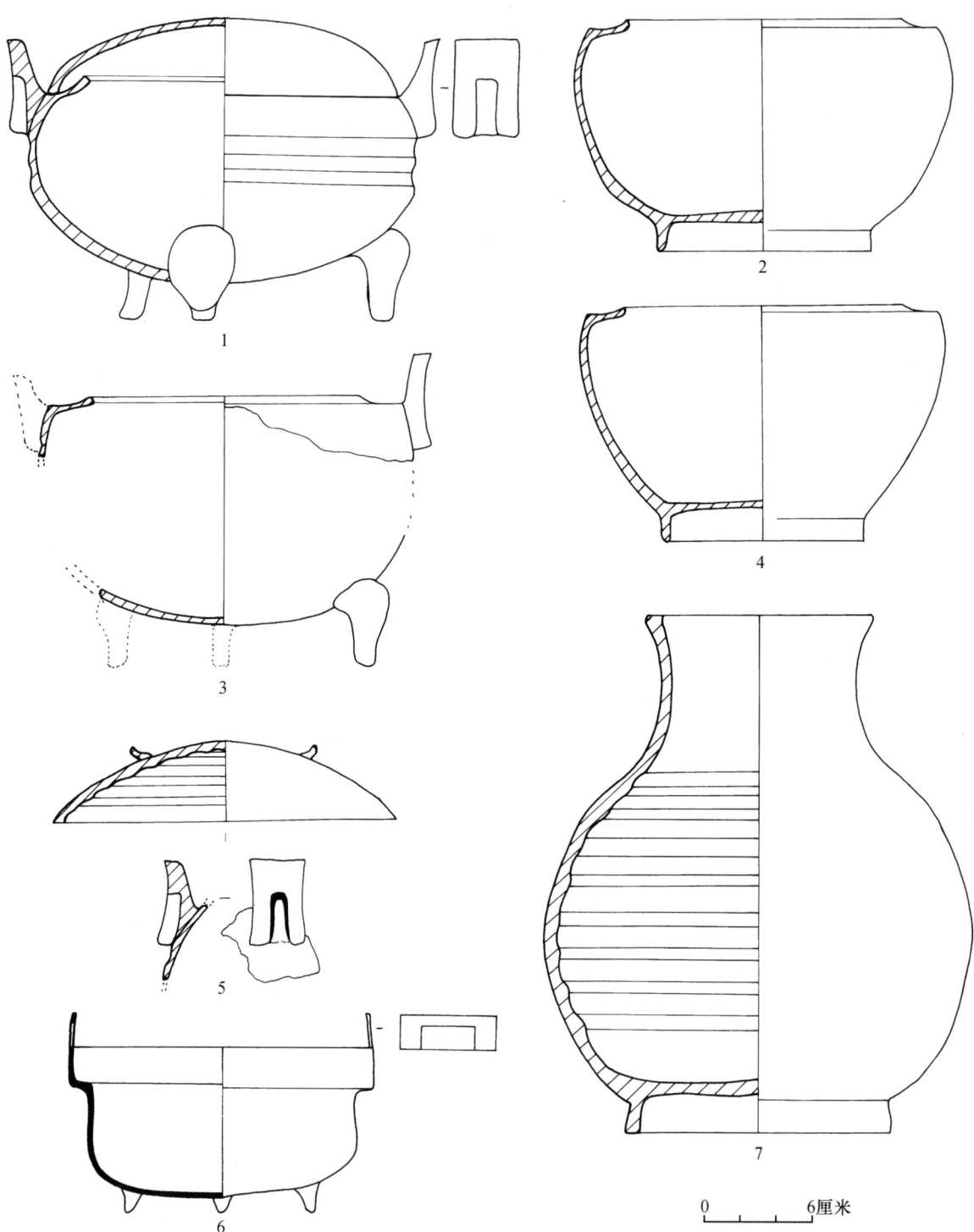

图一五 M5出土器物

1、3、5.陶鼎（M5∶9、M5∶8、M5∶7） 2、4.陶盒（M5∶14、M5∶19） 6.铜鼎（M5∶6） 7.陶壶（M5∶12）

陶灶　1件。M5：18，泥质灰陶。平面呈方形。前端设双拱形灶门，三火眼，其一置陶釜1件。灶面上起高护栏围墙。通长23.4、宽20厘米（图一三，2；彩版四，4）。

陶猪圈　1件。M5：15，泥质灰陶。平面为方形，四周围圈栏。一角设方形陶屋，高墙，坡式屋顶，屋下部有孔通向槽内。栏内设一方形猪槽，置陶猪一头。长22、宽18厘米（图一三，3；彩版四，5）。

铜鼎　1件。M5：6，直口，折腹，圜底，直立耳，三乳足。口径17、通高7.5厘米（图一五，6；彩版三，5）。

铜釜　1件。M5：4，质地轻薄，残甚。

铜镜　1件。M5：1，日光镜。体薄，桥形纽，圆形纽座，窄素平缘。内区饰连弧纹，外区为铭文带，铭文为"见日之光，天下大明"。直径7、缘厚0.2厘米（图一六，1；彩版三，1）。

铜钱　共26枚。M5：2，12枚。置于棺内，为五铢钱（图一六，2；彩版五四，4）。M5：5，14枚。置于边厢，为五铢钱（图一六，3）。

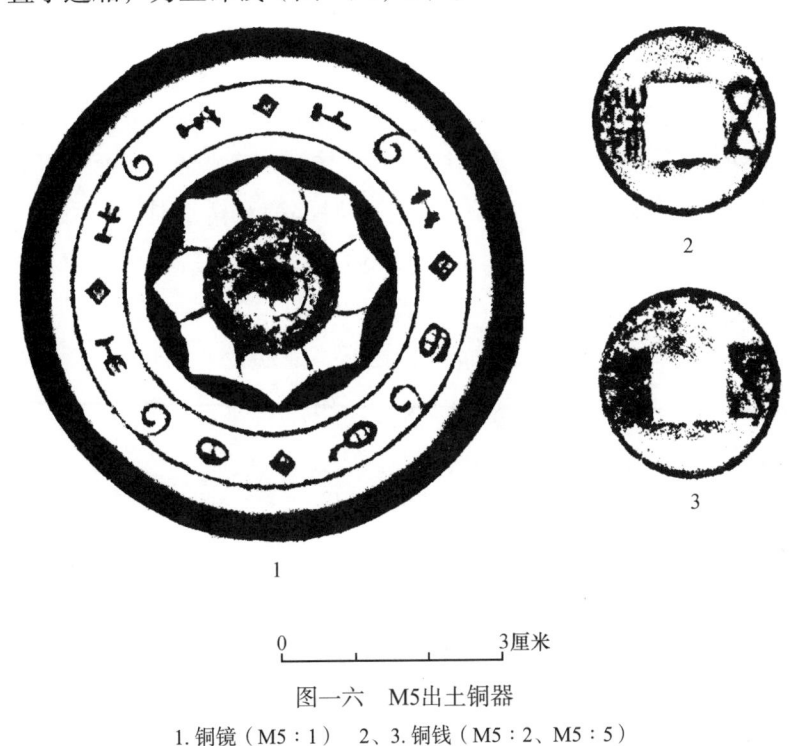

图一六　M5出土铜器
1.铜镜（M5：1）　2、3.铜钱（M5：2、M5：5）

M6

1. 墓葬形制

凸字形土坑竖穴墓。方向205°。墓室长3.34、宽1.74、深2.04米。墓道位于墓室南壁中央，长方形斜坡状，上口长1.06、宽0.78米，底坡长0.8米。墓内填土为红褐色花土。墓室内发现有木椁，长2.98、宽1.02、残高0.26米，椁板厚12～20厘米。四周各存一块木板，底部由木板拼合而成。椁内存单棺，木棺长2.48、宽0.7、残高0.12米，棺板厚6厘米。随葬品有陶鼎1件、壶3件、罐3件、灶1件、井1件、猪圈1件；铜洗1件、镜1件、刀1件、铜钱26枚。铜镜、钱币和刀置于棺内，其余置于头厢、边厢（图一七；彩版二，2）。

2. 随葬品

陶鼎　1件。M6:13，泥质红陶。仅存器盖和鼎足。覆钵形器盖。上饰同心圆弦纹。口径14.8厘米。兽蹄足，残高2.2厘米（图二〇，2）。

陶壶　3件。M6:6，硬陶。口残，束颈，平底。双桥形耳。颈部饰波浪纹与弦纹，肩部、腹部及内表残留轮制弦纹。底径13.4、残高29.4厘米（图一八，3；彩版五，5）。M6:8，泥质红陶。上半部施釉。侈口圆唇，圆鼓腹，平底。肩部两道细弦纹，腹部及内表残留轮制弦纹。口径9、底径9.4、通高18.8厘米（图一八，4）。M6:9，泥质红陶，上半部施釉。侈口圆唇，平底。双铺首耳。颈部、肩部饰波浪纹与弦纹。口径10.6、底径12、通高23.2厘米（图一八，2）。

陶罐　3件。M6:7，硬陶。器口有双领，外领上有一小孔，平底内凹。双桥形耳。耳上饰叶脉纹，腹部及内表残留轮制弦纹。内口径11.4、底径12.2、通高24厘米（图一八，1；彩版五，2）。M6:11，泥质灰陶。侈口圆唇，平底。肩部饰双桥形耳、细弦纹。口径9.8、底径9、通高10.1厘米（图一八，5；彩版五，4）。M6:12，泥质红陶。微侈口，圆唇，平底。肩部饰一道凹弦纹。口径6.4、底径4.8、通高8厘米（图一八，7；彩版五，6）。

陶灶　1件。M6:4，泥质红陶。平面呈椭圆形。前端设一拱形灶门，双火眼，灶面上起高护栏围墙，围墙外侧饰几何形纹饰和波浪纹。存陶釜、甑组件各一。通长21.2、宽16厘米（图一九，2）。

陶井　1件。M6:5，泥质红陶。平口方唇，筒形。上半部饰两道细弦纹。口径8.8、底径9.4、通高8.4厘米。井内置一汲水罐，口残，圜底（图一九，1）。

陶猪圈　1件。M6:14，泥质红陶。仅存屋顶。长10.4、宽7.6厘米（图一九，3）。

铜洗　1件。M6:10，残。折沿，平底。素面，双兽面铺首耳。口径25.2、底径14.6厘米（图一八，6）。

铜镜　1件。M6:1，昭明镜。桥形纽，圆形纽座，宽素平缘。内区饰连弧纹，铭文为"内青以昭明光日月"。直径9、缘厚4厘米（图二〇，1；彩版五，1）。

铜刀　1件。M6:3，残，环首，刀身剖面呈楔形。长21厘米（图二〇，3；彩版五，3）。

铜钱　共26枚。M6:2，其中五铢钱（图二〇，4；彩版五四，4）16枚，大泉五十10枚（彩版五四，2）。

第二章 墓 葬

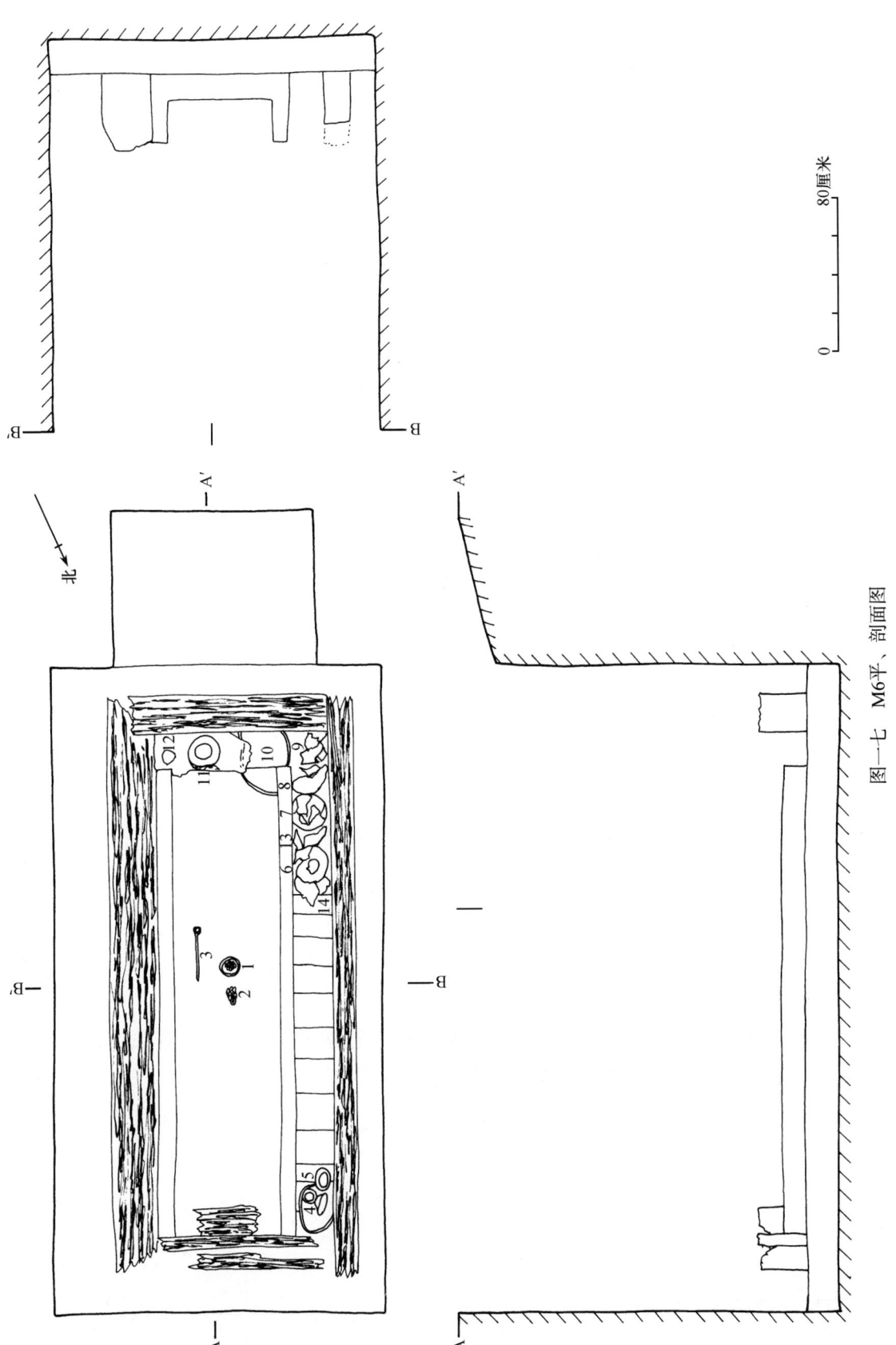

图一七 M6平、剖面图
1.铜镜 2.铜钱 3.铜刀 4.陶灶 5.陶井 6、8、9.陶壶 7、11、12.陶罐 10.铜洗 13.陶鼎 14.陶猪圈

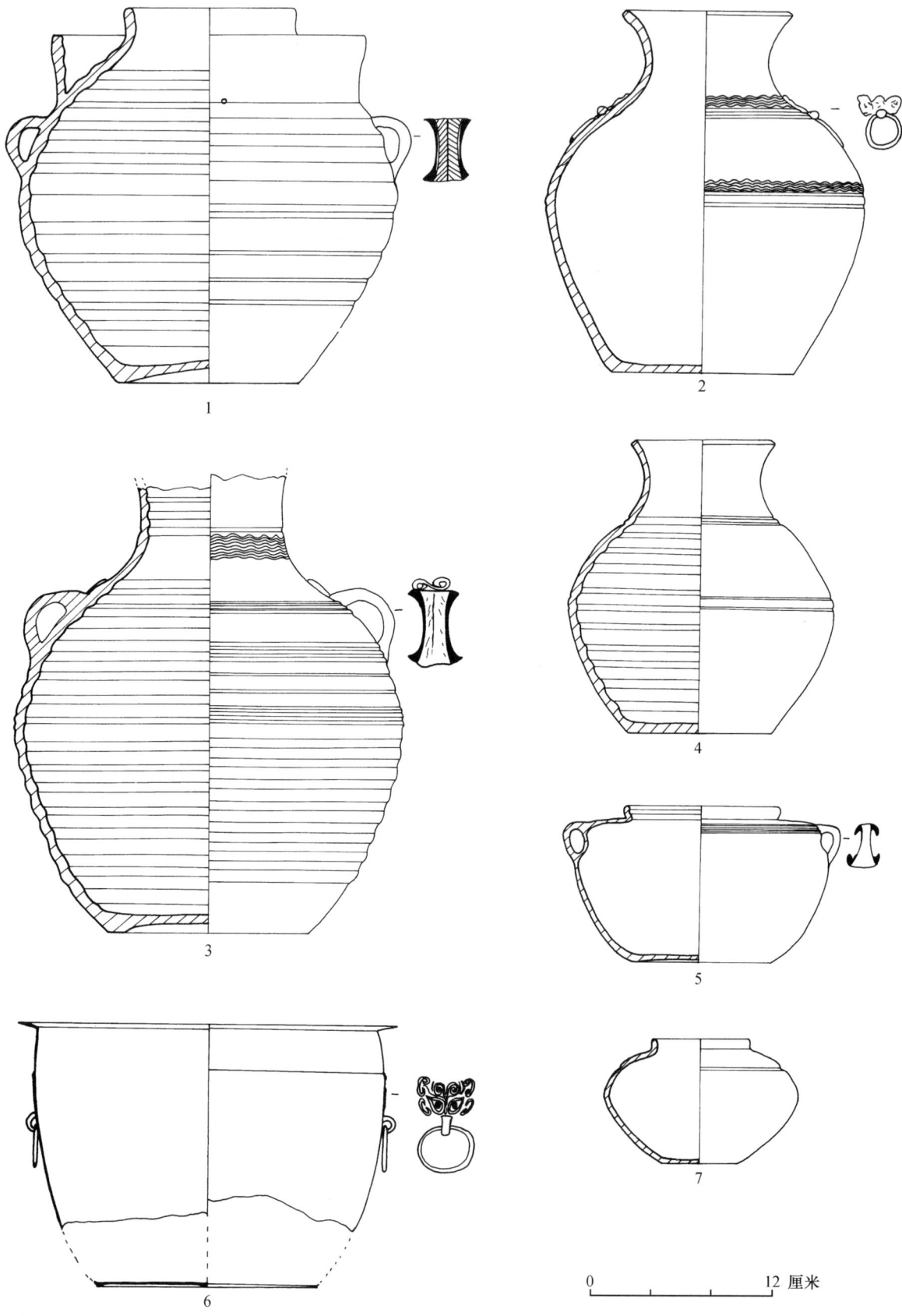

图一八　M6出土器物

1、5、7. 陶罐（M6：7、M6：11、M6：12）　2～4. 陶壶（M6：9、M6：6、M6：8）　6. 铜洗（M6：10）

第二章 墓 葬

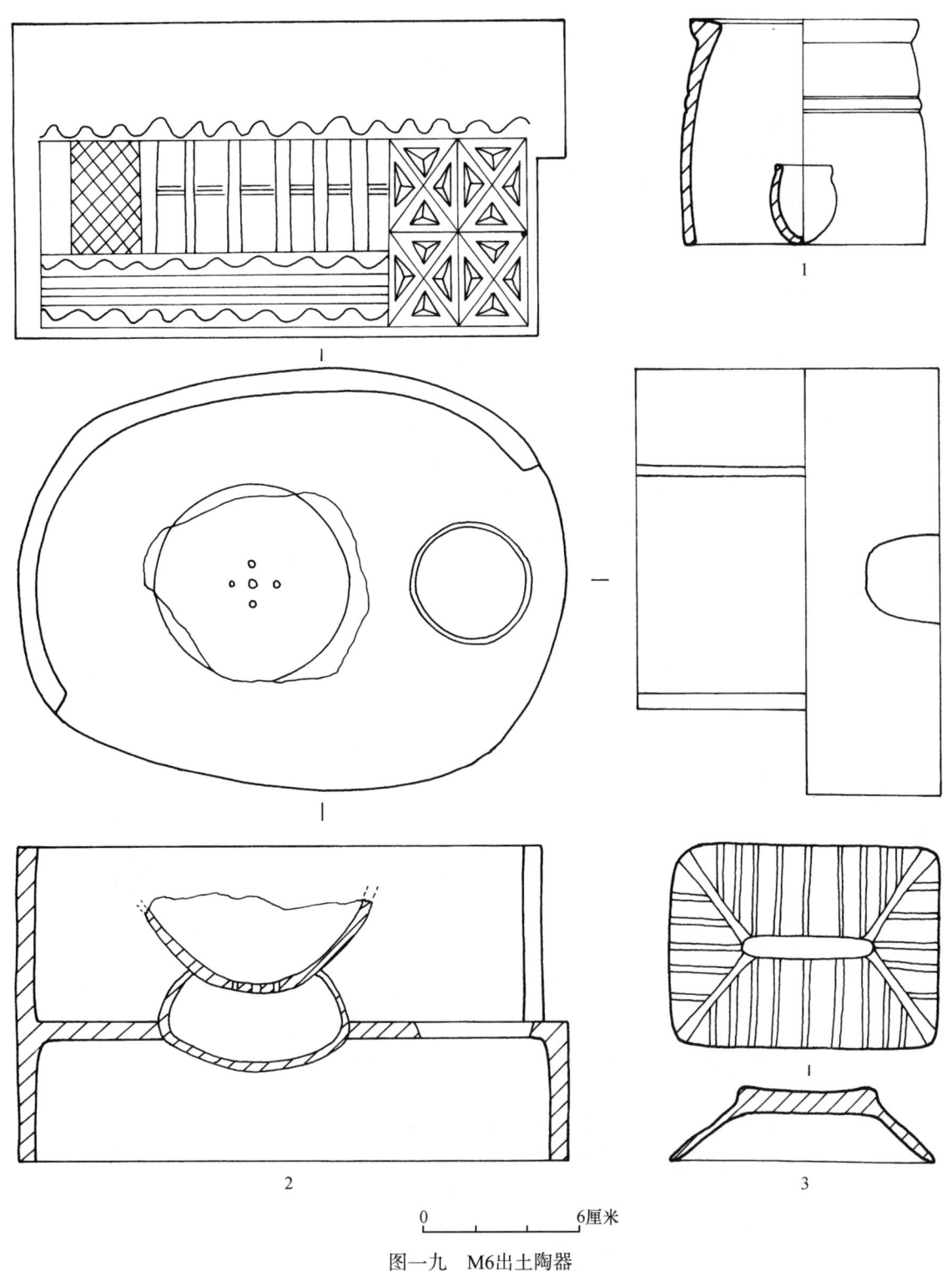

图一九 M6出土陶器
1. 井（M6:5） 2. 灶（M6:4） 3. 猪圈（M6:14）

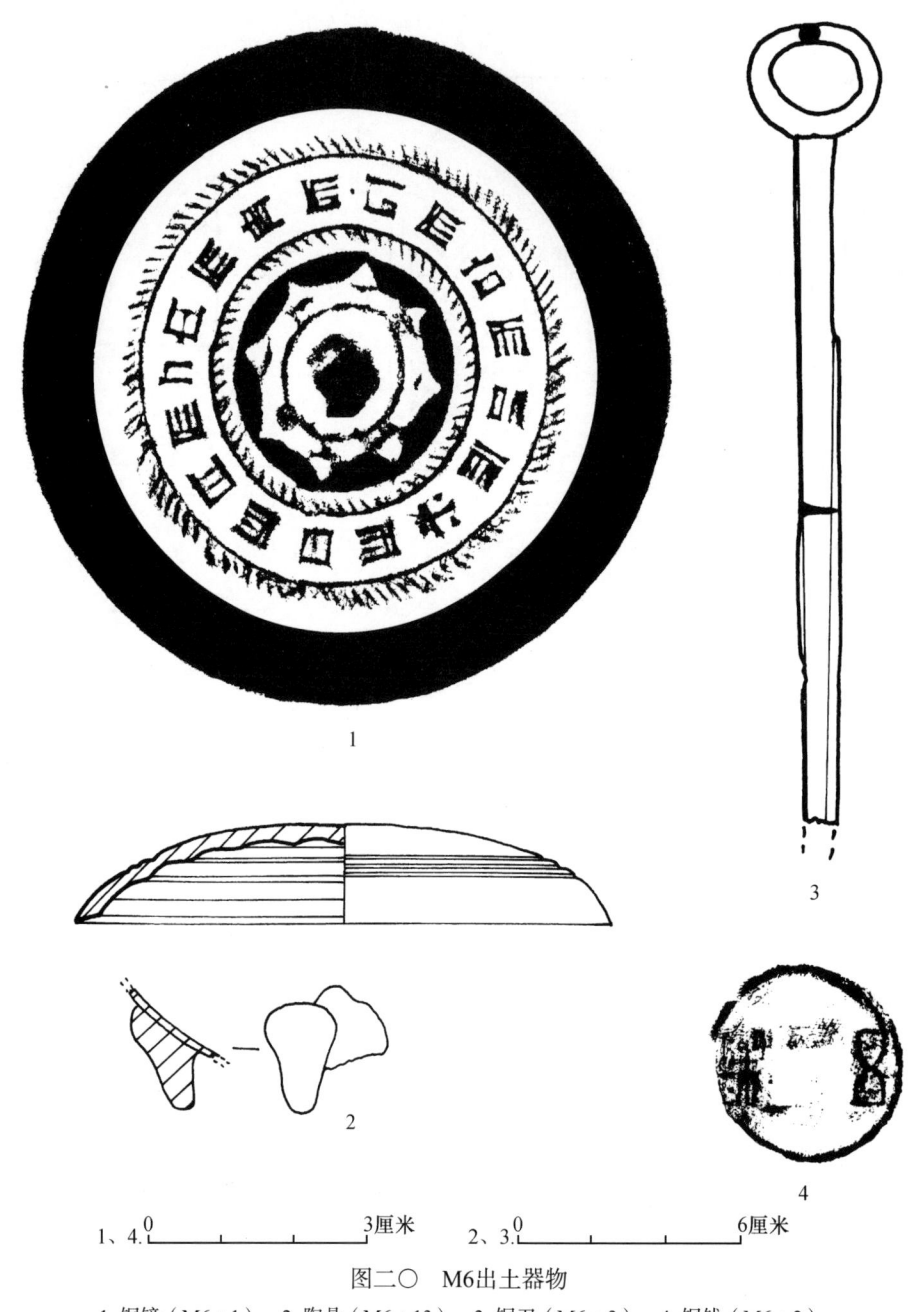

图二〇　M6出土器物
1. 铜镜（M6:1）　2. 陶鼎（M6:13）　3. 铜刀（M6:3）　4. 铜钱（M6:2）

M7

1. 墓葬形制

凸字形土坑竖穴墓。方向110°。墓室长4.42、宽2.96、深2.8米，上部在下葬时已坍塌。墓道位于墓室东壁中央，长方形斜坡状，上口长1.2、宽1米。墓内填土为黄褐色花土，土质较硬。存残棺椁，木椁长3.4、宽2.12、残高0.84米，四周椁板厚12厘米，底部椁板厚22厘米，顶部有13块盖板，盖板两端已腐，仅余中间部分。椁内存单棺，长2.3、宽0.7、高0.56米，棺板厚12厘米。木棺两端挡板均腐烂，其余保存较好，木棺内外均髹黑漆。随葬品有陶鼎2件、盒1件、壶2件、瓿1件、罐1件、钵2件、灶1件、勺1件；铜镜1件、带钩1件、刀1件、铜钱78枚。铜器置于棺内，其余置于边厢（图二一；彩版六，1）。

2. 随葬品

陶鼎　2件。M7：7，泥质红陶。仅存覆钵形鼎盖，盖上饰三乳丁纽。通体饰折线纹。口径17.9厘米（图二二，2）。M7：8，泥质红陶。子母口，耳残，鼓腹，圜底，兽蹄足。覆钵形鼎盖，盖上饰三乳丁纽，外饰折线纹。腹部饰弦纹与折线纹。口径17.6、通高15.8厘米（图二二，1；彩版七，4）。

陶盒　1件。M7：14，泥质红陶。子母口，鼓腹，平底内凹。素面。口径15.6、底径8、通高10.8厘米（图二三，4；彩版八，2）。

陶壶　2件。M7：11，釉陶，上半部施釉。敞口，直颈，圆鼓腹，平底内凹。肩部对饰兽面桥形耳。颈部饰波浪纹与弦纹，肩部饰弦纹与抽象动物纹。口径15.6、底径15.3、通高39.4厘米（图二三，2；彩版八，3）。M7：12，釉陶，上半部施釉。敞口，直颈，平底内凹。肩部对饰桥形耳。颈部饰弦纹与波浪纹，上腹部饰弦纹，内表存轮制弦纹。口径10.2、底径9.2、通高22厘米（图二三，1；彩版八，4）。

陶瓿　1件。M7：6，釉陶，上半部施釉。平口，方唇，鼓腹，平底内凹。肩部饰双兽面耳。肩部饰抽象动物纹，线条流畅，内外表存轮制弦纹。口径8.4、底径14.6、通高25厘米（图二三，3；彩版七，2）。

陶罐　1件。M7：13，泥质红陶。口残，鼓腹，平底。内表存轮制弦纹。底径4.6、残高5.8厘米（图二三，8）。

陶钵　2件。M7：9，泥质灰褐陶。敛口，口下有一圆形小孔，折肩，斜弧腹，平底。口径10.8、底径7、通高11厘米（图二三，6；彩版七，6）。M7：15，泥质红陶。微敛口，鼓腹，平底。素面。口径9.6、底径5、通高8.2厘米（图二三，7）。

陶灶　1件。M7：10，泥质红陶。平面呈椭圆形，前端设一拱形灶门，灶面开设双灶眼，上存一甑。灶面起围墙，外饰方格纹。长22、宽14厘米（图二二，3；彩版八，1）。

陶勺　1件。M7：16，泥质红陶。长5.8厘米（图二三，5）。

铜镜　1件。M7：1，日光镜。桥形纽，圆形纽座，窄素平缘。内区为八瓣内向连弧纹，外区为铭文带，铭文为"见日之光，长不相忘"。直径7.3、缘厚0.4厘米（图二二，4；彩版七，1）。

铜带钩　1件。M7：3，长8.1厘米（图二二，6；彩版七，3）。

铜刀　1件。M7：4，环首，刀身剖面呈楔形。长27厘米（彩版七，5）。

铜钱　78枚。M7：2，置于棺内东端，共62枚，为五铢钱（图二二，5；彩版五四，4）。M7：5，置于棺内中央，共16枚，为五铢钱。

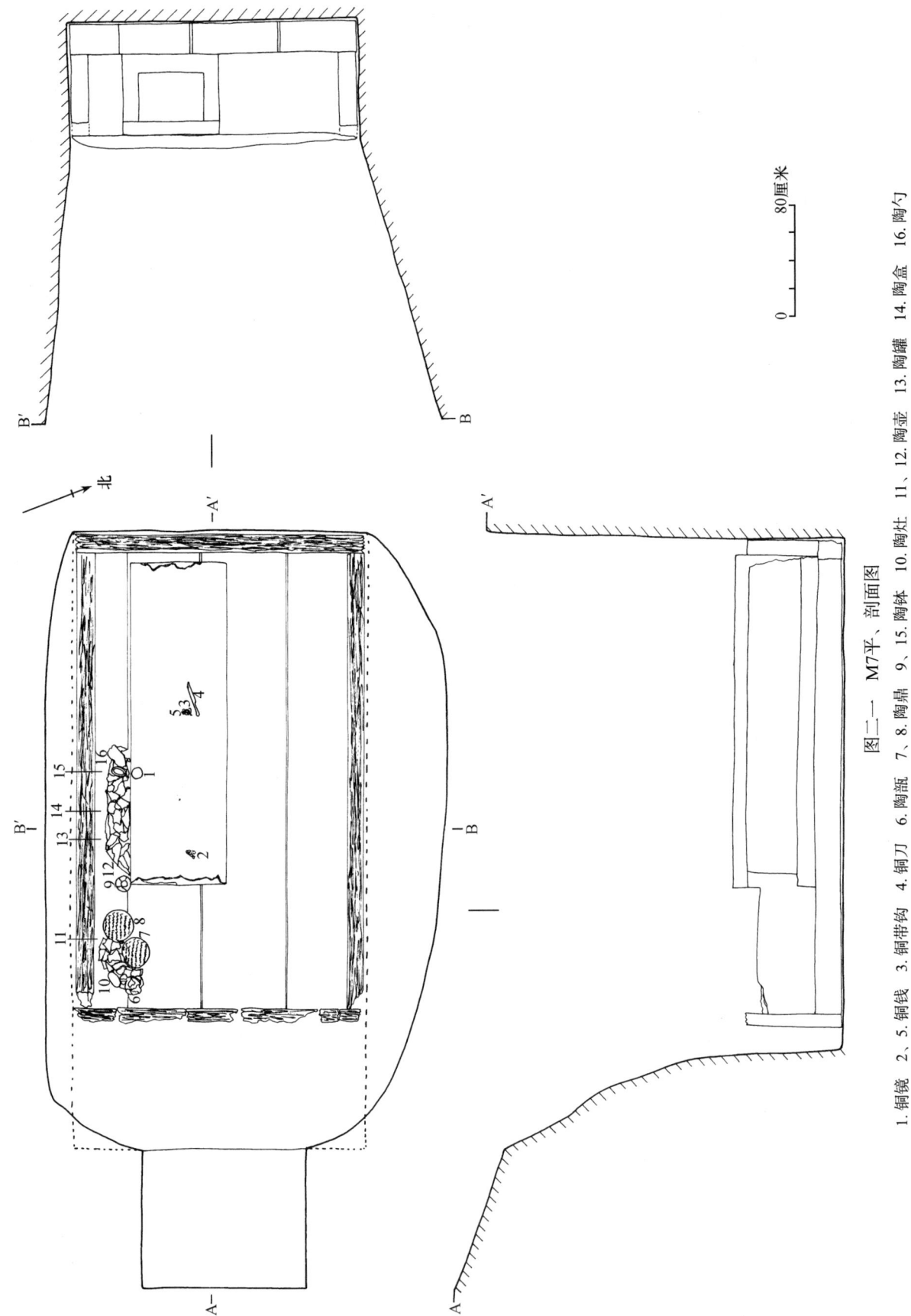

图二二　M7平、剖面图

1. 铜镜　2、5. 铜钱　3. 铜带钩　4. 铜刀　6. 陶瓿　7、8. 陶鼎　9、15. 陶钵　10. 陶灶　11、12. 陶壶　13. 陶罐　14. 陶盒　16. 陶勺

图二二 M7出土器物

1、2.陶鼎（M7：8、M7：7） 3.陶灶（M7：10） 4.铜镜（M7：1） 5.铜钱（M7：2） 6.铜带钩（M7：3）

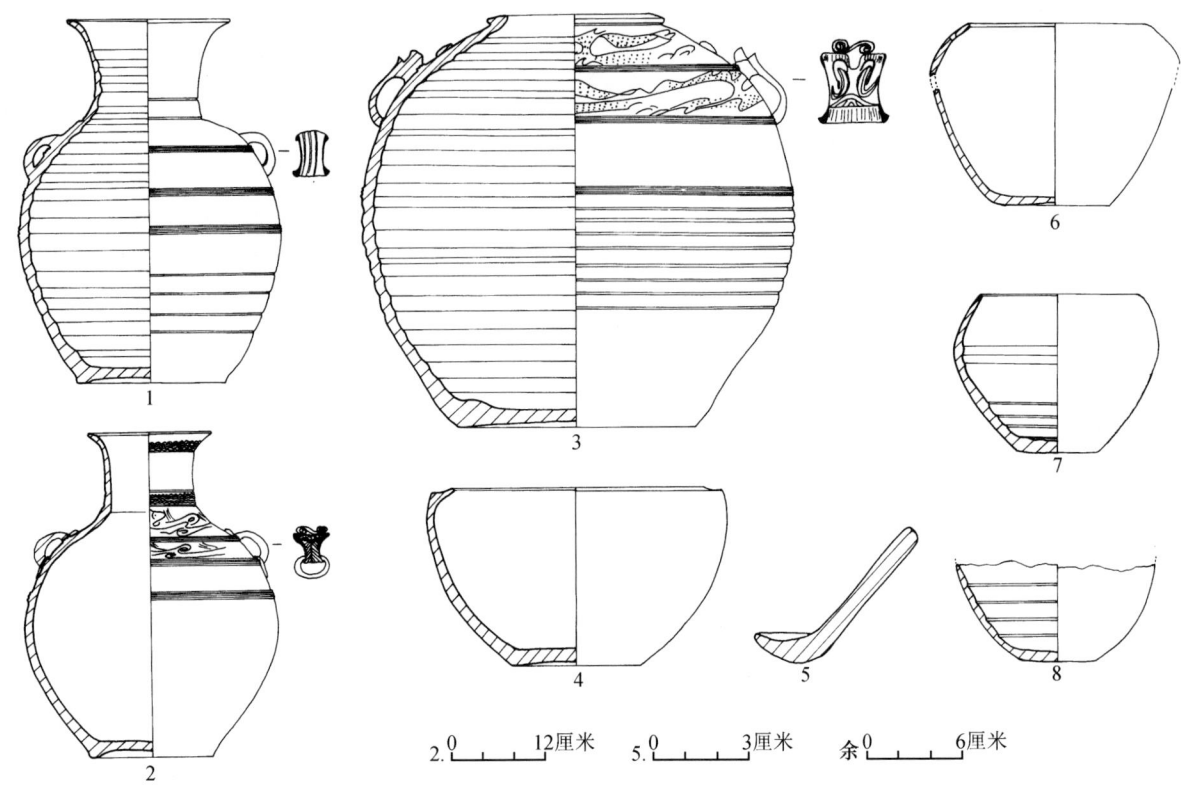

图二三 M7出土陶器

1、2. 壶（M7:12、M7:11） 3. 瓿（M7:6） 4. 盒（M7:14） 5. 勺（M7:16） 6、7. 钵（M7:9、M7:15） 8. 罐（M7:13）

M8

1. 墓葬形制

长方形土坑竖穴墓。方向120°。墓口四壁原已塌陷，大致呈长方形，现墓口长3.98、宽3.02、深1.6米。墓内填土为红褐色花土，土质较硬。内残存木棺椁，椁长3.14、宽1.4、残高0.76米，椁板厚8厘米。随葬品有陶鼎1件、盒1件、壶3件、罐2件、井1件、灶1件；铜洗2件、镜1件、铜钱45枚。M8:1铜洗残碎（图二四；彩版六，2）。

2. 随葬品

陶鼎 1件。M8:8，残。泥质红陶。子母口，下部残，兽蹄足。双附耳。腹部饰凸弦纹。口径15.6厘米（图二五，4）。

陶盒 1件。M8:7，泥质红陶。子母口，底部已残。覆钵形器盖，上有三乳丁纽。器盖上饰折线纹、云纹。口径19.4厘米（图二五，5）。

陶壶 3件。M8:4，釉陶，上半部施釉。敞口，束颈，弧鼓腹，平底。肩部饰兽面桥

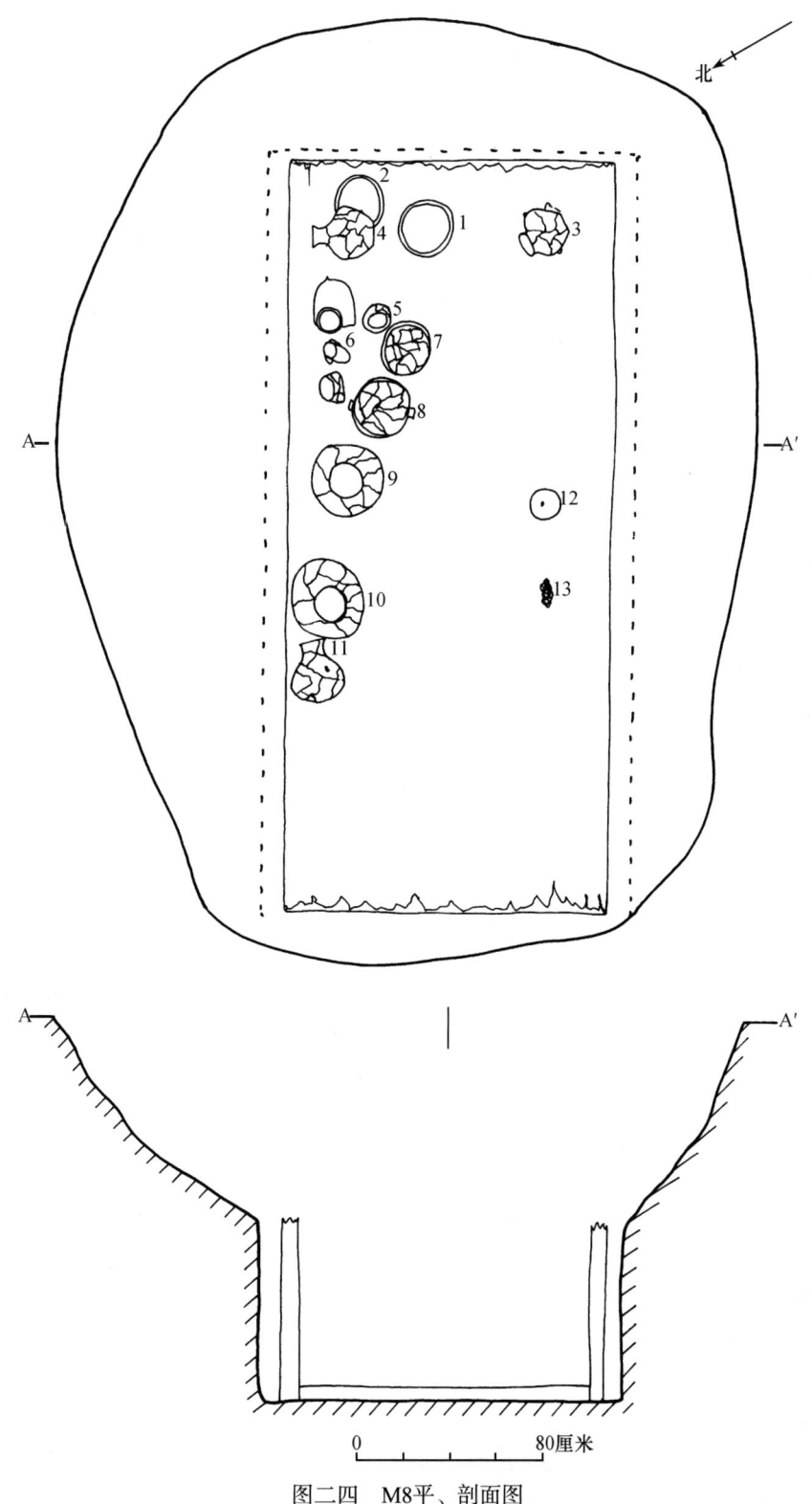

图二四 M8平、剖面图

1、2.铜洗 3、9.陶罐 4、10、11.陶壶 5.陶井 6.陶灶 7.陶盒 8.陶鼎 12.铜镜 13.铜钱

形耳。颈部饰波浪纹、弦纹。口径14、底径11、通高23.2厘米（图二五，1；彩版八，5）。M8：10，硬陶。敞口，束颈，弧鼓腹，平底内凹。肩部饰对称桥形耳。颈部饰弦纹与波浪纹，腹部饰弦纹，内表存轮制弦纹。口径14.8、底径14、通高34厘米（图二五，3；彩版九，3）。M8：11，泥质红陶。口残，弧鼓腹，平底。肩部饰对称桥形耳。肩部饰波浪纹与弦纹。底径9.8、残高13.6厘米（图二五，2；彩版九，4）。

陶罐　2件。M8：3，残。釉陶，上半部施釉。平口，平底。肩部饰兽面铺首耳。肩部饰波浪纹与弦纹，口径8.6、底径11.2厘米（图二五，8）。M8：9，泥质灰陶。侈口，斜方唇，圆鼓腹，平底内凹。肩部饰双桥形耳。肩部、下腹部饰细弦纹与绳纹，内表残留轮制弦纹。口径15、底径11.4、通高26.6厘米（图二五，7；彩版九，2）。

陶井　1件。M8：5，泥质红陶。平口方唇。上半部饰波浪纹与弦纹，内表残留轮制弦纹。口径6、通高8.8厘米（图二六，2；彩版八，6）。

陶灶　1件。M8：6，泥质红陶。平面呈椭圆形，前端设一拱形灶门，后端置一实心烟囱。灶面开设双火眼，单侧起高墙护栏，护栏外侧饰几何形纹饰。附有甑、釜各一。长21.6、宽13.6厘米（图二六，1；彩版九，1）。

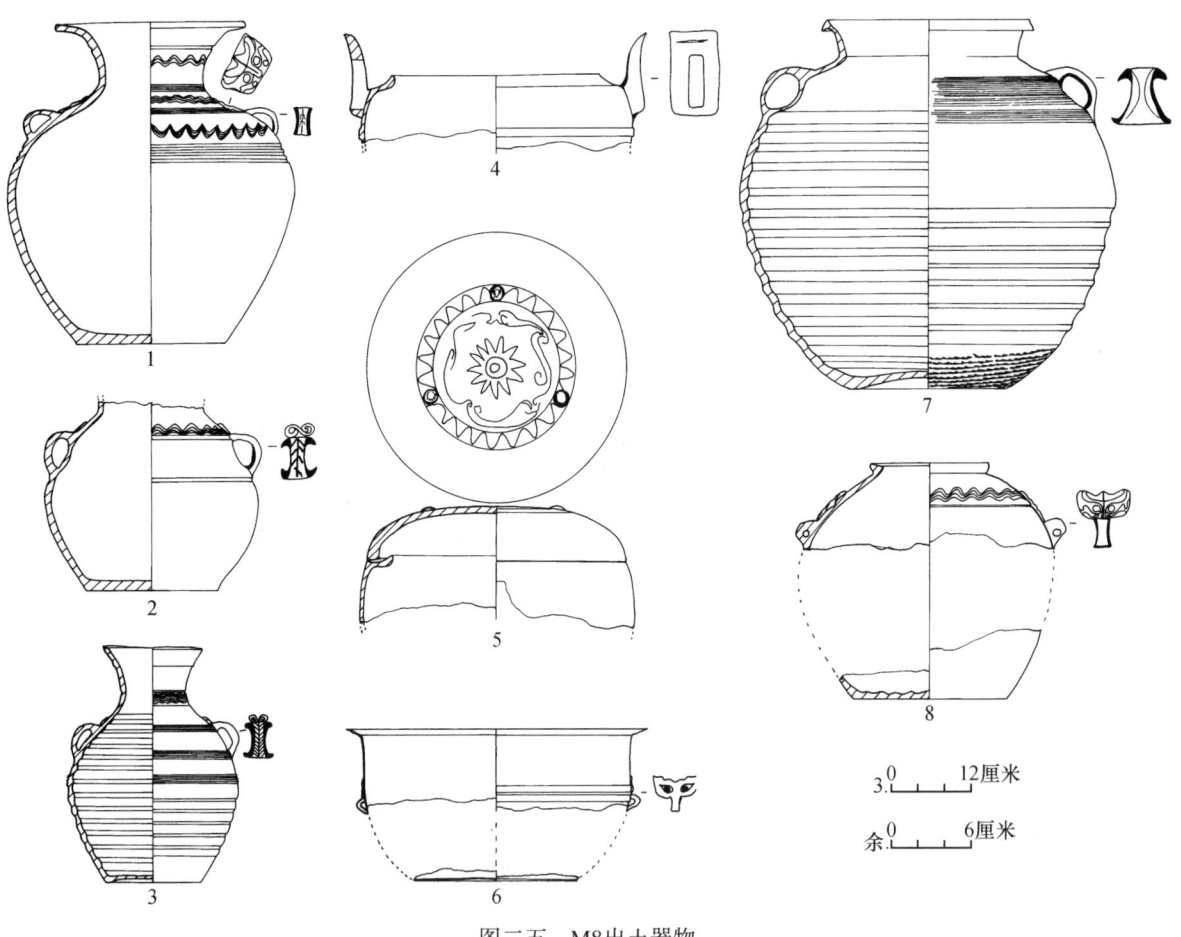

图二五　M8出土器物

1~3.陶壶（M8：4、M8：11、M8：10）　4.陶鼎（M8：8）　5.陶盒（M8：7）　6.铜洗（M8：2）　7、8.陶罐（M8：9、M8：3）

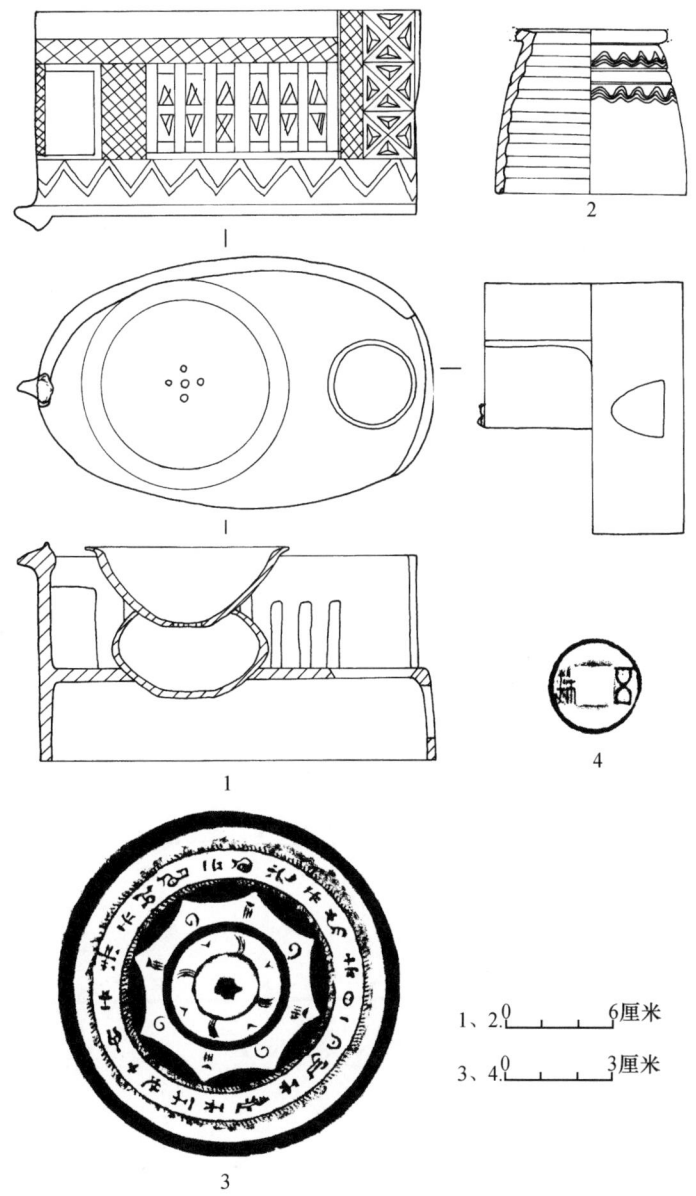

图二六 M8出土器物
1.陶灶（M8：6） 2.陶井（M8：5） 3.铜镜（M8：12） 4.铜钱（M8：13）

铜洗 2件。M8：2，残。折沿，斜弧腹，平底。肩部饰兽面铺首耳。口径22.5、底径12.5厘米（图二五，6）。M8：1，器壁薄，残碎。

铜镜 1件。M8：12，昭明镜。桥形纽，圆形纽座，素平缘。外区为铭文带，铭文为"内清以昭明，光象夫日月，心乎而忠"。直径9.4、缘厚0.5厘米（图二六，3；彩版九，5）。

铜钱 45枚。M8：13，为五铢钱（图二六，4；彩版五四，4）。

M9

1. 墓葬形制

长方形土坑竖穴墓。方向112°。墓口长2.7、宽1.64、深0.9米。墓内填土为红褐色花土，土质较硬。墓底有人骨朽痕及木棺残片，头向朝东，保存较差。随葬品有料珠2件、陶壶2件（图二七；图版六，1）。

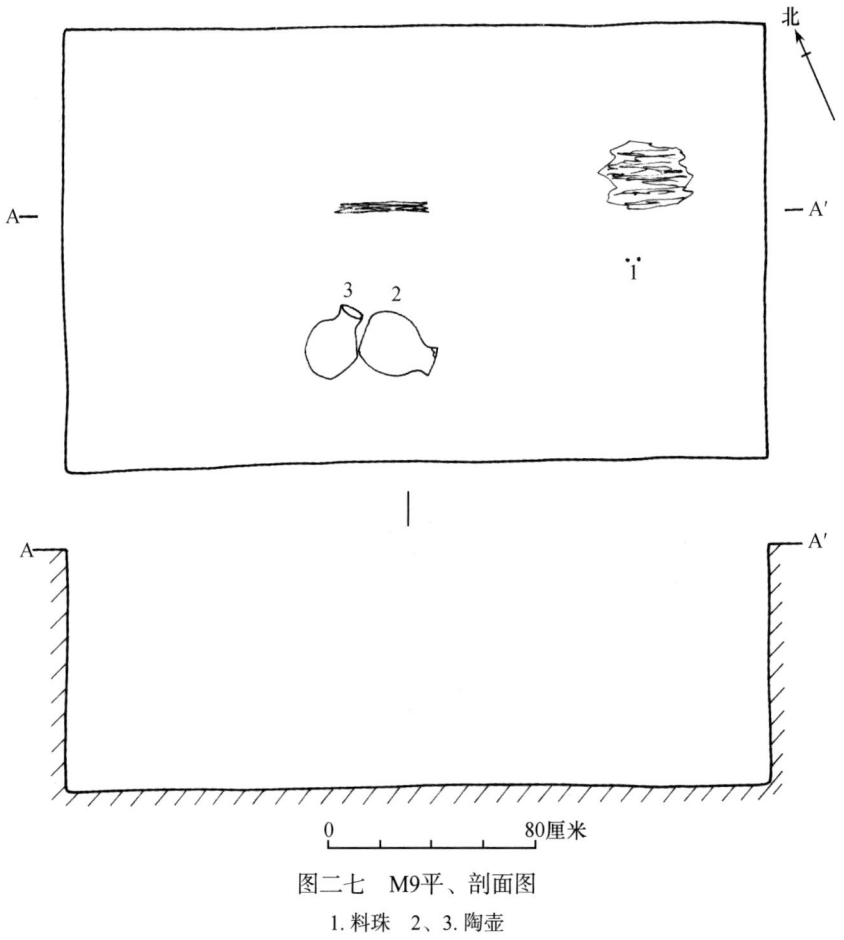

图二七 M9平、剖面图
1. 料珠 2、3. 陶壶

2. 随葬品

陶壶 2件。M9∶2，釉陶，上半部施釉。敞口，直颈，弧鼓腹，矮圈足。肩部对饰桥形耳。颈部饰弦纹与波浪纹，腹部饰弦纹，内表残留轮制弦纹。口径12.6、底径11.6、通高29.4厘米（图二八，1；图版七，3）。M9∶3，釉陶，上半部施釉。盘口，束颈，矮圈足。肩部对饰桥形耳。颈部饰弦纹与波浪纹，腹部饰弦纹，内表残留轮制弦纹。口径10.6、底径9.4、通高22.4厘米（图二八，3）。

料珠 2件。M9∶1，蓝色。直径0.6厘米（图二八，2；图版七，1）。

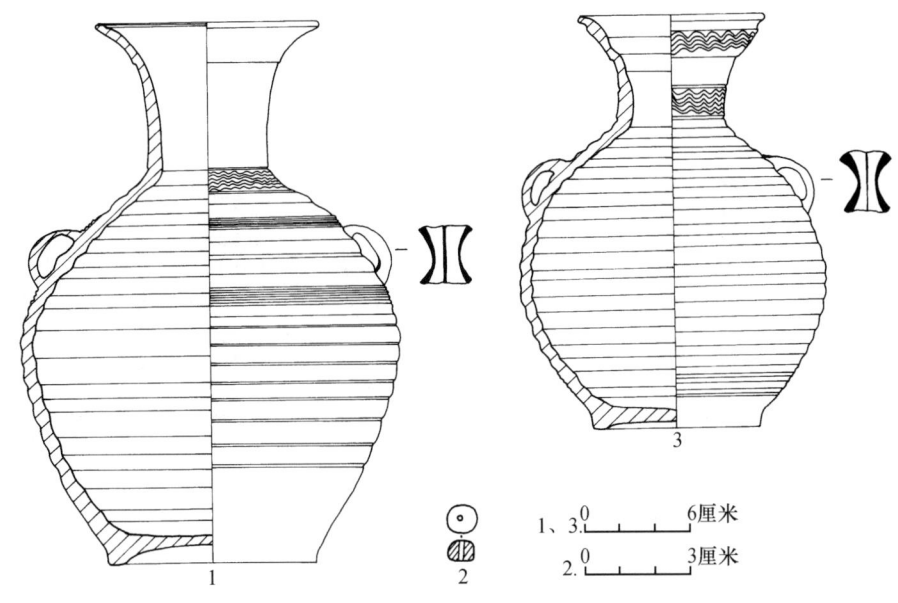

图二八　M9出土器物
1. 陶壶（M9：2）　2. 料珠（M9：1）　3. 陶壶（M9：3）

M10

1. 墓葬形制

凸字形土坑竖穴墓。方向110°。墓室长3.4、宽2.5、深2.1米。墓道位于东壁中央，长方形斜坡状，上口长0.6、宽1.42米。墓内填土为红褐色花土。墓室内残存木椁，长3、宽2.34、残高0.9米，椁板厚8～10厘米，椁底由木板拼合而成，木椁内未发现木棺痕迹。随葬品有陶盒4件、壶2件、罐3件、瓿2件、灶1件、熏炉1件；铜洗1件、剑1件、矛1件、刀1件、铜钱11枚；玉璧1件。其中玉璧和铜器置于墓室中部，推测应在棺内，陶器集中置于墓底北侧（图二九；图版六，2）。

2. 随葬品

陶盒　4件。M10：7，泥质红陶。子母口，斜鼓腹，平底。覆钵形器盖，盖上饰一道凹弦纹。腹部及内表残留轮制弦纹。口径14.2、底径10、通高12.2厘米（图三〇，1；图版八，1）。M10：8，泥质红陶。子母口，弧鼓腹，平底。覆钵形器盖。器表及内表饰轮制弦纹。口径14.2、底径9.6、通高13.2厘米（图三〇，3；图版八，3）。M10：9，泥质红陶。子母口，弧鼓腹，双附耳，平底内凹。覆钵形器盖。器表及内表饰轮制弦纹。口径16、底径9.6、通高11.8厘米（图三〇，5；图版八，5）。M10：10，泥质红陶。子母口，斜弧腹，双附耳，平底。覆钵形器盖，盖上饰一道细弦纹。下腹部饰弦纹，内表残留轮制弦纹。口径14、底径9、通高13.2厘米（图三〇，2；图版八，2）。

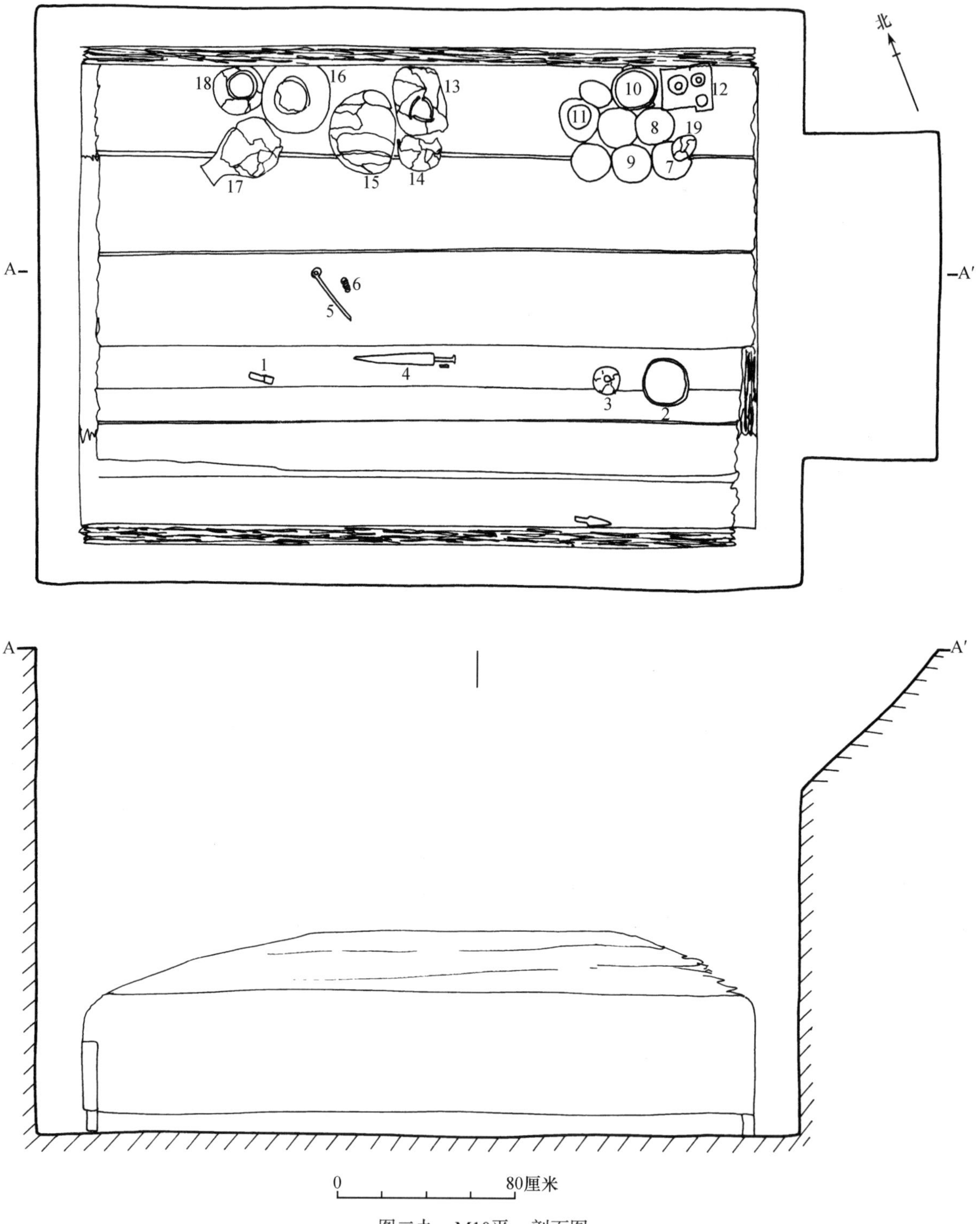

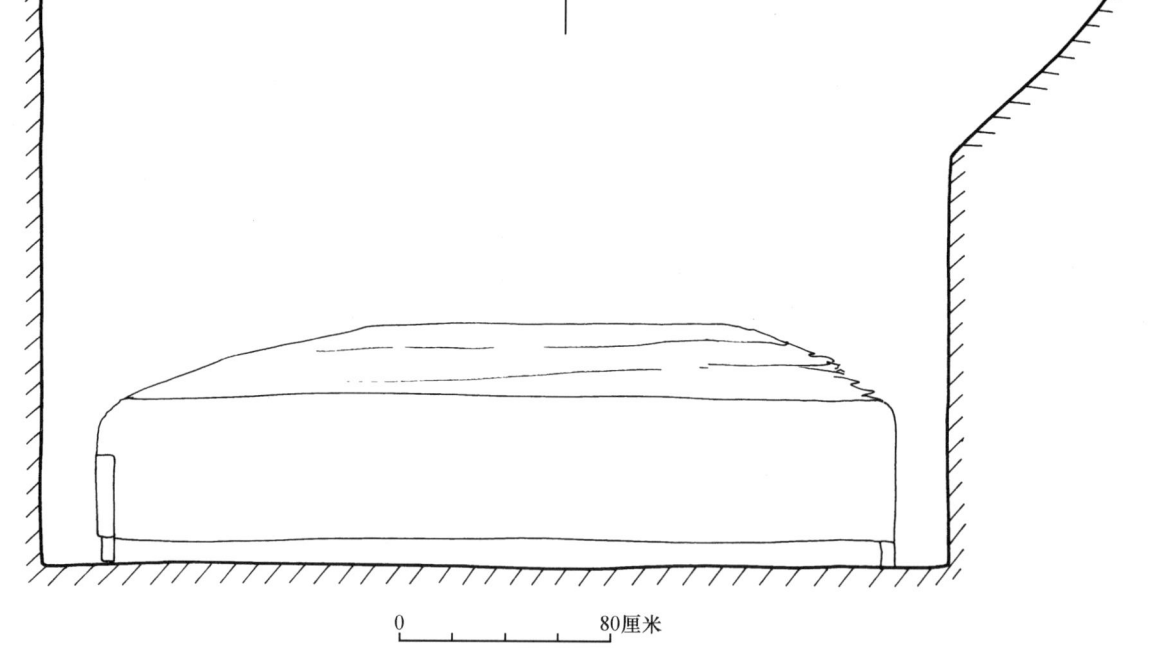

图二九 M10 平、剖面图

1. 铜矛 2. 铜洗 3. 玉璧 4. 铜剑 5. 铜刀 6. 铜钱 7~10. 陶盒 11、18、19. 陶罐 12. 陶灶
13. 陶熏炉 14、15. 陶瓿 16、17. 陶壶

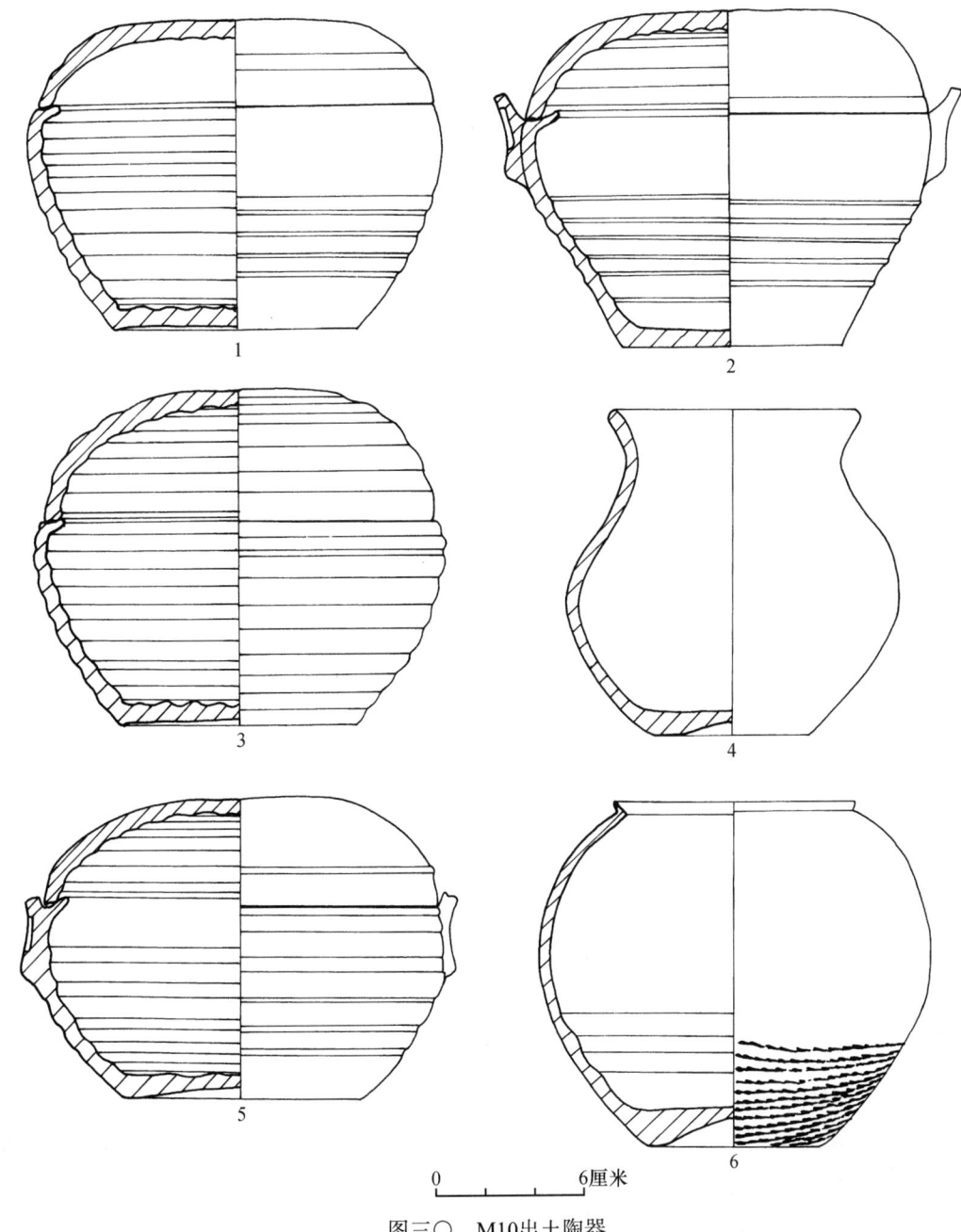

图三〇　M10出土陶器

1~3、5.盒（M10∶7、M10∶10、M10∶8、M10∶9）　4、6.罐（M10∶11、M10∶18）

陶壶　2件。M10∶16，硬陶。敞口，束颈，弧鼓腹，平底内凹。双叶脉纹桥形耳。颈部饰弦纹与波浪纹，肩部、腹部及内表存轮制弦纹。口径13、底径14.6、高36.2厘米（图三一，3；图版九，2）。M10∶17，硬陶。敞口，束颈，弧鼓腹，平底内凹。双兽面铺首耳。颈部饰弦纹与波浪纹，肩部、腹部及内表存轮制弦纹。口径12.2、底径13.6、高32.8厘米（图三一，1；图版九，4）。

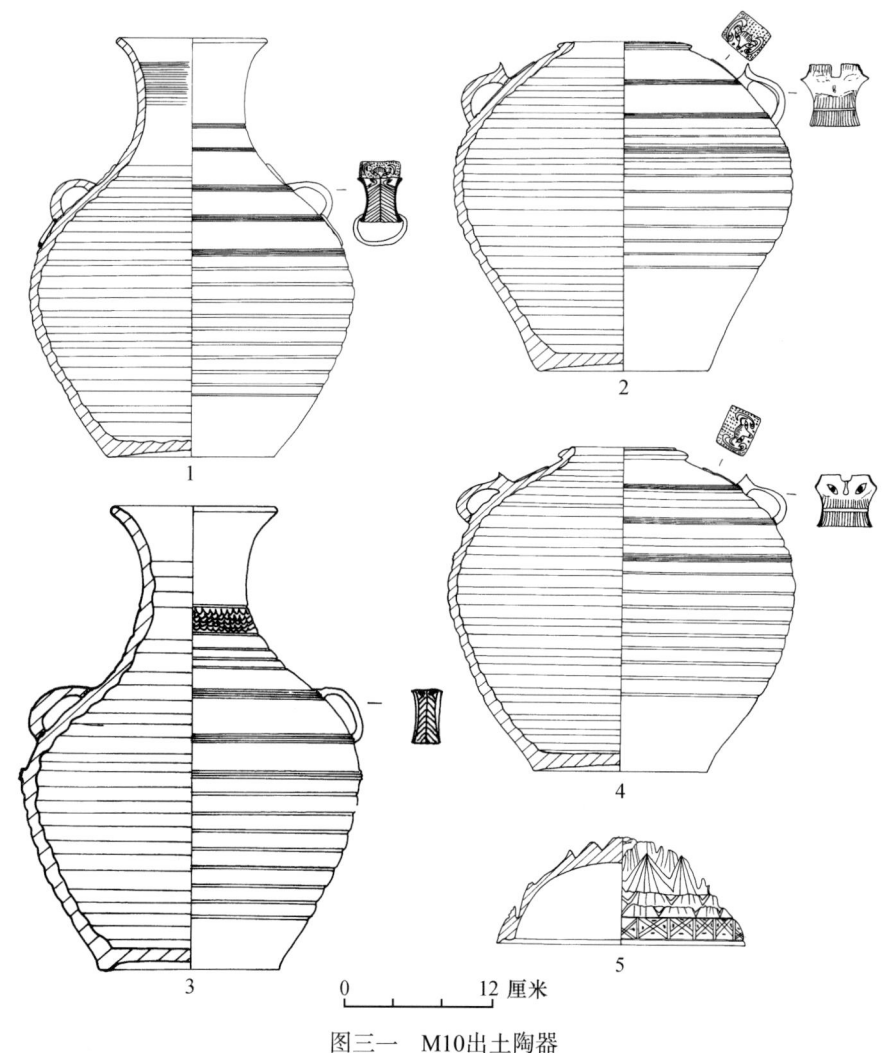

图三一　M10出土陶器
1、3.壶（M10∶17、M10∶16）　2、4.瓿（M10∶15、M10∶14）　5.熏炉（M10∶13）

陶瓿　2件。M10∶14，硬陶。平口，圆鼓腹，平底内凹。双兽面桥形耳。肩部饰三组凸弦纹，器表及内表残留轮制弦纹。口径8、底径13.8、通高25.4厘米（图三一，4；图版九，3）。M10∶15，硬陶。平口，圆鼓腹，平底内凹。双兽面桥形耳。肩部饰三组凸弦纹，器表及内表存轮制弦纹。口径8、底径13.6、通高25.8厘米（图三一，2；图版九，5）。

陶罐　3件。M10∶11，泥质灰陶。敞口，束颈，鼓腹，平底内凹。素面。口径9.8、底径6.4、高12.8厘米（图三〇，4；图版八，4）。M10∶18，泥质灰陶。侈口，束颈，圆鼓腹，平底内凹。下腹部饰绳纹，内表存轮制弦纹。口径10、底径7、高13.6厘米（图三〇，6；图版九，6）。M10∶19，残。泥质灰陶。侈口。残高5.6厘米（图三二，1）。

陶灶　1件。M10∶12，泥质灰陶。平面呈曲尺形。前端设双拱形灶门，灶面置三火眼，灶面上起高护栏围墙，存釜、甑附件。通长21、宽19.4厘米（图三二，2；图版八，6）。

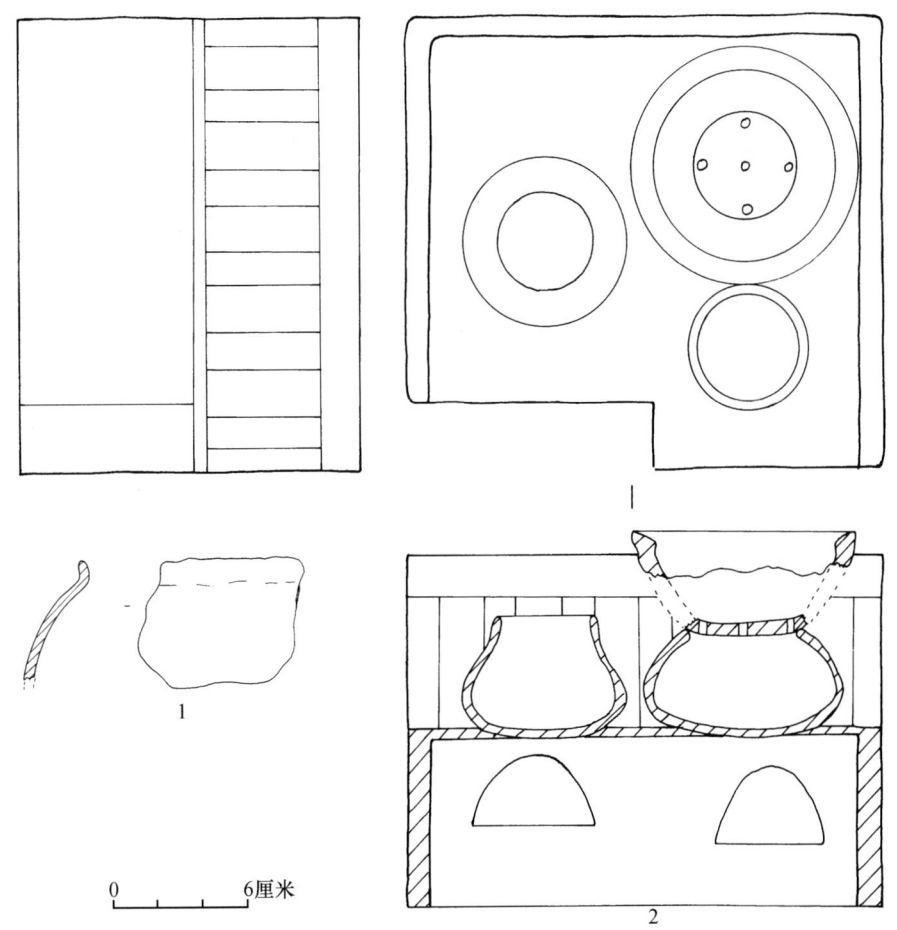

图三二　M10出土陶器
1. 罐（M10∶19）　2. 灶（M10∶12）

陶熏炉　1件。M10∶13，泥质灰陶。仅存博山器盖。口径20、残高8.4厘米（图三一，5；图版九，1）。

铜洗　1件。M10∶2，折沿，圜底。素面。口径18、通高9.2厘米（图三三，5）。

铜剑　1件。M10∶4，圆形剑首，茎为全空，窄格，脊隆起，剖面呈菱形，剑尾收杀成锋。长47厘米。附存玉剑璏，素面。长4.8、宽1.8、厚1.3厘米（图三三，1；图版七，2、4）。

铜矛　1件。M10∶1，圆骸，銎口已残，身呈柳叶形，窄脊隆起，两侧有血槽。残长15.7厘米。有镦，残，圆筒形，中部有平行凸箍两周，出土时内部残存木柲。残长9.2、銎口直径1.5厘米（图三三，2；图版七，5）。

铜刀　1件。M10∶5，环首，剖面成楔形。残长27.2厘米（图三三，3；图版七，6）。

铜钱　11枚。M10∶6，为五铢钱。

玉璧　1件。M10∶3，残。素面。厚0.2厘米（图三三，4）。

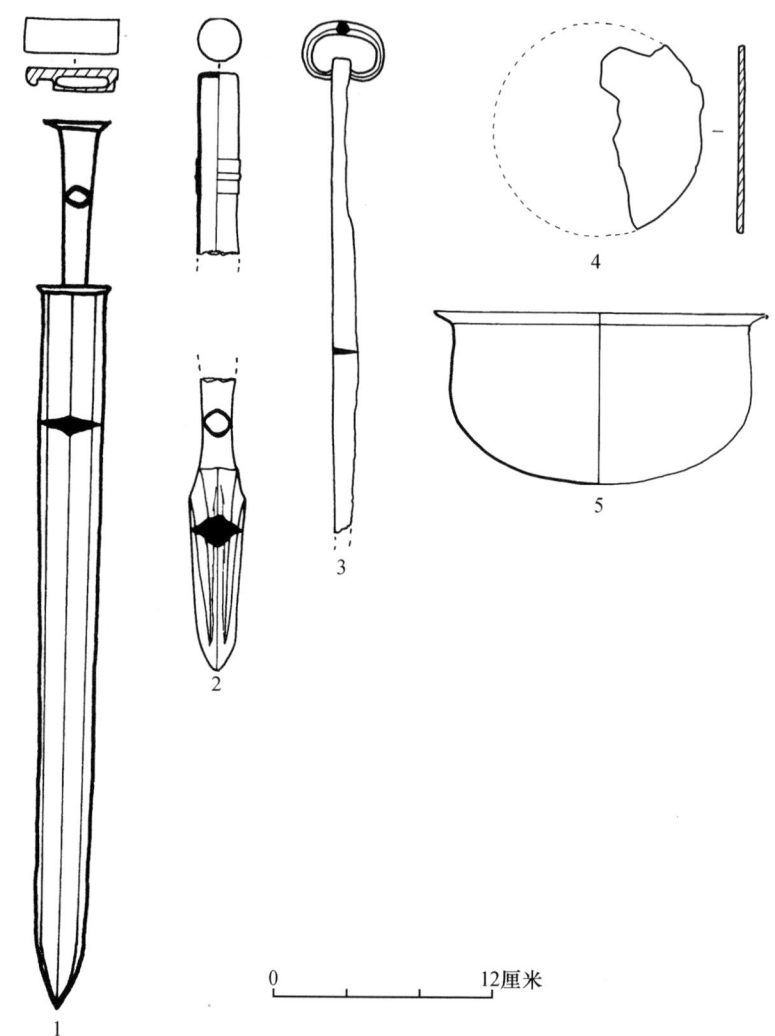

图三三　M10出土器物

1. 铜剑（M10：4）　2. 铜矛（M10：1）　3. 铜刀（M10：5）　4. 玉璧（M10：3）　5. 铜洗（M10：2）

M11

1. 墓葬形制

长方形土坑竖穴墓。方向297°。墓口长1.4、宽0.6、深0.6米。墓内填土为黄褐色花土，土质较硬。随葬品有陶壶1件，置于墓底西端（图三四；图版一〇，1）。

2. 随葬品

陶壶　1件。釉陶，上半部施釉。口残，弧鼓腹，平底内凹。肩部对饰叶脉纹桥形耳。肩部及腹部饰凹弦纹，内表存轮制弦纹。底径10、残高16.4厘米（图三五；图版一一，1）。

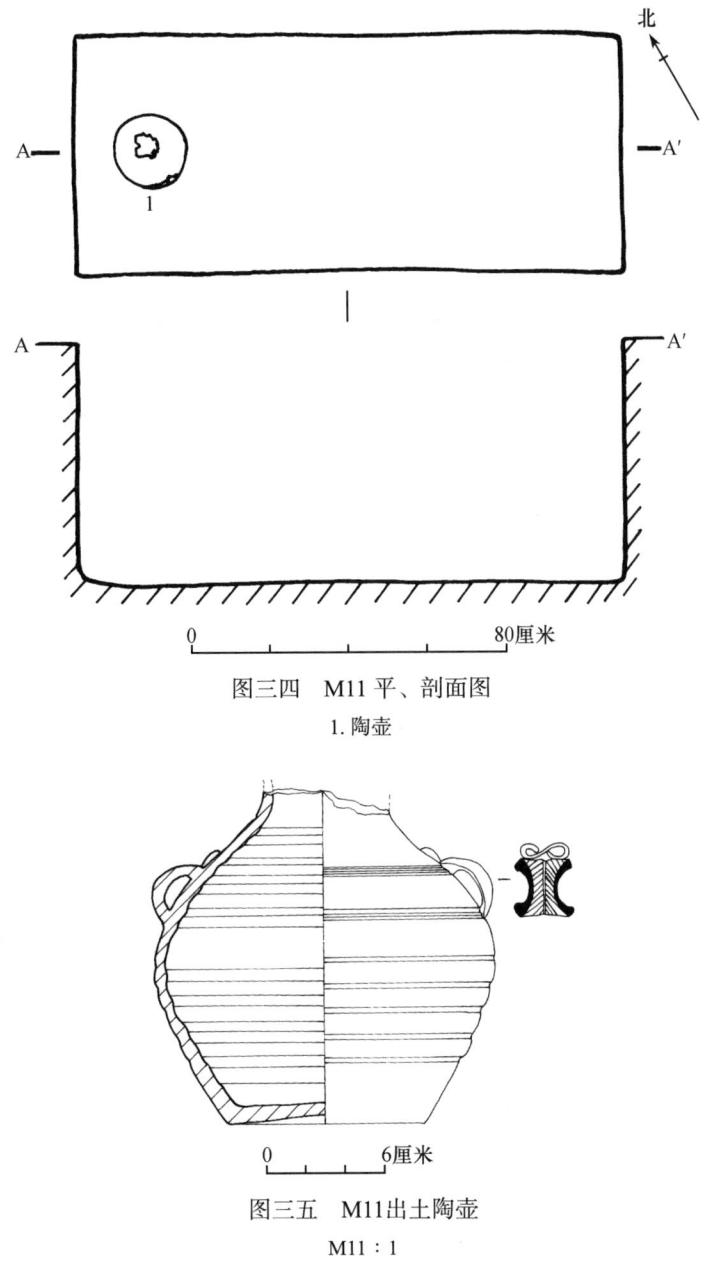

图三四 M11平、剖面图
1. 陶壶

图三五 M11出土陶壶
M11∶1

M12

1. 墓葬形制

长方形土坑竖穴墓。方向290°。墓口长2.2、宽1.26、深1.1米。墓内填土为黄褐色花土，土质较硬。随葬品有陶壶2件、罐3件，置于墓底南侧，其中M12∶5陶罐残碎。另有铜镜1件、铜钱30枚，置于墓室中部（图三六；图版一〇，2）。

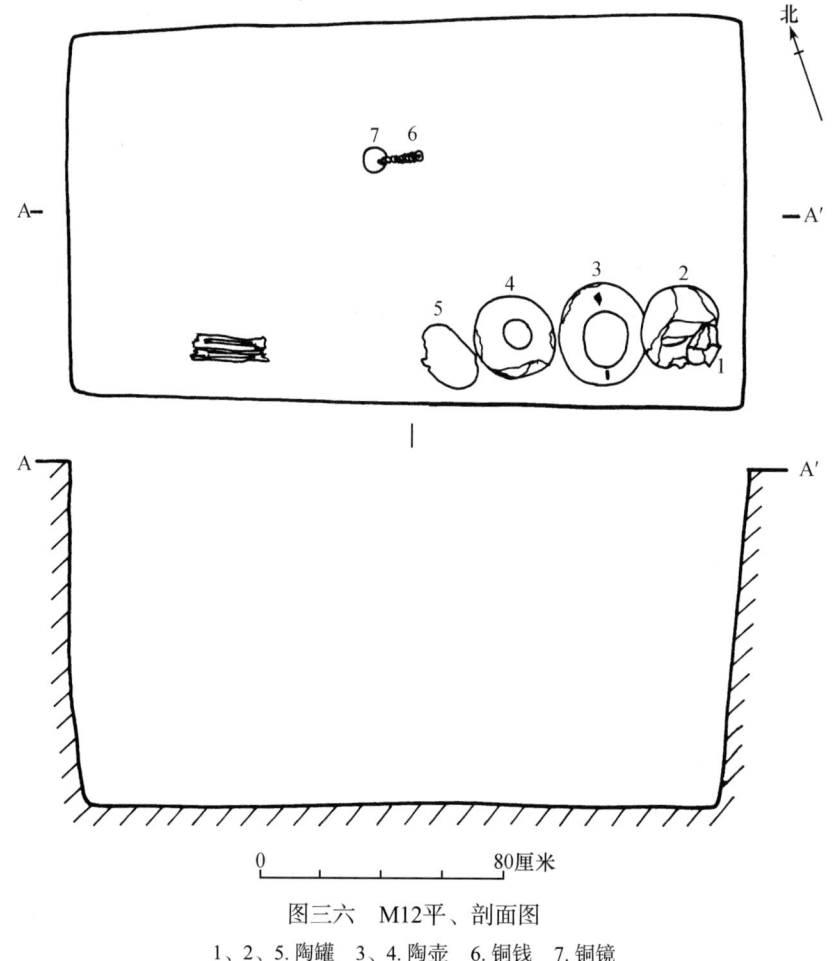

图三六　M12平、剖面图
1、2、5.陶罐　3、4.陶壶　6.铜钱　7.铜镜

2. 随葬品

陶壶　2件。M12∶3，硬陶。盘口圆唇，束颈，圆鼓腹，平底内凹。肩部对饰叶脉纹桥形耳及弦纹，颈部饰波浪纹与弦纹，下腹部饰弦纹，内表存轮制弦纹。口径13.4、底径12.8、通高27厘米（图三七，1；图版一一，2）。M12∶4，釉陶，上半部施釉。口残，束颈，圆鼓腹，圈足。肩部对饰兽面铺首耳。颈部饰波浪纹，上腹部饰弦纹，内表存轮制弦纹。底径11.4、残高24.2厘米。（图三七，3；图版一一，4）

陶罐　3件。M12∶1，泥质红陶。直口圆唇，弧鼓腹，平底。素面。口径6、底径5.8、通高8厘米（图三七，4；图版一一，3）。M12∶2，泥质灰陶。侈口圆唇，弧鼓腹，平底。肩上对饰叶脉纹桥形耳。器表及内表饰轮制弦纹。口径9.2、底径8.2、高10.2厘米（图三七，2；图版一一，5）。M12∶5，残碎。

铜镜　1件。M12∶7，四乳四虺镜。体薄，桥形纽，圆形纽座。内区饰四乳四虺，内向连弧纹缘。直径7.5、缘厚0.2厘米（图三八，1；图版一一，6）。

铜钱　30枚。M12∶6，为五铢钱（图三八，2）。

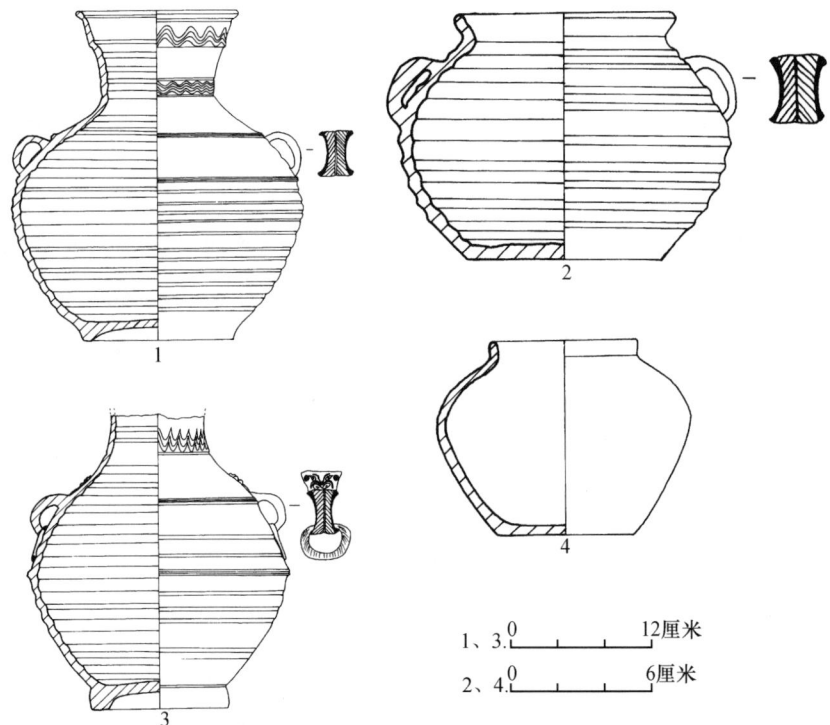

图三七　M12出土陶器

1、3.壶（M12：3、M12：4）　2、4.罐（M12：2、M12：1）

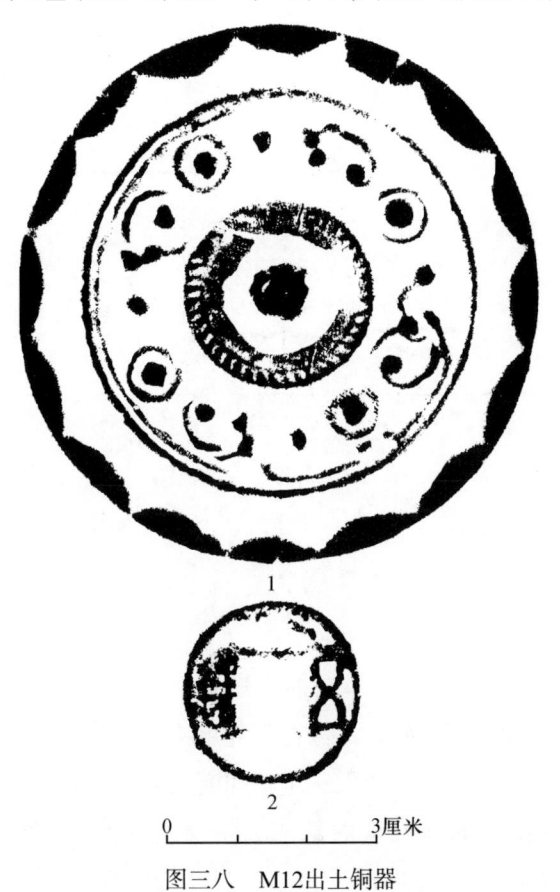

图三八　M12出土铜器

1.镜（M12：7）　2.钱（M12：6）

M13

1. 墓葬形制

长方形土坑竖穴墓。方向110°。墓室长3.44、宽3.02、深1.8米。墓内填土为黄褐色花土，土质较硬。墓室内残存木椁，长3.24、宽1.72、残高0.7米，椁板厚6~10厘米，底部由3块椁板拼合。墓室西北角有排水沟，长11.3、宽0.7、深1.8米。排水沟中间间隔有生土，底部挖洞相连，并铺有大小不均的碎石块，碎石块上面铺有一层板瓦，石、瓦厚50~68厘米，可作渗水之用。随葬品有陶壶2件、瓿2件、罐1件、灶1件、猪圈1件；鸟形铜杖首1件、洗1件、铜钱57枚（图三九；彩版一〇，1）。

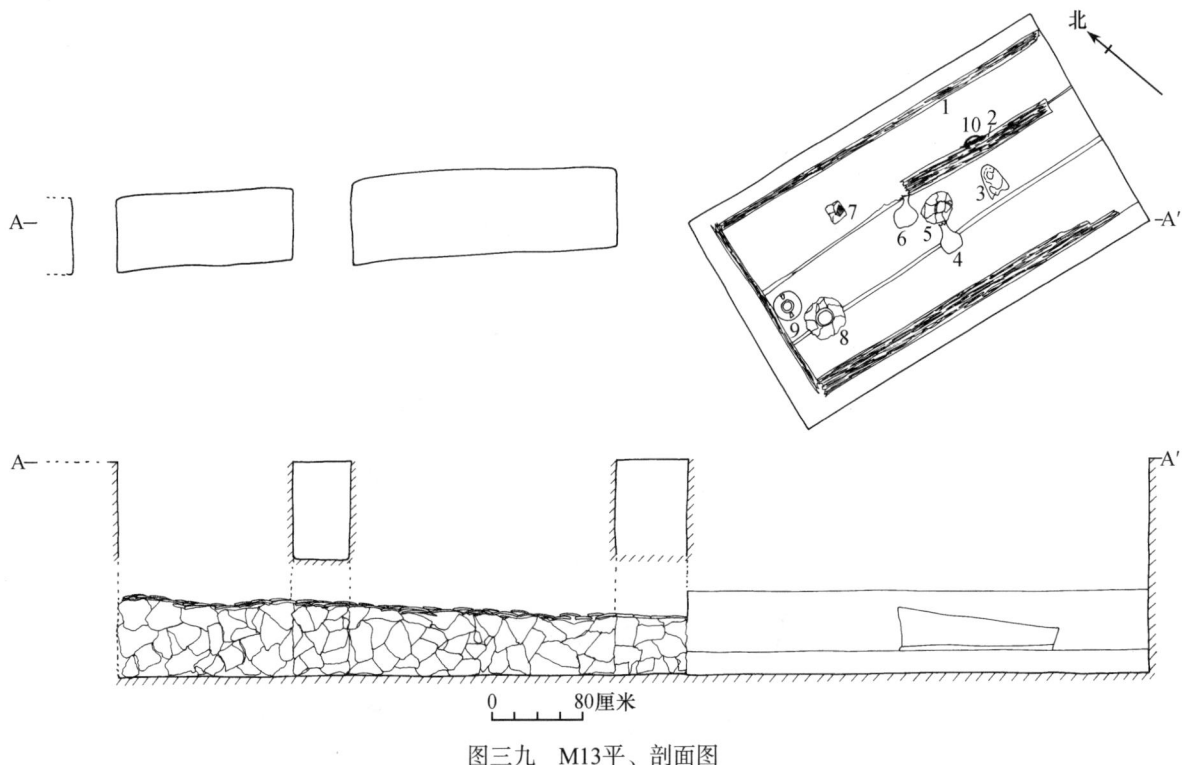

图三九　M13平、剖面图
1.鸟形铜杖首　2.铜钱　3.陶灶　4、6.陶壶　5.陶罐　7.陶猪圈　8、9.陶瓿　10.铜洗

2. 随葬品

陶壶　2件。M13：4，釉陶，上腹部施釉。敞口，束颈，弧鼓腹，平底内凹。肩部对饰桥形耳。颈部饰波浪纹，腹部饰凸弦纹，内表存轮制弦纹。口径9.8、底径8、高20厘米（图四〇，6；彩版一一，3）。M13：6，釉陶，上腹部施釉。敞口，束颈，弧鼓腹，平底内凹。肩部对饰叶脉纹桥形耳。颈部饰波浪纹，腹部饰凸弦纹，内表存轮制弦纹。口径11.2、底径8、高21.6厘米（图四〇，5；彩版一一，2）。

陶瓿　2件。M13∶8，硬陶。平口，圆鼓腹，平底内凹。肩部对饰兽面桥形耳。上腹部饰细弦纹，下腹部饰凸弦纹，内表存轮制弦纹。口径7.4、底径14、通高24厘米（图四〇，2；彩版一一，4）。M13∶9，釉陶，上腹部施釉。平口，圆鼓腹，平底内凹。肩部对饰兽面桥形耳。肩部饰线条流畅的抽象动物纹和弦纹。口径8.4、底径15.8、通高29厘米（图四〇，1；彩版一一，6）。

陶罐　1件。M13∶5，硬陶。平口，圆鼓腹，平底内凹。肩部对饰叶脉纹桥形耳。器表饰凸弦纹，内表存轮制弦纹。口径13.8、底径11.4、高16.8厘米（图四〇，3；彩版一一，5）。

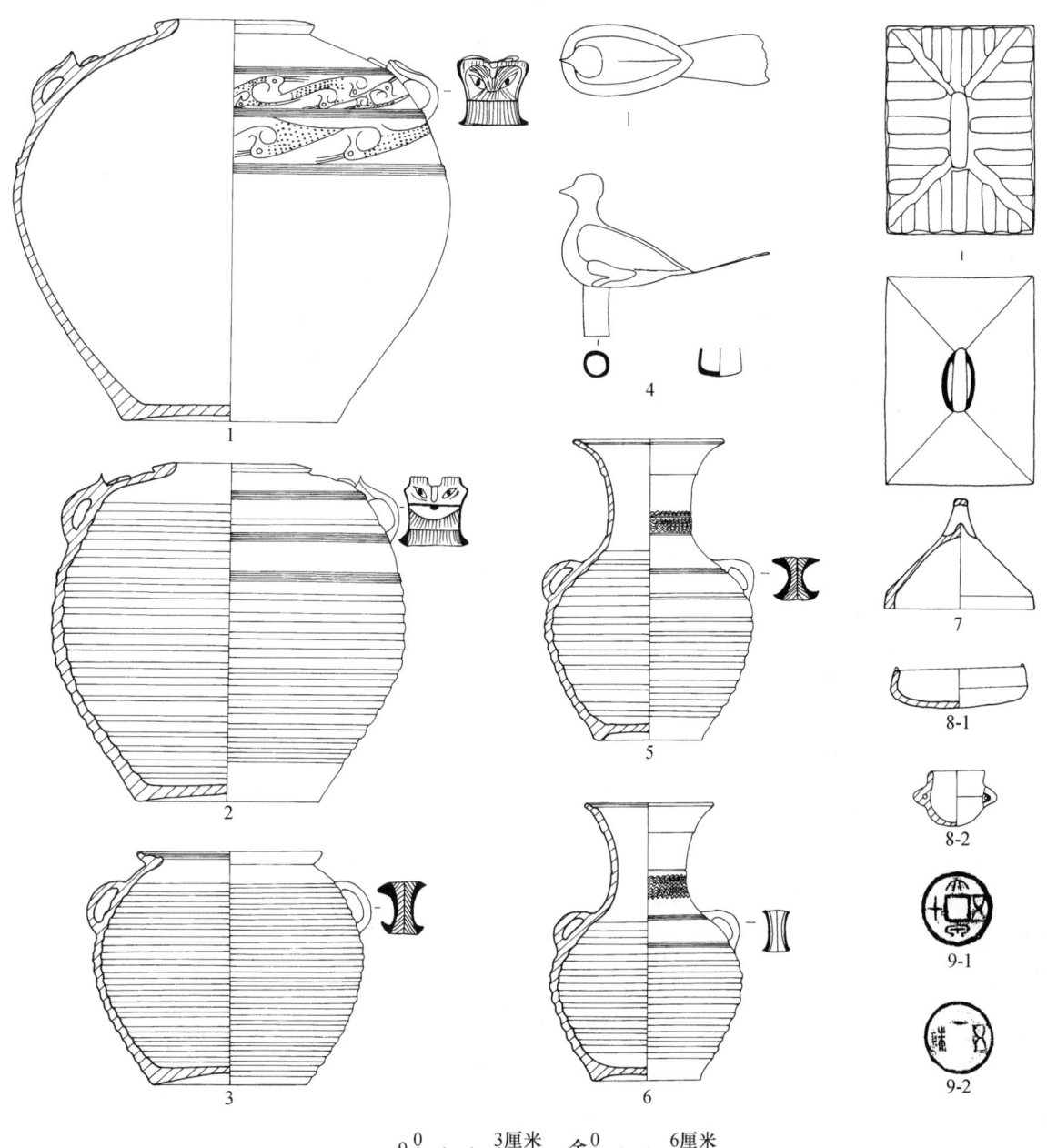

图四〇　M13出土器物

1、2.陶瓿（M13∶9、M13∶8）　3.陶罐（M13∶5）　4.鸟形铜杖首（M13∶1）　5、6.陶壶（M13∶6、M13∶4）　7.陶猪圈（M13∶7）　8.陶灶（M13∶3）　9.铜钱（M13∶2）

陶灶　1件。M13：3，仅存附件釜、平底锅各一。釜，泥质灰陶。侈口圆唇，束颈，圜底。肩部对饰桥形耳。素面。口径4、高4厘米。平底锅，泥质灰陶。直口，微圜底。素面。口径9.6、高3厘米（图四〇，8）。

陶猪圈　1件。M13：7，仅存猪圈顶，为四角攒尖顶。长15、宽11厘米（图四〇，7）。

鸟形铜杖首　1件。M13：1，鸟形，高11.5厘米。腹部有一圆孔。口径1.8厘米。存柲帽，圆柱状，素面。直径3、高1.5厘米（图四〇，4；彩版一一，1）。

铜洗　1件。M13：10，器壁较薄，残碎。

铜钱　57枚。M13：2，其中五铢钱52枚，大泉五十5枚（图四〇，9；彩版五四，2、4）。

M14

1. 墓葬形制

凸字形土坑竖穴墓。方向10°。墓口长4.3、宽3.4、深2.9米。墓道位于墓室北壁中央，长方形斜坡状，上口长5.8、宽1.5米，底坡长6.6米。墓内填土为黄褐色花土，土质较硬。墓室底部有棺（椁）朽灰痕迹，长3.3、宽2.4米。木室北端有长30.4、宽12、深6厘米的小沟槽，当为棺椁枕木处。随葬品有陶鼎2件、盒2件、壶2件、瓿2件、罐5件、灶1件；漆盘1件，均置于墓室西侧；另有铜剑1件、镦1件，置于墓室中部。其中M14：16漆盘存漆皮，未采集（图四一；彩版一〇，2）。

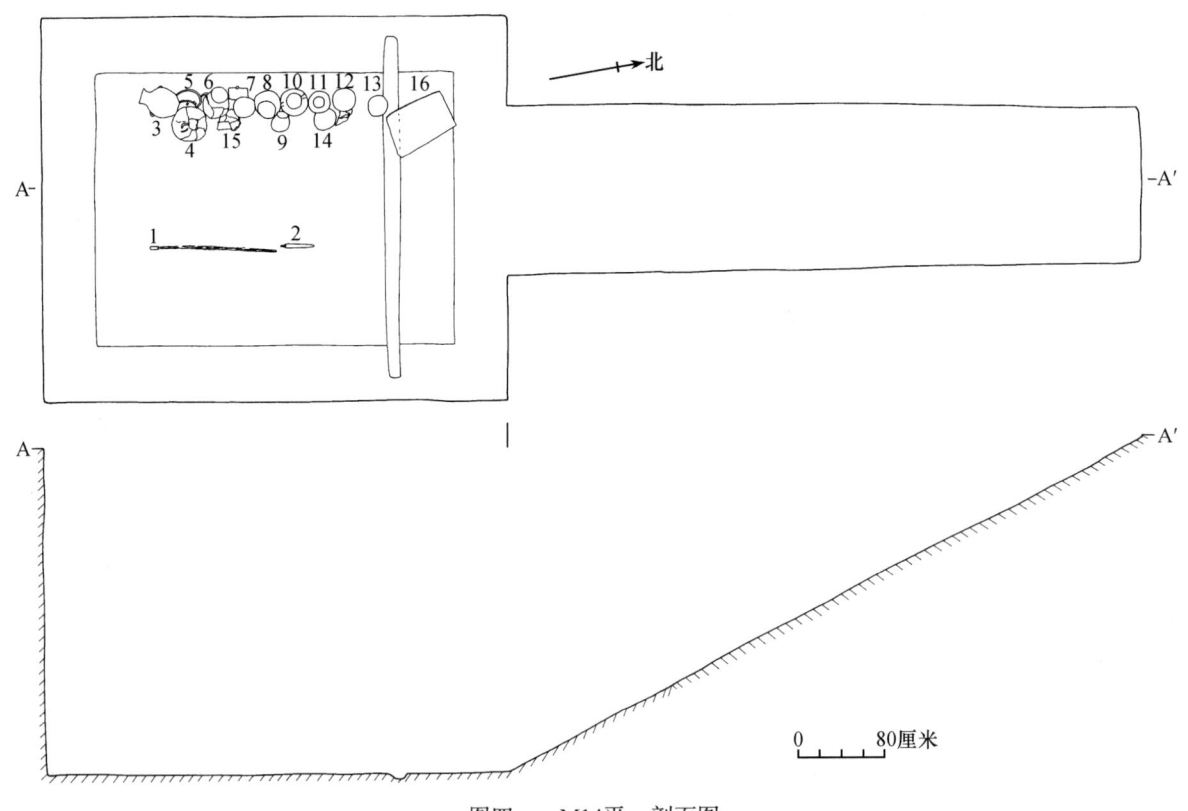

图四一　M14平、剖面图

1. 铜镦　2. 铜剑　3、8. 陶壶　4、10. 陶瓿　5、14. 陶鼎　6、9、11、15、17. 陶罐　7. 陶灶　12、13. 陶盒　16. 漆盘

2. 随葬品

陶鼎 2件。M14：5，硬陶。子母口，兽面双附耳，斜鼓腹，三矮足。覆钵形器盖，内外表存轮制弦纹。器表及内表存轮制弦纹。口径20、底径12、通高16.4厘米（图四二，8）。M14：14，硬陶。子母口，双兽面附耳，斜鼓腹，三矮足。覆钵形器盖，口径19.4、底径12.8、通高16.6厘米（图四二，9；彩版一三，4）。

陶盒 2件。M14：12，硬陶。子母口，斜鼓腹，平底。覆钵形器盖，内外均饰弦纹。器表饰凸弦纹，内表存轮制弦纹。口径18.2、底径11.8、通高18.6厘米（图四二，10；彩版一三，2）。M14：13，硬陶。器形与M14：12同。口径18、底径10.8、通高19厘米。

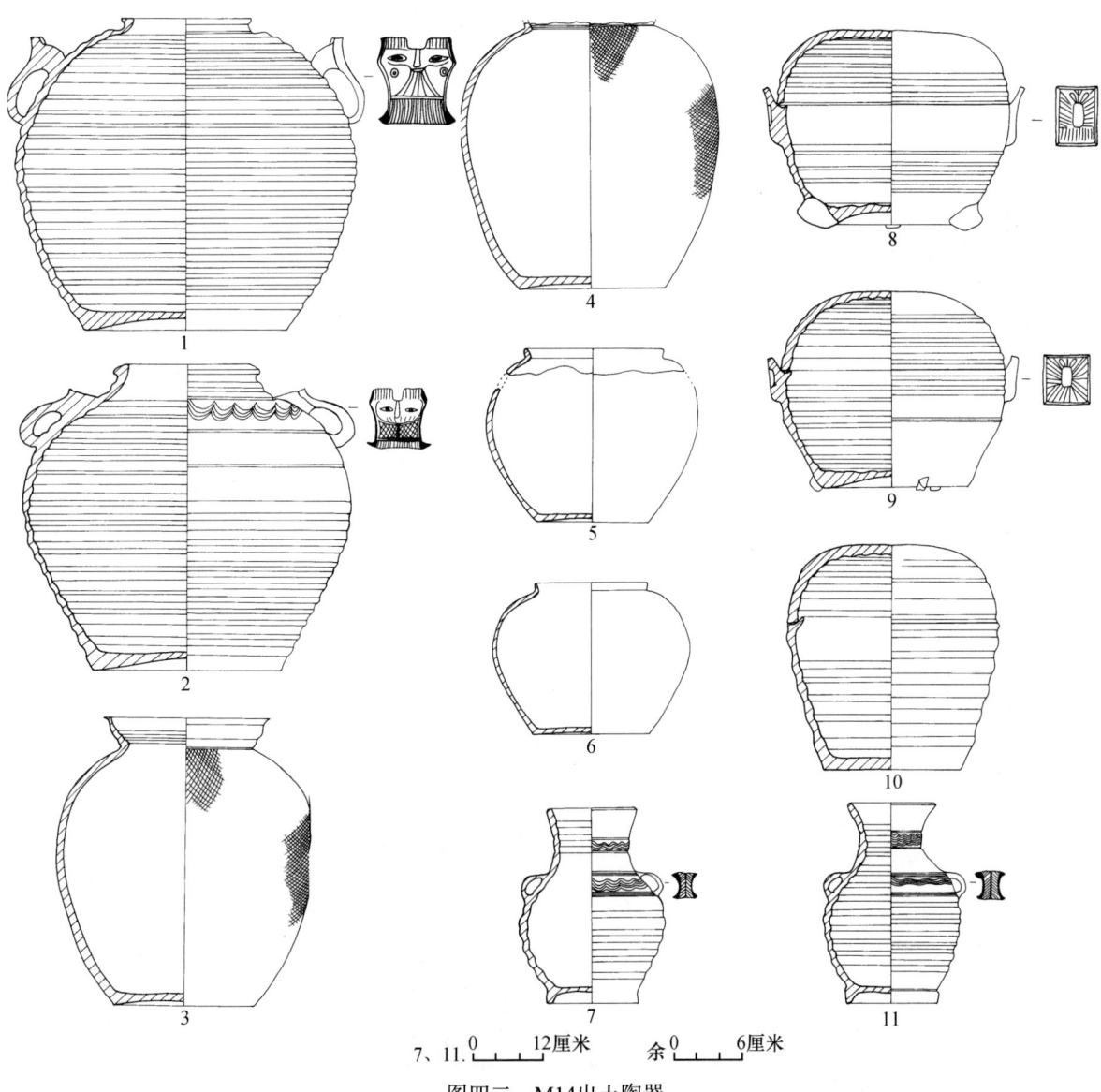

图四二 M14出土陶器
1、2.瓿（M14：4、M14：10） 3~6.罐（M14：6、M14：17、M14：9、M14：11） 7、11.壶（M14：8、M14：3）
8、9.鼎（M14：5、M14：14） 10.盒（M14：12）

陶壶　2件。M14：3，釉陶，上半部施釉。敞口，束颈，弧鼓腹，圈足。肩部对饰叶脉纹桥形耳。颈部及肩部饰弦纹和波浪纹，下腹部饰凸弦纹，内表存轮制弦纹。口径14.2、底径15.6、通高33.4厘米（图四二，11；彩版一二，3）。M14：8，釉陶。敞口，束颈，弧鼓腹，圈足。肩部对饰叶脉纹桥形耳。颈部及肩部饰弦纹和波浪纹，下腹部饰凸弦纹，内表存轮制弦纹。口径13.4、底径15.4、通高32.4厘米（图四二，7；彩版一三，1）。

陶瓿　2件。M14：4，泥质红陶。平口，圆鼓腹，平底内凹。肩部对饰兽面桥形耳。内外表存轮制弦纹。口径11、底径17.2、通高25.8厘米（图四二，1；彩版一二，5）。M14：10，硬陶。平口，弧鼓腹，平底内凹。双兽面桥形耳。肩部饰波浪纹及弦纹，下腹部饰凸弦纹，内表存轮制弦纹。口径10.2、底径16、通高25.5厘米（图四二，2；彩版一三，3）。

陶罐　5件。M14：6，硬陶。敞口，弧鼓腹，平底内凹。肩部及上腹部拍印网格纹。口径14.2、底径11.8、通高23.9厘米（图四二，3；彩版一二，4）。M14：9，残。泥质灰陶。弧鼓腹，平底内凹。素面。口径11.8、底径9.4（图四二，5）。M14：11，泥质灰陶。侈口圆唇，弧鼓腹，平底。素面。口径9.6、底径9.8、通高12.6厘米（图四二，6；彩版一三，5）。M14：15，泥质红陶。残，仅存底部，平底微凹。底径11.2、残高5厘米（图四三，4）。M14：17，硬陶。口略残，弧鼓腹，平底内凹。肩部及上腹部拍印网格纹。底径12.4、残高22厘米（图四二，4；彩版一三，6）。

陶灶　1件。M14：7，泥质灰陶。平面呈曲尺形。前端设双拱形灶门，后端置一实心烟囱，灶面开设四个火眼，灶面上起高墙护栏，存附件陶釜3件。通长20、宽18厘米（图四三，3；彩版一二，6）。

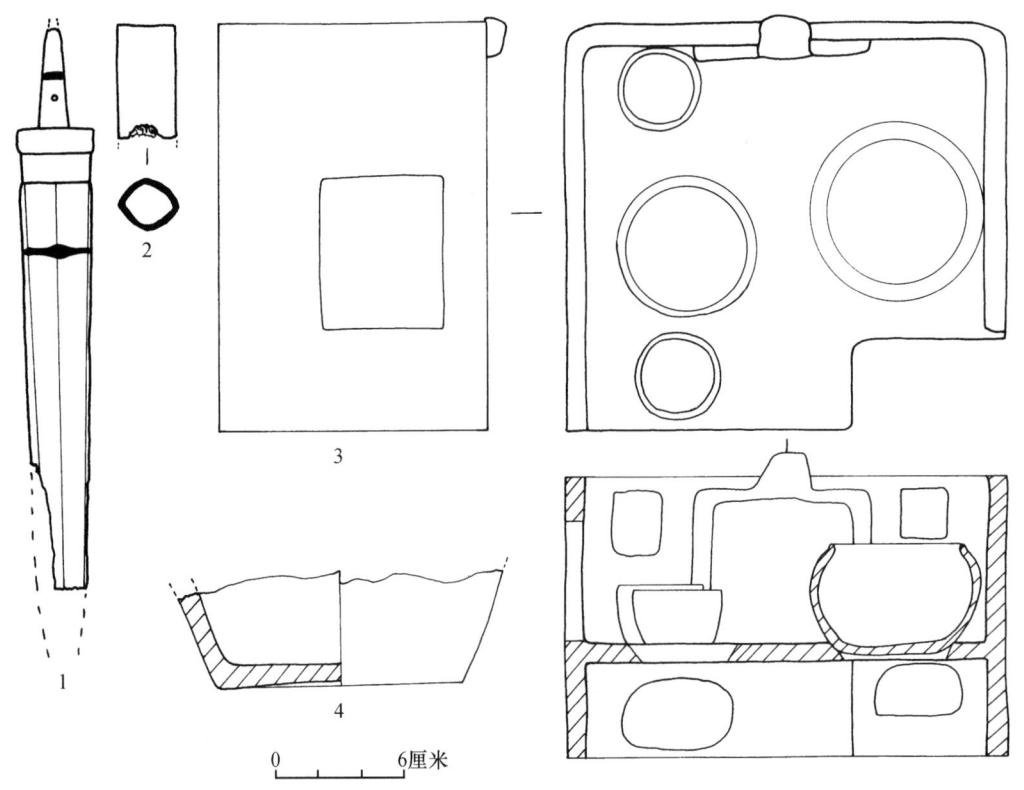

图四三　M14出土器物

1. 铜剑（M14：2）　2. 铜镦（M14：1）　3. 陶灶（M14：7）　4. 陶罐（M14：15）

铜剑　1件。M14：2，剑茎扁平，上有一小孔。平面呈菱形，剑脊隆起，剑身两侧有血槽，锋残。残长25厘米（图四三，1；彩版一二，1）。

铜镦　1件。M14：1，残。圆筒形。出土时内存残木柲。残长4.6、銎口直径2.2厘米。（图四三，2；彩版一二，1）

漆盘　1件。M14：16，发掘时存漆皮，未采集。

M15

1. 墓葬形制

长方形土坑竖穴墓。方向205°。墓口长2.92、宽1.8、深1.2米。墓内填土为黄褐色花土，土质较硬。葬具不清。随葬品有陶罐4件、灶1件、漆耳杯1件，置于墓室南端。另有铜镜2件、铜钱7枚，置于墓室中部。其中M15：9漆耳杯发掘时存漆皮，未采集（图四四；图版一二，1）。

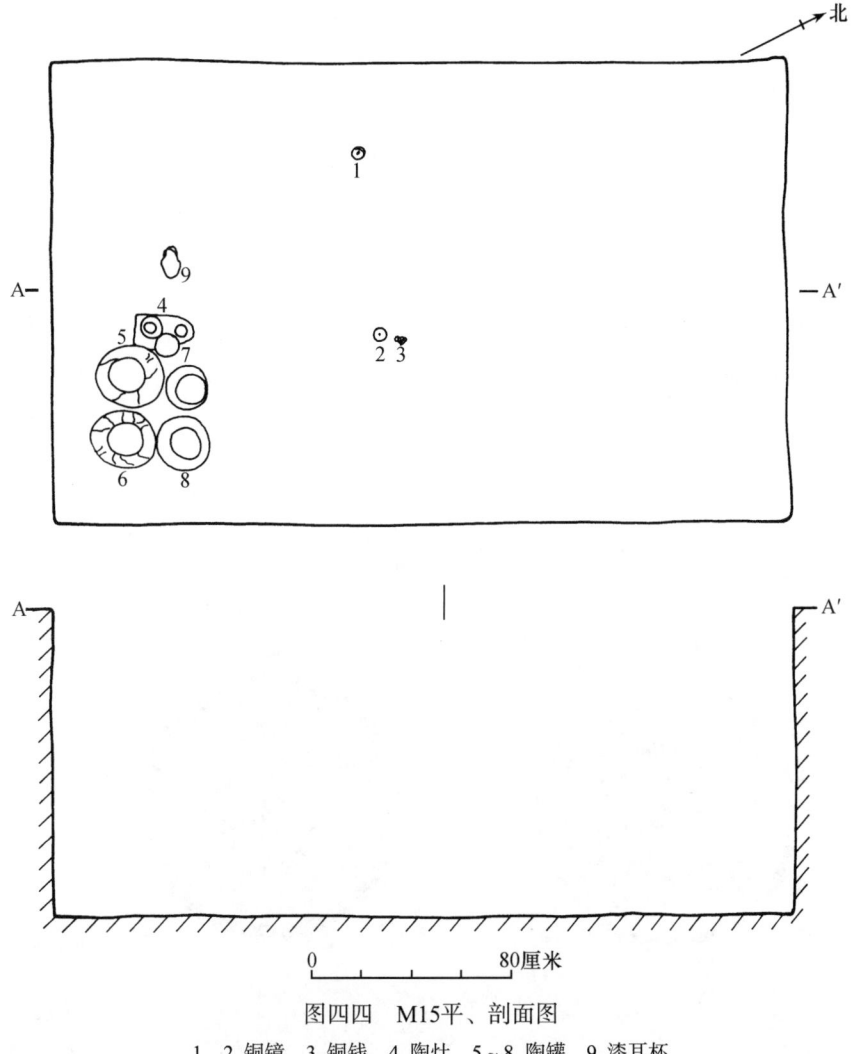

图四四　M15平、剖面图
1、2.铜镜　3.铜钱　4.陶灶　5~8.陶罐　9.漆耳杯

2. 随葬品

陶罐　4件。M15：5，残，存口部。泥质红陶。侈口方唇。口径11厘米（图四五，5）。M15：6，残，存口部。泥质红陶。侈口方唇。口径12.2厘米（图四五，6）。M15：7，泥质灰陶。侈口圆唇，束颈，斜弧腹，平底内凹。素面。口径9.8、底径6.4、通高15厘米（图

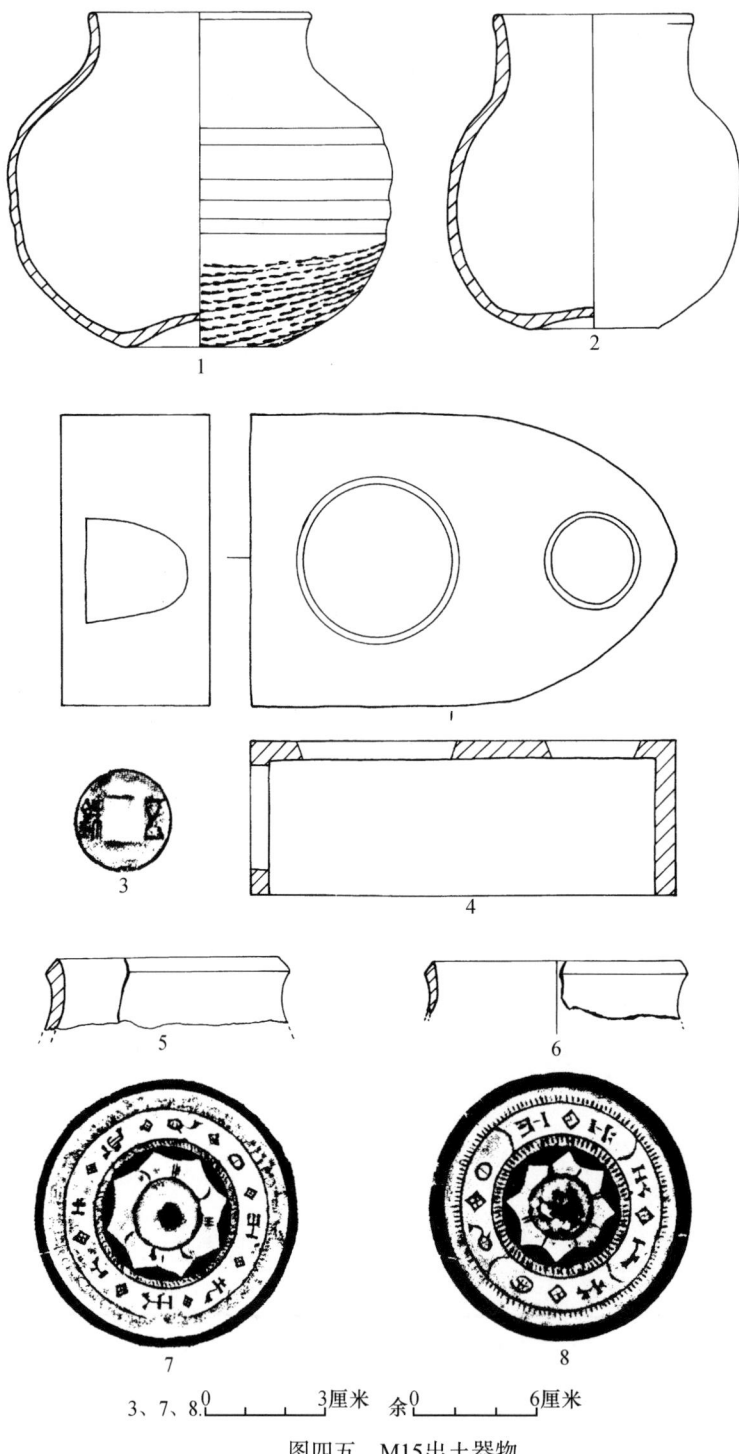

图四五　M15出土器物

1、2、5、6.陶罐（M15：8、M15：7、M15：5、M15：6）　3.铜钱（M15：3）　4.陶灶（M15：4）　7、8.铜镜（M15：2、M15：1）

四五，2）。M15：8，泥质灰陶。侈口圆唇，束颈，弧鼓腹，平底内凹。肩部及上腹部饰凸弦纹，下腹部饰绳纹。口径11、底径7、通高16厘米（图四五，1；图版一三，2）。

陶灶　1件。M15：4，泥质灰陶。整体呈前方后圆，前端设一拱形灶门。灶面置前后双火眼。长21、宽14厘米（图四五，4；图版一三，5）。

铜镜　2件。M15：1，日光镜。体薄，桥形纽，圆形纽座，窄平缘。内区为连弧纹，外区为铭文带，铭文为"见日之光，天下大明"。直径6.6、缘厚0.2厘米（图四五，8；图版一三，1）。M15：2，日光镜。体薄，桥形纽，圆形纽座，窄平缘。内区为连弧纹，外区为铭文带，铭文为"见日之光，天下大忘（明）"。直径6.8、缘厚0.3厘米（图四五，7；图版一三，3）。

铜钱　7枚。M15：3，为五铢钱（图四五，3）。

漆耳杯　1件。M15：9，未采集。

M16

1. 墓葬形制

凸字形土坑竖穴墓。方向43°。墓室长4、宽3、深1.3米。墓道位于墓室北壁，长方形斜坡状，上口长2.8、宽1.46米。墓道口处有一台阶，台阶宽1、高0.5米。与墓室连接处有一高12、宽70厘米的台阶。墓内填土为黄褐色花土，土质较硬。墓室底部有棺椁痕迹。随葬品有陶鼎1件、罐1件、豆1件、猪圈1件、灶1件、井1件、勺1件；铜镜2件、剑1件、刀1件、带钩1件、铜钱若干（图四六；图版一二，2）。

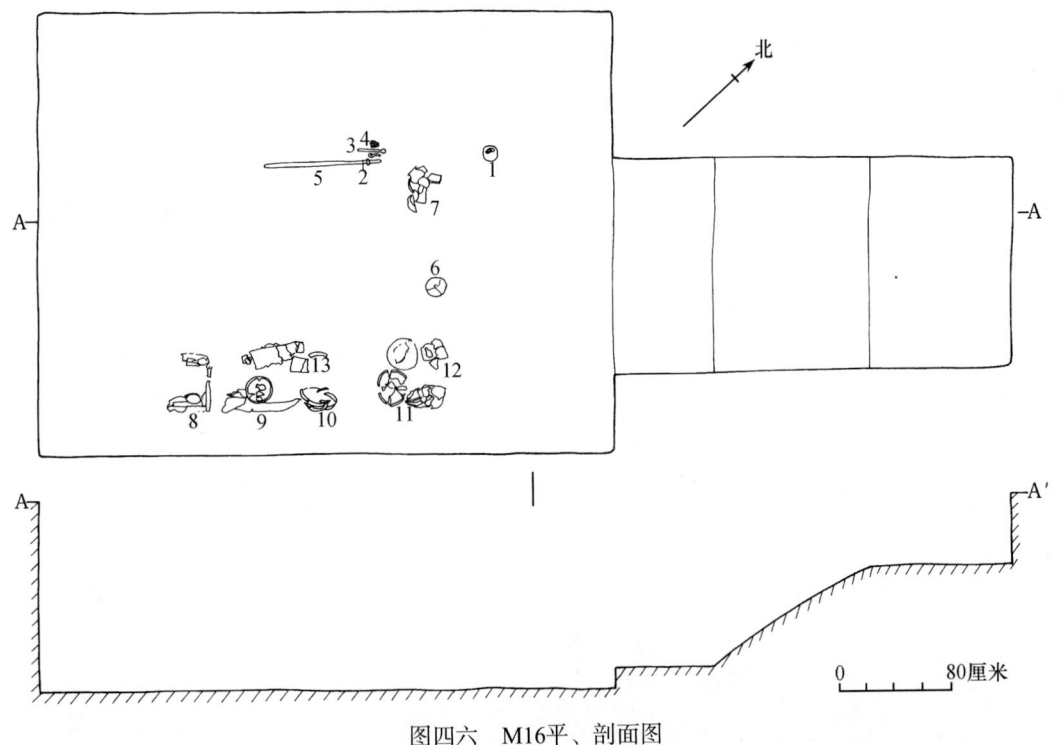

图四六　M16平、剖面图

1、6.铜镜　2.铜带钩　3.铜刀　4.铜钱　5.铜剑　7.陶罐　8.陶猪圈　9.陶灶　10.陶井　11.陶鼎　12.陶勺　13.陶豆

2. 随葬品

陶鼎 1件。M16∶11，残，仅存器盖和鼎足。泥质红陶。覆钵形器盖，上有三乳丁，外表饰一周波浪纹、花草纹。口径19.4、高4.6厘米。兽蹄足，残高6.3厘米（图四七，3）。

陶罐 1件。M16∶7，泥质红陶。侈口圆唇，弧鼓腹，平底。肩部对饰桥形耳。内外表存轮制弦纹。口径10、底径8.6、通高12.3厘米（图四七，4；图版一四，2）。

陶豆 1件。M16∶13，泥质灰陶。豆盘斜弧腹，圈足略残。口径11.2、底径10、残高11.4厘米（图四七，5）。

陶猪圈 1件。M16∶8，残，仅存圈顶。泥质红陶。坡式屋顶，长10.4、宽7.6、高3.2厘米（图四七，7）。

陶灶 1件。M16∶9，泥质红陶。整体呈椭圆形，前端设一拱形灶门，一侧起高墙护栏，灶面置双火眼，存釜甑附件1组。长42、宽26.4厘米（图四七，1；图版一四，4）。

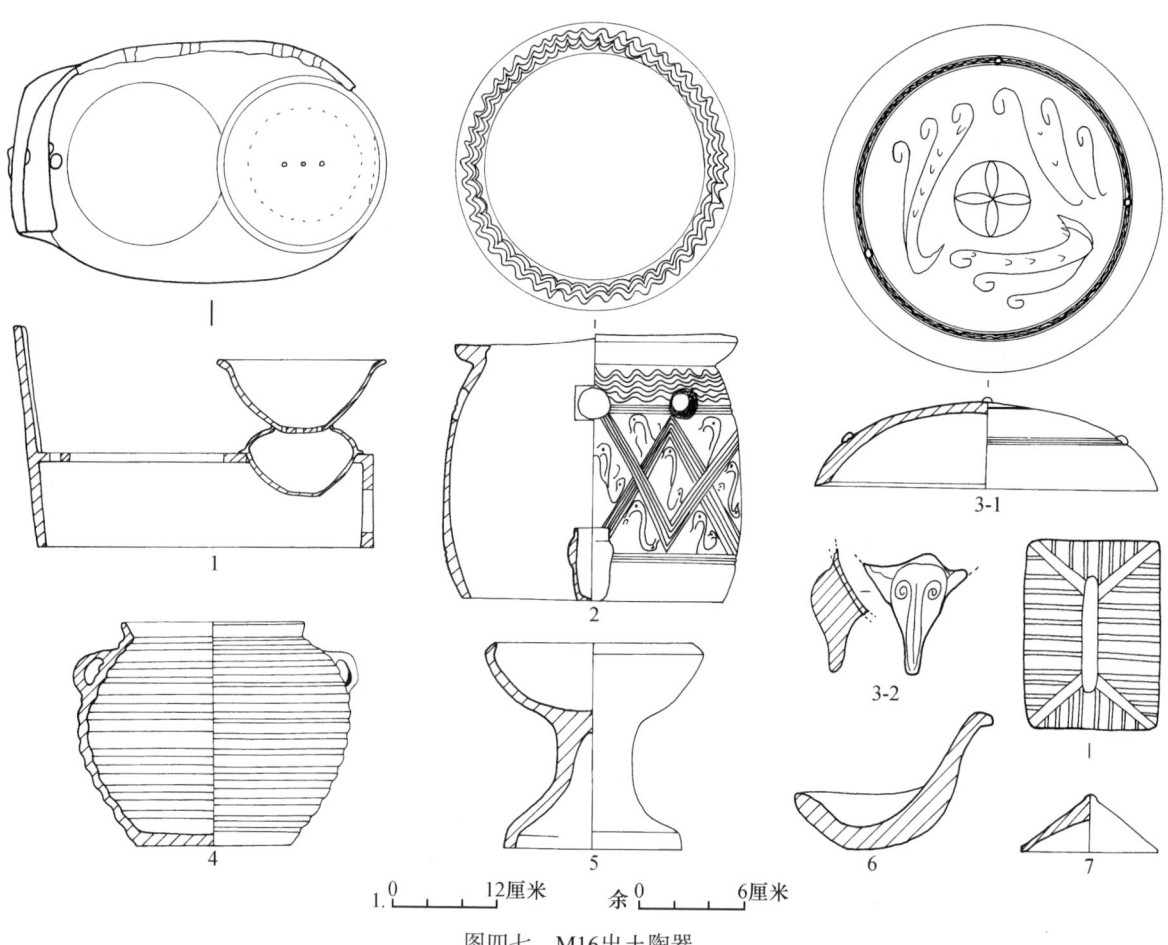

图四七 M16出土陶器

1. 灶（M16∶9） 2. 井（M16∶10） 3. 鼎（M16∶11） 4. 罐（M16∶7） 5. 豆（M16∶13） 6. 勺（M16∶12）
7. 猪圈（M16∶8）

陶井　1件。M16∶10，泥质红陶。平口，筒形。口上饰波浪纹，肩部设三圆纽、四个圆孔，饰波浪纹和弦纹，腹部饰飞鸟纹及折线纹。井内置一汲水罐，泥质红陶。口径16、底径14.8、高14.6厘米（图四七，2；图版一四，6）。

陶勺　1件。M16∶12，残。泥质红陶，残长6厘米（图四七，6）。

铜镜　2件。M16∶1，昭明镜。桥形纽，圆形纽座，宽平缘。内区饰内向连弧纹，外区为铭文带，铭文为"内清质以昭明，光象夫日月，而泄"。直径14.2厘米，缘厚0.4厘米（图四八，2；图版一三，4）。M16∶6，四乳四虺镜。圆纽，四叶纹纽座，宽平缘。座外两周短斜线纹夹一凸弦纹圈。主题纹饰为四乳四虺。再外又一周短斜线纹。直径11厘米，缘厚0.6厘米（图四八，1；图版一四，5）。

铜剑　1件。M16∶5，茎已残，上有一穿孔。凹字形剑格，剑脊隆起，尾部收杀成锋，剑身剖面呈菱形。残长89厘米（图四八，3；图版一四，3）。

铜刀　1件。M16∶3，残。环首，刀身剖面呈楔形。残长13.5厘米（图四八，6；图版一四，1）。

铜带钩　1件。M16∶2，锈蚀严重。残长8.7厘米（图四八，5；图版一三，6）。

铜钱　M16∶4，锈蚀粘结，数量不清。个别能辨识为五铢钱（图四八，4）。

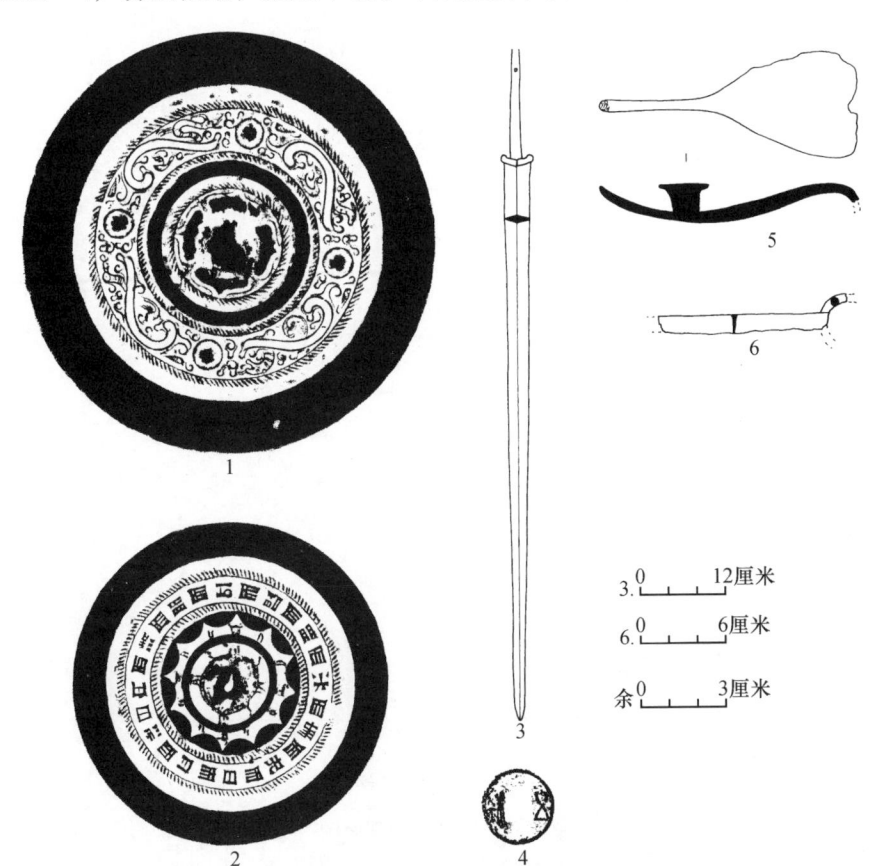

图四八　M16出土铜器
1、2.镜（M16∶6、M16∶1）　3.剑（M16∶5）　4.钱（M16∶4）　5.带钩（M16∶2）　6.刀（M16∶3）

M17

1. 墓葬形制

凸字形土坑竖穴墓。方向208°。墓室长5.4、宽3.8、深2.3米。墓道两条，两墓道间有打破关系，均位于墓室南壁，长方形斜坡状。第一条墓道在墓室南壁中央，长3.7、宽1.5米，底坡长3.7米，顶端有一台阶，台阶宽46、高30厘米。第二条墓道在第一条墓道东侧，长3、宽1.4米，其顶端亦有一台阶，台阶宽40、高30厘米。第二条墓道晚于第一条，可能为第二次下葬时使用。墓室底部有两条深30厘米的枕木沟槽，北部沟槽长3.72、宽0.5米；南部沟槽长3.2、宽0.4米。墓底有棺椁痕迹，判断为一椁双棺。墓内填土为黄褐色花土，土质较硬。随葬品有陶鼎2件、盒3件、壶2件、瓴1件、罐3件、灶1件、井1件、猪圈1件；铜釜1件、洗1件、镜2件、剑1件、刀1件、铜钱95枚；铁剑1件；玉璧1件、环1件、石器2件，其中M17∶9玉璧、M17∶10玉环、M17∶18铁剑均残碎（图四九；彩版一四，1）。

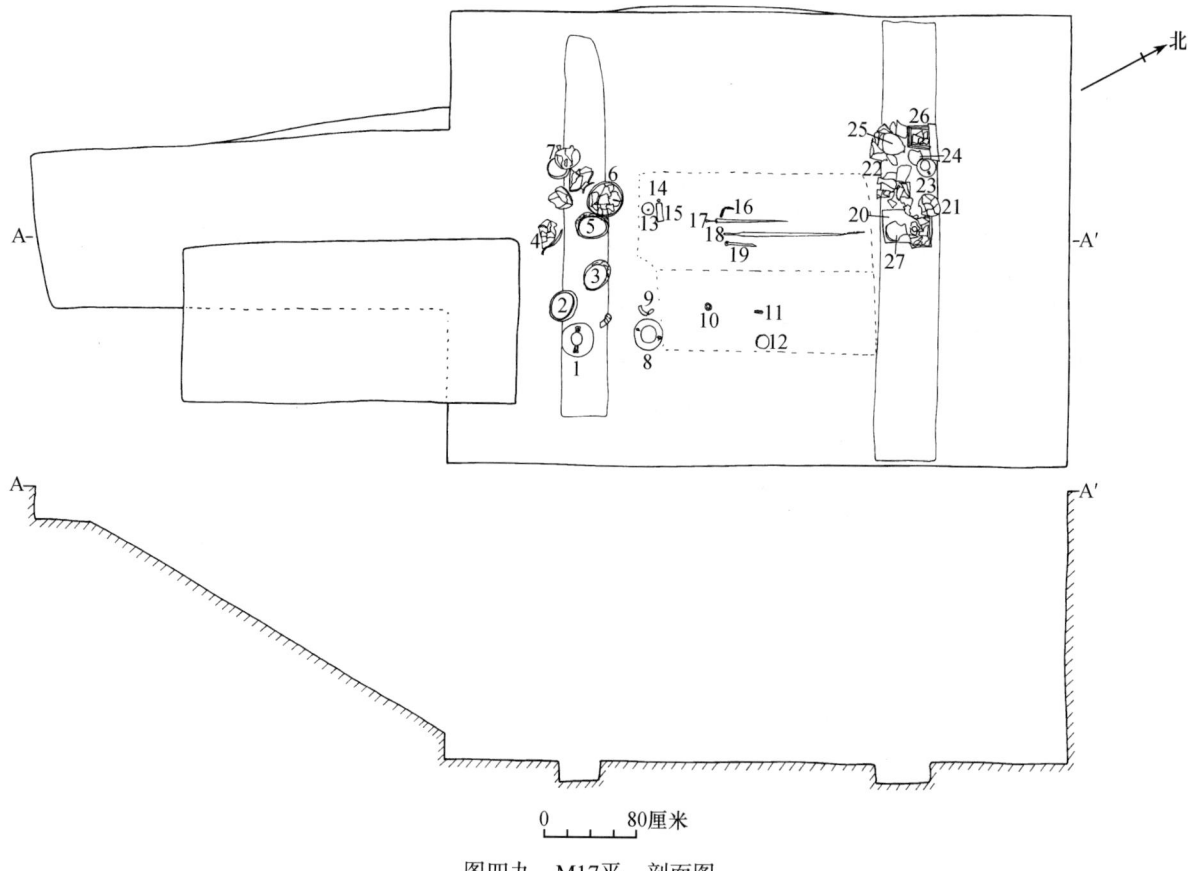

图四九 M17平、剖面图

1. 陶瓴 2. 铜洗 3、5、6. 陶盒 4、7. 陶鼎 8、23. 陶壶 9. 玉璧 10. 玉环 11、16. 铜钱 12、13. 铜镜 14、15. 石器 17. 铜剑 18. 铁剑 19. 铜刀 20. 陶灶 21、24、25. 陶罐 22. 陶井 26. 陶猪圈 27. 铜釜

2. 随葬品

陶鼎　2件。M17∶4，泥质灰陶。仅存双附耳及兽蹄足（图五一，4）。M17∶7，泥质灰陶。子母口，折腹，圜底，兽蹄足。双附耳。覆钵形器盖，其上饰一道凹弦纹。腹部饰一道弦纹。口径21、通高19.6厘米（图五〇，3；彩版一五，5）。

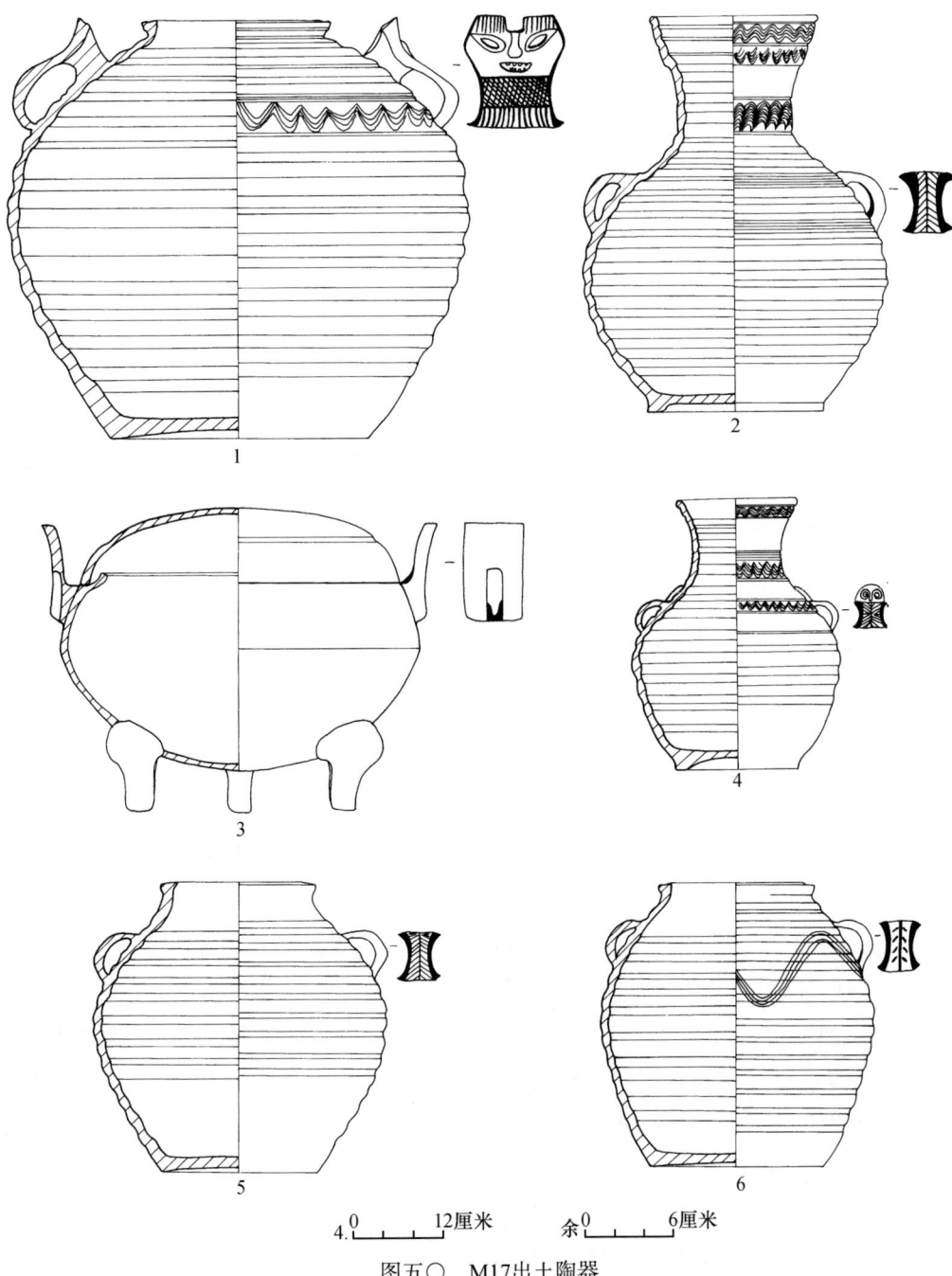

图五〇　M17出土陶器
1. 瓿（M17∶1）　2、4. 壶（M17∶23、M17∶8）　3. 鼎（M17∶7）　5、6. 罐（M17∶25、M17∶21）

陶盒　3件。M17∶3，残，仅余口部。泥质灰陶。子母口。口径13.8厘米（图五一，2）。M17∶5，泥质灰陶。子母口，斜弧腹，平底内凹。下腹部饰弦纹，内表存轮制弦纹。口径15.2、底径11.4、通高11.6厘米（图五一，1）。M17∶6，仅存残片。泥质灰陶。子母口（图五一，6）。

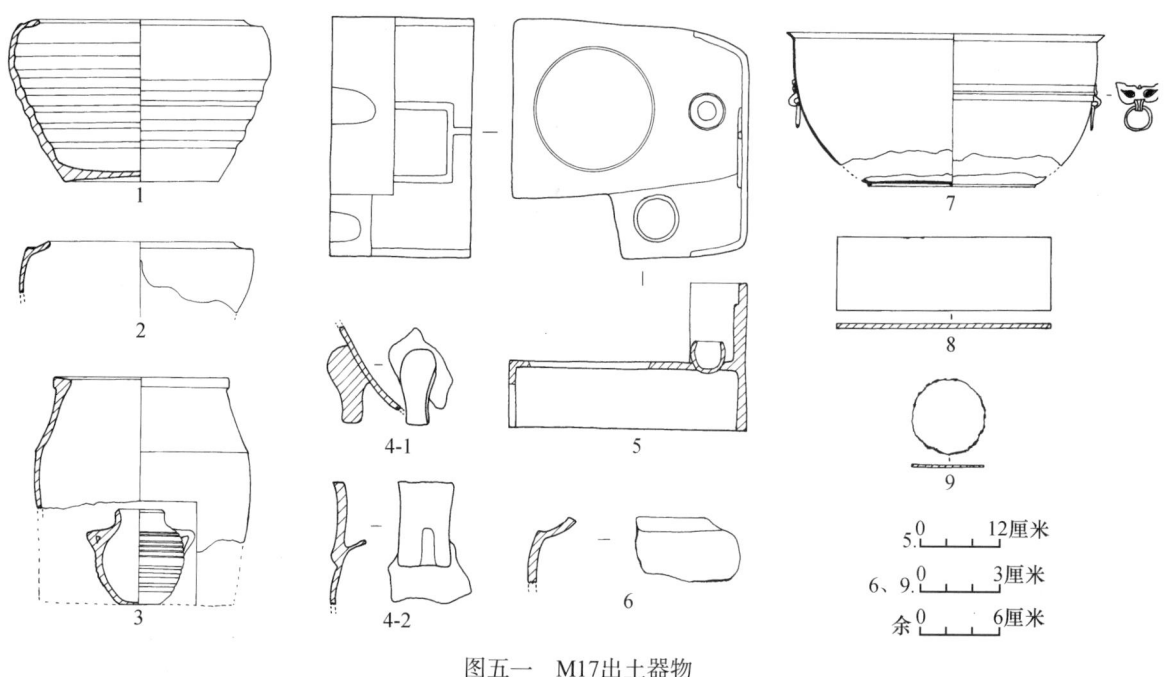

图五一　M17出土器物

1、2、6.陶盒（M17∶5、M17∶3、M17∶6）　3.陶井（M17∶22）　4.陶鼎（M17∶4）　5.陶灶（M17∶20）　7.铜洗（M17∶2）　8、9.石器（M17∶15、M17∶14）

陶壶　2件。M17∶8，釉陶，上半部施釉。敞口圆唇，束颈，弧鼓腹，平底内凹。肩部对饰叶脉纹桥形耳。口部、肩部、腹部饰波浪纹及弦纹，内表存轮制弦纹。口径16、底径16.2、通高35厘米（图五〇，4；彩版一五，2）。M17∶23，釉陶，上半部施釉。敞口，束颈，圆鼓腹，圈足。肩部对饰叶脉纹桥形耳。口部、颈部饰波浪纹及弦纹，腹部及内表存轮制弦纹。口径11、底径11.8、通高25.6厘米（图五〇，2；彩版一七，1）。

陶瓿　1件。M17∶1，硬陶。平口，圆鼓腹，平底内凹。肩部对饰兽面桥形耳。耳下饰一周波浪纹，内外表存轮制弦纹。口径10.6、底径17.2、通高27厘米（图五〇，1；彩版一五，1）。

陶罐　3件。M17∶21，硬陶。直口方唇，弧鼓腹，平底内凹。肩部对饰叶脉纹桥形耳。肩部饰大波浪纹，通体存轮制弦纹。口径10.4、底径11.6、高18.3厘米（图五〇，6；彩版一六，6）。M17∶24，硬陶。侈口方唇，弧鼓腹，平底微内凹。肩部对饰桥形耳。通体拍印网格纹。口径9.4、底径7.6、高14.8厘米（图五三，1；彩版一七，3）。M17∶25，硬陶。直口方唇，圆鼓腹，平底内凹。肩部对饰叶脉纹桥形耳。腹部及内表存轮制弦纹。口径8.2、底径10.4、高18.8厘米（图五〇，5；彩版一七，5）。

陶灶　1件。M17∶20，泥质灰陶。平面呈圆角曲尺形，前端由一大、一小两灶组成。大灶前端拱形灶门，灶面设双火眼。小灶前端一拱形灶门，灶面设单火眼。后端起高墙，两灶烟道在墙上合二为一，共用一实心烟囱。存附件陶釜。长35、宽31厘米（图五一，5；彩版一六，4）。

陶井　1件。M17：22，泥质灰陶。平口方唇，下部残。内置一汲水罐，泥质灰陶。侈口方唇，圆鼓腹，平底。肩部对饰桥形耳。通体残存轮制弦纹。口径12.9厘米（图五一，3）。

陶猪圈　1件。M17：26，泥质灰陶。平面为方形，下部开设一周圈栏。栏上两侧起柱，搭设厕屋一座，坡式屋顶，顶部有瓦垄。厕屋一侧起高台，高台中部开设一孔，孔与圈内相通。高台下设两级台阶。圈内一椭圆形猪槽，置陶猪一头。长31、宽25.5厘米（图五二，1；彩版一七，2）。

铜釜　1件。M17：27，侈口，束颈，圆垂腹，圜底。双桥形耳。肩部饰一圈凹弦纹。口径15.5、通高18.8厘米（图五二，2；彩版一七，4）。

铜洗　1件。M17：2，残。折沿，斜弧腹，双兽面铺首耳，平底。肩部饰弦纹。口径24厘米（图五一，7；彩版一五，3）。

铜镜　2件。M17：12，昭明镜。半球状纽，并蒂连珠纹纽座，座外一凸起圈带及内向八连弧纹缘，窄平缘。外区为铭文带，铭文为"内清质以昭明，光辉象夫日月，心忽扬而愿忠，然雍塞而不泄"。直径11.5、缘厚0.5厘米（图五二，3；彩版一五，4）。M17：13，星云镜。

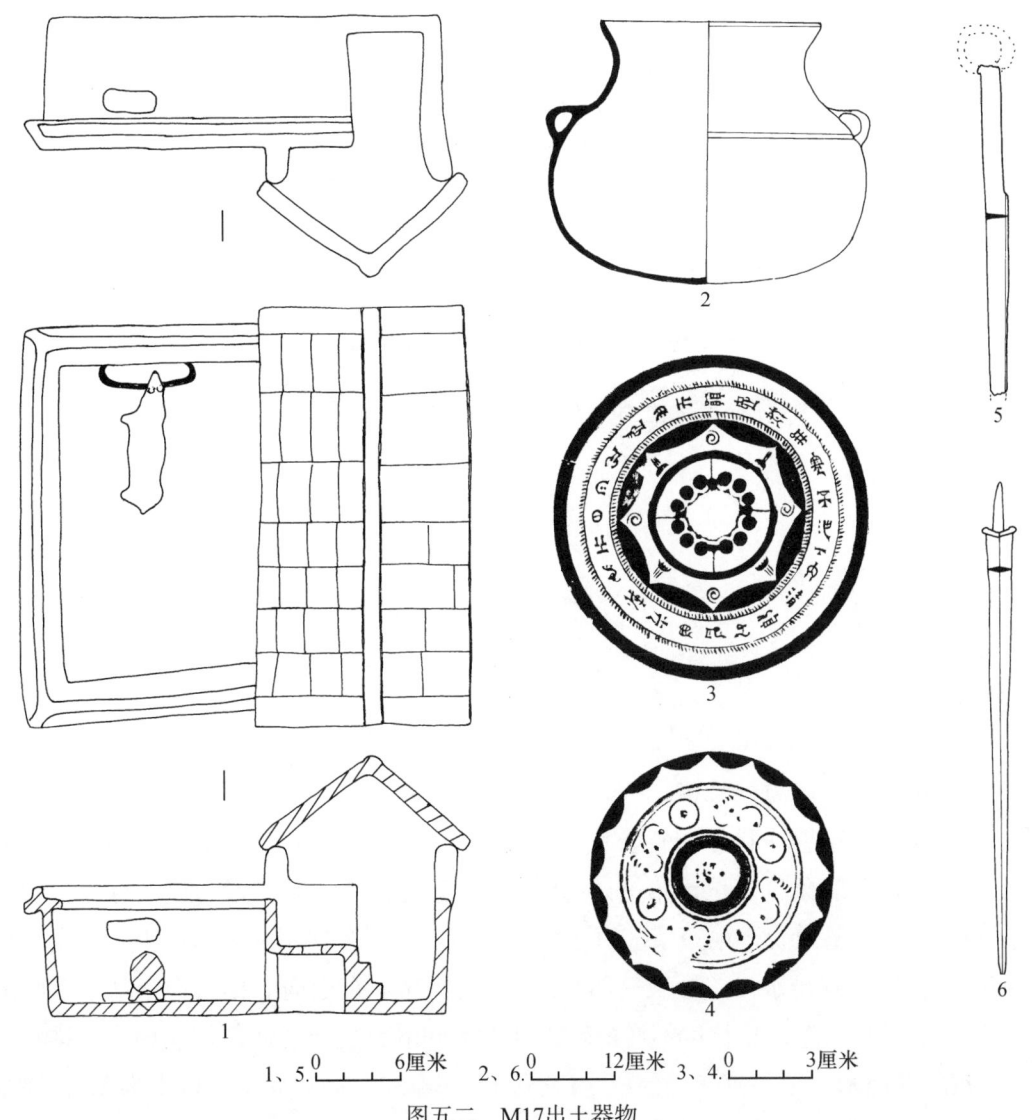

图五二　M17出土器物
1.陶猪圈（M17：26）　2.铜釜（M17：27）　3、4.铜镜（M17：12、M17：13）　5.铜刀（M17：19）　6.铜剑（M17：17）

连峰纽，圆形纽座，纽外一周弦纹，连弧纹缘。四枚圆座乳将外区等分，每区一组星云纹，星云由四枚小乳及曲线组成。直径8.8、缘厚0.2厘米（图五二，4；彩版一五，6）。

铜剑　1件。M17∶17，圆形剑首，扁平茎，茎已残。凹字形剑格，剑脊隆起，剑端收杀成锋，剖面呈菱形。长68厘米（图五二，6；彩版一六，5）。

铜刀　1件。M17∶19，残。刀身剖面呈楔形。残长23.7厘米（图五二，5；彩版一六，2）。

铜钱　95枚。M17∶11，位于东侧棺内，共15枚，锈蚀，个别可辨为五铢钱。M17∶16，位于西侧棺内，共80枚，锈蚀严重，个别可辨为五铢钱（图五三，2）。

铁剑　1件。M17∶18，残碎，未采集。

玉璧　1件。M17∶9，残碎。

玉环　1件。M17∶10，残碎。

石器　2件。M17∶14，青灰色，圆形，边缘有加工痕迹。直径2.5、厚0.1厘米（图五一，9；彩版一六，1）。M17∶15，青灰色，长方形，四周有加工痕迹。长16、宽5.2、厚0.4厘米（图五一，8；彩版一六，3）。

另在墓底发现扁长条形木片若干（彩版一七，6），一端尖锐。长8～18厘米不等。未编号。

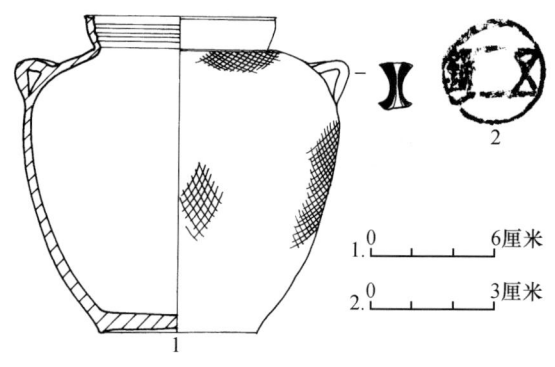

图五三　M17出土器物
1. 陶罐（M17∶24）　2. 铜钱（M17∶16）

M18

1. 墓葬形制

凸字形土坑竖穴墓。方向120°。墓室长5.5、宽4.84、深2.6米。有2条墓道，墓道间有打破关系，均位于墓室东壁，长方形斜坡状。第一条墓道位于北侧，长4.7、宽1.6米，此墓道为第一次下葬使用。第二条墓道位于第一条墓道的南侧，长4.3、宽1.4米，顶端有一台阶，台阶宽60、高44厘米，该墓道晚于第一条墓道，可能为第二次下葬使用。墓内填土为黄褐色花土，土质较硬。墓室底部有排水沟（彩版一四，3），呈西北—东南向。排水沟由墓室东南角一直向南延伸15米后转折向东，总长度不详。转折处上部间隔有生土，底部挖洞相连。排水沟上宽下窄，上口宽140厘米，顶部有二层台，台口宽90、底宽30、高35厘米。排水沟深275厘米。水沟底部垫有大小不均的碎石块，厚30厘米，碎石可能起渗水作用。此排水沟在墓室外被M27打破。墓室内有棺椁痕迹，一椁双棺，木椁长3.66、宽3米。随葬品有陶鼎5件、盒5件、壶5件、瓿2件、罐3件、豆1件、灶1件；铜洗2件、剑1件、矛1件、镜2件、铜钱23枚；玉璧1件。陶器位于南、北边厢，其他多在棺内。其中M18∶11玉璧发掘时已残碎（图五四；彩版一四，2）。

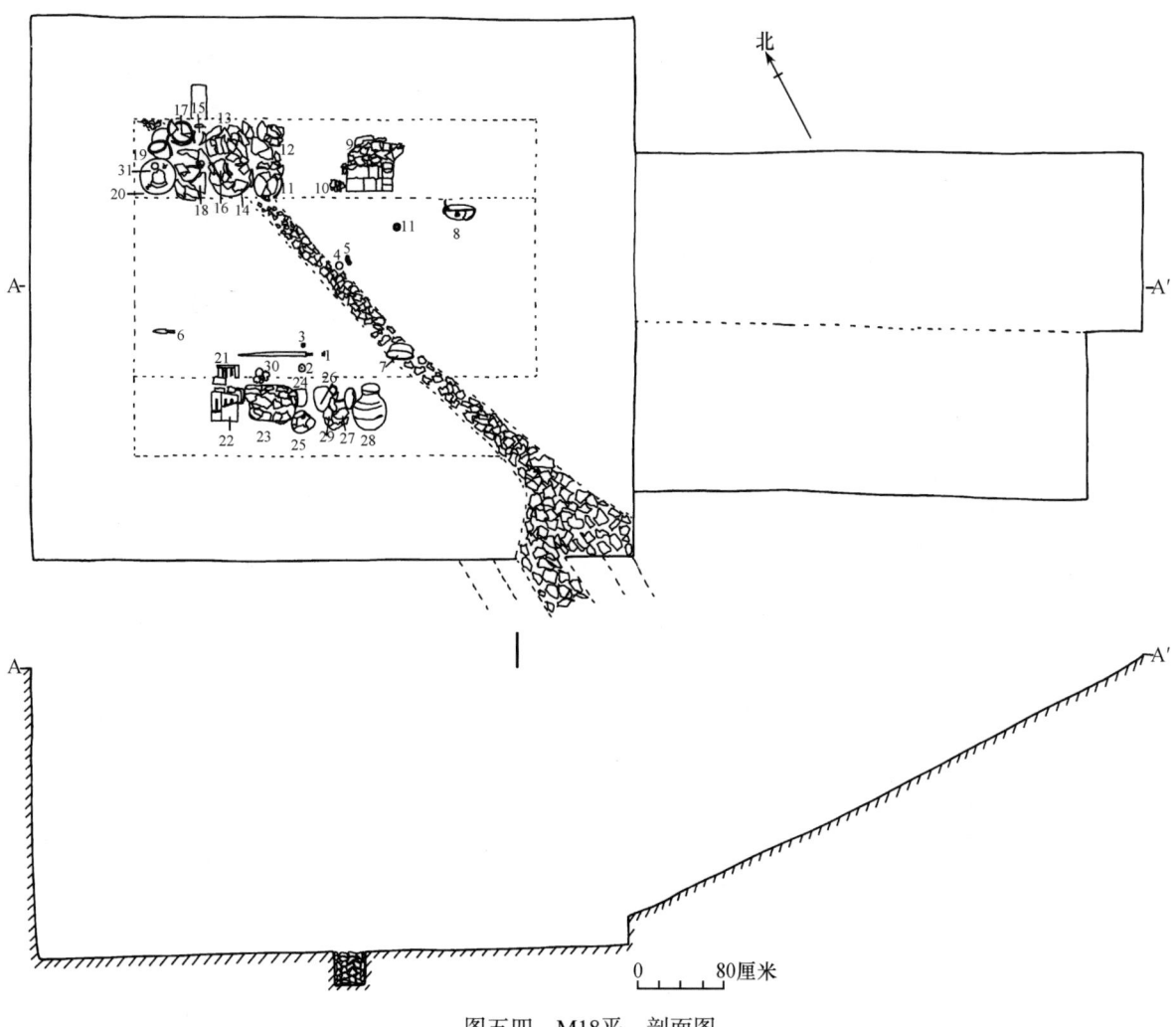

图五四 M18平、剖面图

1.铜剑 2、4.铜镜 3、5.铜钱 6.铜矛 7、8.铜洗 9.陶灶 10.陶豆 11.玉璧 12、13、17、21、22.陶鼎 14、15、19、24、27.陶盒 16、23.陶瓿 18、20、26、28、31.陶壶 25、29、30.陶罐

2. 随葬品

陶鼎 5件。M18∶12，硬陶。子母口，弧鼓腹，平底，下设三小足。肩部对饰兽面附耳。覆钵形器盖。通体存轮制弦纹。口径21、底径16、通高19.2厘米（图五五，1；彩版一八，6）。M18∶13，硬陶。子母口，弧鼓腹，平底，下设三矮兽蹄足。耳残。覆钵形器盖。通体饰弦纹。口径20.4、底径14.2、通高20厘米（图五六，1；彩版一九，1）。M18∶17，硬陶。子母口，弧鼓腹，平底，下设三矮兽蹄足。肩部对饰网格纹附耳。覆钵形器盖。通体存轮制弦纹。口径20.3、底径14、通高20.8厘米（图五五，3；彩版一九，2）。

M18：21，硬陶。子母口，弧鼓腹，平底，下设三短兽蹄足。肩部对饰叶脉纹附耳。覆钵形器盖。通体存轮制弦纹。口径18.2、底径11、通高17.2厘米（图五五，2；彩版二〇，3）。

M18：22，硬陶。子母口，弧鼓腹，平底，下设三短兽蹄足。肩部对饰网格纹附耳。覆钵形器盖。通体存轮制弦纹。口径17.2、底径11、通高16.8厘米（图五五，4；彩版二〇，5）。

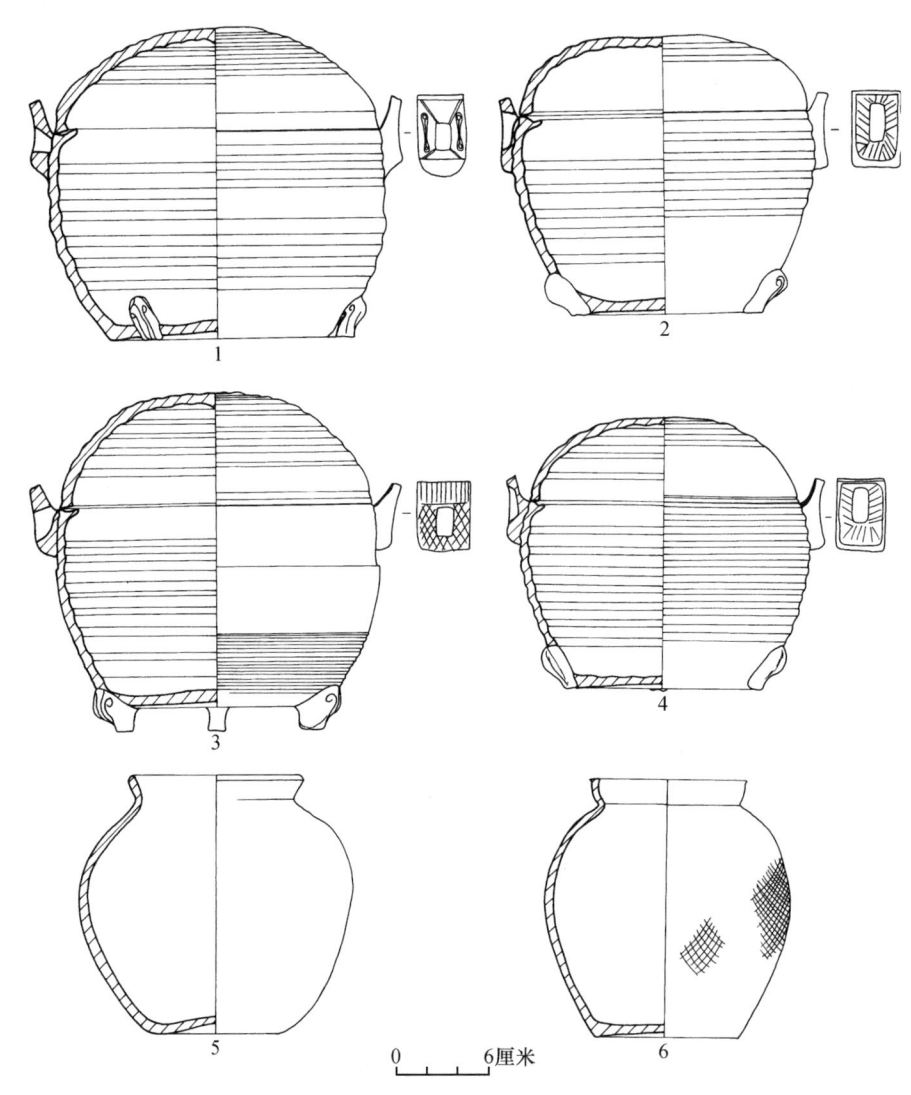

图五五　M18出土陶器
1~4.鼎（M18：12、M18：21、M18：17、M18：22）　5、6.罐（M18：25、M18：29）

陶盒　5件。M18：14，硬陶。子母口，斜鼓腹，平底内凹。覆钵形器盖。通体存轮制弦纹。口径20.4、底径14.6、通高19.4厘米（图五六，2）。M18：15，硬陶。子母口，斜鼓腹，平底内凹。覆钵形器盖。通体存轮制弦纹。口径20.2、底径13、通高19.5厘米（图五六，5；彩版一九，3）。M18：19，硬陶。子母口，斜鼓腹，平底内凹。覆钵形器盖。通体存轮制弦纹。口径20.6、底径12、通高21.1厘米（图五六，3；彩版一九，6）。M18：24，硬陶。子母口，斜鼓腹，平底内凹。覆钵形器盖。通体存轮制弦纹。口径17、底径10.8、通高18.2厘米（图五六，4；彩版二〇，4）。M18：27，硬陶。子母口，斜鼓腹，平底内凹。覆钵形器盖。通体存轮制弦纹。口径17.4、底径10.2、通高17.6厘米（图五六，6；彩版二一，3）。

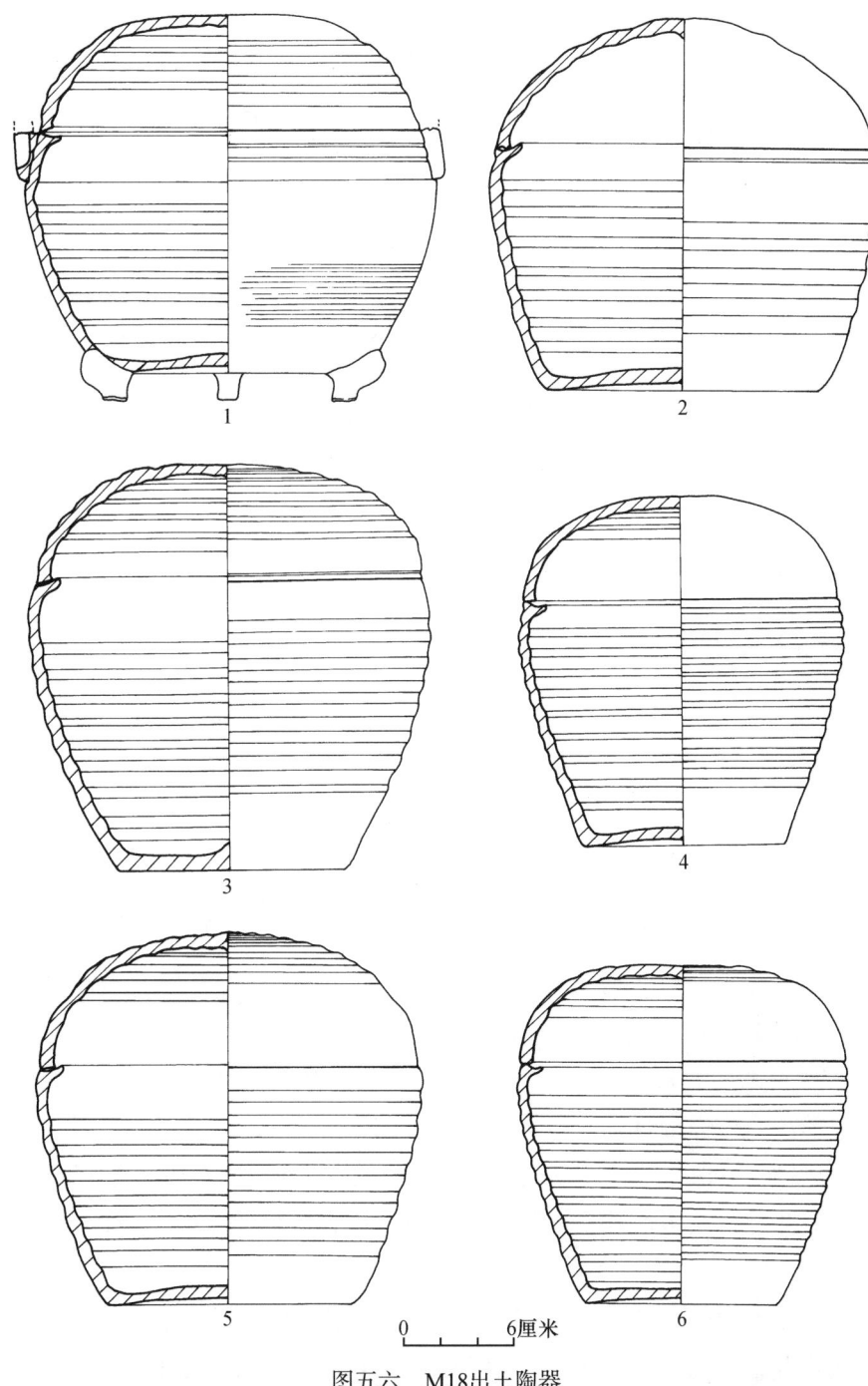

图五六　M18出土陶器
1.鼎（M18∶13）　2~6.盒（M18∶14、M18∶19、M18∶24、M18∶15、M18∶27）

陶壶　5件。M18∶18，釉陶，上半部施釉。敞口，束颈，圆鼓腹，圈足。肩部对饰叶脉纹桥形耳。口部、颈部及肩部饰波浪纹与弦纹。口径16.8、底径18、通高38厘米（图五七，2；彩版一九，4）。M18∶20，釉陶，上半部施釉。敞口，束颈，圆鼓腹，圈足。肩部对饰叶脉纹桥形耳。口部、颈部及肩部饰波浪纹与弦纹，内表存轮制弦纹。口径18、底径17.2、高38厘米（图五七，3；彩版二〇，1）。M18∶26，釉陶，上半部施釉。敞口，束颈，圆鼓腹，圈足。肩部对饰兽面铺首耳。口部、颈部饰波浪纹及弦纹，腹部饰凸弦纹。口径14、底径17.6、

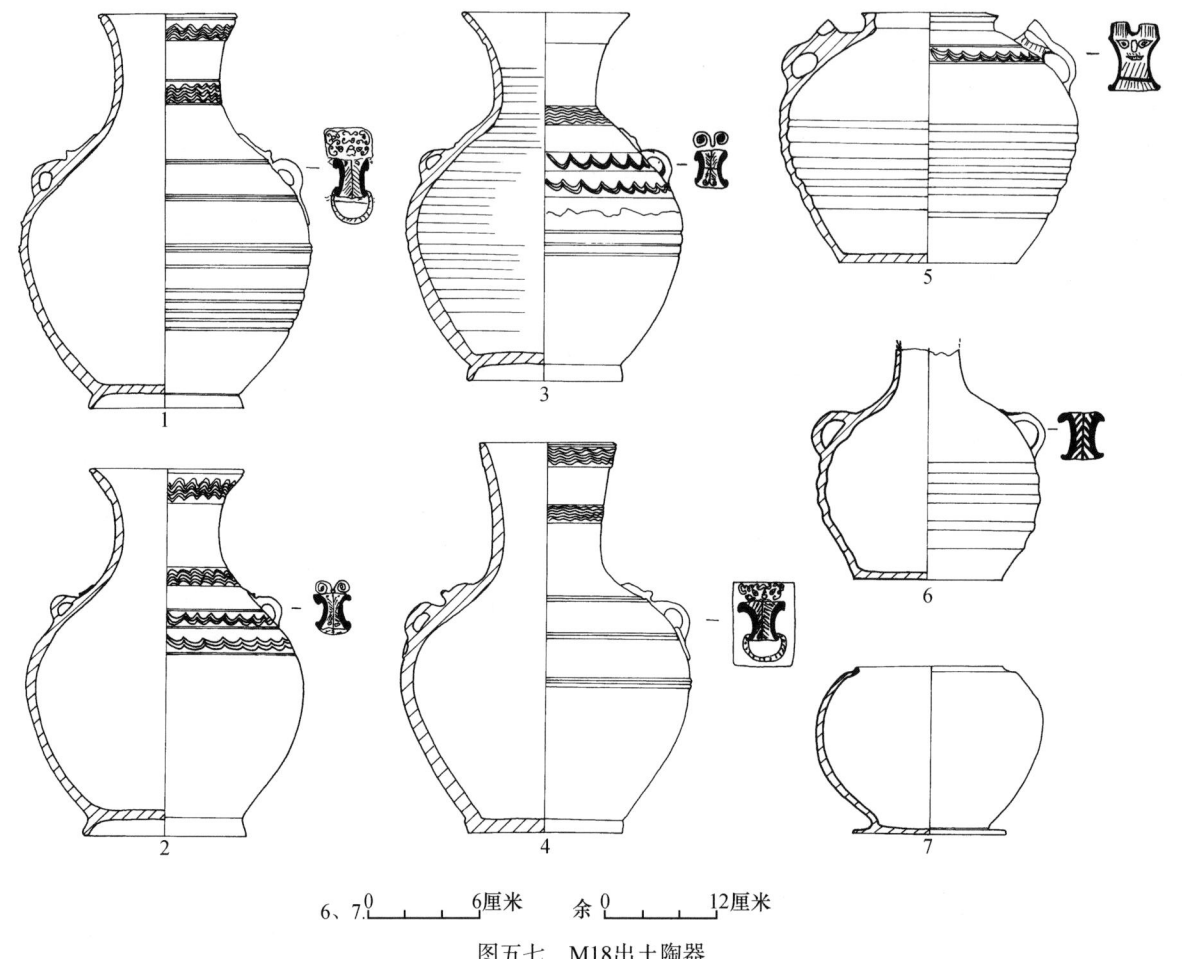

图五七　M18出土陶器

1～4、6.壶（M18：26、M18：18、M18：20、M18：28、M18：31）　5.瓿（M18：16）　7.豆（M18：10）

通高40.8厘米（图五七，1；彩版二一，1）。M18：28，釉陶，上半部施釉。敞口，束颈，圆鼓腹，圈足。肩部对饰兽面铺首耳。口部、颈部饰波浪纹及弦纹，腹部饰凸弦纹。口径14.4、底径17、通高40厘米（图五七，4；彩版二一，5）。M18：31，硬陶。口残，束颈，弧鼓腹，平底。肩部对饰叶脉纹桥形耳。下腹部饰弦纹。底径7.8、残高12厘米（图五七，6；彩版二一，6）。

陶瓿　2件。M18：16，硬陶。平口，圆鼓腹，平底。肩部设兽面桥形耳。饰波浪纹、弦纹，腹部及内表存轮制弦纹。口径10.6、底径18.4、通高26.2厘米（图五七，5；彩版一九，5）。M18：23，釉陶，上半部施釉。平口，圆鼓腹，平底。肩部对饰兽面桥形耳。通体存轮制弦纹。口径8.8、底径12.2、通高21.2厘米（图五八，1；彩版二〇，2）。

陶罐　3件。M18：25，泥质灰陶。侈口圆唇，弧鼓腹，平底内凹。素面。口径10.8、底径7.2、通高16厘米（图五五，5；彩版二〇，6）。M18：29，硬陶。侈口圆唇，弧鼓腹，平底内凹。器表拍印网格纹。口径10、底径8.8、通高16厘米（图五五，6；彩版二一，2）。M18：30，硬陶。侈口圆唇，弧鼓腹，平底内凹。器表拍印网格纹。口径12.4、底径13.2、通高23.8厘米（图五八，2；彩版二一，4）。

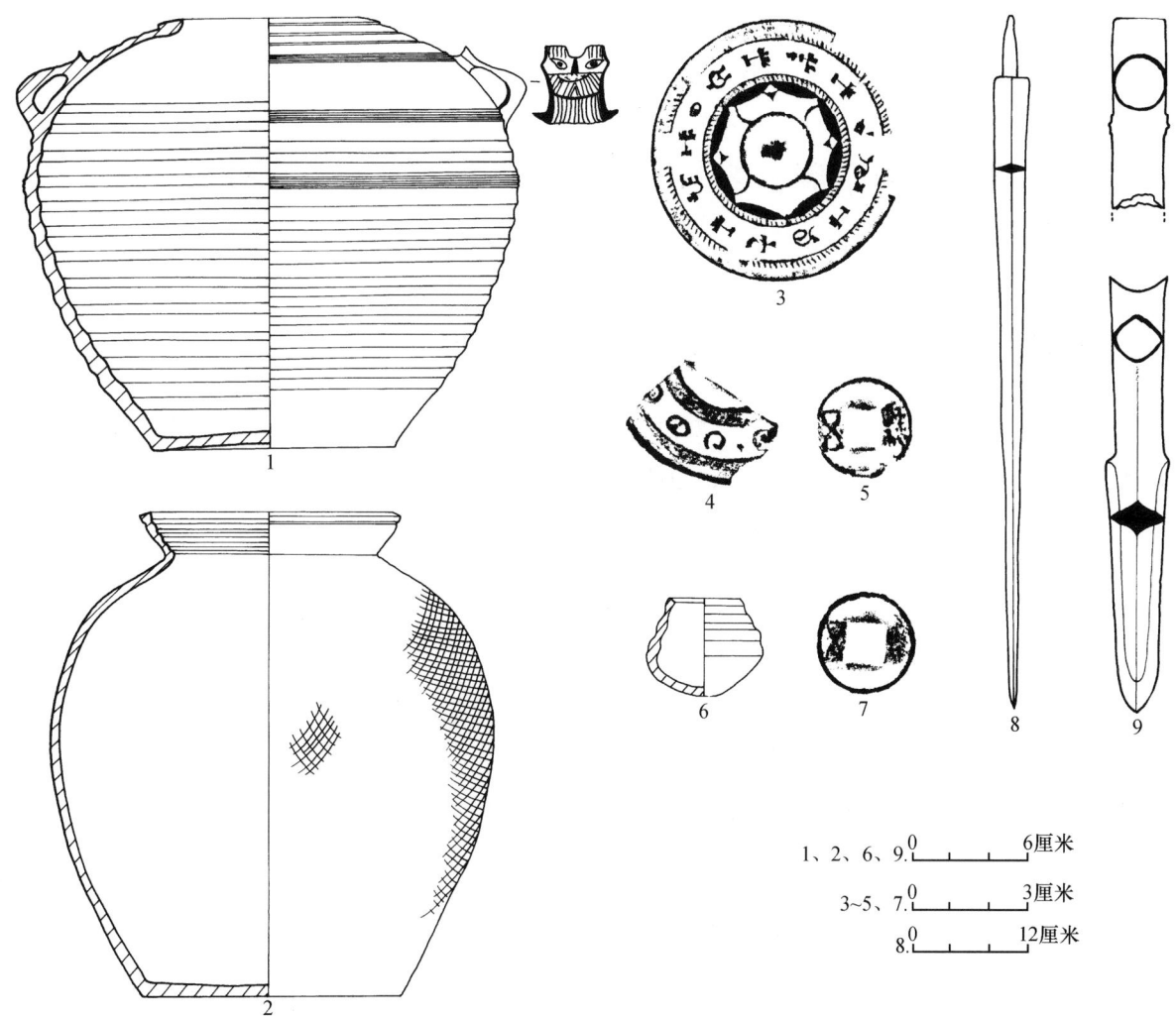

图五八 M18出土器物
1.陶瓿（M18∶23） 2.陶罐（M18∶30） 3、4.铜镜（M18∶2、M18∶4） 5.铜钱（M18∶3） 6.陶灶（M18∶9） 7.铜钱（M18∶5） 8.铜剑（M18∶1） 9.铜矛（M18∶6）

陶豆 1件。M18∶10，硬陶。子母口，深弧鼓腹，短粗柄，饼状圈足。素面。口径7.8、底径8.2、通高8.7厘米（图五七，7；彩版一八，4）。

陶灶 1件。M18∶9，残，存附件陶釜1件。硬陶。直口圆唇，斜鼓腹，圜底。上腹部饰弦纹。口径3.6、高3.8厘米（图五八，6）。

铜洗 2件。M18∶7，器薄，残碎。M18∶8，器薄，形变较大，折沿，双环耳（彩版一八，2）。

铜剑 1件。M18∶1，圆形剑首，扁平茎，茎残。剑脊隆起，尾部收杀成锋，剑身剖面呈菱形。长69厘米（图五八，8；彩版一八，1）。

铜矛 1件。M18∶6，銎口内凹，身较长，窄脊隆起，两侧有血槽。残长21.8厘米。有镦，残，圆筒形，中部有凸箍一周。残长10、銎口直径2.5厘米（图五八，9；彩版一八，5）。

铜镜 2件。M18∶2，昭明镜。桥形纽，圆形纽座。内区为内向八连弧纹，外区为铭文带，铭文为"内青以昭明，光象日"。直径6.4、缘厚0.2厘米（图五八，3；彩版一八，3）。

M18：4，日光镜。残，桥形纽，铭文仅残存一"日"字（图五八，4）。

铜钱　23枚。M18：3，共11枚，五铢钱（图五八，5）。M18：5，共12枚，五铢钱（图五八，7）。

玉璧　1件。M18：11，残碎，未采集。

M19

1. 墓葬形制

长方形土坑竖穴墓。方向185°。墓口长2.8、宽1.3、深0.6米。墓内填土为红褐色花土。随葬品有陶壶1件、罐1件，均出土于墓底西侧（图五九；图版一五，1）。

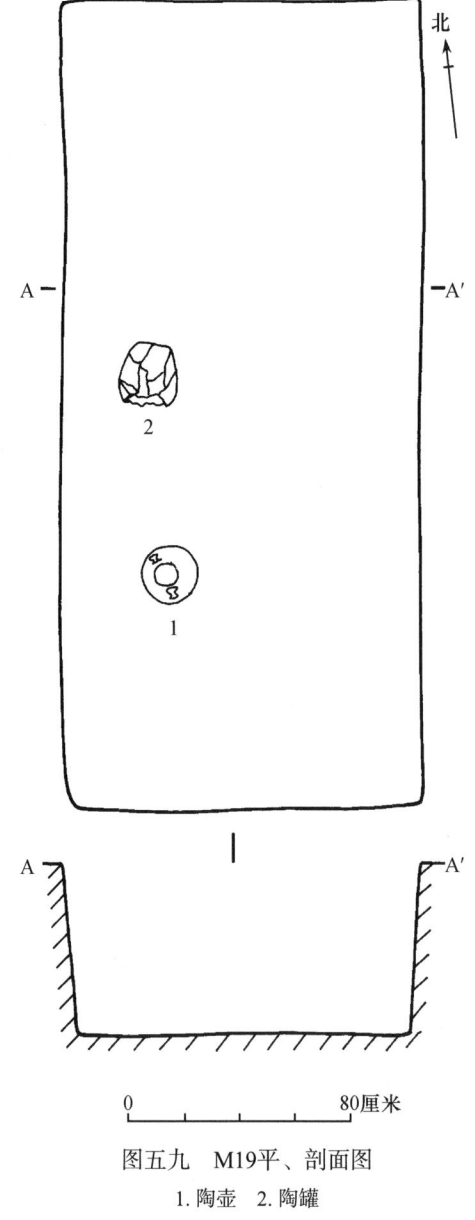

图五九　M19平、剖面图
1. 陶壶　2. 陶罐

2. 随葬品

陶壶 1件。M19：1，釉陶，上半部施釉。口残，束颈，弧鼓腹，平底内凹。双叶脉纹桥形耳。颈部饰波浪纹及弦纹，肩部及下腹部饰弦纹，内表存轮制弦纹。底径11.4、残高25.6厘米（图六〇，1；图版一七，1）。

陶罐 1件。M19：2，硬陶。口残，弧鼓腹，平底。器表拍印网格纹。底径10.4、高18.8厘米（图六〇，2；图版一七，3）。

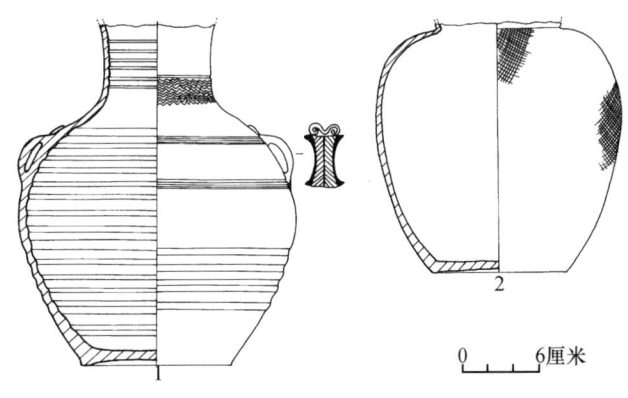

图六〇 M19出土陶器
1. 壶（M19：1） 2. 罐（M19：2）

M20

1. 墓葬形制

长方形土坑竖穴墓。方向21°。墓口长1.6、宽0.6、深0.36米。墓内填土为红褐色花土。随葬品有陶罐1件，置于墓底北端（图六一；图版一五，2）。

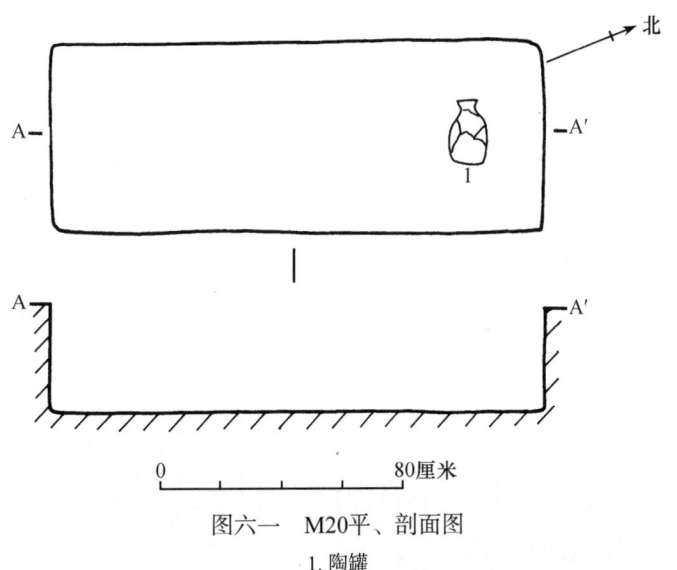

图六一 M20平、剖面图
1. 陶罐

2. 随葬品

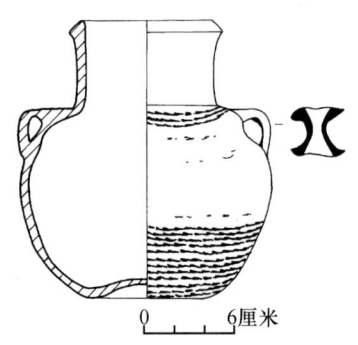

图六二　M20出土陶罐 M20∶1

陶罐　1件。M20∶1，泥质灰陶。直口方唇，直颈，弧鼓腹，平底内凹。双桥形耳。肩部及下腹部饰绳纹。口径8.4、底径7、通高17.6厘米（图六二；图版一七，4）。

M21

墓葬形制

长方形土坑竖穴墓。方向10°。墓口长1.42、宽0.8、深0.4米。墓内填土为黄褐色花土。无随葬品（图六三）。

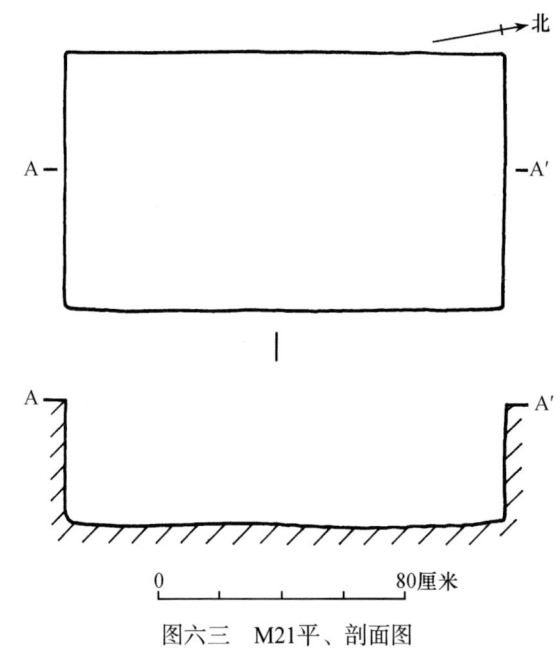

图六三　M21平、剖面图

M22

1. 墓葬形制

长方形土坑竖穴墓。方向280°。墓口长1.7、宽0.5、残深0.2米。墓内填土为黄褐色花土。随葬品有陶壶1件（图六四；图版一六，1）。

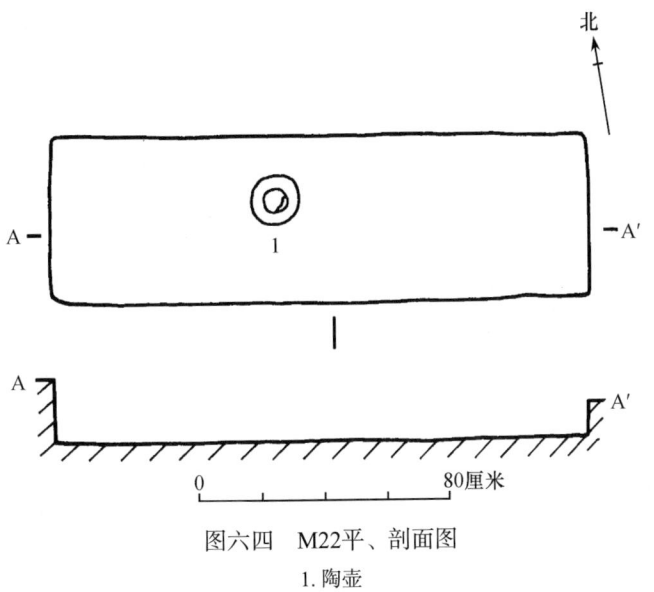

图六四　M22平、剖面图
1.陶壶

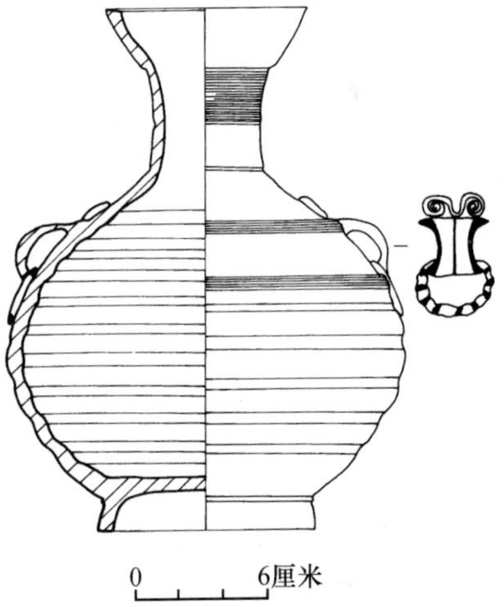

2. 随葬品

陶壶　1件。M22：1，釉陶，上半部施釉。微盘口，束颈，弧鼓腹，圈足。双铺首耳。通体存轮制弦纹。口径9.1、底径9.6、通高22.2厘米（图六五；图版一七，2）。

图六五　M22出土陶壶
M22：1

M23

1. 墓葬形制

长方形土坑竖穴墓。方向195°。墓口长2.5、宽1.54、深1.7米。墓内填土为黄褐色花土。随葬品有陶罐2件、陶片1片，均置于墓葬的东南侧（图六六；图版一六，2）。

2. 随葬品

陶罐　2件。M23：1，残。泥质灰陶。肩部残存一桥形耳（图六七，3）。M23：3，泥质灰陶，侈口圆唇，圆鼓腹，平底内凹。双桥形耳。素面。口径14.8、底径8、通高24.8厘米（图六七，1；图版一七，5）。

陶片　M23：2，存陶片，泥质灰陶（图六七，2）。

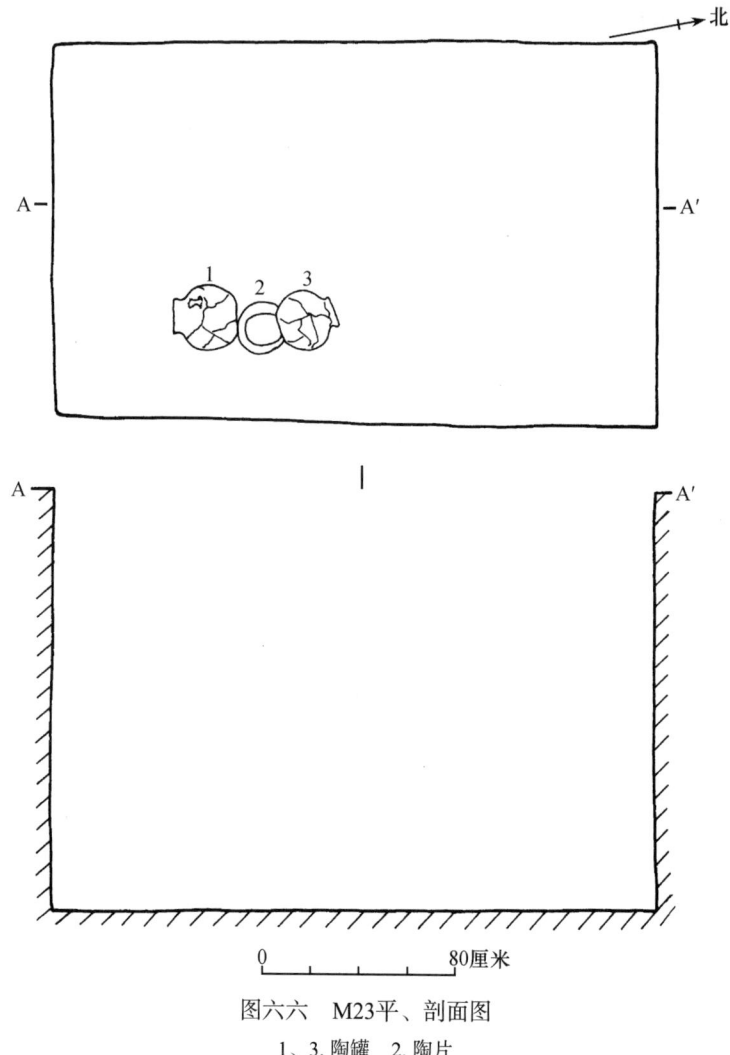

图六六　M23平、剖面图
1、3. 陶罐　2. 陶片

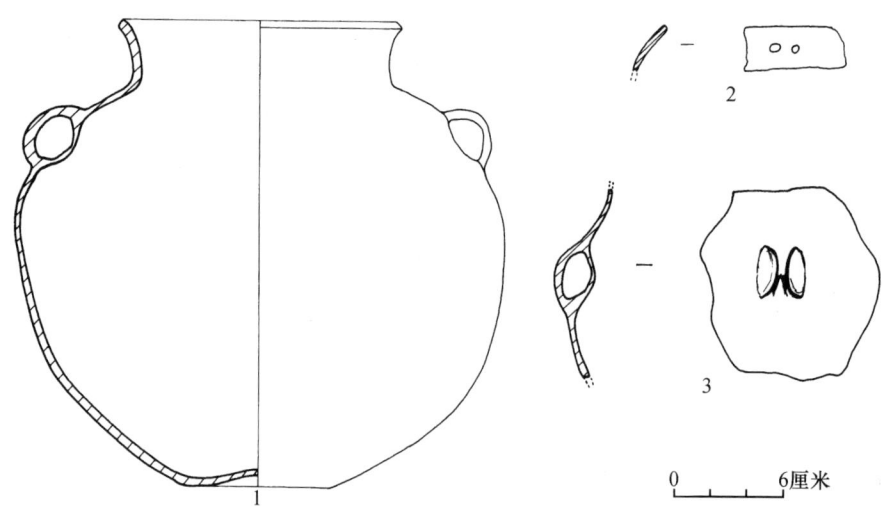

图六七　M23出土陶器
1、3. 罐（M23∶3、M23∶1）　2. 片（M23∶2）

M24

1. 墓葬形制

长方形土坑竖穴墓。方向187°。墓口长2.9、宽1.7、深1.5米。墓内填土为黄褐色花土。随葬品有陶鼎1件、壶2件、罐3件、灶1件、井1件、猪圈1件；铜镜1件（图六八；图版一八，1）。

图六八　M24平、剖面图

1、2.陶壶　3.陶鼎　4、5、8.陶罐　6.陶灶　7.陶井　9.陶猪圈　10.铜镜

2. 随葬品

陶鼎　1件。M24：3，残，存一盖一耳一足。泥质灰陶。覆钵形器盖，附耳。口径17.4厘米（图七〇，2）。

陶壶　2件。M24：1，釉陶，上半部施釉。敞口，束颈，弧鼓腹，圈足，双叶脉纹桥形耳。口部、颈部饰波浪纹和弦纹，内外表存轮制弦纹。口径14.2、底径14.6、通高33.2厘米（图六九，3；图版一九，1）。M24：2，釉陶，上半部施釉。敞口，束颈，弧鼓腹，圈足，双叶脉纹桥形耳。口部、颈部饰波浪纹和弦纹，内外表存轮制弦纹。口径12.4、底径11.6、通高29.7厘米（图六九，1；图版一九，3）。

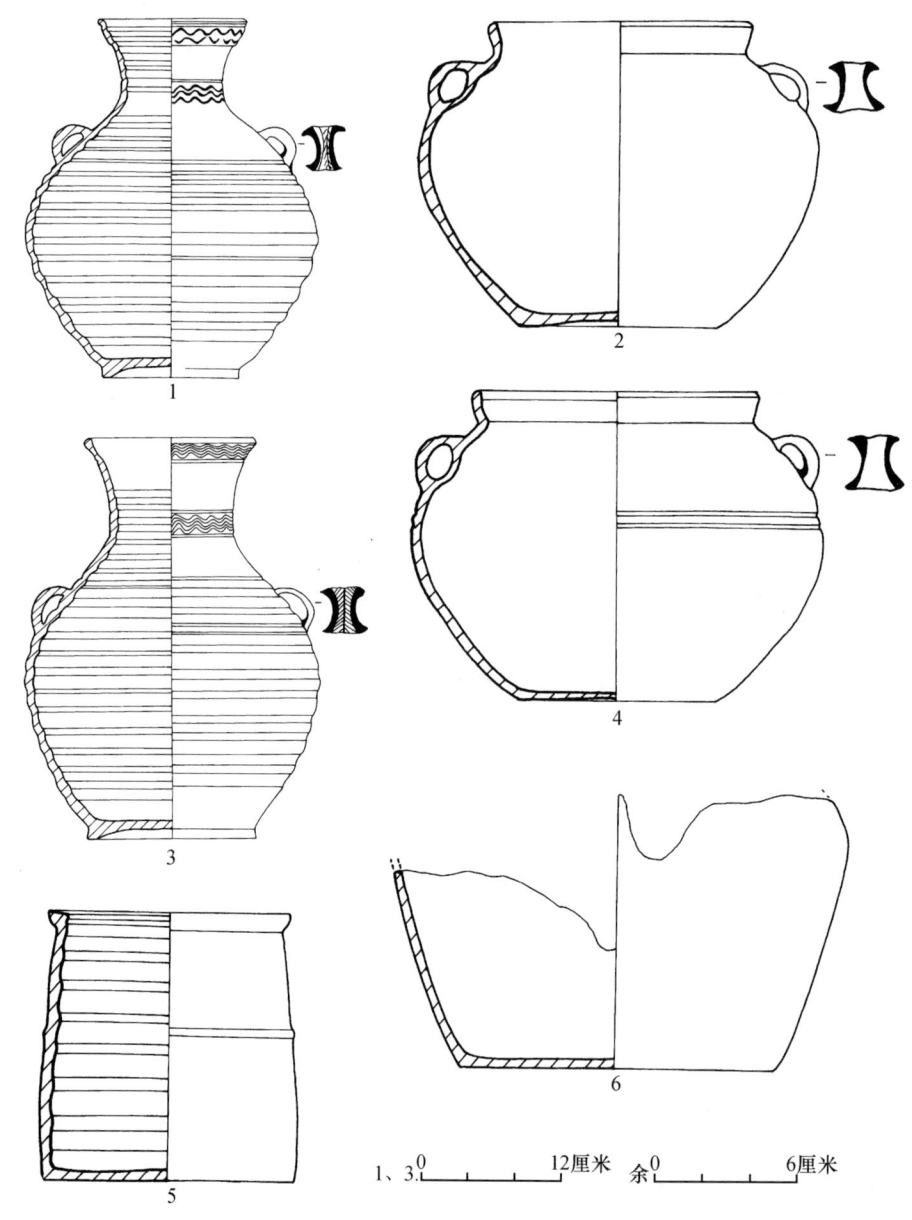

图六九　M24出土陶器
1、3.壶（M24：2、M24：1）　2、4、6.罐（M24：4、M24：5、M24：8）　5.井（M24：7）

陶罐 3件。M24∶4，泥质灰陶。侈口圆唇，弧鼓腹，平底内凹。双桥形耳。素面。口径11.2、底径8.2、通高12.6厘米（图六九，2；图版一九，5）。M24∶5，泥质灰陶。侈口圆唇，弧鼓腹，平底内凹。双桥形耳。肩部饰弦纹。口径12.2、底径8.2、通高12.8厘米（图六九，4；图版一九，2）。M24∶8，残。泥质灰陶。斜鼓腹，平底。素面。底径13.2、残高11.3厘米（图六九，6）。

陶灶 1件。M24∶6，泥质灰陶。平面呈前方后圆形。前端设一拱形灶门，后端置一孔以为烟囱，双火眼，前后各一。存附件甑。长22、宽13.8厘米（图七〇，1；图版一九，4）。

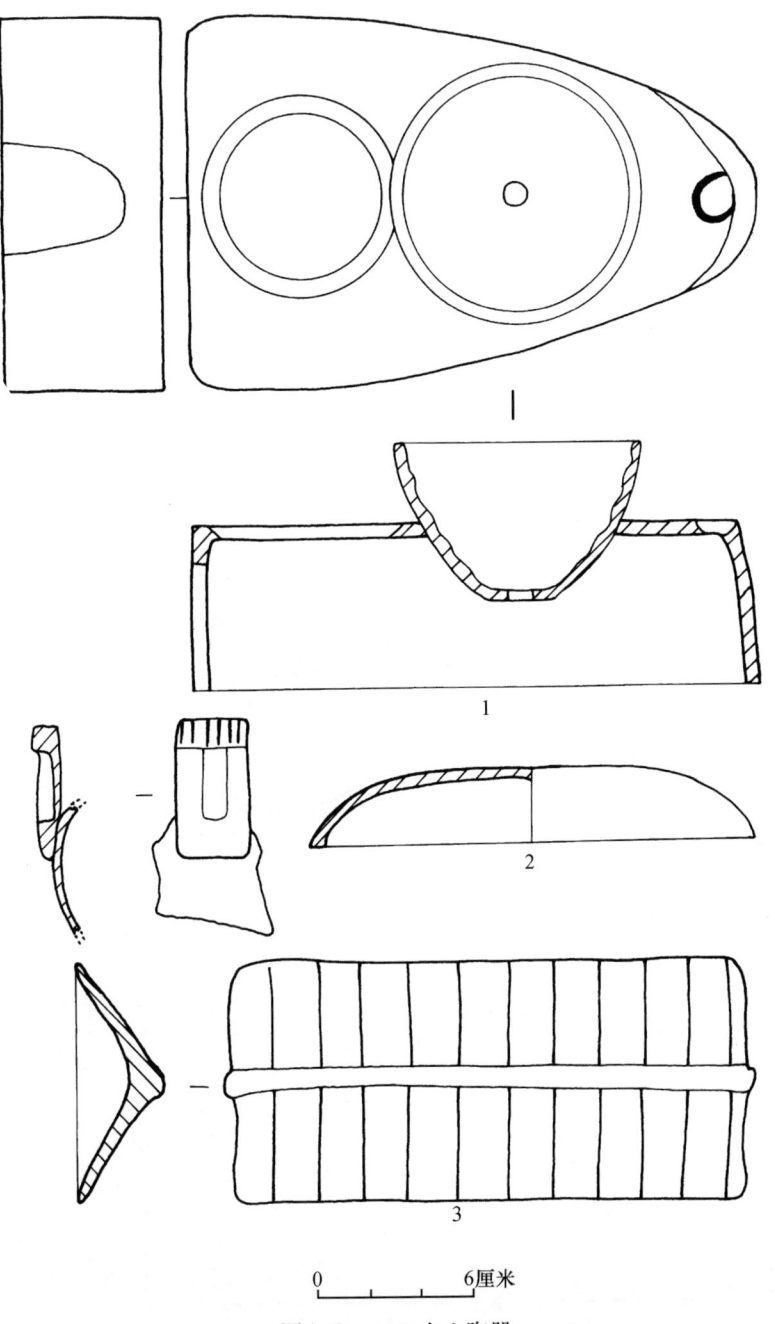

图七〇 M24出土陶器

1. 灶（M24∶6） 2. 鼎（M24∶3） 3. 猪圈（M24∶9）

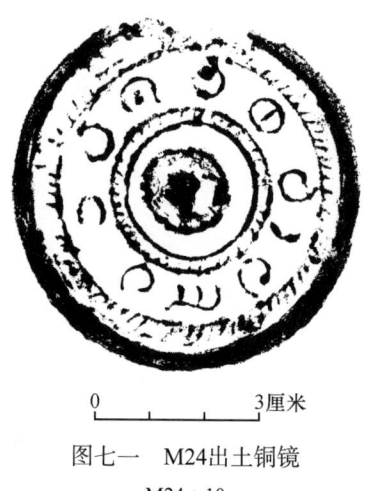

图七一　M24出土铜镜
M24：10

陶井　1件。M24：7，泥质灰陶。平口圆唇，筒形，斜直腹，平底。腹部饰一道弦纹，内表存轮制弦纹。口径10.8、底径11.2、通高11厘米（图六九，5；图版一九，6）。

陶猪圈　1件。M24：9，泥质红陶。仅余圈顶，顶部划线成瓦垄。长20、宽9厘米（图七〇，3）。

铜镜　1件。M24：10，桥形纽，圆形纽座。外区为铭文带，铭文为"日月明勿囗"。直径6、缘厚0.2厘米（图七一；图版二〇，1）。

M25

1. 墓葬形制

长方形土坑竖穴墓。方向192°。墓口长2.74、宽1.66、深1.54米。墓内填土为黄褐色花土。随葬品有陶鼎2件、壶2件、盒2件、罐3件、灶2件、井1件；铜镜1件、铜钱若干。铜镜和钱置于墓底西侧，其余均置于墓底东侧。其中M25：11陶盒残碎（图七二；图版一八，2）。

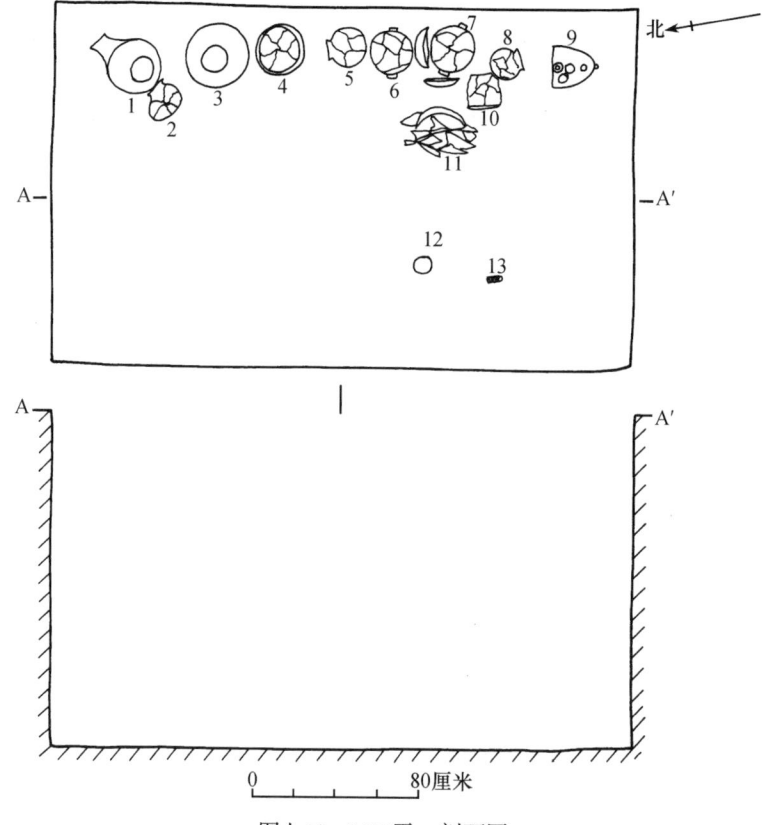

图七二　M25平、剖面图

1、3.陶壶　2、5、8.陶罐　4、11.陶盒　6、7.陶鼎　9、14.陶灶　10.陶井　12.铜镜　13.铜钱

2. 随葬品

陶鼎　2件。M25∶6，泥质灰陶。子母口，斜鼓腹，圜底，三锥形足。双附耳。肩部饰一道弦纹。口径14、通高13.6厘米（图七三，4；图版二〇，4）。M25∶7，泥质灰陶。子母口，斜鼓腹，圜底，三锥形足。双附耳。覆钵形器盖。肩部饰弦纹，腹部饰绳纹，通体存轮制弦纹。口径13、通高16厘米（图七三，2；图版二〇，6）。

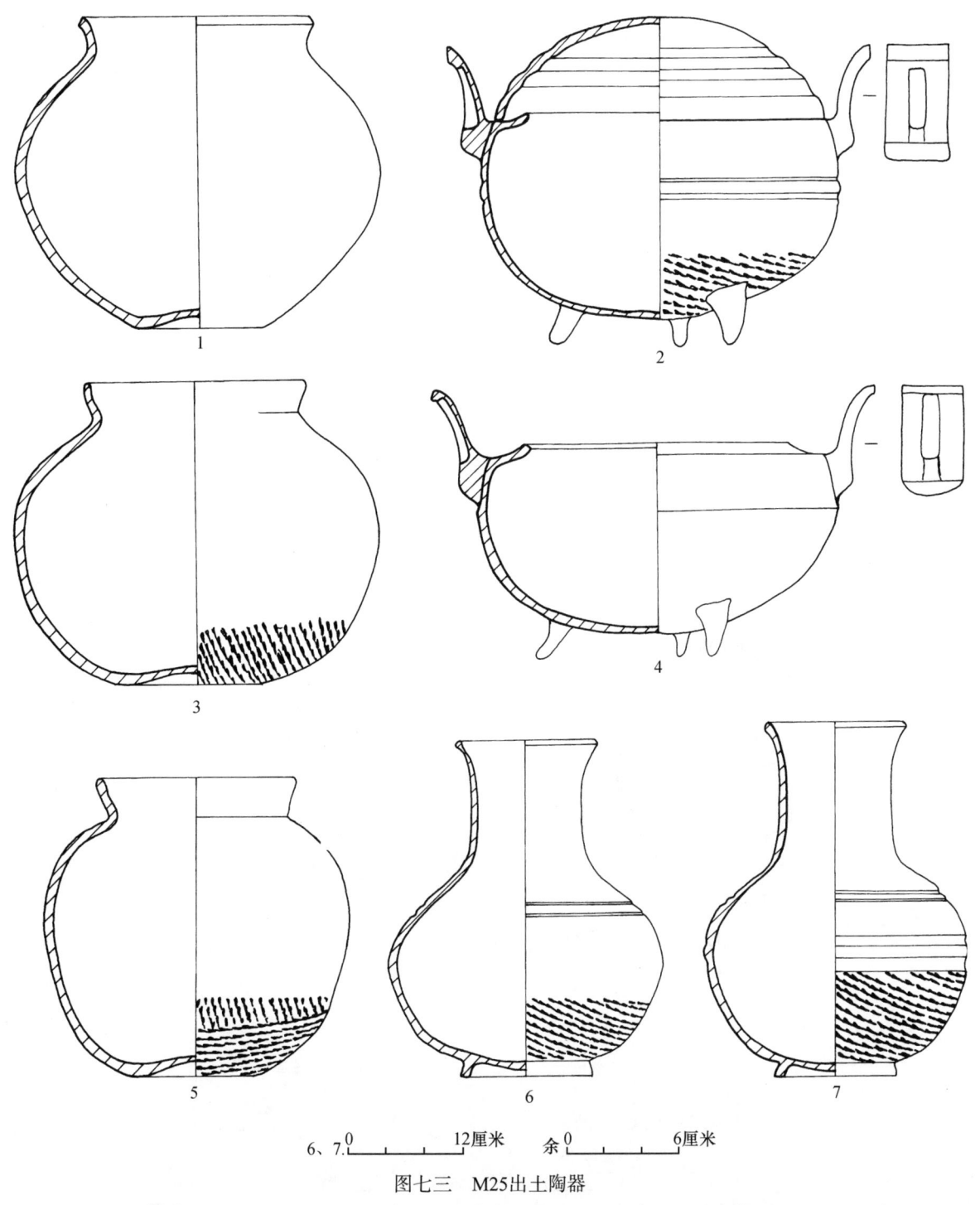

图七三　M25出土陶器

1、3、5. 罐（M25∶2、M25∶5、M25∶8）　2、4. 鼎（M25∶7、M25∶6）　6、7. 壶（M25∶1、M25∶3）

陶盒　2件。M25：4，泥质红陶。残碎。M25：11，泥质红陶。残碎。

陶壶　2件。M25：1，泥质灰陶。侈口圆唇，直颈，圆鼓腹，圈足。肩部饰两道弦纹，下腹部饰绳纹。口径14、底径13.8、高34.2厘米（图七三，6；图版二〇，3）。M25：3，泥质灰陶。侈口圆唇，直颈，圆鼓腹，圈足。肩部饰及上腹部饰弦纹，下腹部饰绳纹。口径14.4、底径12、高35.8厘米（图七三，7；图版二〇，2）。

陶罐　3件。M25：2，泥质红褐陶。侈口圆唇，弧鼓腹，平底内凹。素面。口径11.8、底径6.4、高15.8厘米（图七三，1；图版二〇，5）。M25：5，泥质红陶。侈口圆唇，圆鼓腹，平底内凹。下腹部饰绳纹。口径11.4、底径7、通高15.4厘米（图七三，3）。M25：8，泥质灰陶。侈口圆唇，弧鼓腹，平底内凹。下腹部饰绳纹。口径10.4、底径6、通高15.1厘米（图七三，5；图版二一，1）。

陶灶　2件。M25：9，泥质红褐陶。平面呈前方后圆形。前端设一拱形灶门，后端置一实心烟囱，灶面设三火眼，上置釜甑1组、釜1件。长24.4、宽19厘米（图七四，2；图版二一，3）。

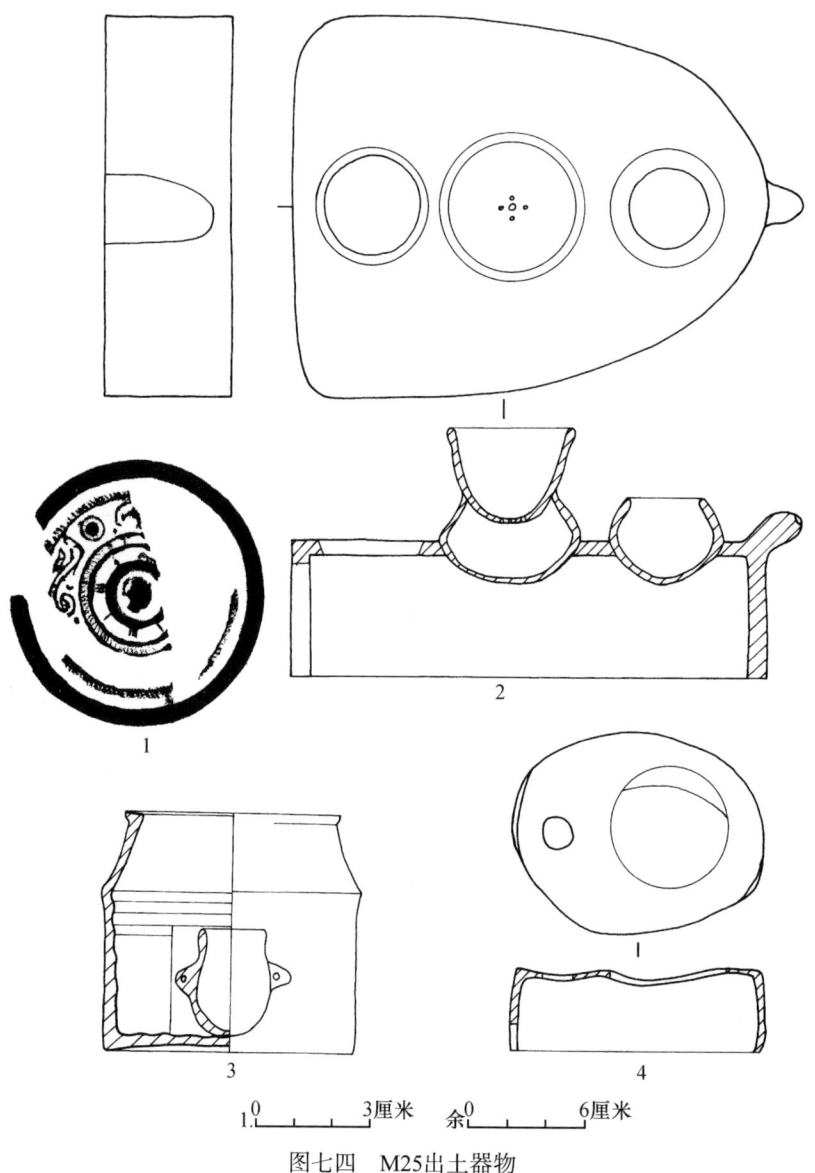

图七四　M25出土器物

1.铜镜（M25：12）　2、4.陶灶（M25：9、M25：14）　3.陶井（M25：10）

M25：14，泥质灰陶。平面大体呈椭圆形，前端设一拱形灶门，双火眼。长13、宽10厘米（图七四，4；图版二一，5）。

陶井　1件。M25：10，泥质红褐陶。平口圆唇，折肩直腹，平底。内表存轮制弦纹。口径11.2、底径13、通高11.9厘米。内置汲水罐一件，侈口圆唇，弧鼓腹，圜底。双穿孔耳（图七四，3；图版二一，4）。

铜镜　1件。M25：12，四乳四虺镜，残。桥形纽，圆形纽座，窄平缘。内区饰一周斜短线纹，外区为四乳四虺。直径6.8、缘厚0.25厘米（图七四，1；图版二一，2）。

铜钱　M25：13，锈蚀粘结，数量不清，个别可辨为五铢钱。

M26

1. 墓葬形制

曲尺形土坑竖穴墓。方向15°。墓室长3.5、宽2、深1.66米。墓道位于墓室北壁一侧，为长方形斜坡状，与墓室相接处有15厘米高的台阶。墓道上口长3.3、宽1.44米。墓内填土为黄褐色花土。墓室内发现有木椁痕迹。随葬品有陶鼎2件、盒2件、壶7件、瓿2件、罐11件、猪圈1件、灶1件、井1件；铜镜1件、剑1件、刀1件、铜钱23枚；石器1件。铜镜、剑、刀、铜钱和石器出土于墓葬的中间偏东部，其余集中出土于墓室的西部（图七五；彩版二二，1）。

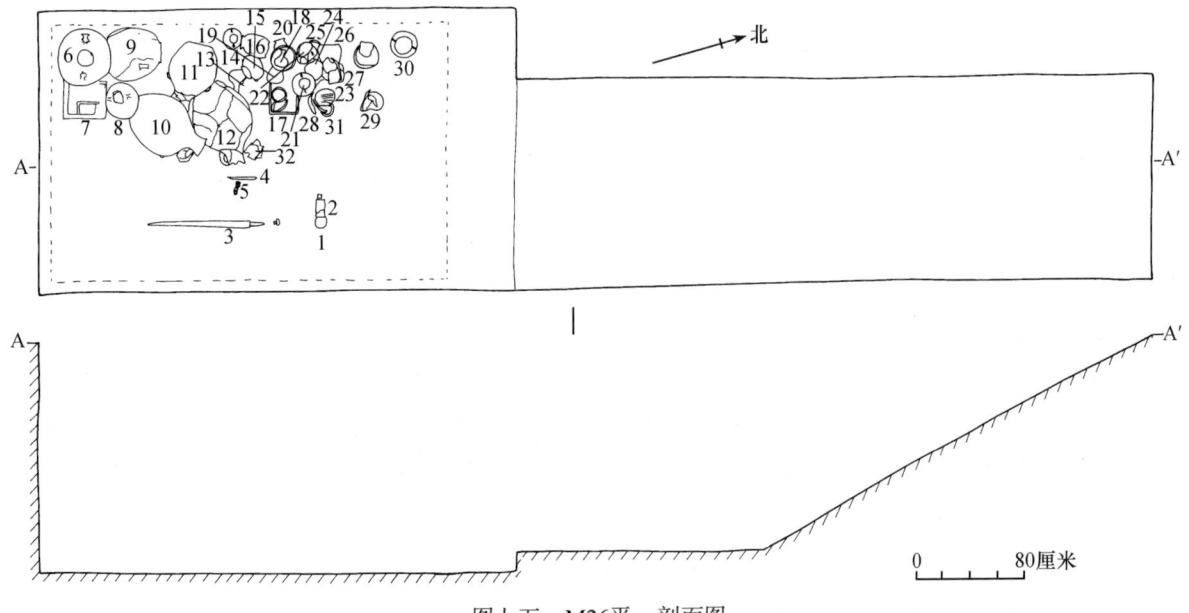

图七五　M26平、剖面图

1.铜镜　2.石器　3.铜剑　4.铜刀　5.铜钱　6、9.陶瓿　7.陶猪圈　8、10～14、18.陶壶　15、16、19～25、29、30.陶罐　17.陶灶　26、28.陶盒　27、32.陶鼎　31.陶井

2. 随葬品

陶鼎　2件。M26：27，硬陶。子母口，圆鼓腹，平底，三兽蹄足。兽面双附耳。覆钵形器盖。器盖中部及鼎腹部饰弦纹，内表存轮制弦纹。口径17.4、底径11.2、通高20.6厘米（图八〇，3；彩版二七，1）。M26：32，硬陶。子母口，圆鼓腹，平底，三兽蹄足。兽面双附耳。覆钵形器盖。器盖中部及鼎腹部饰弦纹，内表存轮制弦纹。口径17、底径11、通高20.6厘米（图八〇，1；彩版二七，6）。

陶盒　2件。M26：26，硬陶。子母口，斜弧腹，平底。覆钵形器盖，盖顶饰三道凹弦纹，内表存轮制弦纹。口径17.6、底径11.2、通高14.9厘米（图七七，1；彩版二六，6）。M26：28，硬陶。子母口，斜弧腹，平底。覆钵形器盖。内外表存轮制弦纹。口径17.2、底径11.2、通高16.5厘米（图八〇，2；彩版二七，3）。

陶壶　7件。M26：8，釉陶，上腹部施釉。敞口，直颈，弧鼓腹，平底内凹。肩部对饰叶脉纹桥形耳。口部及颈部饰波浪纹、弦纹，上腹部饰三组凸弦纹，下腹部及内表存轮制弦纹。口径14.4、底径13.8、高35.8厘米（图七九，2；彩版二四，1）。M26：10，釉陶。上半部施釉。敞口，斜直颈，圆鼓腹，平底内凹。双铺首耳。口部及颈部饰波浪纹、弦纹，肩部、腹部饰三组凸弦纹。口径17.6、底径16.2、高45.1厘米（图七八，4；彩版二四，5）。M26：11，釉陶，上半部施釉。敞口，直颈，圆鼓腹，平底内凹。双铺首耳。口部及颈部饰波浪纹、弦纹，肩部、腹部饰三组凸弦纹。口径18.3、底径17.4、高45.4厘米（图七八，3）。M26：12，釉陶，上半部施釉。敞口，斜直颈，弧鼓腹，平底内凹。双叶脉纹桥形耳。口部及颈部饰波浪纹、弦纹，上腹部饰三组凸弦纹，下腹部饰弦纹。口径15.6、底径13.8、高36.4厘米（图七九，5；彩版二四，2）。M26：13，硬陶，微敞口，斜直颈，圆鼓腹，平底内凹。双桥形耳。器表及内表存轮制弦纹。口径5.6、底径8.6、高13.8厘米（图七九，4；彩版二四，4）。M26：14，釉陶，上半部施釉。敞口，束颈，圆鼓腹，平底。双桥形耳。通体存轮制弦纹。口径5.6、底径7.4、高12厘米（图七九，3；彩版二四，6）。M26：18，釉陶，上半部施釉。敞口，束颈，圆鼓腹，平底。双叶脉纹桥形耳。通体存轮制弦纹。口径6、底径7.2、高11.9厘米（图七九，1；彩版二五，2）。

陶瓿　2件。M26：6，釉陶，上半部施釉。平口方唇，圆鼓腹，平底内凹。双兽面桥形耳。肩部、腹部饰三组凸弦纹。口径9.1、底径17.6、高35.6厘米（图七八，5；彩版二三，4）。M26：9，釉陶，上半部施釉。平口方唇，圆鼓腹，平底内凹。双兽面桥形耳。肩部、腹部饰三组凸弦纹。口径9.5、底径16.2、高33.2厘米（图七八，6；彩版二四，3）。

陶罐　11件。M26：15，釉陶，上半部施釉。侈口方唇，圆鼓腹，平底。肩部对饰叶脉纹桥形耳。通体饰轮制弦纹。口径9.8、底径8、通高10.9厘米（图七六，7；彩版二五，1）。M26：16，硬陶。侈口方唇，弧鼓腹，平底。双桥形耳。通体拍印网格纹，口部内表存轮制弦纹。口径10、底径7.4、高14.2厘米（图七八，1；彩版二五，3）。M26：19，釉陶，上半部施釉。侈口方唇，圆鼓腹，平底。双桥形耳。通体存轮制弦纹。口径9.4、底径8.8、通高

图七六　M26出土陶罐

1. M26:21　2. M26:25　3. M26:30　4. M26:22　5. M26:23　6. M26:24　7. M26:15　8. M26:19

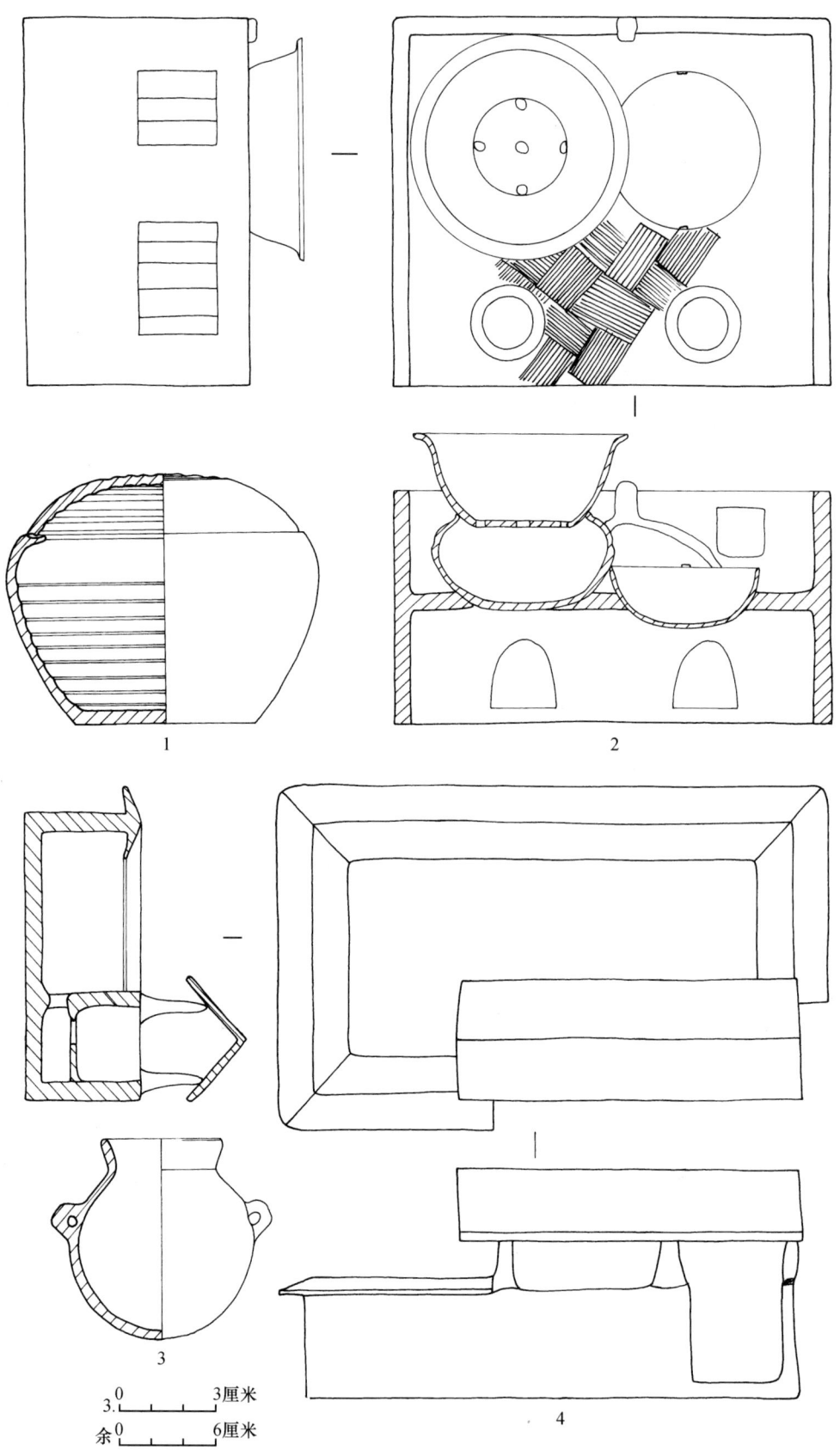

图七七 M26出土陶器

1. 盒（M26∶26） 2. 灶（M26∶17） 3. 井（M26∶31，存汲水罐） 4. 猪圈（M26∶7）

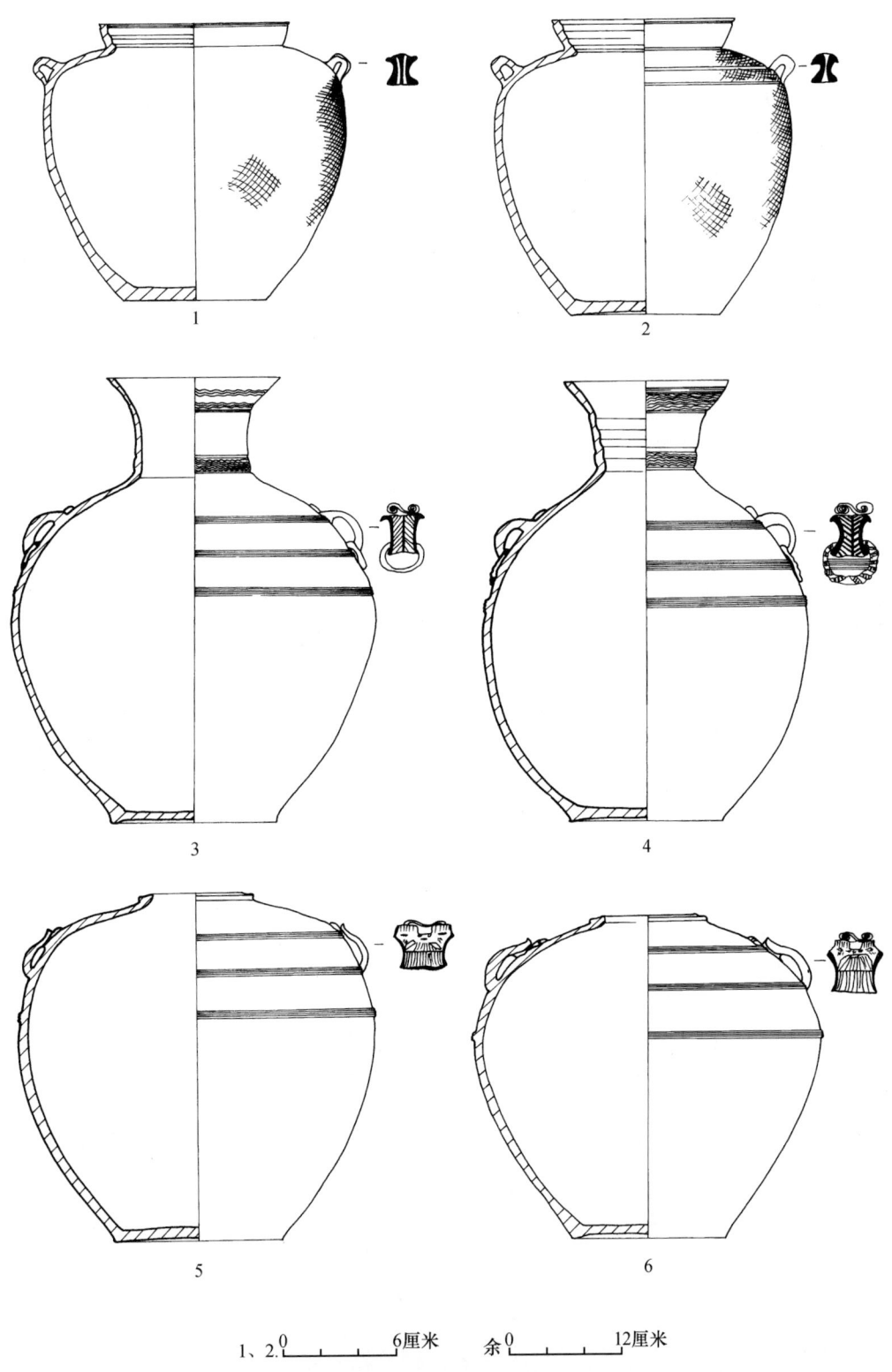

图七八 M26出土陶器

1、2.罐（M26:16、M26:20） 3、4.壶（M26:11、M26:10） 5、6.瓿（M26:6、M26:9）

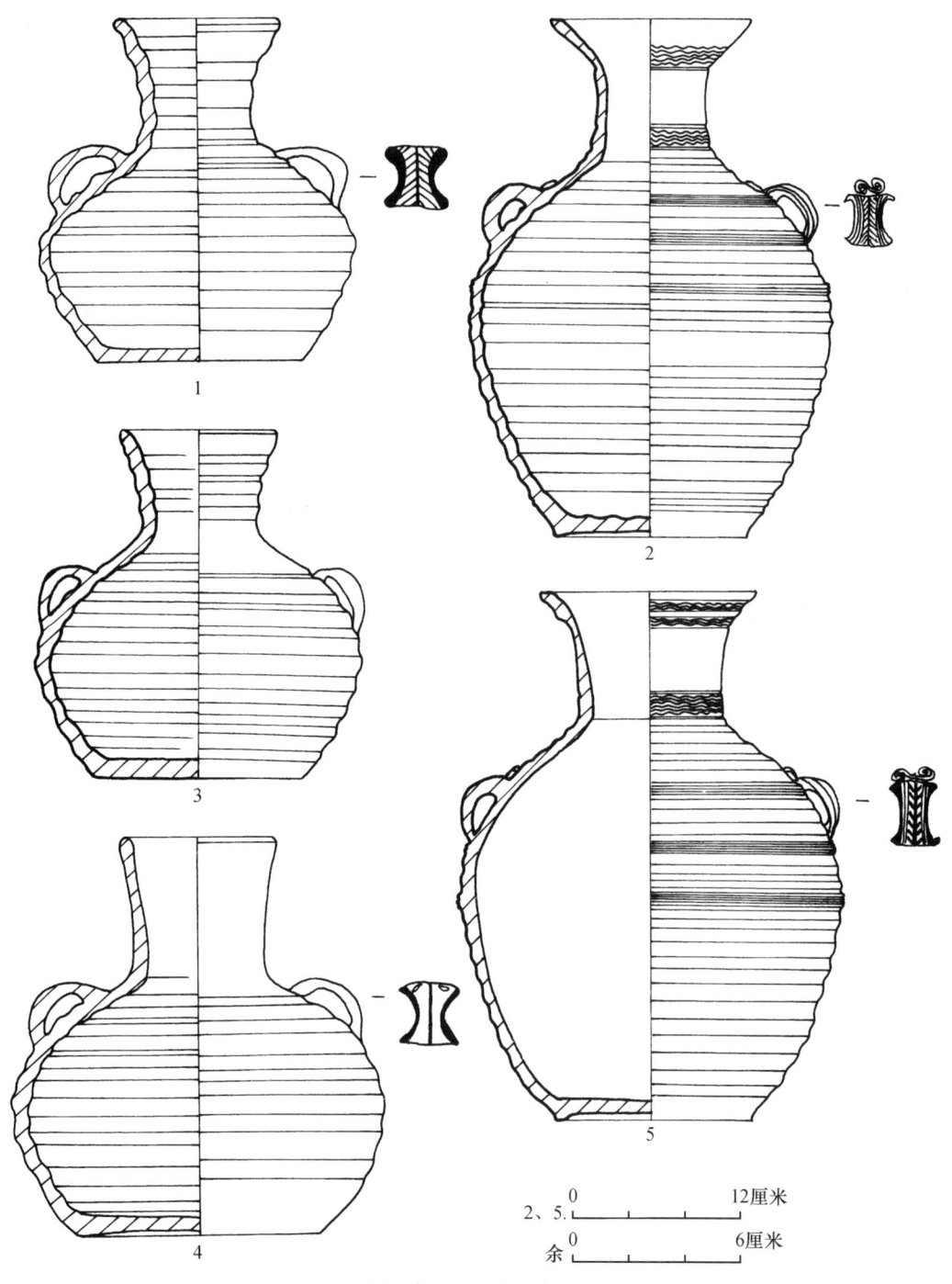

图七九 M26出土陶壶
1. M26:18 2. M26:8 3. M26:14 4. M26:13 5. M26:12

10.5厘米（图七六，8；彩版二五，4）。M26:20，硬陶。侈口方唇，弧鼓腹，平底内凹。双桥形耳。肩部饰两道凹弦纹，通体拍印网格纹，口部内表存轮制弦纹。口径9.8、底径7.8、高15.2厘米（图七八，2；彩版二五，6）。M26:21，硬陶。侈口方唇，圆鼓腹，平底。双叶脉纹桥形耳。通体存轮制弦纹。口径9.4、底径8、通高10.4厘米（图七六，1；彩版二六，1）。M26:22，釉陶，上半部施釉。侈口圆唇，圆鼓腹，平底。双叶脉纹桥形耳。通体存轮

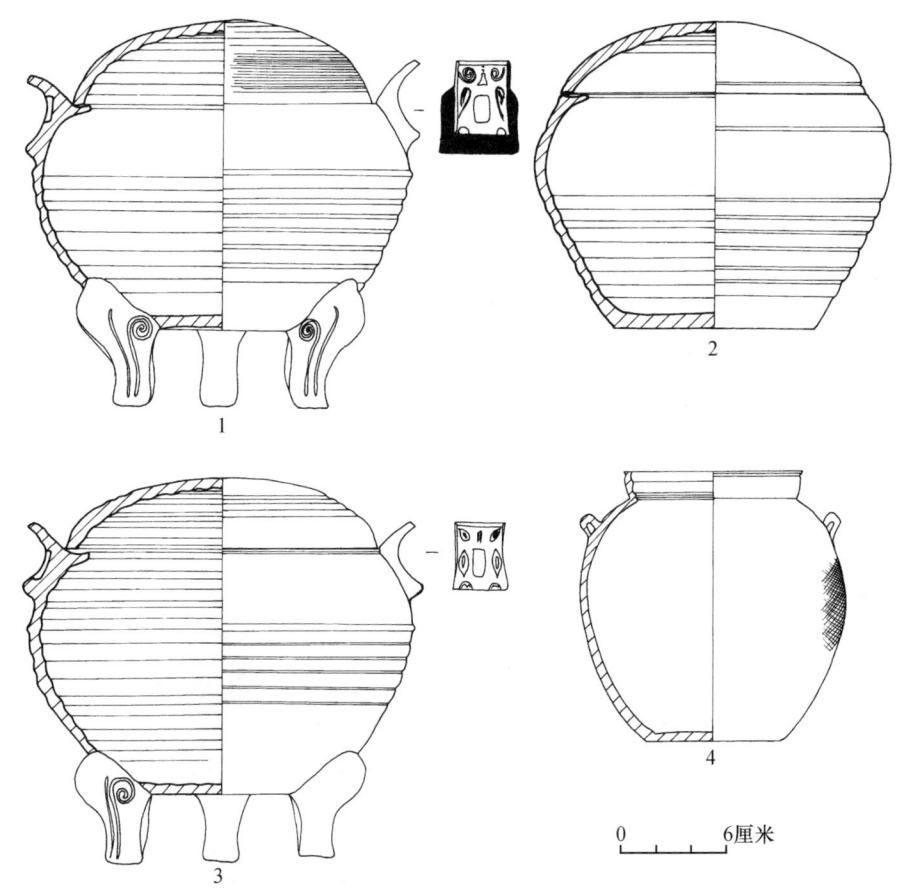

图八〇　M26出土陶器
1、3.鼎（M26∶32、M26∶27）　2.盒（M26∶28）　4.罐（M26∶29）

制弦纹。口径9.8、底径9、通高12厘米（图七六，4；彩版二六，3）。M26∶23，釉陶，上半部施釉。侈口方唇，圆鼓腹，平底。双叶脉纹桥形耳。内外表存轮制弦纹。口径9.4、底径8.2、通高10.8厘米（图七六，5；彩版二六，5）。M26∶24，釉陶，上半部施釉。直口方唇，圆鼓腹，平底。双叶脉纹桥形耳。通体存轮制弦纹。口径9.1、底径8.8、通高10.8厘米（图七六，6；彩版二六，2）。M26∶25，釉陶，上半部施釉。侈口圆唇，圆鼓腹，平底。双叶脉纹桥形耳。通体存轮制弦纹。口径9.2、底径8、通高10.2厘米（图七六，2；彩版二六，4）。M26∶29，硬陶。侈口方唇，圆鼓腹，平底。双桥形耳。通体拍印网格纹，口部内表存轮制弦纹。口径10、底径7.4、高14.5厘米（图八〇，4；彩版二七，5）。M26∶30，釉陶，上半部施釉。侈口圆唇，圆鼓腹，平底。双叶脉纹桥形耳。通体存轮制弦纹。口径9.4、底径9.1、通高11.4厘米（图七六，3；彩版二七，2）。

陶猪圈　1件。M26∶7，残。泥质红陶。平面为方形，下部置一周圈栏。栏上一角起柱，搭设厕屋一座，坡式屋顶。厕屋一侧起高台，高台中部开设一孔，孔与圈内的孔相通。长34.2、宽20.6、通高13.8厘米（图七七，4；彩版二三，6）。

陶灶　1件。M26∶17，泥质红陶。平面呈方形，灶面三侧起高墙护栏。前端设双拱形灶门，后端双烟道，两烟道在墙上合二为一，共用一实心烟囱。四个火眼，存附件釜甑1组、圜底锅1件、釜2件。灶面上饰有席纹。长27、宽22、高14厘米（图七七，2；彩版二五，5）。

陶井　1件。M26：31，仅存汲水罐。泥质红陶。侈口，束颈，圆鼓腹，圜底。肩部对饰双穿孔耳。素面。口径3.8、通高6厘米（图七七，3；彩版二七，4）。

铜镜　1件。M26：1，草叶镜。半球状钮，四叶纹钮座，内向十六连弧纹缘。座外双线方格，方格外有铭文带，铭文为"见日之光，天下大明"。其外四乳丁，两侧各一株二叠草叶纹，四角外伸出双瓣，有苞花枝纹。直径13.6、缘厚0.4厘米（图八一，1；彩版二三，1）。

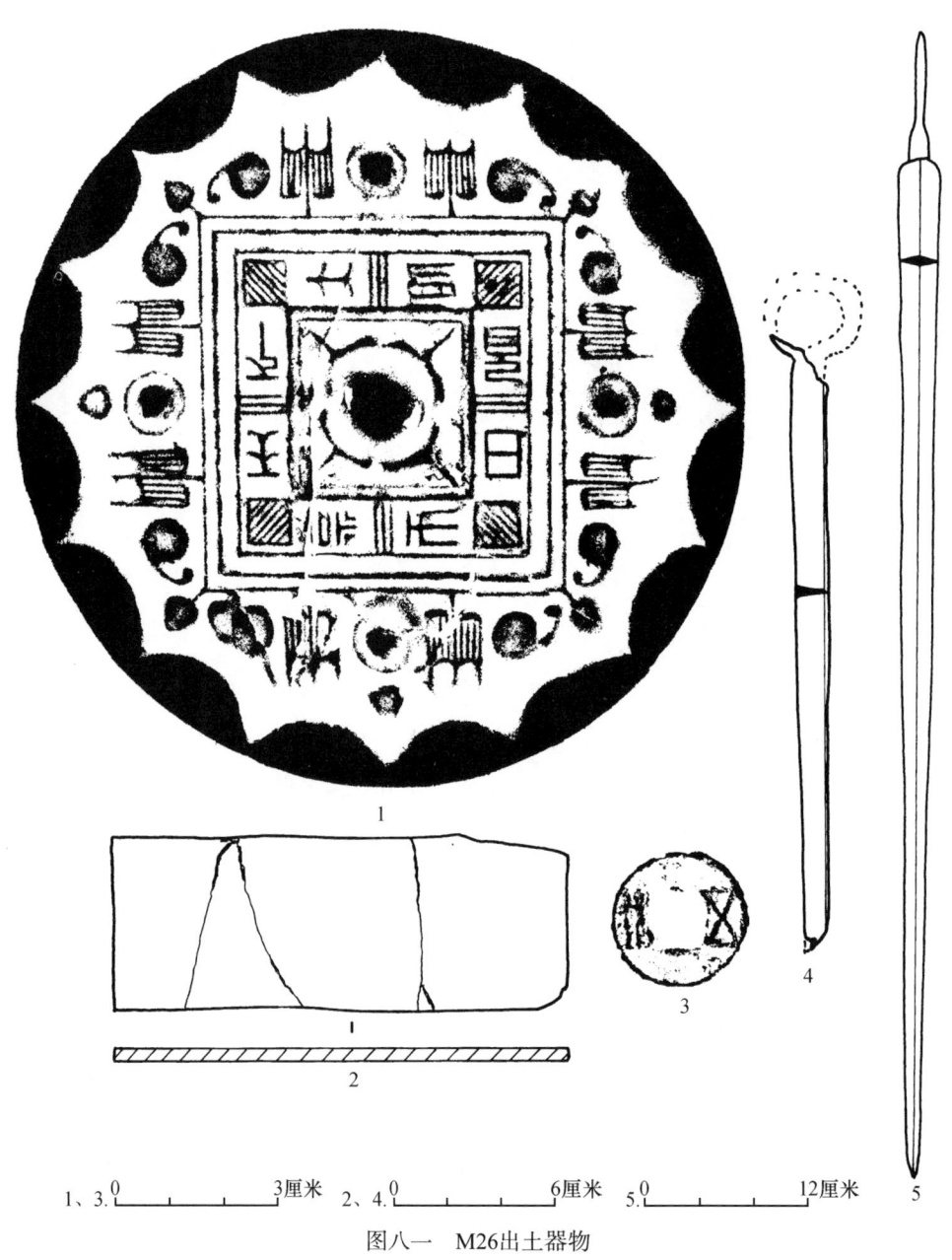

图八一　M26出土器物

1. 铜镜（M26：1）　2. 石器（M26：2）　3. 五铢钱（M26：5）　4. 铜刀（M26：4）　5. 铜剑（M26：3）

铜剑　1件。M26：3，扁平茎，剑脊隆起，尾部收杀成锋，剑身剖面呈菱形。长81.2厘米（图八一，5；彩版二三，5）。

铜刀　1件。M26：4，残。刀身平面呈楔形。残长20厘米（图八一，4；彩版二三，2）。

铜钱　23枚。M26：5，为五铢钱（图八一，3）。

石器　1件。M26：2，残。青灰色，平面大体呈长方形。素面。长16.9、宽6.1厘米（图八一，2；彩版二三，3）。

M27

1. 墓葬形制

凸字形土坑竖穴墓。方向22°。墓室长3.6、宽2.2、深2米。墓道位于墓室北壁中央，为长方形斜坡状，上口长3.2、宽1.8米。近墓底处设一台阶，宽50、高14厘米。墓内填土为黄褐色花土。M27打破M18排水沟。随葬品有陶鼎2件、壶8件、盒2件、罐6件、灶1件、井1件；铜剑1件、刀1件、钱13枚（图八二；彩版二二，2）。

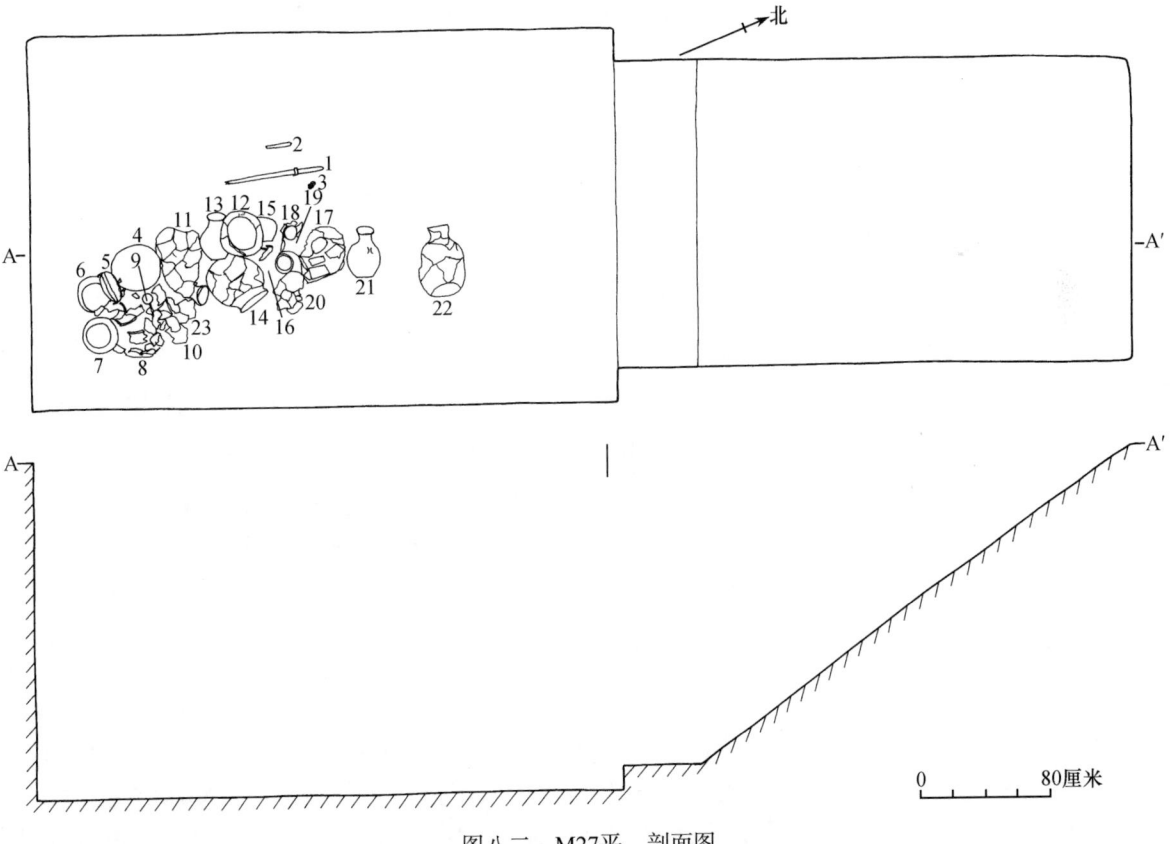

图八二　M27平、剖面图

1.铜剑　2.铜刀　3.铜钱　4、8、11、14、16、20.陶罐　5、6.陶鼎　7、12.陶盒　9、10、13、15、17、21~23.陶壶　18.陶灶　19.陶井

2. 随葬品

陶鼎　2件。M27∶5，残。泥质灰陶。仅余一锥形足和一附耳（图八四，7）。M27∶6，残。泥质灰陶。仅余一锥形足。

陶盒　2件。M27∶7，泥质灰陶。子母口，斜鼓腹，平底内凹。肩部饰弦纹。口径17.2、底径11.4、高10厘米（图八四，4；彩版二八，2）。M27∶12，残。泥质灰陶。子母口，斜直腹，平底。通体存轮制弦纹。口径17.2、底径11.6厘米（图八四，6）。

陶壶　8件。M27∶9，釉陶，上半部施釉。敞口圆唇，束颈，弧鼓腹，平底。双叶脉纹桥形耳。通体存轮制弦纹。口径5、底径8.6、通高13.4厘米（图八五，1；彩版二八，4）。M27∶10，残。泥质灰陶。敞口圆唇，束颈，下部残。颈部及肩部饰弦纹。口径14.4、残高15.6厘米（图八五，2）。M27∶13，釉陶，上半部施釉。敞口圆唇，束颈，弧鼓腹，圈足。肩部对饰叶脉纹铺首耳及弦纹，口部及颈部饰弦纹及波浪纹，腹部及内表存轮制弦纹。口径11、底径11.6、通高22.5厘米（图八三，3；彩版二八，6）。M27∶15，釉陶，上半部施釉。敞口圆唇，直颈，弧鼓腹，圈足。肩部对饰叶脉纹桥形耳及弦纹，颈部饰弦纹及波浪纹，腹部及内表存轮制弦纹。口径9.2、底径9.4、通高22.2厘米（图八三，1）。M27∶17，残。泥质灰陶。盘口圆唇，束颈，平底内凹。口部及肩部饰弦纹。口径15、底径16.6厘米（图八五，5）。M27∶21，釉陶，上半部施釉。敞口圆唇，束颈，弧鼓腹，圈足。肩部对饰叶脉纹桥形耳及弦纹，颈部饰弦纹及波浪纹，腹部及内表存轮制弦纹。口径12.8、底径12、通高29厘米（图八三，5）。M27∶22，残，仅存底部。泥质灰陶。平底。内表存轮制弦纹。底径14.6、残高8厘米（图八五，3）。M27∶23，釉陶，上半部施釉。口残，束颈，平底内凹。双桥形耳。上腹部饰两道弦纹。底径8.2、残高11厘米（图八五，4；彩版二九，6）。

陶罐　6件。M27∶4，硬陶。侈口圆唇，圆鼓腹，平底。肩部及内表饰弦纹。口径13.6、底径15.8、高22.5厘米（图八三，4；彩版二八，5）。M27∶8，泥质灰陶。侈口圆唇，圆鼓腹，平底。肩部及内表存轮制弦纹。口径13.6、底径15.8、通高22厘米（图八三，2）。M27∶11，残，泥质灰陶。仅余口部。侈口圆唇。肩部饰弦纹。口径13.8厘米（图八四，5）。M27∶14，硬陶。侈口圆唇，圆鼓腹，平底。肩部及内表饰弦纹。口径12.8、底径14.2、高22.2厘米（图八三，6；彩版二九，1）。M27∶16，釉陶，上半部施釉。侈口圆唇，弧鼓腹，平底内凹。双叶脉纹桥形耳。内外表存轮制弦纹。口径8.8、底径8.6、通高11.5厘米（图八五，7；彩版二九，3）。M27∶20，泥质灰陶。侈口圆唇，弧鼓腹，平底内凹。下腹部饰绳纹。口径11.2、底径6、通高15.6厘米（图八四，2；彩版二九，4）。

陶灶　1件。M27∶18，泥质灰陶。整体呈前方后圆形，前端设一拱形灶门，灶面置双火眼，前后各一。存附件甑1件、平底锅1件。长21.8、宽14.4厘米（图八四，3；彩版二九，5）。

陶井　1件。M27∶19，泥质灰陶。平口圆唇，筒形，平底内凹。素面。口径12、底径12.2、通高12.2厘米。内置一汲水罐，泥质灰陶。侈口圆唇，圜底。肩部对饰穿孔耳（图八四，1；彩版二九，2）。

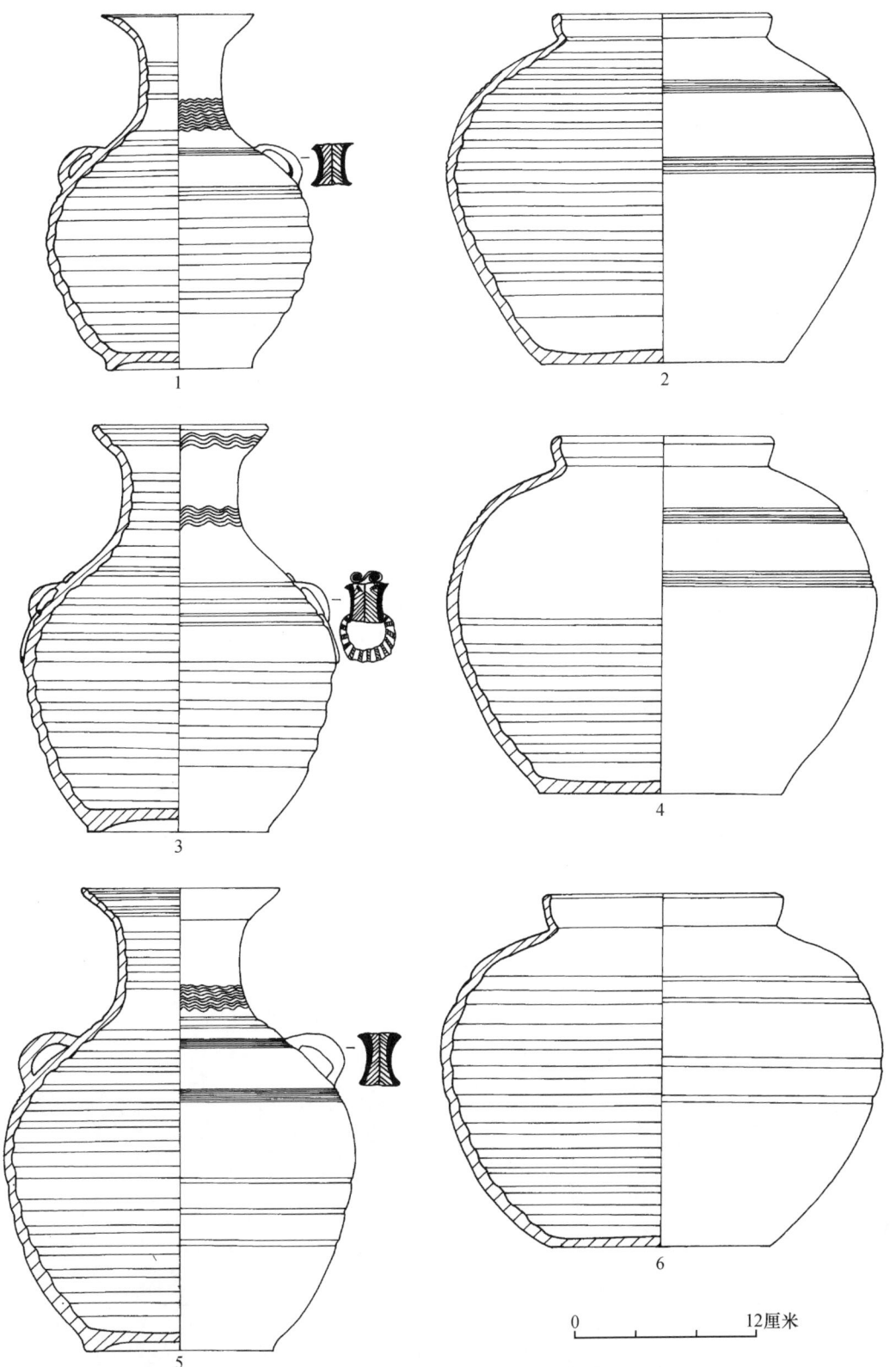

图八三　M27出土陶器

1、3、5.壶（M27：15、M27：13、M27：21）　2、4、6.罐（M27：8、M27：4、M27：14）

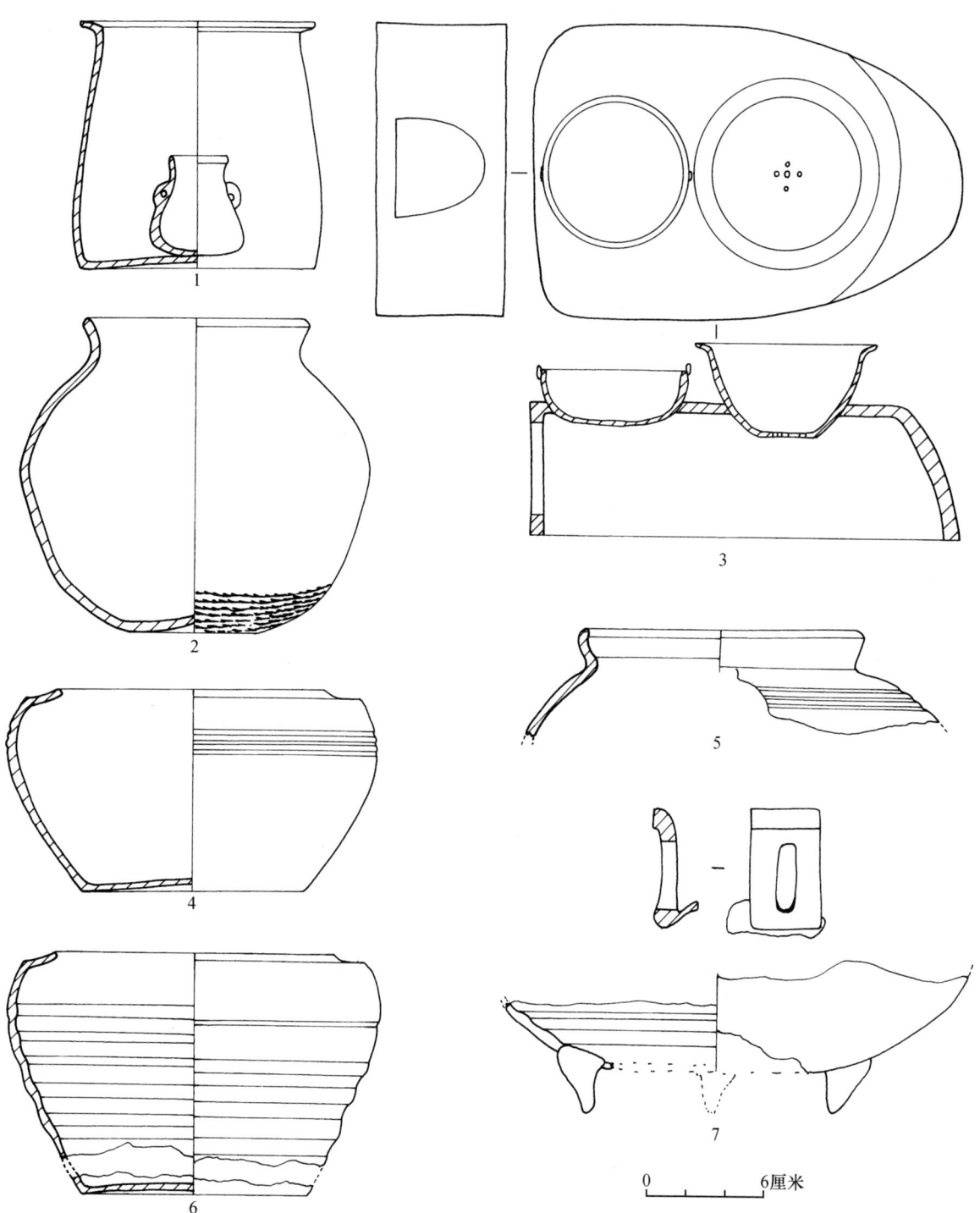

图八四 M27出土陶器

1. 井（M27∶19） 2、5. 罐（M27∶20、M27∶11） 3. 灶（M27∶18） 4、6. 盒（M27∶7、M27∶12） 7. 鼎（M27∶5）

铜剑　1件。M27∶1，残。扁平茎，凹字形剑格，剑脊隆起，剑身剖面呈菱形，尾部收杀成锋。残长56.3厘米（图八五，6；彩版二八，1）。

铜刀　1件。M27∶2，刀身剖面呈楔形。残长16厘米（图八五，9；彩版二八，3）。

铜钱　13枚。M27∶3，锈蚀，个别可辨为五铢钱（图八五，8）。

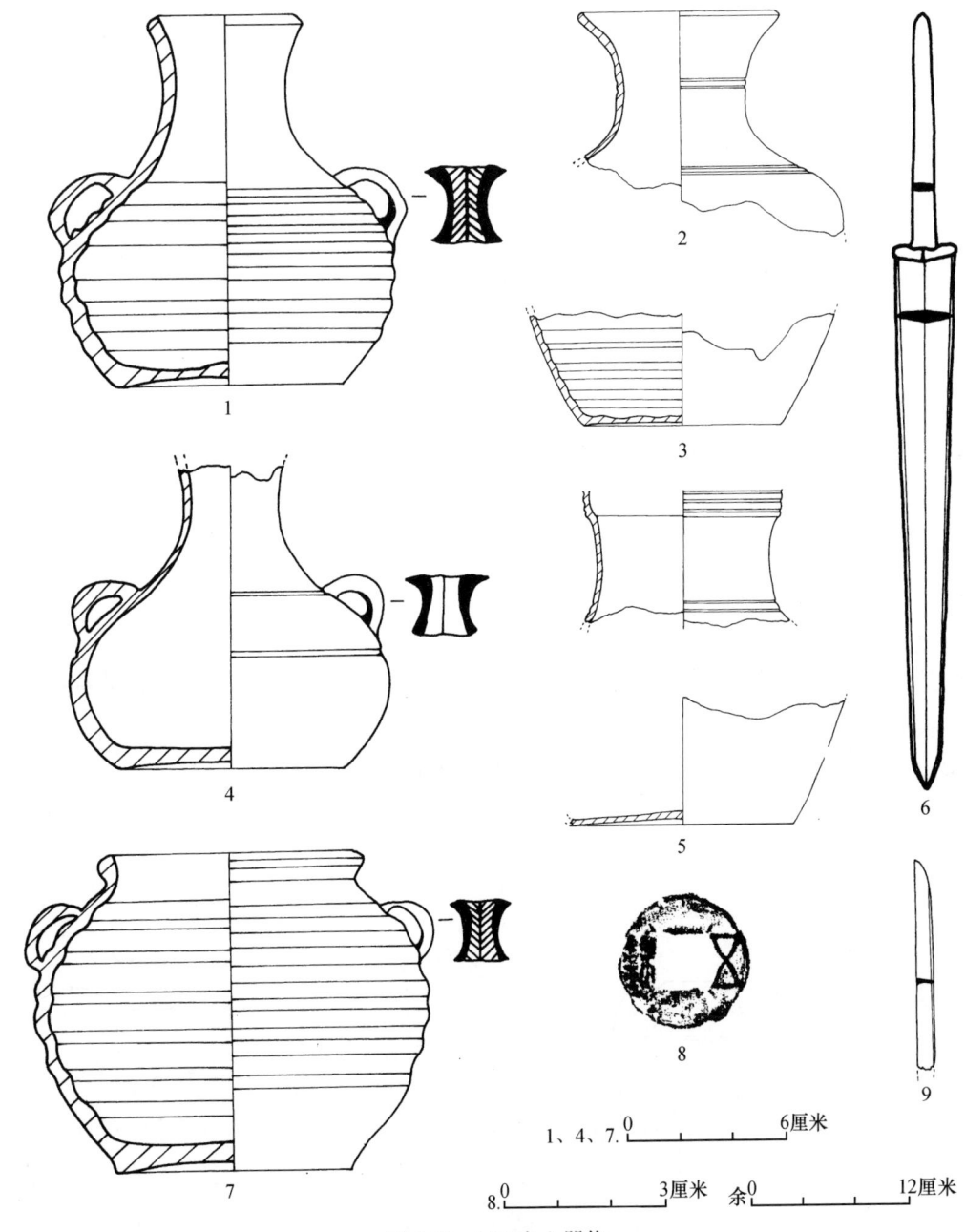

图八五　M27出土器物

1~5.陶壶（M27∶9、M27∶10、M27∶22、M27∶23、M27∶17）　6.铜剑（M27∶1）　7.陶罐（M27∶16）　8.铜钱（M27∶3）　9.铜刀（M27∶2）

M28、M29

1. 墓葬形制

M28、M29发掘前尚存部分封土。封土呈馒头状，底部直径约30米，东部因早年取土遭到破坏。两墓开口层面距封土顶部深约2米，一南一北并排分布于封土中央，墓边间距约10米（图八六；彩版三〇，1）。

（1）M28

位于封土南半部。凸字形土坑竖穴墓，东西向，方向105°。墓室长6.5、宽5.6、深3米。墓道位于墓室东壁，为长方形斜坡状，上口长4.9、宽1.48米。墓道最上端有一台阶，宽0.8、高0.5米。墓内填土为黄褐色花土。墓室底部发现有木椁木棺板灰、漆皮痕迹，可判断葬具为单棺单椁。墓底中部发现有一条南北向排水沟，北部与M29墓室相连，南部出墓室南壁后微向东折，延伸11.3米后遭到后期破坏，总长度不详。排水沟上宽下窄，在墓底层面处宽0.4～1.44米，深0.75米。排水沟底部铺有大小不等的碎石块，厚约0.4～0.75米。墓室中央有一个较大的早期盗洞，随葬品集中分布于墓室的边厢位置，计有陶鼎2件、壶5件、盒2件、罐2件、瓿1件、猪圈2件；铜刀2件、铜钱4枚、镦2件、镜1件；印章1枚、珠3枚（彩版三〇，2）。

（2）M29

位于封土北半部。凸字形土坑竖穴墓，东西向，方向105°。发掘时墓室上部原已坍塌，略呈椭圆形。墓室长7.36、宽7.15、深3米。墓道位于墓室东壁，为长方形斜坡墓道，略向南偏，上口长4～4.7、宽1.56米。墓道最上端有一台阶，宽0.78、高0.5米。墓内填土为黄褐色花土。墓室底部发现有木椁木棺板灰、漆皮痕迹，可判断葬具为单棺单椁。墓底发现有排水沟，呈南北走向，向南与M28墓室相通。在墓底层面处宽0.35、深0.7米，底部铺垫碎石块，厚约0.3米。墓室中央有一个较大的早期盗洞，随葬品集中分布于墓室的边厢位置。计有陶壶9件、盒4件、瓿2件、猪圈1件；铜钱14枚；石饰件1件（彩版三〇，3）。

2. 随葬品

（1）M28

陶鼎　2件。M28：14，硬陶。子母口，斜鼓腹，平底，下设三兽蹄足。双叶脉纹附耳。覆钵形器盖，内外表均有轮制弦纹。器腹内表残留轮制弦纹。口径23.2、底径14、通高27厘米（图八七，1；彩版三三，1）。M28：18，硬陶。子母口，斜鼓腹，平底，下设三兽蹄足。双兽面附耳。覆钵形器盖，上有三乳丁纽，内表有轮制弦纹。器腹内外表残留轮制弦纹。口径23.4、底径14.4、通高23.4厘米（图八七，3；彩版三三，4）。

陶壶　5件。M28：7，釉陶，上半部施釉。敞口，束颈，圆鼓腹，圈足。肩部对饰双叶脉纹铺首耳。口部、颈部、肩部饰波浪纹及弦纹，内表残留轮制弦纹。口径21.4、底径20.2、通高45.8厘米（图八八，1；彩版三一，6）。M28：8，釉陶，上半部施釉。敞口，束颈，圆鼓腹，圈足。双叶脉纹铺首耳。口部、颈部、肩部饰波浪纹及弦纹，内表残留轮制弦纹。口径

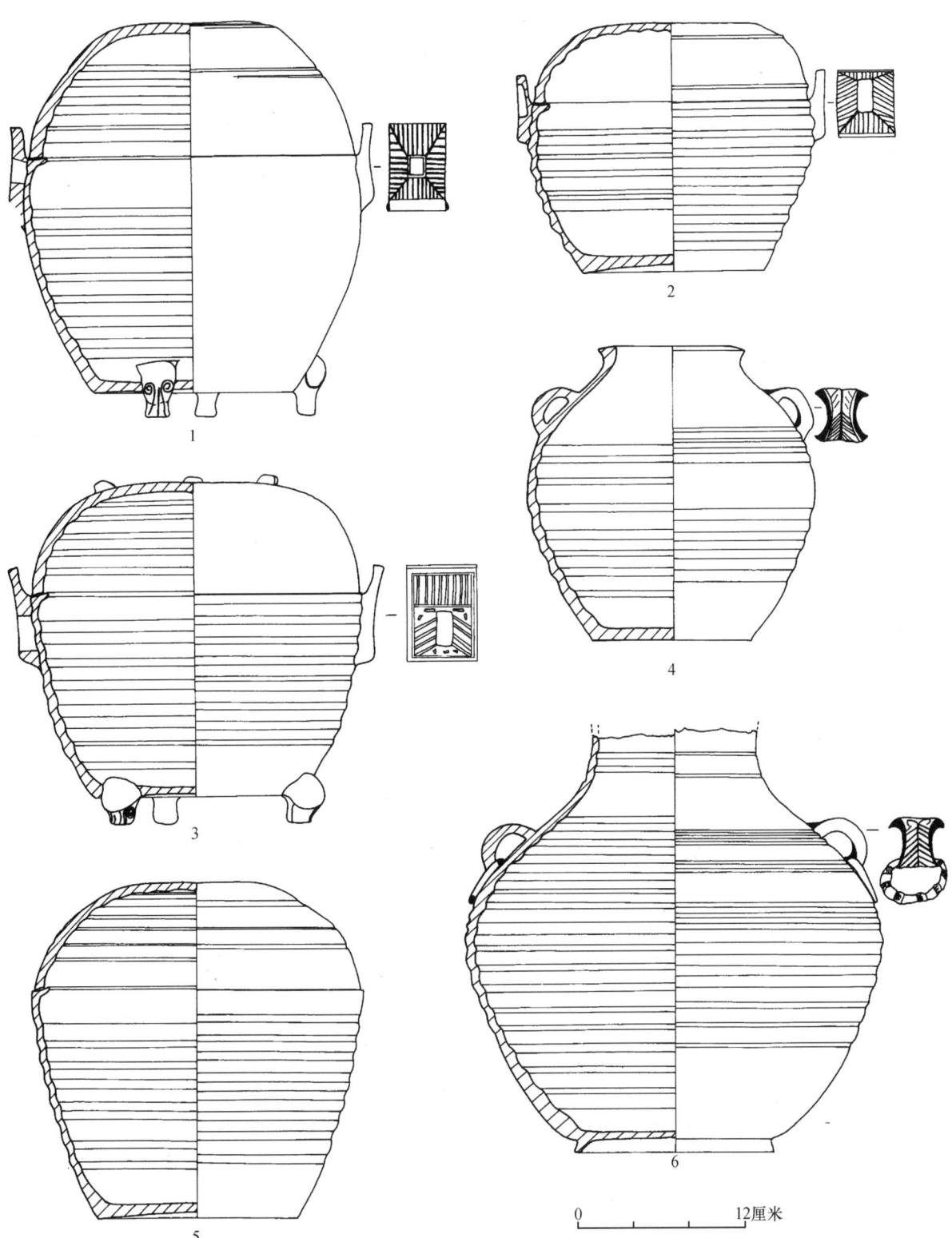

图八七 M28出土陶器
1、3.鼎（M28：14、M28：18） 2、5.盒（M28：22、M28：19） 4.罐（M28：12） 6.壶（M28：23）

21.3、底径21.2、通高52厘米（图八八，4；彩版三二，1）。M28∶11，釉陶，上半部施釉。敞口圆唇，束颈，弧鼓腹，圈足。双叶脉纹桥形耳。口部及肩部饰波浪纹及弦纹，下腹部及内表残留轮制弦纹。口径10、底径12、通高24.6厘米（图八八，2；彩版三二，2）。M28∶13，釉陶，上半部施釉。敞口方唇，束颈，弧鼓腹，平底内凹。双叶脉纹桥形耳。腹部及内表残留轮制弦纹。口径11、底径13.4、通高27.2厘米（图八八，3；彩版三二，6）。M28∶23，硬陶。口残，束颈，弧鼓腹，圈足。双叶脉纹铺首耳。器腹内外表有轮制弦纹。底径14.4、残高29厘米（图八七，6）。

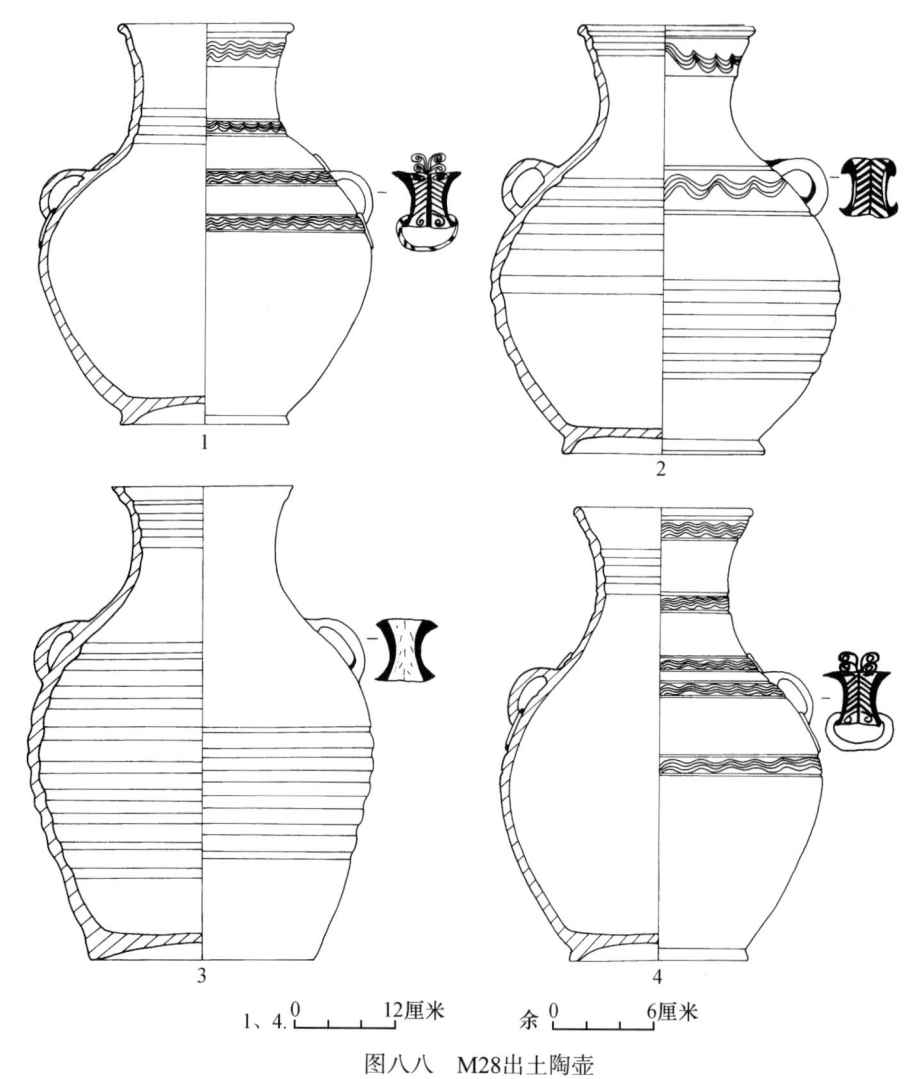

图八八　M28出土陶壶
1. M28∶7　2. M28∶11　3. M28∶13　4. M28∶8

陶盒　2件。M28∶19，硬陶。子母口，斜鼓腹，平底内凹。覆钵形器盖。器表及内表通体饰有轮制弦纹。口径23.6、底径14.2、通高23.1厘米（图八七，5；彩版三三，6）。M28∶22，硬陶。子母口，斜鼓腹，平底内凹。叶脉纹双附耳。覆钵形器盖，器表饰弦纹。器腹内外表有轮制弦纹。口径19.6、底径13、通高17厘米（图八七，2）。

陶罐　2件。M28∶12，釉陶，上半部施釉。平口方唇，弧鼓腹，平底。双叶脉纹桥形耳。器腹内外表饰轮制弦纹。口径8.1、底径11.4、通高20.2厘米（图八七，4；彩版三二，4）。M28：15，硬陶。侈口方唇，弧鼓腹，平底内凹。通体拍印网格纹，口内侧残留轮制弦纹。口径16.2、底径15、通高31.9厘米（图八九，4；彩版三三，3）。

陶瓿　1件。M28：21，硬陶。平口，圆鼓腹，平底内凹。双兽面桥形耳。肩部饰波浪纹及弦纹，器腹内外表通体饰弦纹。口径10、底径16.4、通高25厘米（图八九，3；彩版三四，1）。

陶猪圈　2件。M28：6，残，泥质灰陶。平面为方形，下部置一周圈栏。栏上一角搭设厕屋一座，屋顶有瓦垄。厕屋一侧起高台，高台中部开设一孔，孔与圈内相通。边长26.8厘米（图八九，1；彩版三一，4）。M28：10，仅存圈顶，泥质灰陶。平面呈方形，上面起瓦楞。长33.4、宽27.2厘米（图八九，2；彩版三二，5）。

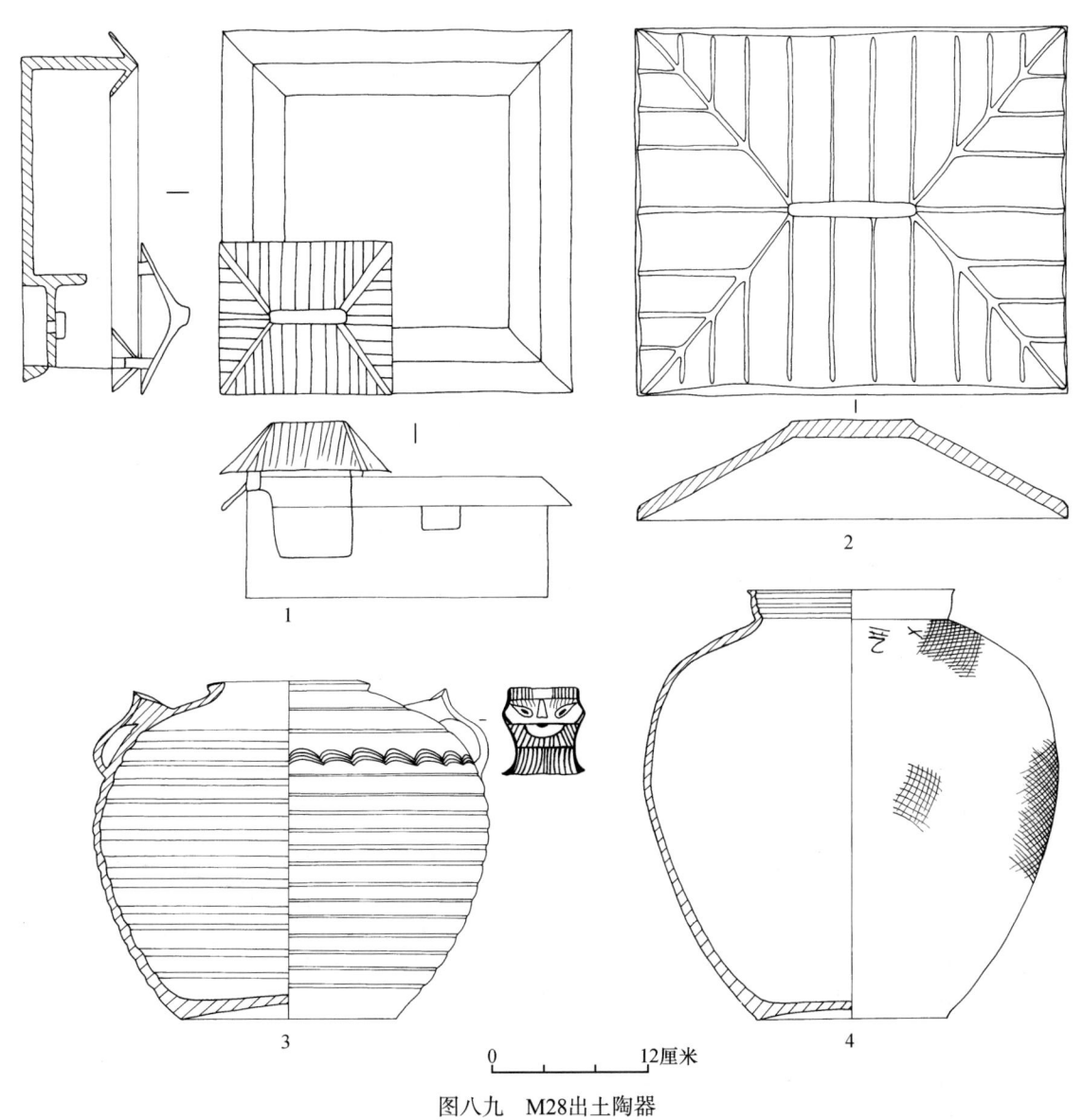

图八九　M28出土陶器
1、2.猪圈（M28：6、M28：10）3.瓿（M28：21）4.罐（M28：15）

铜刀　2件。M28：1，残。环首，刀身剖面呈楔形。残长26.7厘米（图九〇，1；彩版三三，2）。M28：17，环首，锋残，刀身剖面呈楔形。长27厘米（图九〇，2；彩版三一，1）。

铜钱　4枚。M28：5，锈蚀严重，仅个别能辨认出为五铢钱（图九〇，3）。

铜镦　2件。残。整体呈圆柱状，出土时里面均残留有木柲。M28：16-1，上有一周凸箍。残长11、直径2.4厘米。M28：16-2，残长5.8、直径2.4厘米（图九〇，9；彩版三三，5）。

铜镜　1件。M28：20，残。素平缘，残存铭文"日"字。缘厚0.3厘米（图九〇，5）。

印章　1件。M28：2，石质。纽残，方形印面。边长1.9厘米。印文不辨（图九〇，8；彩版三一，3）。

石珠　3件。M28：9，乳白色。上有一小穿孔。直径约为1厘米（图九〇，4；彩版三二，3）。M28：3，黑色。呈圆柱状，中间有一穿孔，素面。直径0.6、长3厘米（图九〇，6；彩版三一，5）。M28：4，橘红色，通体透明。整体呈八棱梭形，中间有一穿孔，一端残。残长2.5厘米（图九〇，7；彩版三一，2）。

（2）M29

陶壶　9件。M29：1，釉陶，上半部施釉。敞口，直颈，圆鼓腹，圈足。双铺首耳。口部、颈部饰波浪纹与弦纹，肩部饰两组凸弦纹，下腹部及内表饰轮制弦纹。口径12.2、底径12.2、通高27厘米（图九一，6；彩版三四，3）。M29：3，釉陶，上半部施釉。敞口，束颈，圆鼓腹，矮圈足。双桥形耳。颈部饰波浪纹，口部、腹部及内表饰弦纹。口径11.4、底径13.8、通高27.3厘米（图九一，4）。M29：6，釉陶，上半部施釉。敞口，直颈，圆鼓腹，圈足。双铺首耳。口部、颈部饰波浪纹与弦纹，腹部饰轮制弦纹，颈部内侧残留轮制弦纹。口径17.4、底径20.4、通高44.6厘米（图九一，2；彩版三四，2）。M29：7，硬陶。敞口，束颈，圆鼓腹，圈足。肩部设双叶脉纹桥形耳，饰弦纹。口部、颈部饰波浪纹与弦纹，腹部及内表残留轮制弦纹。口径14.2、底径14.6、高32.2厘米（图九一，5；彩版三四，4）。M29：9，釉陶，上半部施釉。敞口，直颈，圆鼓腹，圈足。双铺首耳。口部、颈部饰波浪纹及弦纹，肩部饰三组弦纹，颈部内侧残留轮制弦纹。口径16.4、底径20、通高42.8厘米（图九一，1）。M29：10，釉陶，上半部施釉。敞口，直颈，圆鼓腹，平底内凹。双桥形耳。器表饰轮制弦纹及拍印网格纹，口部、颈部内侧残留轮制弦纹。口径11.8、底径13、高24.2厘米（图九二，3；彩版三五，1）。M29：12，釉陶，上半部施釉。侈口方唇，束颈，圆鼓腹，平底。双桥形耳。器腹内外表饰轮制弦纹。口径4.2、底径7.8、高15.2厘米（图九三，2；彩版三五，3）。M29：13，釉陶，上半部施釉。敞口，束颈，弧鼓腹，圈足。双叶脉纹桥形耳。口、颈、肩部饰波浪纹及弦纹。口径17.4、底径16、高37.6厘米（图九二，5）。M29：14，釉陶，上半部施釉。敞口，束颈，弧鼓腹，圈足。双叶脉纹铺首耳。口部及肩部饰波浪纹及弦纹，内表通体残留轮制弦纹。口径11、底径12、高26.6厘米（图九一，3；彩版三五，5）。

陶盒　4件。M29：2，硬陶。子母口，斜弧腹，平底。覆钵形器盖。口部及内表残留轮制弦纹，器腹内外表通体饰轮制弦纹。口径18.2、底径10.8、通高16厘米（图九三，3；彩版三四，5）。M29：16，硬陶。子母口，弧鼓腹，平底内凹。双叶脉纹附耳。覆钵形器盖。器腹内外表饰轮制弦纹。口径19.2、底径12.6、高17厘米（图九二，1）。M29：17，硬陶。子母

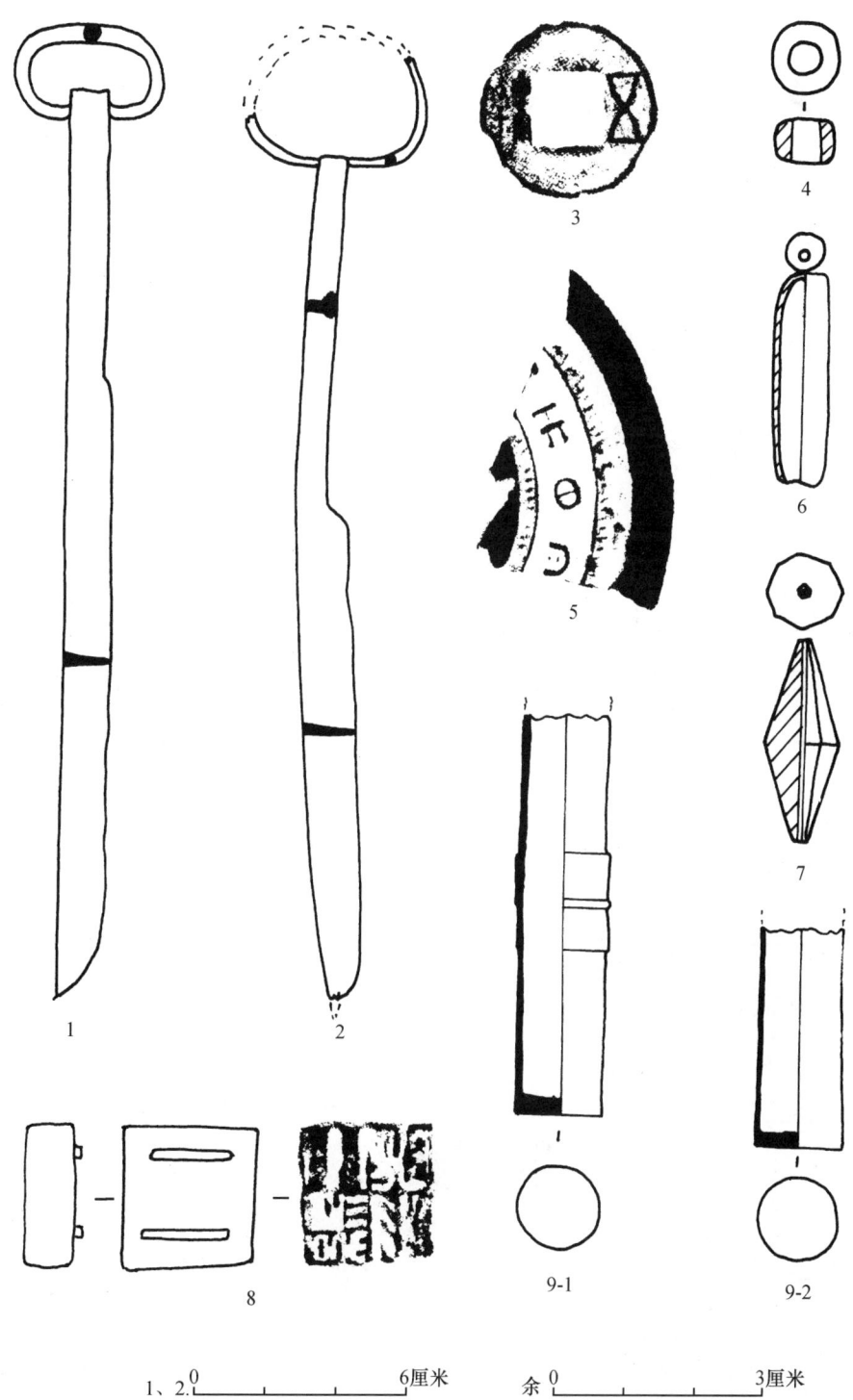

图九〇　M28出土器物

1、2. 铜刀（M28：1、M28：17）　3. 铜钱（M28：5）　4、6、7. 石珠（M28：9、M28：3、M28：4）　5. 铜镜（M28：20）　8. 印章（M28：2）　9. 铜镞（M28：16）

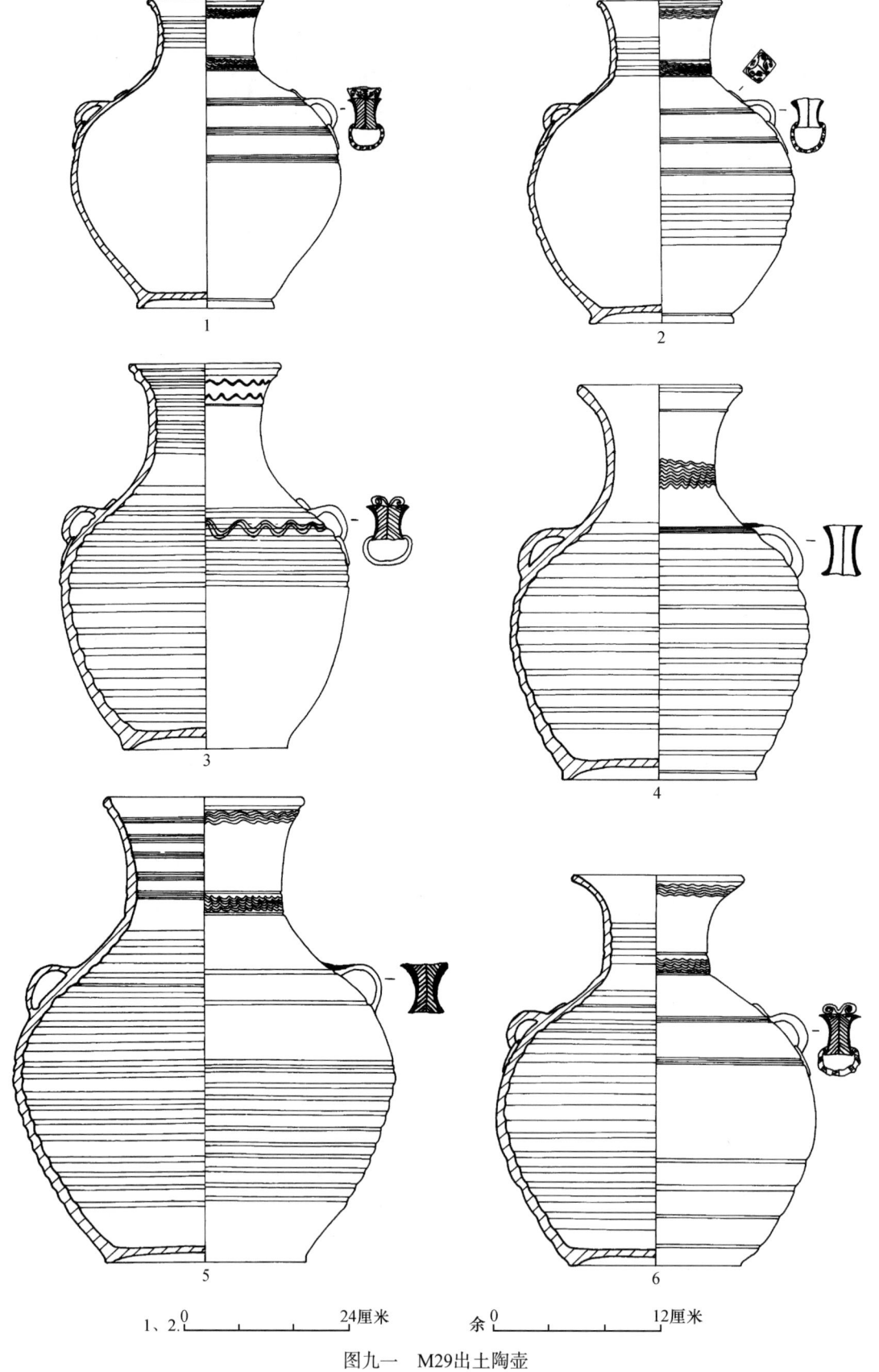

图九一　M29出土陶壶

1. M29:9　2. M29:6　3. M29:14　4. M29:3　5. M29:7　6. M29:1

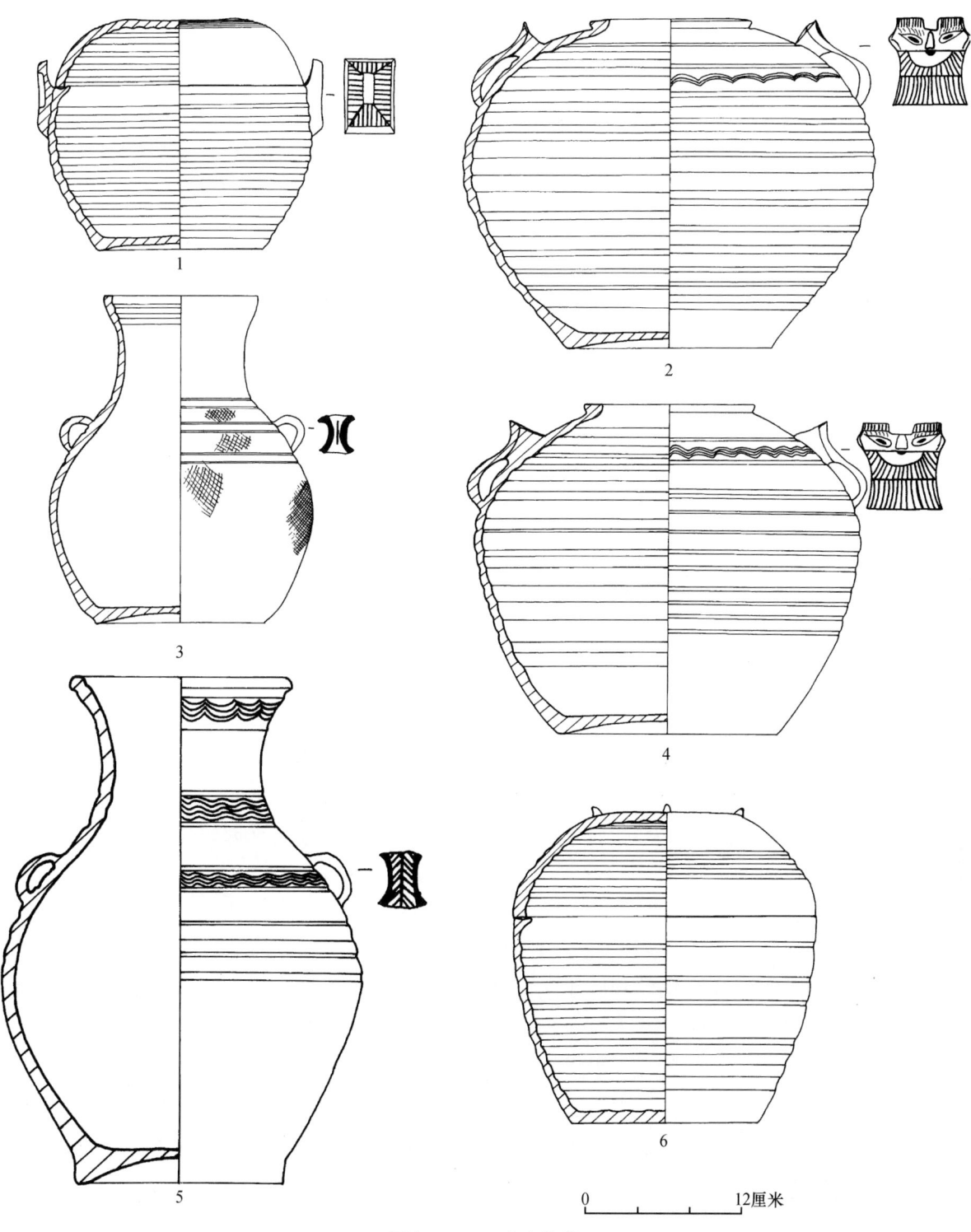

图九二　M29出土陶器

1、6.盒（M29∶16、M29∶18）　2、4.瓿（M29∶8、M29∶15）　3、5.壶（M29∶10、M29∶13）

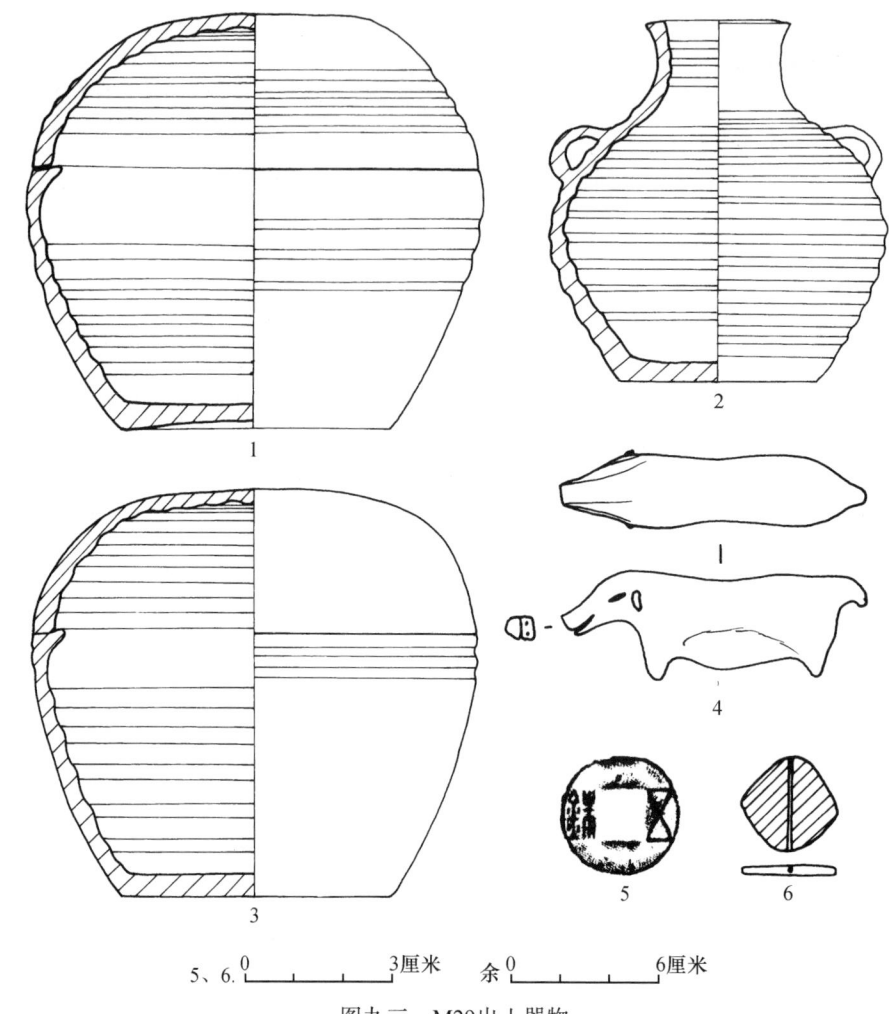

图九三　M29出土器物

1、3. 陶盒（M29：17、M29：2）　2. 陶壶（M29：12）　4. 陶猪圈（M29：11）　5. 铜钱（M29：4）　6. 石饰件（M29：5）

口，弧鼓腹，平底内凹。覆钵形器盖。器腹内外表饰轮制弦纹。口径18.2、底径11、高16.2厘米（图九三，1；彩版三五，4）。M29：18，硬陶。子母口，弧鼓腹，平底。覆钵形器盖，施釉，盖上饰三乳丁纽。通体饰轮制弦纹。口径23.2、底径14.2、高23厘米（图九二，6；彩版三五，6）。

陶瓿　2件。M29：8，硬陶。平口方唇，圆鼓腹，平底内凹。双兽面桥形耳。肩部饰波浪纹及弦纹，通体饰轮制弦纹。口径12.4、底径15.6、通高24.4厘米（图九二，2；彩版三四，6）。M29：15，硬陶。平口方唇，圆鼓腹，平底内凹。双兽面桥形耳。肩部饰波浪纹及弦纹，通体饰轮制弦纹。口径13、底径16.8、通高24.4厘米（图九二，4；彩版三五，2）。

陶猪圈　1件。M29：11，泥质灰陶。仅存附件肥陶猪。长12.4、高4.3厘米（图九三，4）。

五铢钱　14枚。M29：4，皆为五铢钱（图九三，5）。

石饰件　1件。M29：5，橘黄色。平面呈菱形，中间一穿孔。素面。通高1.9厘米（图九三，6）。

M30

1. 墓葬形制

凸字形土坑竖穴墓。方向16°。墓室长3.24、宽1.8、深2.1米。墓道位于墓室北壁中央，长方形斜坡状，上口长1.06、宽1.12米。墓内填土为黄褐色花土，土质较硬。墓底有青膏泥，厚约30厘米。残存单棺单椁。木椁长3.2、宽1.47、残高0.5米，南北两端均腐烂，东、西侧各有一块椁板竖立，底部由4块椁板拼合而成，椁板厚8厘米。木棺长2.2、宽0.64、残高0.4米，南北两端棺板已腐烂，东、西侧各有一块棺板竖立，棺板残高40、厚4～5厘米。随葬品有陶壶3件、瓿2件、灶1件、猪圈1件、井1件、器盖2件、器底1件、器耳1件；铜刀1件、镜1件、铜钱12枚；石器1件。其中M30：16陶壶残碎（图九四；图版二二，1）。

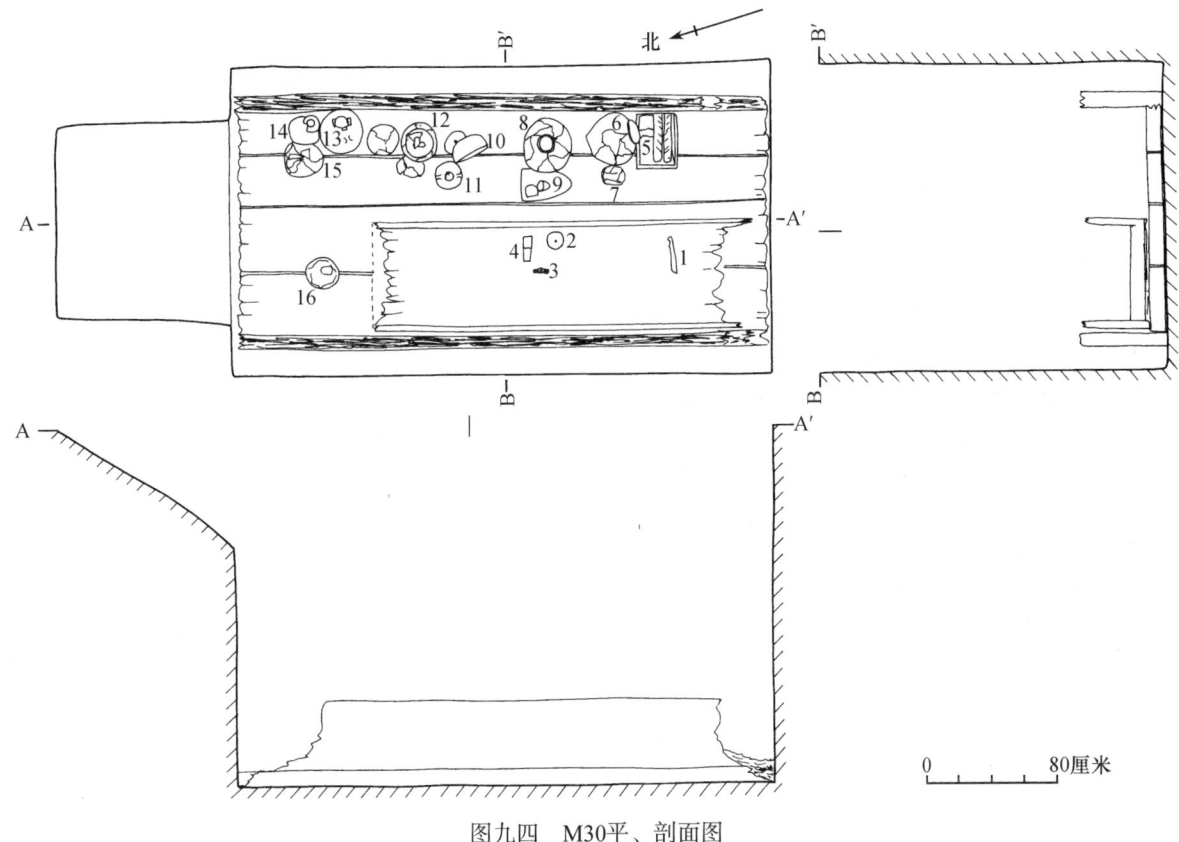

图九四　M30平、剖面图
1.铜刀　2.铜镜　3.铜钱　4.石器　5.陶猪圈　6、8.陶瓿　7.陶井　9.陶灶　10、15.陶器盖　11.陶器底　12.陶器耳　13、14、16.陶壶

2. 随葬品

陶壶　3件。M30：13，釉陶，上半部施釉。敞口圆唇，直颈，弧鼓腹，平底内凹。肩部对饰叶脉纹桥形耳。肩部饰抽象动物纹及弦纹，腹部及内表存轮制弦纹。口径14.4、底径13、

通高33.1厘米（图九五，5；图版二四，3）。M30∶14，釉陶，上半部施釉。敞口圆唇，直颈，弧鼓腹，平底内凹。肩部对饰叶脉纹桥形耳。颈部饰波浪纹及弦纹，肩部、腹部饰弦纹。口径9.4、底径8.8、通高20.5厘米（图九五，6）。M30∶16，残碎。

陶瓿　2件。M30∶6，釉陶，上半部施釉。平口方唇，弧鼓腹，平底内凹。肩部对饰兽面桥形耳。肩部饰抽象动物纹及弦纹，腹部及内表存轮制弦纹。口径8.2、底径13.8、通高24.5厘米（图九五，1；图版二三，2）。M30∶8，釉陶，上半部施釉。平口方唇，弧鼓腹，平底内

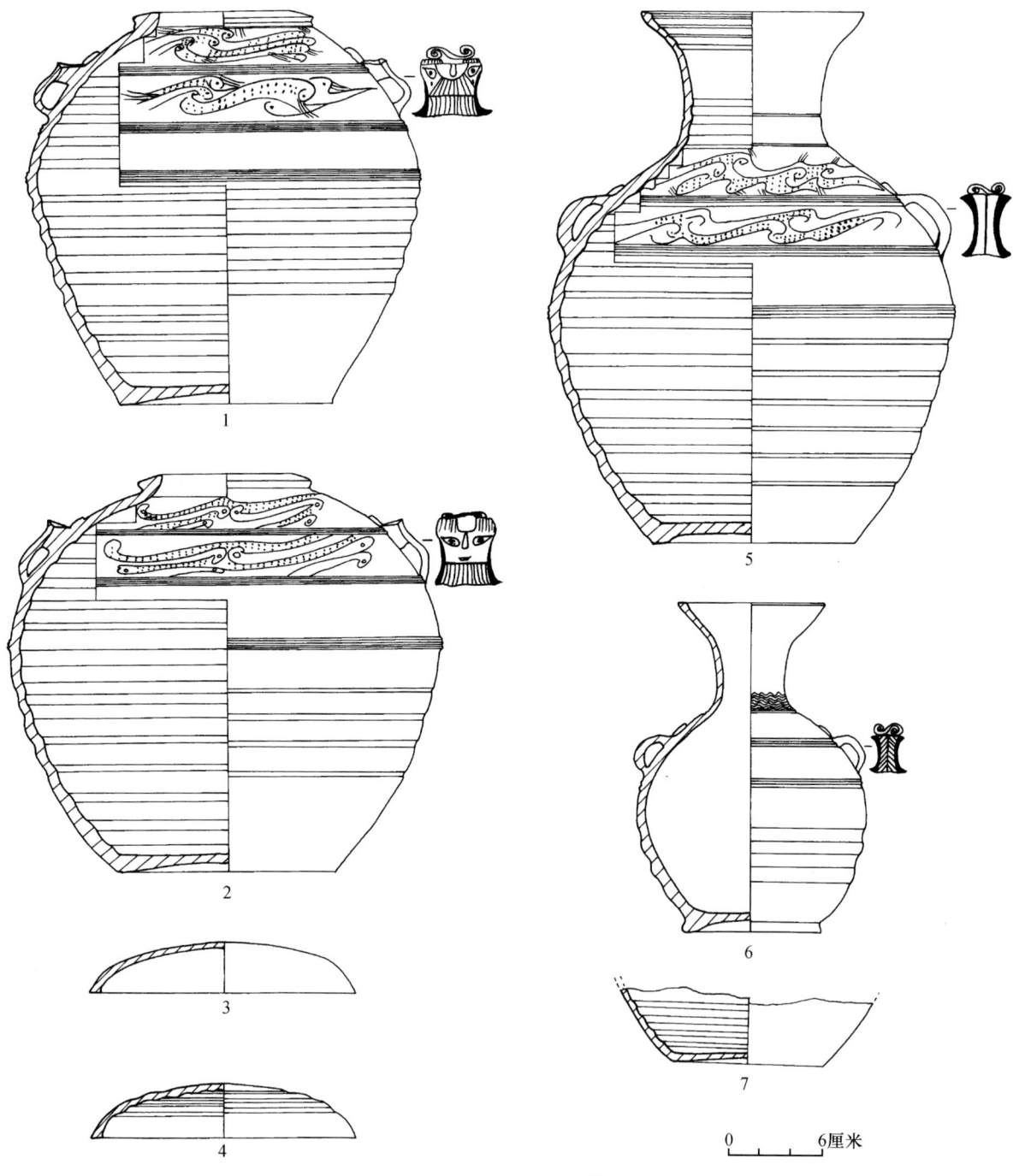

图九五　M30出土陶器
1、2. 瓿（M30∶6、M30∶8）　3、4. 器盖（M30∶15、M30∶10）　5、6. 壶（M30∶13、M30∶14）　7. 器底（M30∶11）

凹。肩部对饰兽面桥形耳。肩部饰抽象动物纹及弦纹，腹部及内表存轮制弦纹。口径8、底径14.2、通高24.8厘米（图九五，2；图版二三，6）。

陶灶　1件。M30：9，泥质灰陶。平面呈前方后圆，前端设一方形灶门，后端开设一孔，为烟囱。灶面置双火眼，前后各一，上置平底锅一件。长22.4、宽17.6厘米（图九六，3；图版二四，1）。

陶猪圈　1件。M30：5，残。泥质灰陶。平面为方形，下部设一周圈栏，圈栏上按印瓦垄。栏上一角起柱搭设厕屋、猪棚各一座，屋顶刻划瓦垄。厕屋一侧起高台，高台中部开设一孔，孔与圈内相通。圈内存猪一头，圈底平面布满圆形凹印。边长26厘米（图九六，2；图版二三，5）。

陶井　1件。M30：7，泥质灰陶。侈口圆唇，斜直腹，平底。内表通存轮制弦纹。口径10.2、底径11.6、通高13厘米。内置一汲水罐，泥质红陶。直口圆唇，弧鼓腹，圜底。肩部对饰桥形耳。素面（图九六，1；图版二三，4）。

陶器盖　2件。M30：10，泥质灰陶。覆钵形。内外表存轮制弦纹。口径17.2、通高3.4厘米（图九五，4）。M30：15，泥质灰陶。覆钵形。素面。口径17.4、通高3.2厘米（图九五，3）。

陶器底　1件。M30：11，泥质灰陶。平底。内表存轮制弦纹。底径9.6、残高4.4厘米（图九五，7）。

陶器耳　1件。M30：12，泥质灰陶。附耳。长6、宽4厘米（图九七，2）。

铜刀　1件。M30：1，残，刀身剖面呈楔形。残长21.8厘米（图九七，3；图版二三，1）。

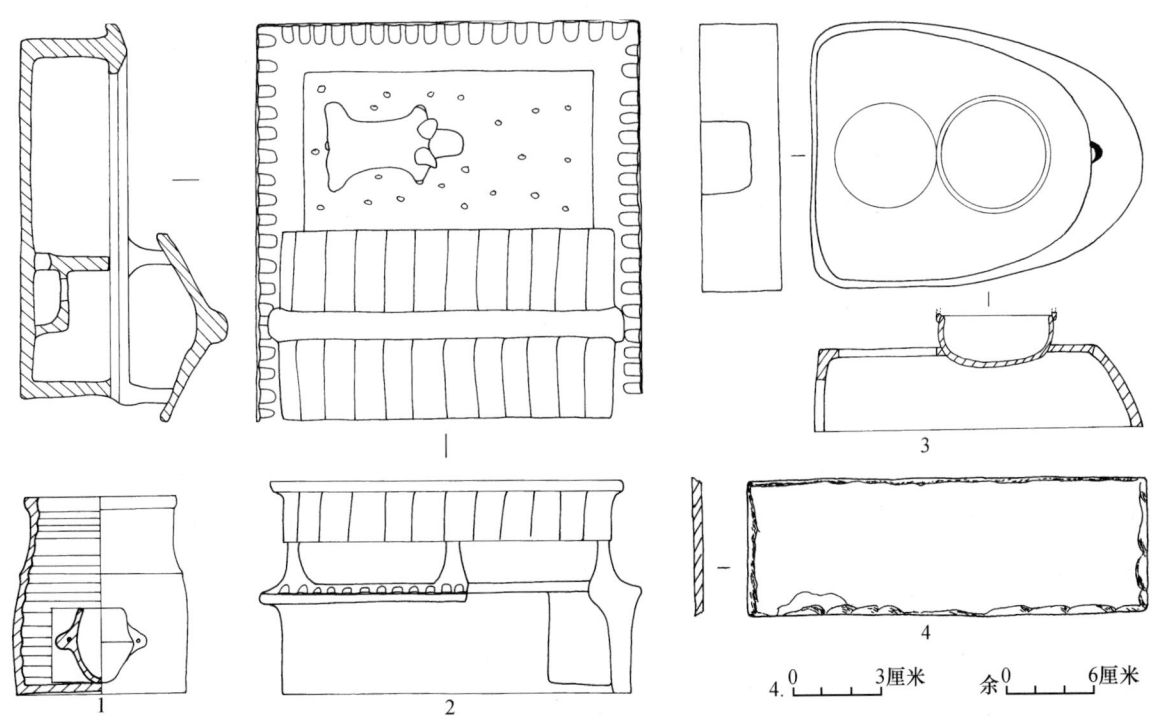

图九六　M30出土器物
1. 陶井（M30：7）　2. 陶猪圈（M30：5）　3. 陶灶（M30：9）　4. 石器（M30：4）

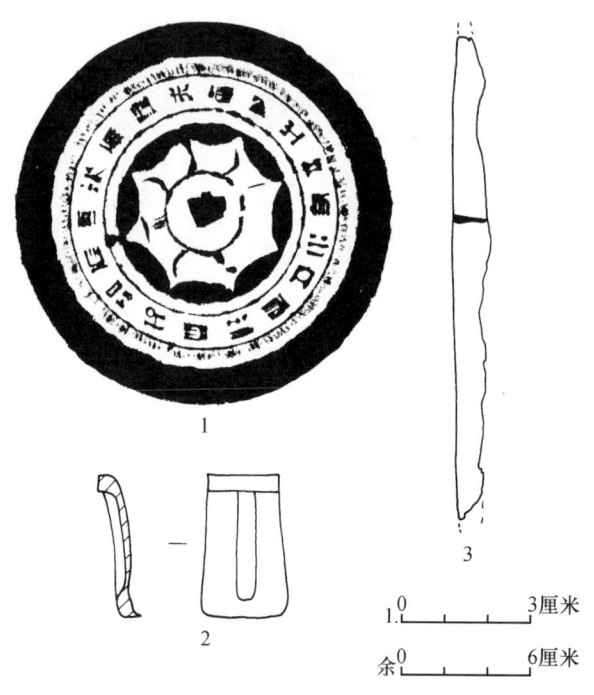

图九七　M30出土器物
1. 铜镜（M30∶2）　2. 陶器耳（M30∶12）　3. 铜刀（M30∶1）

铜镜　1件。M30∶2，昭明镜。桥形纽，圆形纽座，素平缘。内区饰八瓣内向连弧纹，外区为铭文带，铭文为"内清以昭明，光象夫日之月兮"。直径8.8、缘厚0.3厘米（图九七，1；图版二三，3）。

铜钱　12枚。M30∶3，皆为五铢钱。

石器　1件。M30∶4，青灰色。平面呈长方形，四周有加工痕迹。长14、宽4.4厘米（图九六，4）。

M31

1. 墓葬形制

凸字形土坑竖穴墓。方向110°。墓室长2.7、宽2.6、深1.72米。墓道位于墓室东壁，梯形斜坡状，上口长1.1、宽1.12～1.26米。墓内填土为黄褐色花土，底部有5厘米厚的青膏泥。随葬品有陶壶2件、陶罐2件、陶灶1件（图九八；图版二二，2）。

2. 随葬品

陶壶　2件。M31∶1，釉陶，上半部施釉，有流釉现象。侈口，直颈，圆鼓腹，圈足。双叶脉纹铺首耳。口部、颈部饰波浪纹及弦纹，内外表存轮制弦纹。口径9.6、底径10.8、高30.2厘米（图九九，3；图版二四，5）。M31∶4，釉陶，上半部施釉。敞口，束颈，圆鼓腹，圈

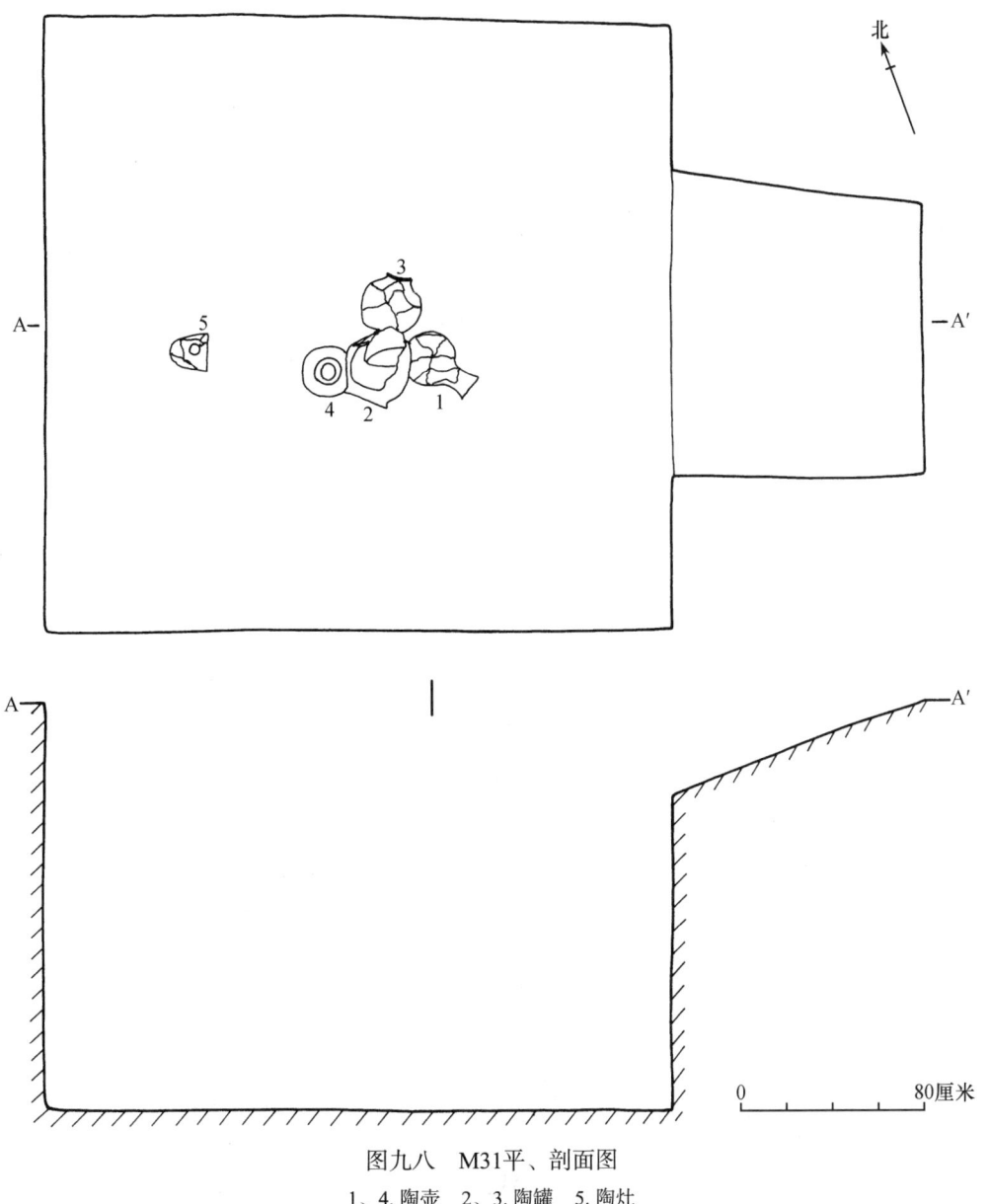

图九八　M31平、剖面图
1、4.陶壶　2、3.陶罐　5.陶灶

足。双铺首耳。口部、颈部饰波浪纹及弦纹，肩部饰三组凸弦纹，内外表存轮制弦纹。口径11.7、底径13.4、高28.4厘米（图九九，1；图版二四，6）。

陶罐　2件。M31：2，硬陶。口部双领，弧鼓腹，平底内凹。肩部饰两组凹弦纹，通体拍印网格纹，外领内侧存轮制弦纹。口径10.2、底径13.8、高26.1厘米（图九九，2；图版二四，2）。M31：3，泥质灰陶。侈口圆唇，束颈，圆鼓腹，平底内凹。下腹部饰绳纹，内外表存轮制弦纹。口径12、底径8、高16.8厘米（图九九，4；图版二四，4）。

陶灶　1件。M31：5，存附件陶釜，泥质灰陶。敛口，弧鼓腹，圜底。素面。口径3.4、高4厘米（图九九，5）。

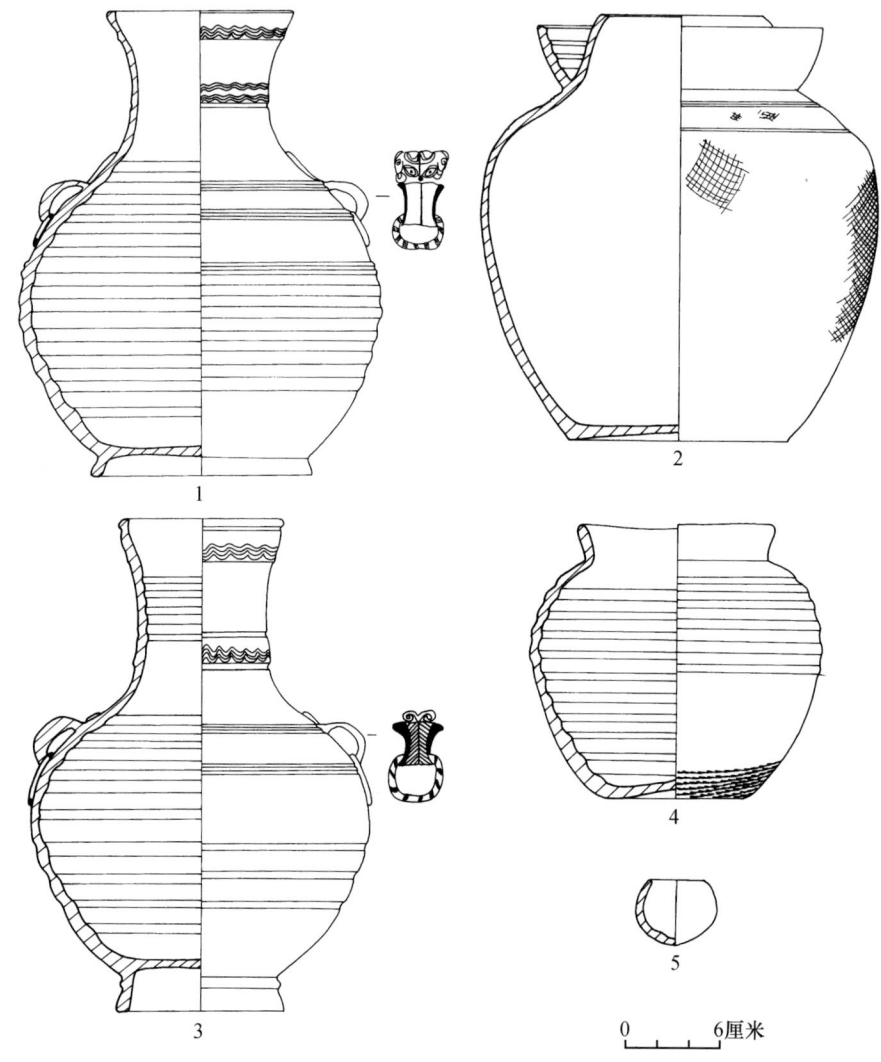

图九九　M31出土陶器

1、3.壶（M31：4、M31：1）　2、4.罐（M31：2、M31：3）　5.灶（M31：5，附件釜）

M32

1. 墓葬形制

长方形土坑竖穴墓。方向115°。墓口长2.34、宽1.9、深1.25米。墓内填土为黄褐色花土，墓底有15厘米厚的青膏泥。墓室内残存小块棺（椁）残板。随葬品有陶鼎1件、壶1件、罐1件、灶1件；铜镜1件、印章1件。其中M32：5陶罐，M32：6陶鼎残碎（图一〇〇；图版二五，1）。

2. 随葬品

陶鼎　1件。M32：6，残碎。

图一〇〇 M32平、剖面图

1. 铜印章 2. 铜镜 3. 陶壶 4. 陶灶 5. 陶罐 6. 陶鼎

陶壶 1件。M32：3，釉陶。口残，圆鼓腹，圈足。肩部对饰叶脉纹桥形耳。口部、肩部饰波浪纹及弦纹，内外表存轮制弦纹。底径13.4、残高23厘米（图一〇一，3；图版二六，5）。

陶罐 1件。M32：5，残碎。

陶灶 1件。M32：4，夹砂灰陶，平面呈前方后圆，前端设一拱形灶门，后端置一实心烟囱。灶面上设三火眼，存陶釜2附件。长22.8、宽14厘米（图一〇一，2）。

铜镜 1件。M32：2，残。体薄，窄素平缘，存残铭"之"（图一〇一，1）。

铜印章 1件。M32：1，龟纽，方座。边长1.8厘米。印文为"薛長孫印"（图一〇一，4；图版二六，1、3）。

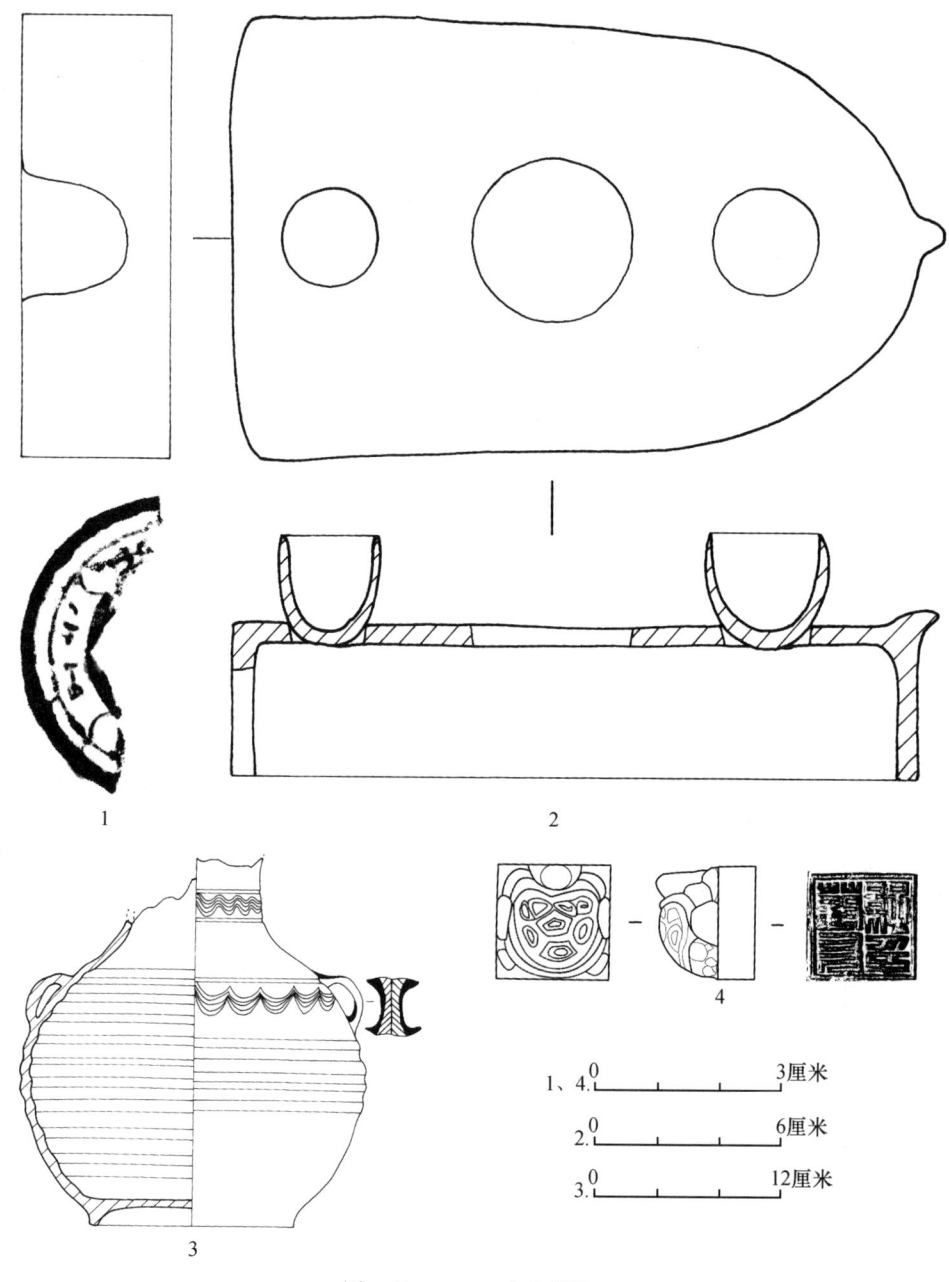

图一〇一　M32出土器物
1. 铜镜（M32∶2）　2. 陶灶（M32∶4）　3. 陶壶（M32∶3）　4. 铜印（M32∶1）

M33

1. 墓葬形制

长方形土坑竖穴墓。方向205°。墓室长2.36、宽2.32、深1.36米。墓内填土为黄褐色花土，底部有15厘米厚的青膏泥。随葬品有陶鼎1件、盒1件、壶1件、罐1件、灶1件；铜镜1件。其中M33∶5陶鼎，M33∶6陶盒残碎（图一〇二；图版二五，2）。

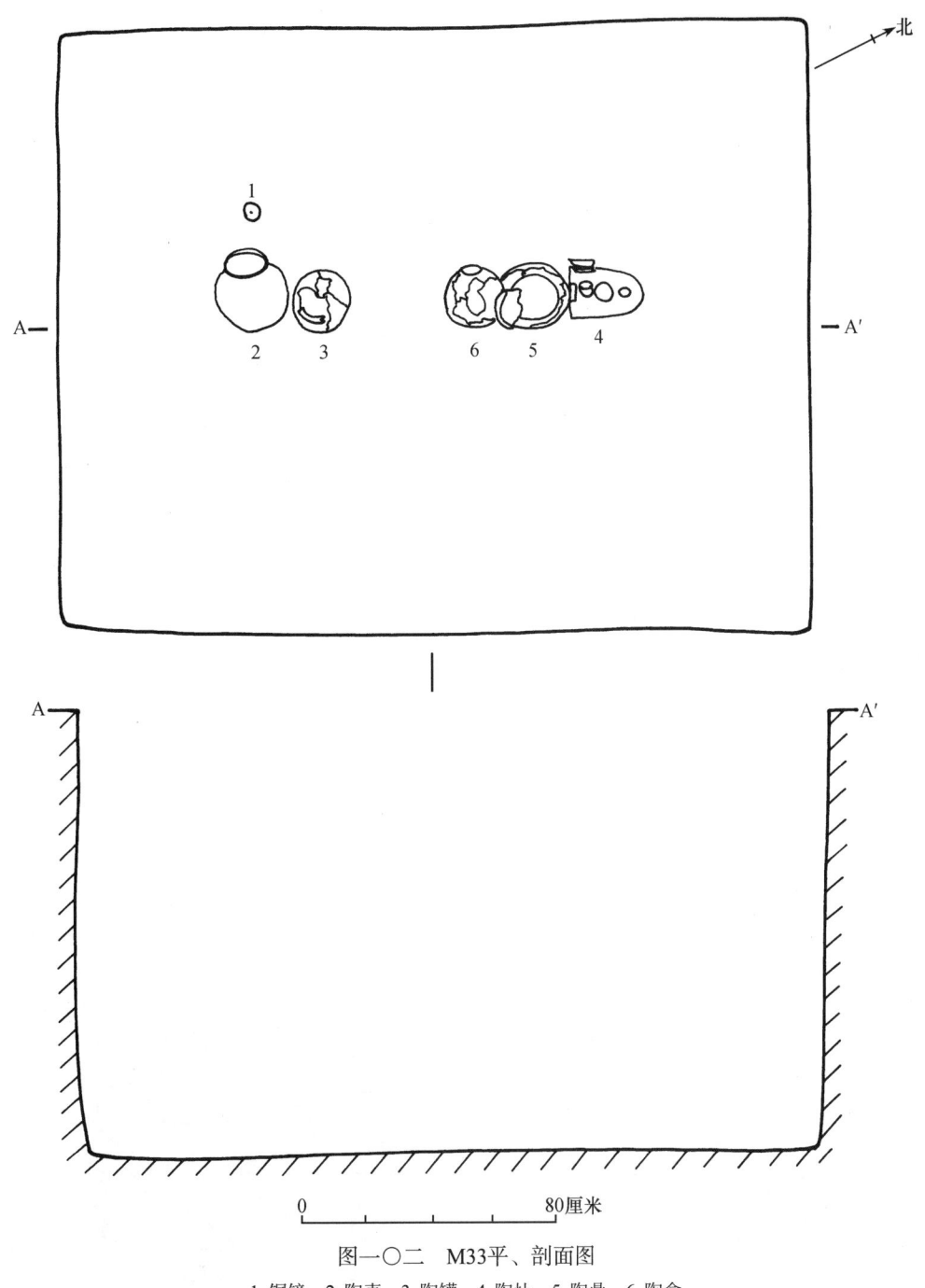

图一〇二 M33平、剖面图
1. 铜镜 2. 陶壶 3. 陶罐 4. 陶灶 5. 陶鼎 6. 陶盒

2. 随葬品

陶鼎　1件。M33∶5，残碎。

陶盒　1件。M33∶6，残碎。

陶壶　1件。M33∶2，釉陶，上半部施釉。微敞口，直颈，弧鼓腹，圈足。肩部对饰叶脉纹桥形耳及波浪纹、弦纹，通体存轮制弦纹。口径10.4、底径13.4、通高27厘米（图一〇三，1；图版二六，4）。

陶罐　1件。M33：3，泥质灰陶。侈口，圆唇，束颈，弧鼓腹，平底内凹。下腹部饰绳纹。口径10.8、底径6.6、高14.2厘米（图一〇三，3；图版二六，6）。

陶灶　1件。M33：4，夹砂灰陶。平面呈前方后圆，前端设一方形灶门，后端置一实心烟囱。灶面设三火眼，上存附件陶釜3件。长20.2、宽14厘米（图一〇三，2）。

铜镜　1件。M33：1，昭明镜。桥形纽，圆形纽座，素平缘。内区为八瓣内向连弧纹，外区为铭文带，铭文为"内清以昭明，光之象夫日月，心忽不泄"。直径8.1、缘厚0.25厘米（图一〇三，4；图版二六，2）。

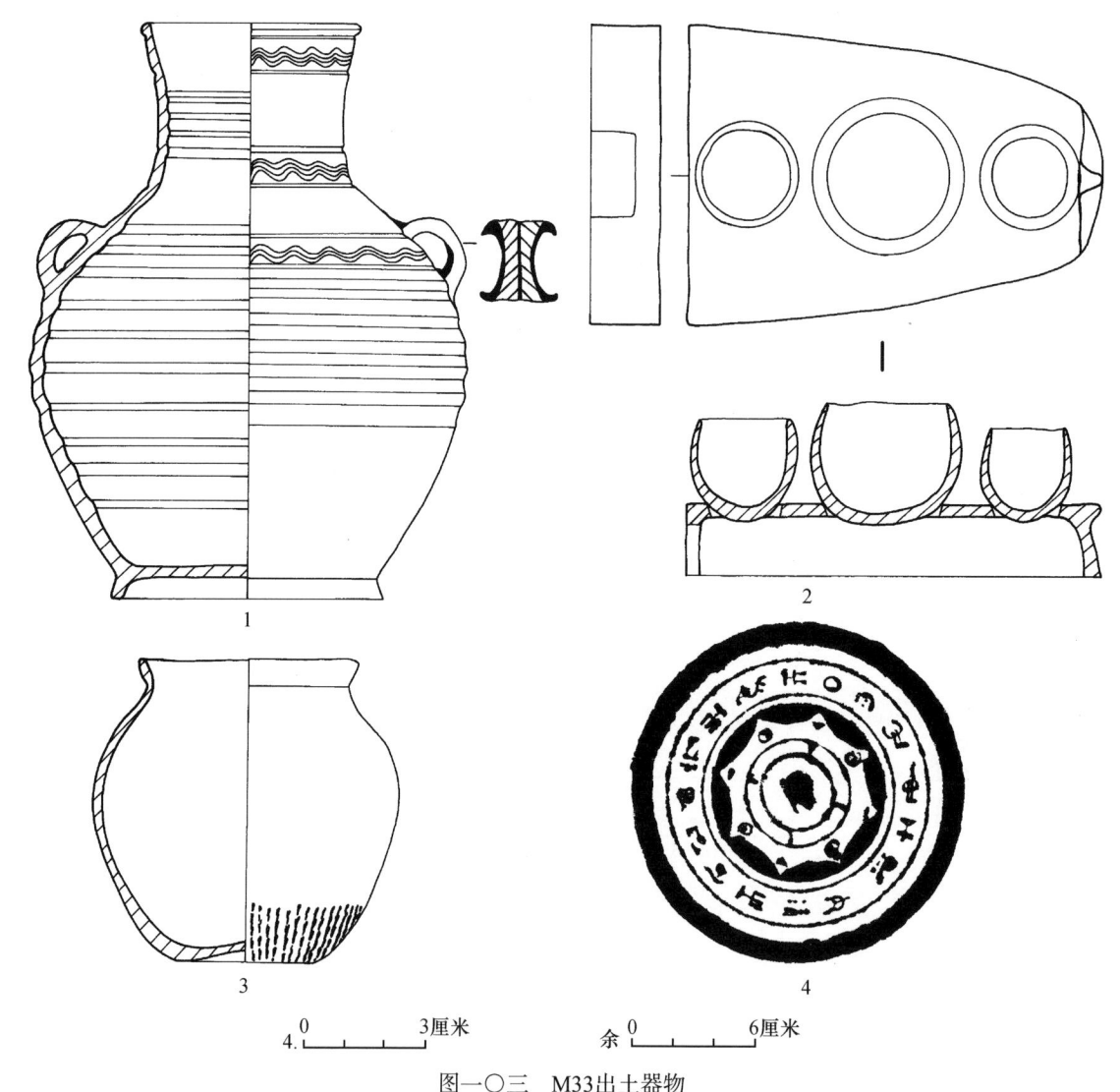

图一〇三　M33出土器物
1.陶壶（M33：2）　2.陶灶（M33：4）　3.陶罐（M33：3）　4.铜镜（M33：1）

M34

1. 墓葬形制

长方形土坑竖穴墓。方向285°。墓室长2.5、宽1.2、深0.5米。墓内填土为黄褐色花土，土质较硬。随葬品有石器1件、陶饼1件，置于墓室西端（图一〇四；图版二七，1）。

2. 随葬品

陶饼　1件。M34：2，泥质灰陶。平面呈圆形。素面。直径约2.7厘米（图一〇五，2）。

石器　1件。M34：1，青灰色。平面呈长方形。四周边缘有加工痕迹。长15.8、宽5.9厘米（图一〇五，1；图版二八，1）。

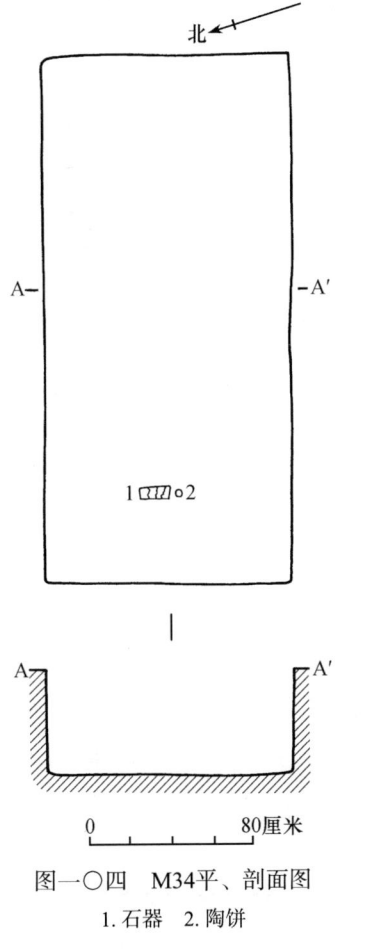

图一〇四　M34平、剖面图
1. 石器　2. 陶饼

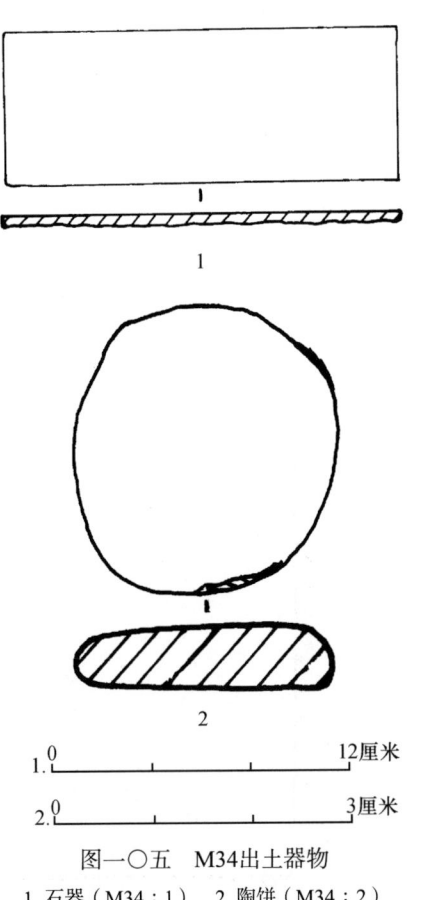

图一〇五　M34出土器物
1. 石器（M34：1）　2. 陶饼（M34：2）

M35

1. 墓葬形制

凸字形土坑竖穴墓。方向295°。墓室长2.5、宽1.6、深1.6米。墓道极短，位于墓室西壁中央，上口长0.15、宽1、深0.15米。墓内填土为黄褐色花土，土质较硬。墓室底部有15厘米厚的青膏泥，有小块棺椁残片。随葬品有陶鼎1件、盒1件、罐3件，置于墓室一侧；铜镜1件。其中M35：2、M35：3陶罐，M35：4陶盒，M35：6陶鼎残碎（图一〇六；图版二七，2）。

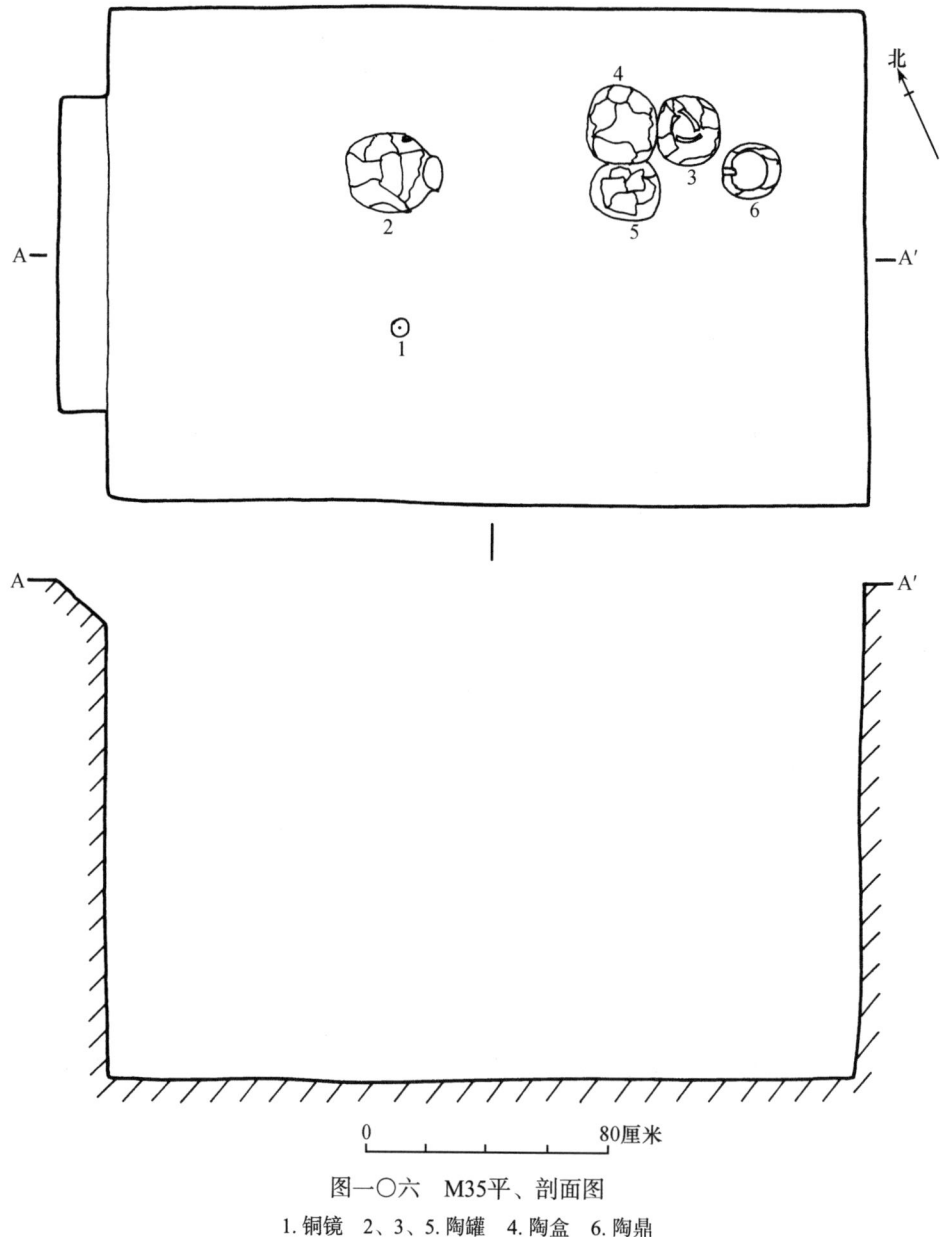

图一〇六　M35平、剖面图
1. 铜镜　2、3、5. 陶罐　4. 陶盒　6. 陶鼎

2. 随葬品

陶鼎　1件。M35∶6，残碎。

陶盒　1件。M35∶4，残碎。

陶罐　3件。M35∶5，残。泥质红陶。侈口，圆唇，弧鼓腹，下部残。素面，内表存轮制弦纹。口径9.6、残高11.8厘米（图一〇七，1）。M35∶2、M35∶3残碎。

铜镜　1件。M35∶1，日光镜。桥形纽，圆形纽座，窄素平缘。内区为八瓣内向连弧纹，外区为铭文带，铭文为"见日之光，天下大明"。直径7.2、缘厚0.4厘米（图一〇七，2；图版二八，3）。

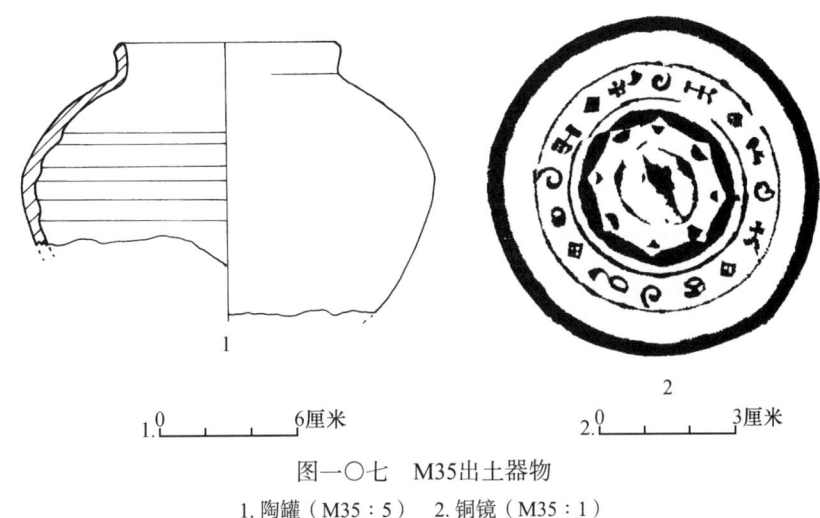

图一〇七　M35出土器物
1. 陶罐（M35∶5）　2. 铜镜（M35∶1）

M36

1. 墓葬形制

长方形土坑竖穴墓。方向120°。墓室长2.9、宽1.8、深1.4米。墓内填土为黄褐色花土，土质较硬，墓底有青膏泥，厚3厘米。存小块棺椁残木片，随葬品有陶鼎1件、盒1件、壶1件、罐3件、灶1件、猪圈1件、井1件，成一列置于墓室北侧（边厢）；铜刀1件、镜1件、铜钱10枚，当在棺内（图一〇八；图版二七，3）。

2. 随葬品

陶鼎　1件。M36∶5，泥质灰陶。子母口，下部残。双附耳。口径18.4厘米（图一一〇，1）。

陶盒　1件。M36∶4，泥质灰陶。子母口，斜鼓腹，平底内凹。素面，内表存轮制弦纹。口径14.8、底径10.8、通高10厘米（图一〇九，4）。

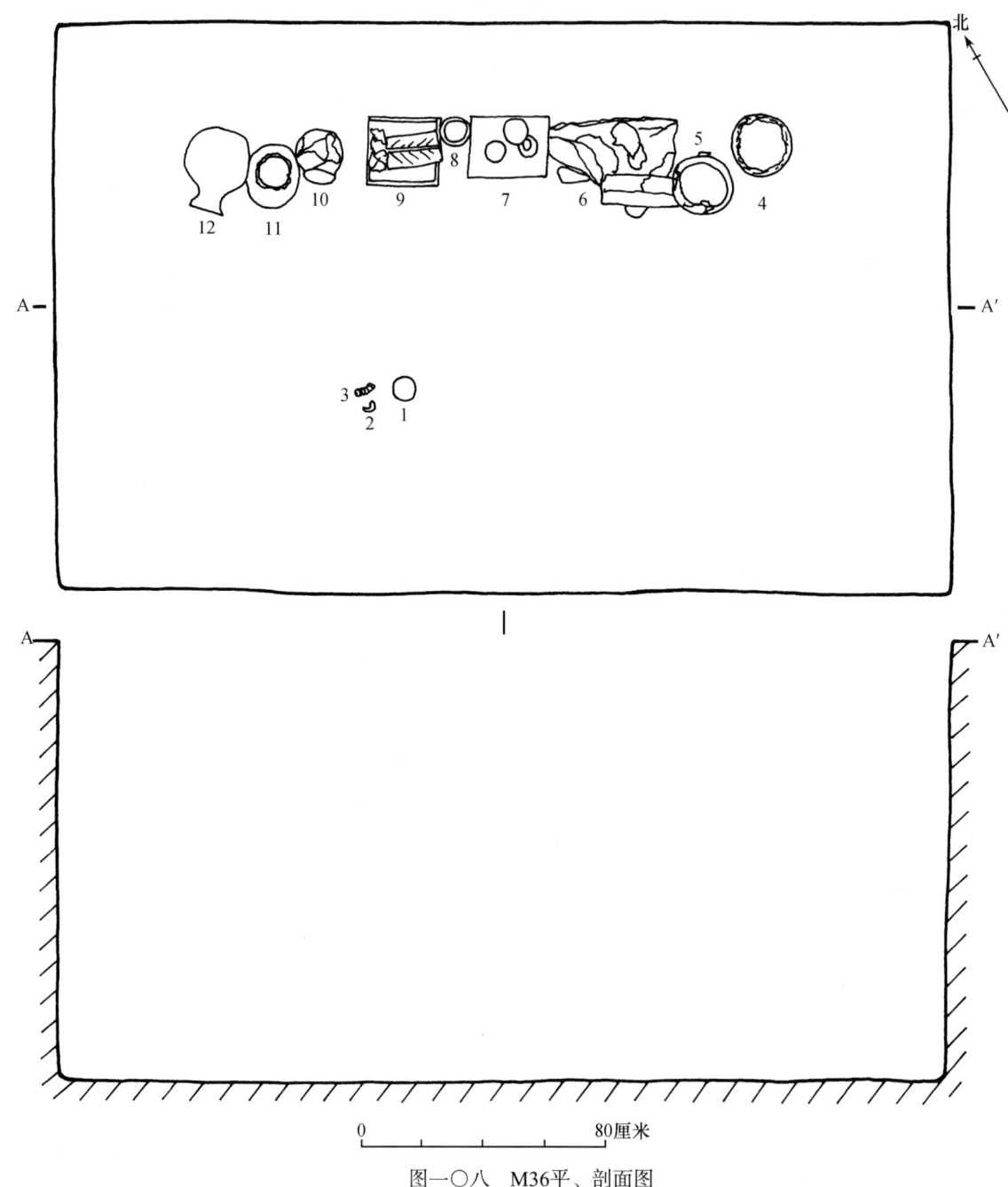

图一〇八 M36平、剖面图

1.铜镜 2.铜刀 3.铜钱 4.陶盒 5.陶鼎 6、10、11.陶罐 7.陶灶 8.陶井 9.陶猪圈 12.陶壶

陶壶 1件。M36：12，硬陶。敞口，束颈，圆鼓腹，平底内凹。肩部对饰桥形耳及两道凹弦纹，通体拍印网格纹，口内侧存轮制弦纹。口径9.9、底径9.4、高19.8厘米（图一〇九，3；图版二八，6）。

陶罐 3件。M36：6，硬陶。侈口方唇，圆鼓腹，平底内凹。通体拍印网格纹，口内侧存轮制弦纹。口径14.8、底径15.2、通高32.4厘米（图一〇九，5；图版二八，2）。M36：10，硬陶。侈口方唇，圆鼓腹，平底。通体拍印网格纹，口内侧存轮制弦纹。口径10.8、底径9、通

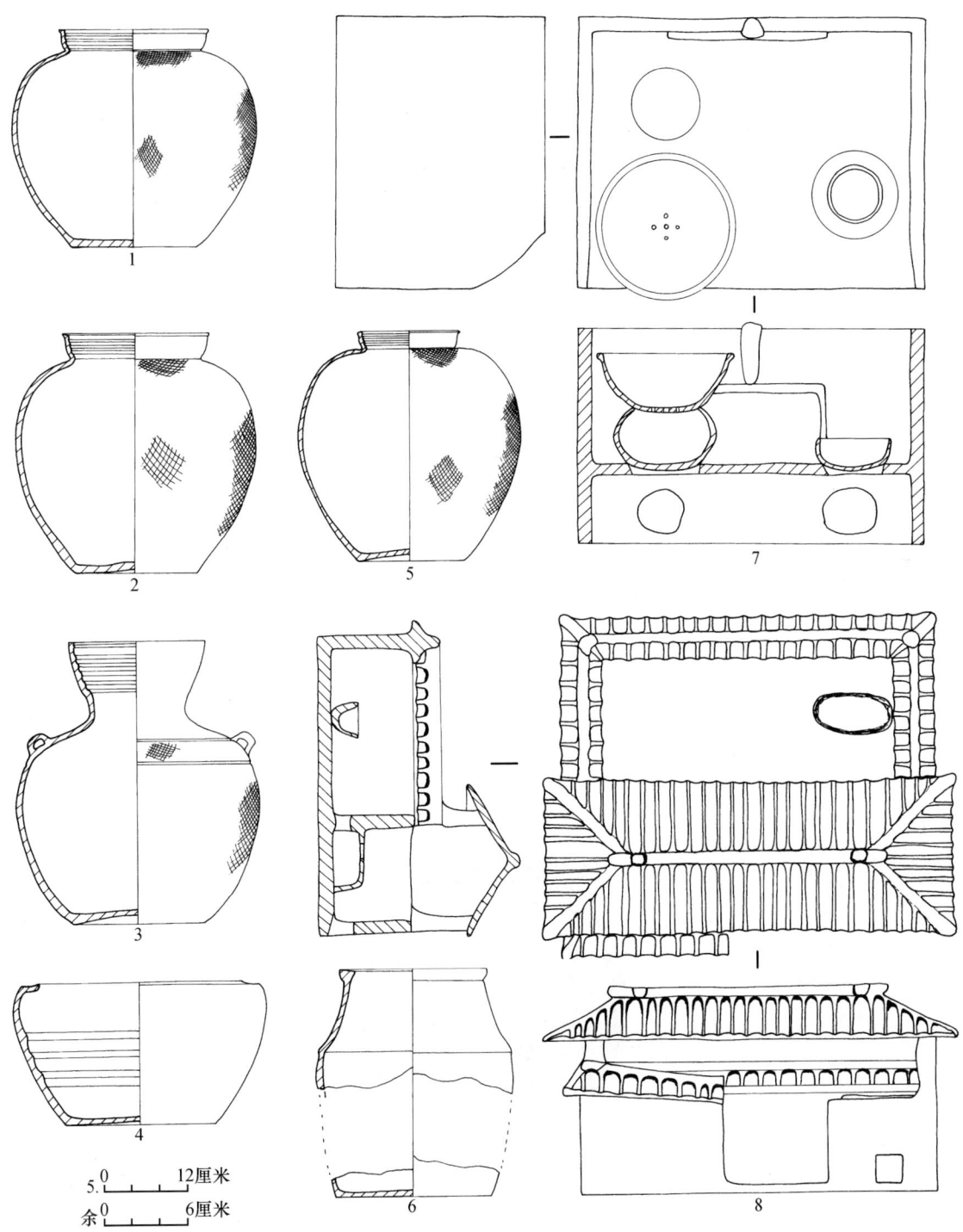

图一〇九 M36出土陶器

1、2、5.罐（M36：10、M36：11、M36：6） 3.壶（M36：12） 4.盒（M36：4） 6.井（M36：8） 7.灶（M36：7） 8.猪圈（M36：9）

高15.3厘米（图一〇九，1）。M36：11，硬陶。侈口方唇，圆鼓腹，平底内凹。通体拍印网格纹，口内侧存轮制弦纹。口径10.7、底径8.6、通高16.8厘米（图一〇九，2；图版二八，4）。

陶灶　1件。M36：7，泥质灰陶。平面呈方形，灶面三侧起高墙护栏。前端设双圆形灶门，后端置双烟道，两灶烟道在墙上合二为一，共用一实心烟囱。灶面开设三个火眼，存釜、甑1组、圜底锅2件。长25.4、宽19厘米（图一〇九，7）。

陶猪圈　1件。M36：9，泥质灰陶。平面为方形，下部设一周圈栏，圈栏上按印出瓦垄。栏上两侧起柱搭设厕屋、猪棚各一座，屋顶刻划出瓦垄。厕屋一侧起高台，高台中部开设一孔，孔与圈内相通。圈内有椭圆形猪槽。长27.4、宽23.8厘米（图一〇九，8）。

陶井　1件。M36：8，泥质灰陶。平口方唇，腹部残，平底。肩部饰一道弦纹。口径10.6、底径11.2厘米（图一〇九，6）。

铜刀　1件。M36：2，仅存环首。

铜镜　1件。M36：1，昭明镜。半球状纽，圆形纽座，窄素平缘。内区为八瓣内向连弧纹，外区为铭文带，铭文为"内清以昭明，光象日月"。直径8.1、缘厚0.3厘米（图一一〇，2；图版二八，5）。

铜钱　10枚。M36：3，锈蚀，为五铢钱。

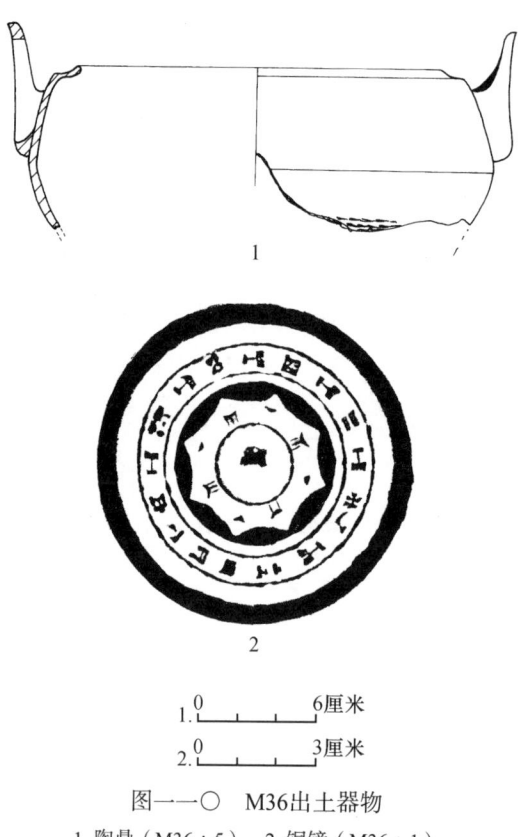

图一一〇　M36出土器物
1. 陶鼎（M36：5）　2. 铜镜（M36：1）

M37

1. 墓葬形制

凸字形土坑竖穴墓。方向110°。墓室长3.2、宽2.1、深0.9米。墓道位于墓室东壁中央，较浅，长方形斜坡状，上口长1、宽1.2米。墓内填土为黄褐色花土，土质较硬。墓底有青膏泥，残留棺椁朽痕，东西两端有棺椁枕木凹槽。随葬品有陶鼎1件、盒1件、壶4件、罐1件、灶1件、猪圈1件；铜镜2件、铜钱11枚（图一一一；图版二九，1）。

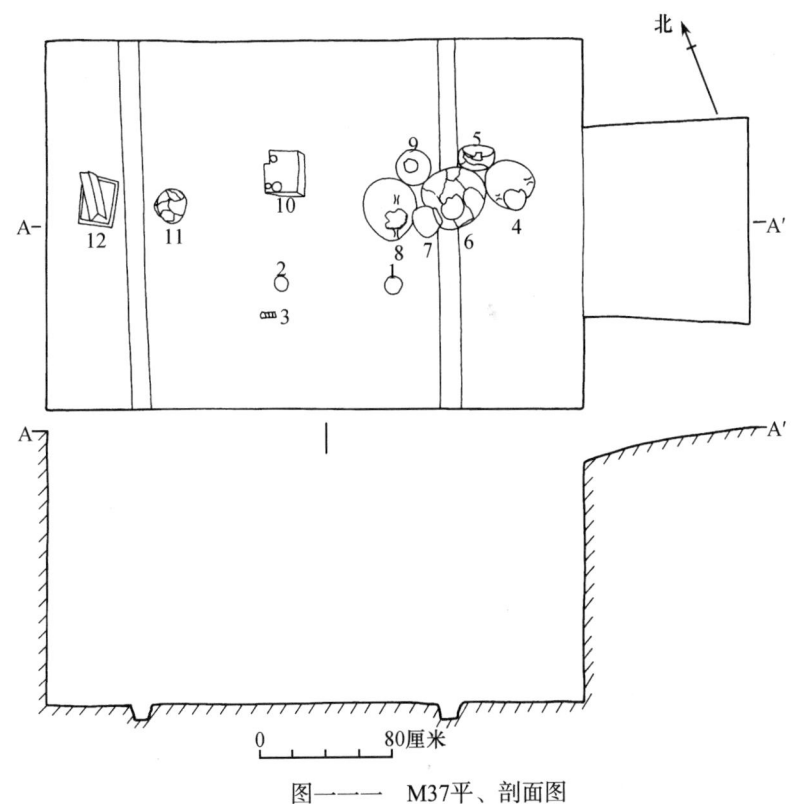

图一一一 M37平、剖面图

1、2.铜镜 3.铜钱 4、6、8~9.陶壶 5.陶鼎 7.陶盒 10.陶灶 11.陶罐 12.陶猪圈

2. 随葬品

陶鼎 1件。M37:5，残。仅存圜底。泥质灰陶。底部饰绳纹。残高9.2厘米（图一一二，4）。

陶盒 1件。M37:7，泥质灰陶。子母口，腹部残，平底内凹。素面。口径14、底径11.2厘米（图一一二，7）。

陶壶 4件。M37:4，釉陶，上半部施釉。盘口，束颈，圆鼓腹，圈足。肩部对饰叶脉纹桥形耳及两组凸弦纹，口部、颈部饰波浪纹与弦纹，内外表存轮制弦纹。口径13.8、底径14、高33厘米（图一一二，1；图版三〇，5）。M37:6，釉陶，上半部施釉。敞口，直颈，弧鼓腹，圈足。肩部对饰铺首耳及三组凸弦纹，口部、颈部饰波浪纹与弦纹。口径16.2、底径16、

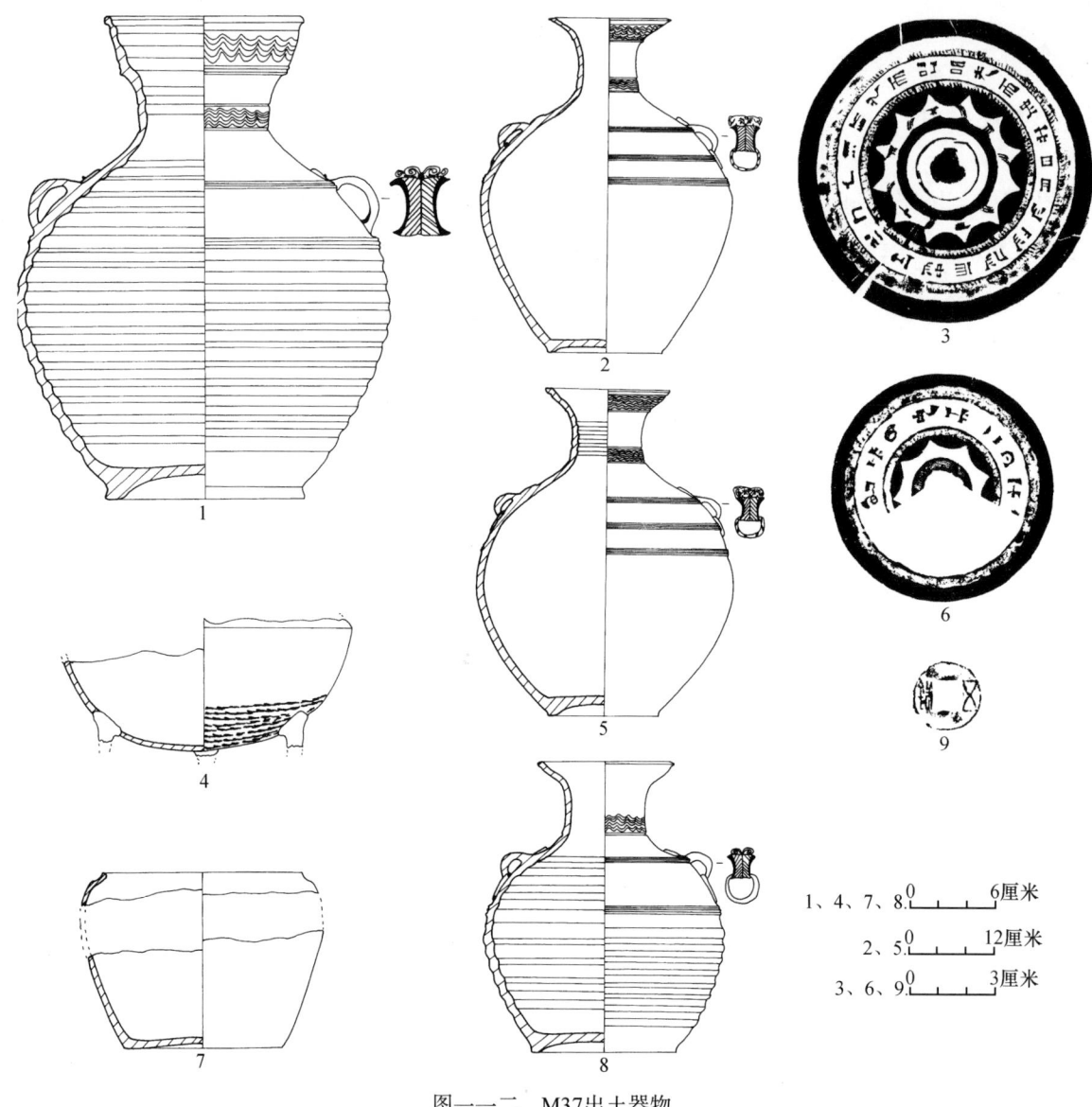

图一一二 M37出土器物

1、2、5、8.陶壶（M37：4、M37：6、M37：8、M37：9） 3、6.铜镜（M37：1、M37：2） 4.陶鼎（M37：5）
7.陶盒（M37：7） 9.铜钱（M37：3）

通高45.8厘米（图一一二，2；图版三〇，2）。M37：8，釉陶，上半部施釉。敞口，直颈，弧鼓腹，圈足。肩部对饰铺首耳及三组凸弦纹，口部、颈部饰波浪纹与弦纹，颈部内侧存轮制弦纹。口径17.4、底径15.4、高44.6厘米（图一一二，5；图版三〇，4）。M37：9，硬陶。敞口，直颈，圆鼓腹，圈足。肩部对饰叶脉纹铺首耳及两组凸弦纹，颈部饰波浪纹、弦纹，内外表存轮制弦纹。口径9.4、底径10.2、高19.8厘米（图一一二，8；图版三〇，6）。

陶罐 1件。M37：11，泥质灰陶。口残，弧鼓腹，平底内凹。素面。底径7、残高8.8厘米（图一一三，1）。

陶灶 1件。M37：10，泥质灰陶。平面呈曲尺形，灶面三侧起高墙护栏。前端设双圆形灶门，后端置双烟道，两灶烟道在墙上合二为一，共用一实心烟囱。灶面开设四个火眼，存甑1

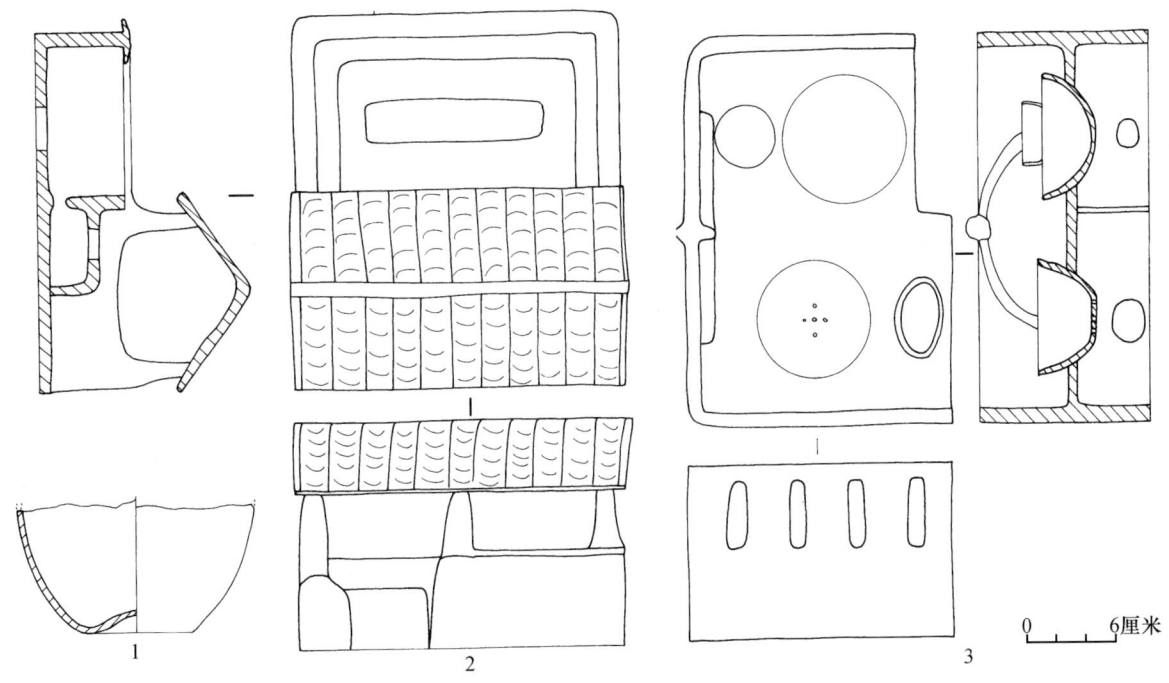

图一一三　M37出土陶器
1. 罐（M37∶11）　2. 猪圈（M37∶12）　3. 灶（M37∶10）

件、圜底锅2件。长25.4、宽18厘米（图一一三，3；图版三一，1）。

陶猪圈　1件。M37∶12，泥质灰陶。平面为方形，下部设一周圈栏。栏上两侧起柱搭设厕屋、猪棚各一座，屋顶刻划出瓦垄。厕屋一侧起高台，高台中部开设一孔，孔与圈内相通。圈内正中开设一近长方形孔。长24.4、宽22厘米（图一一三，2；图版三一，3）。

铜镜　2件。M37∶1，昭明镜。半球状纽，圆形纽座，素平缘。内区为十二瓣内向连弧纹，外区为铭文带，铭文为"内清质以昭明，光象夫日月，心忽扬而忠，不泄"。直径10.5、缘厚0.5厘米（图一一二，3；图版三〇，1）。M37∶2，昭明镜。纽残，圆形纽座，窄平缘。内区为八瓣内向连弧纹，外区为铭文带，铭文残存"内……昭明，光□月，不泄"。直径8、缘厚0.25厘米（图一一二，6；图版三〇，3）。

铜钱　11枚。M37∶3，皆为五铢钱（图一一二，9；彩版五四，2）。

M38

1. 墓葬形制

长方形土坑竖穴墓。方向210°。墓室长3.1、宽1.7、深1.5米。墓内填土为黄褐色花土，土质较硬。墓底有约15厘米厚的青膏泥。随葬品有陶鼎1件、盒1件、壶1件、罐3件、井1件、灶1件；铜镜1件、铜钱16枚；印章1件。其中M38∶10陶灶出土时残碎，器形可辨，未采集（图一一四；图版二九，2）。

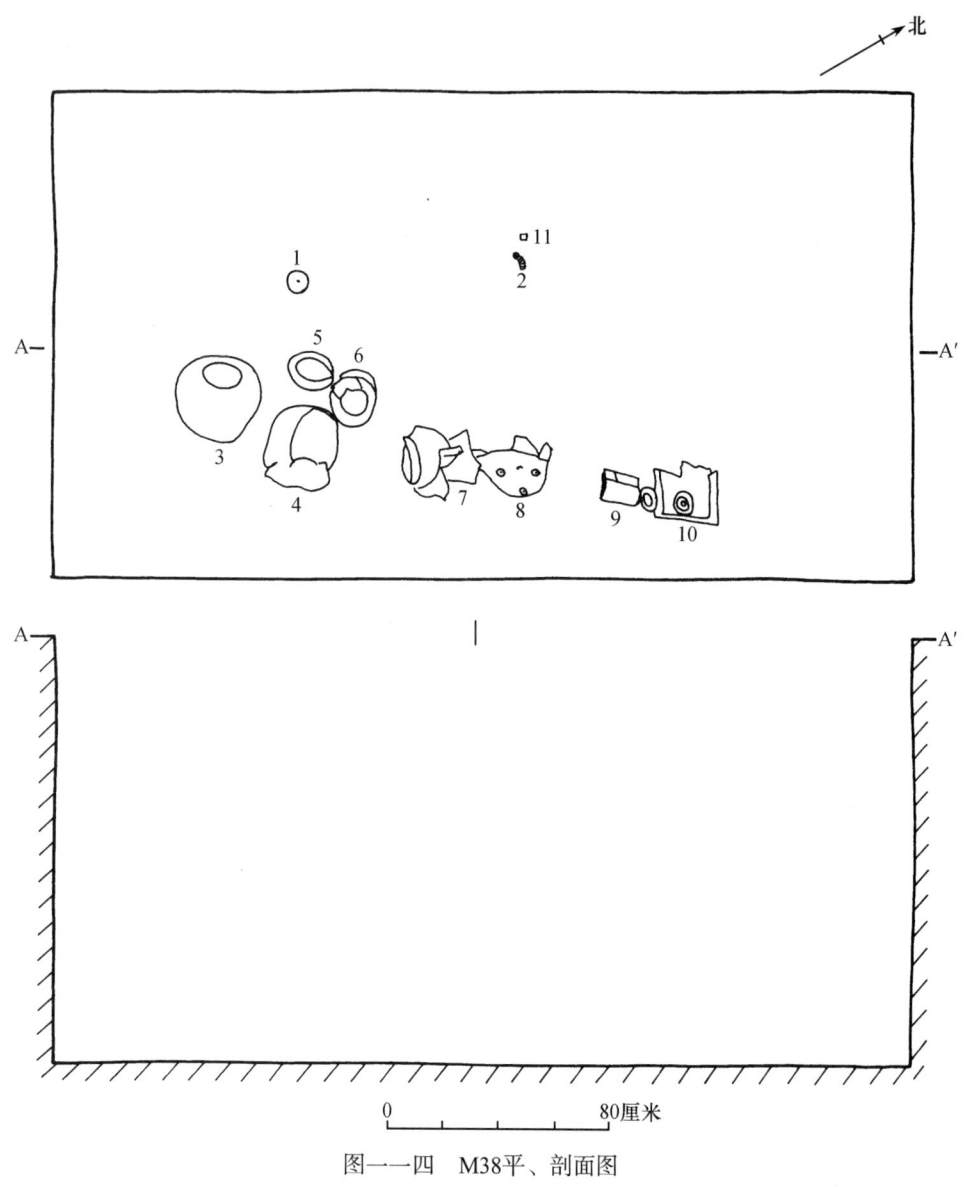

图一一四 M38平、剖面图
1.铜镜 2.铜钱 3~5.陶罐 6.陶盒 7.陶壶 8.陶鼎 9.陶井 10.陶灶 11.印章

2. 随葬品

陶鼎 1件。M38:8,泥质灰陶。子母口,弧鼓腹,圜底,三锥形足。双附耳。口部饰弦纹。口径14.6、通高16厘米(图一一五,4;图版三二,3)。

陶盒 1件。M38:6,泥质灰陶。子母口,弧鼓腹,平底内凹。肩部饰弦纹。口径13.6、底径9.8、通高11.3厘米(图一一五,5;图版三二,1)。

陶壶 1件。M38:7,泥质灰陶。口残,束颈,弧鼓腹,平底。肩部饰两道凹弦纹。底径14.8、残高19厘米(图一一五,3)。

陶罐 3件。M38:3,硬陶。侈口方唇,弧鼓腹,平底内凹。通体拍印网格纹,口部内表存轮制弦纹。口径12.9、底径12.7、通高28.2厘米(图一一五,1;图版三一,2)。M38:4,

硬陶。侈口方唇，弧鼓腹，平底内凹。通体拍印网格纹，口部内表存轮制弦纹。口径11.6、底径12.6、通高22.2厘米（图一一五，2；图版三一，4）。M38：5，泥质灰陶。敛口圆唇，弧鼓腹，平底内凹。素面。口径12.4、底径9.2、通高10.7厘米（图一一五，6；图版三一，6）。

陶井　1件。M38：9，泥质褐陶。平口，圆唇，折肩，斜直腹，平底内凹。肩部饰一道弦纹。口径10.4、底径11.6、通高11.8厘米（图一一五，7；图版三二，2）。

陶灶　1件。M38：10，残碎。

铜镜　1件。M38：1，昭明镜。半球状纽，圆形纽座，窄素平缘。内区为八瓣内向连弧纹，外区为铭文带，铭文为"内清以昭明，光象夫日月，心不"。直径8.1、缘厚0.3厘米（图一一六，1；图版三一，5）。

铜钱　16枚。M38：2，锈蚀严重，个别隐约为五铢钱。

印章　1件。M38：11，内核石质，外包铜。桥形纽，方座。边长1.8厘米。印文为"蔡眾"（图一一六，2；图版三二，4、5）。

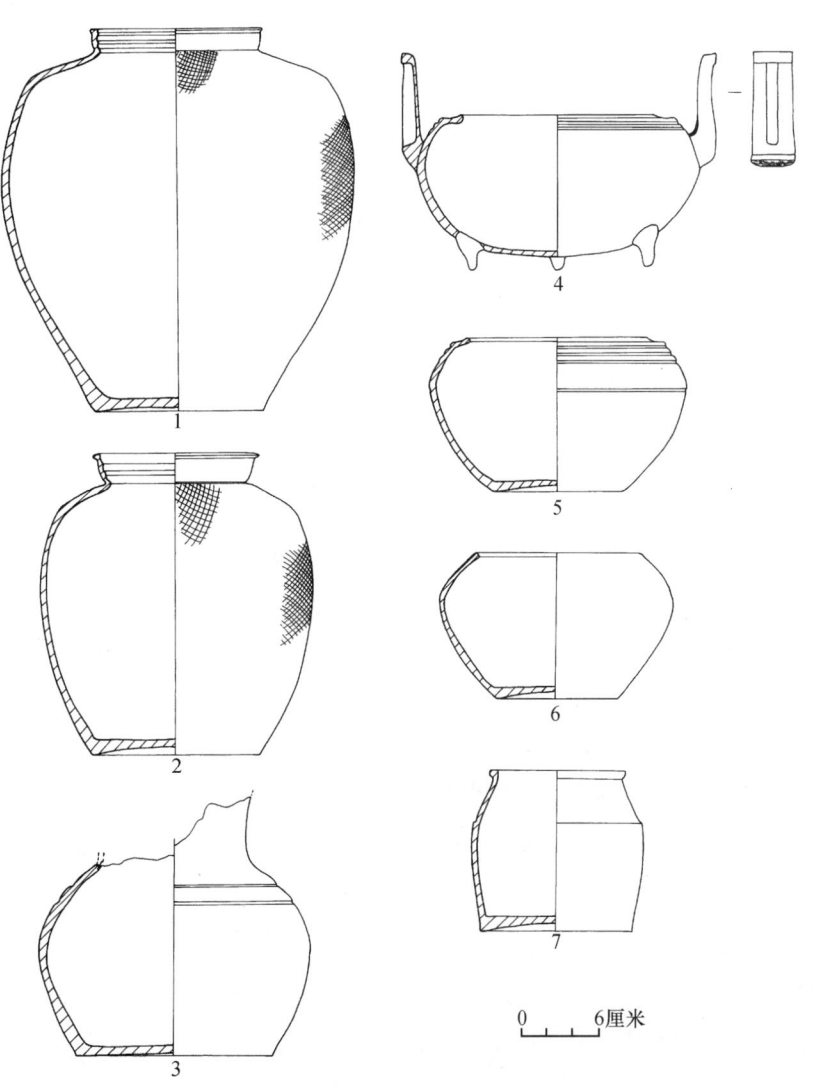

图一一五　M38出土陶器

1、2、6. 罐（M38：3、M38：4、M38：5）　3. 壶（M38：7）　4. 鼎（M38：8）　5. 盒（M38：6）　7. 井（M38：9）

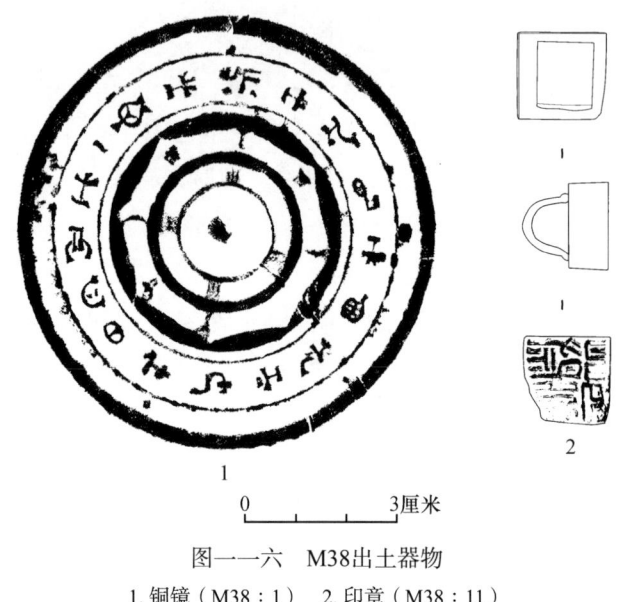

图一一六 M38出土器物
1. 铜镜（M38：1） 2. 印章（M38：11）

M39

1. 墓葬形制

长方形土坑竖穴墓。方向220°。墓室长2.8、宽1.6、深1.6米。墓内填土为黄褐色花土，土质较硬。随葬品有陶鼎1件、盒1件、壶3件、罐2件、灶2件、井1件、猪圈1件，成一列置于墓室东侧（边厢）；铜镜1件、铜钱12枚（图一一七；图版三三，1）。

2. 随葬品

陶鼎 1件。M39：5，残。泥质灰陶。子母口，圜底，锥形足。双附耳。口径17.4（图一一八，3）。

陶盒 1件。M39：6，泥质灰陶。子母口，弧鼓腹，平底内凹，腹部残。覆钵形器盖，口部饰两道弦纹。素面。口径13、底径9厘米（图一一八，7）。

陶壶 3件。M39：3，硬陶。敞口，直颈，弧鼓腹，平底内凹。肩部对饰叶脉纹桥形耳。口部饰弦纹，颈部饰波浪纹与弦纹，内外表存轮制弦纹。口径13.8、底径12.6、通高31.7厘米（图一一八，1；图版三四，3）。M39：8，硬陶。敞口圆唇，直颈，弧鼓腹，平底。肩部对饰叶脉纹桥形耳。颈部饰波浪纹及弦纹，通体存轮制弦纹。口径13.4、底径10.8、通高29.6厘米（图一一八，2；图版三四，2）。M39：12，釉陶，上半部施釉。敞口，直颈，弧鼓腹，平底内凹。肩部对饰桥形耳及两道凹弦纹，颈部饰波浪纹及弦纹，内外表存轮制弦纹。口径10.8、底径8.4、残高20.4厘米（图一一八，5；图版三五，3）。

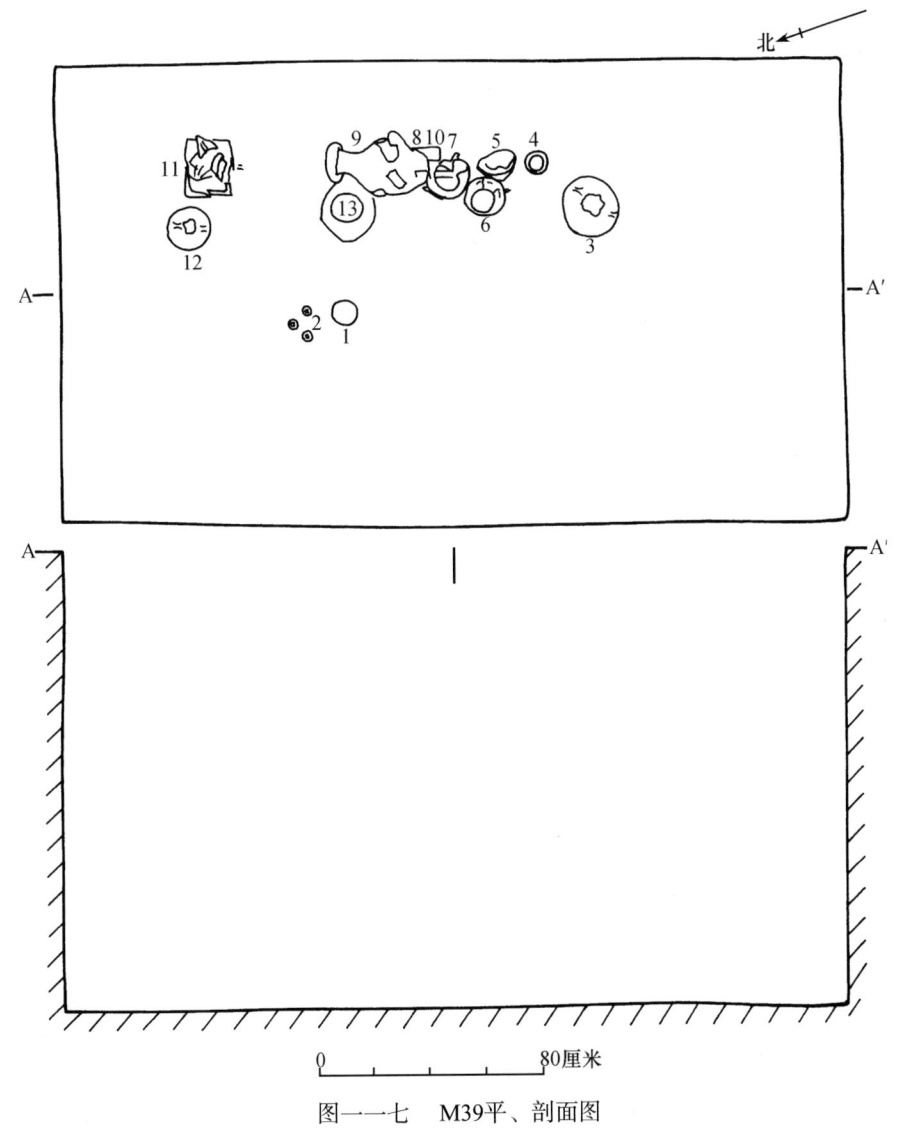

图一一七 M39平、剖面图

1.铜镜 2.铜钱 3、8、12.陶壶 4.陶井 5.陶鼎 6.陶盒 7、13.陶罐 9、10.陶灶 11.陶猪圈

陶罐 2件。M39：7，硬陶。侈口方唇，斜鼓腹，平底内凹。口部饰弦纹，通体拍印网格纹，口部内表存轮制弦纹。口径10.2、底径9.4、通高13.4厘米（图一一八，6；图版三四，5）。M39：13，泥质灰陶。侈口圆唇，弧鼓腹，平底内凹。肩部对饰桥形耳和三道凹弦纹。口径11.6、底径11.2、通高11.6厘米（图一一八，4；图版三五，4）。

陶灶 2件。M39：9，泥质灰陶。平面呈前方后圆，前端设一拱形灶门，后端为一实心烟囱。灶面置双火眼，前后各一，上存甑1件。长20.8、宽13厘米（图一一九，4；图版三四，4）。M39：10，泥质灰陶。平面呈曲尺形，灶面三侧起高墙护栏。前端设双拱形灶门，后端置双烟道，两灶烟道在墙上合二为一，共用一实心烟囱。灶面开设四个火眼，存釜甑1组。长24、宽18厘米（图一一九，2；图版三四，6）。

陶井　1件。M39:4，泥质灰陶。侈口圆唇，斜直腹，腹部残，平底。口部存轮制弦纹。口径9.2、底径6.2厘米（图一一九，1）。

陶猪圈　1件。M39:11，泥质灰陶。平面呈圆角方形，四周起高墙圈栏，墙上一角起柱搭设厕屋一座，坡式屋顶，上起瓦楞。屋内一隅起高台。长19.4、宽18厘米（图一一九，3；图版三五，1）。

铜镜　1件。M39:1，昭明镜。残，窄素平缘。内区为八瓣内向连弧纹，外区为铭文带，残铭为"内……昭明□象日月"。直径7.8、缘厚0.2厘米（图一一八，8；图版三四，1）。

铜钱　12枚。M39:2，为五铢钱（图一一八，9）。

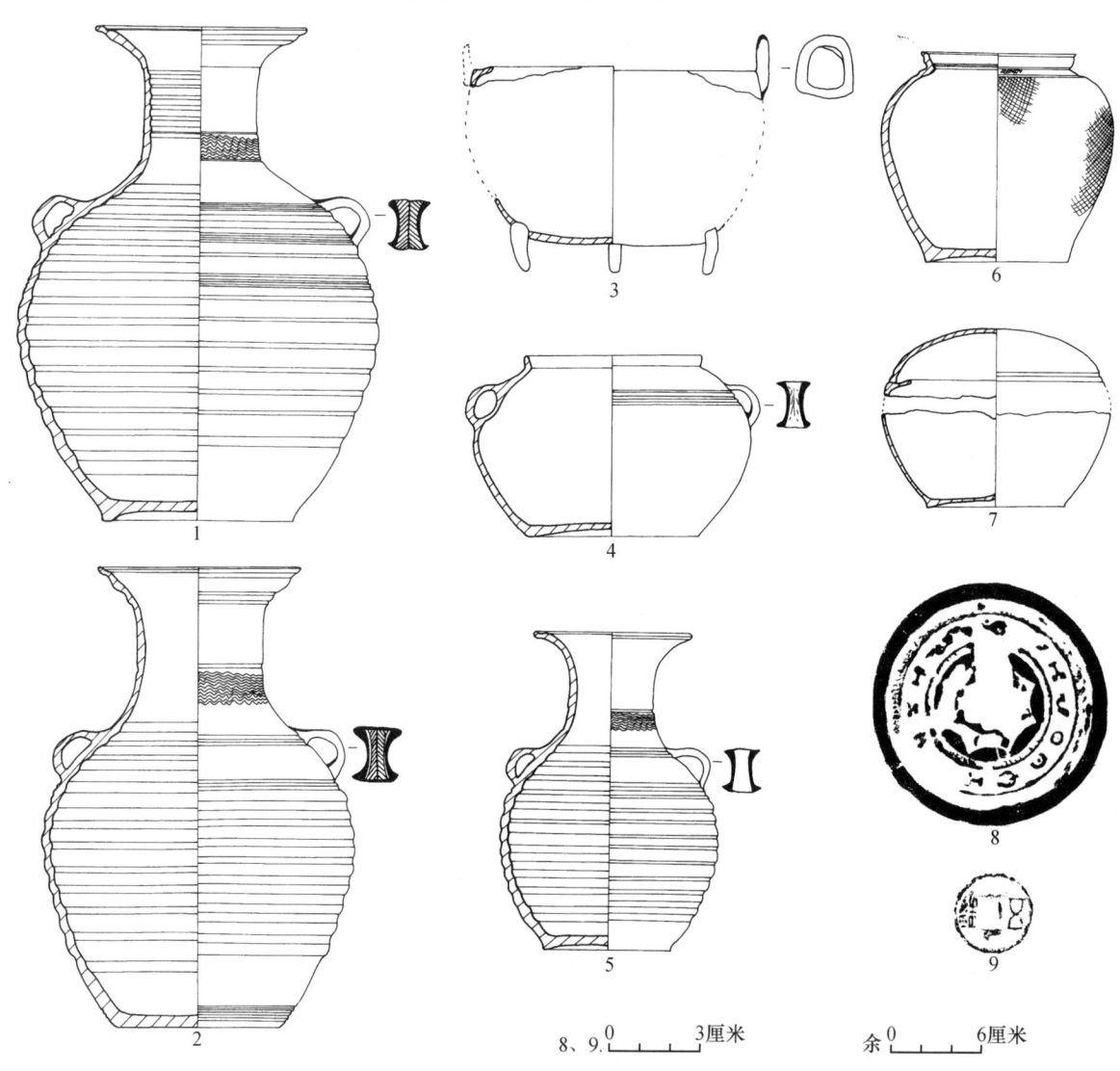

图一一八　M39出土器物

1、2、5.陶壶（M39:3、M39:8、M39:12）　3.陶鼎（M39:5）　4、6.陶罐（M39:13、M39:7）　7.陶盒（M39:6）　8.铜镜（M39:1）　9.铜钱（M39:2）

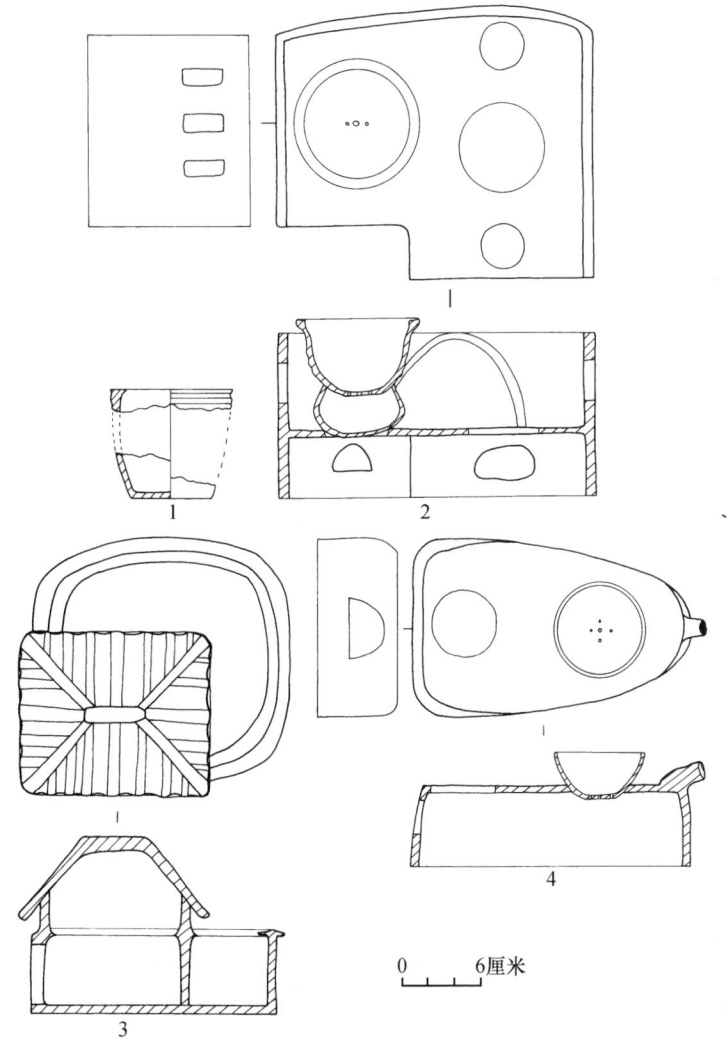

图一一九　M39出土陶器
1. 陶井（M39：4）　2、4. 陶灶（M39：10、M39：9）　3. 陶猪圈（M39：11）

M40

1. 墓葬形制

长方形土坑竖穴墓。方向310°。墓室长2.1、宽0.54、残深0.3米。墓内填土为黄褐色花土，土质较硬。随葬品有陶壶2件，置于墓室西端（图一二〇；图版三三，2）。

2. 随葬品

陶壶　2件。M40：1，釉陶，上半部施釉。盘口，直颈，弧鼓腹，圈足。肩部对饰叶脉纹桥形耳。口部及颈部饰波浪纹及弦纹，通体存轮制弦纹。口径10.2、底径10.4、通高21.8厘米（图一二一，1；图版三五，2）。M40：2，釉陶，上半部施釉。口残，直颈，弧鼓腹，平底。肩部对饰叶脉纹桥形耳和两道凹弦纹，通体存轮制弦纹。底径9、残高12厘米（图一二一，2；图版三五，5）。

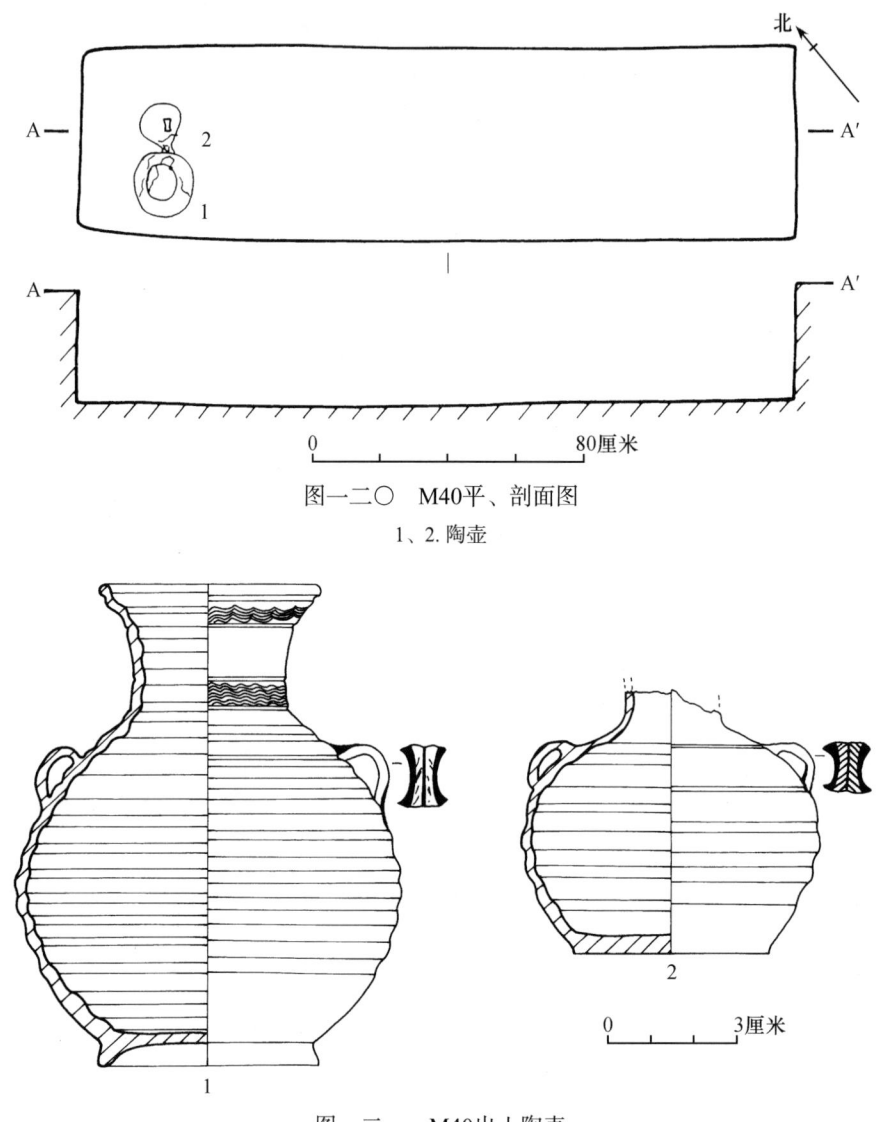

图一二〇 M40平、剖面图
1、2. 陶壶

图一二一 M40出土陶壶
1. M40:1 2. M40:2

M41

1. 墓葬形制

长方形土坑竖穴墓。方向310°。墓口长1.8、宽0.8、残深0.1米。墓内填土为黄褐色花土。随葬品仅有陶罐1件，出土于墓葬的北部（图一二二）。

2. 随葬品

陶罐　1件。M41:1，泥质褐陶。仅存口部，敛口。

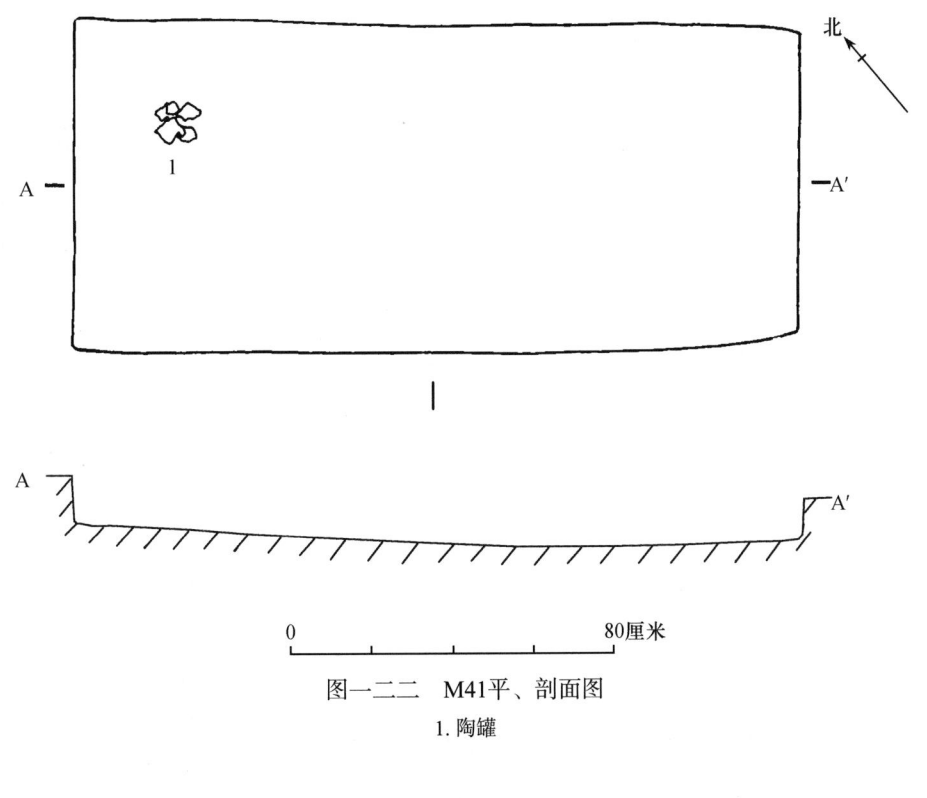

图一二二　M41平、剖面图
1.陶罐

M42

1. 墓葬形制

长方形土坑竖穴墓。方向300°。墓口长2.7、宽1.56、深1.44米。墓内填土为黄褐色花土，墓底有15厘米厚的青膏泥。随葬品有陶壶1件、井1件、灶1件（图一二三；图版三六，1）。

2. 随葬品

陶壶　1件。M42：1，釉陶，上半部施釉。敞口，束颈，弧鼓腹，圈足。肩部对饰桥形耳和四道凹弦纹，颈部饰波浪纹及弦纹，通体存轮制弦纹。口径14、底径10.6、通高27.2厘米（图一二四，2；图版三七，1）。

陶井　1件。M42：2，泥质灰陶。平口圆唇，折肩，斜直腹，平底。素面。口径12.2、底径13.6、通高15.6厘米。内置一汲水罐，泥质红陶。侈口圆唇，斜鼓腹，平底。肩部对饰穿孔耳（图一二四，1）。

陶灶　1件。M42：3，泥质灰褐陶。平面呈前方后圆，前端设一方形灶门，后端有一圆孔为烟囱。灶面置双火眼，上置釜甑1组、平底锅1件。长22.5、宽15.7厘米（图一二四，3；图版三七，3）。

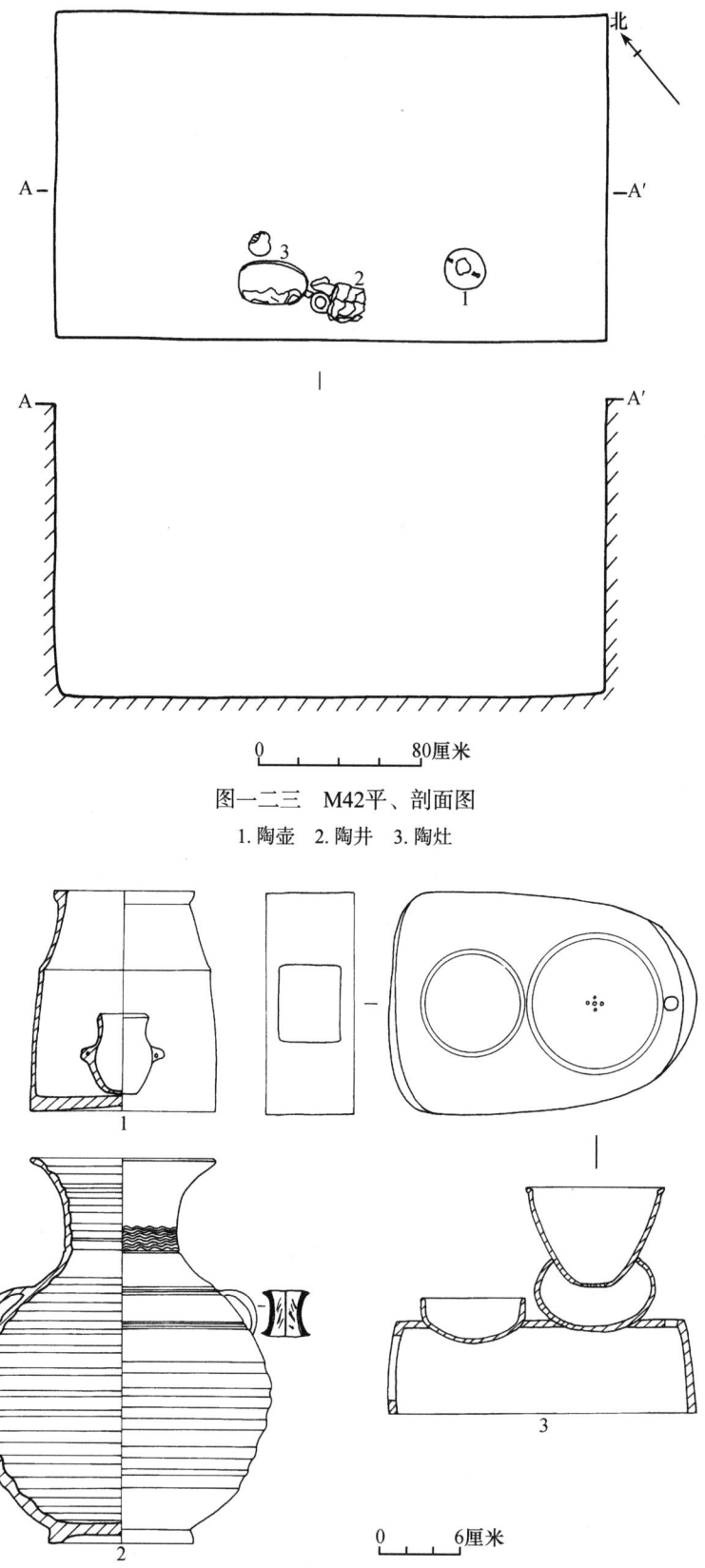

图一二三　M42平、剖面图
1. 陶壶　2. 陶井　3. 陶灶

图一二四　M42出土陶器
1. 井（M42∶2）　2. 壶（M42∶1）　3. 灶（M42∶3）

M43

1. 墓葬形制

长方形土坑竖穴墓。方向30°。墓室长2.64、宽1.74、深1.5米。墓内填土为黄褐色花土，土质较硬。墓底有青膏泥，厚约10厘米。随葬品有陶鼎1件、壶4件、器盖3件、灶1件、井1件、猪圈1件；铜镜1件、铜钱8枚（图一二五；图版三六，2）。

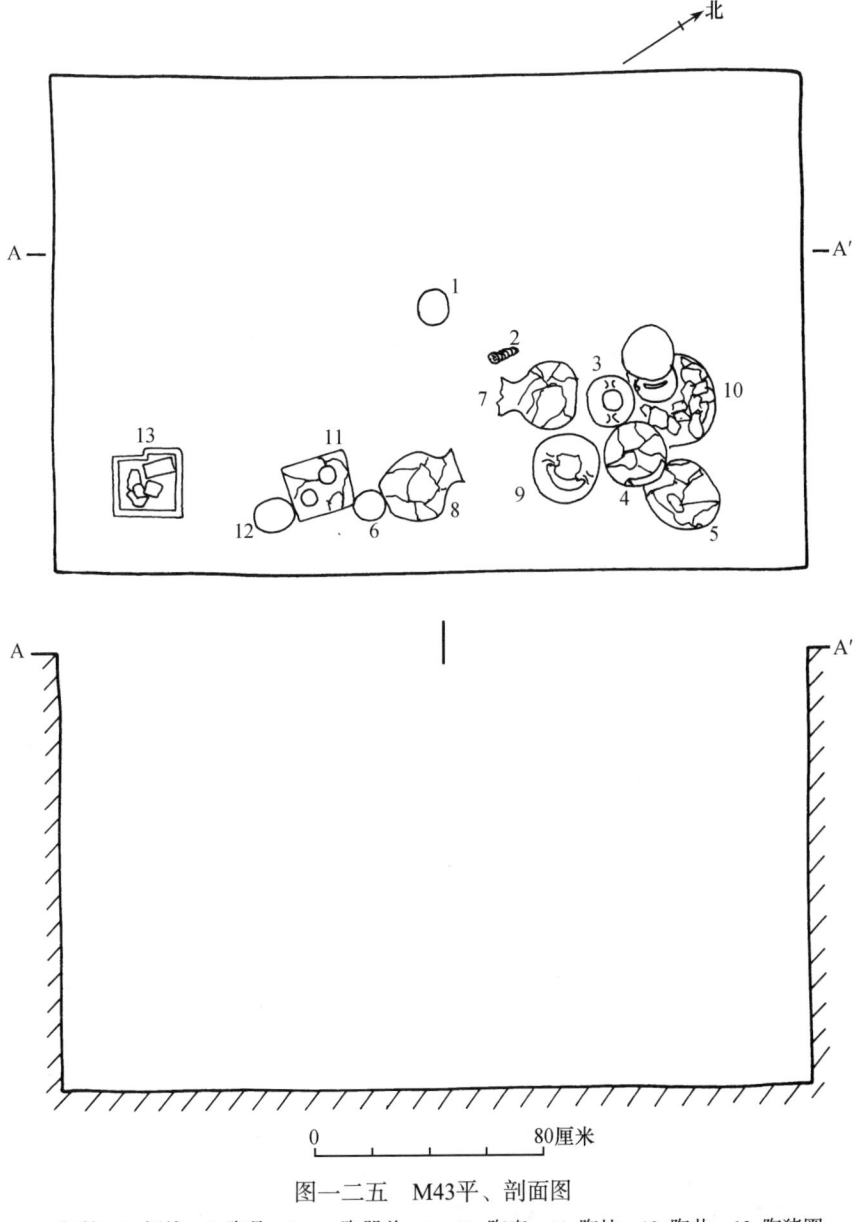

图一二五　M43平、剖面图

1.铜镜　2.铜钱　3.陶鼎　4~6.陶器盖　7~10.陶壶　11.陶灶　12.陶井　13.陶猪圈

2. 随葬品

陶鼎　1件。M43：3，残碎。泥质红陶。附耳。

陶壶　4件。M43：7，釉陶，上半部施釉。口残，束颈，弧鼓腹，圈足。肩部饰桥形耳和四道弦纹，颈部饰波浪纹及弦纹，通体存轮制弦纹。底径10、残高20.6厘米（图一二六，2；图版三七，2）。M43：8，残碎，泥质灰陶。M43：9，釉陶，上半部施釉。敞口圆唇，束颈，弧鼓腹，圈足。肩部饰叶脉纹桥形耳和四道凹弦纹，颈部饰波浪纹及弦纹，通体存轮制

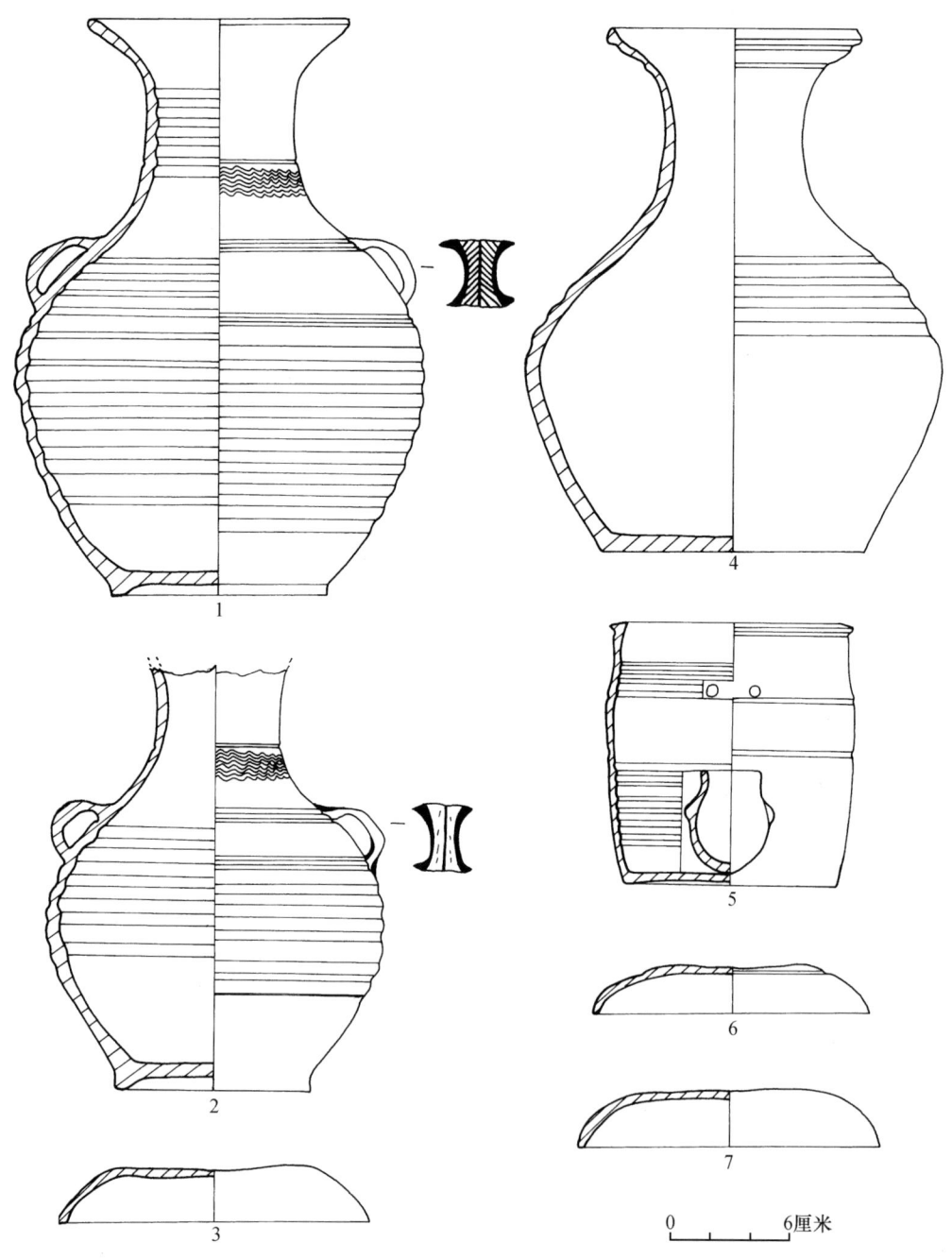

图一二六　M43出土陶器

1、2、4.壶（M43：9、M43：7、M43：10）　3、6、7.器盖（M43：5、M43：6、M43：4）　5.井（M43：12）

弦纹。口径13.2、底径10.9、通高28厘米（图一二六，1；图版三七，4）。M43：10，泥质灰陶。盘口方唇，束颈，弧鼓腹，平底。口部及肩部饰弦纹。口径12.2、底径13、通高25.4厘米（图一二六，4；图版三七，6）。

陶器盖　3件。M43：4，泥质灰陶。覆钵形。素面。口径15.2、高2.7厘米（图一二六，7）。M43：5，泥质灰陶。覆钵形。素面。口径15.8、高2.7厘米（图一二六，3）。M43：6，泥质灰陶。覆钵形。器表饰一道弦纹。口径13.8、高2.4厘米（图一二六，6）。

陶灶　1件。M43：11，泥质灰陶。存附件釜、圜底锅、平底锅各一。圜底锅，侈口圆唇。素面。口径10.2、通高5厘米。釜，敛口圆唇，折腹，平底。素面。口径6.2、底径6、通高3.8厘米。平底锅，侈口圆唇，双立耳。口径7.8、通高2.4厘米（图一二七，2）。

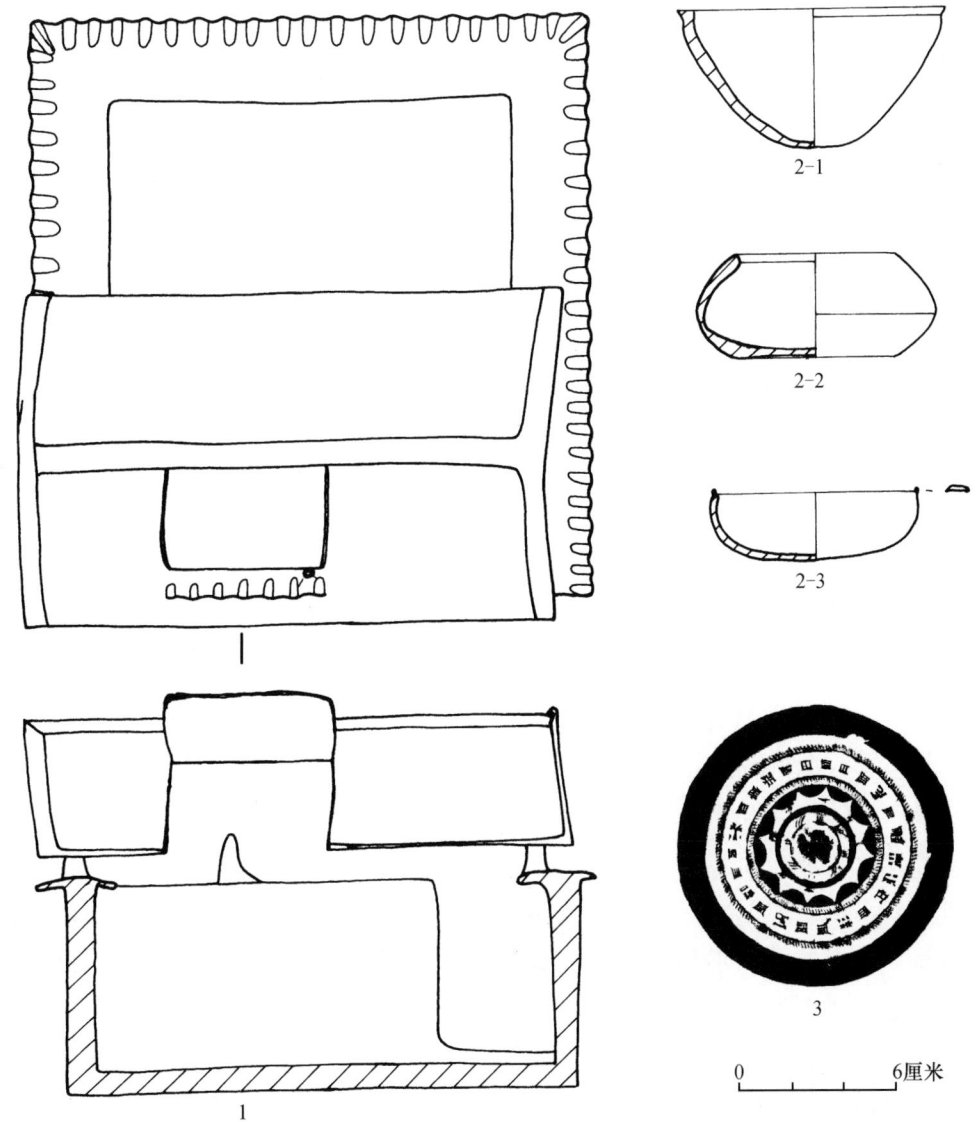

图一二七　M43出土器物
1. 陶猪圈（M43：13）　2. 陶灶（M43：11）　3. 铜镜（M43：1）

陶井　1件。M43：12，夹砂灰陶。侈口圆唇，折腹，平底。口部、肩部饰弦纹，颈部有四孔，内表存轮制弦纹。口径10.5、底径10.6、通高12.9厘米。内置一汲水罐，夹砂灰陶。侈口圆唇，弧鼓腹，圜底。肩部对饰桥形耳。素面（图一二六，5）。

陶猪圈　1件。M43：13，残。泥质灰陶。平面呈方形，四周设高墙圈栏，上按印瓦垄。栏上两侧起柱搭设厕屋、猪棚各一座，屋顶上刻划有瓦垄。厕屋一侧起高台，高台中部开设一孔。长22.8、宽21厘米（图一二七，1）。

铜镜　1件。M43：1，昭明镜。半球状纽，圆形纽座，宽素平缘。内区为十二瓣内向连弧纹，外区为铭文带，铭文为"内清质以昭明，光象夫日月，心忽泄"。直径10.4、缘厚0.4厘米（图一二七，3；图版三七，5）。

铜钱　8枚。M43：2，锈蚀不辨。

M44

1. 墓葬形制

长方形土坑竖穴墓。方向32°。墓室长3.6、宽1.9、深1.54米。墓内填土为黄褐色花土，土质紧密。墓底有8厘米厚的青膏泥，发现有木椁残板。随葬品有陶鼎1件、盒1件、壶5件、罐2件、灶1件、井1件、屋1件；铜鼎1件、镜1件、刀1件、剑1件、铜钱若干枚、矛1件、带钩1件；印章1枚。铜鼎、剑、矛、刀、镜、带钩、铜钱和印章出土于墓葬的中部，余均出土于墓室东侧。其中M44：7陶鼎残碎（图一二八；图版三八，1）。

2. 随葬品

陶鼎　1件。M44：7，残碎。

陶盒　1件。M44：8，泥质灰陶。子母口，斜弧腹，平底。素面。口径13.6、底径6.4、高8.1厘米（图一三〇，4；图版三九，6）。

陶壶　5件。M44：11，釉陶，上半部施釉。敞口，直颈，弧鼓腹，平底内凹。肩部饰双桥形耳及三组弦纹，颈部饰波浪纹及弦纹，通体存轮制弦纹。口径16、底径12.8、高32.7厘米（图一二九，1；图版四〇，1）。M44：12，釉陶，上半部施釉。敞口，直颈，弧鼓腹，平底内凹。肩部饰双叶脉纹桥形耳及两组弦纹，颈部饰波浪纹及弦纹，通体存轮制弦纹。口径10.2、底径7.2、高19.8厘米（图一二九，4；图版四〇，3）。M44：13，釉陶，上半部施釉。敞口，直颈，弧鼓腹，平底内凹。肩部对饰桥形耳及两组弦纹，颈部饰波浪纹及弦纹，通体存轮制弦纹。口径10.2、底径8.4、高19.8厘米（图一二九，5；图版四〇，5）。M44：14，釉陶，上半部施釉。敞口，直颈，弧鼓腹，平底内凹。肩部饰双叶脉纹桥形耳及三组弦纹，颈部饰波浪纹及弦纹，通体存轮制弦纹。口径15.8、底径13.2、高33.4厘米（图一二九，3；图版四〇，2）。M44：15，釉陶，上半部施釉，有流釉现象。敞口，直颈，弧鼓腹，平底内凹。

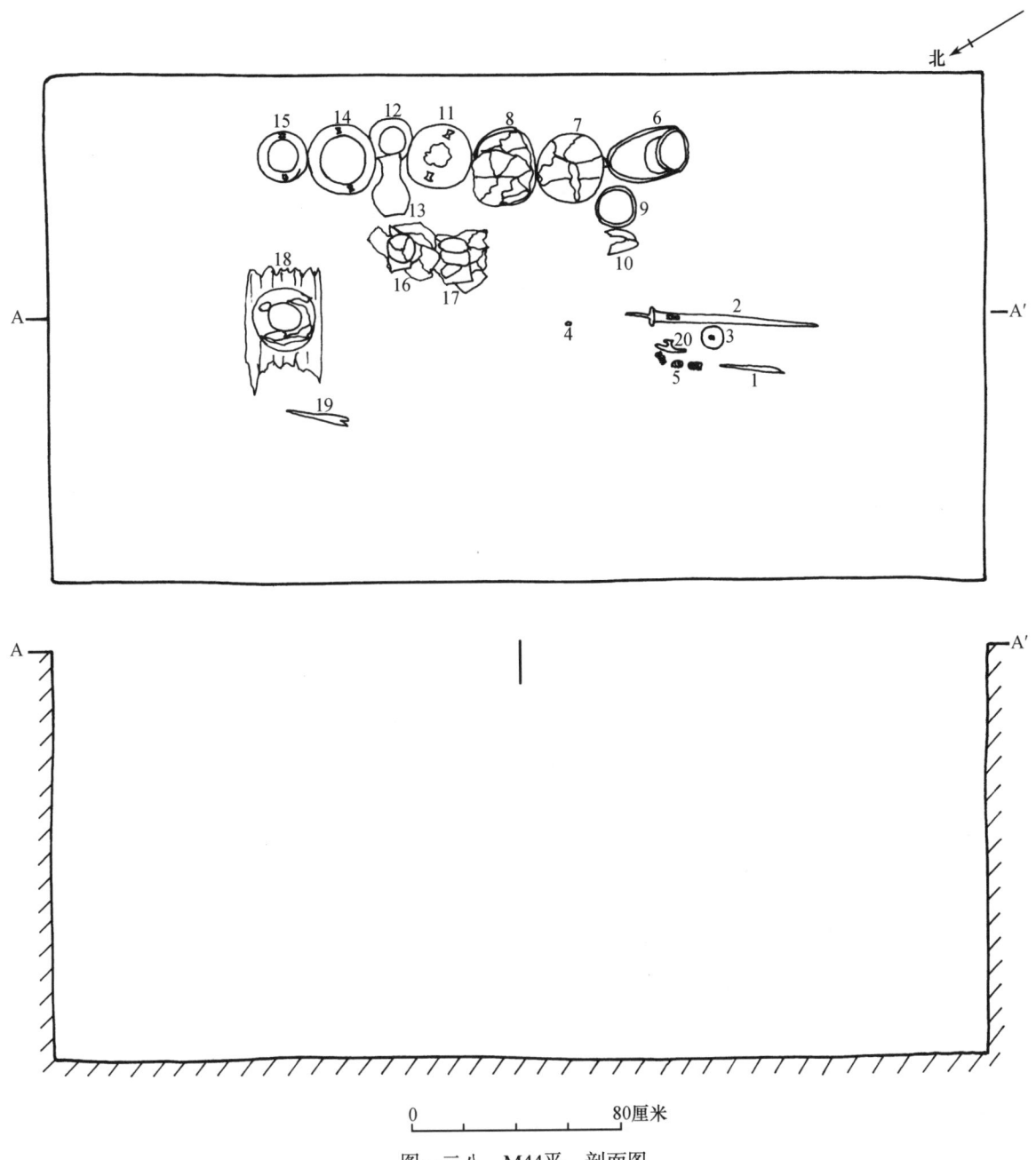

图一二八 M44平、剖面图

1.铜刀 2.铜剑 3.铜镜 4.印章 5.铜钱 6.陶灶 7.陶鼎 8.陶盒 9.陶井 10.陶屋 11~15.陶壶 16、17.陶罐 18.铜鼎 19.铜矛 20.铜带钩

肩部饰双叶脉纹桥形耳及两组弦纹，颈部饰波浪纹及弦纹，通体存轮制弦纹。口径13.4、底径11、高28厘米（图一二九，2；图版四〇，4）。

陶罐 2件。M44：16，泥质红陶。侈口圆唇，圆鼓腹，平底。双叶脉纹桥形耳。通体存轮制弦纹。口径9、底径9.2、高12.2厘米（图一三〇，2；图版四〇，6）。M44：17，釉陶，上半部施釉。侈口方唇，圆鼓腹，平底。双叶脉纹桥形耳。颈部饰波浪纹及弦纹，通体存轮制弦纹。口径9.4、底径9.4、高13.2厘米（图一三〇，1；图版四一，1）。

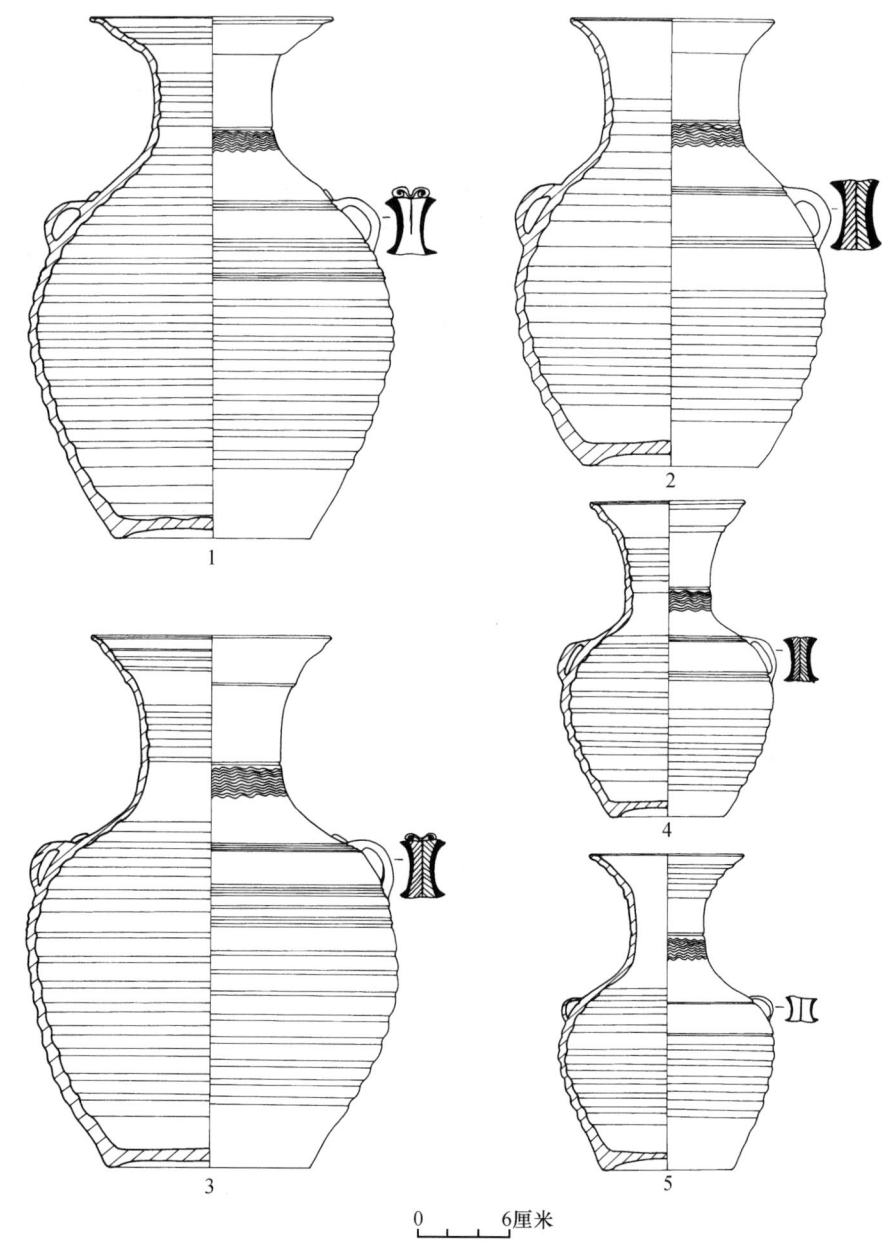

图一二九　M44出土陶壶
1. M44∶11　2. M44∶15　3. M44∶14　4. M44∶12　5. M44∶13

陶灶　1件。M44∶6，泥质红陶。平面略呈椭圆形，单侧起高墙护栏，护栏上饰几何纹。前端置一拱形灶门，灶面设双火眼，前后各一，上置釜甑1组、锅1件。长24、宽17.2厘米（图一三一；图版三九，4）。

陶井　1件。M44∶9，釉陶。平口方唇，筒形。口沿下饰波浪纹、弦纹，四乳丁与四穿孔将肩部八等分，腹部饰波折纹，近底部饰一组凹弦纹。口径12、底径13.4、高11.4厘米。内置汲水罐一，泥质红陶。敞口，束颈，弧鼓腹，平底。素面（图一三〇，5）。

陶屋　1件。M44∶10，泥质红陶。略呈圆形屋墙，附一坡式屋顶，上按压瓦垄。直径约14厘米（图一三〇，3）。

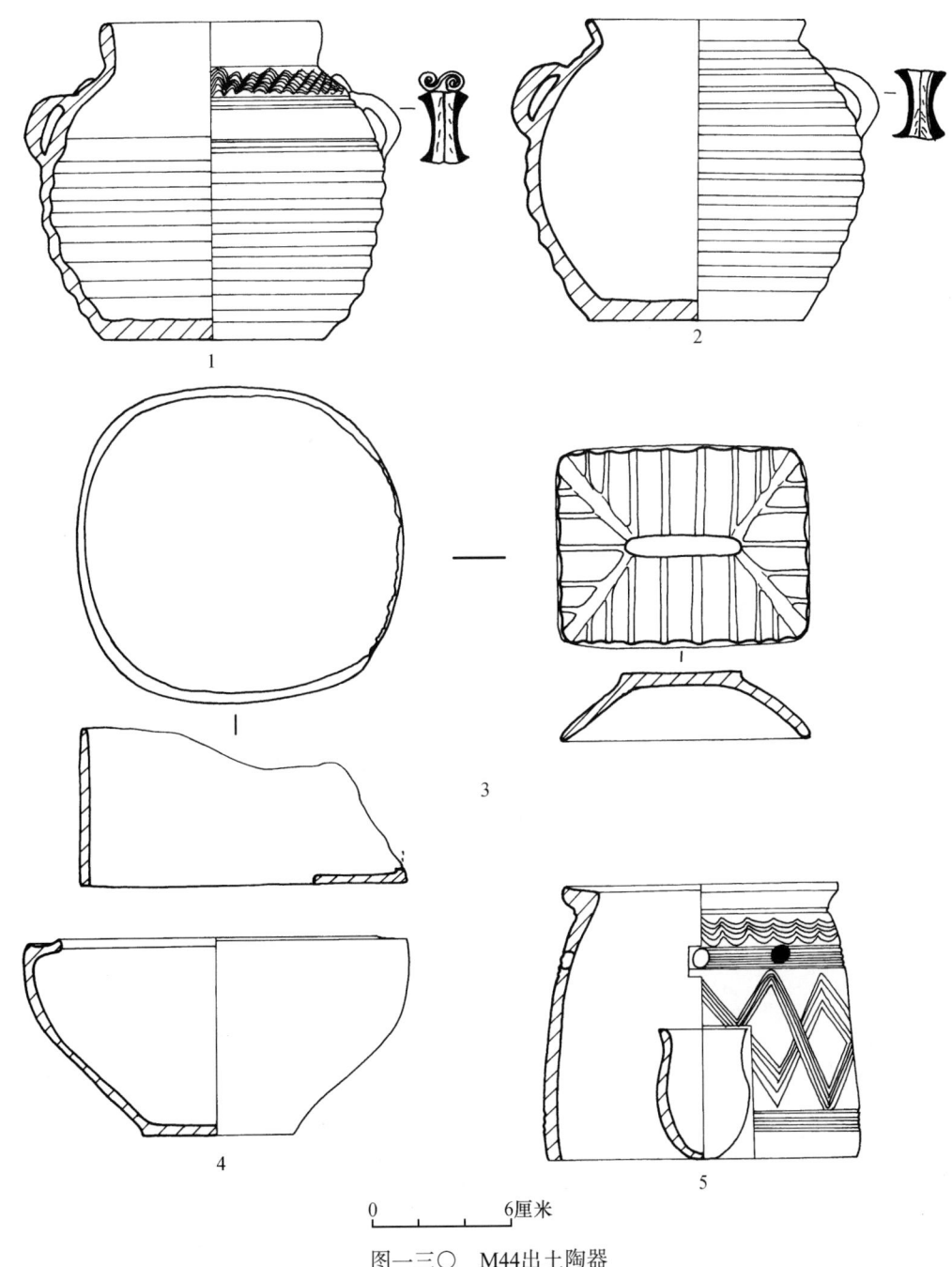

图一三〇　M44出土陶器

1、2.罐（M44：17、M44：16）　3.屋（M44：10）　4.盒（M44：8）　5.井（M44：9）

铜鼎　1件。M44：18，折沿，腹部残，平底，三乳丁足。素面。口径20、底径9.9厘米（图一三二，2）。

铜剑　1件。M44：2，剑首残，茎扁平，上有一穿孔，凹字形剑格，剑脊隆起，尾部收杀成锋。残长74.5厘米。附件玉剑璏，长9厘米（图一三二，6；图版三九，3、5）。

铜矛　1件。M44：19，圆形骹，銎口已残。身细长，无脊，叶后部折收。残长18.2厘米。有镦，已残，上有两周凸箍，出土时残存木柲。残长11.5、直径2.9厘米（图一三二，7；图版四一，3）。

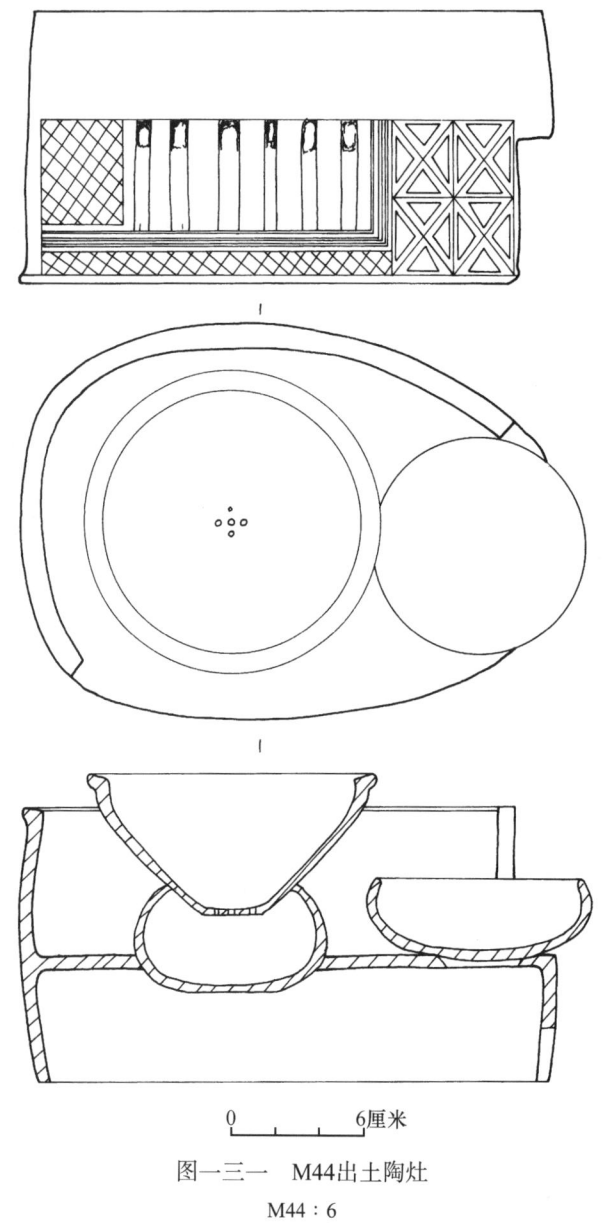

图一三一　M44出土陶灶
M44：6

铜刀　1件。M44：1，残，刀身剖面呈楔形。残长18.5厘米（图一三二，5；图版三九，1）。

铜镜　1件。M44：3，博局镜。半球状纽，圆形纽座，双线波折纹缘。纽座外饰方格及四个TLV纹，四方各一禽鸟。直径9.1、缘厚0.25厘米（图一三二，1；图版三九，2）。

铜带钩　1件。M44：20，钩首残，圆纽。素面。残长9.3厘米（图一三二，3；图版四一，5）。

铜钱　M44：5，锈蚀严重，不辨。

印章　1件。M44：4，桥形纽，方座。边长1.2厘米。印文漫漶不清（图一三二，4）。

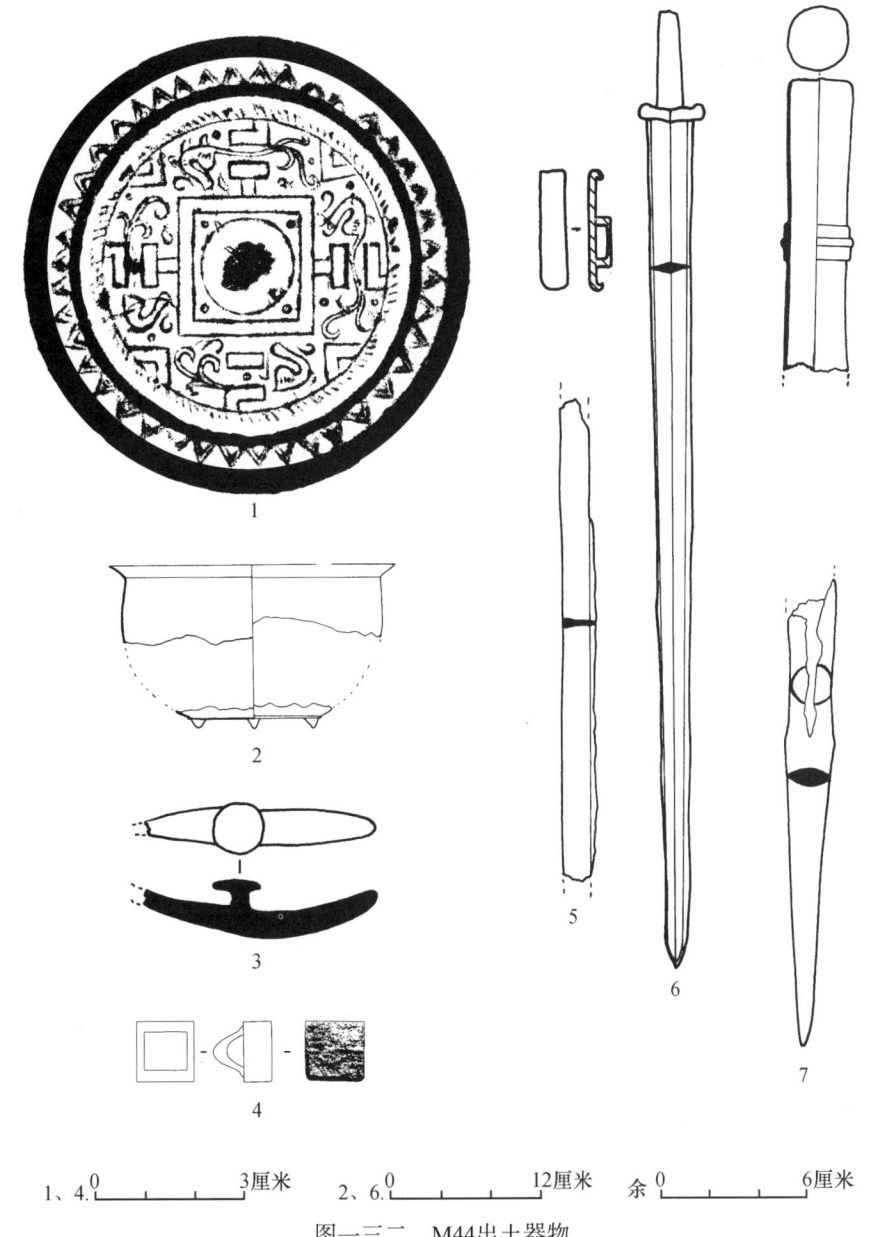

图一三二　M44出土器物

1. 铜镜（M44:3）　2. 铜鼎（M44:18）　3. 铜带钩（M44:20）　4. 印章（M44:4）　5. 铜刀（M44:1）
6. 铜剑（M44:2）　7. 铜矛（M44:19）

M45

1. 墓葬形制

凸字形土坑竖穴墓。方向35°。墓室长2.86、宽1.6、深2.18米。墓道位于墓室北壁中央，长方形斜坡状，上口长0.5、宽1米。墓内填土为黄褐色花土，土质较硬，墓底有8厘米厚的青膏泥。墓室存单棺残木。随葬品有陶鼎1件、盒1件、壶7件、瓿1件、罐2件、灶1件、井1件、猪圈1件，置于墓室西侧；铜剑1件、刀1件、镜1件、铜钱45枚，置于棺内（图一三三；图版三八，2）。

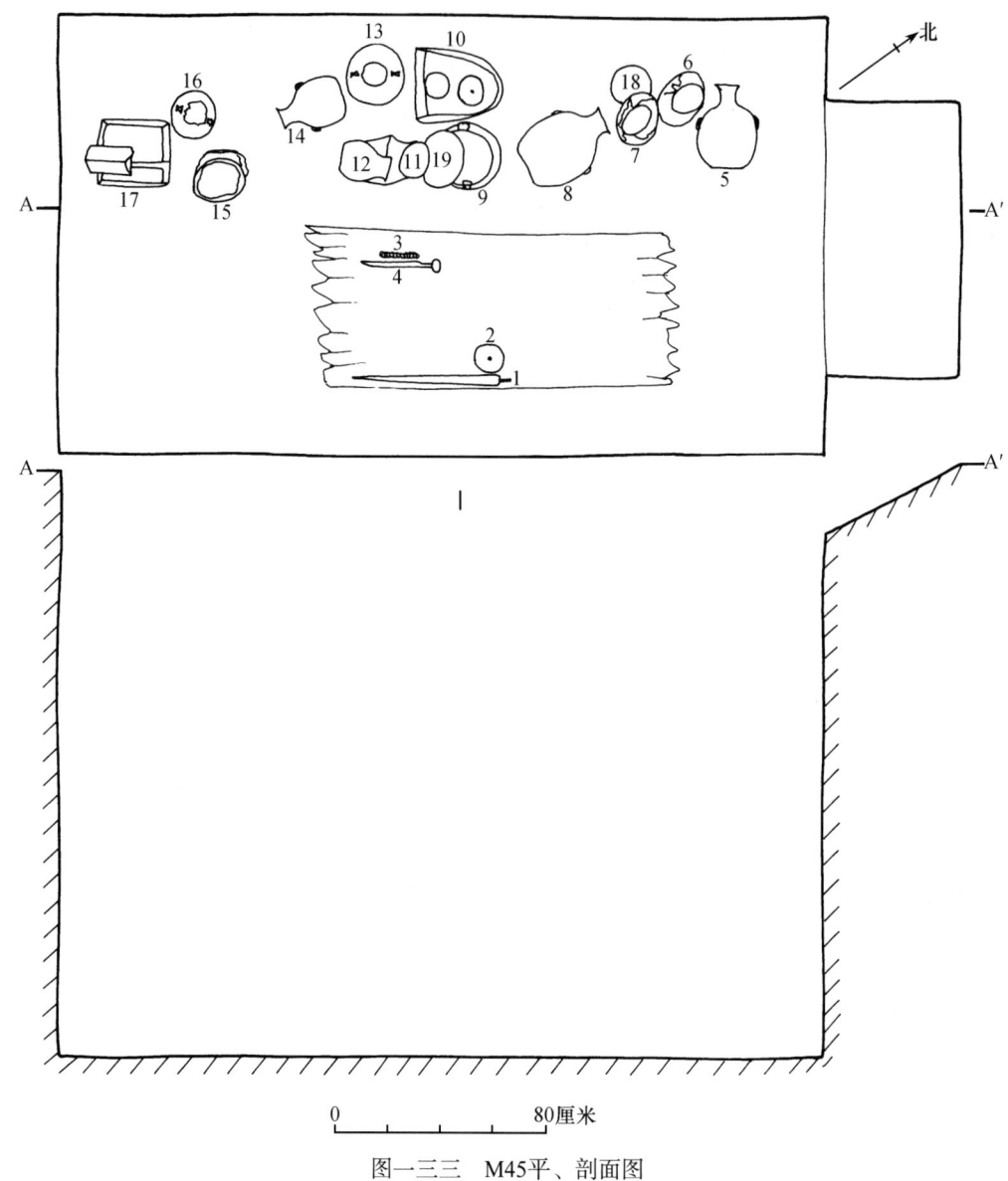

图一三三 M45平、剖面图

1.铜剑 2.铜镜 3.铜钱 4.铜刀 5、8、12~14、16、18.陶壶 6.陶瓿 7、19.陶罐 9.陶鼎 10.陶灶 11.陶井 15.陶盒 17.陶猪圈

2. 随葬品

陶鼎 1件。M45：9，泥质灰陶。子母口，圆鼓腹，圜底，三锥足。双附耳。覆钵形器盖。素面。口径13.2、通高16厘米（图一三六，4；图版四二，4）。

陶盒 1件。M45：15，泥质灰陶。子母口，下部残。覆钵形器盖。素面。口径15.6厘米（图一三四，6）。

陶壶 7件。M45：5，硬陶。敞口，束颈，弧鼓腹，平底内凹。肩部对饰叶脉纹桥形耳及两组轮制弦纹，颈部饰波浪纹、弦纹，通体存轮制弦纹。口径13.2、底径12.8、通高29.7厘米（图一三四，4；图版四二，1）。M45：8，硬陶。敞口，束颈，弧鼓腹，平底内凹。肩部

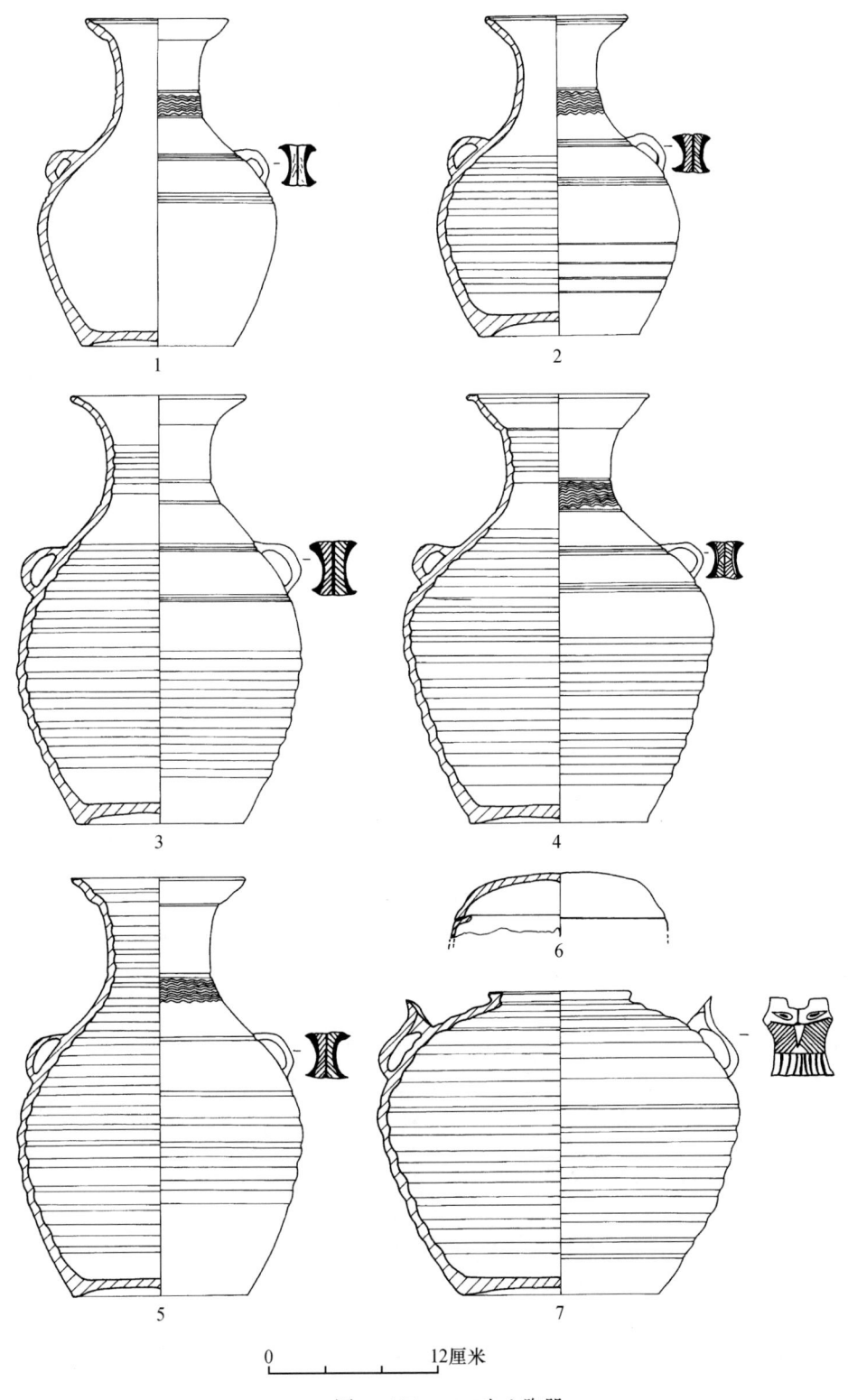

图一三四 M45出土陶器

1~5.壶（M45：18、M45：14、M45：13、M45：5、M45：8） 6.盒（M45：15） 7.瓿（M45：6）

对饰叶脉纹桥形耳及两组轮制弦纹，颈部饰波浪纹、弦纹，通体存轮制弦纹。口径12.6、底径12.6、通高29厘米（图一三四，5；图版四二，2）。M45：12，硬陶。敞口，束颈，圆鼓腹，圈足。肩部对饰叶脉纹桥形耳及两组轮制弦纹，颈部饰波浪纹、弦纹，通体存轮制弦纹。口径10、底径9、通高19.8厘米（图一三六，1；图版四二，6）。M45：13，釉陶，上半部施釉。敞口，束颈，弧鼓腹，平底内凹。肩部对饰叶脉纹桥形耳，颈部饰弦纹，通体存轮制弦纹。口径12.6、底径12、通高29.7厘米（图一三四，3；图版四三，1）。M45：14，釉陶，上半部施釉。敞口，束颈，弧鼓腹，平底内凹。肩部对饰叶脉纹桥形耳及两组轮制弦纹，颈部饰波浪纹及弦纹，通体存轮制弦纹。口径10.4、底径11.6、通高22.1厘米（图一三四，2；图版四三，3）。M45：16，釉陶，上半部施釉。口残，束颈，圆鼓腹，平底内凹。肩部对饰叶脉纹桥形耳及两组轮制弦纹，颈部饰波浪纹及弦纹，通体存轮制弦纹。底径9.8、残高19.6厘米（图一三六，2；图版四三，5）。M45：18，釉陶，上半部施釉。敞口，直颈，弧鼓腹，平底内凹。肩部对饰叶脉纹桥形耳及两组弦纹，颈部饰波浪纹及弦纹，口部内表存轮制弦纹。口径10.2、底径10.8、通高22.8厘米（图一三四，1；图版四三，4）。

陶瓿　1件。M45：6，硬陶。平口方唇，圆鼓腹，平底内凹。双兽面桥形耳。通体存轮制弦纹。口径10.4、底径14.4、通高21厘米（图一三四，7；图版四二，3）。

陶罐　2件。M45：7，泥质灰陶。直口圆唇，圆鼓腹，平底。素面。口径10.4、底径10.8、高12.6厘米（图一三五，3；图版四二，5）。M45：19，泥质灰陶。直口圆唇，圆鼓腹，平底内凹。素面。口径10、底径9.6、高12.2厘米（图一三五，2；图版四三，6）。

陶灶　1件。M45：10，泥质灰陶。平面呈前方后圆，前端置一拱形灶门，后端有一孔为烟囱。灶面设双火眼，前后各一。存釜甑1组、平底锅1件。长25、宽17厘米（图一三五，4）。

陶井　1件。M45：11，泥质灰陶。平口方唇，折腹，平底。素面。口径8.8、底径11.8、高13.5厘米（图一三六，3）。

陶猪圈　1件。M45：17，泥质灰陶。平面为方形，下部设一周圈栏，圈栏开设双孔一门。栏上一角起柱搭设厕屋一座，两坡顶。厕屋一侧起高台，高台中部开设一孔，孔与圈内相通。圈内正中开设一孔，内置陶猪一头。长28.4、宽23.6厘米（图一三五，1；图版四三，2）。

铜剑　1件。M45：1，剑茎扁平，已残。凹字形剑格，残。剑脊隆起，尾部收杀成锋，残长61.5厘米（图一三六，7；图版四一，2）。

铜刀　1件。M45：4，环首，刀身剖面呈楔形，刃部残。残长27.7厘米（图一三六，6；图版四一，6）。

铜镜　1件。M45：2，昭明镜。半球状纽，圆形纽座，素平缘。内区饰十二瓣内向连弧纹，外区为铭文带，铭文为"内清质以昭明，光象日月"。直径9、缘厚0.3厘米（图一三六，5；图版四一，4）。

铜钱　45枚。M45：3，锈蚀严重，不辨。

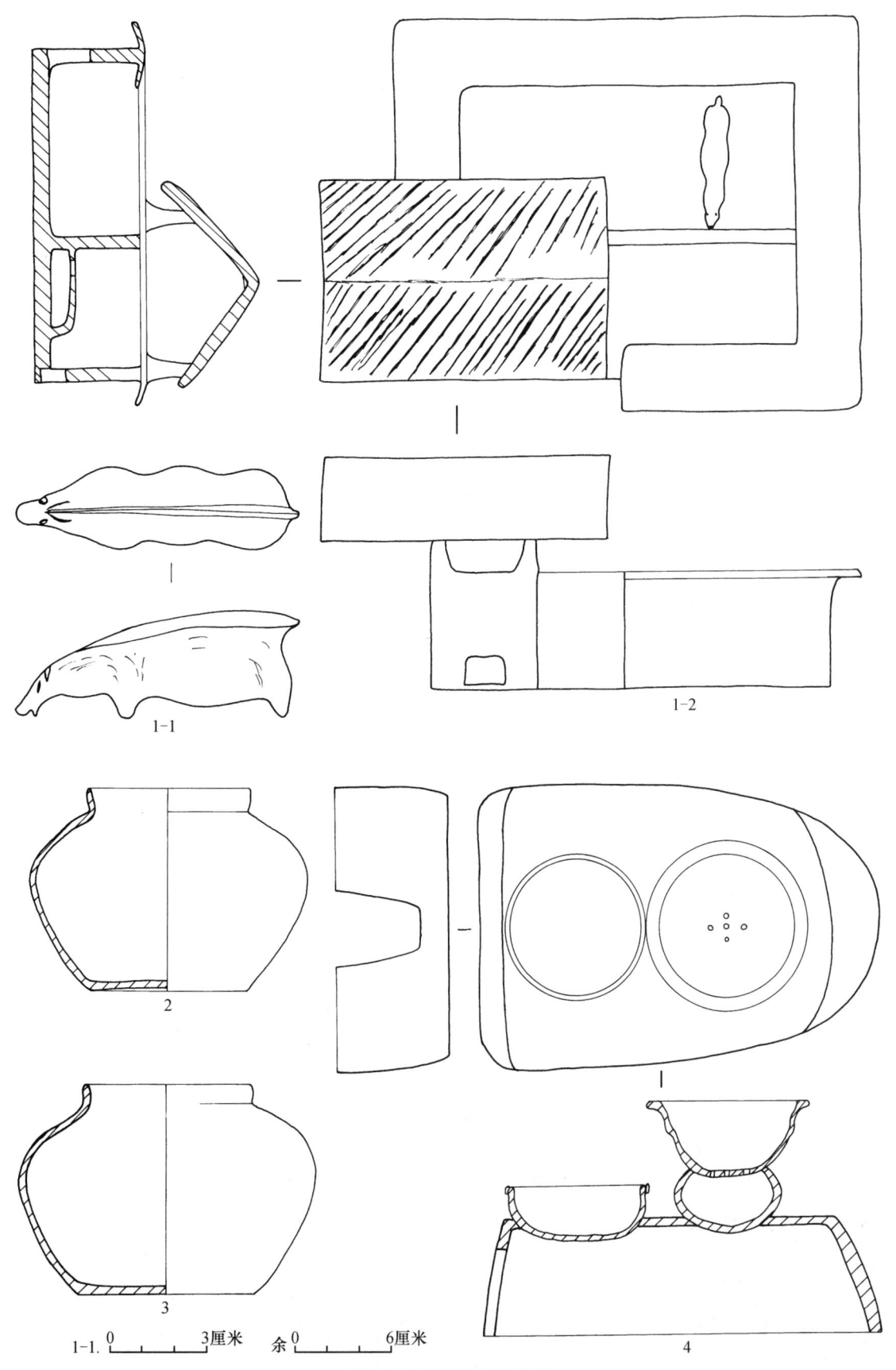

图一三五　M45出土陶器

1. 猪圈（M45:17）　2、3. 罐（M45:19、M45:7）　4. 灶（M45:10）

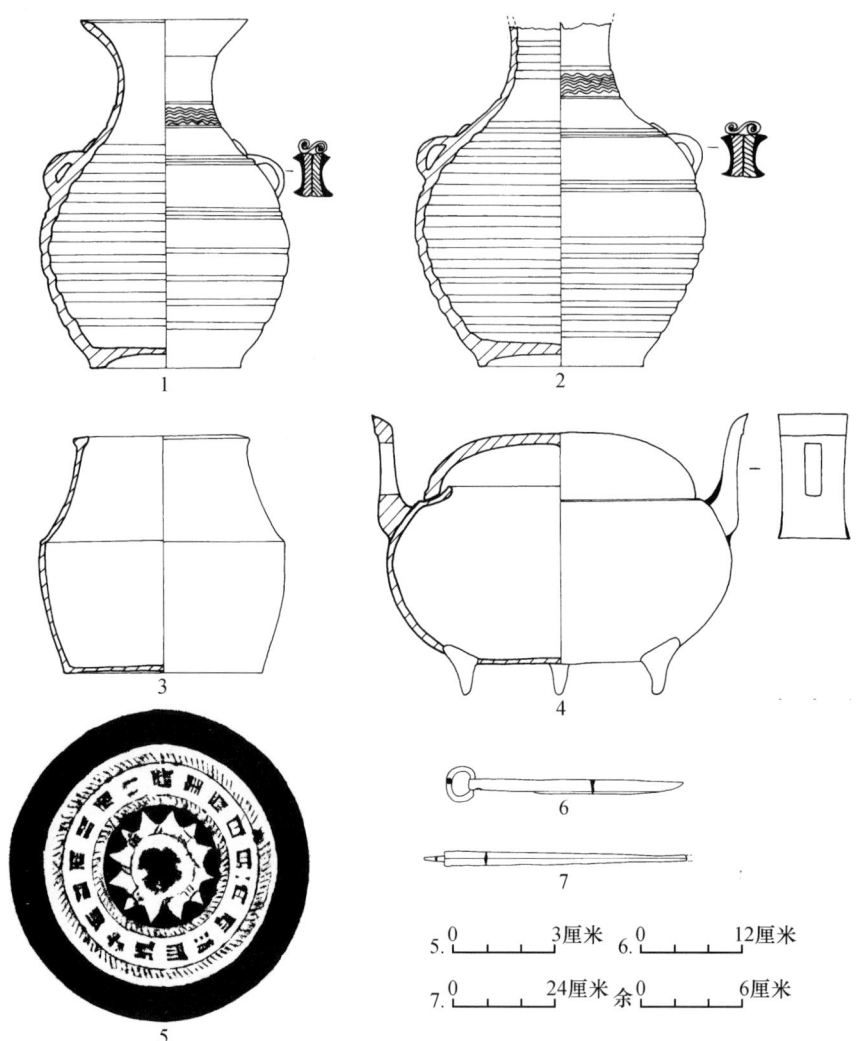

图一三六　M45出土器物

1、2. 陶壶（M45：12、M45：16）　3. 陶井（M45：11）　4. 陶鼎（M45：9）　5. 铜镜（M45：2）　6. 铜刀（M45：4）
7. 铜剑（M45：1）

M46

1. 墓葬形制

长方形土坑竖穴墓。方向215°。墓口长2.6、宽2.1、深1.5米。填土为黄褐色花土。墓内有残棺椁朽木痕。随葬品有陶壶3件、罐3件、灶1件、井1件、器盖2件、器底1件；铜剑1件、镜2件、铜钱49枚（图一三七；图版四四，1）。

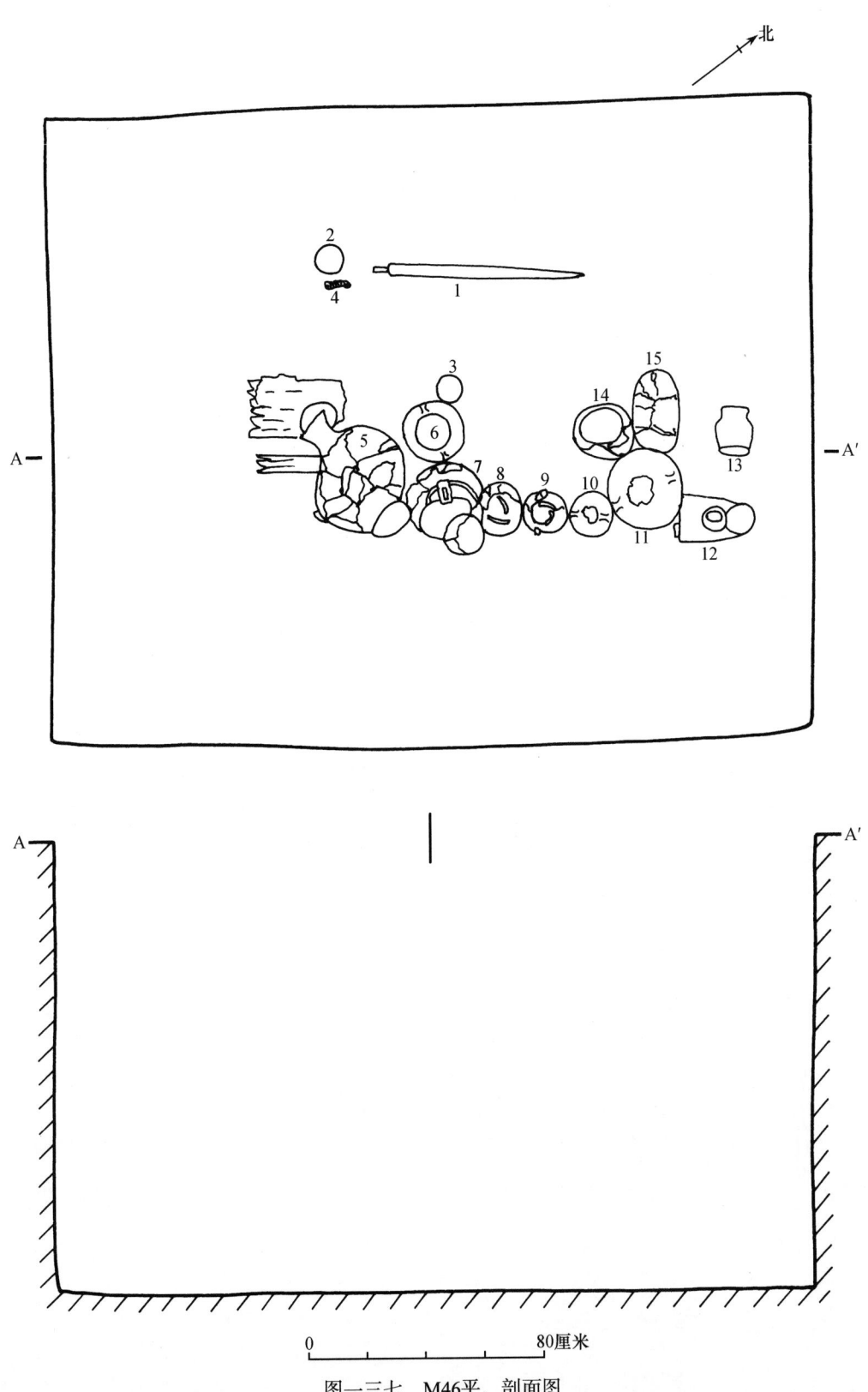

图一三七　M46平、剖面图

1.铜剑　2、3.铜镜　4.铜钱　5、10、11.陶壶　6、8、9.陶罐　7、14.陶器盖　12.陶灶　13.陶井　15.陶器底

2. 随葬品

陶壶 3件。M46：5，釉陶，上半部施釉，有流釉现象。敞口，束颈，圆鼓腹，圈足。肩部对饰铺首耳及三组弦纹，颈部饰波浪纹及弦纹，通体存轮制弦纹。口径14、底径12.2、通高33.5厘米（图一三八，2；图版四五，2）。M46：10，硬陶。敞口，束颈，圆鼓腹，圈足。肩

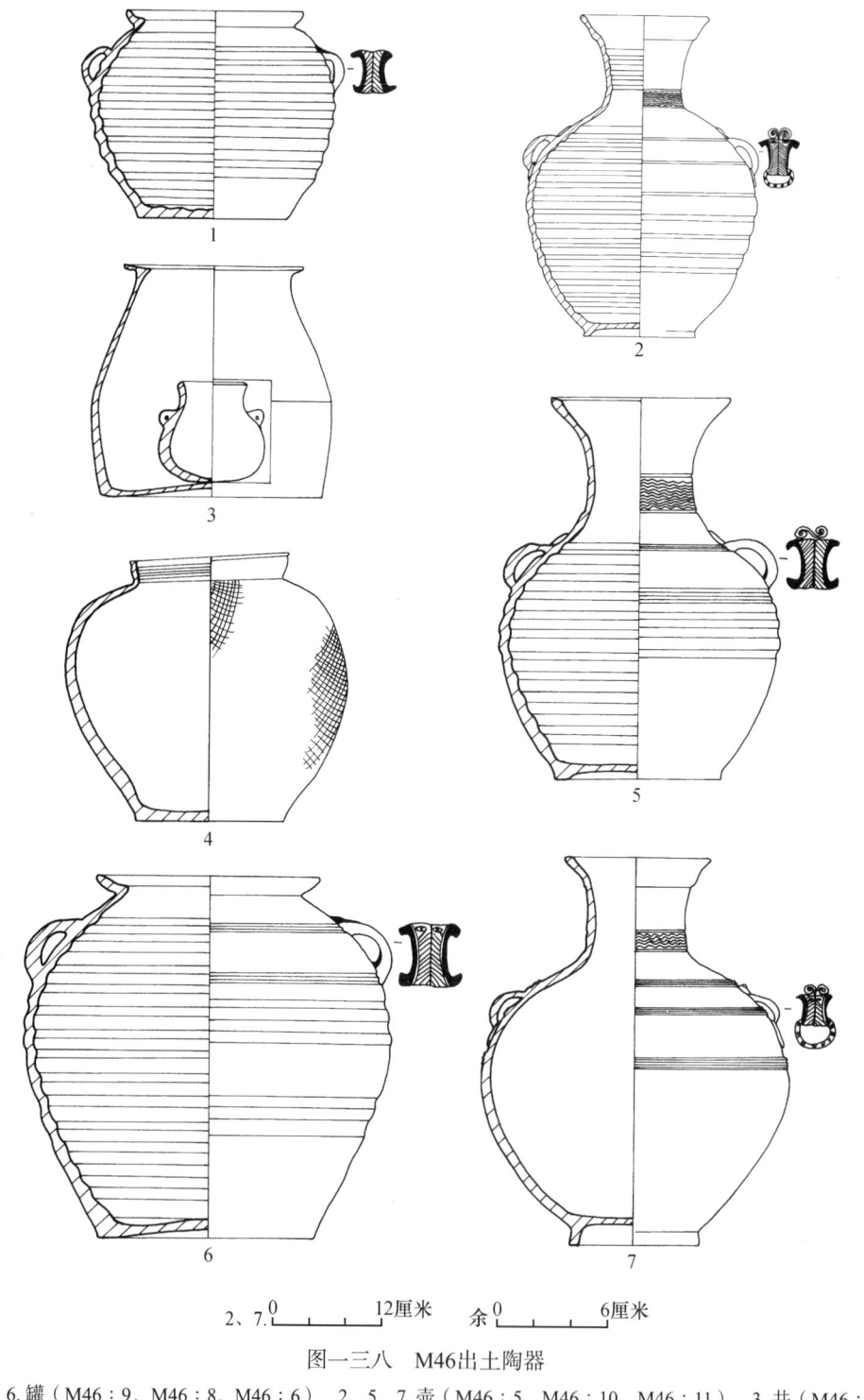

图一三八 M46出土陶器

1、4、6.罐（M46：9、M46：8、M46：6） 2、5、7.壶（M46：5、M46：10、M46：11） 3.井（M46：13）

部对饰叶脉纹桥形耳及两组弦纹，颈部饰波浪纹及弦纹，通体存轮制弦纹。口径9.6、底径9、高20厘米（图一三八，5；图版四六，3）。M46：11，釉陶，上半部施釉，有流釉现象。敞口，直颈，圆鼓腹，圈足。双铺首耳。肩部、腹部饰三组凸弦纹，颈部饰波浪纹及弦纹。口径15.2、底径14，通高40.4厘米（图一三八，7；图版四六，5）。

陶罐　3件。M46：6，硬陶。平口圆唇，圆鼓腹，平底内凹。肩部对饰兽面桥形耳及两组弦纹，通体存轮制弦纹。口径12.2、底径11.6、通高18.8厘米（图一三八，6；图版四五，4）。M46：8，硬陶。侈口方唇，圆鼓腹，平底。通体拍印网格纹，口部内侧存轮制弦纹。口径9.4、底径8、通高14厘米（图一三八，4；图版四五，6）。M46：9，硬陶。平口圆唇，圆鼓腹，平底。双叶脉纹桥形耳。通体存轮制弦纹。口径9.6、底径8、通高10.8厘米（图一三八，1；图版四六，1）。

陶器盖　2件。M46：7，泥质灰陶。覆钵形。素面。口径16.6、高3.4厘米（图一三九，3）。M46：14，泥质灰陶。覆钵形。素面。口径15、高2.7厘米（图一三九，2）。

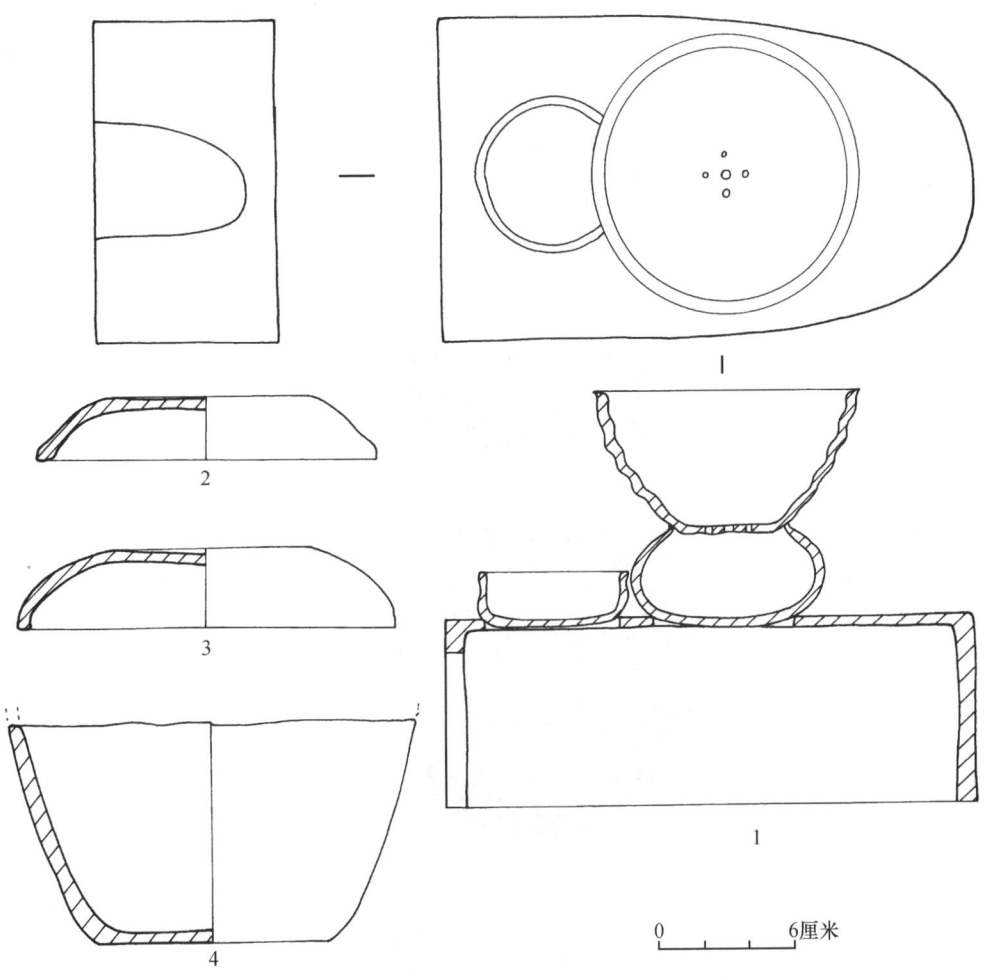

图一三九　M46出土陶器
1. 灶（M46：12）　2、3. 器盖（M46：14、M46：7）　4. 器底（M46：15）

陶器底　1件。M46：15，泥质灰陶。口残，斜弧腹，平底。素面。底径10、残高9.4厘米（图一三九，4；图版四六，2）。

陶灶　1件。M46：12，泥质灰陶。平面呈前方后圆，前端设一拱形灶门。灶面双火眼，前后各一。存釜甑1组、平底锅1件。长23.5、宽13.6厘米（图一三九，1）。

陶井　1件。M46：13，泥质灰陶。平口方唇，折腹，平底内凹。素面。口径9.8、底径12、通高11.2厘米。内置一汲水罐，泥质灰陶。敞口，束颈，弧鼓腹，圜底。肩部对饰穿孔耳。素面（图一三八，3）。

铜剑　1件。M46：1，茎扁平，上有一穿孔，剑脊隆起，尾部收杀成锋。残长58.5厘米（图一四〇，3；图版四五，1）。

铜镜　2件。M46：2，四乳四虺镜。桥形纽，圆形纽座，宽素平缘。四乳四虺纹。直径8.6、缘厚0.4厘米（图一四〇，1；图版四五，3）。M46：3，日光镜。半球状纽，圆形纽座，宽素平缘。内区饰十瓣内向连弧纹，外区为铭文带，铭文为"见日之光，天下大明"。直径8.1、缘厚0.45厘米（图一四〇，2；图版四五，5）。

铜钱　49枚。M46：4，皆为五铢钱（图一四〇，4；彩版五四，2）。

图一四〇　M46出土铜器
1、2. 铜镜（M46：2、M46：3）　3. 铜剑（M46：1）　4. 铜五铢钱（M46：4）

M47

1. 墓葬形制

长方形土坑竖穴墓。方向135°。长3、宽1.72、深1.8米。墓内填土为黄褐色花土，土质紧密，墓底有30厘米厚的青膏泥。青膏泥上为东西向铺垫的椁板，残长2.6米，残宽1.5米。椁室偏南侧放置木棺，残长1.64米，残宽0.48米，残高0.2米。随葬品有陶鼎1件、壶3件、罐4件、灶1件，未名陶器1件；铜镜1件。其中M47：10陶鼎残碎（图一四一；图版四四，2）。

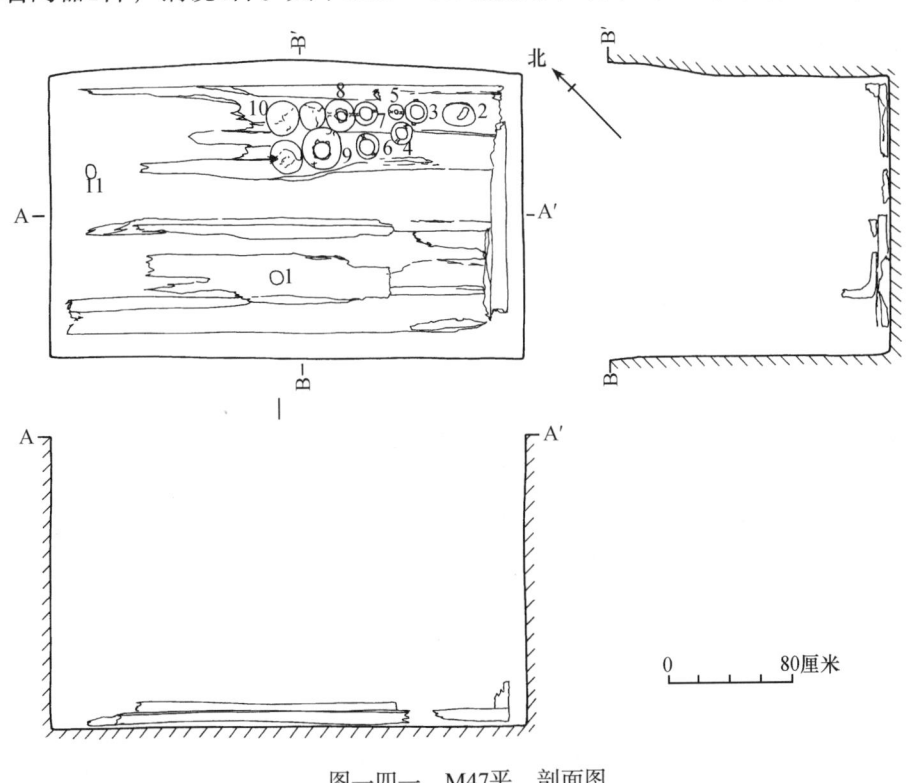

图一四一　M47平、剖面图
1. 铜镜　2. 陶灶　3、4、6、7. 陶罐　5、8、9. 陶壶　10. 陶鼎　11. 陶器

2. 随葬品

陶鼎　1件。M47：10，残碎。

陶壶　3件。M47：5，釉陶，上半部施釉。口残，直颈，弧鼓腹，平底内凹。肩部对饰桥形耳、四组弦纹，通体存轮制弦纹。底径6.6、残高11.8厘米（图一四二，4；图版四七，3）。M47：8，釉陶，上半部施釉，有流釉现象。敞口圆唇，直颈，弧鼓腹，平底内凹。肩部对饰桥形耳和两组弦纹，颈部饰波浪纹与弦纹，通体存轮制弦纹。口径13.4、底径11.6、通高27.4厘米（图一四二，2；图版四七，4）。M47：9，釉陶，上半部施釉，有流釉现象。敞口圆唇，

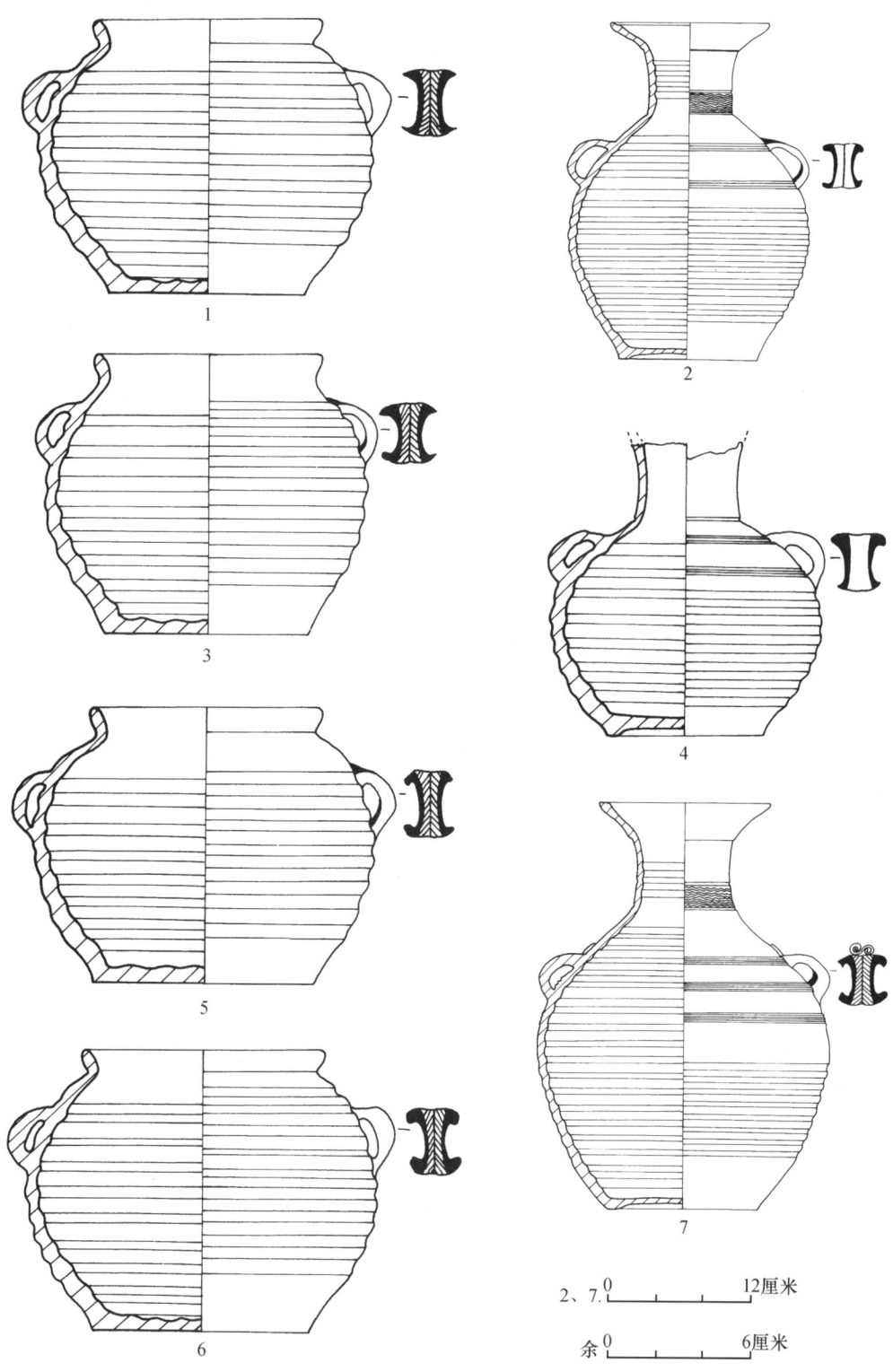

图一四二 M47出土陶器

1、3、5、6.罐（M47:4、M47:7、M47:3、M47:6） 2、4、7.壶（M47:8、M47:5、M47:9）

直颈，弧鼓腹，平底内凹。肩部对饰叶脉纹桥形耳和两组弦纹，颈部饰波浪纹与弦纹，通体存轮制弦纹。口径14.4、底径12.6、通高33厘米（图一四二，7；图版四七，6）。

陶罐　4件。M47：3，硬陶。侈口圆唇，圆鼓腹，平底。肩部对饰叶脉纹桥形耳。通体存轮制弦纹。口径9.8、底径9.2、通高11.2厘米（图一四二，5；图版四六，6）。M47：4，硬陶。侈口圆唇，圆鼓腹，平底。肩部对饰叶脉纹桥形耳。通体存轮制弦纹。口径9.6、底径8.2、通高11.2厘米（图一四二，1；图版四七，1）。M47：6，硬陶。侈口圆唇，圆鼓腹，平底。肩部对饰叶脉纹桥形耳。通体存轮制弦纹。口径10、底径9、通高11.4厘米（图一四二，6；图版四七，5）。M47：7，硬陶。侈口圆唇，圆鼓腹，平底。肩部对饰叶脉纹桥形耳。通体存轮制弦纹。口径9.4、底径8.6、通高11.4厘米（图一四二，3；图版四七，2）。

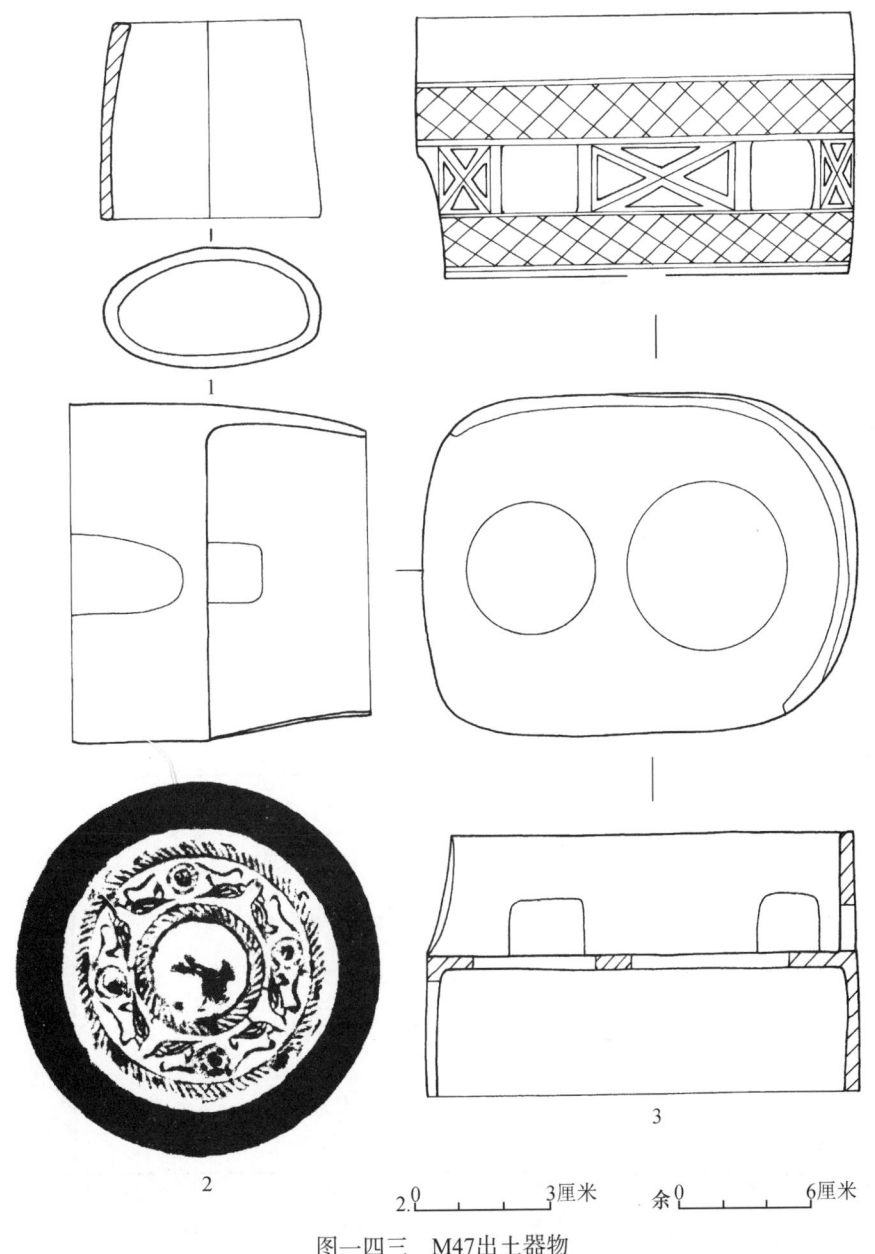

图一四三　M47出土器物

1. 陶器（M47：11）　2. 铜镜（M47：1）　3. 陶灶（M47：2）

未名陶器　1件。M47∶11，泥质红陶。椭圆筒形，疑为俑首。口径约8.4、通高8.4厘米（图一四三，1）。

陶灶　1件。M47∶2，泥质红陶。平面呈椭圆形，一侧起高墙护栏，栏上刻划有几何纹。前端设一拱形灶门，灶面置双火眼，前后各一。长19.2、宽14.6厘米（图一四三，3）。

铜镜　1件。M47∶1，四乳八禽镜。桥形纽，圆形纽座，宽素平缘。内区为一周斜短线纹，外区为四乳丁间两鸟相对。直径8.3、缘厚0.3厘米（图一四三，2；图版四六，4）。

M48

1. 墓葬形制

长方形土坑竖穴墓。方向120°。墓口长3.1、宽2、深1.3米。墓内填土为黄褐色花土，土质疏松。发现有木棺痕迹。随葬品有陶盒1件、壶3件、罐1件；铜剑1件、镜1件。其中M48∶4陶盒、M48∶6陶罐残碎（图一四四；图版四八，1）。

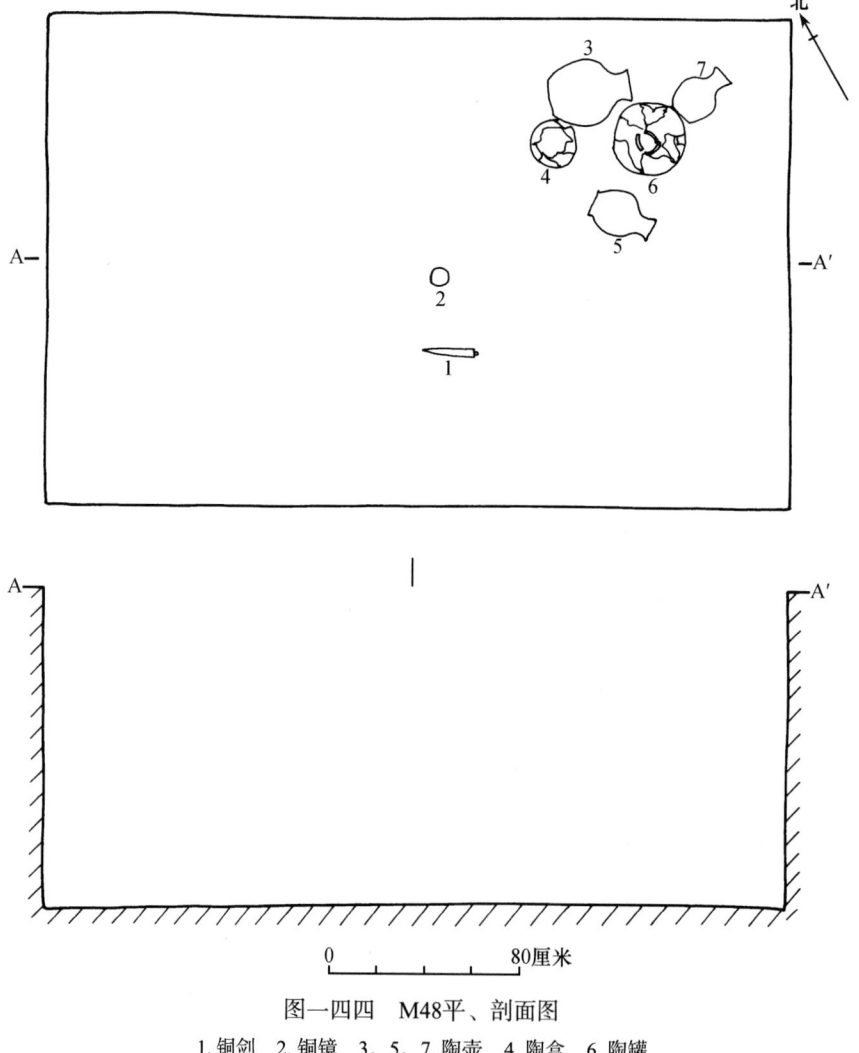

图一四四　M48平、剖面图
1. 铜剑　2. 铜镜　3、5、7. 陶壶　4. 陶盒　6. 陶罐

2. 随葬品

陶盒　1件。M48：4，残碎。

陶壶　3件。M48：3，釉陶，上半部施釉。敞口圆唇，束颈，弧鼓腹，圈足。双叶脉纹桥形耳。口部、颈部、肩部饰波浪纹及弦纹，通体存轮制弦纹。口径13、底径13.6、通高31.9厘米（图一四五，1；图版四九，5）。M48：5，釉陶，上半部施釉。敞口圆唇，束颈，弧鼓腹，圈足。双叶脉纹铺首耳。口部、颈部饰波浪纹及弦纹，通体存轮制弦纹。口径10.4、底径11.8、通高28厘米（图一四五，2；图版四九，2）。M48：7，釉陶，上半部施釉。敞口圆唇，直颈，圆鼓腹，圈足。肩部对饰叶脉纹铺首耳和两道凹弦纹，通体存轮制弦纹。口径7、底径9.2、通高20.4厘米（图一四五，3；图版四九，4）。

陶罐　1件。M48：6，残碎。

铜剑　1件，M48：1，残，残长20.6厘米（图一四五，4；图版四九，1）。

铜镜　1件。M48：2，昭明镜。半球状纽，并蒂十二连珠纹纽座，素平缘。内区为八瓣内向连弧纹，外区为铭文带，铭文为"内清质以昭明，光夫象日月，心忽而忠，塞不"。直径8.6、缘厚0.45厘米（图一四五，5；图版四九，3）。

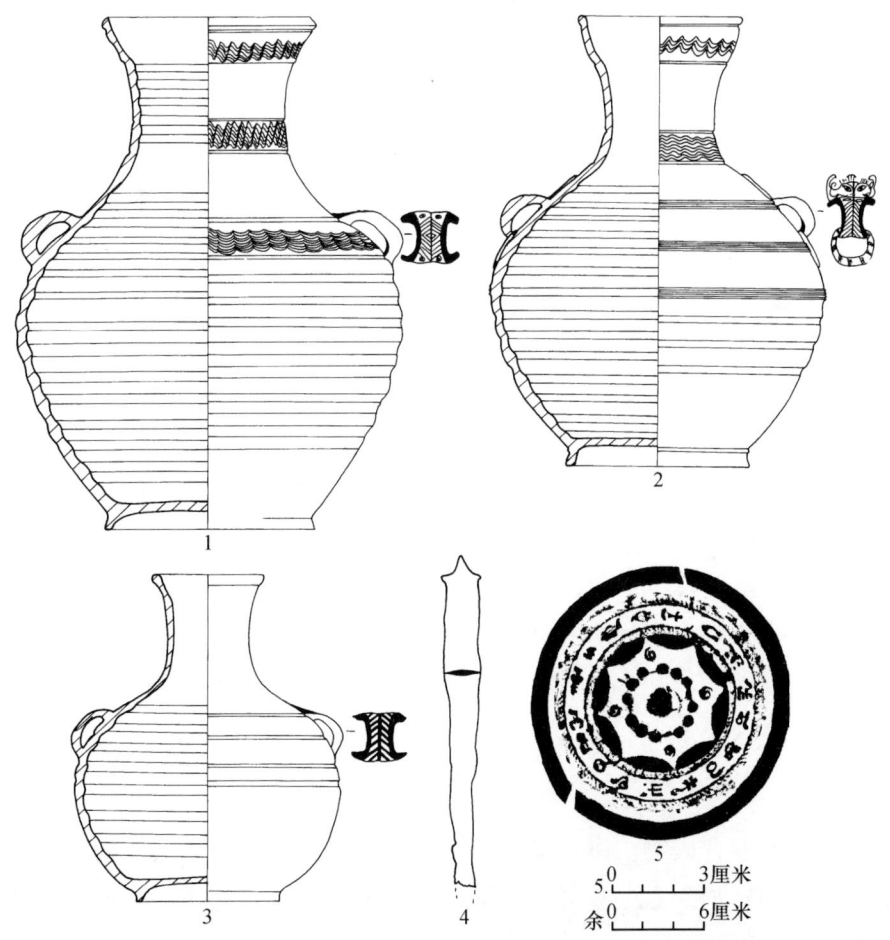

图一四五　M48出土器物
1~3.陶壶（M48：3、M48：5、M48：7）　4.铜剑（M48：1）　5.铜镜（M48：2）

M49

1. 墓葬形制

长方形土坑竖穴墓。方向30°。墓口长2.7、宽1.6、深1.3米。墓内填土为黄褐色花土，土质紧密。随葬品有陶壶2件、罐2件、灶1件、井1件、猪圈1件、器底2件；铜镜1件、带钩1件、铜钱19枚（图一四六；图版四八，2）。

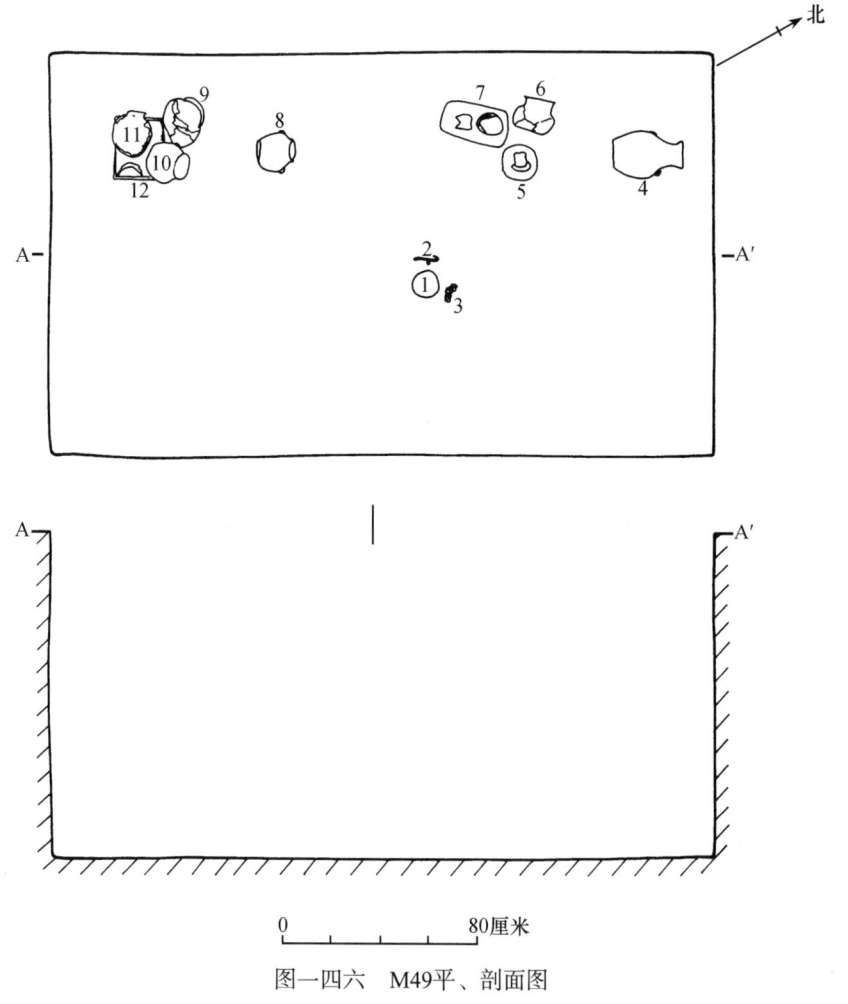

图一四六 M49平、剖面图

1.铜镜 2.铜带钩 3.铜钱 4、5.陶壶 6.陶井 7.陶灶 8、10.陶罐 9、11.陶器底 12.陶猪圈

2. 随葬品

陶壶 2件。M49：4，硬陶。敞口圆唇，束颈，弧鼓腹，平底内凹。肩部对饰叶脉纹桥形耳和两组弦纹，颈部饰波浪纹及弦纹，通体存轮制弦纹。口径13.6、底径12、通高27.7厘米（图一四七，1；图版五〇，3）。M49：5，釉陶。盘口圆唇，直颈，弧鼓腹，圈足。肩部对饰叶脉纹桥形耳和两组弦纹，口部及颈部饰波浪纹及弦纹，通体存轮制弦纹。口径9.4、底径9.4、通高22厘米（图一四七，2；图版五〇，5）。

陶罐 2件。M49：8，硬陶。侈口圆唇，圆鼓腹，平底。肩部对饰叶脉纹桥形耳、两组弦纹和波浪纹，内外表存轮制弦纹。口径8.8、底径9、通高14.2厘米（图一四七，3；图版五〇，4）。M49：10，硬陶。侈口圆唇，圆鼓腹，平底。肩部对饰叶脉纹桥形耳、两组弦纹和波浪纹，通体存轮制弦纹。口径10、底径9.2、通高14厘米（图一四七，6；图版五〇，6）。

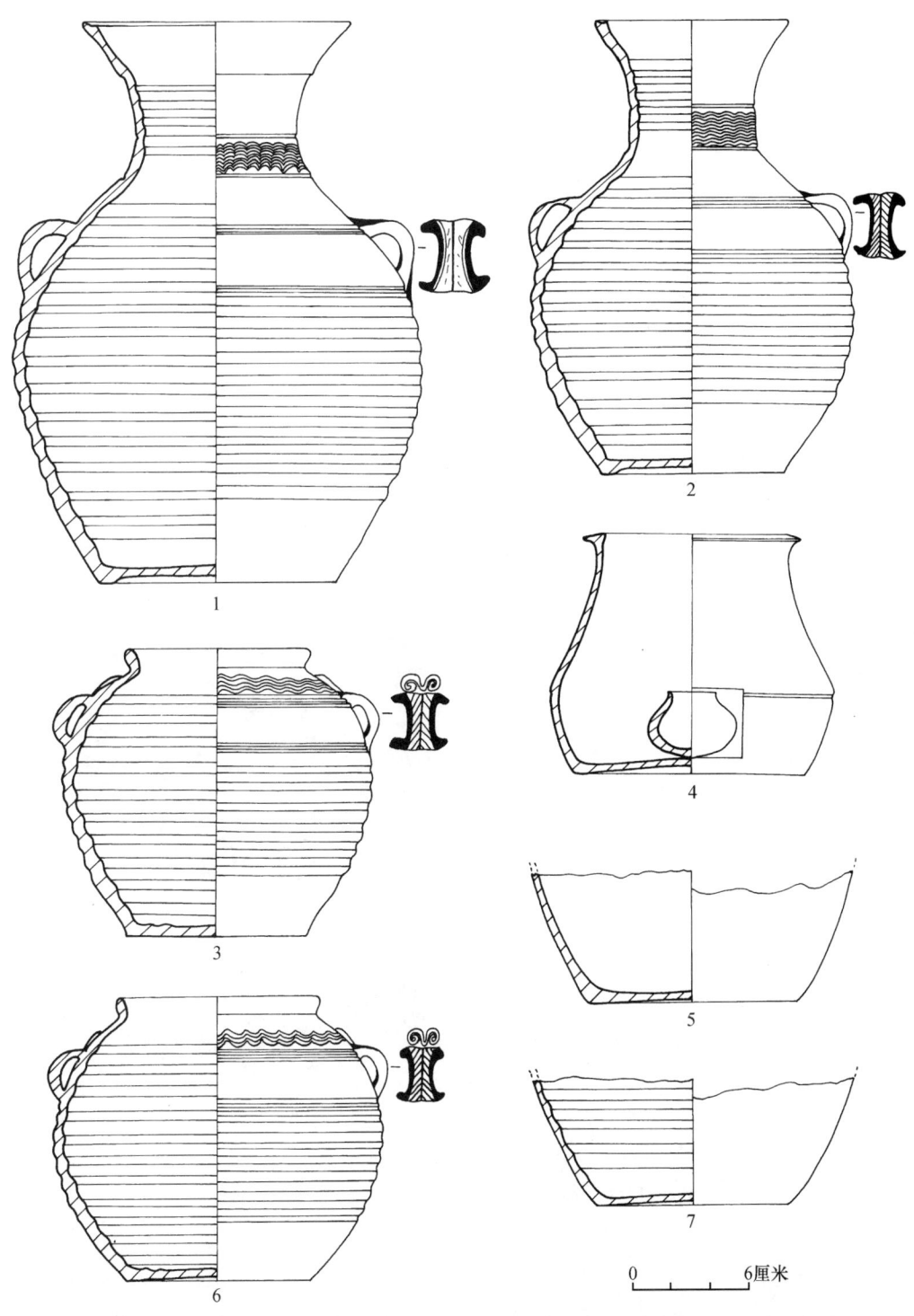

图一四七　M49出土陶器
1、2.壶（M49：4、M49：5）　3、6.罐（M49：8、M49：10）　4.井（M49：6）　5、7.器底（M49：9、M49：11）

陶器底　2件，或为罐底。M49：9，口残。泥质灰陶。斜弧腹，平底。素面。底径10.6、残高6.4厘米（图一四七，5）。M49：11，残。泥质灰陶。斜弧腹，平底。素面，内表存轮制弦纹。底径9.6、残高6.2厘米（图一四七，7）。

陶灶　1件。M49：7，泥质灰陶。平面呈圆角梯形，前端设一拱形灶门，灶面置双火眼，前后各一。附件存平底锅1件。长23.8、宽15.6厘米（图一四九，2）。

陶井　1件。M49：6，泥质灰陶。平口圆唇，折腹，平底内凹。素面。口径9、底径11.8、通高11.8厘米。内置一汲水罐，泥质灰陶。侈口圆唇，弧鼓腹，圜底（图一四七，4；图版五〇，2）。

陶猪圈　1件。M49：12，残，屋顶缺失。泥质灰陶。平面呈圆角长方形，四周起高墙护栏，中间有隔墙，栏上起柱。长22、宽20厘米（图一四八，1）。

铜镜　1件。M49：1，昭明镜。桥形纽，圆形纽座，宽素平缘。内区为八瓣内向连弧纹，外区为铭文带，铭文为"内清以昭明，光象夫日月"。直径10.6、缘厚0.5厘米（图一四八，2；图版四九，6）。

铜带钩　1件。M49：2，兽首，圆纽。长9厘米（图一四八，3；图版五〇，1）。

铜钱　19枚。M49：3，为五铢钱（图一四九，1；彩版五四，4）。

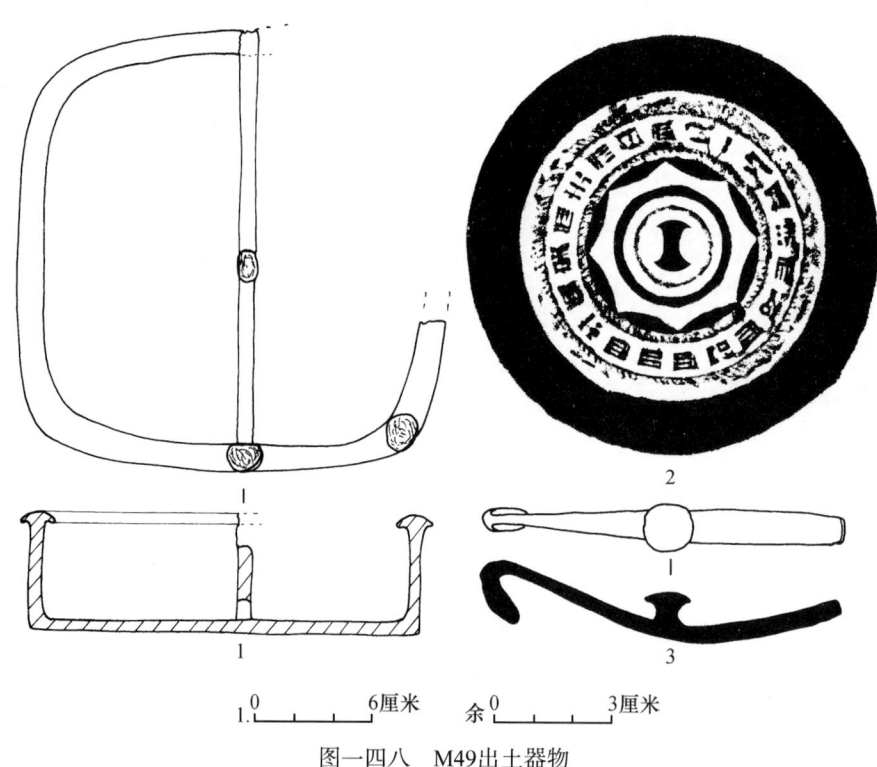

图一四八　M49出土器物
1.陶猪圈（M49：12）　2.铜镜（M49：1）　3.铜带钩（M49：2）

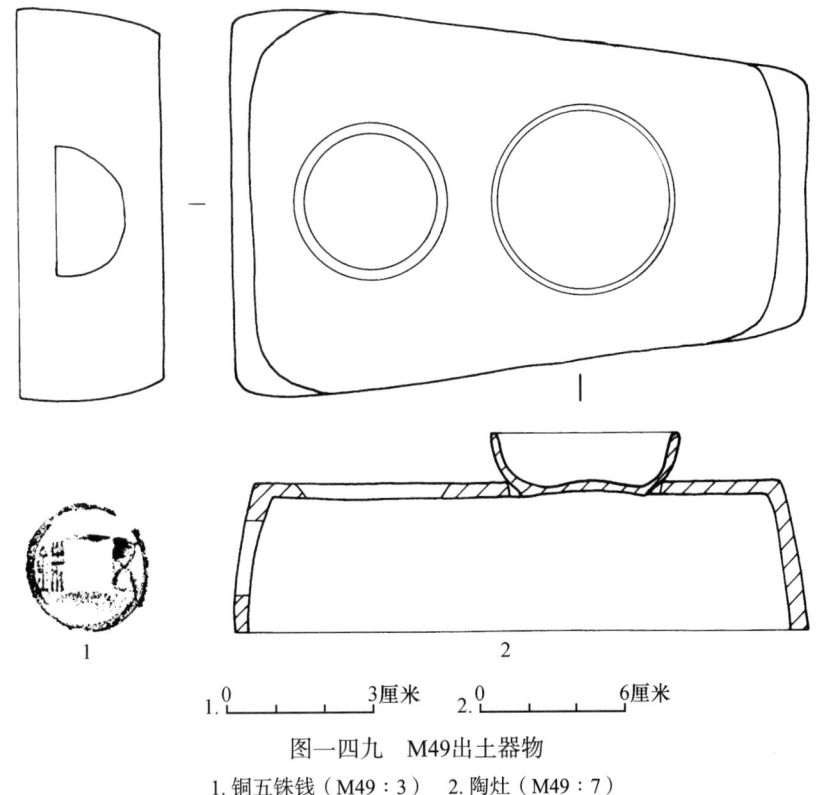

图一四九 M49出土器物
1. 铜五铢钱（M49：3） 2. 陶灶（M49：7）

M50

1. 墓葬形制

长方形土坑竖穴墓。方向30°。墓口长3.1、宽1.5、深0.8米。墓内填土为黄褐色花土。随葬品有陶鼎1件、盒1件、罐3件、釜1件、灶1件、井1件、猪圈1件；铜镜1件、铜钱19枚。铜镜、铜钱置于墓葬中部（棺），其余均置于墓葬东侧（边厢）。其中M50：5、M50：7陶罐残碎（图一五〇；图版五一，1）。

2. 随葬品

陶鼎 1件。M50：10，泥质灰陶。子母口，圜底，三兽蹄足。肩部对饰环形附耳及弦纹，底部饰绳纹。口径17.4、高15.6厘米（图一五二，3；图版五二，6）。

陶盒 1件。M50：3，泥质灰陶。子母口，斜弧腹，平底内凹。素面。口径15.6、底径11.6、通高9厘米（图一五一，4；图版五二，3）。

陶罐 3件。M50：6，泥质灰陶。侈口方唇，束颈，弧鼓腹，平底内凹。肩部对饰桥形耳和弦纹，腹部、近底处饰绳纹。口径12.4、底径6、通高11.6厘米（图一五二，4；图版五二，2）。M50：5、M50：7均残碎。

陶釜 1件。M50：4，或为陶灶附件。夹砂灰陶。敛口圆唇，弧鼓腹，圜底。肩部对饰穿

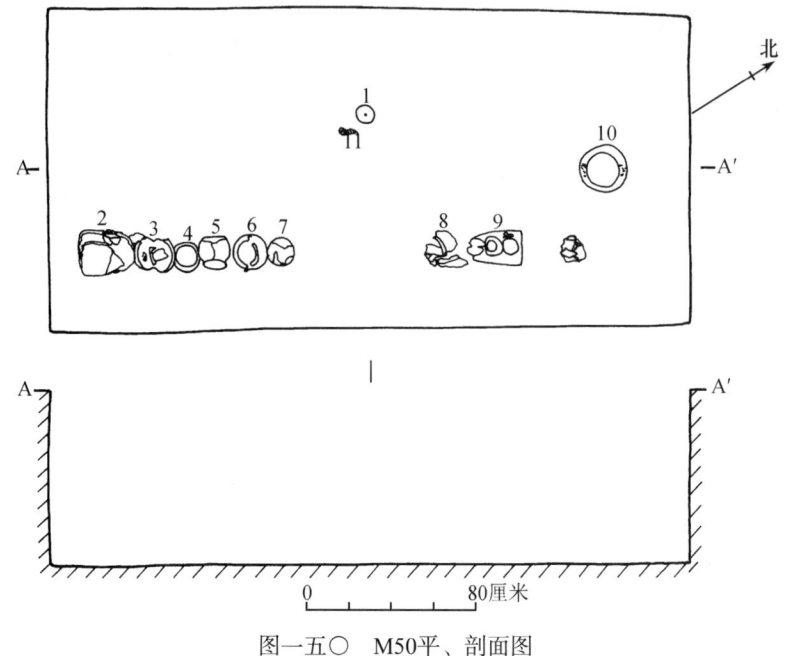

图一五〇　M50平、剖面图

1.铜镜　2.陶猪圈　3.陶盒　4.陶釜　5~7.陶罐　8.陶井　9.陶灶　10.陶鼎　11.铜钱

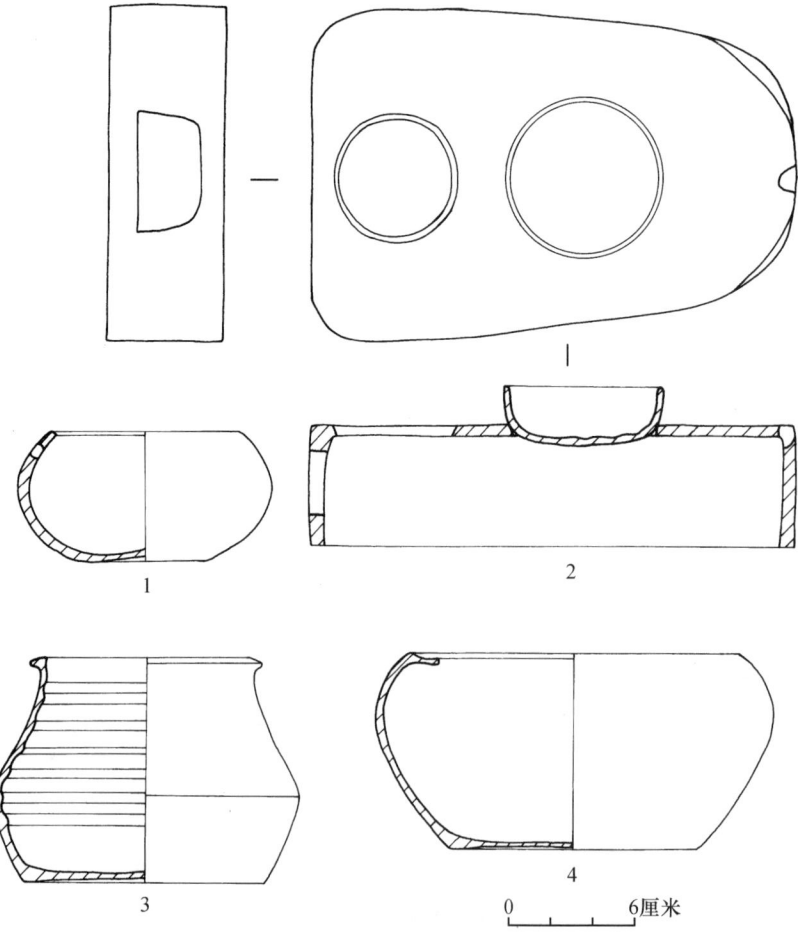

图一五一　M50出土陶器

1.釜（M50∶4）　2.灶（M50∶9）　3.井（M50∶8）　4.盒（M50∶3）

两孔。口径8.9、通高6厘米（图一五一，1；图版五二，5）。

陶灶　1件。M50：9，夹砂灰陶。平面呈前方后圆，前端置一拱形灶门，后端一孔为烟囱。灶面设双火眼，前后各一，上置一平底锅。长23、宽15.4厘米（图一五一，2；图版五二，4）。

陶井　1件。M50：8，泥质灰陶。平口方唇，折腹，平底内凹。素面。内表存轮制弦纹。口径9.6、底径11.4、通高10.4厘米（图一五一，3）。

陶猪圈　1件。M50：2，泥质灰陶。平面呈圆角长方形，四周起高墙围栏，开设一门。一角起柱设厕屋一座，四面坡顶，顶上起瓦楞。圈内中间有隔墙。长22.6、宽20.6厘米（图一五二，1）。

铜镜　1件。M50：1，昭明镜。半球状纽，圆形纽座，宽素平缘。内区为十瓣内向连弧纹，外区为铭文带，铭文为"内清以昭明，光夫日月。"直径8.3、缘厚0.25厘米（图一五二，2；图版五二，1）。

铜钱　19枚。M50：11，部分可辨为五铢钱。

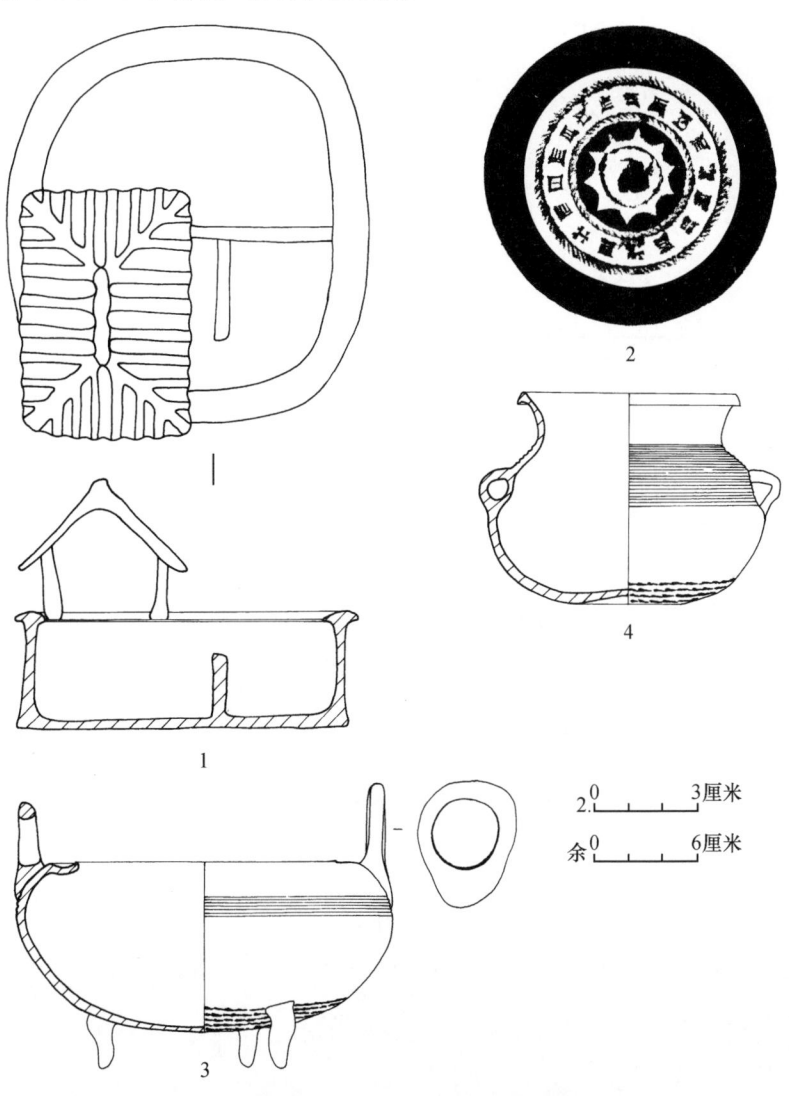

图一五二　M50出土器物
1.陶猪圈（M50：2）　2.铜镜（M50：1）　3.陶鼎（M50：10）　4.陶罐（M50：6）

M51

1. 墓葬形制

长方形土坑竖穴墓。方向105°。墓室长2.7、宽1.9、深0.8米。墓内填土为黄褐色花土，土质较硬。墓底有棺板痕迹。随葬品有陶鼎2件、盒2件、壶2件、罐1件、井1件、灶1件、猪圈1件；铜镜1件、铜钱7枚。其中M51：3、M51：7陶壶、M51：8、M51：11陶盒残碎（图一五三；图版五一，2）。

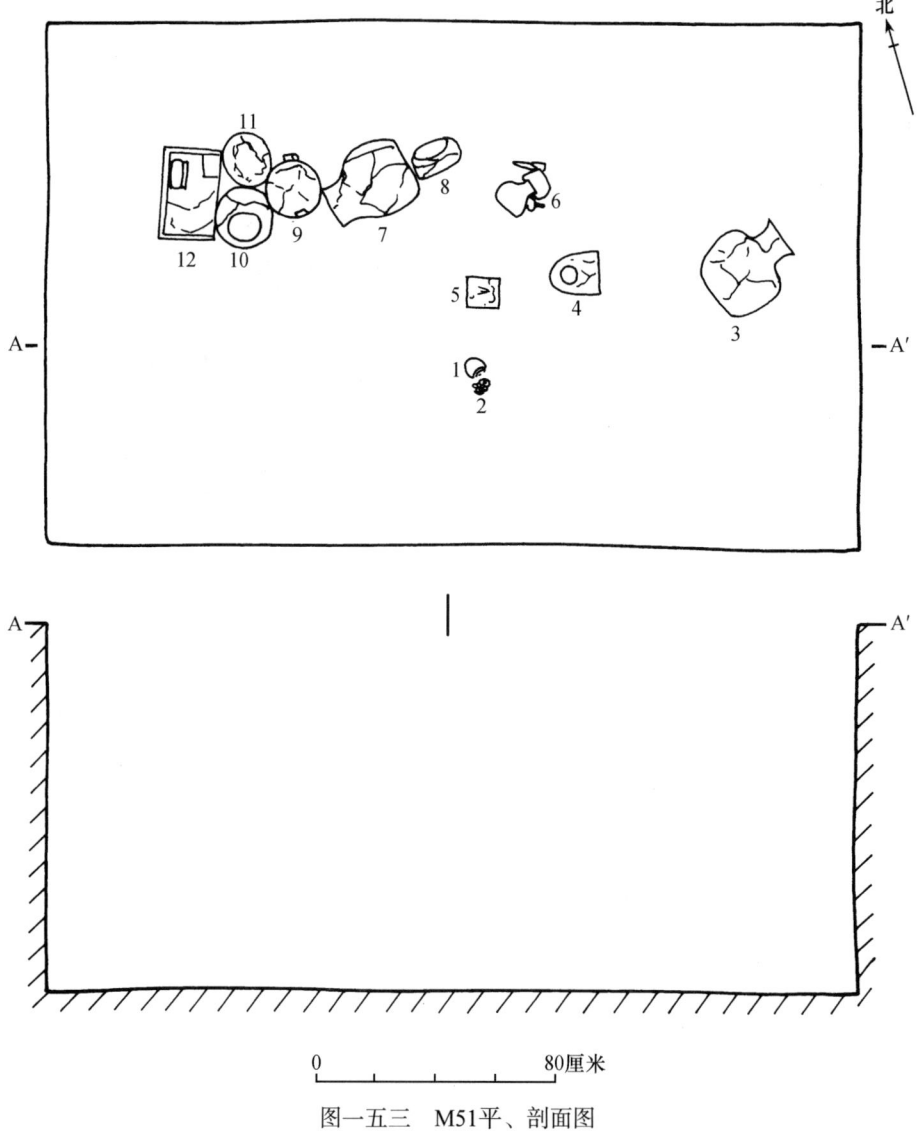

图一五三　M51平、剖面图

1. 铜镜　2. 铜钱　3、7. 陶壶　4. 陶灶　5. 陶井　6、9. 陶鼎　8、11. 陶盒　10. 陶罐　12. 陶猪圈

2. 随葬品

陶鼎　2件。M51∶6，泥质灰陶。子母口，斜弧腹，圜底，锥形足。肩部对饰双附耳及弦纹，底部饰绳纹。口径16、通高16厘米（图一五四，3）。M51∶9，泥质灰陶。子母口，斜弧腹，圜底，锥形足。肩部对饰附耳及弦纹，底部饰绳纹。口径18.2、通高14.6厘米（图一五四，4）。

陶盒　2件。M51∶8、M51∶11，均残碎。

陶壶　2件。M51∶3、M51∶7，均残碎。

陶罐　1件。M51∶10，泥质灰陶。侈口方唇，束颈，弧鼓腹，平底内凹。下腹部饰绳纹，口部内侧存轮制弦纹。口径10.4、底径8、通高16厘米（图一五四，5；图版五三，4）。

陶灶　1件。M51∶4，泥质灰陶。平面呈前方后圆，前端设一拱形灶门，后端置一实心烟囱。灶面设双火眼，前后各一。长19.6、宽12.6厘米（图一五四，1；图版五三，3）。

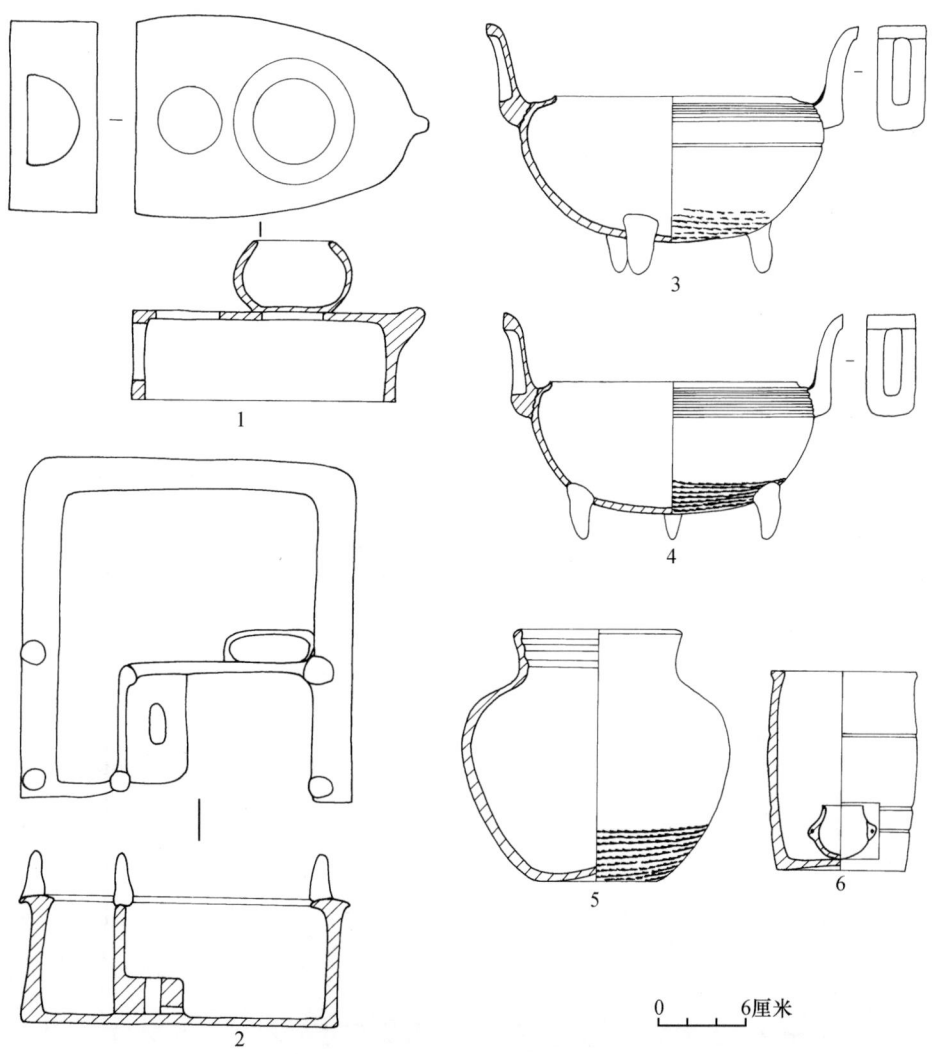

图一五四　M51出土陶器
1.灶（M51∶4）　2.猪圈（M51∶12）　3、4.鼎（M51∶6、M51∶9）　5.罐（M51∶10）　6.井（M51∶5）

陶井　1件。M51：5，泥质灰陶。平口方唇，筒形，平底内凹。腹部饰三道弦纹。口径9.8、底径8.6、通高12.8厘米。内置一汲水罐，泥质灰陶。直口，弧鼓腹，圜底。肩部对饰穿孔耳（图一五四，6；图版五三，5）。

陶猪圈　1件。M51：12，泥质灰陶。平面为方形，下部设一周圈栏。栏上两侧起柱搭设厕屋一座，厕屋外侧开设一门，屋顶缺失。厕屋一侧起高台，高台中部开设一孔，孔与圈内相通。圈内置一椭圆形猪槽。长22、宽21.4厘米（图一五四，2；图版五三，6）。

铜镜　1件。M51：1，日光镜。残，内区内向连弧纹，外区铭文带，残铭"见日之光，天"（图版五三，1）。

铜钱　7枚。M51：2，锈蚀，隐约为五铢钱。

M52

1. 墓葬形制

长方形土坑竖穴墓。方向300°。墓口长2.5、宽1.2、深1.2米。墓内填土为黄褐色花土。随葬品有陶鼎1件、壶1件、灶1件、井1件、器底1件，置于墓室南侧（图一五五；图版五四，1）。

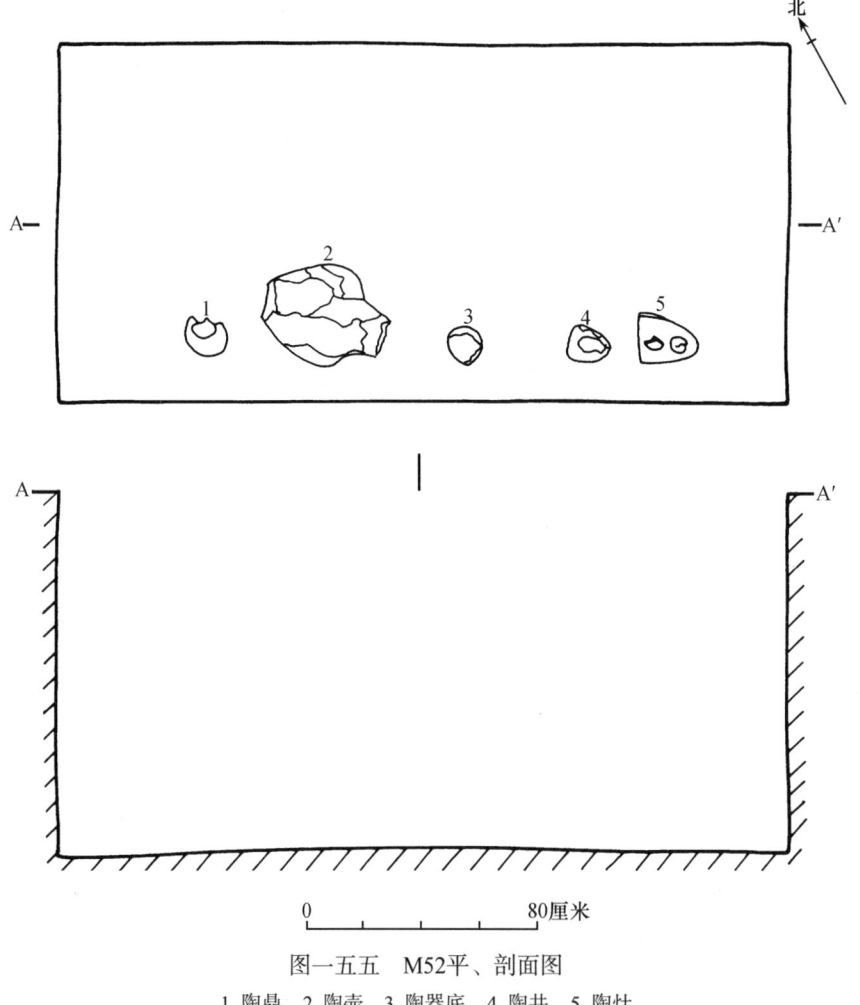

图一五五　M52平、剖面图
1.陶鼎　2.陶壶　3.陶器底　4.陶井　5.陶灶

2. 随葬品

陶鼎　1件。M52∶1，泥质灰陶。上部残，圜底，锥形足。素面。残高5.4厘米（图一五六，3）。

陶壶　1件。M52∶2，泥质灰陶。侈口方唇，直颈，圆鼓腹，圈足。口部饰一道弦纹，下腹部饰绳纹，口部内侧存轮制弦纹。口径9.4、底径15.2、通高32.8厘米（图一五六，2；图版五五，1）。

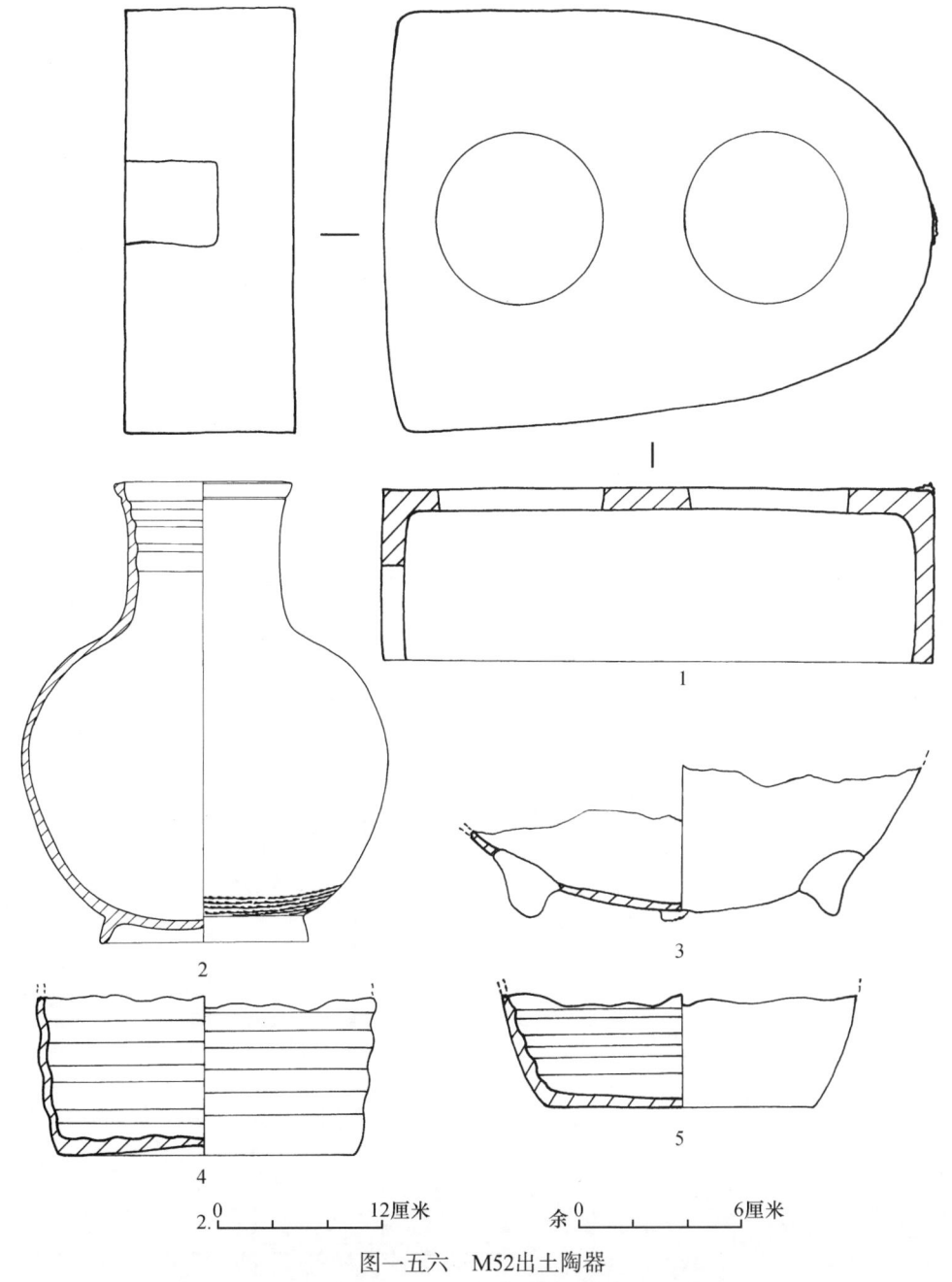

图一五六　M52出土陶器

1. 灶（M52∶5）　2. 壶（M52∶2）　3. 鼎（M52∶1）　4. 井（M52∶4）　5. 器底（M52∶3）

陶器底　1件。M52：3，或为罐底。上部残，平底。素面，内表存轮制弦纹。底径10、残高4厘米（图一五六，5）。

陶井　1件。M52：4，上部残，平底内凹。通体存轮制弦纹。底径10.8、残高5.6厘米（图一五六，4）。

陶灶　1件。M52：5，泥质红陶。平面呈前方后圆，前端置一方形灶门，后端有一实心烟囱。灶面设双火眼，前后各一。长20.4、宽15厘米（图一五六，1）。

M53

1. 墓葬形制

长方形土坑竖穴墓。方向17°。墓口长2.6、宽1.7、深1.7米。墓内填土为黄花土，土质紧密，墓底存青膏泥，厚约25厘米。存单棺单椁残木，厚6~8厘米，西、北两壁各存1块椁板，残高约25厘米。随葬品有陶壶1件、罐4件、灶1件、盒1件；铜洗1件，均出土于边厢（图一五七；图版五四，2）。

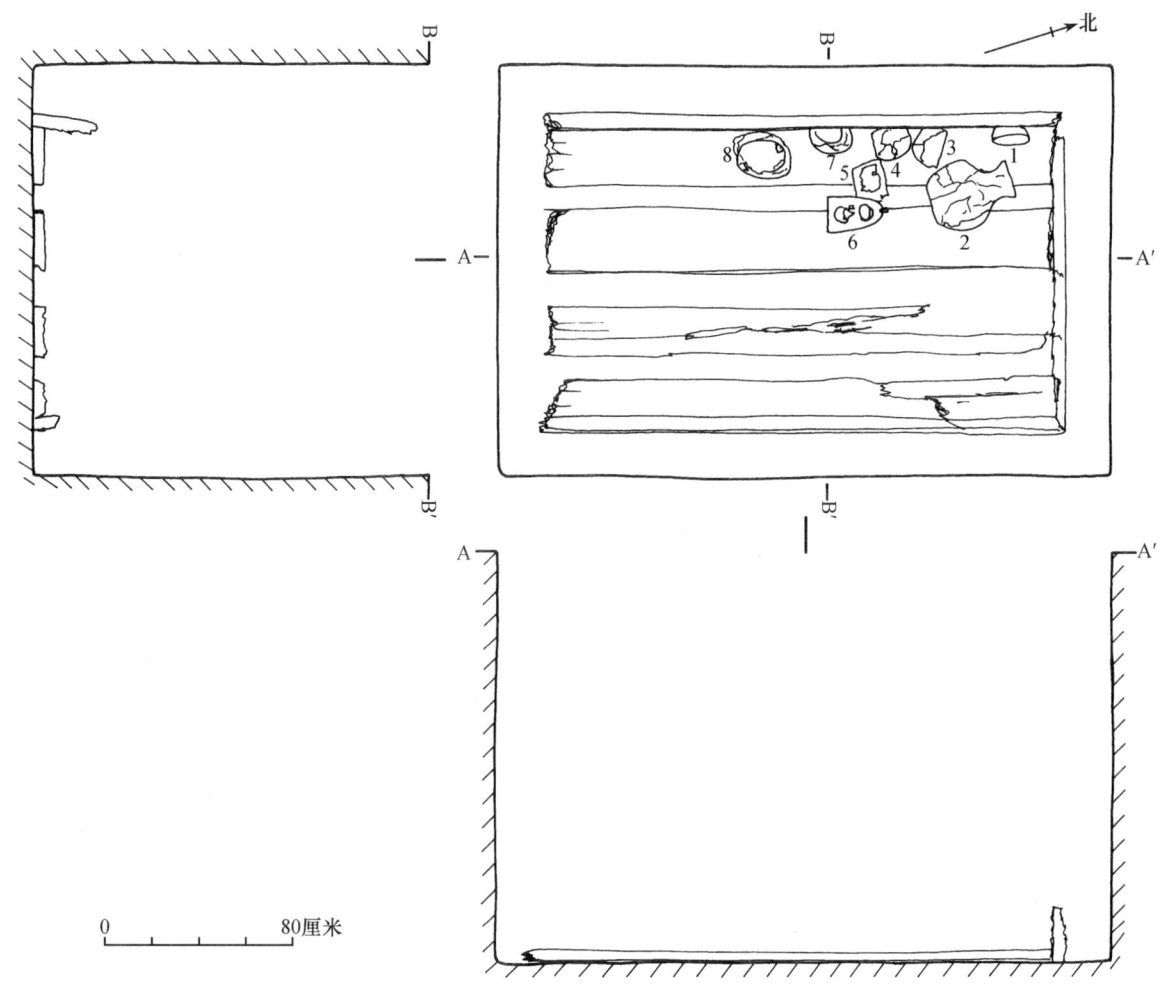

图一五七　M53平、剖面图
1. 铜洗　2. 陶壶　3、4、7、8. 陶罐　5. 陶盒　6. 陶灶

2. 随葬品

陶盒 1件。M53∶5，泥质灰陶。子母口，斜弧腹，平底内凹。素面。口径12、底径11.6、通高11.2厘米（图一五八，2；图版五五，4）。

陶壶 1件。M53∶2，泥质灰陶。盘口圆唇，束颈，圆鼓腹，圈足，底残。通体存轮制弦纹。口径15.6、残高34.2厘米（图一五八，1；图版五五，3）。

陶罐 4件。M53∶3，泥质灰陶。侈口圆唇，弧鼓腹，平底内凹。肩部饰两组波浪纹及弦纹。口径10、底径10.6、通高12.4厘米（图一五九，2；图版五五，5）。M53∶4，泥质灰陶。侈口圆唇，弧鼓腹，平底内凹。肩部饰两组波浪纹及弦纹。口径10.6、底径10.4、通高12.8厘米（图一五九，1；图版五五，2）。M53∶7，泥质灰陶。口残，弧鼓腹，平底内凹。素面。底径6、残高13.6厘米（图一五九，4；图版五五，6）。M53∶8，泥质灰陶。侈口圆唇，弧鼓腹，平底内凹。素面。口径10、底径9、通高16.4厘米（图一五九，3）。

陶灶 1件。M53∶6，泥质灰陶。平面呈前方后圆，前端置一拱形灶门，后端为实心烟囱。灶面设双火眼，前后各一。灶面置釜1件、平底锅1件。长22、宽15厘米（图一五八，3）。

铜洗 1件。M53∶1，器薄，仅存口部，折沿。

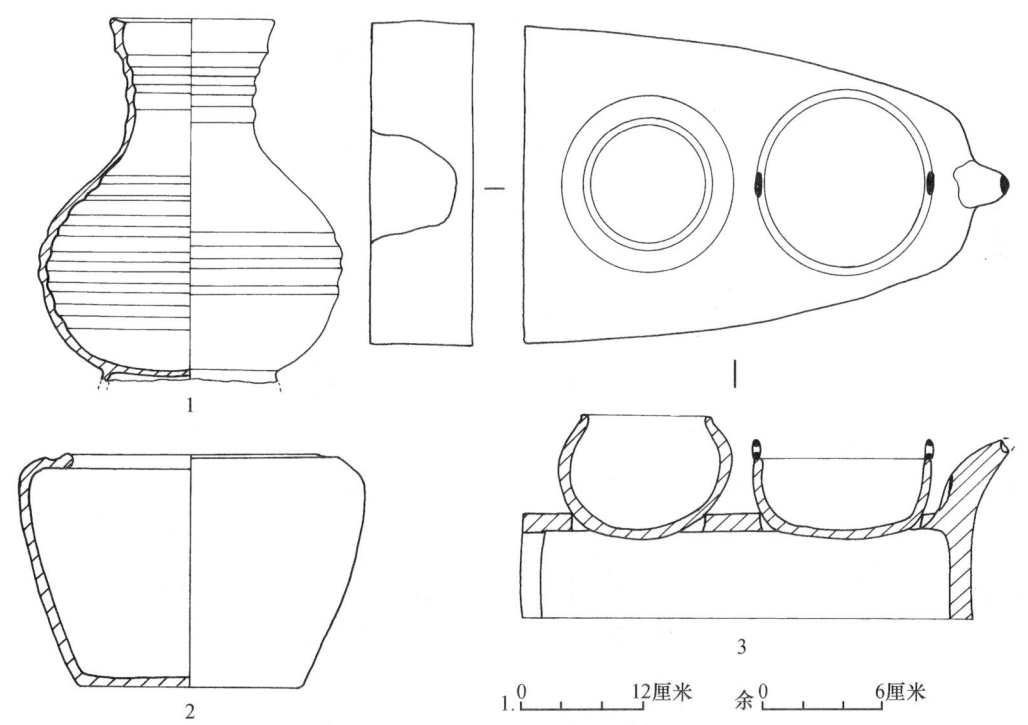

图一五八 M53出土陶器
1.壶（M53∶2） 2.盒（M53∶5） 3.灶（M53∶6）

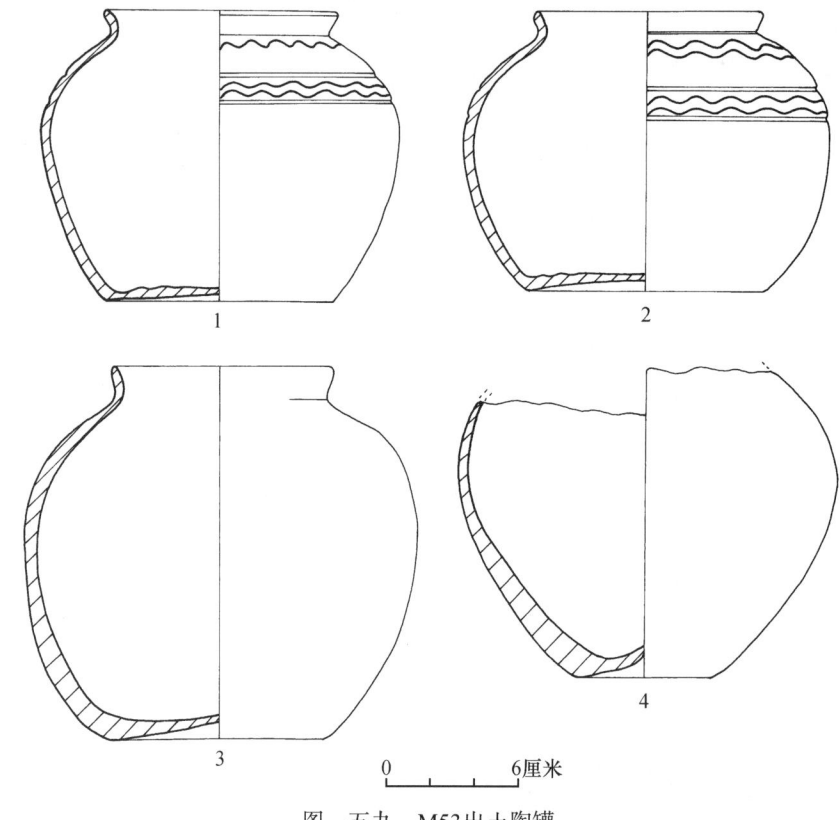

图一五九　M53出土陶罐
1. M53∶4　2. M53∶3　3. M53∶8　4. M53∶7

M54

1. 墓葬形制

长方形土坑竖穴墓。方向270°。墓室长2.6、宽2.1、深0.8米。墓内填土为黄褐色花土，土质较硬。墓底存枕木凹槽。随葬品有陶鼎2件、盒1件、壶4件、器底1件、汲水罐1件、灶1件，其中M54∶4陶鼎残碎（图一六〇；图版五六，1）。

2. 随葬品

陶鼎　2件。M54∶8，泥质灰陶。子母口，斜弧腹，圜底，锥形足。肩部对饰附耳及一道凹弦纹，内表存轮制弦纹。口径15.4、通高16厘米（图一六一，4；图版五七，5）。M54∶4，残碎。

陶盒　1件。M54∶9，残，仅存子母口及器盖。覆钵形器盖。素面。口径18、残高3.4厘米（图一六一，5）。

陶壶　4件。M54∶1，釉陶，上半部施釉。口残，直颈、圆鼓腹，圈足。肩部对饰叶脉纹桥形耳及两组凹弦纹，通体存轮制弦纹。底径9.2、残高18厘米（图一六一，1；图版五七，1）。M54∶2，釉陶，上半部施釉。口残，直颈、圆鼓腹，圈足。肩部对饰桥形耳。通体存轮制弦纹。底径9、残高14.4厘米（图一六一，2）。M54：3，泥质灰陶。仅余颈部和肩部，束颈。素面。残高14.6厘米（图一六二，2）。M54：5，泥质灰陶。敞口圆唇，直颈，圆鼓腹，圈足。素面，内表存轮制弦纹。口径12.2、底径11.8、通高31.3厘米（图一六一，3；图版五七，3）。

陶器底　1件。M54：6，或为罐底。泥质灰陶。素面。底径12.4、残高6厘米（图一六一，6）。

汲水罐　1件。M54：7，井附件。夹砂灰陶。侈口方唇，弧鼓腹，平底。肩部对饰穿孔耳。素面。口径3、底径3.2、通高4.4厘米（图一六二，3）。

陶灶　1件。M54：10，泥质灰陶。平面近似方形，前端置一拱形灶门，后端一孔为烟囱。灶面开设双火眼，前后各一。灶面置甑1件。长20.8、宽12厘米（图一六二，1）。

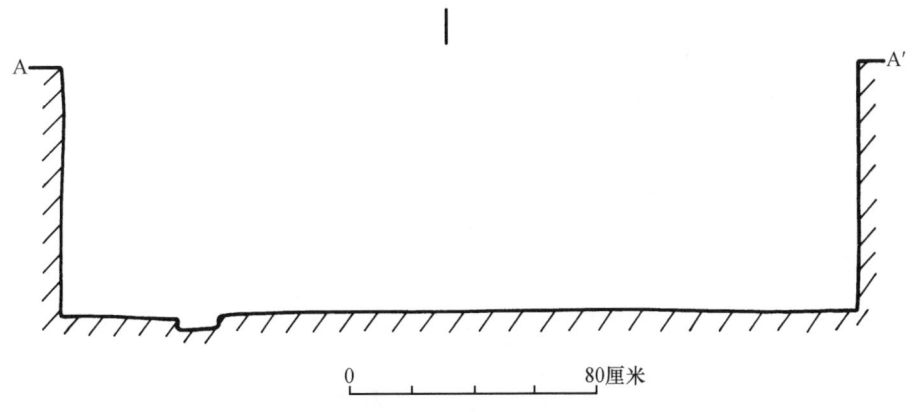

图一六〇　M54平、剖面图

1～3、5.陶壶　4、8.陶鼎　6.陶器底　7.汲水罐　9.陶盒　10.陶灶

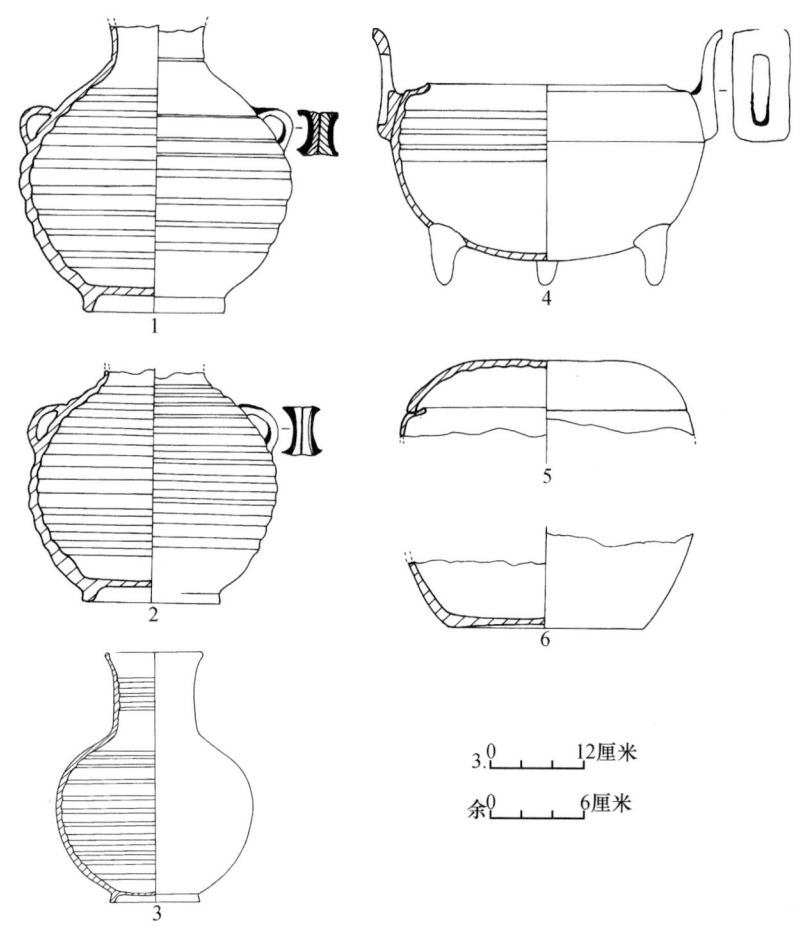

图一六一　M54出土陶器

1~3.壶（M54:1、M54:2、M54:5）　4.鼎（M54:8）　5.盒（M54:9）　6.器底（M54:6）

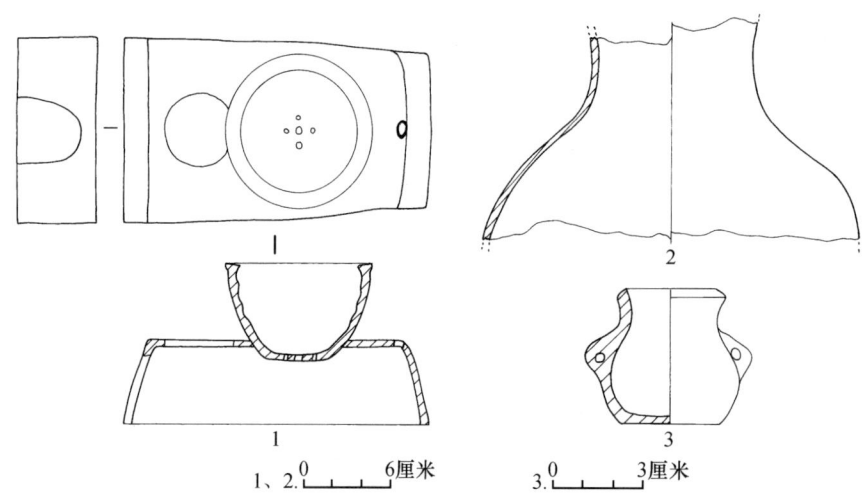

图一六二　M54出土陶器

1.灶（M54:10）　2.壶（M54:3）　3.汲水罐（M54:7）

M55

1. 墓葬形制

凸字形土坑竖穴墓。方向160°。墓室长4、宽2.24、残深0.4米。墓道位于墓室南壁中央，长方形斜坡状，上口长1.44、宽1.84米。墓内填土为黄褐色花土，土质较硬。墓底两侧有棺椁枕木沟槽，长4、宽0.3、深0.1米。随葬品有陶壶2件、陶罐1件；铜镜2件。其中M55∶5陶罐残碎（图一六三；图版五六，2）。

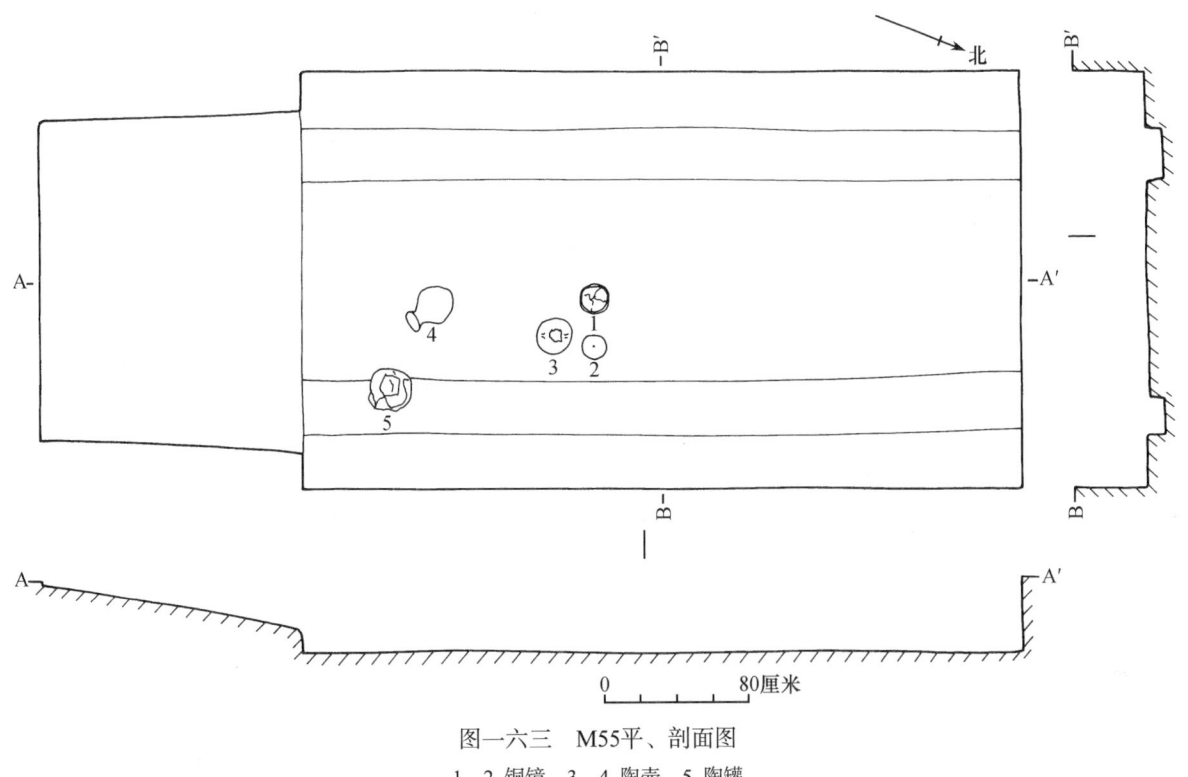

图一六三　M55平、剖面图
1、2.铜镜　3、4.陶壶　5.陶罐

2. 随葬品

陶壶　2件。M55∶3，釉陶，上半部施釉。口、颈残，弧鼓腹，平底。肩部对饰叶脉纹桥形耳及两组弦纹，通体存轮制弦纹。底径9.6、残高23.4厘米（图一六四，3）。M55∶4，硬陶。盘口束颈，弧鼓腹，平底。口部及颈部饰弦纹，肩部对饰叶脉纹桥形耳，通体存轮制弦纹。口径11.6、底径10.5、通高27.8厘米（图一六四，1；图版五七，6）。

陶罐　1件。M55∶5，残碎。

铜镜　2件。M55∶1，尚方四神博局镜。半球状纽，四叶纹纽座，座外为方格。四方八区的纹饰配置是四神各配以神兽，外区铭文为"尚方佳竟（镜）真大巧，上有仙人不知老，渴饮玉泉饥食枣。寿如金（石西）王母"，两周锯齿纹夹双线波折纹缘。直径15.8、缘厚0.4厘米（图一六四，2；图版五七，2）。M55∶2，昭明镜。半球状纽，圆形纽座，宽素平缘。内区为十二瓣内向连弧纹，外区为铭文带，铭文为"内清以昭明，光日月文明？"。直径11.5、缘厚0.35厘米（图一六四，4；图版五七，4）。

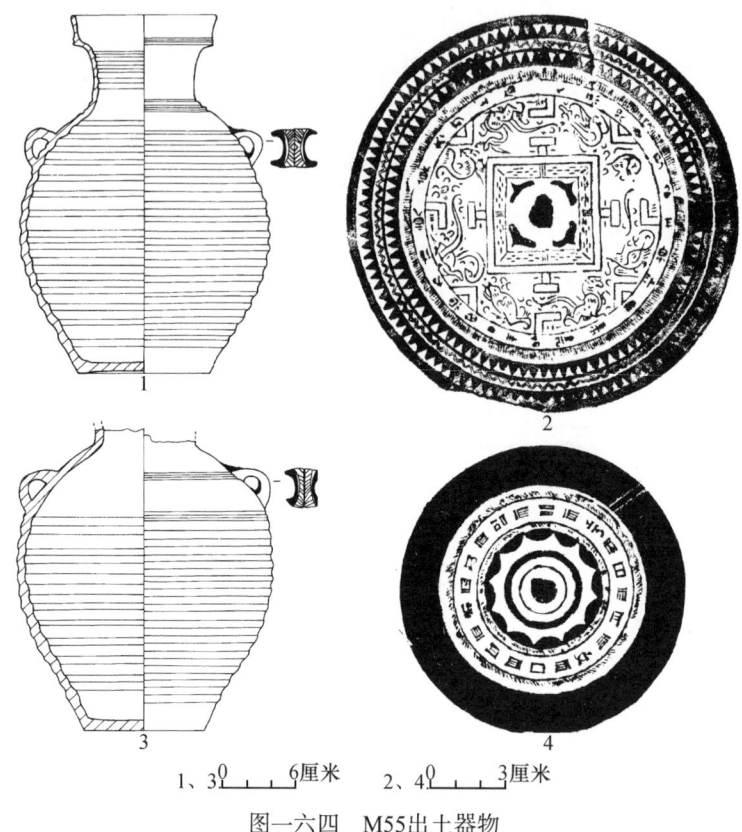

图一六四　M55出土器物
1、3. 陶壶（M55：4、M55：3）　2、4. 铜镜（M55：1、M55：2）

M56

1. 墓葬形制

长方形土坑竖穴墓。方向205°。墓室长2.7、宽1.45、深1.05米。墓内填土为黄褐色花土，土质较硬。随葬品有陶盒1件、壶1件、罐2件、灶1件，均置于墓室西侧。其中M56：1陶壶、M56：4陶盒残碎（图一六五；图版五八，1）。

2. 随葬品

陶盒　1件。M56：4，残碎。

陶壶　1件。M56：1，残碎。

陶罐　2件。M56：2，泥质灰陶。口残，弧鼓腹，平底内凹。底部饰绳纹。底径6.6、残高10.4厘米（图一六六，2；图版五九，1）。M56：5，泥质灰陶。侈口方唇，斜弧腹，平底。肩部对饰桥形耳及波浪纹，通体存轮制弦纹。口径10、底径7.4、通高12.8厘米（图一六六，1；图版五九，5）。

陶灶　1件。M56：3，泥质红褐陶。平面呈前方后圆，前端设一圆形灶门，后端一实心烟囱。灶面置双火眼，前后各一。长19、宽13.2厘米（图一六六，3；图版五九，3）。

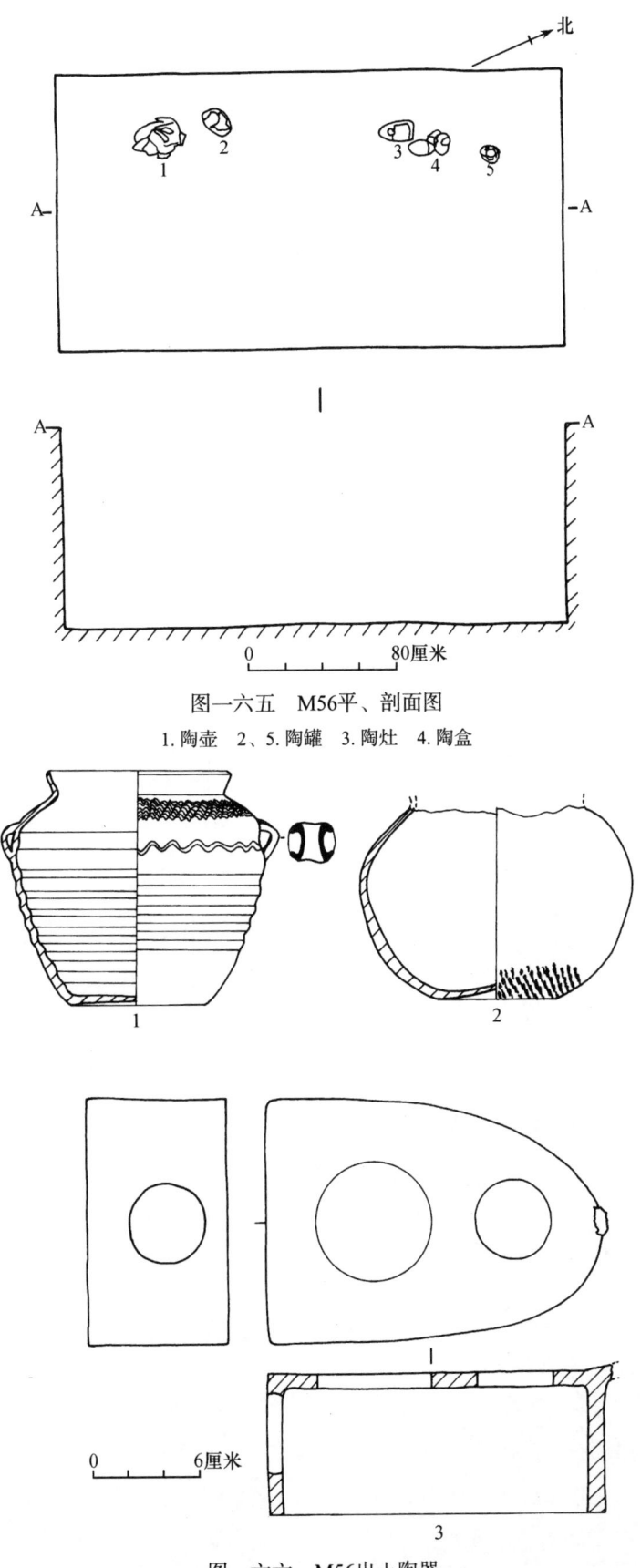

图一六五　M56平、剖面图
1.陶壶　2、5.陶罐　3.陶灶　4.陶盒

图一六六　M56出土陶器
1、2.罐（M56：5、M56：2）　3.灶（M56：3）

M57

1. 墓葬形制

凸字形土坑竖穴墓。方向110°。墓室长2.8、宽1.9、深1.2米。墓道位于墓室东壁中央，长方形斜坡状，上口长1.1、宽0.8米。墓内填土为黄褐色花土，土质较硬。存有单棺单椁残木，椁板厚6～8厘米，棺板厚约5厘米。随葬品有陶罐3件、器底3件、壶2件、盒1件、鼎2件、灶1件；铜镜1件。其中M57：5陶罐、M57：11陶盒残碎（图一六七；图版五八，2）。

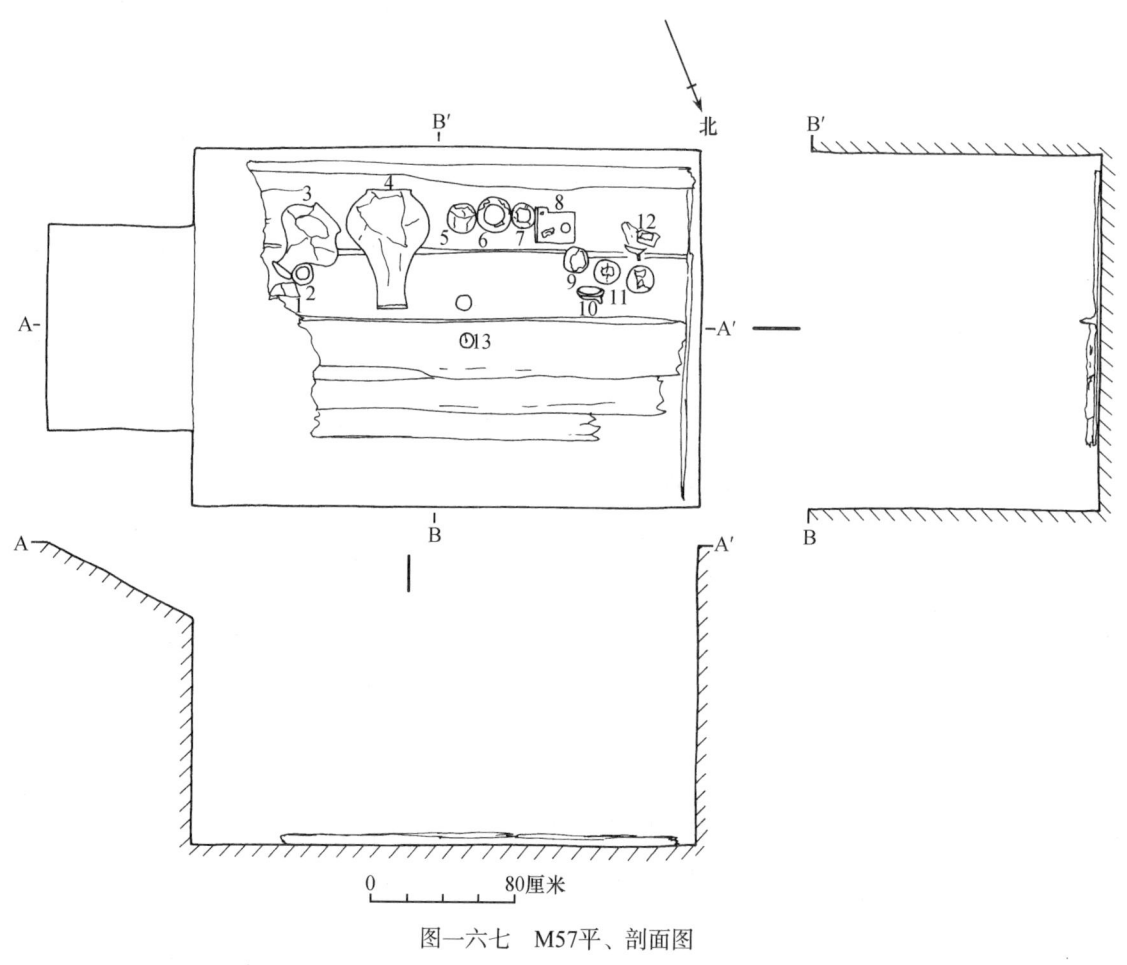

图一六七 M57平、剖面图
1、2、6.陶器底 3、4.陶壶 5、7、10.陶罐 8.陶灶 9、12.陶鼎 11.陶盒 13.铜镜

2. 随葬品

陶鼎 2件。M57：9，泥质灰陶。子母口，斜弧腹，圜底，三兽蹄足。双附耳。下腹部饰绳纹。口径14.6、通高16.4厘米（图一六八，2；图版五九，2）。M57：12，泥质灰陶。子母口，斜弧腹，圜底，三兽蹄足。双附耳。下腹部饰绳纹，内表存轮制弦纹。口径14.2、通高17厘米（图一六八，1；图版五九，4）。

陶盒 1件。M57：11，残碎。

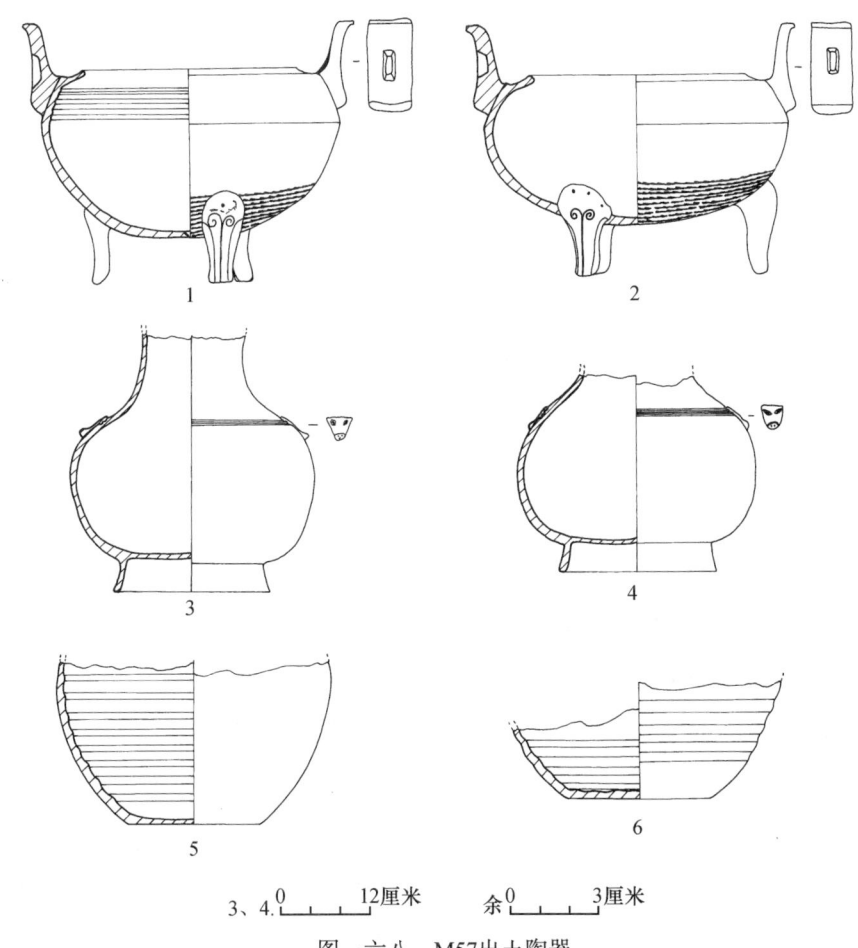

图一六八 M57出土陶器
1、2.鼎（M57:12、M57:9） 3、4.壶（M57:4、M57:3） 5.罐（M57:10） 6.器底（M57:1）

陶壶 2件。M57:3，泥质灰陶。口、颈残，弧鼓腹，圈足。肩上饰兽面耳及弦纹。底径21、残高25.6厘米（图一六八，4）。M57:4，泥质灰陶。口残，束颈，弧鼓腹，圈足。肩上饰兽面耳及弦纹。底径20.8、残高33.4厘米（图一六八，3）。

陶罐 3件。M57:7，泥质灰陶。口残，弧鼓腹，平底内凹。素面。底径7.8、残高8.6厘米（图一六九，2）。M57:10，泥质灰陶。口残，弧鼓腹，平底。内表存轮制弦纹。底径8.6、残高10.6厘米（图一六八，5）。M57:5，残碎。

陶器底 3件，或为罐底。M57:1，泥质灰陶。平底。内外表存轮制弦纹。底径9.4、残高7.6厘米（图一六八，6）。M57:2，泥质灰陶。平底。内外表存轮制弦纹。底径9、残高5.2厘米（图一六九，3）。M57:6，泥质灰陶。平底内凹。素面。底径8.6、残高5厘米（图一六九，4）。

陶灶 1件。M57:8，泥质灰陶。平面呈曲尺形，灶面三侧起高墙护栏。前端设双拱形灶门，后端置双烟道，两灶烟道在墙上合二为一，共用一实心烟囱。灶面开设四个火眼，上置釜2件。长22.8、宽19.2厘米（图一六九，1）。

铜镜 1件。M57:13，日光镜。半球状纽，圆形纽座。内区饰八瓣内向连弧纹，外区为铭文带。铭文为"见日之光，天下大明"。直径5.4、缘厚0.2厘米（图一六九，5；图版五九，6）。

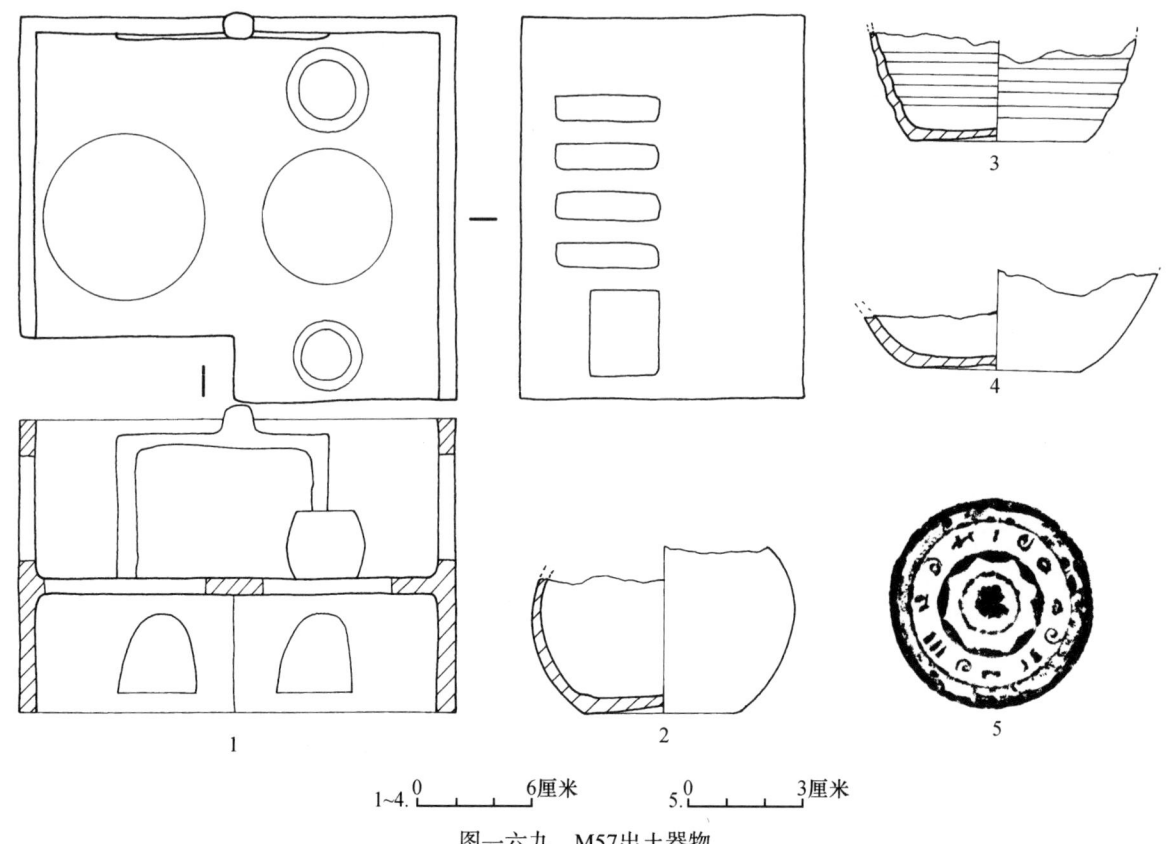

图一六九　M57出土器物
1. 陶灶（M57：8）　2. 陶罐（M57：7）　3、4. 陶器底（M57：2、M57：6）　5. 铜镜（M57：13）

M58

1. 墓葬形制

长方形土坑竖穴墓。方向200°。墓室长2.62、宽1.5、深0.72米。墓内填土为黄褐色花土，土质较硬。随葬品有陶壶2件、罐2件、灶1件，置于墓室东侧（图一七〇；彩版三六，1）。

2. 随葬品

陶壶　2件。M58：1，釉陶，上半部施釉。敞口方唇，束颈，圆鼓腹，圈足。口部、颈部饰波浪纹及弦纹，肩部对饰叶脉纹铺首耳及两组弦纹，通体存轮制弦纹。口径12.4、底径11.4、通高29厘米（图一七一，1；彩版三七，1）。M58：3，釉陶，上半部施釉。敞口圆唇，束颈，圆鼓腹，圈足残。口部、颈部饰弦纹，肩部对饰叶脉纹桥形耳及两组弦纹，通体存轮制弦纹。口径8.8、通高21.2厘米（图一七一，3；彩版三七，5）。

陶罐　2件。M58：4，泥质灰陶。侈口圆唇，圆鼓腹，平底内凹。近底处饰绳纹。口径8.2、底径8.4、通高13.4厘米（图一七一，4；彩版三七，2）。M58：5，泥质红褐陶。敛口圆唇，圆鼓腹，平底内凹。近底处饰绳纹。口径10.4、底径6、通高10.8厘米（图一七一，2；彩版三七，4）。

陶灶　1件。M58：2，泥质灰陶。平面呈前方后圆，前端置一拱形灶门，后端为一实心烟囱。灶面双火眼，前后各一。灶面置夹砂釜1件。长24.6、宽15.6厘米（图一七一，5；彩版三七，3）。

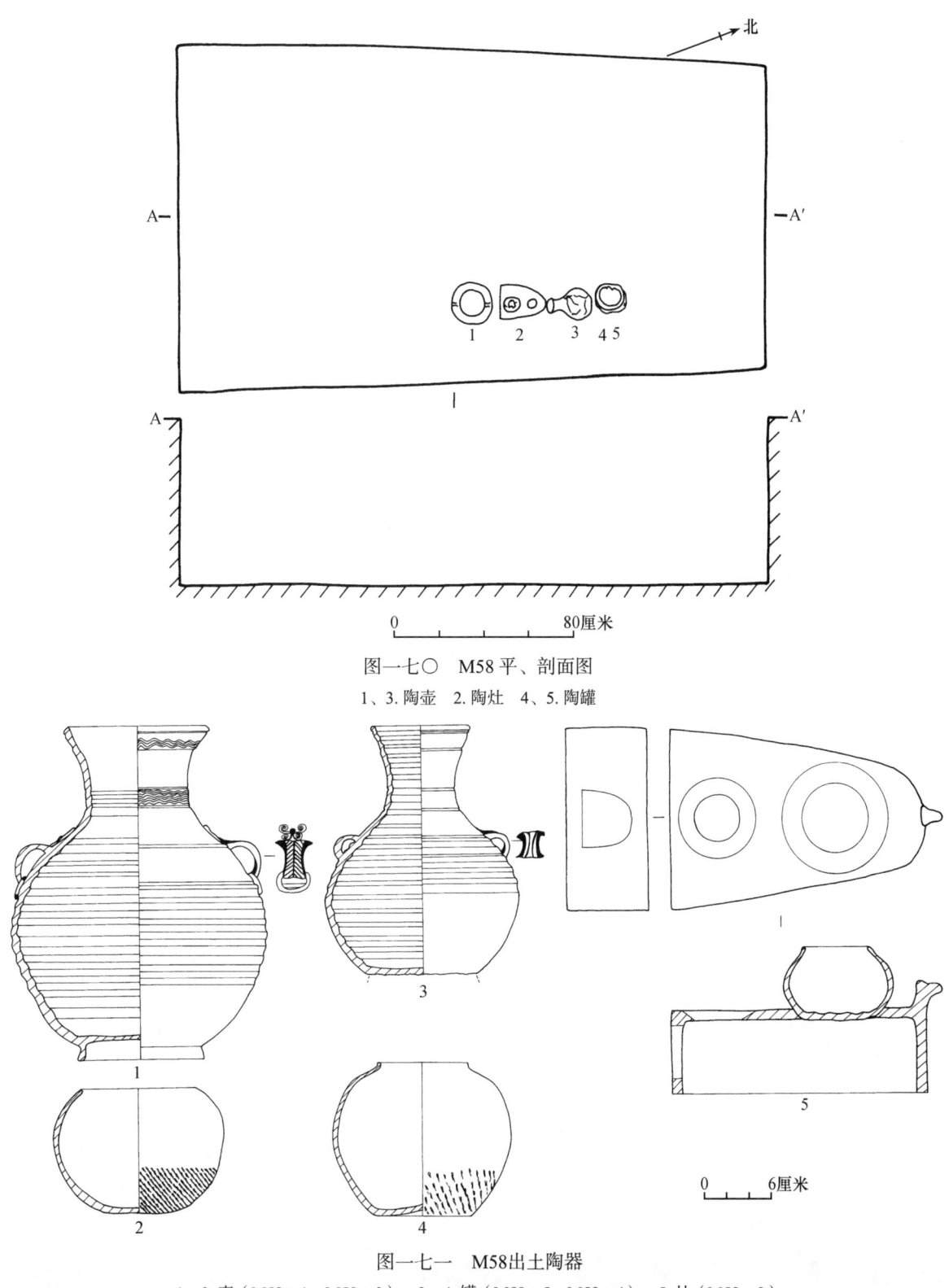

图一七〇　M58平、剖面图
1、3.陶壶　2.陶灶　4、5.陶罐

图一七一　M58出土陶器
1、3.壶（M58：1、M58：3）　2、4.罐（M58：5、M58：4）　5.灶（M58：2）

M59

1. 墓葬形制

凸字形土坑竖穴墓。方向110°。墓室长5.3、宽4.05、残深1.6米。墓道位于墓室东壁中央，长方形斜坡状，上口长1.9、宽1.5米。墓内填土为黄褐色花土，土质较硬。墓室设有排水沟，深约0.3米，内填铺石块。自墓室中部经东南角向墓室外延伸。墓室外排水沟，已发掘部分长约1.5米，内填碎石块。随葬品有陶盒4件、壶5件、瓿2件、罐2件、灶1件；铜鼎2件、洗1件、镜1件、铜钱21枚（图一七二；彩版三六，2）。

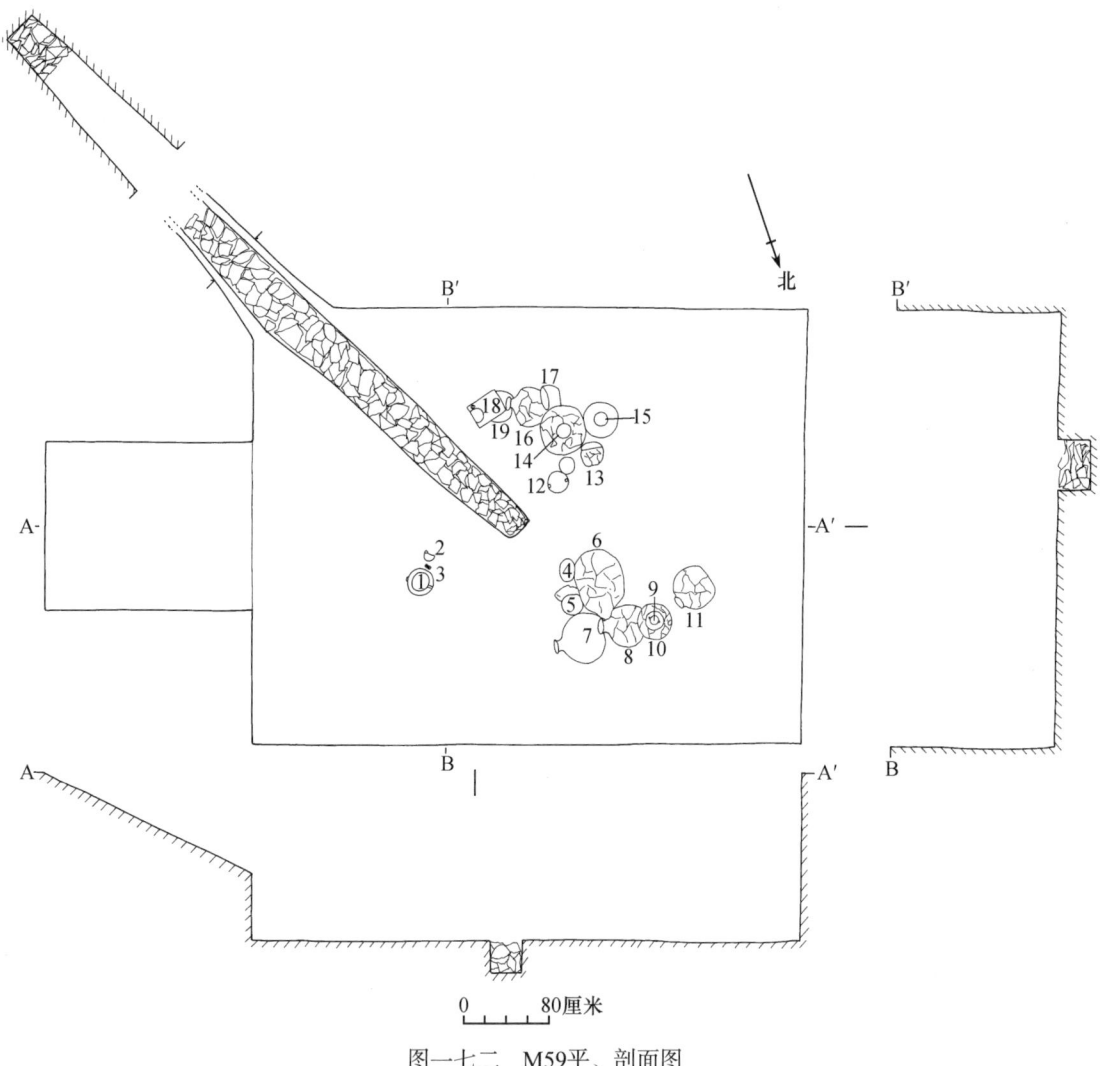

图一七二　M59平、剖面图

1、12.铜鼎　2.铜镜　3.铜钱　4、5、13、17.陶盒　6、11.陶瓿　7、8、14～16.陶壶　9、10.陶罐　18.陶灶　19.铜洗

2. 随葬品

陶盒　4件。M59∶4，硬陶。子母口，斜弧腹，平底。肩部饰兽面附耳。覆钵形器盖。外表饰弦纹。内表存轮制弦纹。口径16、底径8.2、通高13厘米（图一七四，3；彩版三八，

3）。M59∶5，硬陶。平口方唇，斜弧腹，平底。覆钵形器盖，素面。通体存轮制弦纹。口径16.6、底径10.6、通高14.4厘米（图一七三，8；彩版三八，5）。M59∶13，硬陶。子母口，斜弧腹，平底。肩部饰兽面附耳。通体存轮制弦纹。覆钵形器盖，内表饰弦纹。口径18、底径9.6、通高15厘米（图一七四，2；彩版三九，5）。M59∶17，硬陶。平口方唇，斜弧腹，平底。覆钵形器盖。通体存轮制弦纹。口径17.6、底径10.8、通高14.8厘米（图一七三，7；彩版三九，6）。

陶壶 5件。M59∶7，釉陶，上半部施釉。敞口圆唇，直颈，圆鼓腹，圈足。肩部饰叶脉纹铺首耳及三组弦纹，口部、颈部饰波浪纹及弦纹，颈部内表存轮制弦纹。口径14.8、底径17.4、通高42.6厘米（图一七三，1；彩版三八，4）。M59∶8，釉陶，上半部施釉。敞口圆

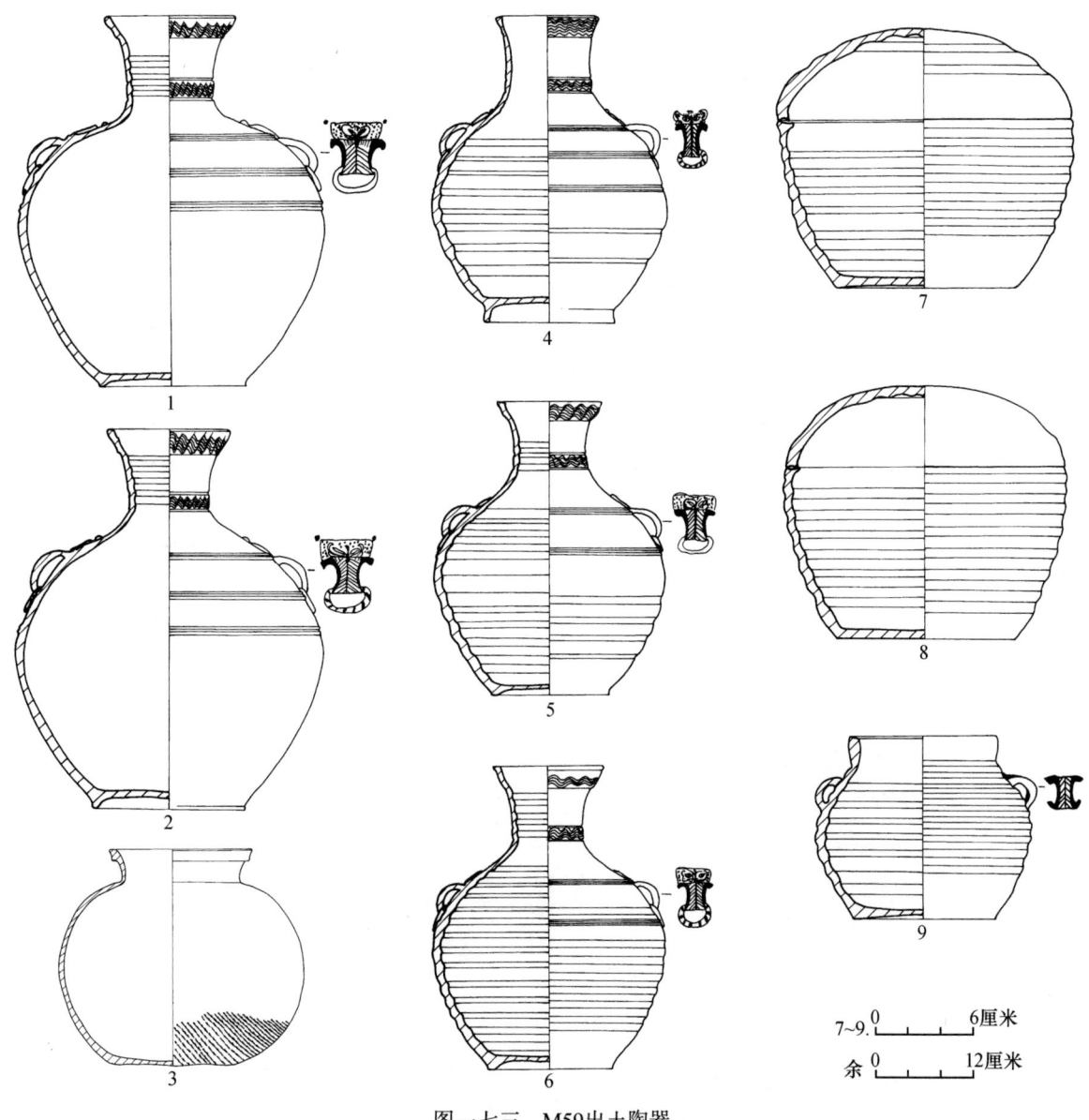

图一七三 M59出土陶器
1、2.壶（M59∶7、M59∶8） 3、9.罐（M59∶10、M59∶9） 4~6.壶（M59∶16、M59∶15、M59∶14）
7、8.盒（M59∶17、M59∶5）

唇，直颈，圆鼓腹，圈足。口部、颈部饰波浪纹及弦纹，肩部饰叶脉纹铺首耳及三组弦纹，颈部内表存轮制弦纹。口径15、底径18、通高43.6厘米（图一七三，2）。M59：14，釉陶，上半部施釉。盘口方唇，束颈，弧鼓腹，圈足。肩部对饰叶脉纹铺首耳和两组弦纹，口部、颈部饰波浪纹及弦纹，通体存轮制弦纹。口径13、底径14.6、通高34.6厘米（图一七三，6；彩版三九，2）。M59：15，釉陶，上半部施釉。盘口方唇，束颈，弧鼓腹，圈足。肩部对饰叶脉纹铺首耳和两组弦纹，口部、颈部饰波浪纹及弦纹，通体存轮制弦纹。口径12.4、底径13.8、通高33.4厘米（图一七三，5；彩版三九，4）。M59：16，釉陶，上半部施釉。敞口方唇，束颈，弧鼓腹，圈足。肩部对饰叶脉纹铺首耳和两组弦纹，口部、颈部饰波浪纹及弦纹，通体存轮制弦纹。口径10.6、底径15.8、通高35厘米（图一七三，4）。

陶瓿　2件。M59：6，釉陶，上半部施釉。平口方唇，圆鼓腹，平底内凹。肩部对饰兽面纹桥形耳及三组弦纹。口径10、底径18.7、通高32.4厘米（图一七四，5；彩版三八，2）。M59：11，釉陶，上半部施釉。平口方唇，圆鼓腹，平底内凹。肩部对饰兽面纹桥形耳及三组弦纹。口径9.2、底径18.2、通高32厘米（图一七四，4；彩版三九，3）。

陶罐　2件。M59：9，硬陶。侈口圆唇，弧鼓腹，平底。肩部对饰叶脉纹桥形耳。通体存轮制弦纹。口径8.9、底径8.6、通高10.5厘米（图一七三，9；彩版三八，6）。M59：10，泥质灰陶。侈口方唇，束颈，圆鼓腹，平底。近底部饰绳纹。口径15、底径14、通高24.6厘米（图一七三，3；彩版三九，1）。

陶灶　1件。M59：18，泥质灰陶。平面呈曲尺形，灶面三侧起高墙护栏。前端设双圆形灶门，灶面置三个火眼，置釜1件。长25.8、宽20厘米（图一七四，1）。

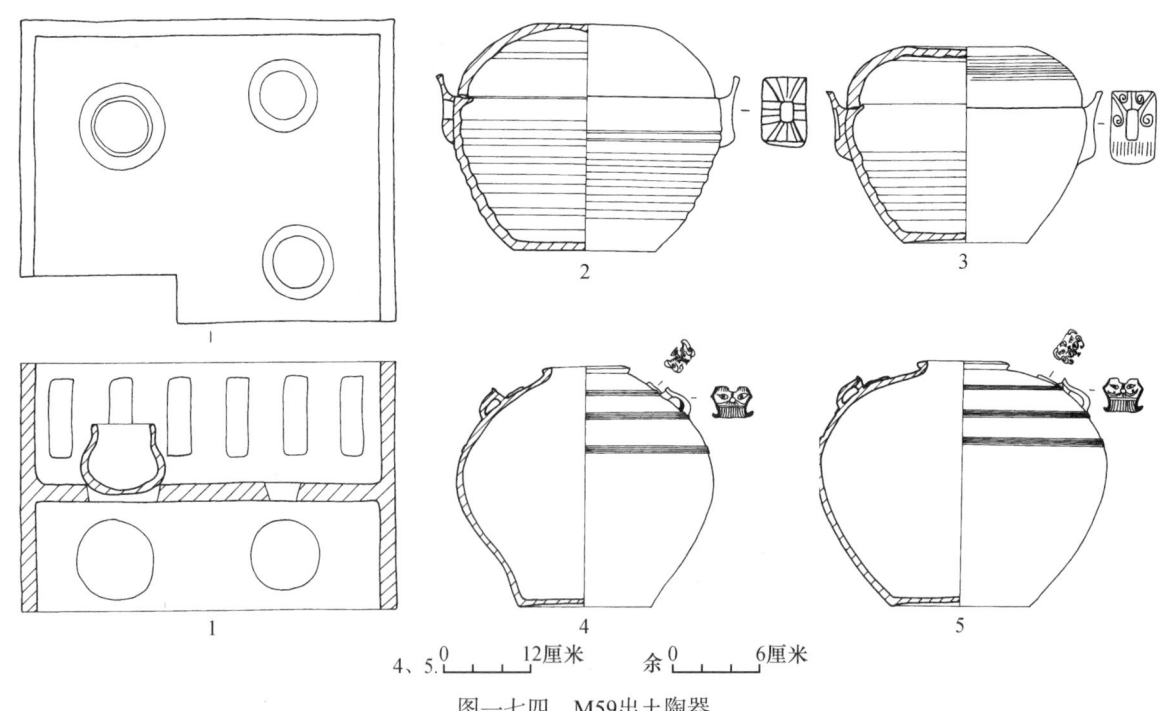

图一七四　M59出土陶器

1. 灶（M59：18）　2、3. 盒（M59：13、M59：4）　4、5. 瓿（M59：11、M59：6）

铜鼎　2件。M59：1，子母口，弧鼓腹，平底，三兽蹄足。双附耳。腹部饰一道凸弦纹。口径16.6、底径17.8、通高19.8厘米（图一七五，1；彩版三七，6）。M59：12，子母口，腹部残，兽蹄足。双附耳。覆钵形器盖，盖上残留一兽形纽。口径13.6厘米（图一七五，3）。

铜洗　1件。M59：19，残片，折沿（图一七五，4）。

铜镜　1件。M59：2，星云纹镜。连峰纽，圆形纽座，内向连弧纹缘。纽外为一周斜短线纹。四枚圆座乳将外区四等分，每区一组星云纹，星云由六枚小乳及曲线组成。直径10.4、缘厚0.3厘米（图一七五，2；彩版三八，1）。

铜钱　21枚。M59：3，锈蚀，不辨。

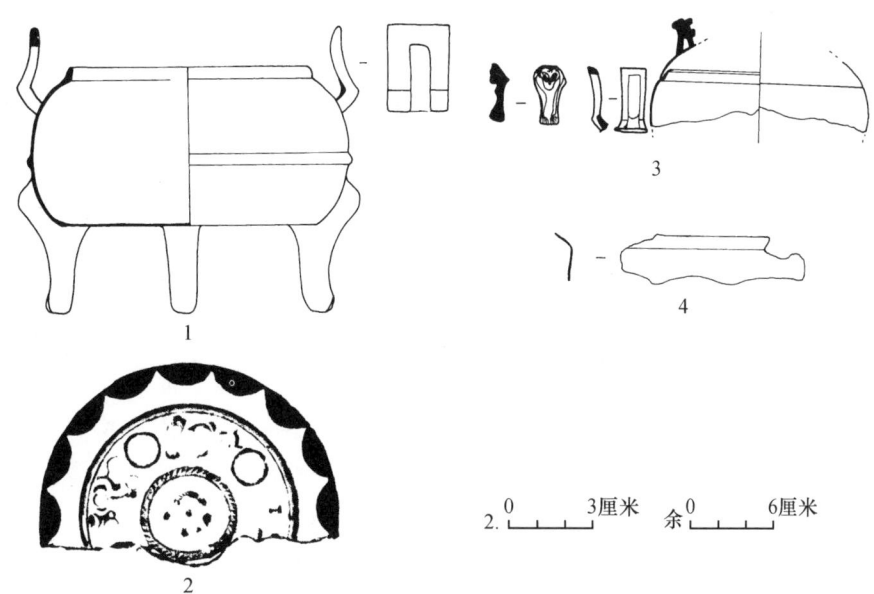

图一七五　M59出土铜器
1、3. 鼎（M59：1、M59：12）　2. 镜（M59：2）　4. 洗（M59：19）

M65

1. 墓葬形制

凸字形土坑竖穴墓。方向110°。墓室长2.4、宽1.45、深1.75米。墓道位于墓室东壁，长方形斜坡状，上口长0.5、宽0.9米。墓内填土为黄色花土，土质松软。随葬品有陶鼎1件、盒1件、瓿1件、罐1件、灶1件；铜环2件。其中盒、鼎、灶残碎（图一七六；图版六〇，1）。

2. 随葬品

陶鼎　1件。M65：5，残碎。
陶盒　1件。M65：2，残碎。

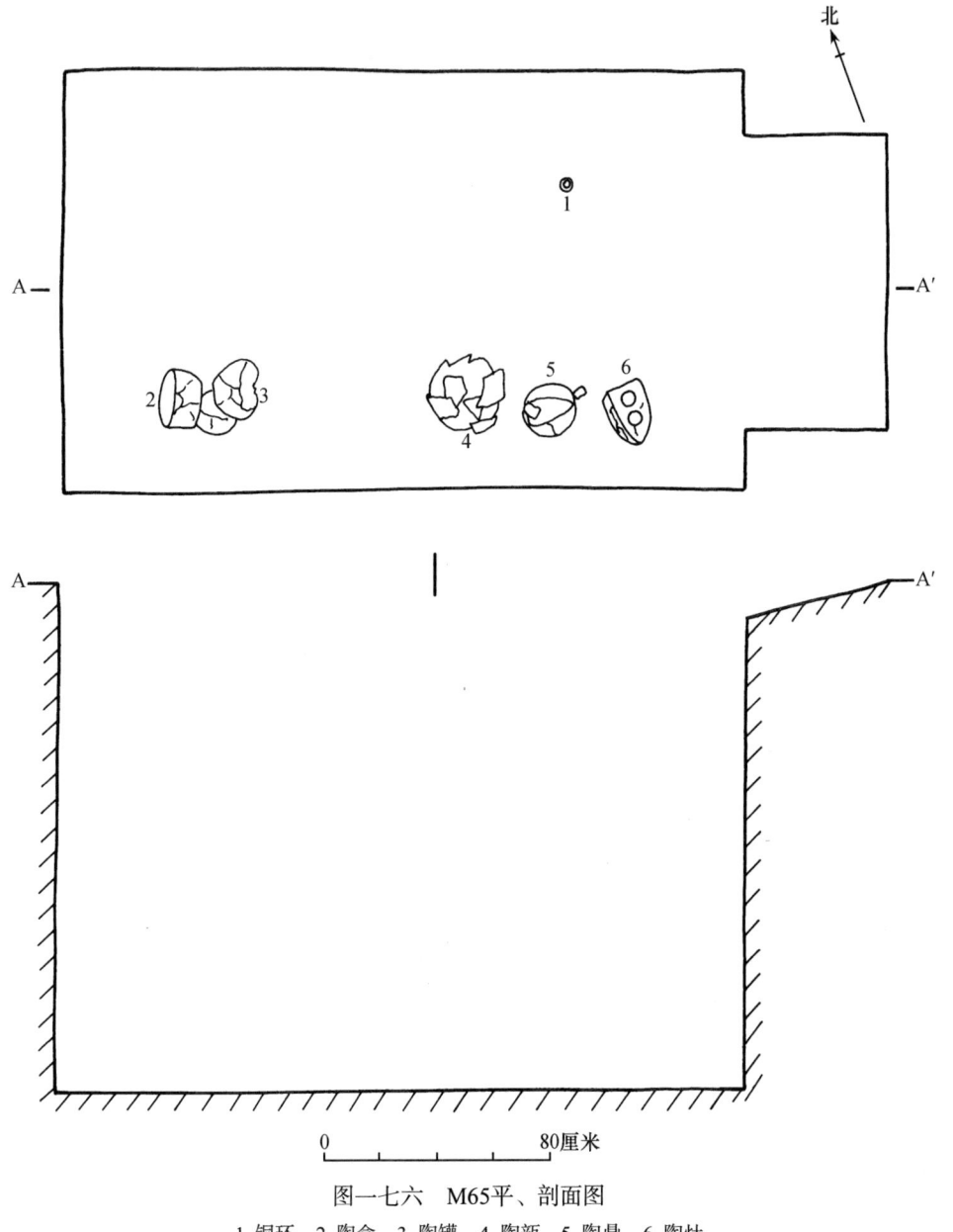

图一七六 M65平、剖面图
1.铜环 2.陶盒 3.陶罐 4.陶瓿 5.陶鼎 6.陶灶

陶瓿　1件。M65：4，硬陶。平口方唇，弧鼓腹，平底内凹。肩部对饰兽面桥形耳及波浪纹，通体存轮制弦纹。口径9.4、底径14.4、通高26.4厘米（图一七七，3；图版六一，5）。

陶罐　1件。M65：3，泥质灰陶。口残，弧鼓腹，平底内凹。近底部饰绳纹，通体存轮制弦纹。底径7、残高13.2厘米（图一七七，1；图版六一，3）。

陶灶　1件。M65：6，残碎。

铜环　2件。M65：1-1，内径2.5厘米。M65：1-2，内径3.5厘米（图一七七，2；图版六一，1）。

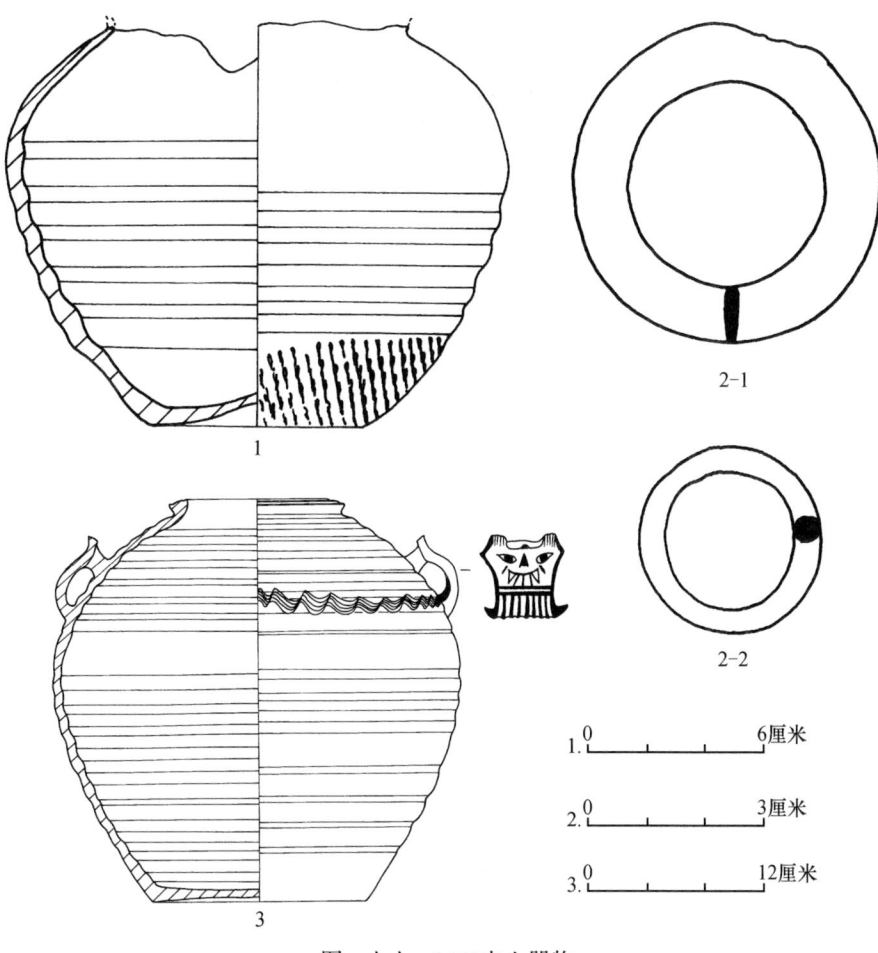

图一七七 M65出土器物
1. 陶罐（M65：3） 2. 铜环（M65：1-2、M65：1-1） 3. 陶瓿（M65：4）

M66

1. 墓葬形制

凸字形土坑竖穴墓。方向20°。墓室长3.22、宽1.76、深2.3米。墓道位于墓室北壁中央，长方形斜坡状，上口长0.6、宽1.1米。墓内填土为黄褐色花土，土质紧密。墓底有30厘米厚的青膏泥。墓室内存单棺单椁残木，椁长2.98、宽约1.04米，椁板厚14厘米。木棺置于木椁东侧，长2.06、宽0.44、残高0.26米，棺板厚约4厘米，木棺上残存漆皮。随葬品有陶盒1件、壶6件、瓿1件、罐1件、灶1件，置于边厢；铜刀1件、镜1件、铜钱19枚和印章1件，置于棺内。其中陶灶、陶盒残碎（图一七八；图版六〇，2）。

2. 随葬品

陶盒　1件。M66：14，残碎。
陶壶　6件。M66：5，釉陶，上半部施釉。敞口，直颈，圆鼓腹，平底内凹。肩部对饰叶

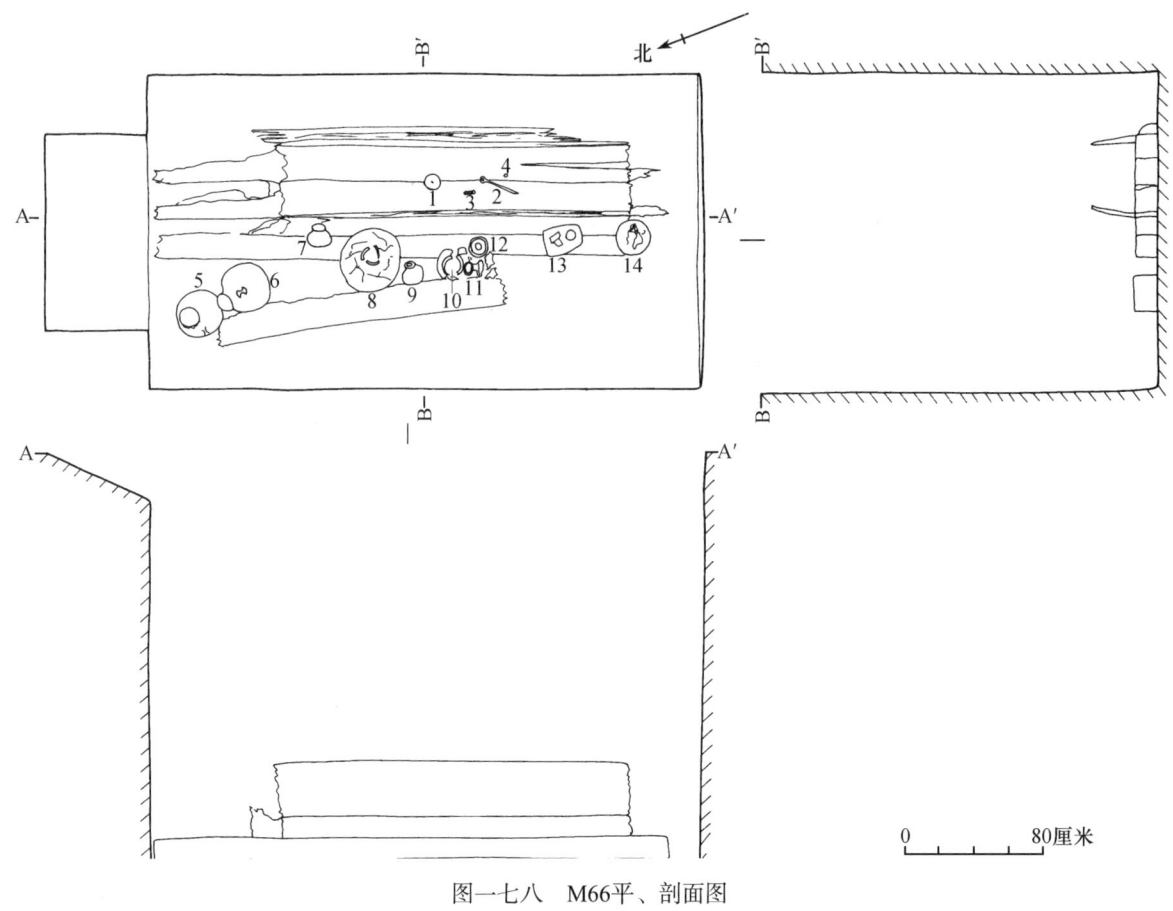

图一七八　M66平、剖面图
1.铜镜　2.铜刀　3.铜钱　4.铜印章　5~7、9、11、12.陶壶　8.陶瓿　10.陶罐　13.陶灶　14.陶盒

脉纹铺首耳及三组弦纹，颈部饰弦纹，通体存轮制弦纹。口径14.6、底径12.8、通高30.7厘米（图一七九，4；图版六一，6）。M66：6，釉陶，上半部施釉。敞口，直颈，圆鼓腹，平底内凹。肩部对饰桥形耳及三组弦纹，颈部饰弦纹及波浪纹，通体存轮制弦纹。口径14.8、底径14、通高33.2厘米（图一七九，3；图版六二，5）。M66：7，釉陶，上半部施釉。敞口，直颈，圆鼓腹，平底内凹。肩部对饰双桥形耳及两组弦纹，颈部饰波浪纹，通体存轮制弦纹。口径6、底径6.8、通高13.6厘米（图一七九，2；图版六二，2）。M66：9，釉陶，上半部施釉，有流釉现象。敞口，直颈，圆鼓腹，平底内凹。肩部对饰叶脉纹桥形耳及两组弦纹，颈部饰弦纹及波浪纹，通体存轮制弦纹。口径9.5、底径9.2、通高19.4厘米（图一八〇，1）。M66：11，硬陶。敞口，束颈，圆鼓腹，平底内凹。肩部对饰叶脉纹桥形耳及两组弦纹，颈部饰弦纹，通体存轮制弦纹。口径7、底径7.4、通高13.9厘米（图一七九，1）。M66：12，釉陶，上半部施釉。敞口，直颈，圆鼓腹，平底内凹。肩部对饰桥形耳及两组弦纹，颈部饰波浪纹，通体存轮制弦纹。口径6、底径7.2、通高13厘米（图一七九，6）。

陶瓿　1件。M66：8，釉陶，上半部施釉。平口方唇，圆鼓腹，平底。肩部对饰兽面桥形耳及三组凸弦纹，通体存轮制弦纹。口径8.2、底径14.8、通高24.4厘米（图一八〇，3；图版六二，4）。

陶罐　1件。M66∶10，硬陶。侈口圆唇，圆鼓腹，平底内凹。叶脉纹桥形耳。通体存轮制弦纹。口径9.6、底径8.4、通高11.2厘米（图一七九，5；图版六二，6）。

陶灶　1件。M66∶13，残碎。

铜刀　1件。M66∶2，环首，刀身剖面呈楔形，刃部略残。通长22.6厘米（图一八〇，4；图版六一，4）。

铜镜　1件。M66∶1，昭明镜。半球状纽，圆形纽座，素平缘。内区为八瓣内向连弧纹，外区为铭文带，铭文为"内清以昭明，光象夫日月，心不泄"。直径9、缘厚0.4厘米（图一八〇，2；图版六一，2）。

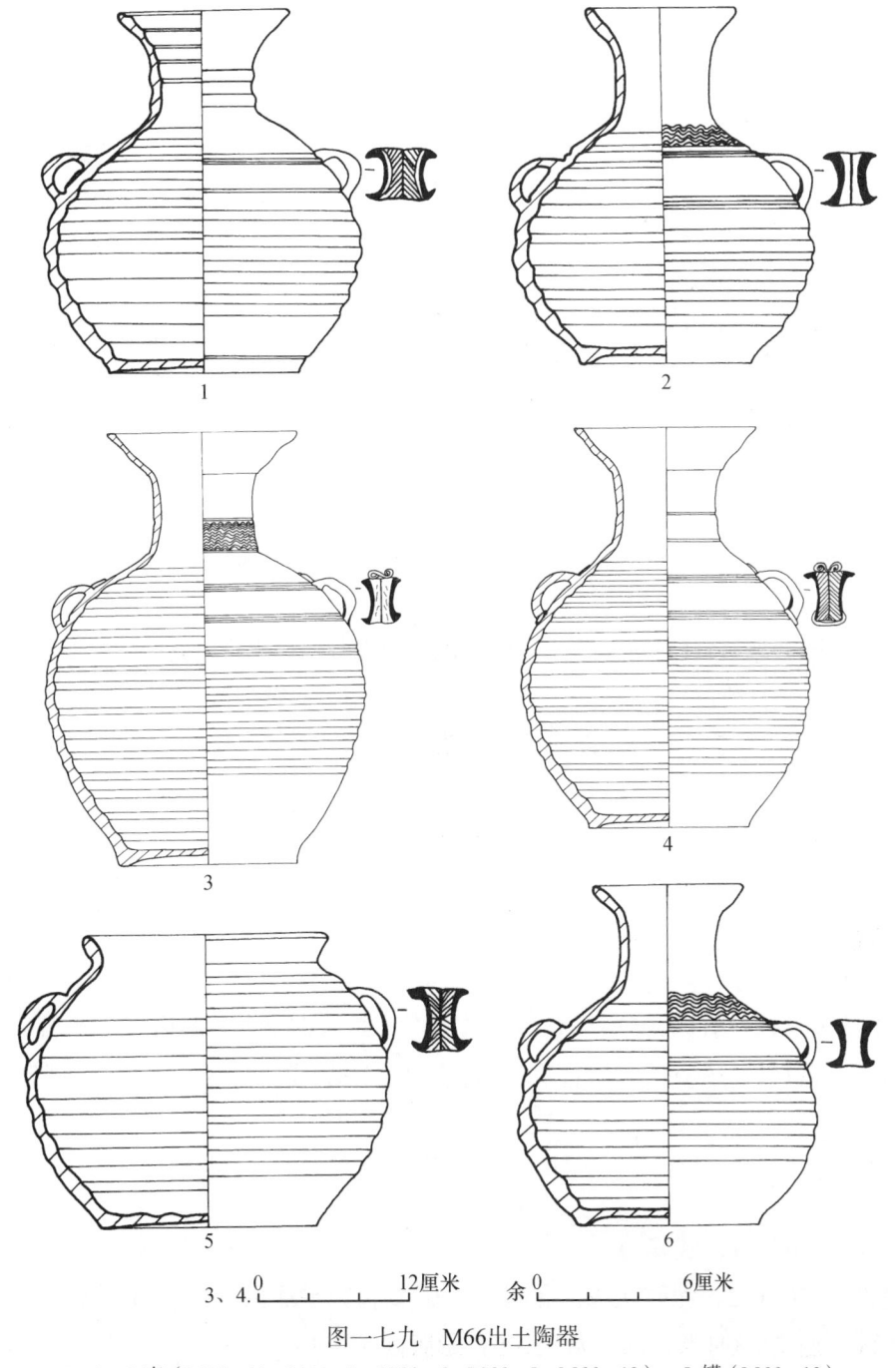

图一七九　M66出土陶器

1~4、6.壶（M66∶11、M66∶7、M66∶6、M66∶5、M66∶12）　5.罐（M66∶10）

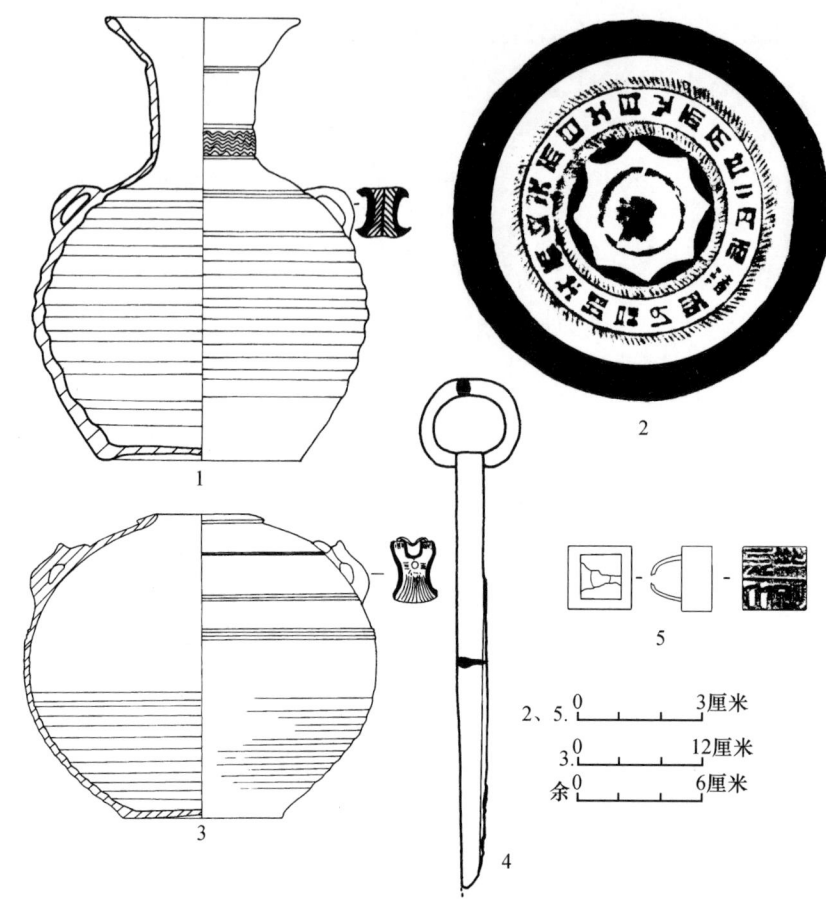

图一八〇　M66出土器物

1. 陶壶（M66∶9）　2. 铜镜（M66∶1）　3. 陶瓿（M66∶8）　4. 铜刀（M66∶2）　5. 铜印章（M66∶4）

铜印章　1件。M66∶4，桥形纽，方形印面。边长1.5厘米。印文为"胡荊之印"（图一八〇，5；图版六二，1、3）。

铜钱　19枚。M66∶3，锈蚀，部分可辨为五铢钱。

M67

1. 墓葬形制

长方形土坑竖穴墓。方向115°。墓口长2.1、宽1.4、深1.2米。墓内填土为黄褐色花土。随葬品有陶鼎1件、盒1件、壶3件、灶1件和井1件，其中陶鼎残碎（图一八一；彩版四〇，1）。

2. 随葬品

陶鼎　1件。M67∶1，残碎。

陶盒　1件。M67∶2，泥质灰陶。子母口，弧鼓腹，平底内凹。覆钵形器盖。素面。口径16.6、底径10.6、通高9.3厘米（图一八二，5；彩版四一，1）。

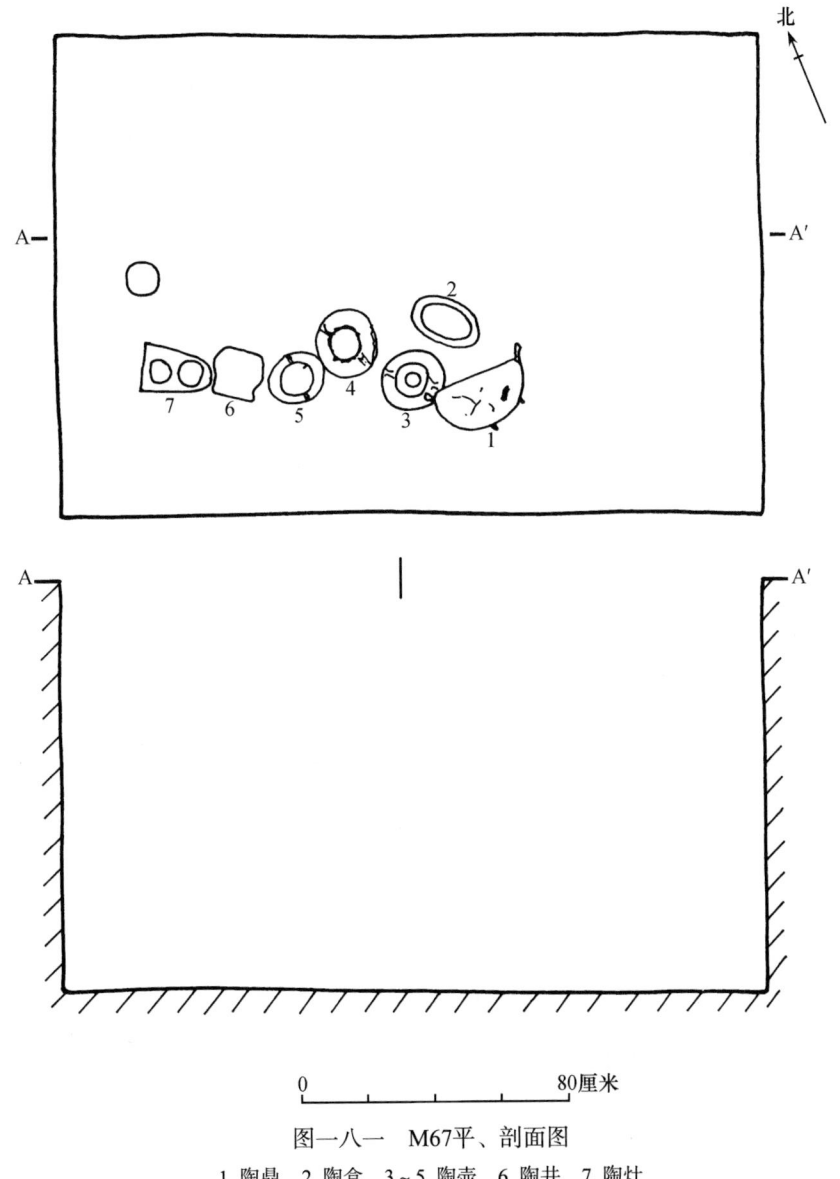

图一八一　M67平、剖面图
1. 陶鼎　2. 陶盒　3~5. 陶壶　6. 陶井　7. 陶灶

陶壶　3件。M67：3，釉陶，上半部施釉。敞口，斜直颈，圆鼓腹，平底内凹。肩部对饰叶脉纹桥形耳及两组弦纹，颈部饰波浪纹及弦纹，通体存轮制弦纹。口径11、底径11.8、通高24.5厘米（图一八二，3；彩版四一，3）。M67：4，硬陶。敞口，直颈，圆鼓腹，平底内凹。肩部饰叶脉纹桥形耳及两组弦纹，颈部饰波浪纹及弦纹，通体存轮制弦纹。口径13.2、底径12、通高26.8厘米（图一八二，2；彩版四一，5）。M67：5，釉陶，上半部施釉。敞口，直颈，圆鼓腹，平底内凹。肩部对饰桥形耳及两组弦纹，颈部饰波浪纹及弦纹，通体存轮制弦纹。口径9.7、底径9.8、通高22.3厘米（图一八二，4；彩版四一，2）。

陶井　1件。M67：6，泥质灰陶。平口方唇，折腹，平底。素面。口径14、底径11.6、通高14.4厘米（图一八二，6）。

陶灶　1件。M67：7，泥质灰陶。平面呈前方后圆，前端设一方形灶门，后端开一孔为烟囱。灶面双火眼，前后各一。存釜甑1组、平底锅1件。长24、宽15厘米（图一八二，1）。

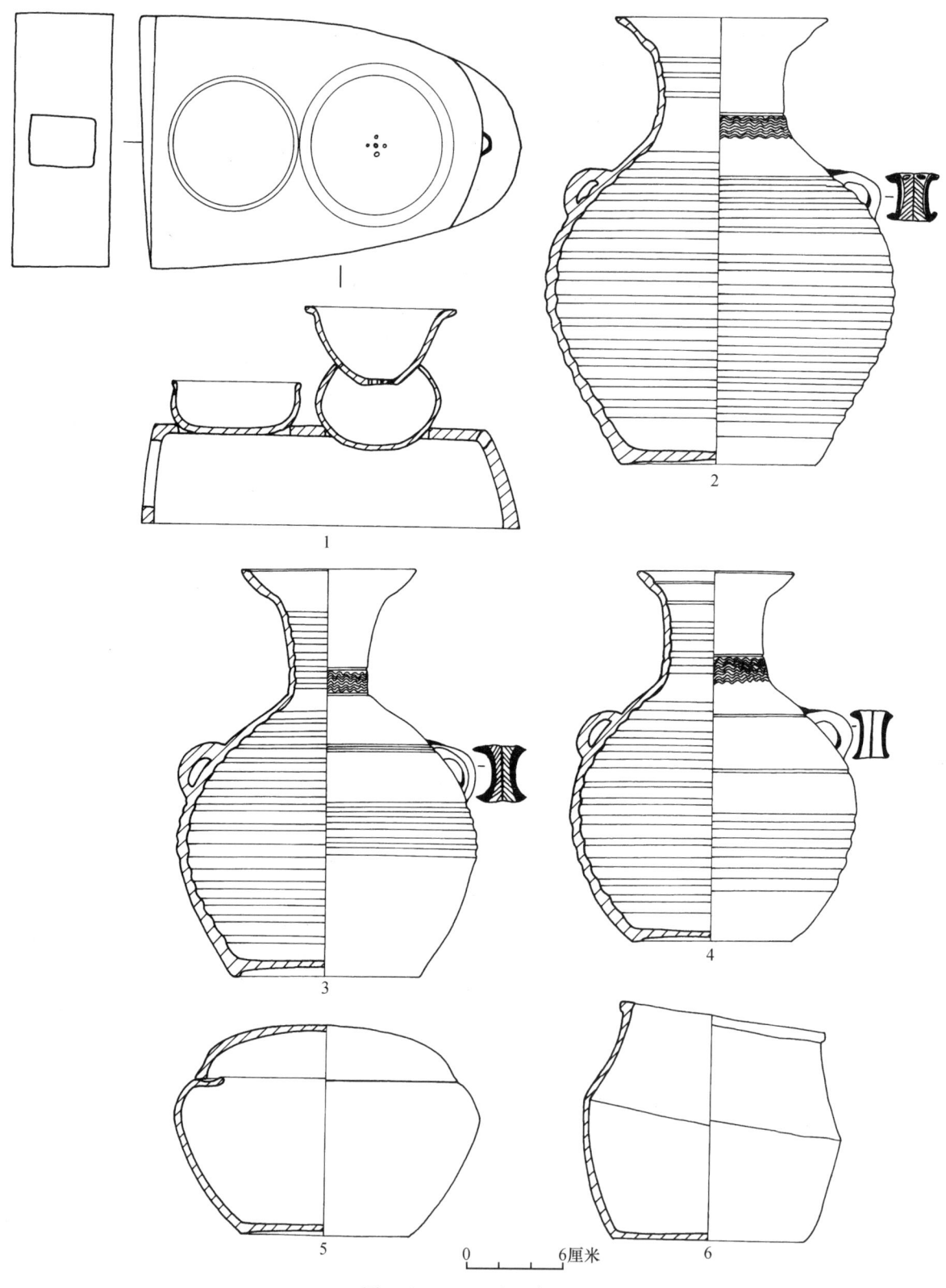

图一八二 M67出土陶器
1. 灶（M67：7） 2~4. 壶（M67：4、M67：3、M67：5） 5. 盒（M67：2） 6. 井（M67：6）

M68

1. 墓葬形制

曲尺形土坑竖穴墓。方向120°。墓室长4.4、宽3、深2.7米。墓室南、西壁下葬时略坍塌。墓道位于墓室东壁一侧，长方形斜坡状，上口长5、宽1.6米。墓内填土为黄褐色花土，墓底有30厘米厚的青膏泥。墓室内存木椁，椁室长3.7、宽2.3米，仅剩椁底板，由10块木板拼合成，木板长2.2、宽0.3～0.4、厚0.2米。椁底板之下南北两侧各置一东西向枕木，长3.9、厚0.2米。椁室内并列双棺，大小相近，北侧木棺长2.3、宽0.6～0.7、残高0.6米，棺板厚约10厘米。木棺东、西两端挡板已腐烂。南侧木棺为独木棺，残高0.38米，东、西两端挡板也已腐烂。随葬品有陶鼎1件、壶1件、灶1件、猪圈1件、冥币1枚；铜剑1件、刀1件、带钩1件、钗1件、印章2件、镜3件、铜钱41枚；漆盒1件；银饰1件。其中漆盒存漆皮，未采集，陶鼎残碎（图一八三；彩版四〇，2）。

2. 随葬品

陶鼎　1件。M68：15，残碎。

陶壶　1件。M68：14，釉陶，上半部施釉。敞口方唇，直颈，圆鼓腹，平底内凹。口部、颈部饰波浪纹及弦纹，肩部饰叶脉纹桥形耳、鹿纹及三组弦纹，通体存轮制弦纹。口径14.4、底径13、通高34.2厘米（图一八五，1；彩版四三，4）。

陶灶　1件。M68：16，泥质灰陶。平面整体呈前方后圆，前端设一方形灶门，后端为一实心烟囱。灶面置三火眼，上置釜1件。长26.6、宽14厘米（图一八四，2）。

陶猪圈　1件。M68：17，泥质灰陶。平面呈曲尺形，三侧起圈栏，一角设厕屋一座。厕屋一隅搭设高台，高台中间有一孔。厕屋四角起柱，屋顶缺失。长24.4、宽23.8厘米（图一八四，1）。

陶冥币　1件。M68：18，或称麟趾金，釉陶。呈蘑菇伞形。凸面施釉，有龟裂状纹。直径5.8、厚2厘米（图一八八，3；彩版四三，6）。

铜剑　1件。M68：2，圆形剑首，扁平茎，剑脊隆起，尾部收杀成锋，锋残。残长60厘米（图一八五，3；彩版四一，6）。

铜刀　1件。M68：7，环首，刀身剖面呈楔形，刃部锋利。通长27.8厘米（图一八五，2；彩版四二，6）。

铜带钩　1件。M68：4，兽首，圆纽。通长13.4厘米（图一八八，7；彩版四二，5）。

铜钗　1件。M68：1，素面。残长10.6厘米（图一八八，6；彩版四一，4）。

铜印章　1件。M68：3，桥形纽，方座。边长1.5厘米。印文为"玉丰私印"（图一八八，2；彩版四二，1、3）。

铜镜　3件。M68：8，日光镜。半球状纽，圆形纽座，素平缘。内区为八瓣内向连弧纹，

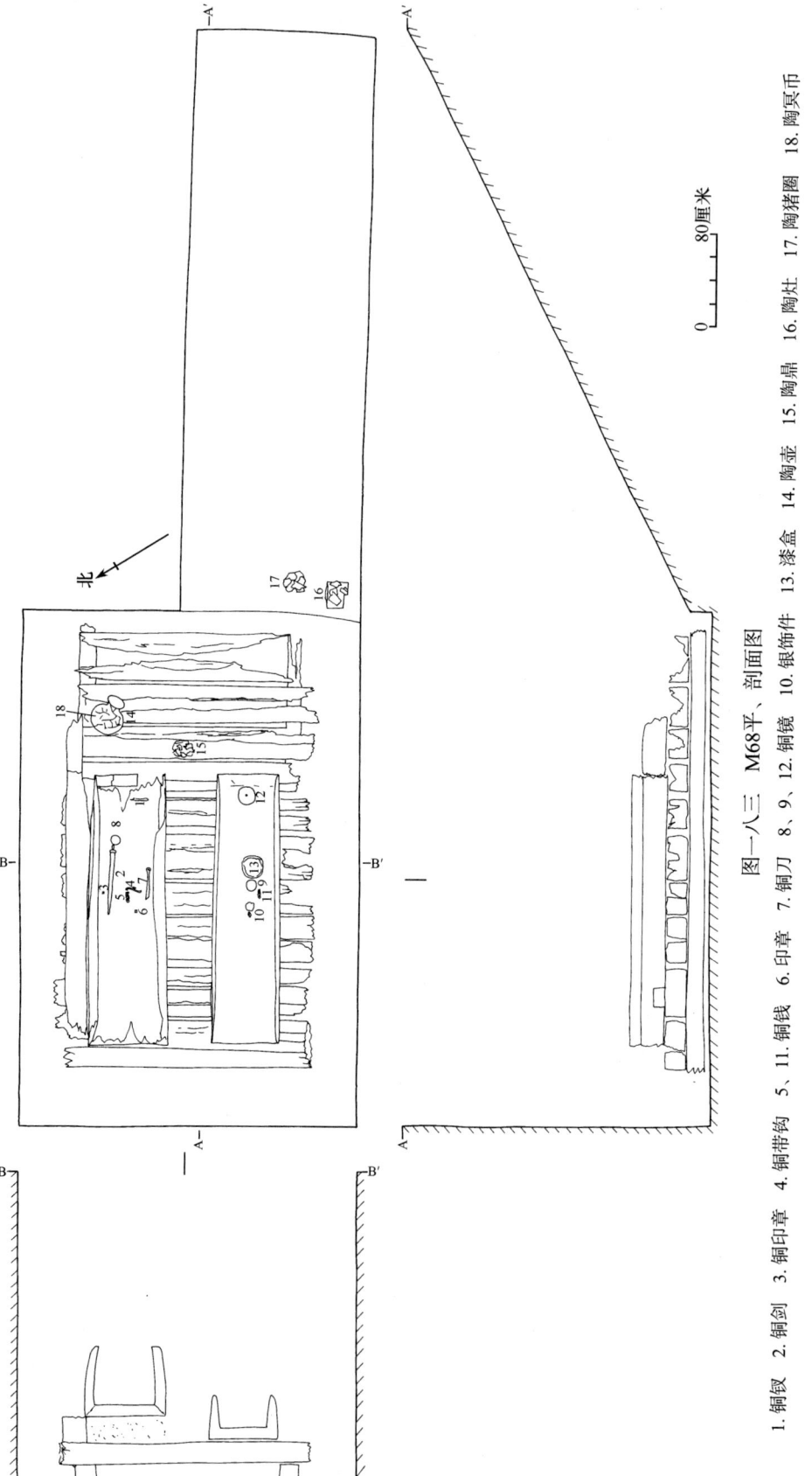

图一八三 M68平、剖面图

1. 铜钗 2. 铜剑 3. 铜印章 4. 铜带钩 5、11. 铜钱 6. 印章 7. 铜刀 8、9、12. 铜镜 10. 银饰件 13. 漆盒 14. 陶壶 15. 陶鼎 16. 陶灶 17. 陶猪圈 18. 陶冥币

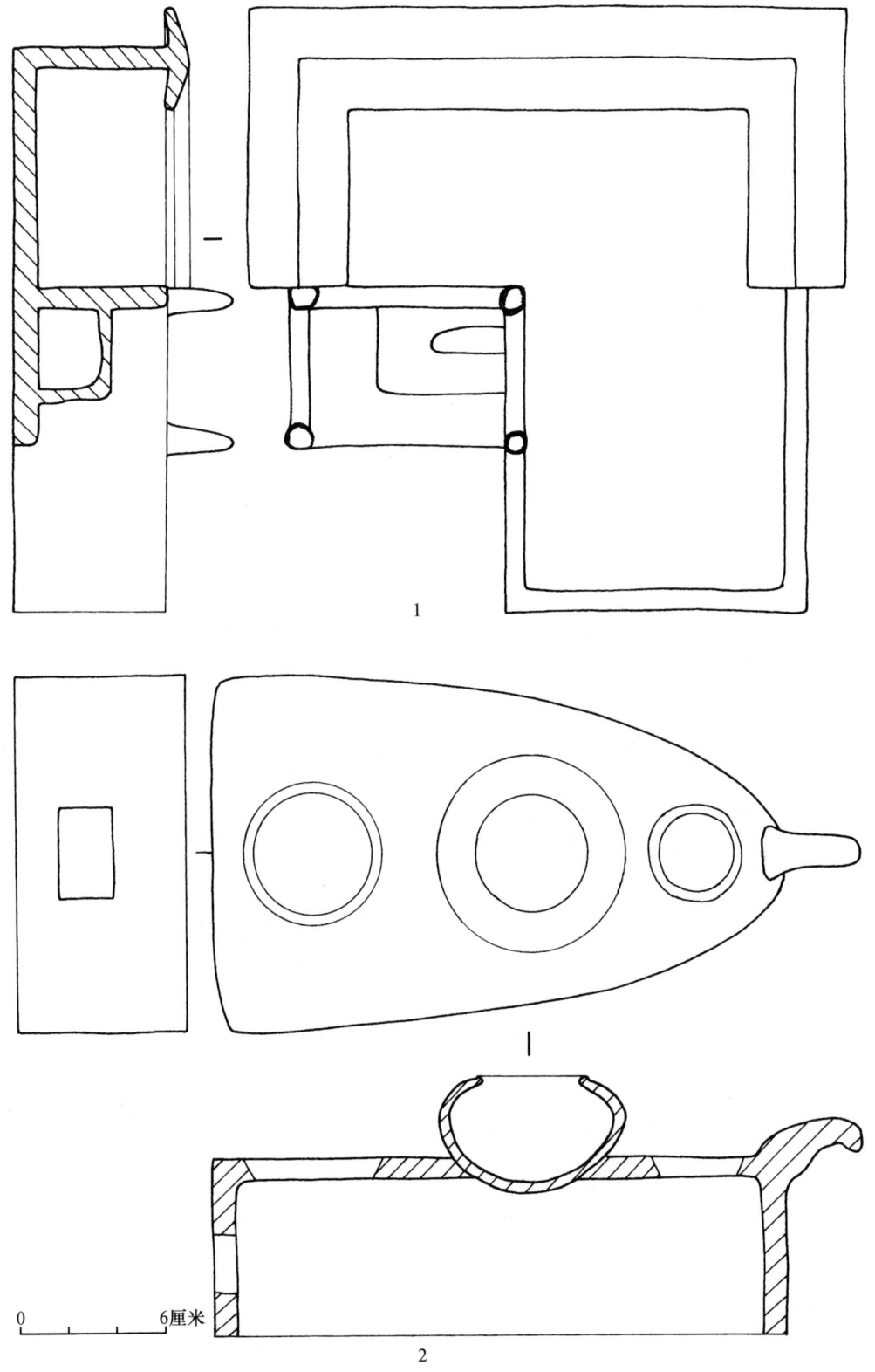

图一八四 M68出土陶器
1. 猪圈（M68：17） 2. 灶（M68：16）

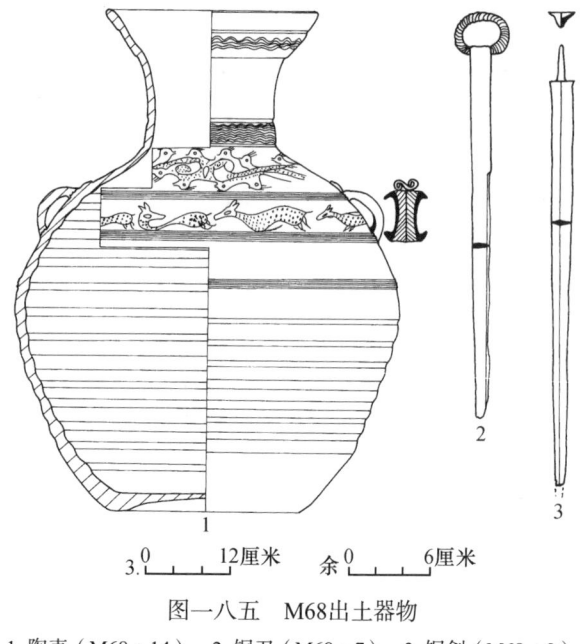

图一八五　M68出土器物
1. 陶壶（M68∶14）　2. 铜刀（M68∶7）　3. 铜剑（M68∶2）

图一八六　M68出土铜镜
M68∶12

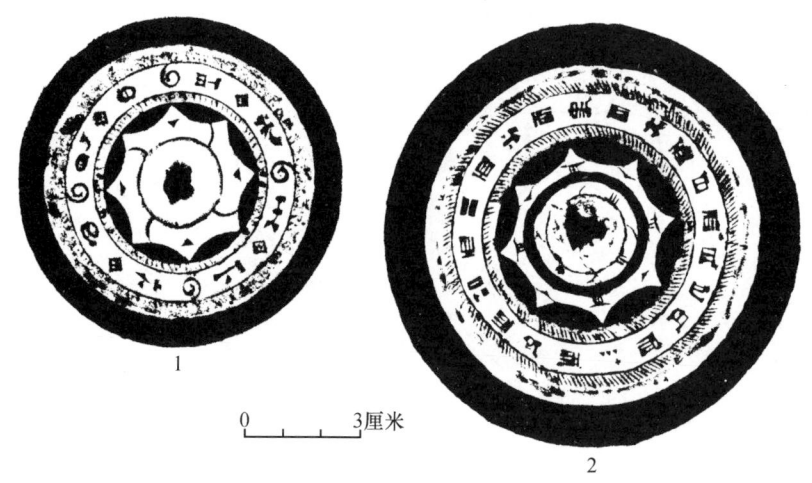

图一八七　M68出土铜镜
1. M68∶8　2. M68∶9

外区为铭文带，铭文为"见日之光，天下大明"。直径8.8、缘厚0.35厘米（图一八七，1；彩版四三，1）。M68∶9，昭明镜。半球状纽，圆形纽座，宽素平缘。内区为八瓣内向连弧纹，外区为铭文带，铭文为"内清以昭明，光象夫日月"。直径10.8、缘厚0.45厘米（图一八七，2；彩版四三，3）。M68∶12，昭明清白重圈铭文镜。半球状纽，并蒂连珠纽座，素平缘。内铭文带为"内清之以照明，光象夫日月，心忽扬而忠，然不泄"；外铭文带为"洁清白事君，怨之合明，彼玄锡之泽，恐疏远日忘，美之皓，承可说"，两铭文带间饰一周凸弦纹。直径15.8、缘厚0.6厘米（图一八六；彩版四三，2）。

铜钱　41枚。M68∶5，22枚。锈蚀，部分可辨为五铢钱（图一八八，4；彩版五四，4）。M68∶11，19枚。锈蚀，部分可辨为五铢钱。

银饰件　1件。M68∶10，柿蒂形薄片。径长约8厘米（图一八八，5；彩版四三，5）。

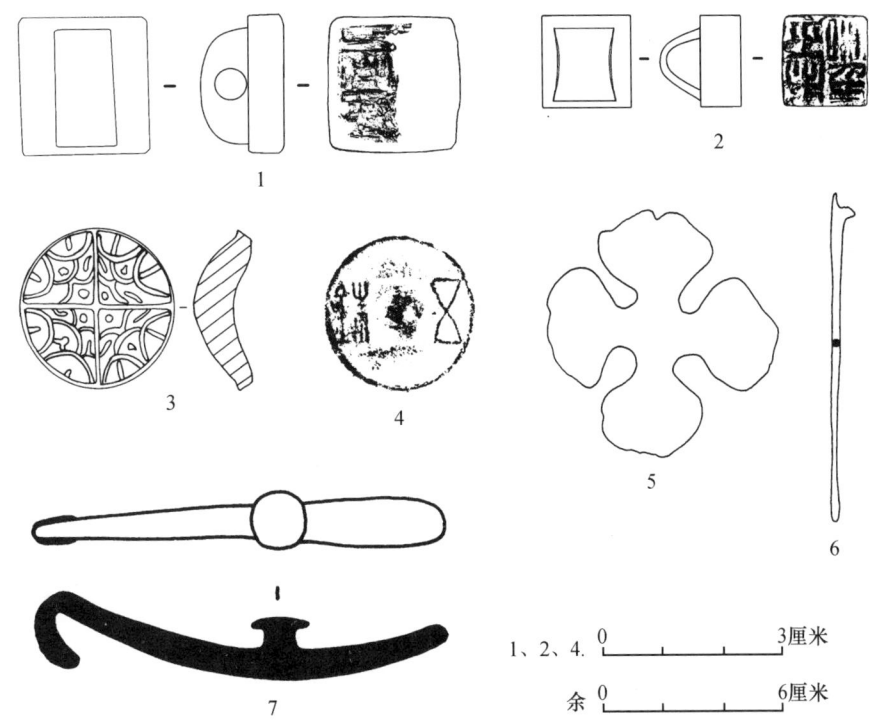

图一八八　M68出土器物

1.印章（M68：6）　2.铜印章（M68：3）　3.陶冥币（M68：18）　4.铜五铢钱（M68：5）　5.银饰件（M68：10）
6.铜钗（M68：1）　7.铜带钩（M68：4）

漆盒　1件。M68：13，未采集。

印章　1件。M68：6，桥形纽，中有穿孔，方形印面。边长2.2厘米。印文漫漶不清（图一八八，1；彩版四二，2、4）。

M69

1. 墓葬形制

长方形土坑竖穴墓。方向214°。墓室长3.4、宽2.46、深1.52米。墓内填土为黄褐色花土。墓室内存残木椁，椁室长3.32、宽2.16、残高0.8米，椁底由五块木板拼合而成。存木棺痕迹。随葬品有陶壶2件、瓿1件、灶1件、井1件；铜镜2件、刀1件、带钩1件、剑格1件、五铢钱36枚；漆盘1件、耳杯1件；印章1件。其中陶井残碎，漆盘、耳杯存漆皮，未采集（图一八九；彩版四四，1）。

2. 随葬品

陶壶　2件。M69：9，釉陶，上半部施釉。敞口，直颈，弧鼓腹，平底内凹。肩部对饰叶脉纹桥形耳及两组弦纹，口部、颈部饰波浪纹及弦纹，通体存轮制弦纹。口径13、底径13、通

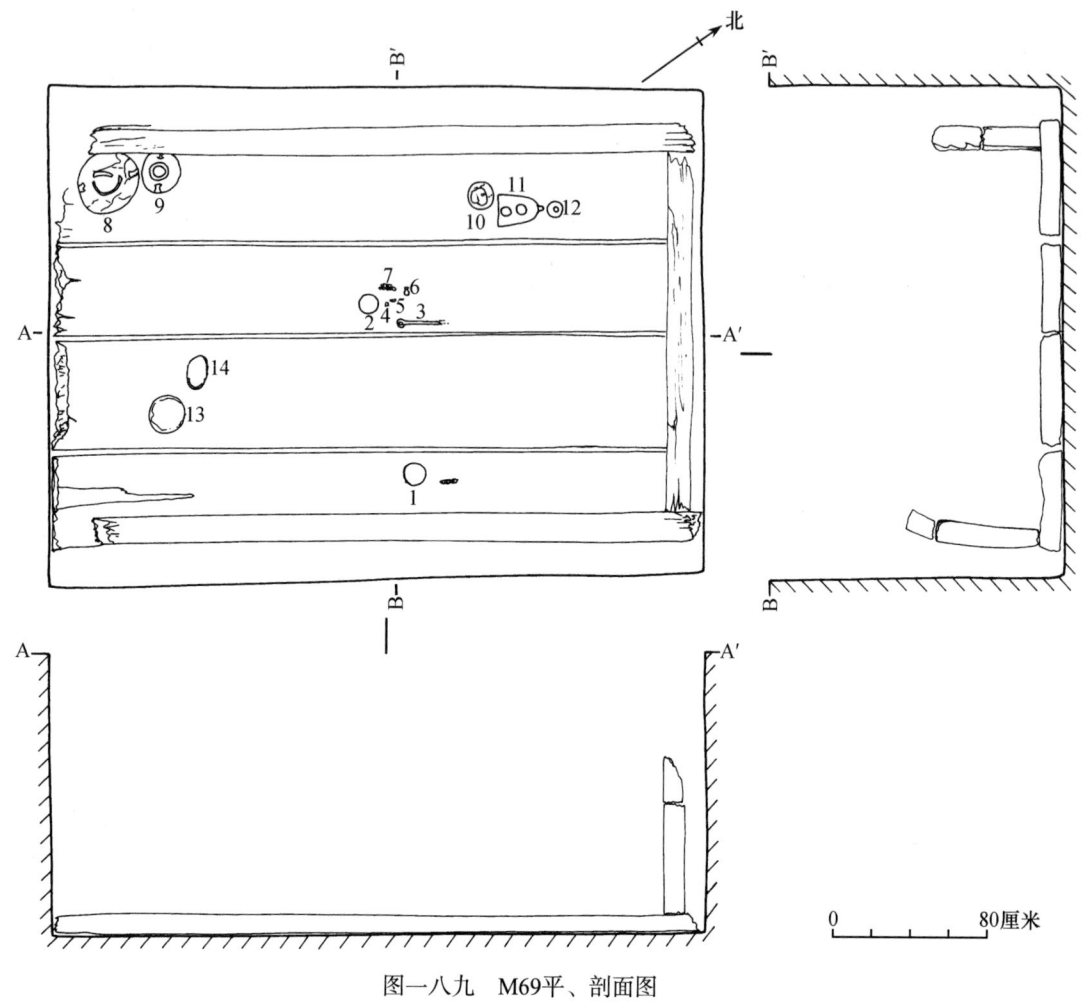

图一八九　M69平、剖面图

1、2. 铜镜　3. 铜刀　4. 印章　5. 带钩　6. 铜剑格　7. 铜钱　8. 陶瓿　9、12. 陶壶　10. 陶井　11. 陶灶　13. 漆盘　14. 耳杯

高29厘米（图一九〇，3；彩版四六，3）。M69：12，釉陶，上半部施釉。口残，直颈，圆鼓腹，平底内凹。肩部对饰叶脉纹铺首耳及两组弦纹，颈部饰波浪纹及弦纹，通体存轮制弦纹。底径9、残高14.8厘米（图一九〇，4；彩版四六，5）。

陶瓿　1件。M69：8，硬陶。平口方唇，圆鼓腹，平底内凹。肩部对饰兽面纹桥形耳及一道凹弦纹，通体存轮制弦纹。口径12.8、底径17、通高28厘米（图一九〇，1；彩版四六，1）。

陶灶　1件。M69：11，泥质灰陶。平面呈前方后圆，前端设一拱形灶门，后端为一实心烟囱。灶面置双火眼，前后各一。长24、宽16.4厘米（图一九〇，2）。

陶井　1件。M69：10，残碎。

铜镜　2件。M69：1，四乳四螭镜。半球状钮，圆形钮座，素平缘。内区为一周凸弦纹和短斜线纹，外区为四乳四螭。直径10.4、缘厚0.45厘米（图一九一，1；彩版四五，1）。M69：2，四乳四神兽镜。半球状钮，圆形钮座，素平缘。内区为一周凸弦纹和短斜线纹，外区为四乳四螭。直径10.7、缘厚0.5厘米（图一九一，2；彩版四五，3）。

铜刀　1件。M69：3，环首，刀身残，剖面呈楔形。残长18厘米（图一九二，5；彩版四五，5）。

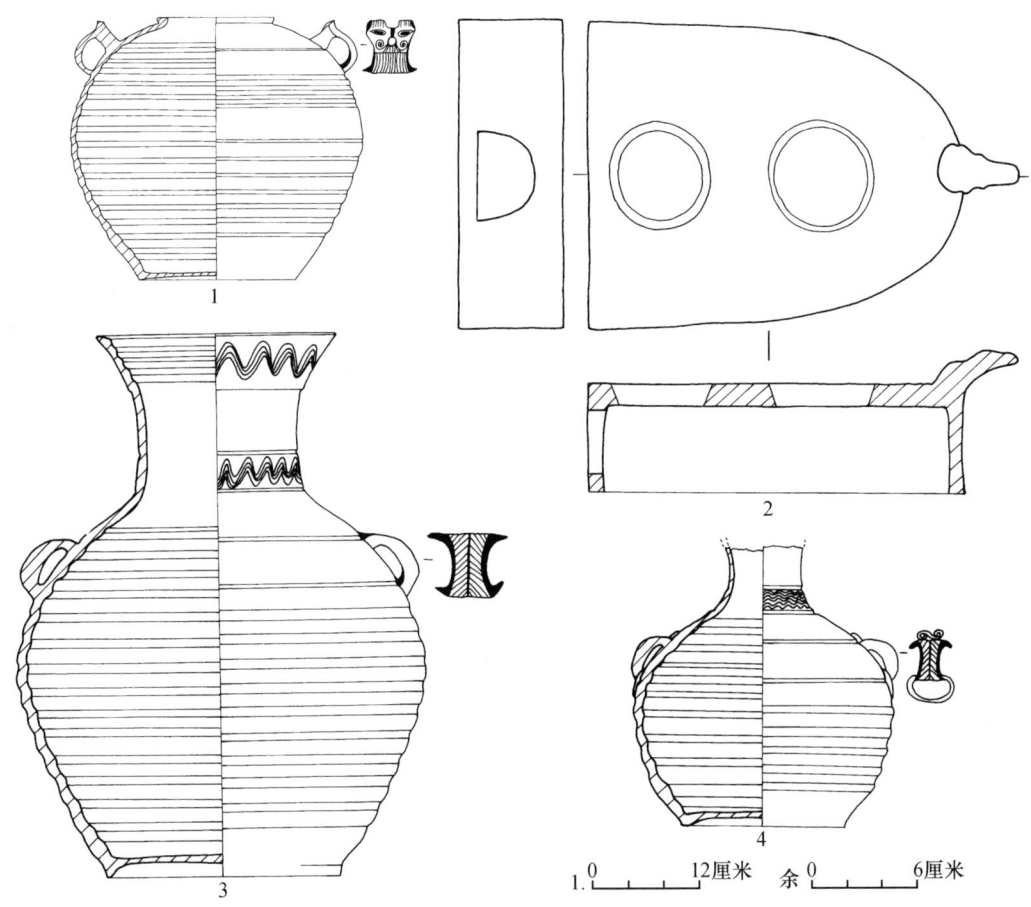

图一九〇　M69出土陶器
1.瓿（M69∶8）　2.灶（M69∶11）　3、4.壶（M69∶9、M69∶12）

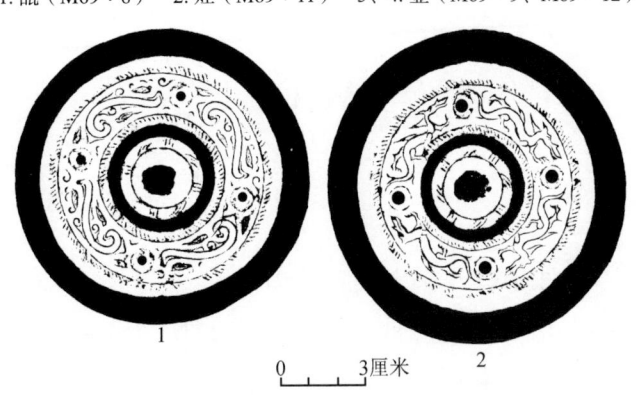

图一九一　M69出土铜镜
1. M69∶1　2. M69∶2

铜带钩　1件。M69∶5，钩首细小，圆纽。通长2.4厘米（图一九二，4）。

铜剑格　1件。M69∶6，平面呈"凹"字形，剖面呈菱形。长4.5厘米（图一九二，3；彩版四五，6）。

铜钱　36枚。M69∶7，为五铢钱（图一九二，2；彩版五四，2、4）。

漆盘　1件。M69∶13，存漆皮，未采集。

漆耳杯　1件。M69∶14，存漆皮，未采集。

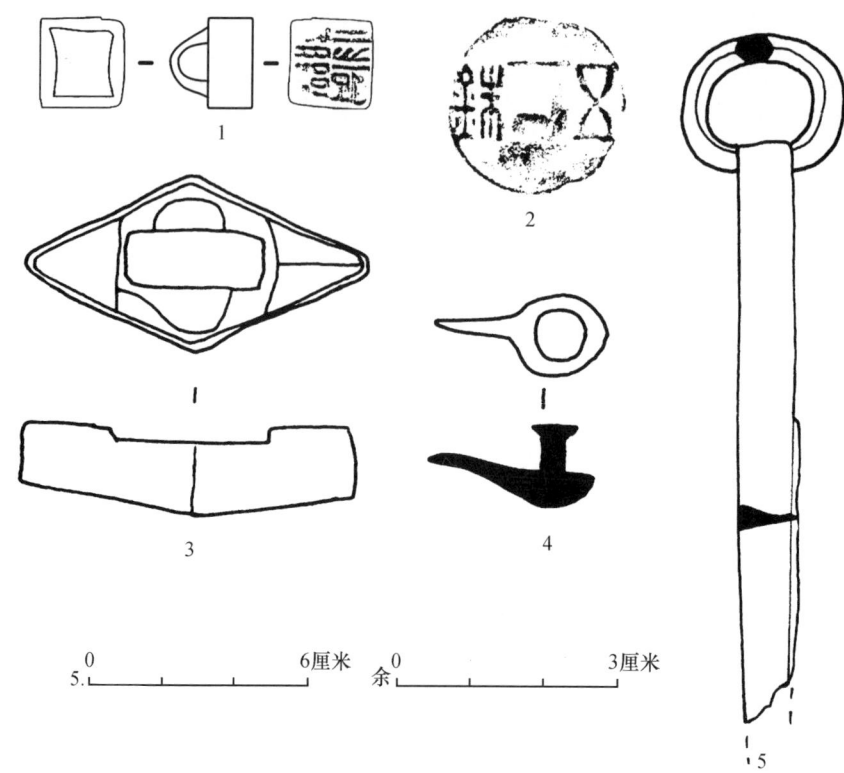

图一九二　M69出土器物

1. 印章（M69∶4）　2. 铜五铢钱（M69∶7）　3. 铜剑格（M69∶6）　4. 铜带钩（M69∶5）　5. 铜刀（M69∶3）

印章　1件。M69∶4，内核石质，外包铜，桥形纽，方座。边长1.2厘米。印文为"胡治眾印"（图一九二，1；彩版四五，2、4）。

M70

1. 墓葬形制

长方形土坑竖穴墓。方向210°。墓室长3.2、宽1.8、深1.3米。墓内填土为黄褐色花土，土质较硬。随葬品有陶鼎1件、盒1件、壶5件、瓿2件、灶1件、井1件、猪圈1件；铜镜1件、铜钱4枚。其中陶盒残碎（图一九三；彩版四四，2）。

2. 随葬品

陶鼎　1件。M70∶5，泥质灰陶。子母口，折肩，弧鼓腹，圜底，锥状足。双附耳。覆钵形器盖。素面。口径18.4、通高16厘米（图一九四，3；彩版四七，1）。

陶盒　1件。M70∶7，残碎。

陶壶　5件。M70∶3，釉陶，上半部施釉。敞口，直颈，弧鼓腹，平底内凹。肩部对饰叶脉纹铺首耳、三组凸弦纹及抽象动物纹，口部、颈部饰波浪纹及弦纹，通体存轮制弦纹，口

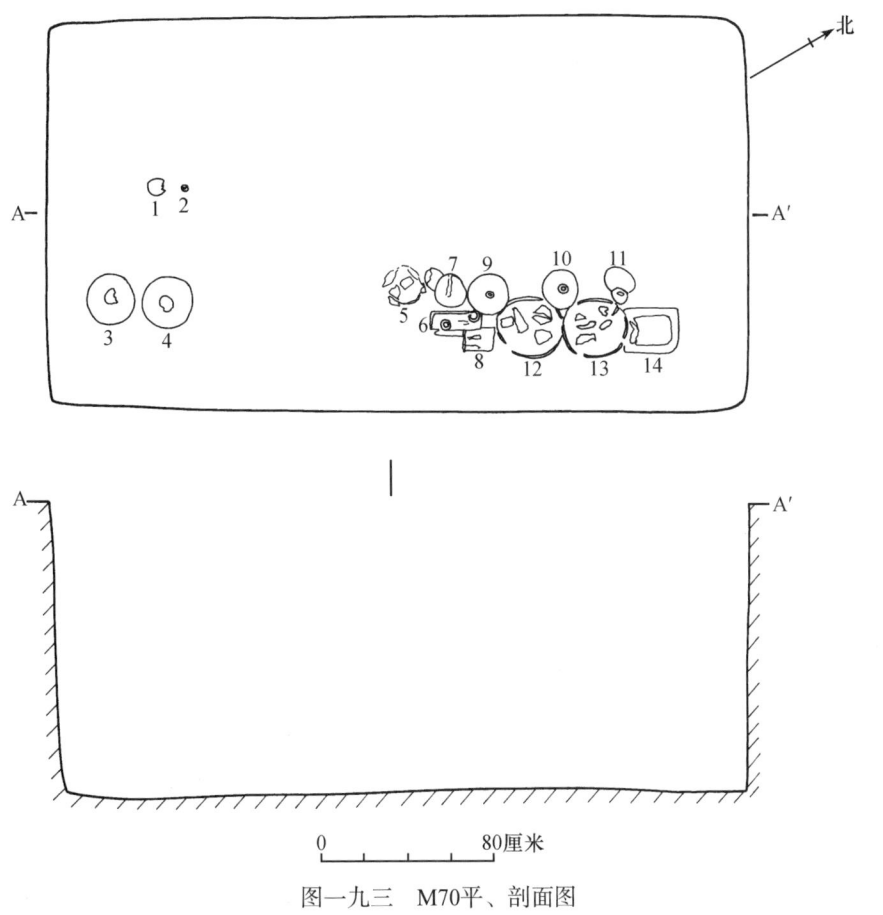

图一九三 M70平、剖面图
1.铜镜 2.铜钱 3、4、9~11.陶壶 5.陶鼎 6.陶灶 7.陶盒 8.陶井 12、13.陶瓿 14.陶猪圈

径14.6、底径13.6、通高32.4厘米（图一九四，5；彩版四六，4）。M70：4，釉陶，上半部施釉。敞口，直颈，弧鼓腹，平底内凹。肩部对饰叶脉纹桥形耳、三组凸弦纹及抽象动物纹，口部、颈部饰波浪纹及弦纹，通体存轮制弦纹。口径15、底径13.6、通高34.2厘米（图一九四，4；彩版四六，6）。M70：9，釉陶，上半部施釉。口残，弧鼓腹，平底内凹。肩部对饰桥形耳及两组弦纹，颈部饰波浪纹及弦纹，通体存轮制弦纹。底径10、残高21.8厘米（图一九四，7；彩版四七，3）。M70：10，釉陶，上半部施釉。口残，弧鼓腹，平底内凹。肩部对饰叶脉纹桥形耳及两组弦纹，颈部饰波浪纹及弦纹，通体存轮制弦纹。底径11.4、残高18厘米（图一九四，8；彩版四七，5）。M70：11，釉陶，上半部施釉。敞口，直颈，圆鼓腹，平底内凹。肩部对饰叶脉纹桥形耳及两组弦纹，颈部饰波浪纹及弦纹，通体存轮制弦纹。口径9.2、底径10.4、残高19.1厘米（图一九四，6；彩版四七，2）。

陶瓿 2件。M70：12，釉陶，上半部施釉。平口方唇，弧鼓腹，平底。肩部对饰兽面桥形耳、三组弦纹及抽象动物纹，通体存轮制弦纹。口径7.8、底径14.8、通高25.6厘米（图一九四，1；彩版四七，4）。M70：13，釉陶，上半部施釉。平口方唇，弧鼓腹，平底。肩部对饰兽面桥形耳、三组弦纹及抽象动物纹，通体存轮制弦纹。口径7.8、底径14、通高24.7厘米（图一九四，2；彩版四七，6）。

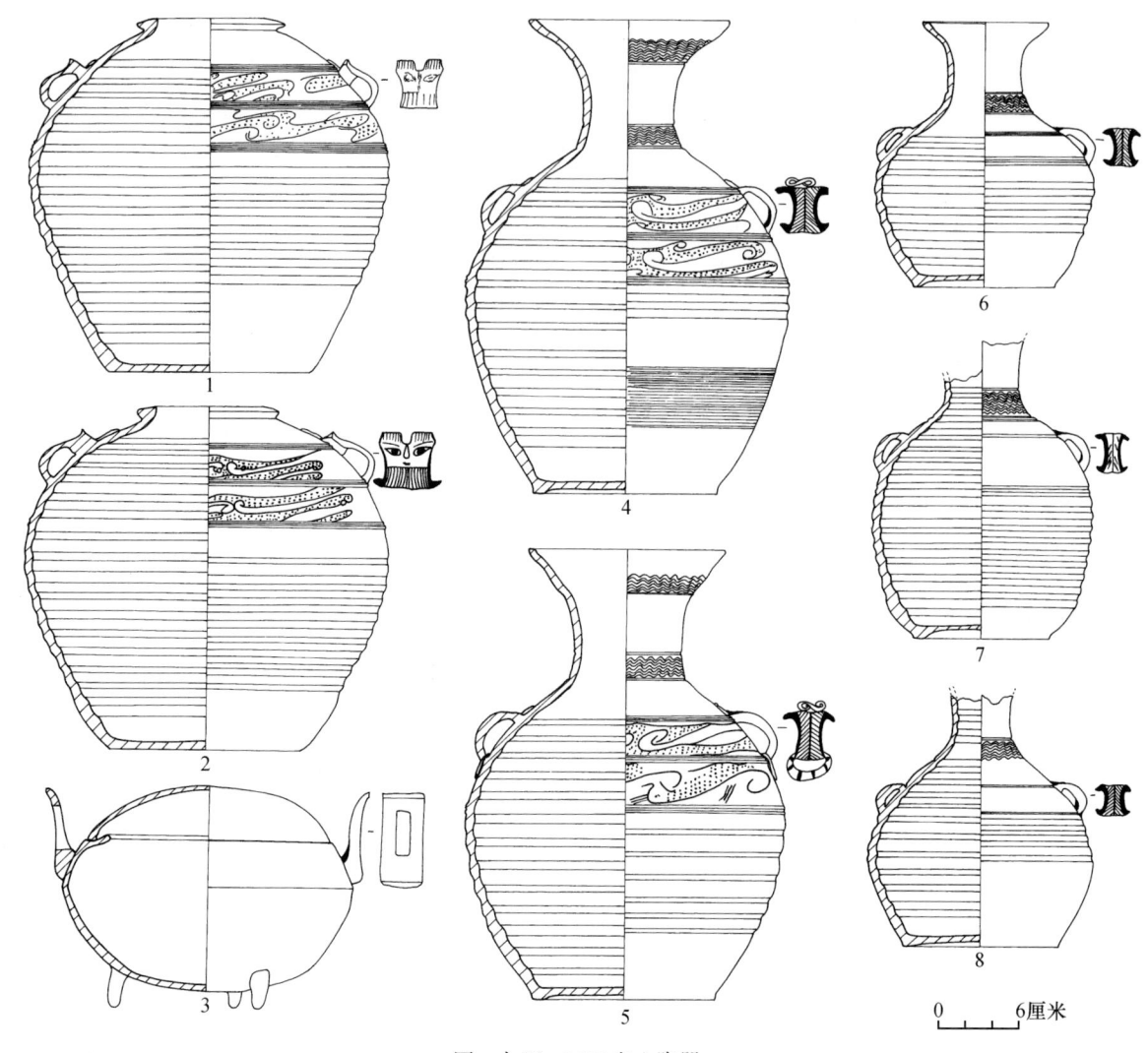

图一九四　M70出土陶器

1、2.瓿（M70：12、M70：13）　3.鼎（M70：5）　4~8.壶（M70：4、M70：3、M70：11、M70：9、M70：10）

陶灶　1件。M70：6，泥质灰陶。平面呈前方后圆，前端设一拱形灶门，后端残。灶面置双火眼，前后各一。附件为釜甑1组。长23、宽16厘米（图一九五，3）。

陶井　1件。M70：8，泥质灰陶。平口方唇，折腹，平底内凹。素面，内表存轮制弦纹。口径13、底径12.6、通高14.8厘米（图一九五，1）。

陶猪圈　1件。M70：14，泥质灰陶。平面为方形，下部置一周圈栏。栏上两侧起柱搭设厕屋一座，坡式屋顶，圈栏及屋顶有瓦垄。厕屋一侧起高台，高台中部开设一孔，孔与圈内相通。高台下设一级台阶。厕屋与猪圈各开设一门。长22.6、宽20.4、高13厘米（图一九五，2）。

铜镜　1件。M70：1，日光镜。残，半球状钮，圆形钮座。内区为一周凸弦纹及短斜线纹，外区为铭文带，残铭"见日之光，天□□明"。直径6.3、缘厚0.1厘米（图一九六；彩版四六，2）。

铜钱　4枚。M70：2，可辨有3枚五铢钱。

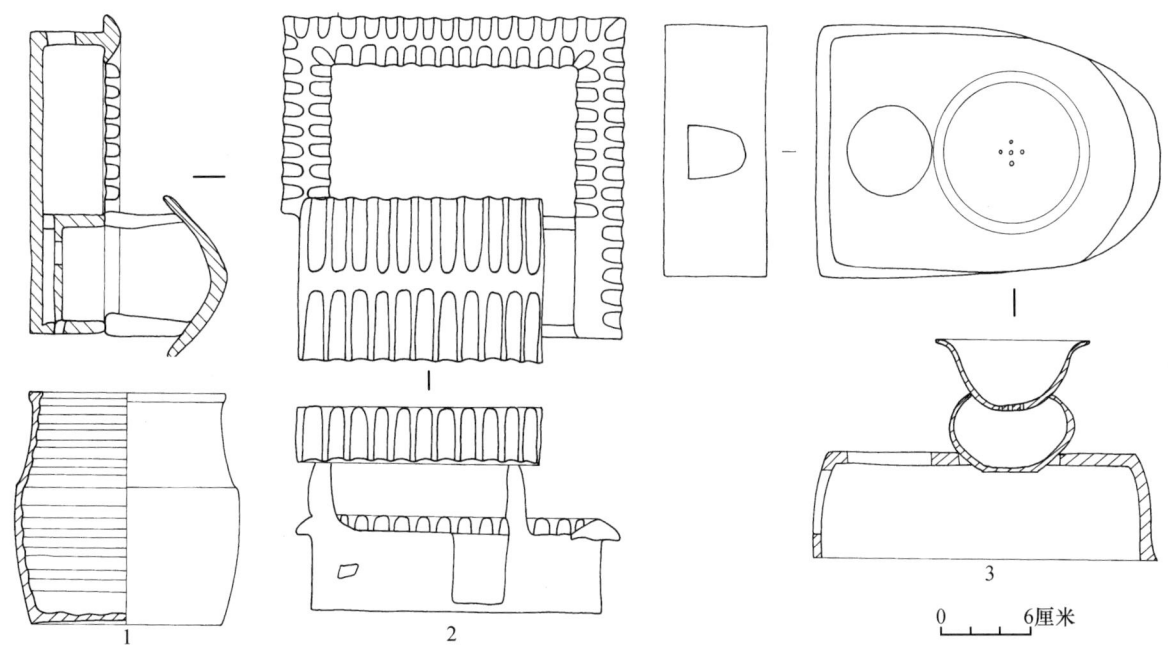

图一九五　M70出土陶器
1. 井（M70∶8）　2. 猪圈（M70∶14）　3. 灶（M70∶6）

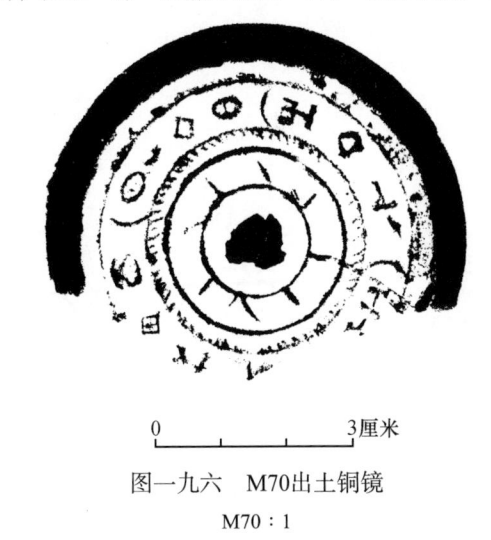

图一九六　M70出土铜镜
M70∶1

M71

1. 墓葬形制

长方形土坑竖穴墓，墓边挤压呈弧线。方向200°。墓室长2.7、宽1.08、残深0.4米。墓内填土为黄褐色花土，土质较硬。随葬品有陶壶1件，置于墓室东南角（图一九七；图版六三，1）。

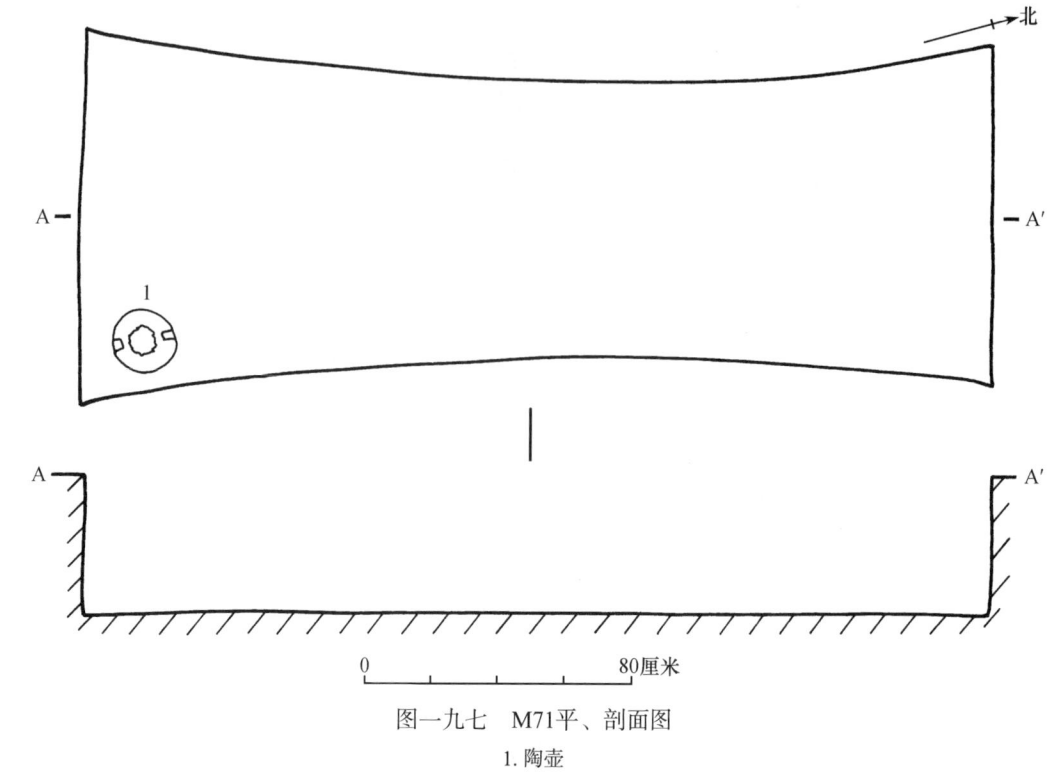

图一九七 M71平、剖面图
1.陶壶

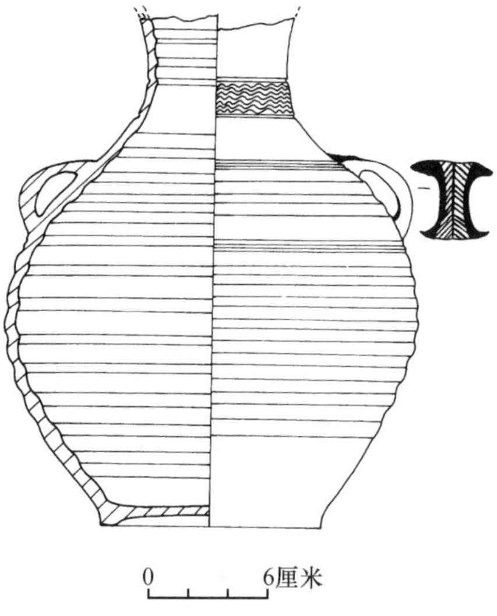

2. 随葬品

陶壶 1件。M71:1，硬陶。口残，圆鼓腹，平底内凹。肩部饰叶脉纹桥形耳及两组弦纹，颈部饰波浪纹及弦纹，通体存轮制弦纹。底径11、残高24.6厘米（图一九八；图版六四，1）。

图一九八 M71出土陶壶 M71:1

M72

1. 墓葬形制

长方形土坑竖穴墓。方向205°。墓室长3.06、宽1.42、深0.7米。墓内填土为黄褐色花土，土质较硬。墓底存单棺残木，长2.36、宽0.8、残高0.14米，棺板厚7厘米。随葬品有陶罐1件、壶2件，其中M72:3陶壶残碎（图一九九；图版六三，2）。

2. 随葬品

陶壶 2件。M72:2，釉陶，上半部施釉，有流釉现象。口残，直颈，圆鼓腹，平底内

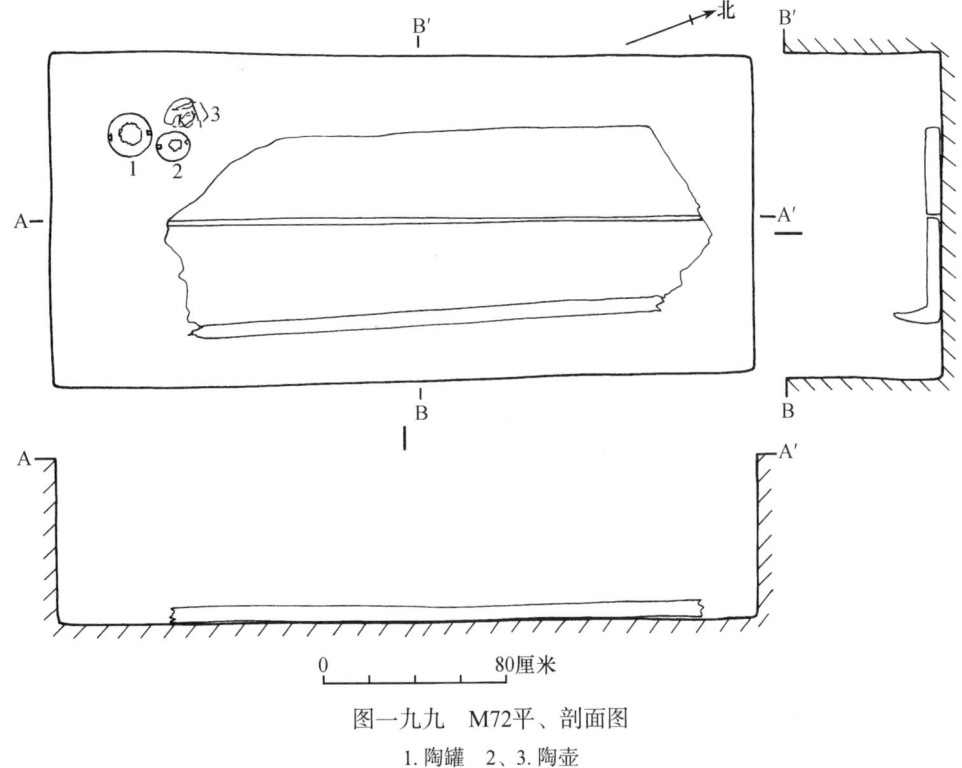

图一九九　M72平、剖面图
1.陶罐　2、3.陶壶

凹。肩部对饰叶脉纹桥形耳及两组弦纹，颈部饰波浪纹及弦纹，通体存轮制弦纹。底径9.4、残高18.2厘米（图二〇〇，2；图版六四，5）。M72：3，残碎。泥质灰陶。

陶罐　1件。M72：1，红硬陶。平口方唇，弧鼓腹，平底内凹。肩部对饰叶脉纹桥形耳。通体存轮制弦纹。口径12.4、底径11.6、通高18.1厘米（图二〇〇，1；图版六四，3）。

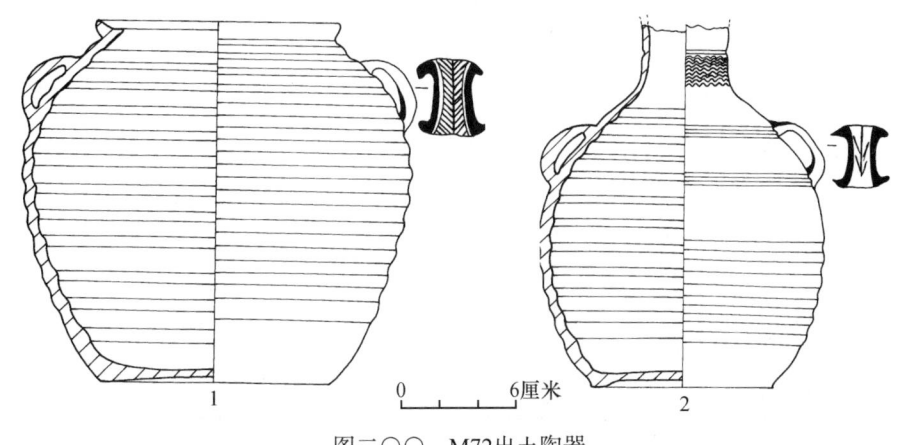

图二〇〇　M72出土陶器
1.罐（M72：1）　2.壶（M72：2）

M73

1. 墓葬形制

长方形土坑竖穴墓。方向24°。墓室长3.2、宽1.48、深1.2米。墓内填土为黄褐色花土，土质较硬。墓底有青膏泥，厚约30厘米。残存棺椁板。随葬品有陶壶5件、罐2件、井1件、猪圈1件；铜镜1件、铜钱15枚（图二〇一；图版六三，3）。

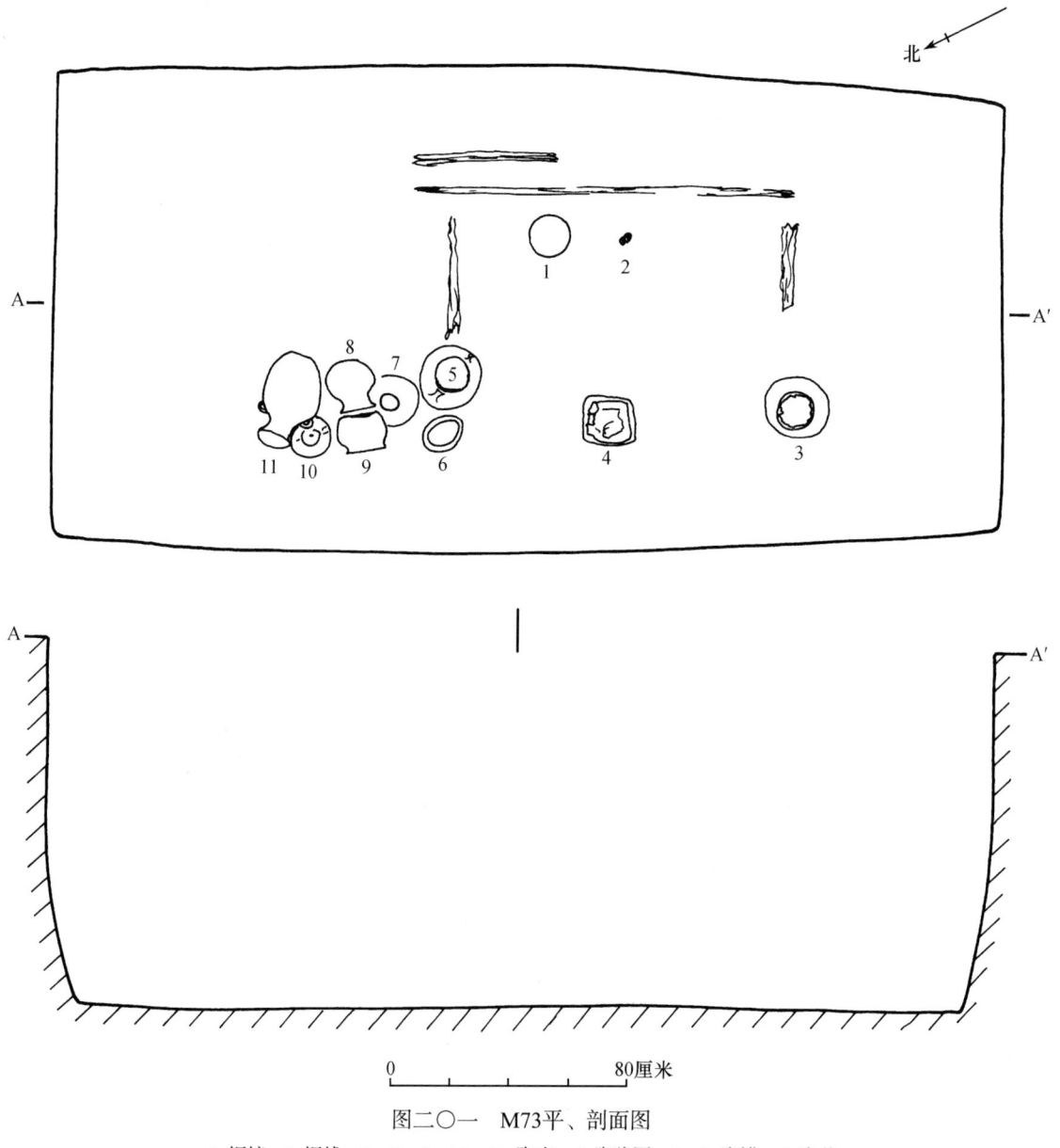

图二〇一　M73平、剖面图
1.铜镜　2.铜钱　3、7、8、10、11.陶壶　4.陶猪圈　5、9.陶罐　6.陶井

2. 随葬品

陶壶 5件。M73:3，釉陶，上半部施釉，有流釉现象。口残，直颈，圆鼓腹，平底内凹。肩部对饰叶脉纹桥形耳及两组弦纹，颈部饰波浪纹及弦纹，通体存轮制弦纹。底径9、残高18.6厘米（图二〇二，5；图版六四，4）。M73:7，硬陶。口残，直颈，圆鼓腹，平底

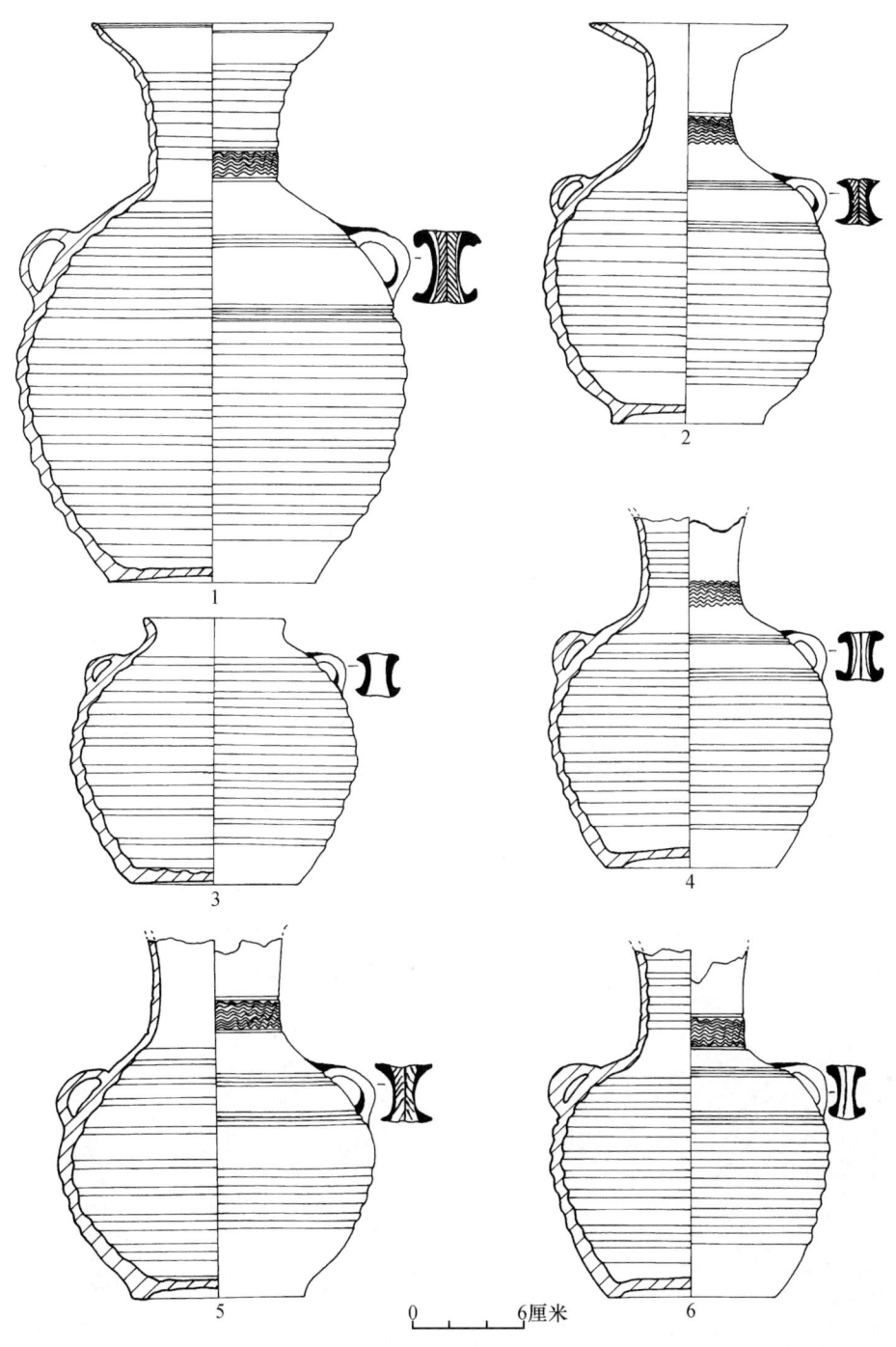

图二〇二　M73出土陶器

1、2、4~6.壶（M73:11、M73:8、M73:7、M73:3、M73:10）　3.罐（M73:9）

内凹。肩部对饰桥形耳及两组弦纹，颈部饰波浪纹，通体存轮制弦纹。底径9.2、残高18.2厘米（图二〇二，4；图版六五，3）。M73：8，釉陶，上半部施釉。敞口，直颈，圆鼓腹，平底内凹。肩部对饰叶脉纹桥形耳及两组弦纹，颈部饰波浪纹及弦纹，通体存轮制弦纹。口径10.8、底径8.4、通高20.8厘米（图二〇二，2；图版六五，5）。M73：10，釉陶，上半部施釉，有流釉现象。口残，直颈，弧鼓腹，平底内凹。肩部对饰桥形耳及两组弦纹，颈部饰波浪纹及弦纹，通体存轮制弦纹。底径8.8、残高18厘米（图二〇二，6；图版六五，4）。M73：11，釉陶，釉脱落。敞口，直颈，圆鼓腹，平底内凹。肩部对饰叶脉纹桥形耳及两组弦纹，颈部饰波浪纹及弦纹，通体存轮制弦纹。口径13、底径11、通高29厘米（图二〇二，1；图版六五，6）。

陶罐　2件。M73：5，硬陶。侈口圆唇，弧鼓腹，平底内凹。肩部对饰叶脉纹桥形耳。通体存轮制弦纹。口径11.6、底径11.4、通高18.8厘米（图二〇三，1；图版六五，1）。M73：9，泥质红陶。侈口圆唇，弧鼓腹，平底内凹。肩部对饰桥形耳。通体存轮制弦纹。口径7.4、底径8.8、通高13.8厘米（图二〇二，3；图版六五，2）。

陶井　1件。M73：6，泥质灰陶。平口方唇，折腹，平底。素面，内表存轮制弦纹。口径9.8、底径10、通高10.3厘米。内置一汲水罐，直口，弧腹，圜底。肩部对饰双穿孔耳（图二〇三，4）。

陶猪圈　1件。M73：4，泥质灰陶。平面呈圆角方形，四周置一周圈栏，中间设隔墙。隔墙及圈栏一侧起柱搭设厕屋一座，中部开设一门，坡式屋顶。屋顶及圈栏底部起瓦垄。长16.6、宽16.2厘米（图二〇三，3；图版六四，6）。

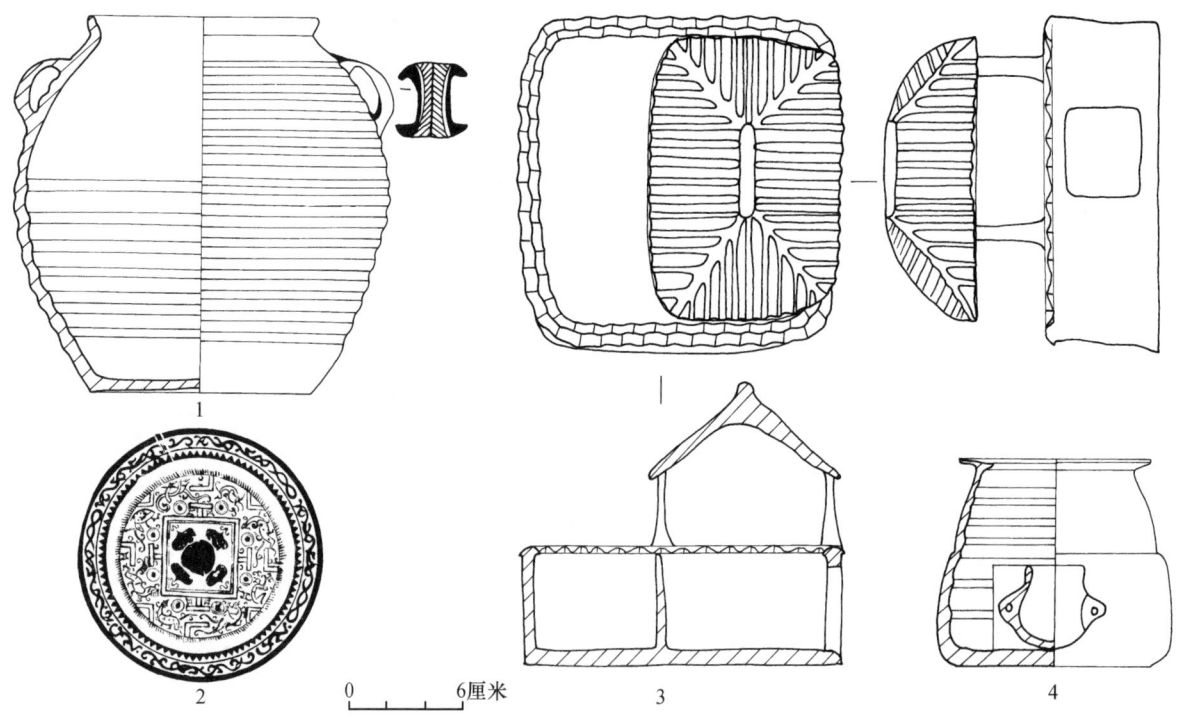

图二〇三　M73出土器物

1. 陶罐（M73：5）　2. 铜镜（M73：1）　3. 陶猪圈（M73：4）　4. 陶井（M73：6）

铜镜　1件。M73：1，博局镜。半球状纽，四叶纹纽座。座外方格，方格内有四字铭文，为"□□长侯"。八乳丁将外区四等分，间饰四神及TLV纹。缘上饰锯齿纹及云气纹。直径13、缘厚0.45厘米（图二〇三，2；图版六四，2）。

铜钱　15枚。M73：2，锈蚀严重，个别可辨为五铢钱。

M74

1. 墓葬形制

长方形土坑竖穴墓。方向14°。墓室长3.15、宽1.74、深1.4米。墓内填土为黄褐色花土，土质较硬，墓底有青膏泥。存单棺单椁残木，木棺长2.24、宽0.54米。木椁长2.82、宽1.46米。随葬品有陶壶3件，置于边厢（图二〇四；彩版四八，1）。

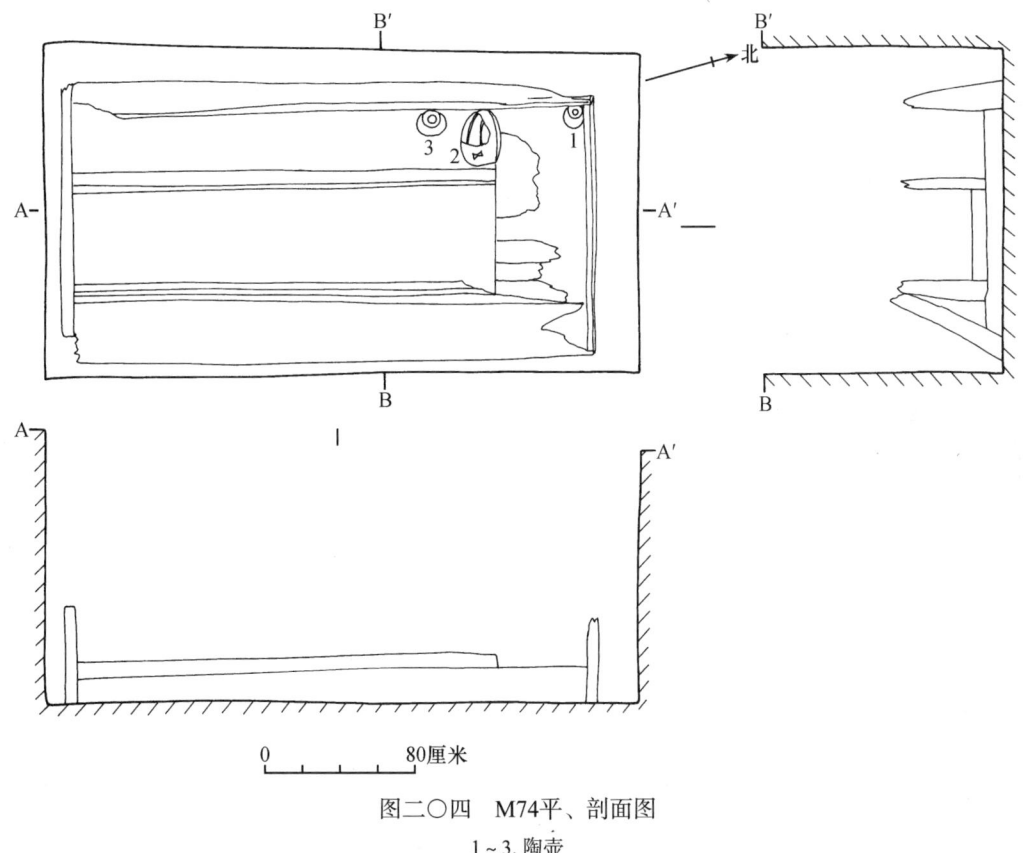

图二〇四　M74平、剖面图
1~3.陶壶

2. 随葬品

陶壶　3件。M74：1，釉陶。敞口，直颈，圆鼓腹，平底。肩部对饰桥形耳及两组弦纹，颈部饰波浪纹及弦纹，通体存轮制弦纹。口径9.6、底径7.6、通高17.9厘米（图二〇五，2；彩版四九，1）。M74：2，硬陶。口部、颈部残，弧鼓腹，平底。肩部对饰桥形耳及三组弦纹，颈部残留波浪纹及弦纹，通体存轮制弦纹。底径12、残高25厘米（图二〇五，3；彩版四九，3）。M74：3，釉陶，上半部施釉。敞口，直颈，弧鼓腹，平底。肩部对饰叶脉纹桥形耳及两组弦纹，颈部饰波浪纹及弦纹，通体存轮制弦纹。口径9.8、底径8、通高18.6厘米（图二〇五，1；彩版四九，5）。

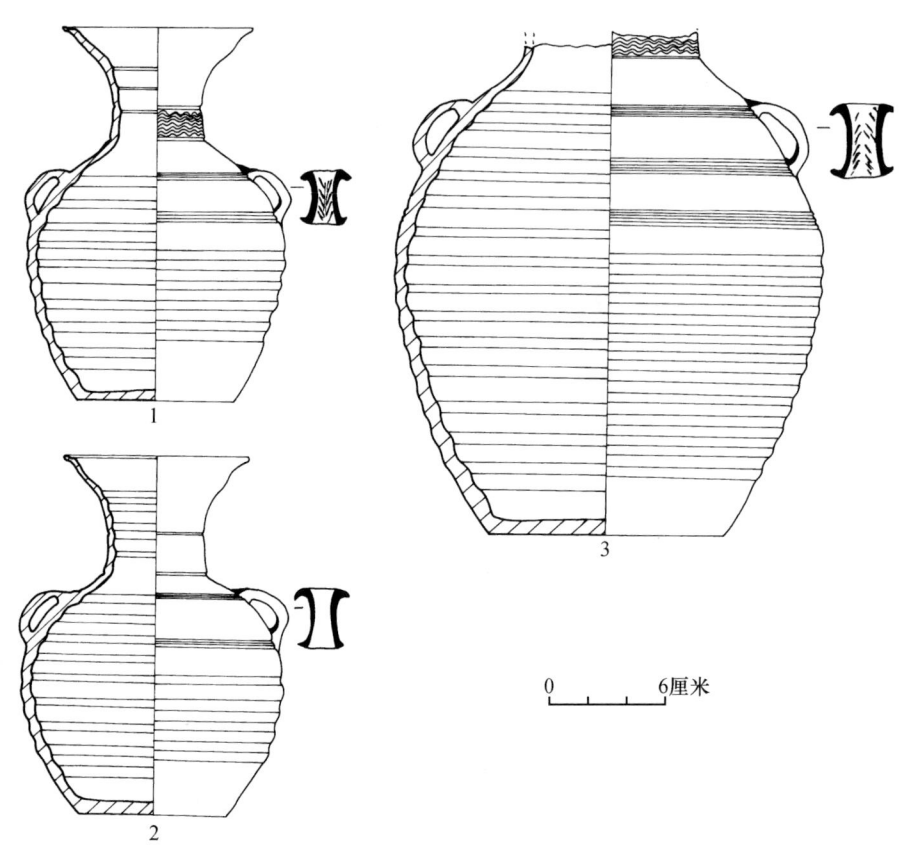

图二〇五　M74出土陶壶
1. M74：3　2. M74：1　3. M74：2

M75

1. 墓葬形制

长方形土坑竖穴墓。方向290°。墓室长3.14、宽1.6、深1.38米。墓内填土为黄褐色花土，土质较硬。墓底有青膏泥，厚约10厘米。存单棺单椁残木，棺长2.38、宽0.63米。随葬品有陶壶2件、陶器6件；铜镜1件、带钩1件、铜钱12枚。其中编号4~9的陶器残碎，器形不辨（图二〇六；彩版四八，2）。

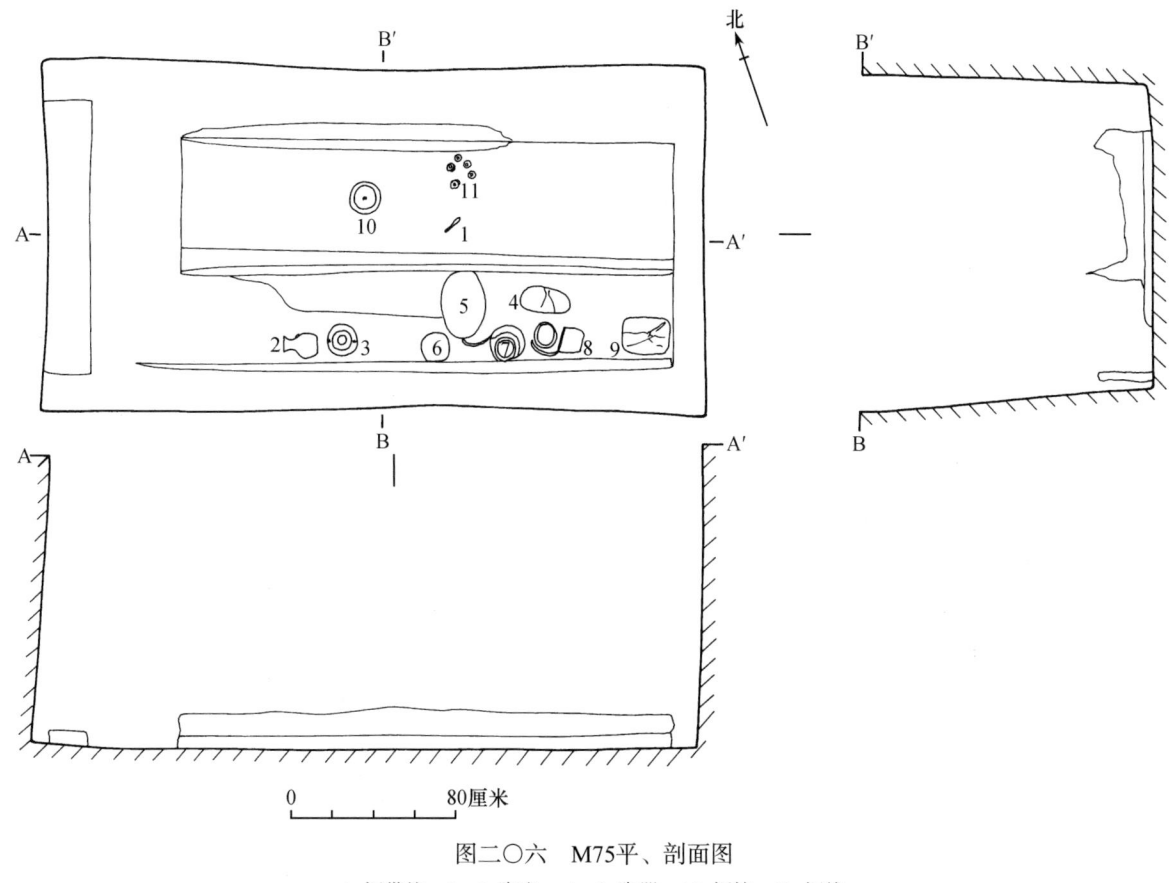

图二〇六　M75平、剖面图
1. 铜带钩　2、3. 陶壶　4~9. 陶器　10. 铜镜　11. 铜钱

2. 随葬品

陶壶　2件。M75:2，釉陶，上半部施釉。敞口，直颈，弧鼓腹，平底内凹。肩部对饰桥形耳及两组弦纹，颈部饰波浪纹及弦纹，通体存轮制弦纹。口径8.5、底径8、通高11.6厘米（图二〇七，1；彩版四九，4）。M75:3，釉陶，上半部施釉。敞口，束颈，弧鼓腹，平底。肩部对饰桥形耳及两组弦纹，颈部饰波浪纹及弦纹，通体存轮制弦纹。口径9.2、底径7.8、通高18厘米（图二〇七，2）。

铜镜　1件。M75:10，半球状纽，四叶纹纽座，座外方格。四乳丁将外区四等分，间饰八神兽及TLV纹。缘上饰锯齿纹及云气纹。直径13.6、缘厚0.35厘米（图二〇七，4；彩版四九，6）。

铜带钩　1件。M75:1，兽首，圆纽，体扁平。纽直径1.2、通长8.2厘米（图二〇七，3；彩版四九，2）。

铜钱　12枚。M75:11，其中9枚可辨为大泉五十，另3枚锈蚀不辨（图二〇七，5；彩版五四，2）。

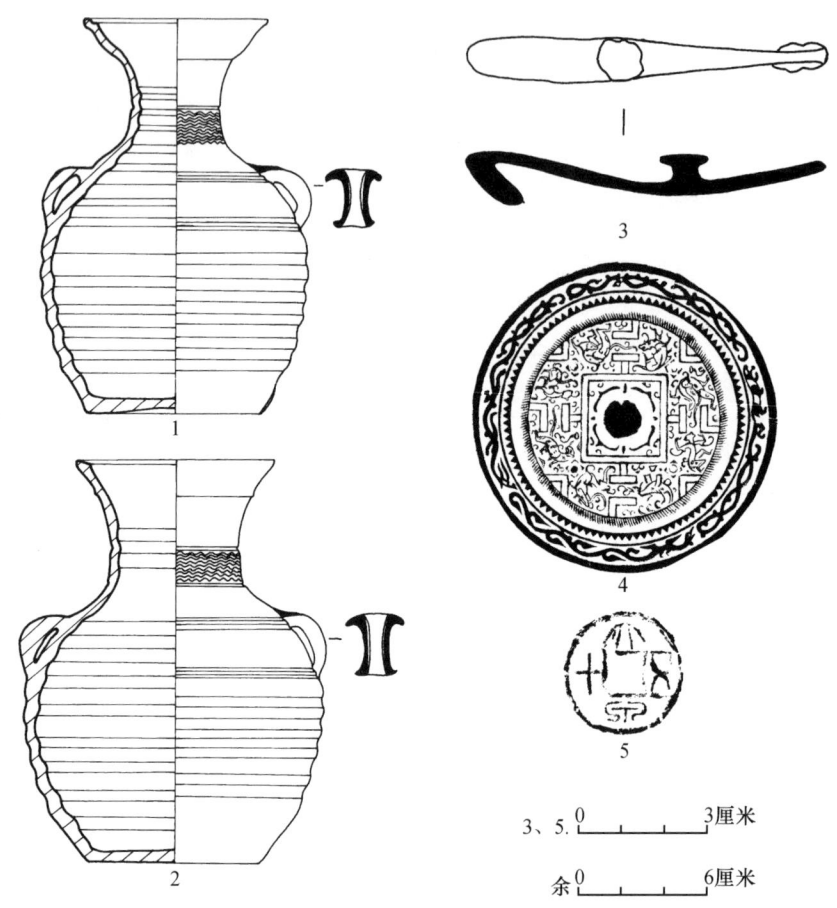

图二〇七　M75出土器物

1、2.陶壶（M75：2、M75：3）　3.铜带钩（M75：1）　4.铜镜（M75：10）　5.铜钱（M75：11）

M76

1. 墓葬形制

长方形土坑竖穴墓。方向190°。墓室长2.6、宽1.6、深1.3米。墓内填土为黄褐色花土，土质较硬。随葬品有陶罐3件、瓿1件；铜刀1件、铜钱1枚（图二〇八；彩版四八，3）。

2. 随葬品

陶瓿　1件。M76：6，红胎硬陶。平口方唇，圆鼓腹，平底内凹。肩部对饰兽面桥形耳。通体存轮制弦纹。口径9、底径17、通高26.6厘米（图二〇九，3；彩版五〇，5）。

陶罐　3件。M76：3，泥质灰陶。侈口圆唇，束颈，圆鼓腹，平底内凹。近底处饰绳纹。口径10.4、底径6.4、通高14.1厘米（图二〇九，1；彩版五〇，3）。M76：4，泥质灰

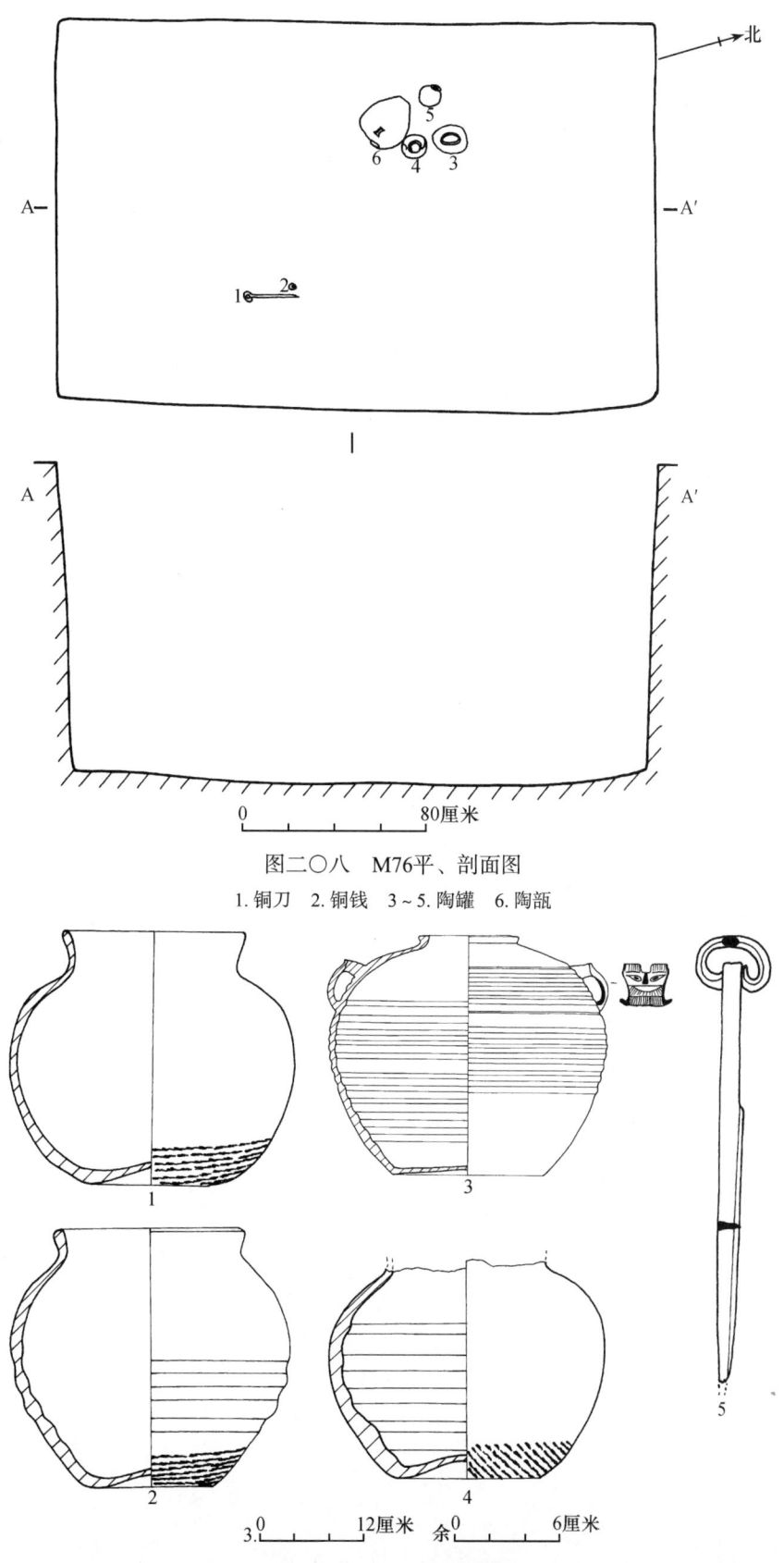

图二〇八　M76平、剖面图
1.铜刀　2.铜钱　3~5.陶罐　6.陶瓿

图二〇九　M76出土器物
1、2、4.陶罐（M76:3、M76:5、M76:4）　3.陶瓿（M76:6）　5.铜刀（M76:1）

陶。口残，圆鼓腹，平底内凹。近底处饰绳纹，内表存轮制弦纹。底径8、残高12.2厘米（图二〇九，4；彩版五〇，4）。M76：5，泥质灰陶。侈口圆唇，束颈，弧鼓腹，平底内凹。近底处饰绳纹，腹部存轮制弦纹。口径10、底径7、通高14.4厘米（图二〇九，2；彩版五〇，2）。

铜刀　1件。M76：1，环首，刀身剖面呈楔形。刃部略残。残长25厘米（图二〇九，5；彩版五〇，1）。

铜钱　1枚。M76：2，为五铢钱。

M77

墓葬形制

长方形土坑竖穴墓。方向290°。墓室长2.5、宽1.1、深1米。墓内填土为黄褐色花土，土质较硬。无随葬品（图二一〇）。

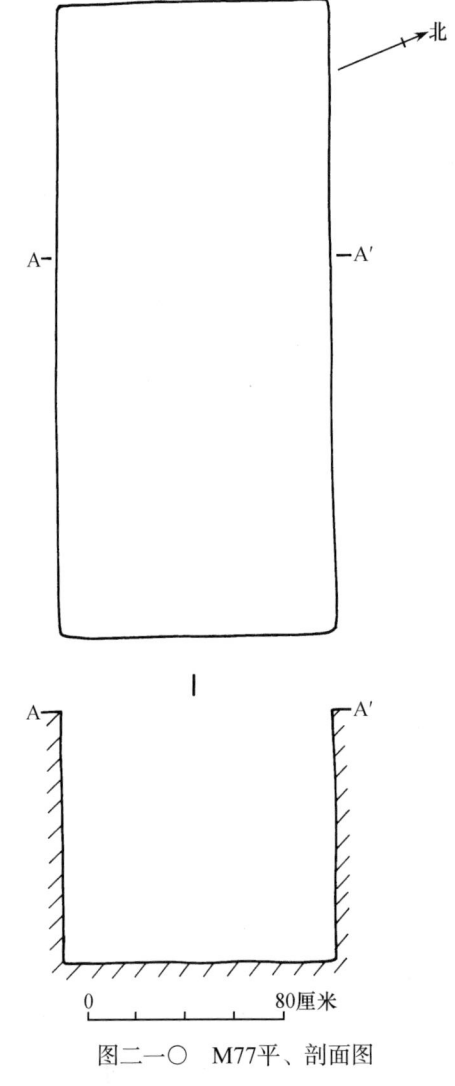

图二一〇　M77平、剖面图

M78

1. 墓葬形制

凸字形土坑竖穴墓。方向290°。墓室长3.2、宽2、深1.9米。墓道位于墓室西壁中央，长方形斜坡状，上口长0.8、宽1.7米。墓内填土为黄褐色花土，土质较硬。墓底有青膏泥，厚10厘米。存单棺单椁残木，木棺残长1.4~1.54米、宽0.62米，棺板厚8厘米。木椁残长2.1~2.3米，宽1.5米，椁板厚6~8厘米。随葬品有陶壶3件、盒1件、罐3件、灶1件、井1件、猪圈1件；铜洗2件、剑1件、刀1件、镜1件、铜钱16枚。其中陶盒残碎（图二——；图版六六，1）。

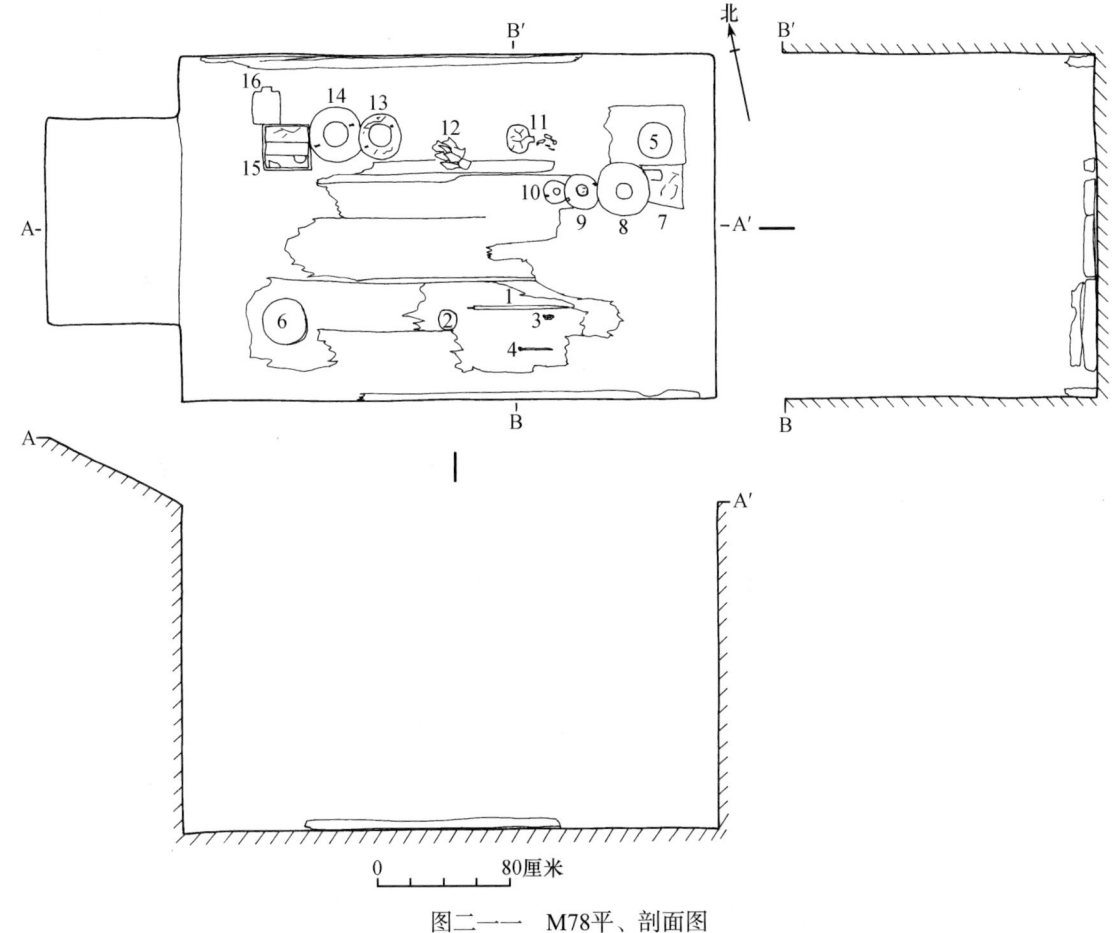

图二—— M78平、剖面图
1.铜剑 2.铜镜 3.铜钱 4.铜刀 5、6.铜洗 7.陶猪圈 8、11、14.陶罐 9、10、13.陶壶 12.陶盒 15.陶灶 16.陶井

2. 随葬品

陶盒 1件。M78：12，残碎。

陶壶 3件。M78：9，釉陶，上半部施釉。口残，直颈，圆鼓腹，平底内凹。肩部对饰叶脉纹桥形耳及两组弦纹，颈部饰波浪纹及弦纹，通体存轮制弦纹。底径11.4、残高27.4厘

米(图二一二,3)。M78:10,釉陶。盘口方唇,束颈,圆鼓腹,平底。肩部对饰叶脉纹桥形耳。通体存轮制弦纹。口径4.9、底径5.8、通高14厘米(图二一二,7;图版六七,6)。M78:13,釉陶,上半部施釉。口、颈残,弧鼓腹,平底内凹。肩部对饰叶脉纹桥形耳及两组凹弦纹,通体存轮制弦纹。底径14.2、残高24.2厘米(图二一二,4)。

陶罐 3件。M78:8,硬陶。口残,弧鼓腹,平底内凹。通体拍印网格纹。底径13.6、残高28.5厘米(图二一二,2;图版六七,4)。M78:11,硬陶。侈口方唇,弧鼓腹,平底内凹。通体拍印网格纹,口部内侧存轮制弦纹。口径10.2、底径9、残高16厘米(图二一二,5;图版六八,1)。M78:14,硬陶。敛口方唇,弧鼓腹,平底内凹。肩部对饰桥形耳及一道凹弦纹,口部内侧存轮制弦纹,通体拍印网格纹。口径15.2、底径18.8、通高27.8厘米(图二一二,1;图版六八,3)。

陶灶 1件。M78:15,泥质灰陶。平面呈方形,灶面三侧起高墙护栏。前端设双拱形灶门,后端置双烟道,两烟道在墙上合二为一,共用一实心烟囱。灶面开设四个火眼,残存釜、平底锅各一。长27、宽22、高14厘米(图二一三,1)。

陶井 1件。M78:16,上部残。泥质灰陶。筒形,平底内凹。通体存轮制弦纹。底径12、残高14.2厘米。内置一汲水罐,侈口,束颈,弧鼓腹,圜底。肩部对饰双穿孔耳(图二一二,6)。

陶猪圈 1件。M78:7,泥质红陶。仅余圈顶,平面呈长方形,坡式屋顶。长28、宽13.6厘米(图二一三,3)。

铜洗 2件。M78:5,残,仅存口部。器薄,折沿。口径21.6厘米(图二一三,4)。

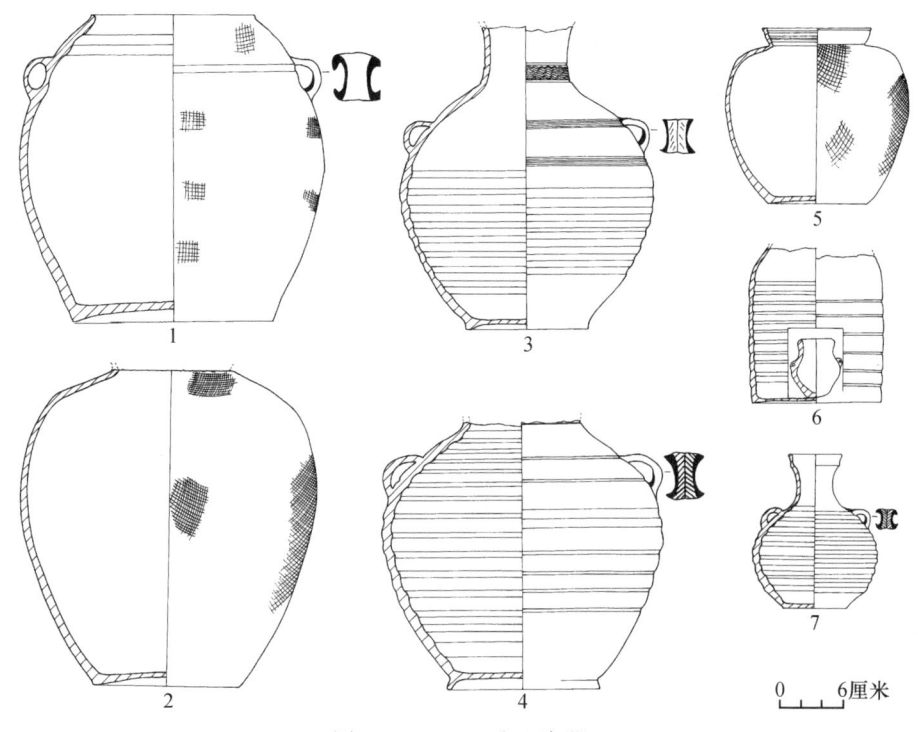

图二一二 M78出土陶器

1、2、5.罐(M78:14、M78:8、M78:11) 3、4、7.壶(M78:9、M78:13、M78:10) 6.井(M78:16)

M78：6，折沿，弧鼓腹，平底内凹。肩部对饰铺首衔环耳及一组凸弦纹。口径24.2、底径13、通高12.4厘米（图二一三，5；图版六七，2）。

铜剑　1件。M78：1，茎残，剑茎扁平，上有一穿孔。剑身剖面呈菱形，剑脊隆起，尾部收杀成锋。残长60厘米（图二一三，8；图版六七，1）。

铜刀　1件。M78：4，环首，刀身剖面呈楔形。刃部略残。残长24.2厘米（图二一三，2；图版六七，5）。

铜镜　1件。M78：2，昭明镜。半球状纽，圆形纽座，素平缘。内区为八瓣内向连弧纹，外区为铭文带，铭文为"内清质以昭明，光辉象夫日月，心忽塞不泄"。直径9.8、缘厚0.3厘米（图二一三，6；图版六七，3）。

铜钱　16枚。M78：3，锈蚀，为五铢钱（图二一三，7；彩版五四，4）。

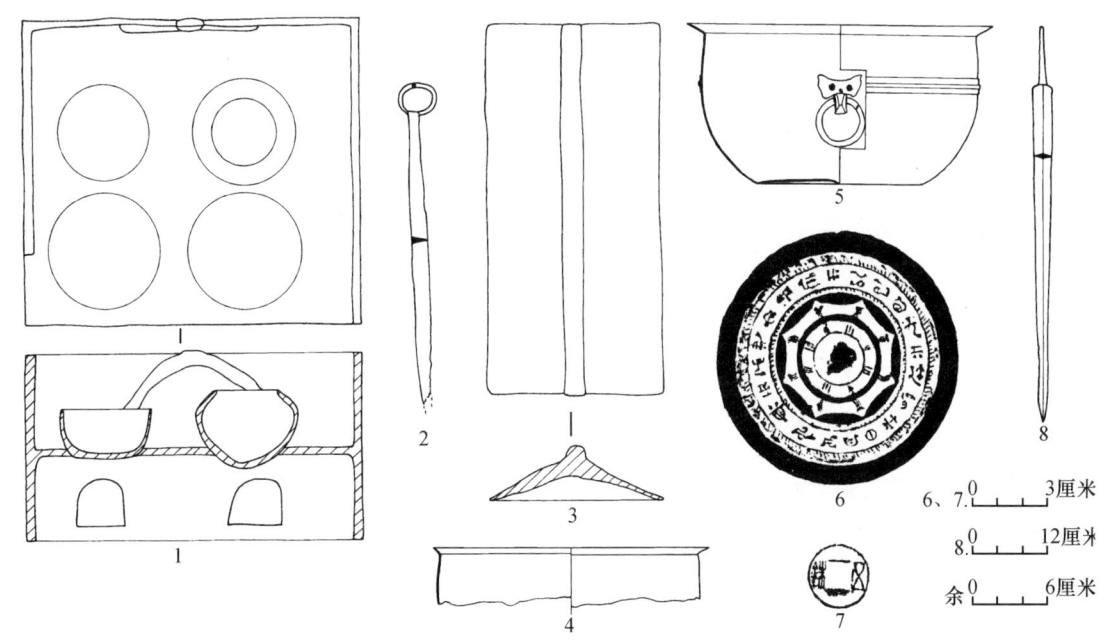

图二一三　M78出土器物

1. 陶灶（M78：15）　2. 铜刀（M78：4）　3. 陶猪圈（M78：7）　4、5. 铜洗（M78：5、M78：6）　6. 铜镜（M78：2）　7. 铜钱（M78：3）　8. 铜剑（M78：1）

M79

1. 墓葬形制

曲尺形土坑竖穴墓。方向110°。墓室长3.6、宽2.1、深3.1米。墓室东壁有先后使用的两条墓道，长短不同，长方形斜坡状，墓道上口长4.24（另3.5）、宽1.6（另1.7）米，两条墓道底部两侧均有脚窝。墓内填土为黄褐色花土，土质较硬。墓底有存一椁，并列双棺，棺内表有黑漆。椁室残长3.3、宽1.9、残高0.76～1.1米，椁板厚约10厘米。北侧木棺残长1.9、宽0.64、残高0.3米，棺板厚约6厘米。南侧木棺残长2.2、宽0.94、残高0.42米，棺板厚约6厘米。随葬品有铜镜2件、刀1件、带钩1件、铜钱78枚（图二一四；图版六六，2）。

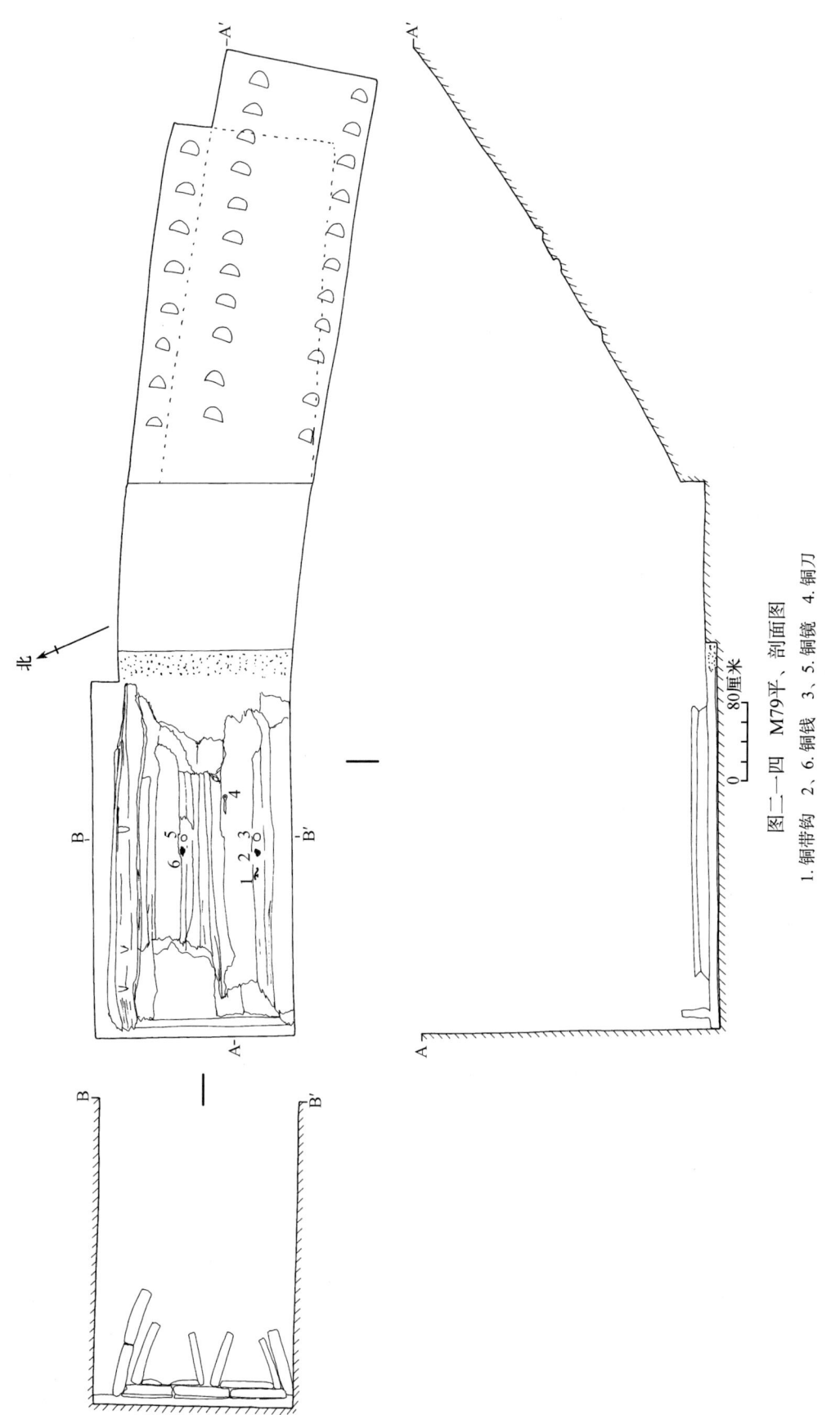

图二一四 M79平、剖面图
1. 铜带钩 2、6. 铜钱 3、5. 铜镜 4. 铜刀

2. 随葬品

铜镜　2件。M79：3，日光镜。桥形纽，圆形纽座，素平缘。内区为八瓣内向连弧纹，外区为铭文带，铭文为"见日之光，天下大明"。直径6.8、缘厚0.1厘米（图二一五，2；图版六八，2）。M79：5，昭明镜。桥形纽，圆形纽座，宽素平缘。内区为八瓣内向连弧纹，外区为铭文带，铭文为"内青以而昭明，光日"。直径7.7、缘厚0.15厘米（图二一五，1；图版六八，6）。

铜刀　1件。M79：4，环首，刀身剖面呈楔形，刀刃残。残长21厘米（图二一五，3；图版六八，4）。

铜带钩　1件。M79：1，钩首残，圆纽。纽直径1.1、残长8.8厘米（图二一五，4；图版六八，5）。

铜钱　共78枚。M79：2，30枚，锈蚀严重，部分可辨为五铢钱（彩版五四，4）。M79：6，48枚，锈蚀严重，部分可辨为五铢钱（彩版五四，4）。

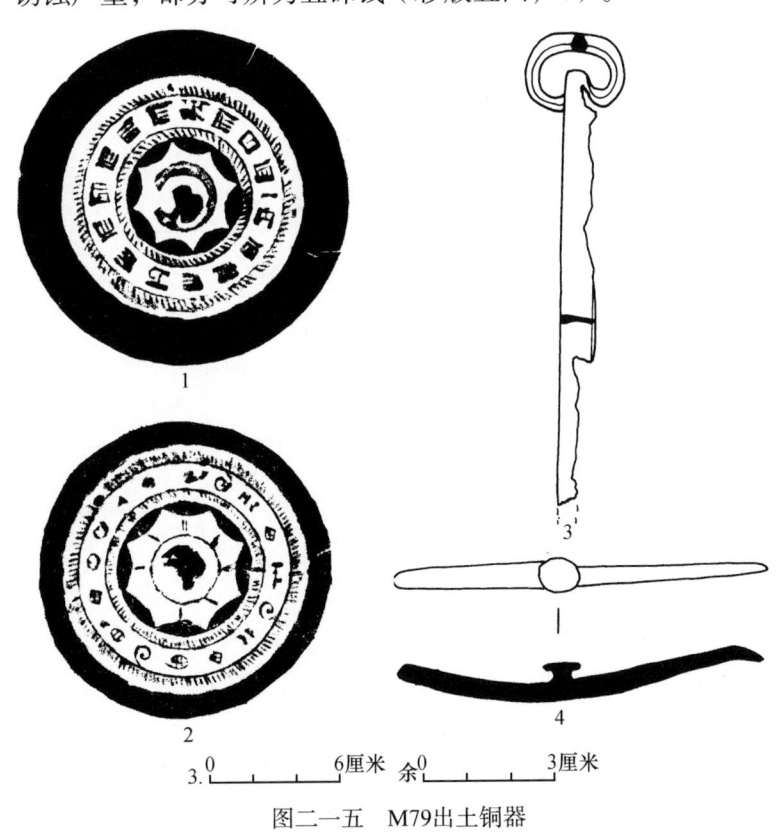

图二一五　M79出土铜器
1、2. 镜（M79：5、M79：3）　3. 刀（M79：4）　4. 带钩（M79：1）

M80

1. 墓葬形制

长方形土坑竖穴墓。方向115°。墓室长3、宽1.6、深1.6米。墓内填土为黄褐色花土，土质较硬。随葬品有陶盒4件、壶2件、罐2件，其中陶罐、M80：4陶壶残碎（图二一六；图版六九，1）。

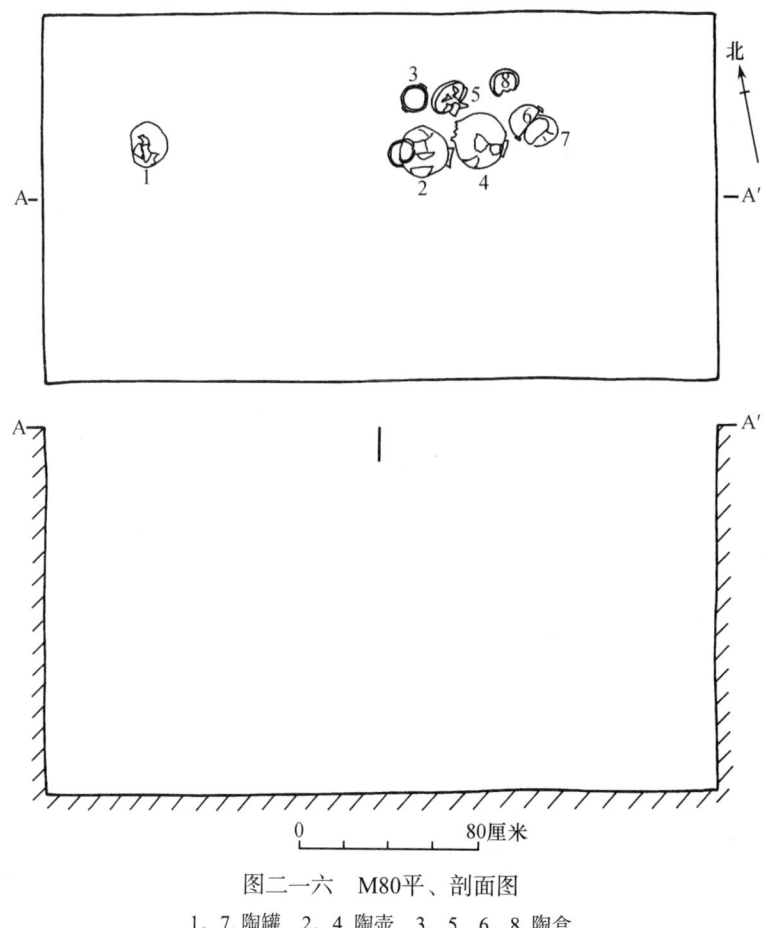

图二一六 M80平、剖面图
1、7. 陶罐 2、4. 陶壶 3、5、6、8. 陶盒

2. 随葬品

陶盒 4件。M80：3，红胎硬陶。子母口，斜弧腹，平底内凹。兽面附耳。覆钵形器盖。通体存轮制弦纹。口径15.6、底径10、通高13.4厘米（图二一七，1）。M80：5，红胎硬陶。子母口，斜弧腹，平底内凹。覆钵形器盖。通体存轮制弦纹。口径15.6、底径9.2、通高13.8厘米（图二一七，4；图版七〇，1）。M80：6，红胎硬陶。子母口，斜弧腹，平底内凹。兽面附耳。覆钵形器盖。通体存轮制弦纹。口径15、底径9.4、通高13.1厘米（图二一七，2；图版七〇，3）。M80：8，红胎硬陶。子母口，斜弧腹，平底内凹。覆钵形器盖，内表存轮制弦纹。通体存轮制弦纹。口径15.8、底径8.2、通高13.6厘米（图二一七，3；图版七〇，5）。

陶壶 2件。M80：2，泥质红陶。口、颈残，圆鼓腹，圈足。肩部饰三道凹弦纹。底径11.6、残高21厘米（图二一七，5）。M80：4，残碎。

陶罐 2件。M80：1、M80：7，均残碎。

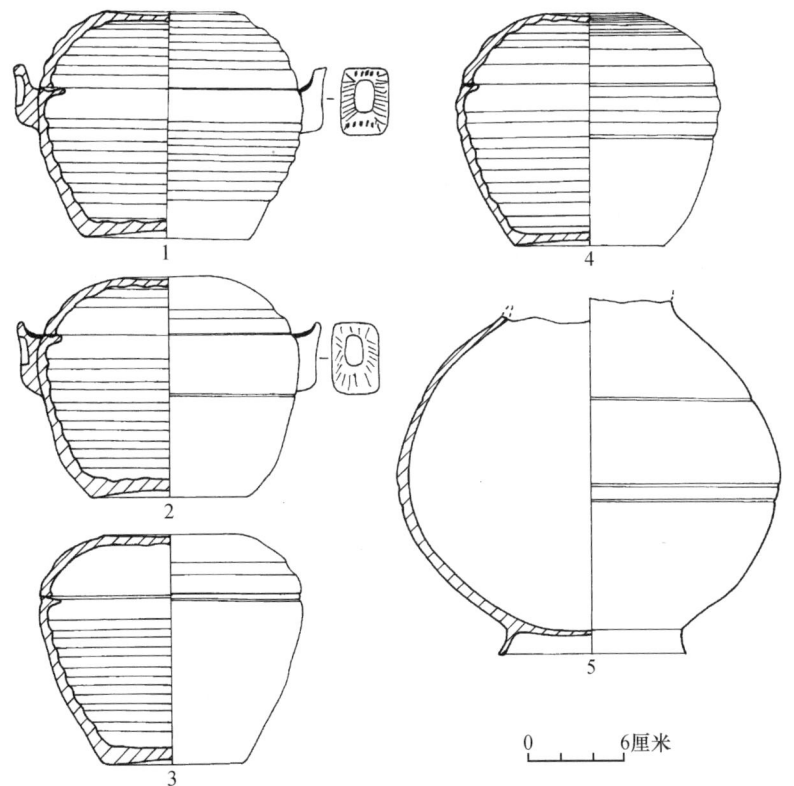

图二一七　M80出土陶器

1~4.盒（M80:3、M80:6、M80:8、M80:5）　5.壶（M80:2）

M81

1. 墓葬形制

长方形土坑竖穴墓。方向195°。墓室长3.2、宽2.1、深0.95米。墓内填土为黄褐色花土，土质较硬。随葬品有陶瓿1件、井1件、灶1件、猪圈1件；铜镜2件、剑1件、铜钱若干，铜剑锈损严重（图二一八；图版六九，2）。

2. 随葬品

陶瓿　1件。M81:6，釉陶，上半部施釉。平口方唇，圆鼓腹，平底内凹。肩部对饰兽面桥形耳及两组弦纹，通体存轮制弦纹。口径8.4、底径14.2、通高23.8厘米（图二一九，6；图版七〇，6）。

陶井　1件。M81:7，泥质灰陶。平口圆唇，折腹，平底。器表存轮制弦纹。口径10.5、底径10、通高9.8厘米（图二一九，3）。

陶灶　1件。M81:5，存附件釜1件、平底锅1件。平底锅，泥质灰陶。直口圆唇，平底。

口径9.2、底径8.4、通高2.3厘米。釜，泥质灰陶。敛口圆唇，折肩，斜弧腹，平底。口径7、底径6.2、通高4.5厘米(图二一九，4)。

陶猪圈　1件。M81：8，泥质灰陶。仅余圈顶，坡式屋顶，上起瓦垄。长13.6、宽11厘米（图二一九，5）。

铜镜　2件。M81：1，四神兽博局镜。半球状纽，四叶纹纽座，座外设方格。四乳丁将外区四等分，间饰四神兽及TLV纹。缘上饰锯齿纹。直径13、缘厚0.4厘米（图二一九，1）。M81：2，四乳四虺镜　半球状纽，圆形纽座，宽素平缘。内区为凸弦纹，外区为四乳四虺。直径11.2、缘厚0.35厘米（图二一九，2；图版七〇，2）。

铜剑　1件。M81：3，残损严重。扁平茎，茎残，凹字形剑格。剑身残长31.2厘米。剑璏已残。残长8.5、宽2.8厘米（图版七〇，4）。

铜钱　M81：4，锈蚀，部分可辨为五铢钱。

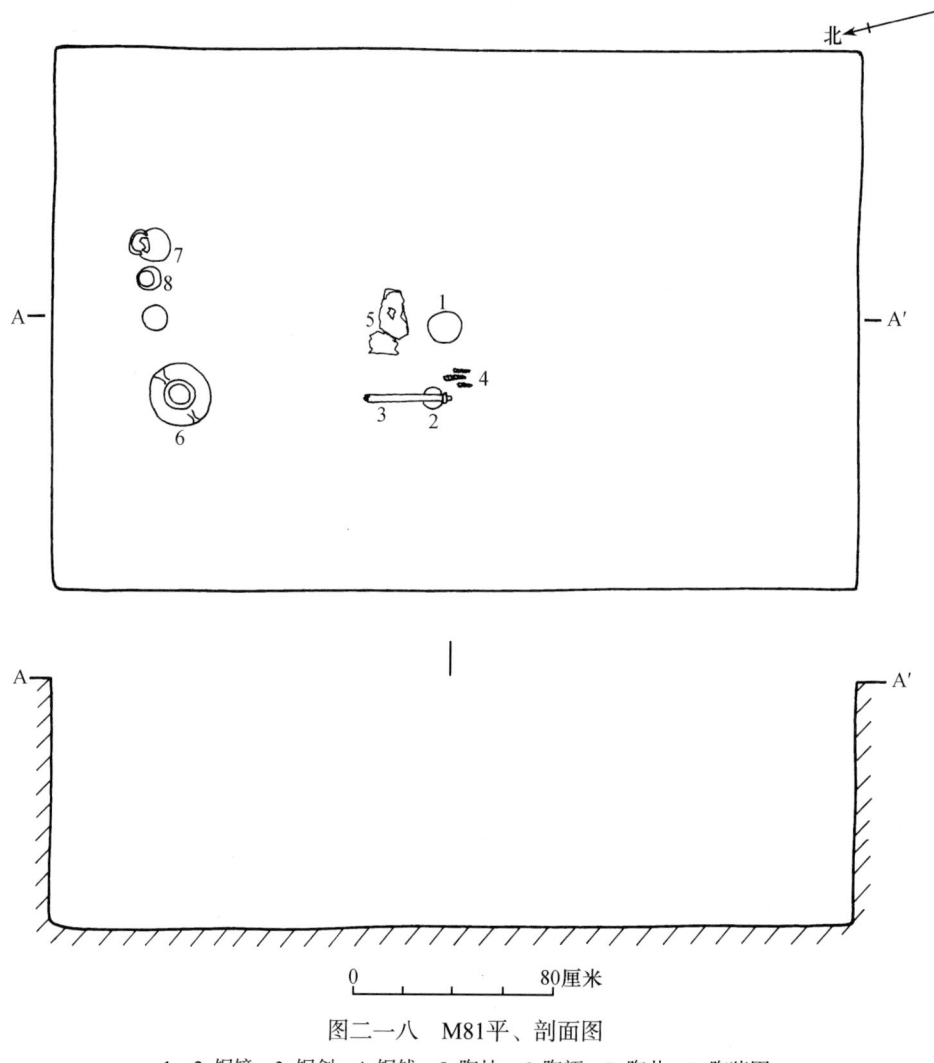

图二一八　M81平、剖面图
1、2.铜镜　3.铜剑　4.铜钱　5.陶灶　6.陶瓿　7.陶井　8.陶猪圈

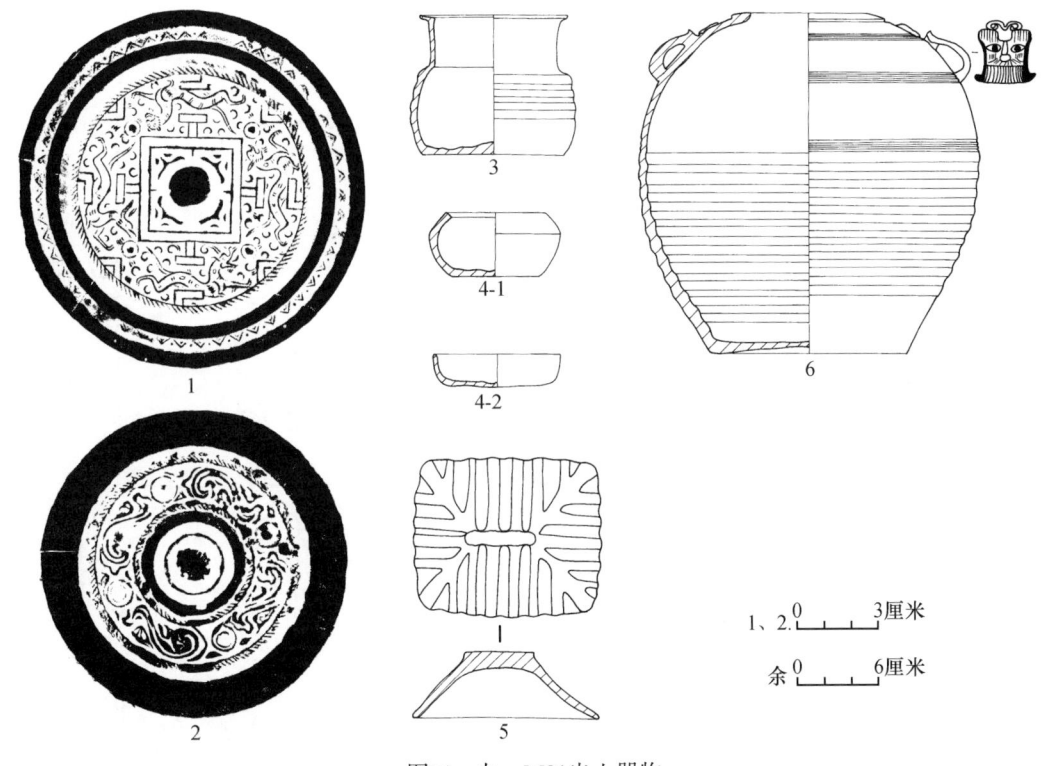

图二一九　M81出土器物

1、2. 铜镜（M81：1、M81：2）　3. 陶井（M81：7）　4. 陶灶（M81：5）　5. 陶猪圈（M81：8）　6. 陶瓿（M81：6）

M82

1. 墓葬形制

长方形土坑竖穴墓。方向195°。墓室长2.52、宽1.6、深1.2米。墓内填土为黄褐色花土，土质较硬。随葬品有陶鼎1件、壶1件、罐4件、器底1件、灶1件，其中M82：1、M82：7陶罐残碎（图二二〇；图版七一，1）。

2. 随葬品

陶鼎　1件。M82：3，泥质红陶。子母口，耳残，圆鼓腹，圜底，兽蹄足。近底处饰绳纹。残高12.5厘米（图二二一，2）。

陶壶　1件。M82：2，釉陶，上半部施釉。敞口，直颈，圆鼓腹，平底。肩部对饰叶脉纹桥形耳及两组弦纹，口部及颈部饰波浪纹与弦纹，通体存轮制弦纹。口径13、底径15.4、通高33.3厘米（图二二一，1；图版七二，1）。

陶罐　4件。M82：6，泥质灰陶。侈口圆唇，圆鼓腹，平底内凹。近底部饰绳纹。口径

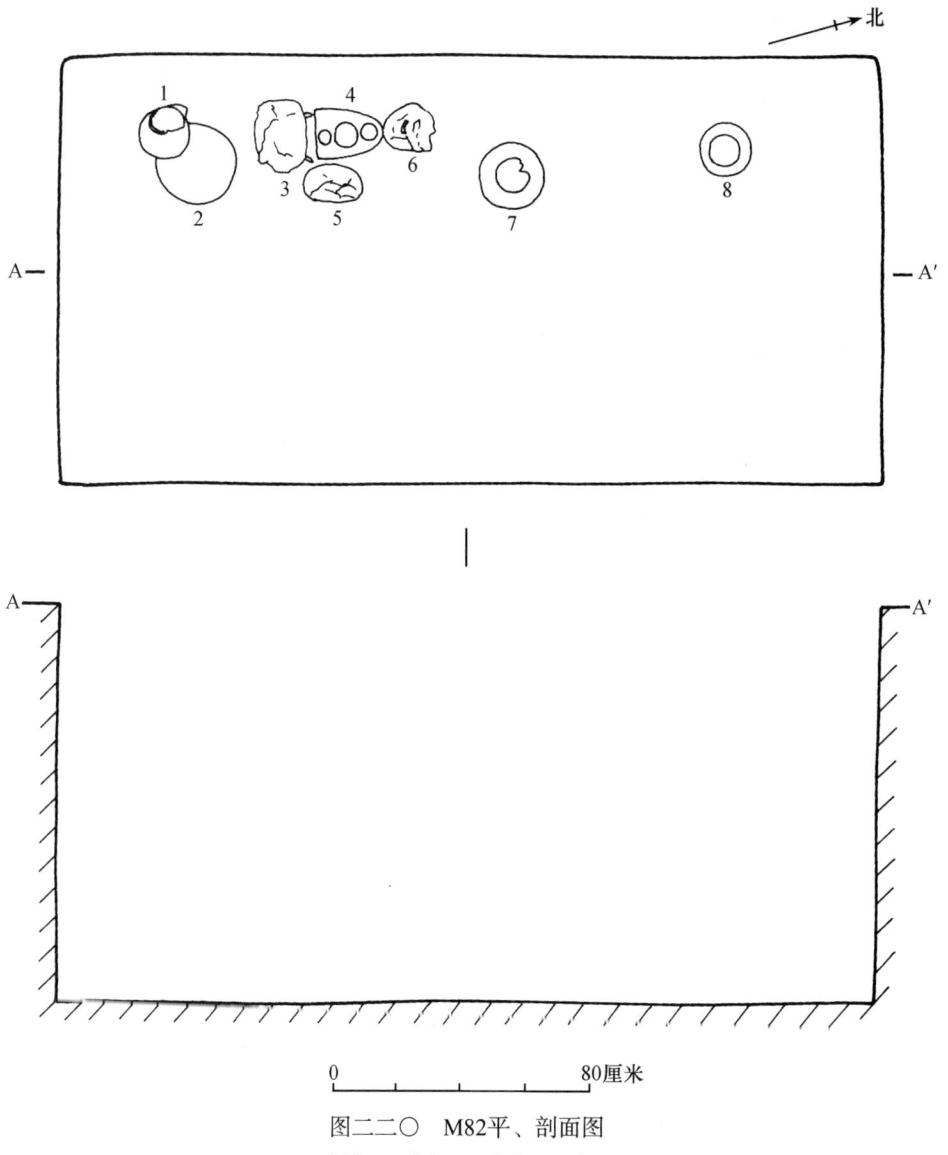

图二二〇　M82平、剖面图
1、6~8.陶罐　2.陶壶　3.陶鼎　4.陶灶　5.器底

9.4、底径6、通高14.3厘米（图二二一，4）。M82：8，泥质灰陶。侈口圆唇，圆鼓腹，平底内凹。素面。口径10.2、底径8、通高14.7厘米（图二二一，3；图版七二，5）。M82：1、M82：7均残碎。

陶器底　1件。M82：5，或为壶底。泥质红陶。平底。素面。底径11.6、残高7.8厘米（图二二一，5）。

陶灶　1件。M82：4，泥质灰陶。平面呈前方后圆形，前端设一拱形灶门，后端置一实心烟囱。灶面开设三火眼，附件为釜甑1组、釜2件。长23、宽13.4厘米（图二二一，6；图版七二，3）。

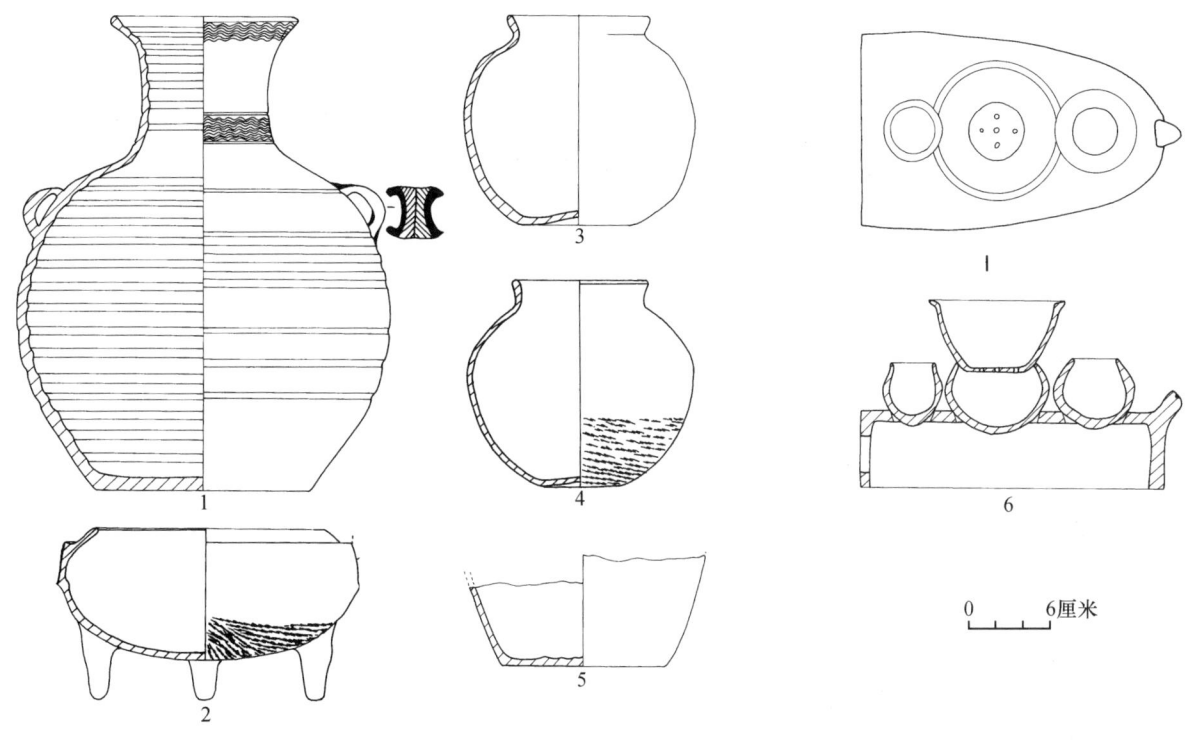

图二二一　M82 出土陶器

1. 壶（M82：2）　2. 鼎（M82：3）　3、4. 罐（M82：8、M82：6）　5. 器底（M82：5）　6. 灶（M82：4）

M83

1. 墓葬形制

凸字形土坑竖穴墓。方向105°。墓室长2.72、宽2.1、深2米。墓道位于墓室东壁中央，长方形斜坡状，上口长1.7、宽1.2米。墓内填土为黄褐色花土，土质较硬，墓底有少量的青膏泥。有棺椁残木痕迹。随葬品有陶盒4件、壶4件、罐2件、灶1件；铜刀1件；玉璧1件。玉璧残碎（图二二二；图版七一，2）。

2. 随葬品

陶盒　4件。M83：6，硬陶。子母口，斜弧腹，平底。覆钵形器盖，内表存轮制弦纹。通体存轮制弦纹。口径17.1、底径10.4、通高14.7厘米（图二二三，3；图版七三，1）。M83：10，釉陶，薄釉脱落。子母口，斜弧腹，平底。兽面附耳，覆钵形器盖。通体存轮制弦纹。口径16.2、底径10.4、通高15.6厘米（图二二三，1；图版七三，2）。M83：12，硬陶。子母口，斜弧腹，平底。兽面附耳。覆钵形器盖，饰轮制弦纹。内表存轮制弦纹。口径17.2、底径10.6、通高16.4厘米（图二二三，2；图版七三，4）。M83：13，硬陶。子母口，斜弧腹，平底。覆钵形器盖。内表存轮制弦纹，素面。口径17.1、底径10.4、通高15厘米（图二二三，4；图版七三，6）。

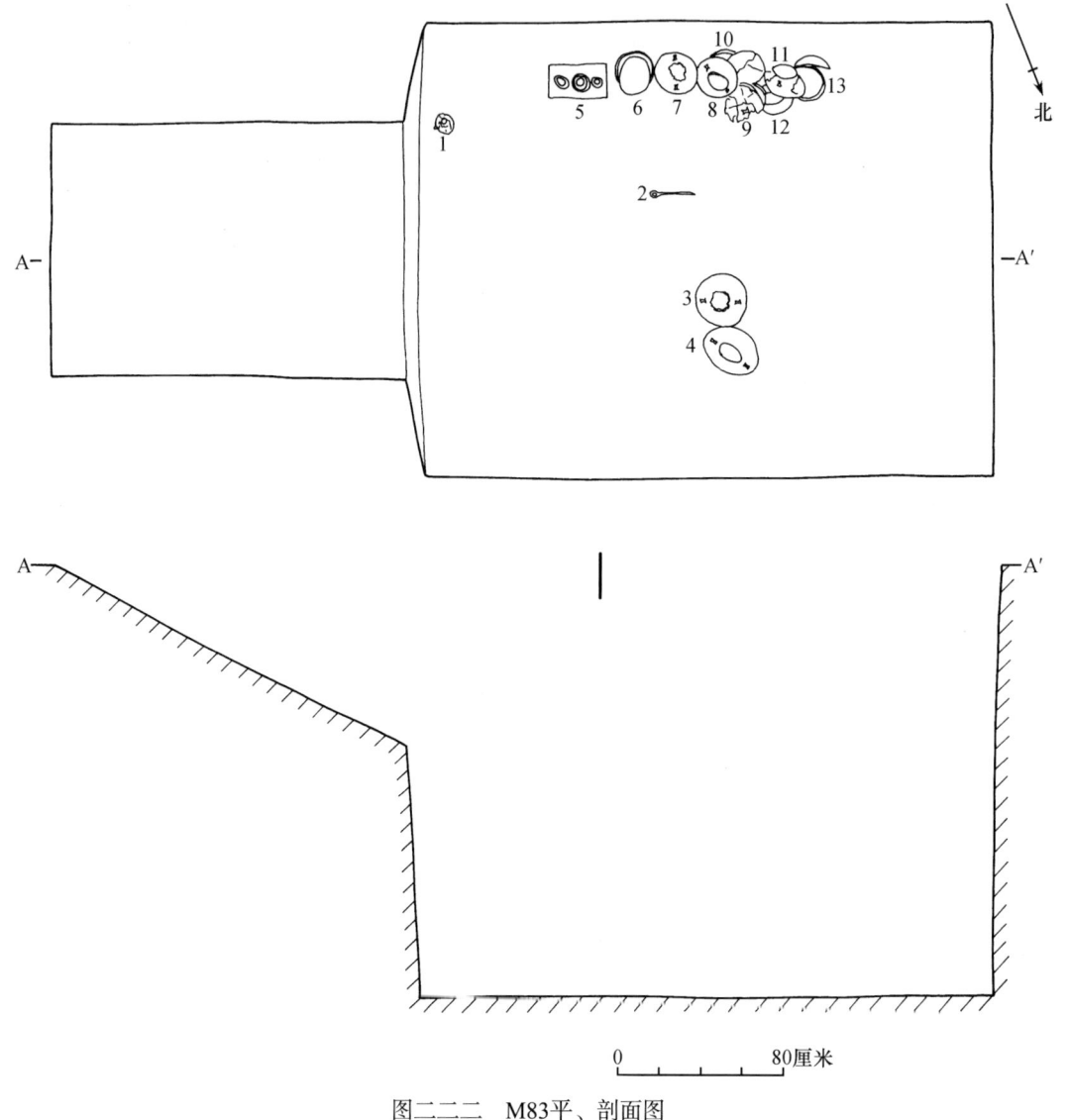

图二二二　M83平、剖面图
1.玉璧　2.铜刀　3、4、7、8.陶壶　5.陶灶　6、10、12、13.陶盒　9、11.陶罐

陶壶　4件。M83：3，釉陶，上半部施釉，有流釉现象。敞口圆唇，直颈，弧鼓腹，平底内凹。肩部对饰叶脉纹桥形耳与两组弦纹，口部及颈部饰波浪纹与弦纹，通体存轮制弦纹。口径12.2、底径16.2、通高34.3厘米（图二二三，5；图版七二，4）。M83：4，釉陶，上半部施釉。敞口圆唇，直颈，弧鼓腹，平底内凹。肩部对饰叶脉纹桥形耳与两组弦纹，口部及颈部饰波浪纹与弦纹，通体存轮制弦纹。口径12.6、底径15.4、通高33.2厘米（图二二三，6；图版七二，6）。M83：7，釉陶，上半部施釉。敞口圆唇，直颈，弧鼓腹，圈足。肩部对饰叶脉纹桥形耳、两组弦纹及一组波浪纹，口部及颈部饰波浪纹与弦纹，通体存轮制弦纹。口径10.4、底径12.2、通高25.6厘米（图二二四，2）。M83：8，釉陶，上半部施釉，有流釉现象。敞口圆唇，直颈，弧鼓腹，圈足。肩部对饰叶脉纹桥形耳、两组弦纹及一组波浪纹，口部及颈部饰波浪纹与弦纹，通体存轮制弦纹。口径10、底径13.4、通高25厘米（图二二四，1；图版

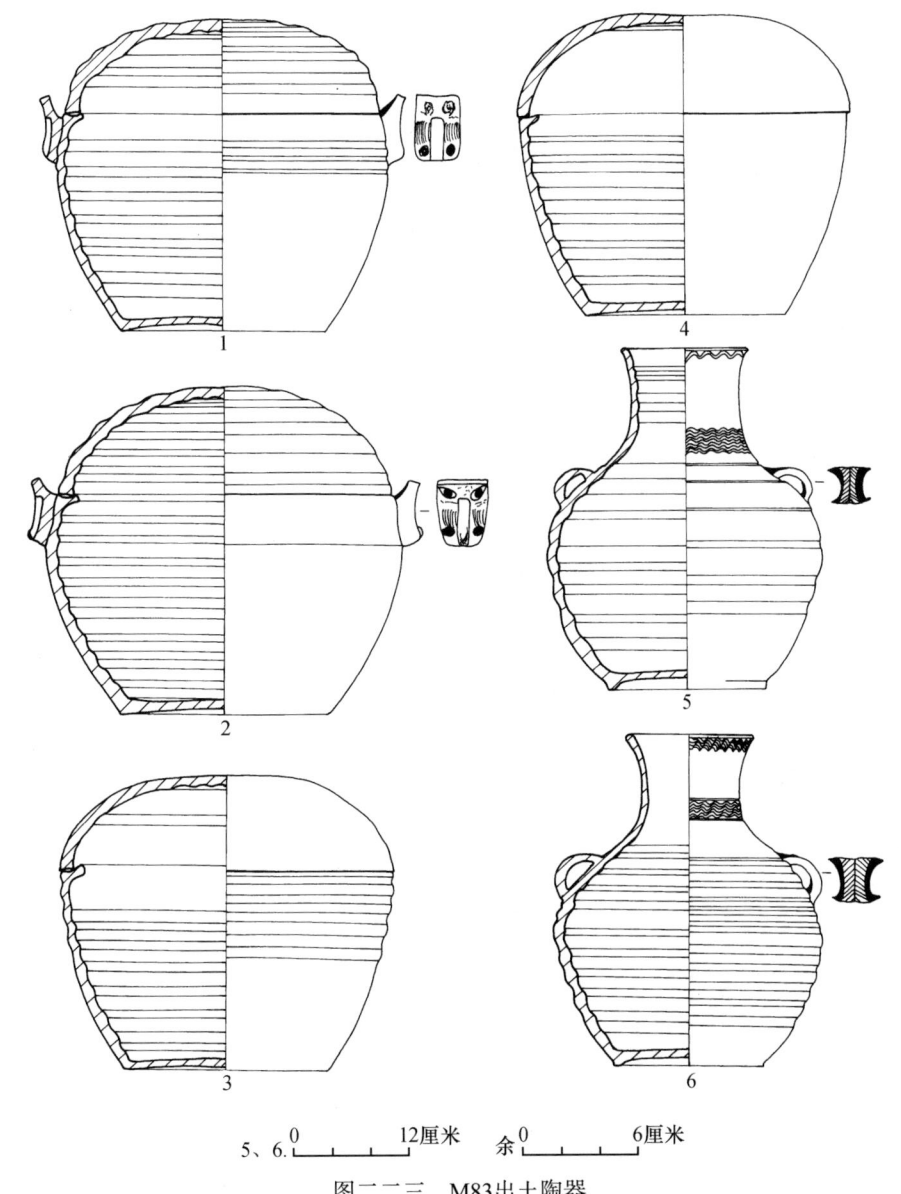

图二二三　M83出土陶器

1~4.盒（M83:10、M83:12、M83:6、M83:13）　5、6.壶（M83:3、M83:4）

七三,5）。

陶罐　2件。M83:9，硬陶。平口圆唇，圆鼓腹，平底内凹。肩部对饰叶脉纹桥形耳。通体存轮制弦纹。口径10.8、底径11.8、通高19.3厘米（图二二四,3）。M83:11，硬陶。平口圆唇，圆鼓腹，平底内凹，肩部对饰叶脉纹桥形耳。通体存轮制弦纹。口径10.8、底径11.6、通高18.7厘米（图二二四,4；图版七三,3）。

陶灶　1件。M83:5，泥质红陶。平面呈方形，两侧起围栏。前端设一拱形灶门，灶面置三火眼，上置釜2件、甑1件。长24.6、宽16.4厘米（图二二五）。

铜刀　1件。M83:2，环首，刀身残。残长20厘米（图版七二,2）。

玉璧　1件。M83:1，残碎，饰谷纹。

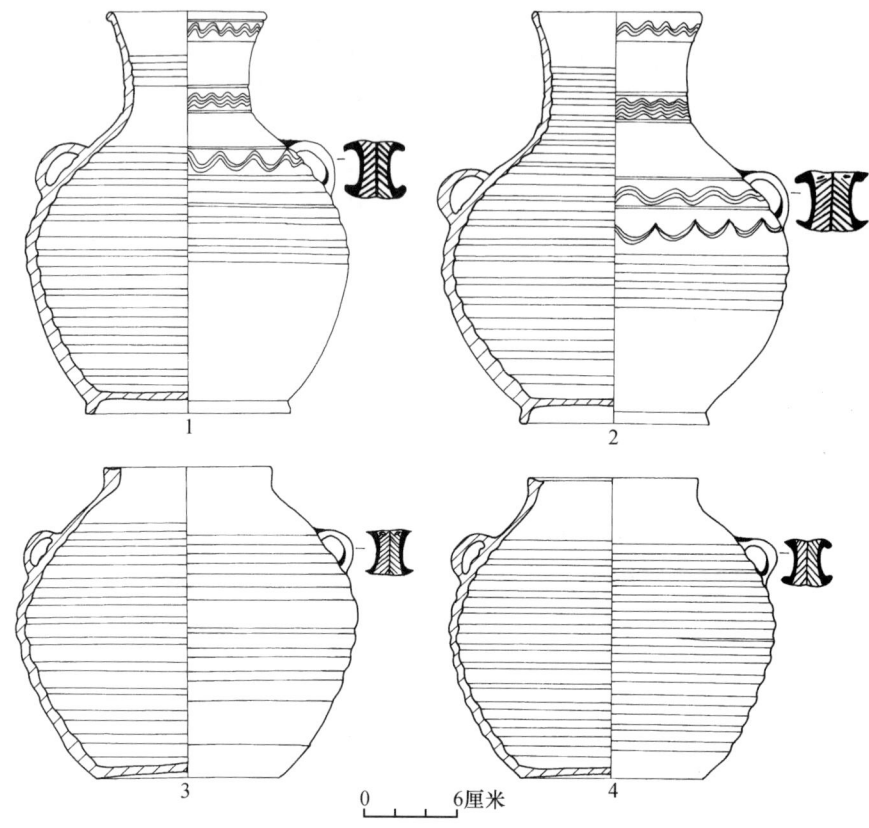

图二二四　M83出土陶器
1、2.壶（M83：8、M83：7）　3、4.罐（M83：9、M83：11）

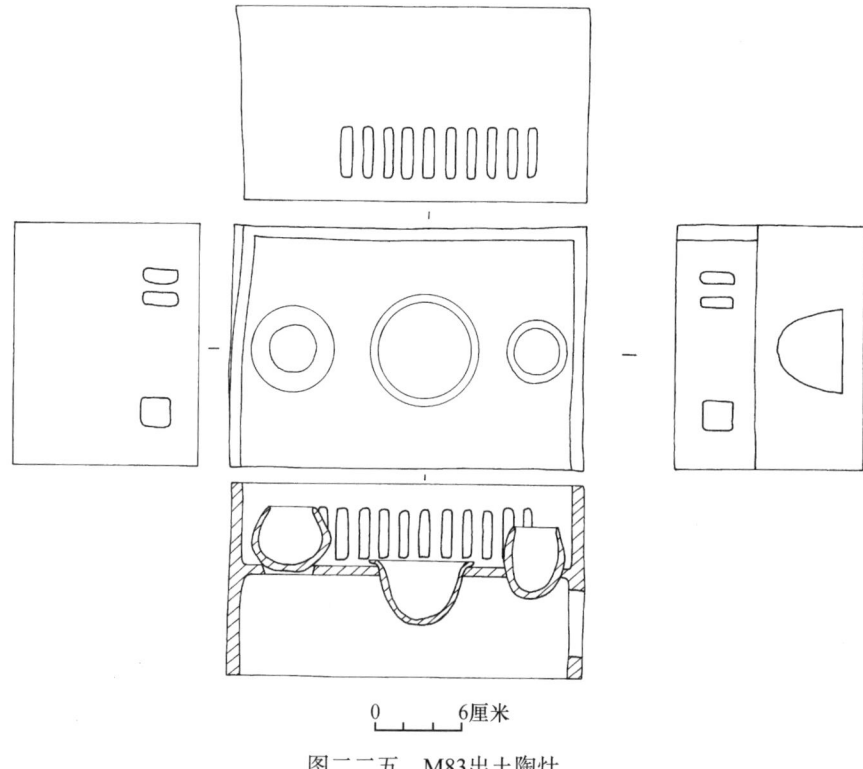

图二二五　M83出土陶灶
M83：5

M84

1. 墓葬形制

凸字形土坑竖穴墓。方向100°。墓室长2.86、宽2.4、深2.1米。墓道位于墓室东壁中央，长方形斜坡状，上口长2.4、宽1.5米。墓内填土为黄褐色花土，土质较硬。随葬品有陶盒4件、壶5件、瓿1件、罐3件、灶1件；玉璧1件。其中M84：2陶壶残碎（图二二六；图版七四，1）。

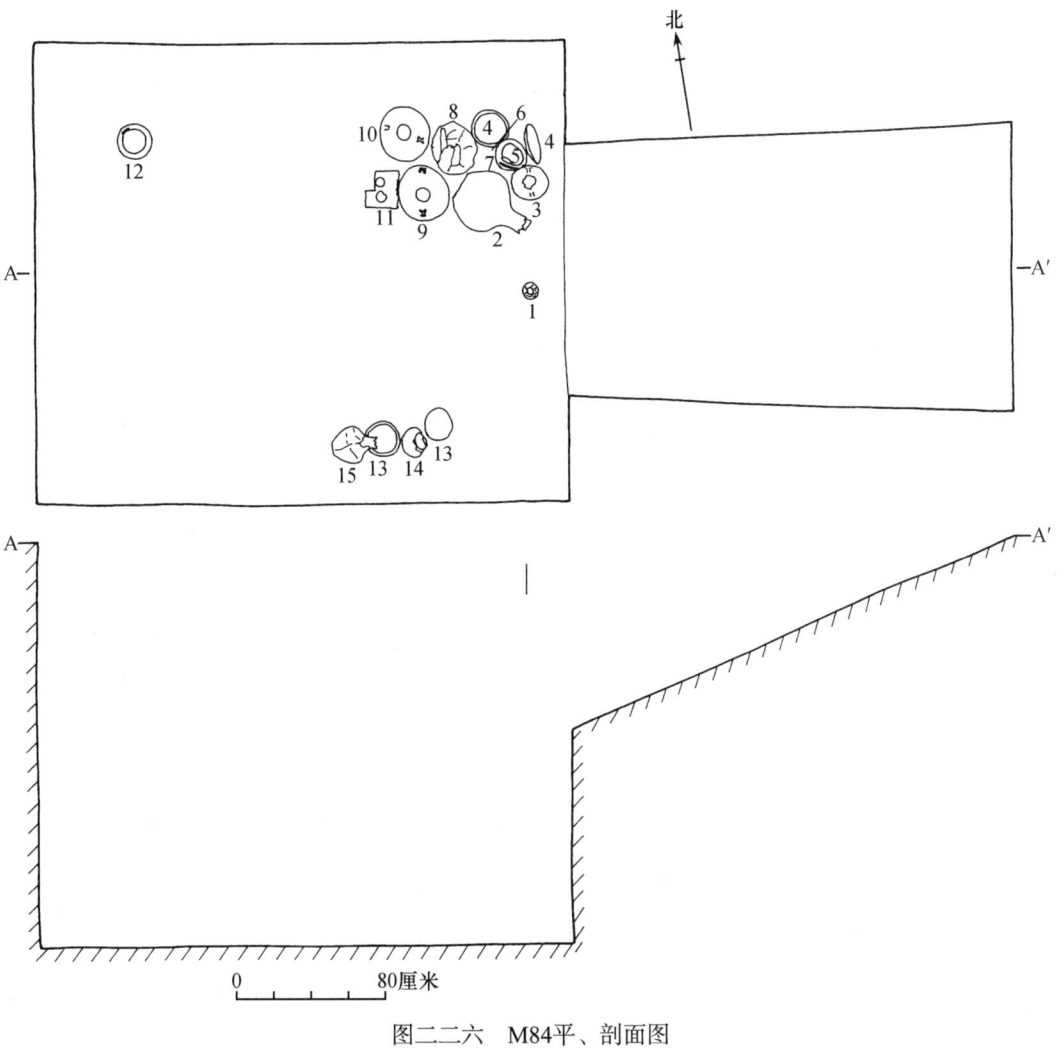

图二二六　M84平、剖面图
1.玉璧　2、3、8、9、15.陶壶　4、6、7、13.陶盒　5、12、14.陶罐　10.陶瓿　11.陶灶

2. 随葬品

陶盒　4件。M84：4，硬陶。子母口，斜弧腹，平底内凹。覆钵形器盖。通体存轮制弦纹。口径17.6、底径9、通高16厘米（图二二七，8；图版七五，3）。M84：6，硬陶。子母口，斜弧腹，平底内凹。方形兽面附耳。覆钵形器盖。腹部饰一道凹弦纹，内表存轮制弦纹。口径17.8、底径9.6、通高14.6厘米（图二二七，5；图版七五，2）。M84：7，硬陶。子

母口，斜弧腹，平底内凹。兽面附耳。内表存轮制弦纹。口径18、底径11.8、通高11厘米（图二二七，6；图版七五，4）。M84：13，硬陶，子母口，斜弧腹，平底内凹。覆钵形器盖。通体存轮制弦纹。口径18.4、底径10、通高14.8厘米（图二二七，7；图版七六，5）。

陶壶　5件。M84：3，釉陶，上半部施釉，有流釉现象。敞口圆唇，束颈，圆鼓腹，圈足。肩部饰叶脉纹铺首耳及两组弦纹，口部、颈部饰波浪纹与弦纹，通体存轮制弦纹。口径11.6、底径13.4、通高30.3厘米（图二二七，1；图版七五，1）。M84：8，釉陶，上半部施釉。敞口圆唇，束颈，圆鼓腹，圈足。肩部饰叶脉纹铺首耳及两组弦纹，口部、颈部饰波浪纹与弦纹，通体存轮制弦纹。口径13.8、底径18.2、通高42.4厘米（图二二七，3；图版七五，6）。M84：9，红胎釉陶。敞口圆唇，直颈，圆鼓腹，圈足。肩部对饰兽面铺首耳、两组弦纹及波浪纹，口部、颈部饰波浪纹与弦纹，腹部饰两道凹弦纹。口径13.6、底径15.6、通高39.6厘米（图二二七，4；图版七六，1）。M84：15，釉陶，上半部施釉，有流釉现象。敞口圆唇，束颈，圆鼓腹，圈足。肩部饰叶脉纹铺首耳、两组弦纹及抽象动物纹，口部、颈部饰波

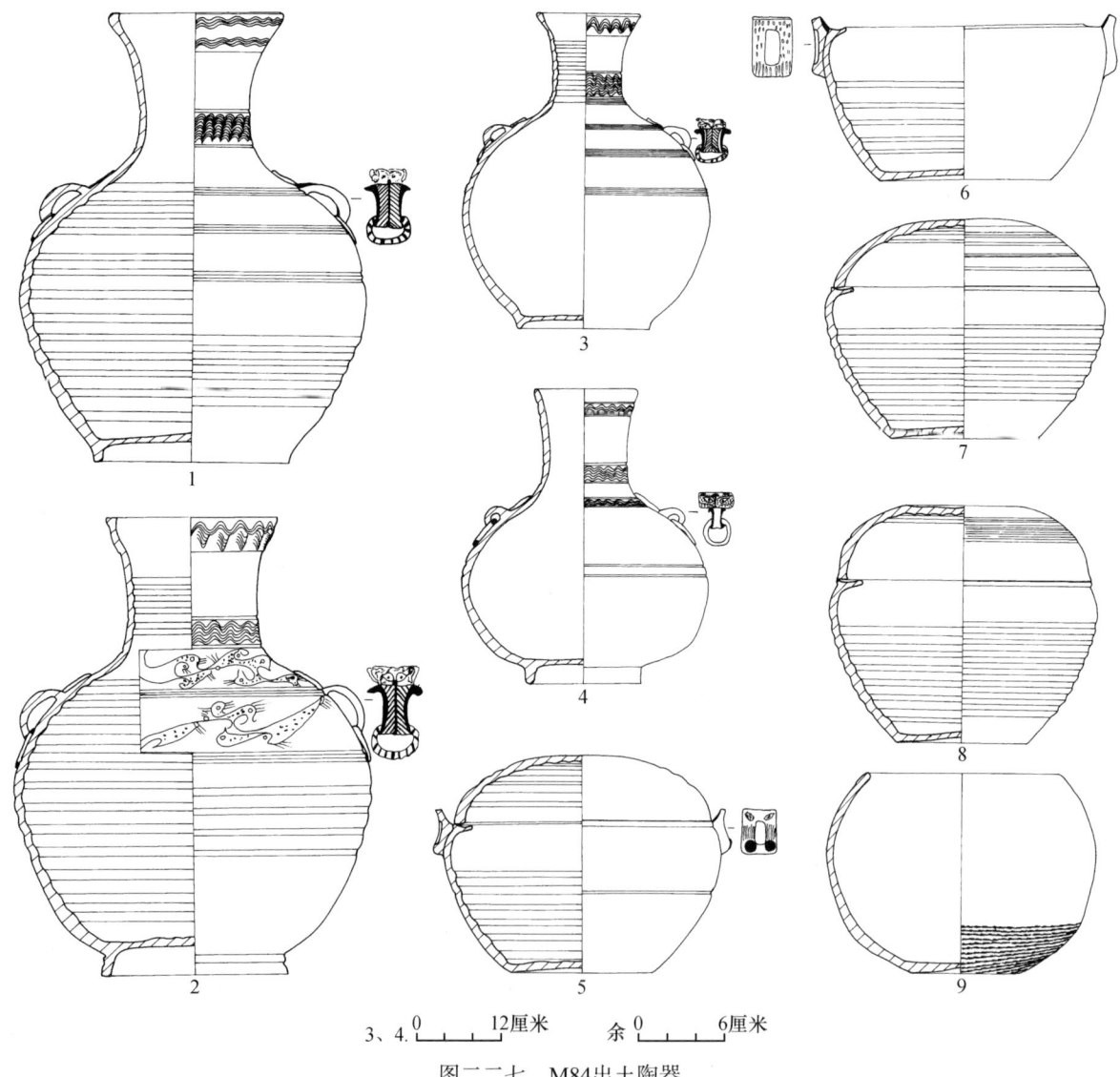

图二二七　M84出土陶器

1~4.壶（M84：3、M84：15、M84：8、M84：9）　5~8.盒（M84：6、M84：7、M84：13、M84：4）　9.罐（M84：12）

浪纹与弦纹，通体存轮制弦纹，口径11.7、底径13、通高30.8厘米（图二二七，2；图版七六，4）。M84∶2，残碎。

陶瓿　1件。M84∶10，釉陶，上半部施釉。平口方唇，圆鼓腹，平底内凹。肩部饰双铺首耳及三组弦纹。口径8.4、底径16.8、通高29.8厘米（图二二八，4；图版七六，3）。

陶罐　3件。M84∶5，泥质灰陶。侈口圆唇，弧鼓腹，平底内凹。腹部饰弦纹，近底部饰绳纹。口径9、底径7、通高13厘米（图二二八，3；图版七五，5）。M84∶12，泥质灰陶。敛口圆唇，弧鼓腹，平底内凹。近底处饰绳纹。口径13.2、底径7、通高13.4厘米（图二二七，9）。M84∶14，泥质红陶。侈口圆唇，折肩，弧鼓腹，平底内凹。近底处饰绳纹。口径9.6、底径5.6、通高14厘米（图二二八，2；图版七六，2）。

陶灶　1件。M84∶11，泥质红褐陶。平面呈曲尺形，灶面三侧起高墙护栏。前端设双拱形灶门，后端置双烟道，两烟道在墙上合二为一，共用一实心烟囱。灶面开设四个火眼，上饰席纹。长23.2、宽20厘米（图二二八，1）。

玉璧　1件。M84∶1，通体饰谷纹。直径14厘米（图二二八，5）。

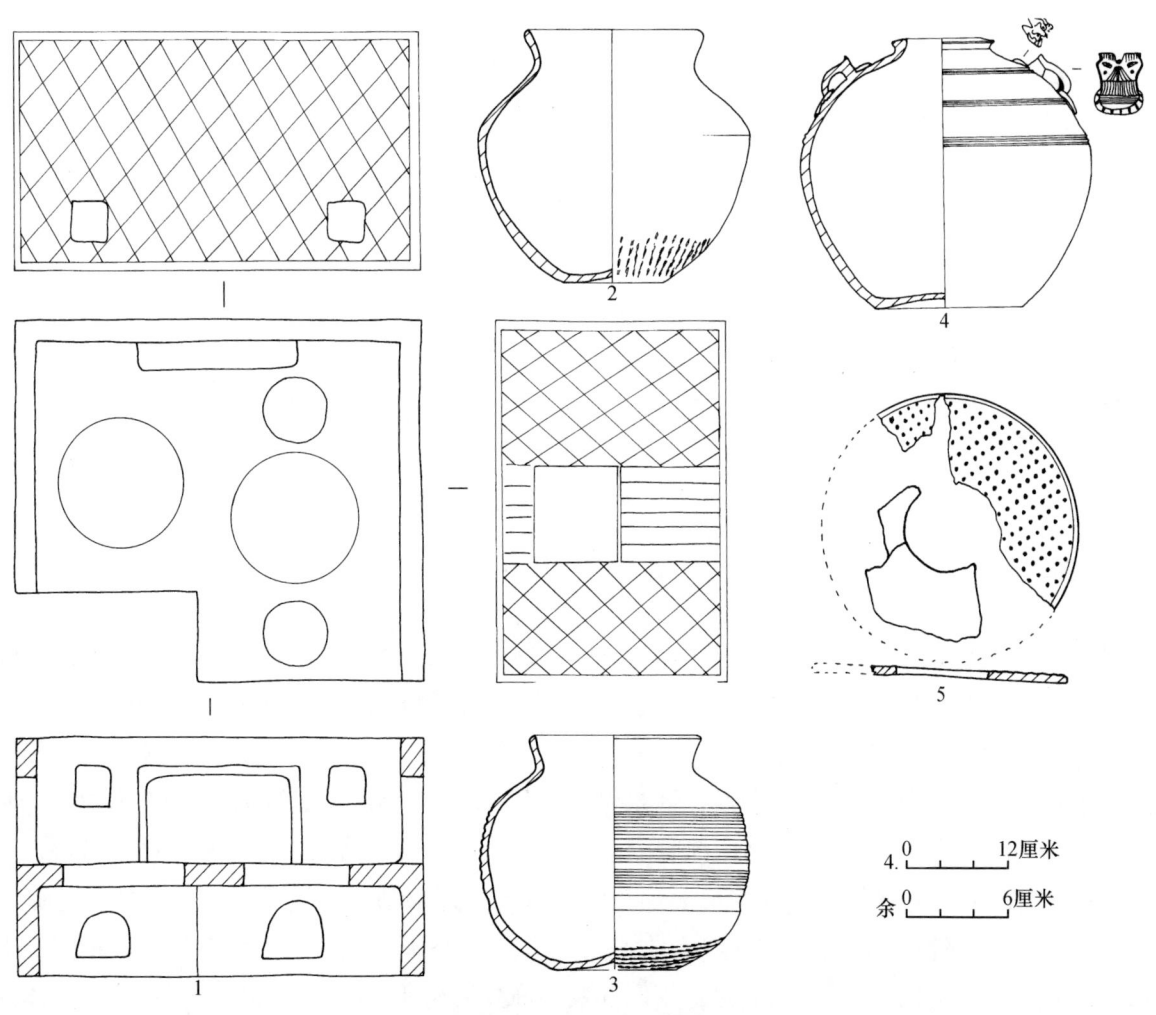

图二二八　M84出土器物

1.陶灶（M84∶11）　2、3.陶罐（M84∶14、M84∶5）　4.陶瓿（M84∶10）　5.玉璧（M84∶1）

M85

1. 墓葬形制

凸字形土坑竖穴墓。方向15°。东临M112且打破M112。墓室长5.04、宽3.3、深2.1米。墓道位于墓室北壁中央，长方形斜坡状，上口长5.34、宽2.44米。墓内填土为黄褐色花土，土质较硬。墓底有青膏泥，厚约15厘米。墓室残留朽棺椁板灰痕迹。随葬品有陶壶5件、罐1件；铜镜1件、剑1件、铜钱35枚（图二二九；图版七四，2）。

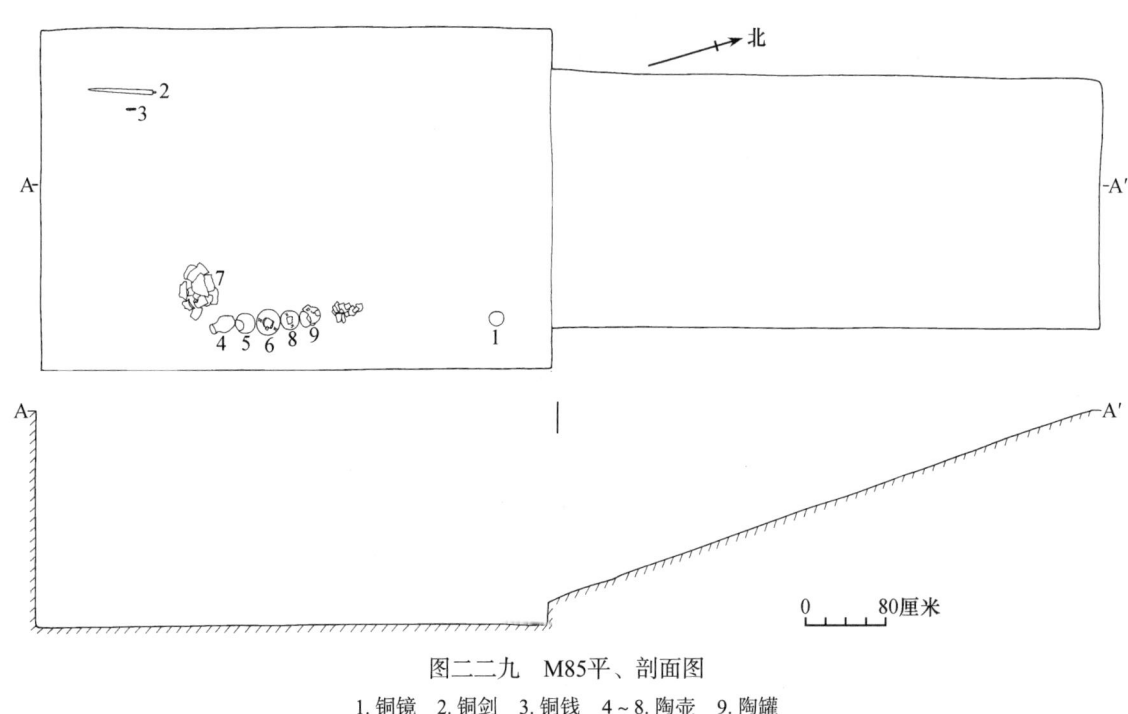

图二二九　M85平、剖面图
1. 铜镜　2. 铜剑　3. 铜钱　4~8. 陶壶　9. 陶罐

2. 随葬品

陶壶　5件。M85：4，釉陶，上半部施釉。敞口，直颈，弧鼓腹，平底内凹。肩部饰叶脉纹桥形耳及两组弦纹，颈部饰波浪纹及弦纹，通体存轮制弦纹。口径9.6、底径9、通高19.6厘米（图二三〇，3；图版七七，3）。M85：5，釉陶，上半部施釉。敞口，直颈，弧鼓腹，平底内凹。肩部饰桥形耳及两组弦纹，颈部饰波浪纹及弦纹，腹部存轮制弦纹。口径10.1、底径9、通高20.6厘米（图二三〇，4；图版七七，4）。M85：6，釉陶，上半部施釉。盘口，直颈，弧鼓腹，平底。肩部饰叶脉纹桥形耳及两组弦纹，颈部饰波浪纹及弦纹，通体存轮制弦纹。口径13.2、底径11.4、通高27.9厘米（图二三〇，1；图版七七，2）。M85：7，釉陶，上半部施釉。口、耳残，直颈，弧鼓腹，平底。颈部饰波浪纹及弦纹，肩部饰两组弦纹，通体存轮制弦纹。底径9、残高16.3厘米（图二三〇，6）。M85：8，釉陶，上半部施釉。口残，直颈，弧鼓腹，平底内凹。肩部饰叶脉纹桥形耳及两组弦纹，颈部饰波浪纹及弦纹，通体存轮制弦纹。底径13、残高27.7厘米（图二三〇，2；图版七七，5）。

陶罐　1件。M85：9，硬陶。直口方唇，弧鼓腹，底部残。肩部饰一组弦纹，通体拍印网格纹，口沿内存轮制弦纹。口径16.6、残高35.4厘米（图二三〇，5）。

铜镜　1件。M85：1，博局镜。半球状纽，四叶纹纽座，座外方格。四小乳丁将外区四等分，间饰神兽及TLV纹，缘上饰锯齿纹。直径13.8、缘厚0.35厘米（图二三一，1；图版七六，6）。

铜剑　1件。M85：2，剑茎残，仅余剑身。剑脊隆起，刃部残。残长51.5厘米（图二三一，2；图版七七，1）。

铜钱　35枚。M85：3，锈蚀严重，部分可辨为五铢钱。

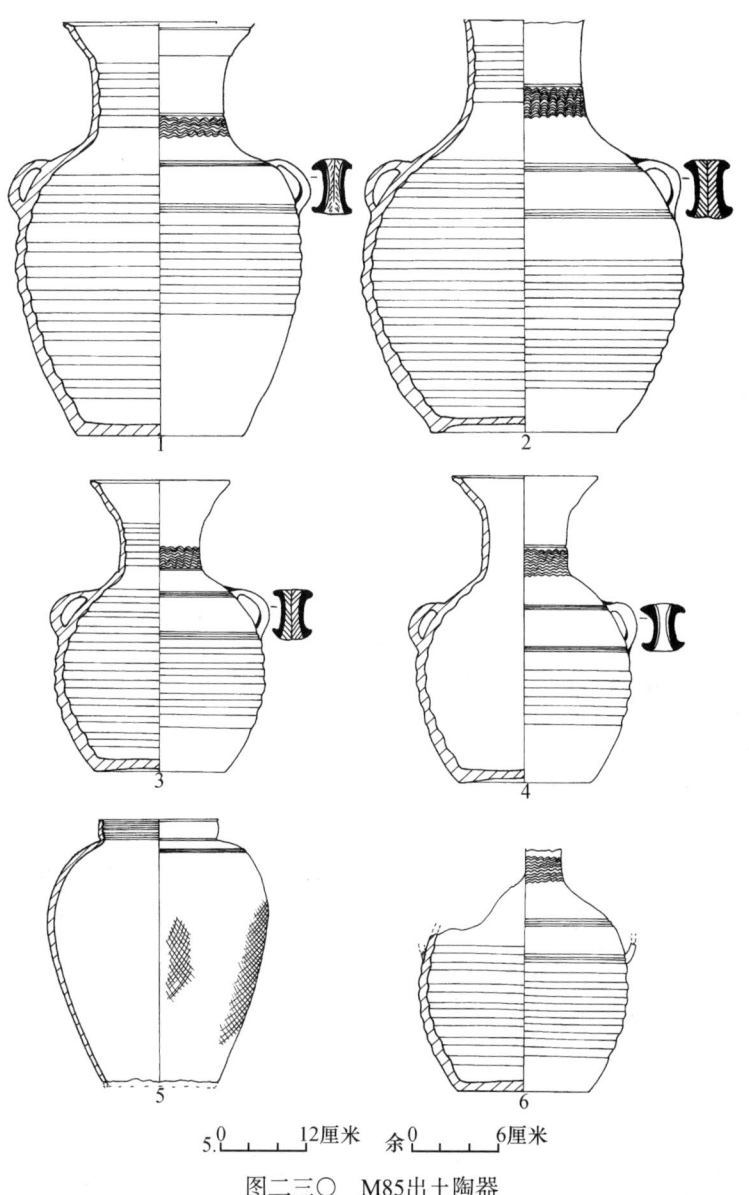

图二三〇　M85出土陶器
1~4.壶（M85：6、M85：8、M85：4、M85：5）　5.罐（M85：9）　6.壶（M85：7）

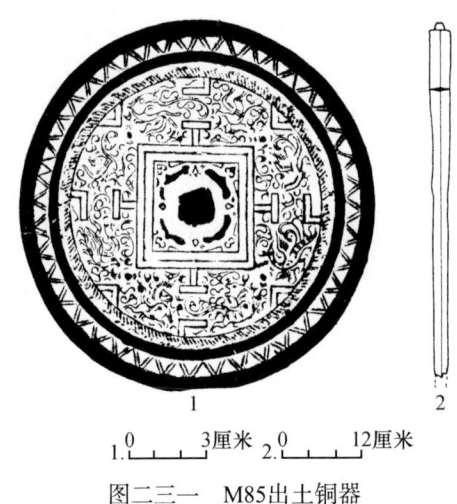

图二三一　M85出土铜器
1. 镜（M85∶1）　2. 剑（M85∶2）

M86

1. 墓葬形制

长方形土坑竖穴墓。方向10°。墓室长2.9、宽1.7、深1.3米。墓内填土为黄褐色花土，土质较硬。随葬品有陶壶2件、罐1件、井1件、灶1件；铜镜2件、洗2件、铜钱12枚。其中铜洗残碎（图二三二；图版七八，2）。

2. 随葬品

陶壶　2件。M86∶4，釉陶，上半部施釉。敞口圆唇，束颈，弧鼓腹，平底内凹。肩部对饰叶脉纹桥形耳及两组弦纹，颈部饰波浪纹及弦纹，通体存轮制弦纹。口径12.8、底径12、通高15厘米（图二三三，1；图版七九，5）。M86∶5，釉陶，上半部施釉。敞口圆唇，束颈，弧鼓腹，平底内凹。肩部对饰叶脉纹桥形耳及两组弦纹，通体存轮制弦纹。口径5.8、底径6.6、通高14.8厘米（图二三三，4；图版七九，2）。

陶罐　1件。M86∶6，硬陶。侈口方唇，弧鼓腹，平底内凹。肩部对饰桥形耳。通体存轮制弦纹。口径13.2、底径9、通高19厘米（图二三三，2；图版七九，4）。

陶井　1件。M86∶7，泥质灰陶。平口方唇，筒形，平底。肩部饰两穿孔和乳丁。内表存轮制弦纹。口径12、底径11、通高13.2厘米。内置一汲水罐，泥质灰陶。侈口圆唇，圆鼓腹，圜底。有一穿孔耳（图二三三，3；图版七九，6）。

陶灶　1件。M86∶8，泥质灰陶。平面呈前方后圆形。前端设一方形灶门，后端有一孔为烟囱。灶面置双火眼，前后各一。长23.2、宽18.4厘米（图二三三，7；图版八〇，1）。

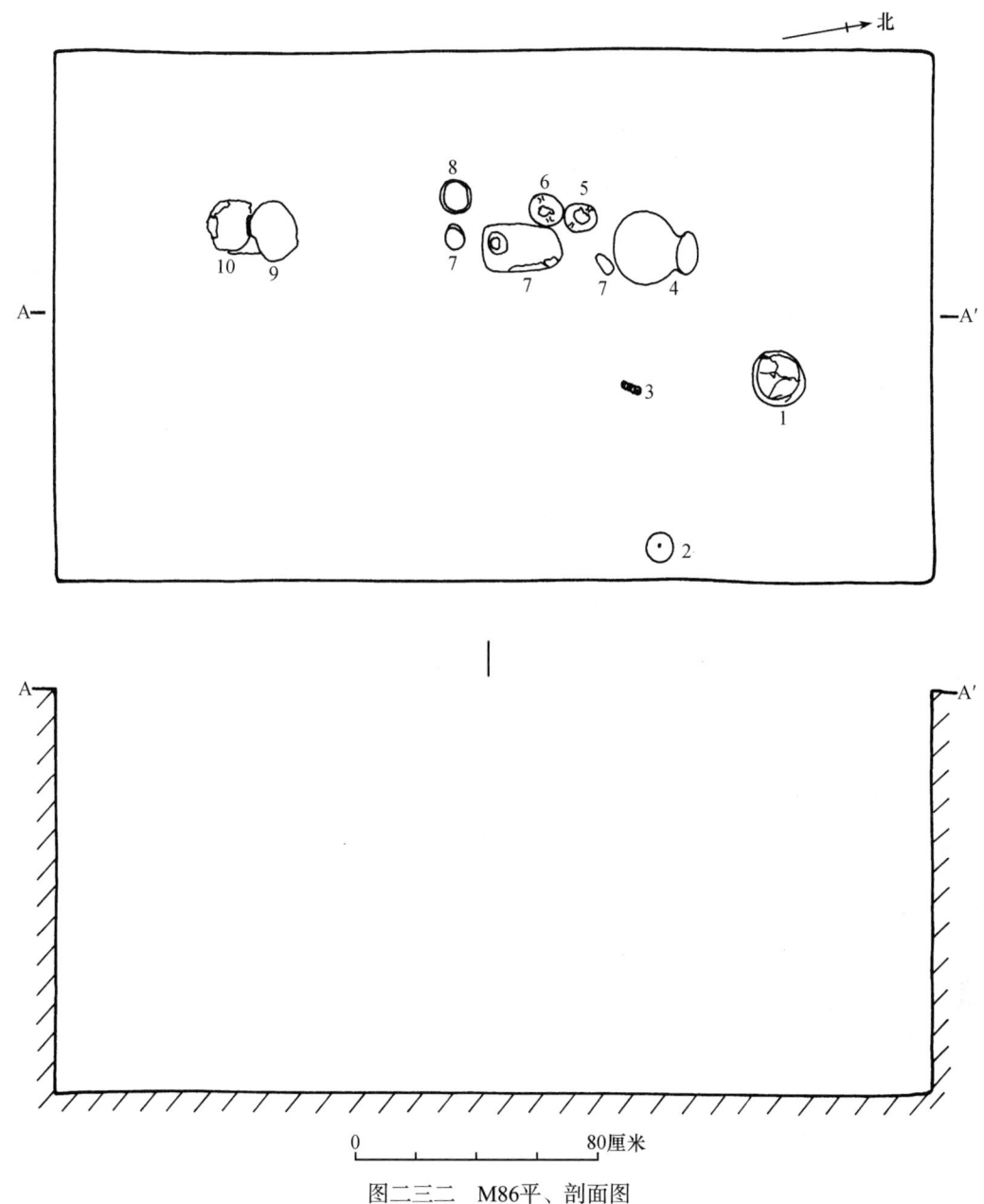

图二三二　M86平、剖面图
1、2.铜镜　3.铜钱　4、5.陶壶　6.陶罐　7.陶井　8.陶灶　9、10.铜洗

铜洗　2件。M86：9，器壁薄，存口沿，折沿。M86：10，仅存一铺首衔环。

铜镜　2件。M86：1，半球状纽，十二并蒂连珠纹纽座，宽素平缘。座外从内向外依次为一周斜短线纹、凸弦纹和八瓣内向连弧纹、铭文带，铭文为"絜（洁）而清白而事君，志沄之弇明，彼玄锡而流泽，恐疏而日忘，美人外承可悦，永而毋绝"。之长铭。直径18.2、缘厚0.6厘米（图二三三，5；图版七九，1）。M86：2，日光镜。残，桥形纽，圆形纽座，窄素平缘，铭文为"见日之光，天下大明"。直径6.2、缘厚0.1厘米（图二三三，6；图版七九，3）。

铜钱　12枚。M86：3，锈蚀严重，部分可辨为五铢钱。

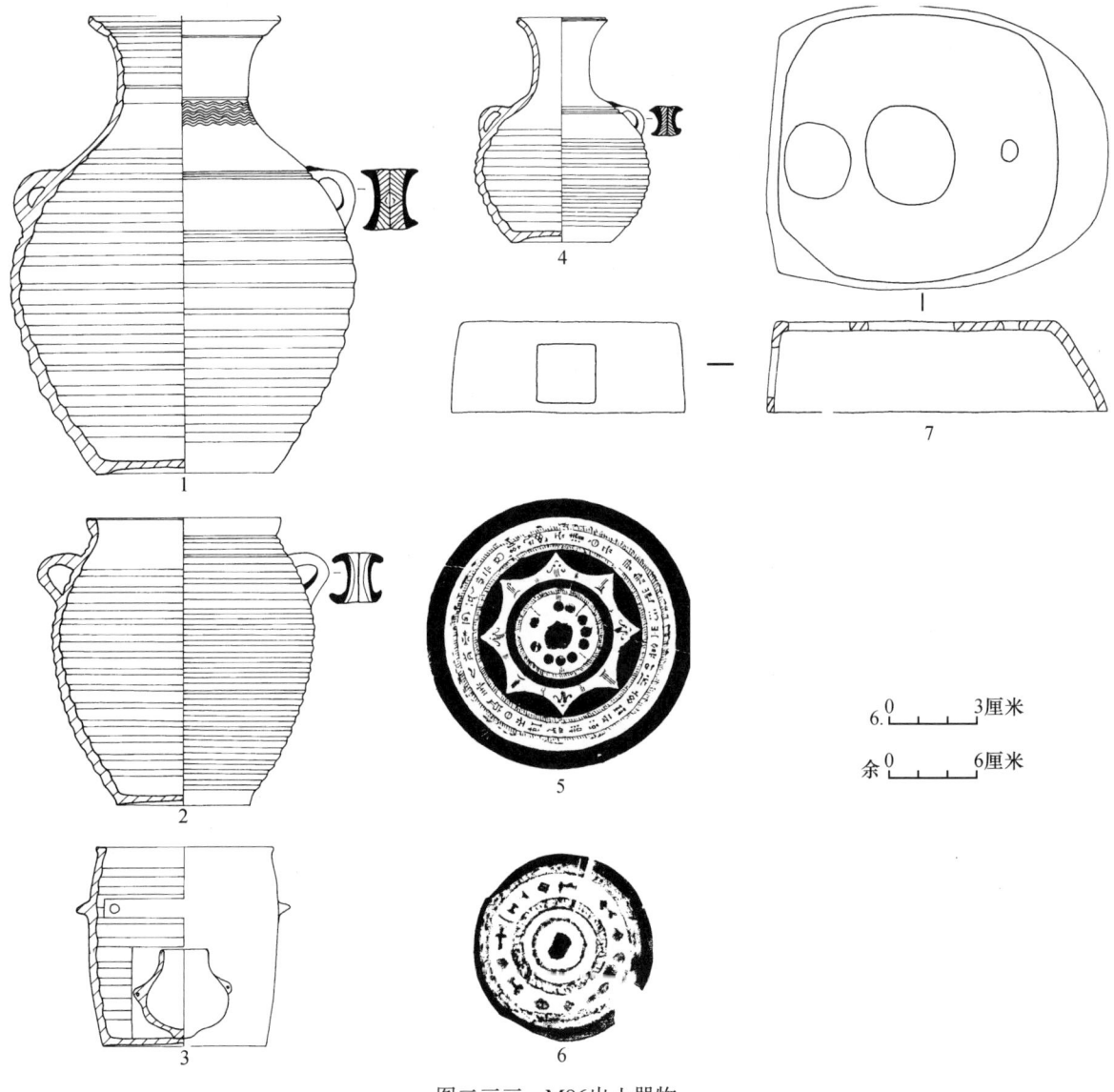

图二三三　M86出土器物

1、4. 陶壶（M86：4、M86：5）　2. 陶罐（M86：6）　3. 陶井（M86：7）　5、6. 铜镜（M86：1、M86：2）
7. 陶灶（M86：8）

M87

1. 墓葬形制

长方形土坑竖穴墓。方向190°。墓室长3.2、宽1.8、深1.9米。墓内填土为黄褐色花土，土质较硬。随葬品有陶壶1件、罐4件、灶1件、猪圈1件、井1件；铜剑1件、镜1件、铜钱9枚。其中M87：5～M87：7陶罐、M87：8陶壶、M87：11陶井残碎（图二三四；图版七八，3）。

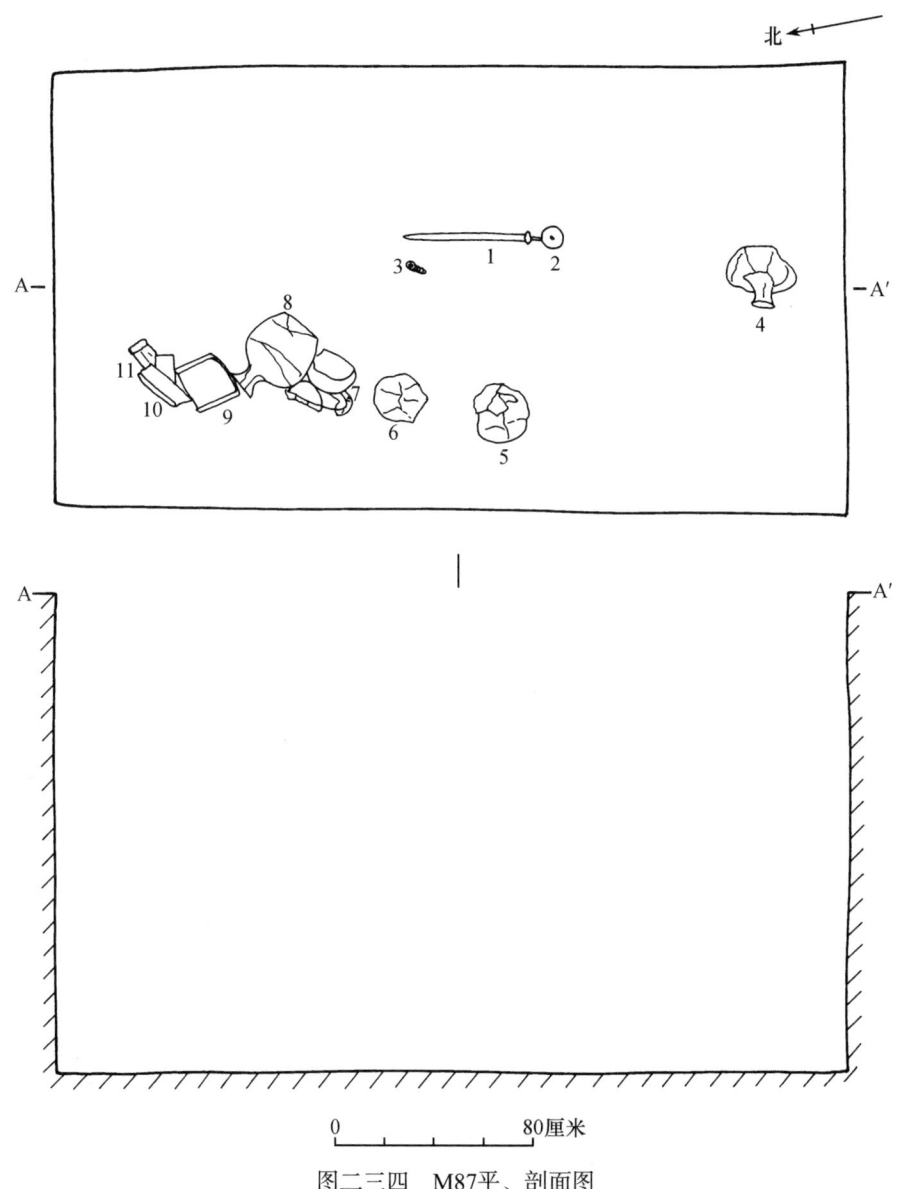

图二三四　M87平、剖面图
1.铜剑　2.铜镜　3.铜钱　4~7.陶罐　8.陶壶　9.陶灶　10.陶猪圈　11.陶井

2. 随葬品

陶壶　1件。M87：8，残碎。

陶罐　4件。M87：4，泥质灰陶。仅存器底，斜弧腹，平底。内表存轮制弦纹。底径15.6、残高9.4厘米（图二三五，3）。M87：5~M87：7，均残碎。

陶灶　1件。M87：9，泥质灰陶。平面呈曲尺形，灶面三侧起高墙护栏。前端设双圆形灶门，后端开设双烟道，两烟道在墙上合二为一，共用一实心烟囱。灶面置三个火眼。长24、宽20厘米（图二三五，1；图版八〇，2）。

陶猪圈　1件。M87：10，泥质灰陶。平面为方形，下部开设一周圈栏。栏上一角起柱搭设厕屋一座，坡式屋顶。厕屋一侧起高台，高台中部开设一孔，孔与圈内相通。圈内中央有一方孔。长24、宽21厘米(图二三五,2;图版八〇,5)。

陶井　1件。M87:11,残碎。

铜剑　1件。M87:1,剑茎残,凹字形剑格,剑身残,剑脊隆起,尾部收杀成锋。残长47.5厘米(图二三五,5;图版八〇,3)。

铜镜　1件。M87:2,日光镜。半球状纽,圆形纽座,素平缘。内区为八瓣内向连弧纹,外区为铭文带。铭文为"见日之光,天下大明"。直径8.5、缘厚0.4厘米(图二三五,4;图版八〇,4)。

铜钱　9枚。M87:3,锈蚀严重,不辨。

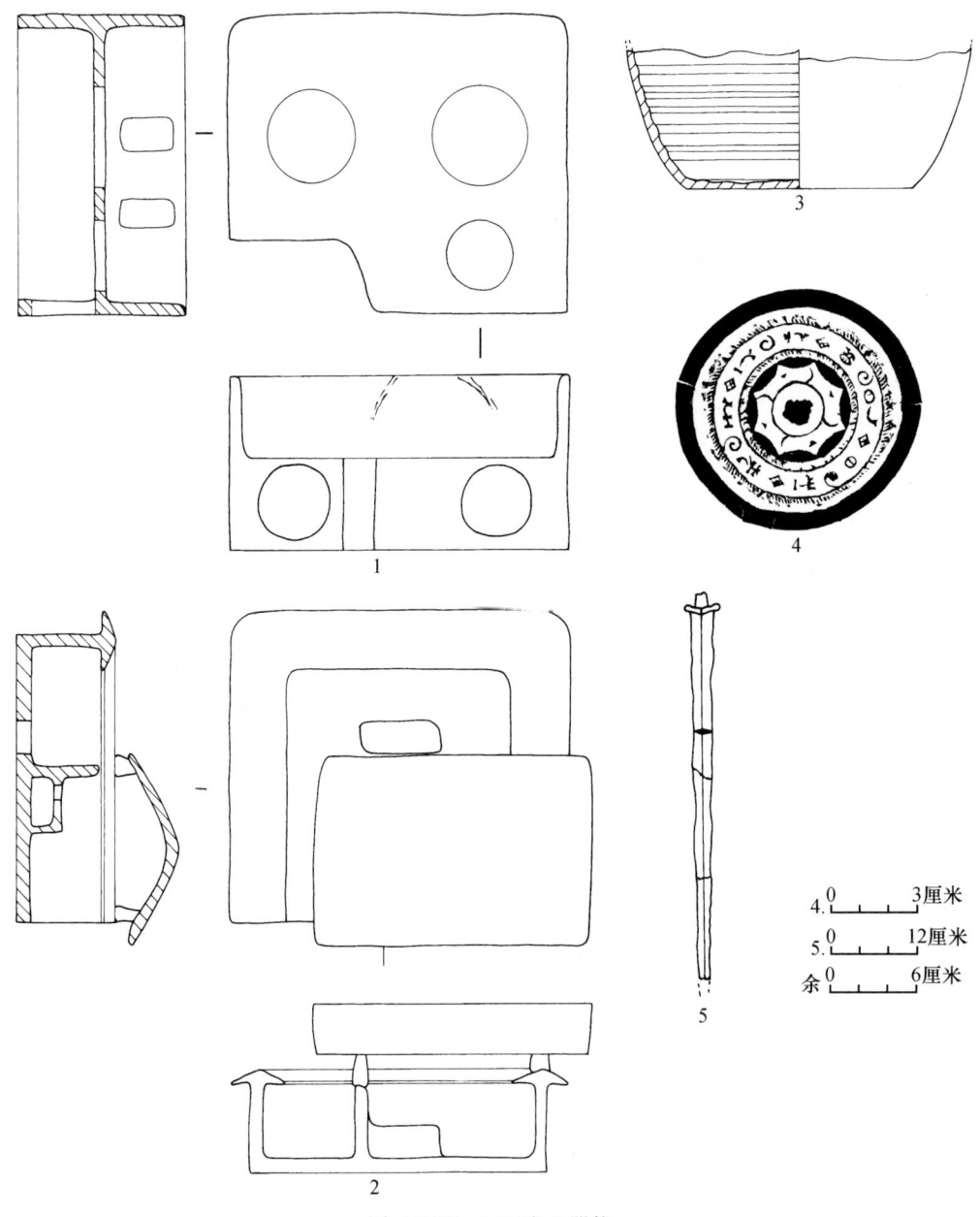

图二三五　M87出土器物

1.陶灶(M87:9)　2.陶猪圈(M87:10)　3.陶罐(M87:4)　4.铜镜(M87:2)　5.铜剑(M87:1)

M88

1. 墓葬形制

长方形土坑竖穴墓。方向15°。墓室长2.86、宽1.6、深1.38米。墓内填土为黄褐色花土，土质较硬。随葬品有陶鼎1件、盒1件、壶1件、罐2件、井1件、灶1件；印章1件；铜镜1件、带钩1件、铜钱1枚。铜钱残碎（图二三六；图版八一，1）。

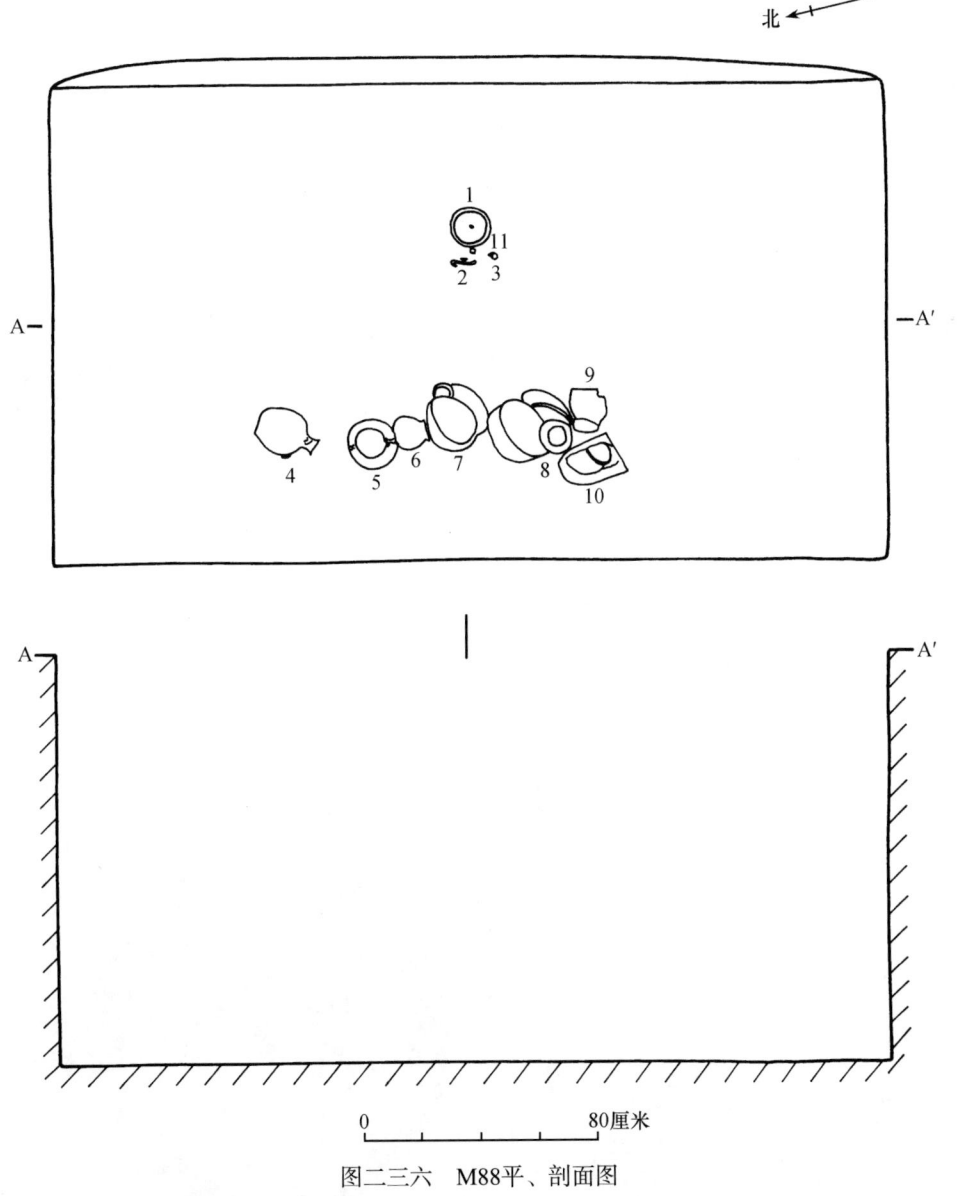

图二三六　M88平、剖面图

1.铜镜　2.铜带钩　3.铜钱　4.陶壶　5、6.陶罐　7.陶鼎　8.陶盒　9.陶井　10.陶灶　11.印章

2. 随葬品

陶鼎　1件。M88:7，泥质灰陶。子母口，下部残。覆钵形器盖。素面。口径19、残高8.6厘米（图二三七，4）。

陶盒　1件。M88:8，泥质灰陶。子母口，斜弧腹，平底。覆钵形器盖。素面，内表存轮制弦纹。口径17.6、底径11.2、通高12.6厘米（图二三七，5）。

陶壶　1件。M88:4，釉陶，上半部施釉。敞口，直颈，弧鼓腹，平底内凹。肩部对饰叶脉纹桥形耳及两组弦纹，颈部饰波浪纹及弦纹，通体存轮制弦纹。口径9.6、底径9、通高21.7厘米（图二三七，1；图版八二，5）。

陶罐　2件。M88:5，釉陶，上半部施釉。侈口圆唇，圆鼓腹，平底。肩部对饰叶脉纹桥形耳及两组弦纹，通体存轮制弦纹。口径10.8、底径10.2、通高13.6厘米（图二三七，2；图版八二，2）。M88:6，硬陶。侈口圆唇，圆鼓腹，平底。肩部对饰叶脉纹桥形耳。通体存轮制弦纹。口径9、底径7、通高10.6厘米（图二三七，3；图版八二，4）。

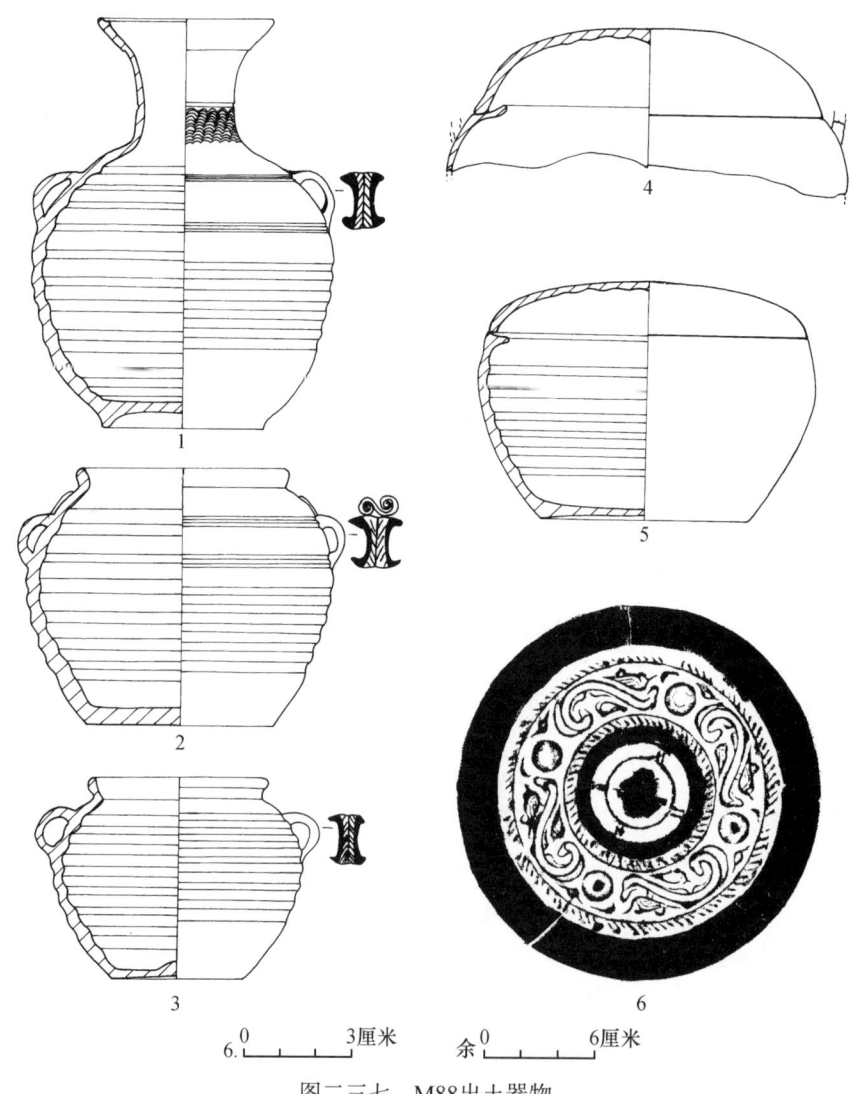

图二三七　M88出土器物

1. 陶壶（M88:4）　2、3. 陶罐（M88:5、M88:6）　4. 陶鼎（M88:7）　5. 陶盒（M88:8）　6. 铜镜（M88:1）

陶井　1件。M88：9，泥质灰陶。平口方唇，筒形，平底。通体存轮制弦纹。口径13.4、底径9.4、通高11厘米（图二三八，2；图版八二，6）。

陶灶　1件。M88：10，泥质灰陶。平面呈前方后圆形。前端设一方形灶门，后端开一圆孔为烟囱。灶面置双火眼，前后各一，上置釜2件。长22、宽15.4厘米（图二三八，3；图版八三，1）。

铜镜　1件。M88：1，四乳四虺纹镜。半球状纽，圆形纽座，宽素平缘。内区为一周凸弦纹和斜短线纹，外区为四乳四虺。直径10.2、缘厚0.25厘米（图二三七，6；图版八二，1）。

铜带钩　1件。M88：2，钩首残，圆纽。纽直径1.2、残长7.5厘米（图二三八，4；图版八二，3）。

铜钱　1枚。M88：3，残碎。

印章　1件。M88：11，内核石质，外包铜。纽残，方座。边长1.8厘米。印文残缺（图二三八，1）。

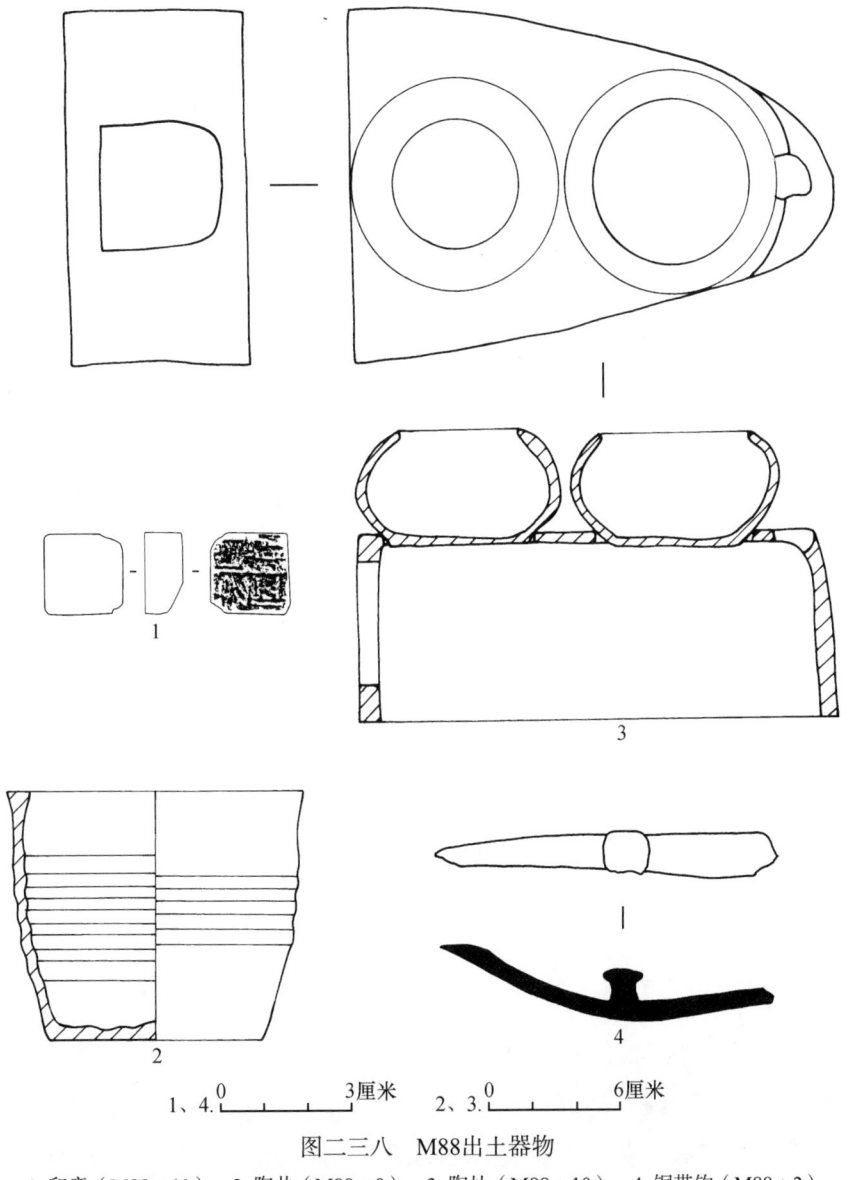

图二三八　M88出土器物
1.印章（M88：11）　2.陶井（M88：9）　3.陶灶（M88：10）　4.铜带钩（M88：2）

M89

1. 墓葬形制

凸字形土坑竖穴墓。方向280°。墓室长2.7、宽2.2、深1.8米。墓道位于墓室西壁中央，长方形斜坡状，上口长1、宽1.1米。墓道与墓室相连处有一台阶，台阶宽20、高20厘米。墓内填土为黄褐色花土，土质较硬。随葬品有陶盒3件、壶3件、瓿2件、罐2件、井1件、灶1件；铜镜1件、铜钱36枚；印章1件。其中M89：8陶罐残碎（图二三九；图版八一，2）。

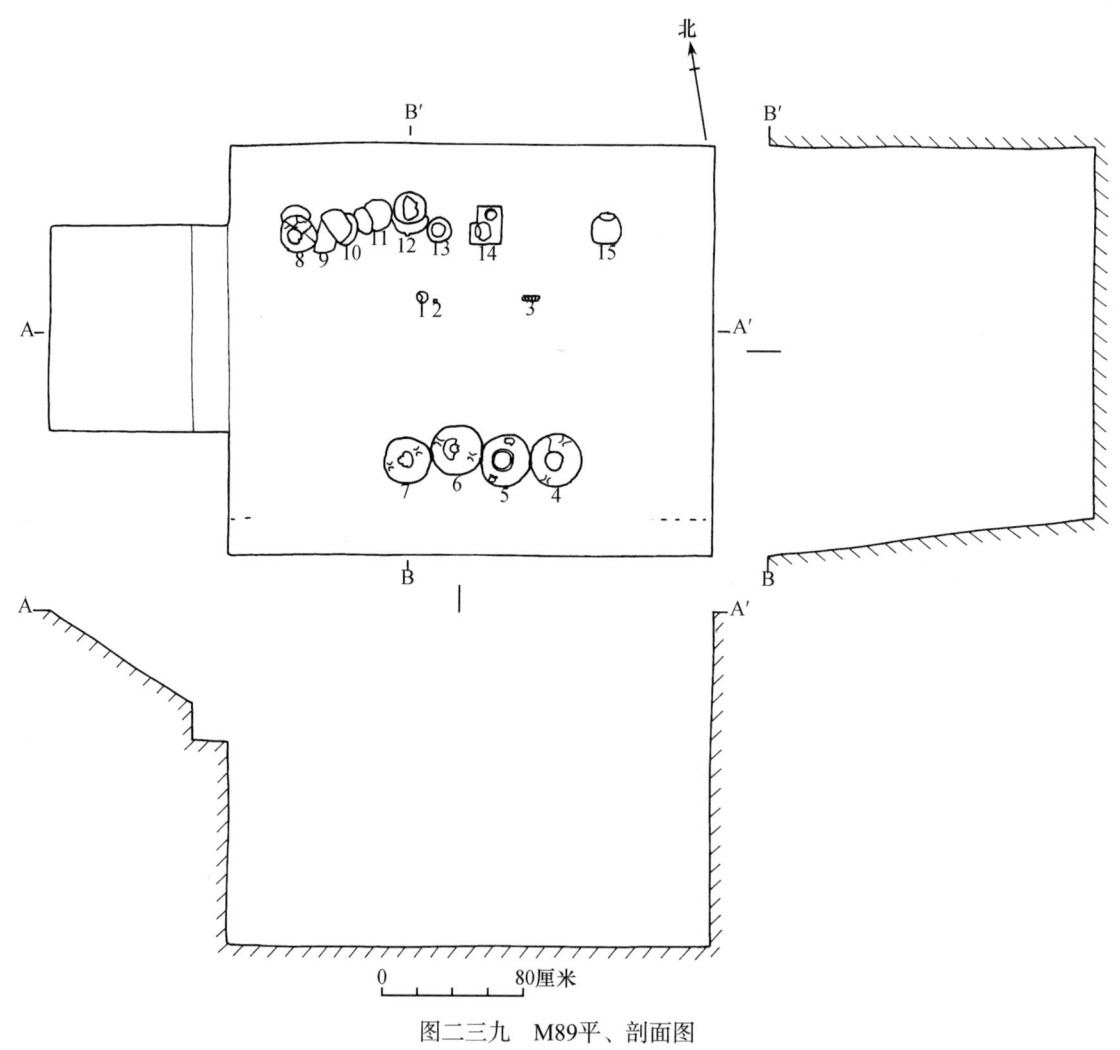

图二三九　M89平、剖面图

1.铜镜　2.印章　3.铜钱　4、5.陶瓿　6、7、11.陶壶　8、15.陶罐　9、10、12.陶盒　13.陶井　14.陶灶

2. 随葬品

陶盒　3件。M89：9，硬陶。子母口，斜弧腹，平底。双兽面附耳。覆钵形器盖。通体存轮制弦纹。口径16.8、底径8.6、通高13.2厘米（图二四〇，4；图版八四，1）。M89：10，硬陶。子母口，斜弧腹，平底。覆钵形器盖。通体存轮制弦纹。口径17、底径10.6、通高14.4厘

米（图二四〇，5；图版八四，3）。M89：12，硬陶。子母口，斜弧腹，平底。双附耳。覆钵形器盖。通体存轮制弦纹。口径16.6、底径8.4、通高14厘米（图二四〇，3；图版八四，2）。

陶壶　3件。M89：6，釉陶，上半部施釉。敞口圆唇，圆鼓腹，圈足。肩部对饰叶脉纹桥形耳及弦纹，颈部饰波浪纹及弦纹，通体存轮制弦纹。口径12.2、底径14.6、通高36.6厘米（图二四〇，6；图版八三，4）。M89：7，釉陶，上半部施釉。敞口圆唇，圆鼓腹，圈足。肩部对饰叶脉纹桥形耳及弦纹，颈部饰波浪纹及弦纹，通体存轮制弦纹。口径12.4、底径14.2、通高36.2厘米（图二四〇，7；图版八三，6）。M89：11，釉陶。敞口圆唇，直颈，圆鼓腹，平底。肩部饰叶脉纹桥形耳及两组弦纹，通体存轮制弦纹。口径6.8、底径7.6、通高14厘米（图二四一，3；图版八四，5）。

陶瓿　2件。M89：4，硬陶。平口方唇，圆鼓腹，平底。肩部对饰兽面桥形耳。通体存轮制弦纹。口径8.4、底径15.6、通高23.7厘米（图二四〇，1；图版八三，5）。M89：5，硬陶。平口方唇，圆鼓腹，平底。肩部对饰兽面桥形耳。通体存轮制弦纹。口径8.4、底径15.4、通高24厘米（图二四〇，2；图版八三，2）。

陶罐　2件。M89：15，仅存底部。泥质灰陶。弧鼓腹，平底内凹，内表存轮制弦纹。底径5、残高8厘米（图二四〇，8）。M89：8，残碎。

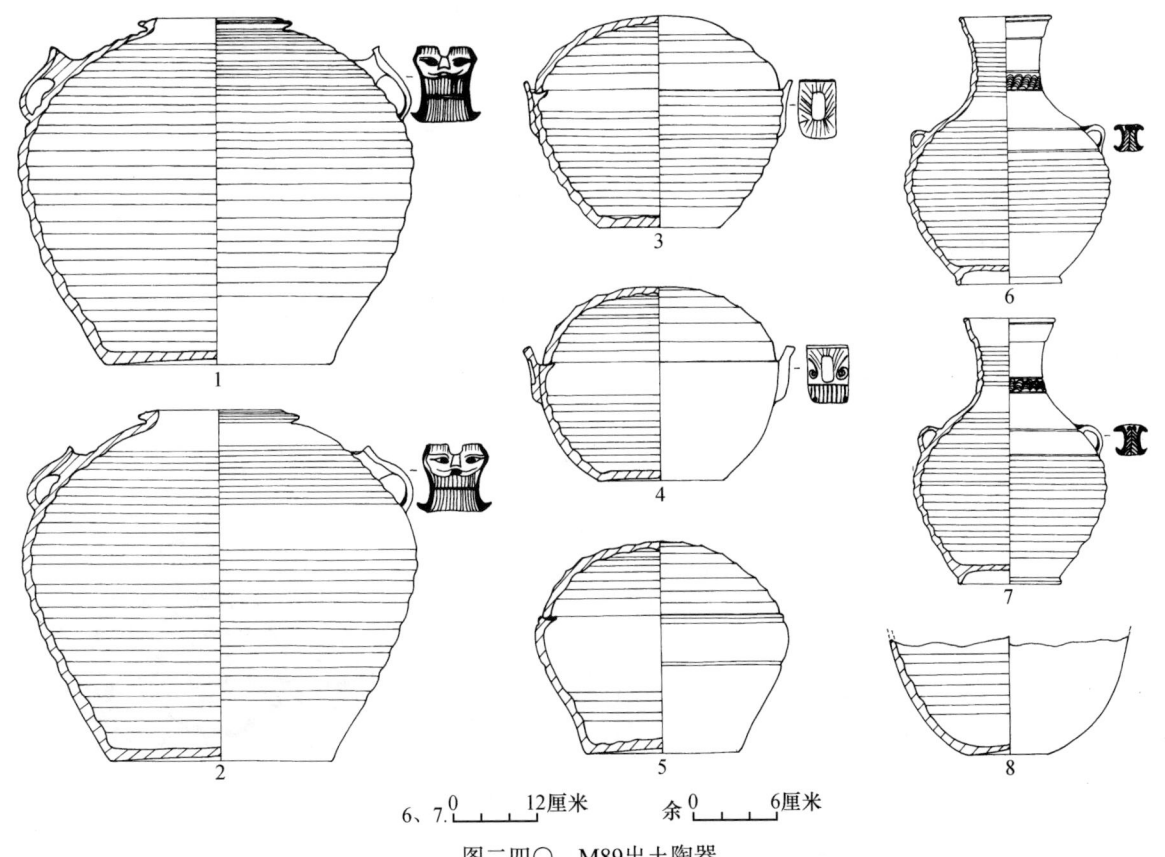

图二四〇　M89出土陶器

1、2.瓿（M89：4、M89：5）　3~5.盒（M89：12、M89：9、M89：10）　6、7.壶（M89：6、M89：7）　8.罐（M89：15）

陶井　1件。M89：13，泥质灰陶。平口方唇，折肩，筒形。素面。口径10.4、底径12.4、通高12.8厘米（图二四一，4；图版八四，4）。

陶灶　1件。M89：14，泥质灰陶。平面呈曲尺形。三侧起高墙护栏。前端设双拱形灶门。灶面置三火眼。长21、宽17.8厘米（图二四一，2；图版八四，6）。

铜镜　1件。M89：1，昭明镜。半球状纽，圆形纽座。内区为八瓣内向连弧纹，外区为铭文带，铭文为"内清以昭明，光日月"。直径6.2、缘厚0.2厘米（图二四一，5；图版八三，3）。

铜钱　36枚。M89：3，锈蚀严重，部分可辨为五铢钱。

印章　1件。M89：2，内核石质，外包铜，方形印面。边长1.3厘米。印文漫漶不清（图二四一，1）。

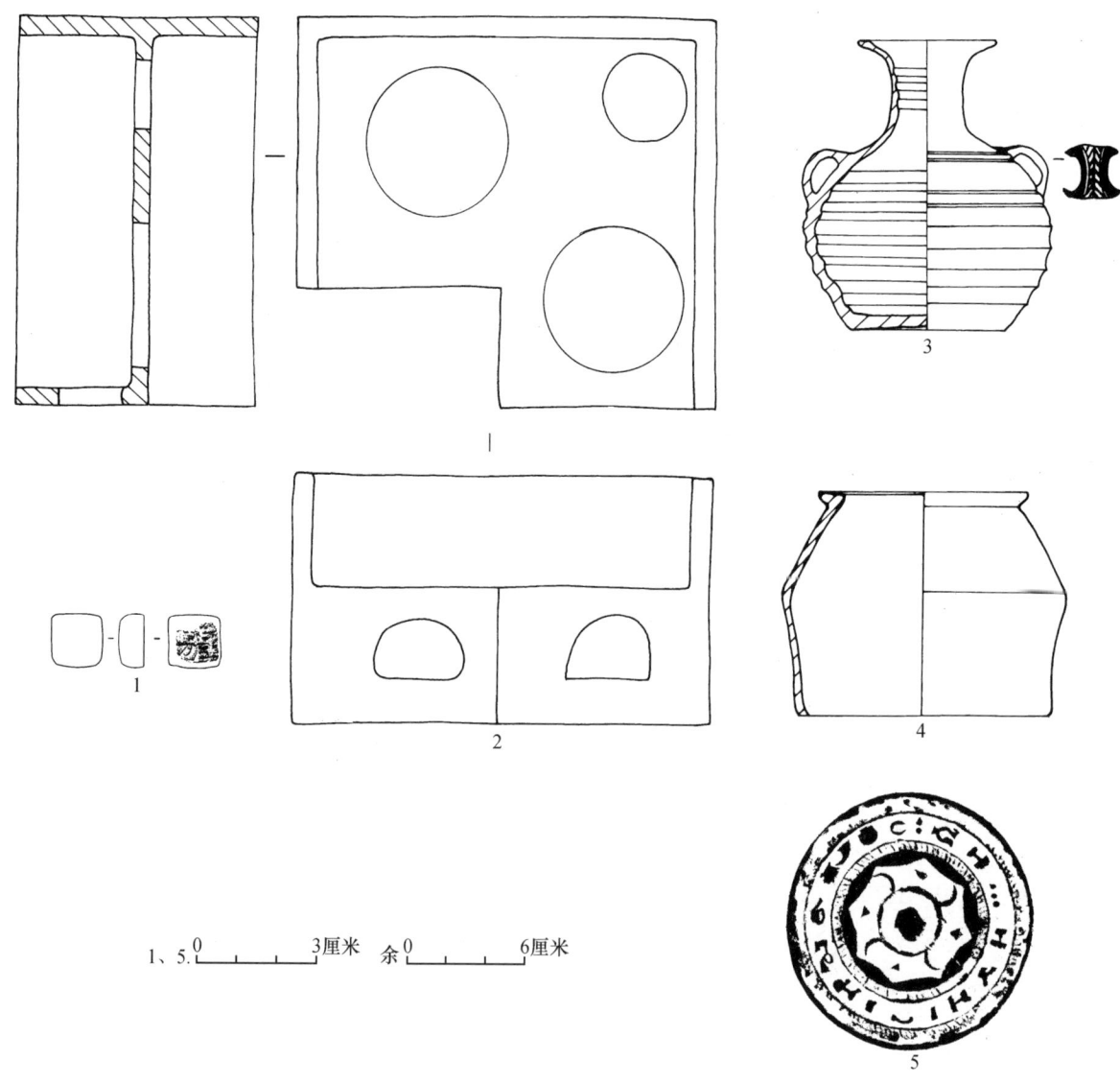

图二四一　M89出土器物

1. 印章（M89：2）　2. 陶灶（M89：14）　3. 陶壶（M89：11）　4. 陶井（M89：13）　5. 铜镜（M89：1）

M90

1. 墓葬形制

凸字形土坑竖穴墓。方向190°。墓室长3.9、宽3.3、深2.36米。墓室东、西、北三壁有生土二层台，台宽0.54、距墓底高1.86米。墓道位于墓室南壁中央，长方形斜坡状。上口长1.4、宽1.4米。墓室与墓道连接处有台阶，台阶高34、宽30厘米。墓内填土为黄褐色花土，土质较硬，墓底有青膏泥，厚约10厘米。墓内残存单棺单椁，木棺长2、宽0.7、残高0.2米，棺板厚8厘米。棺两侧为边厢，东侧边厢宽1米，西侧边厢宽0.54米。随葬品有陶盒1件、罐5件、甑1件、器盖1件、灶1件、猪圈1件；玉璧1件。陶猪圈已残碎（图二四二；图版八五，2）。

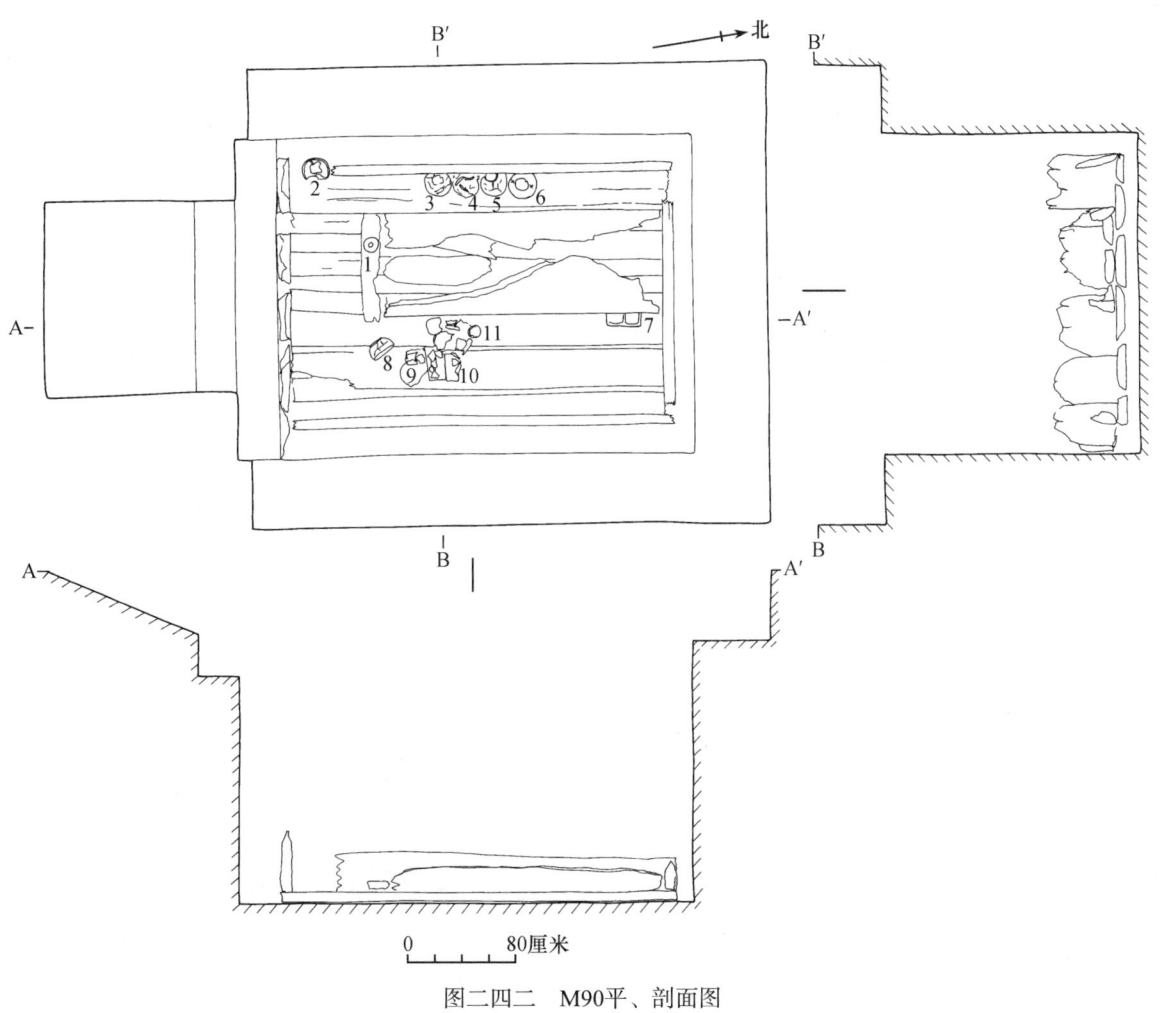

图二四二　M90平、剖面图

1.玉璧　2.陶盒　3~6、11.陶罐　7.陶灶　8.陶器盖　9.陶甑　10.陶猪圈

2. 随葬品

陶盒　1件。M90：2，仅存器盖，釉陶。覆钵形，盖顶上饰三乳丁。通体存轮制弦纹。口径22、通高7.7厘米（图二四三，5）。

陶罐　5件。M90：3，泥质红陶。直口方唇，圆鼓腹，平底内凹。素面。口径9.8、底径10.2、通高15.6厘米（图二四三，3；图版八六，3）。M90：4，泥质红陶。直口方唇，圆鼓腹，平底内凹。肩部饰两组波浪纹。口径9.4、底径10.8、通高16厘米（图二四三，2；图版八六，5）。M90：5，泥质红陶。侈口方唇，圆鼓腹，平底。素面。口径10.4、底径10、通高13.2厘米（图二四三，4；图版八六，2）。M90：6，硬陶。侈口方唇，圆鼓腹，平底内凹。肩部对饰桥形耳及三道凹弦纹，通体拍印网格纹，口沿内存轮制弦纹。口径9、底径11.2、通高17.4厘米（图二四三，1；图版八六，4）。M90：11，泥质灰陶。仅存器底，平底。内表存轮制弦纹。底径5.4、残高3厘米（图二四三，7）。

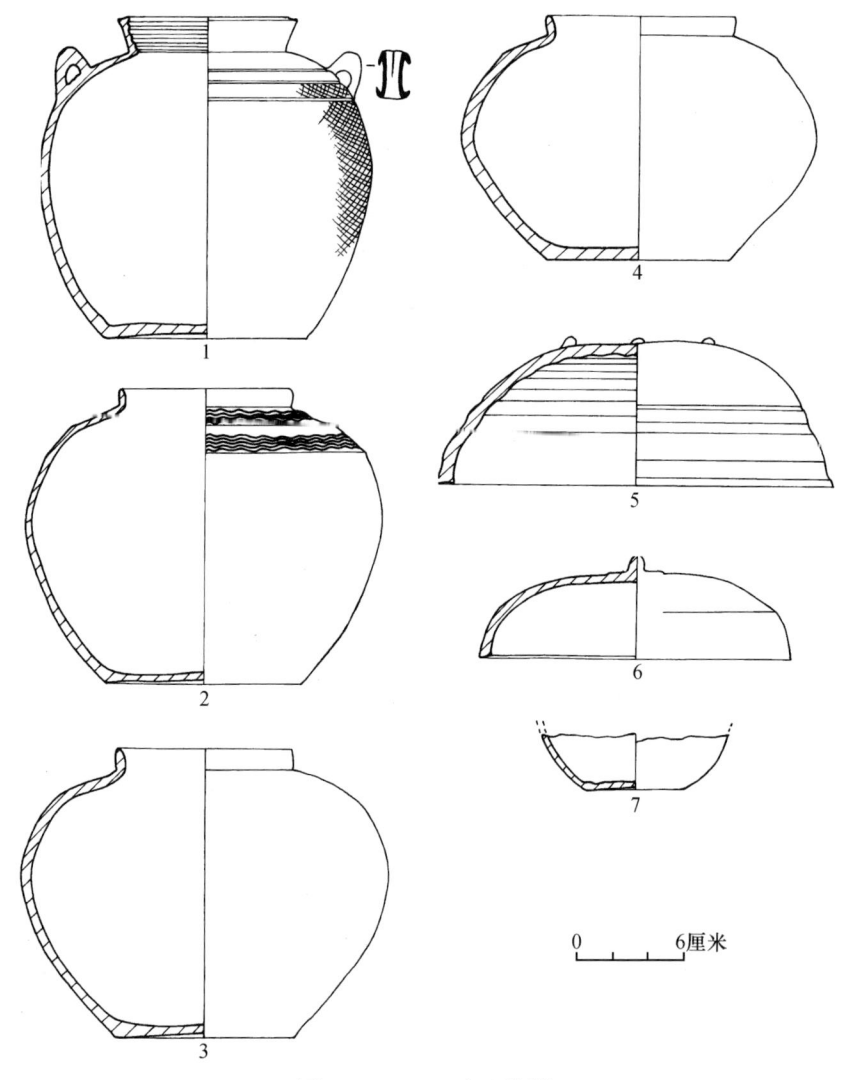

图二四三　M90出土陶器

1~4.罐（M90：6、M90：4、M90：3、M90：5）　5.盒（M90：2）　6.器盖（M90：8）　7.罐（M90：11）

陶甑　1件。M90:9，泥质红陶。折沿，弧鼓腹，平底，底部有五箅眼。口径13.4、底径4.2、通高8厘米（图二四四，2）。

陶器盖　1件。M90:8，泥质红陶。覆钵形，顶部中央有一乳丁。素面。口径17.4、通高5.6厘米（图二四三，6）。

陶灶　1件。M90:7，泥质灰陶。平面呈曲尺形，灶面三侧起高墙护栏，前端设双拱形灶门，灶面置三火眼。长31、宽22.6厘米（图二四四，1；图版八六，6）。

陶猪圈　1件。M90:10，残碎。

玉璧　1件。M90:1，残。碧绿色。通体饰谷纹。直径12.6厘米（图二四四，3；图版八六，1）。

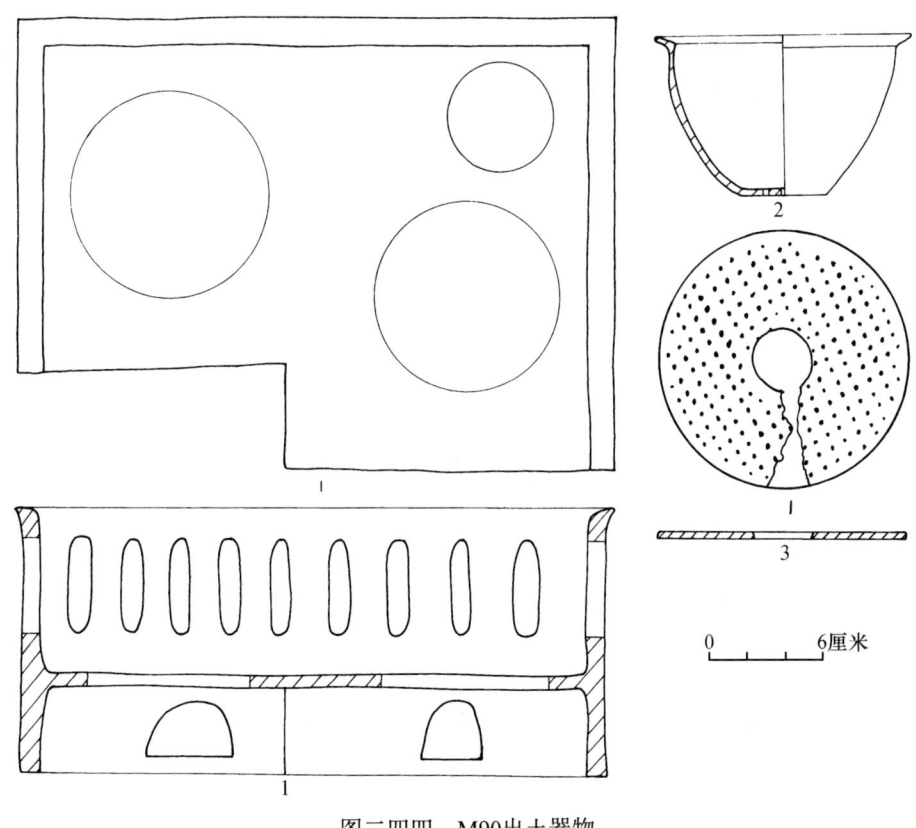

图二四四　M90出土器物
1.陶灶（M90:7）　2.陶甑（M90:9）　3.玉璧（M90:1）

M91

1. 墓葬形制

凸字形土坑竖穴墓。方向197°。墓室长3.26、宽2.48、深1.9米。墓道位于墓室南壁中央，长方形斜坡状，上口长0.8、宽1.56米。墓内填土为黄褐色花土，土质较硬。墓底有青膏泥，厚约5厘米。随葬品有陶鼎2件、盒2件、壶3件、甑1件、罐5件、灶1件；铜鼎足1件、鼎耳1件、镜1件、铜钱6枚；玉璧1件。其中陶鼎、M91:10、M91:15、M91:16、M91:19陶罐、M91:18陶壶及玉璧残碎（图二四五；图版八五，3）。

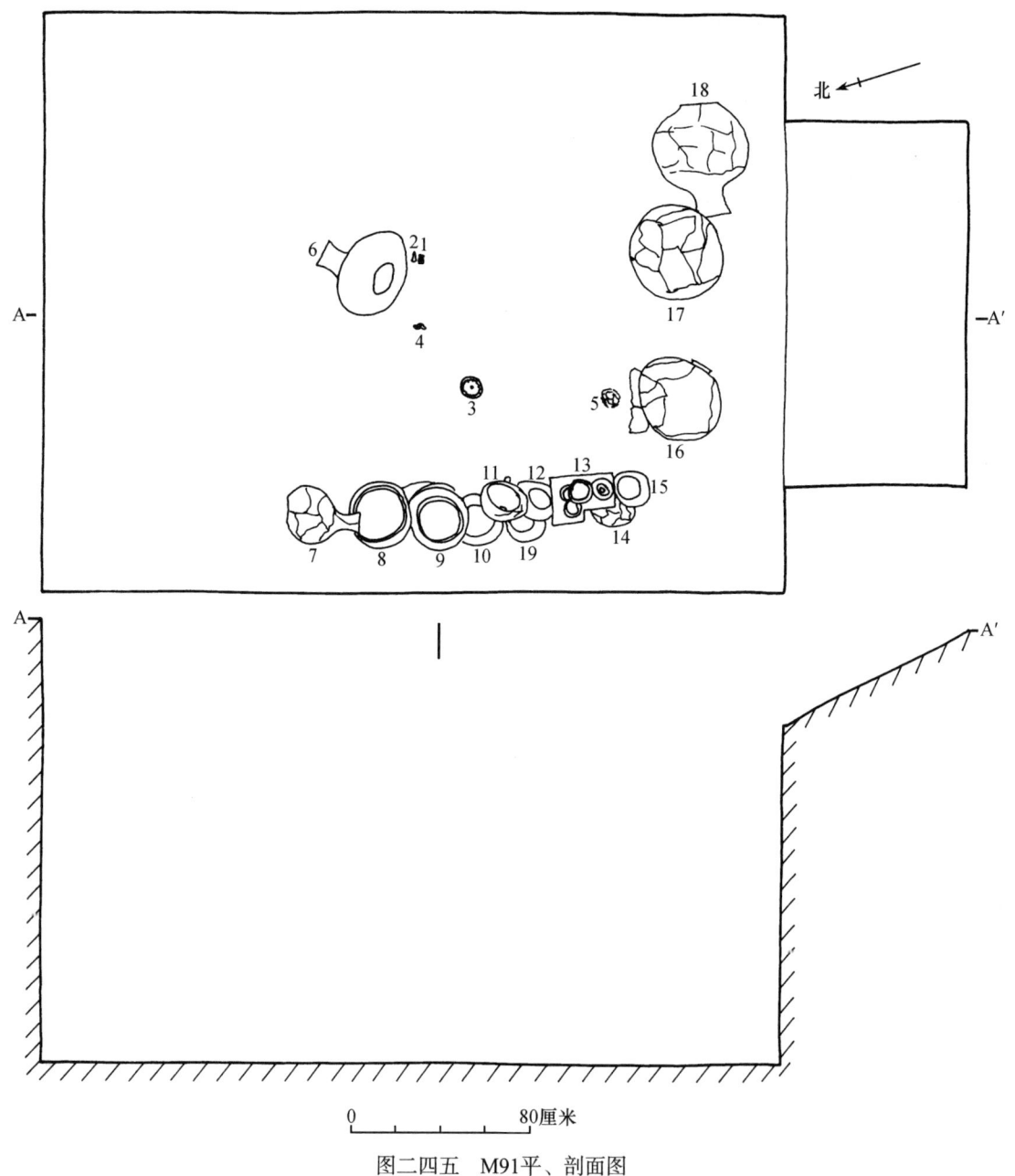

图二四五　M91平、剖面图

1.铜鼎耳　2.铜鼎足　3.铜镜　4.铜钱　5.玉璧　6、7、18.陶壶　8、9.陶盒　10、12、15、16、19.陶罐　11、14.陶鼎　13.陶灶　17.陶瓿

2. 随葬品

陶鼎　2件。M91∶11、M91∶14，均残碎。

陶盒　2件。M91∶8，泥质红陶。子母口，弧鼓腹，平底内凹。内表存轮制弦纹。口径17、底径15、通高14.8厘米（图二四六，1；图版八七，2）。M91∶9，泥质红陶。子母口，弧鼓腹，平底内凹。素面，内表存轮制弦纹。口径17.4、底径15.8、通高13.7厘米（图二四六，2；图版八七，4）。

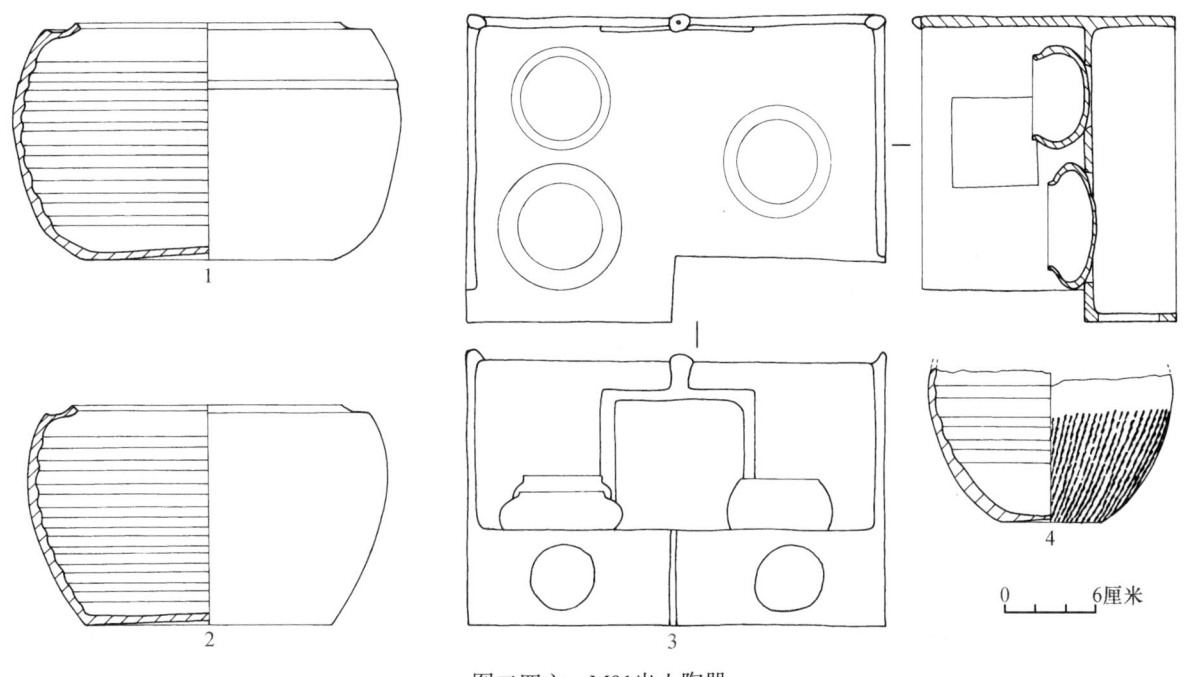

图二四六　M91出土陶器
1、2.盒（M91：8、M91：9）　3.灶（M91：13）　4.罐（M91：12）

陶壶　3件。M91：6，釉陶，上半部施釉。敞口，直颈，圆鼓腹，平底内凹。口部、颈部饰波浪纹及弦纹，肩部饰兽面铺首耳及三组弦纹，口沿内存轮制弦纹。口径14.6、底径17.8、通高44厘米（图二四七，1；图版八七，3）。M91：7，釉陶，上半部施釉。侈口圆唇，直颈，圆鼓腹，圈足。肩部对饰桥形耳、波浪纹及弦纹，口部、颈部饰波浪纹及弦纹，腹部饰弦纹。口径9.2、底径9.2、通高30.1厘米（图二四七，4；图版八七，5）。M91：18，残碎。

陶瓿　1件。M91：17，釉陶，上半部施釉。平口方唇，圆鼓腹，平底内凹。肩部饰双兽面铺首耳及三组弦纹。口径8.4、底径17.2、通高29.7厘米（图二四七，2；图版八七，6）。

陶罐　5件。M91：12，泥质红陶。上部残，弧鼓腹，平底内凹。腹部饰绳纹，内表存轮制弦纹。底径6、残高9.4厘米（图二四六，4）。其余4件残碎。

陶灶　1件。M91：13，泥质灰陶。平面呈曲尺形，灶面三侧起高墙护栏。前端设双圆形灶门，后端置双烟道，两烟道在墙上合二为一，共用一实心烟囱。灶面设三个火眼，上置圜底锅1件、釜2件。长27、宽19厘米（图二四六，3）。

铜鼎足　1件。M91：2，兽蹄足。高3.4厘米（图二四七，6）。

铜鼎耳　1件。M91：1，长方形附耳。长3.7、宽2.2厘米（图二四七，5）。

铜镜　1件。M91：3，星云镜。连峰纽，圆形纽座，连弧纹缘。内区为一周短斜线，外区为星云纹。直径9.5、缘厚0.2厘米（图二四七，3；图版八七，1）。

铜钱　6枚。M91：4，锈蚀严重，其中1枚可辨为五铢钱。

玉璧　1件。M91：5，残碎。

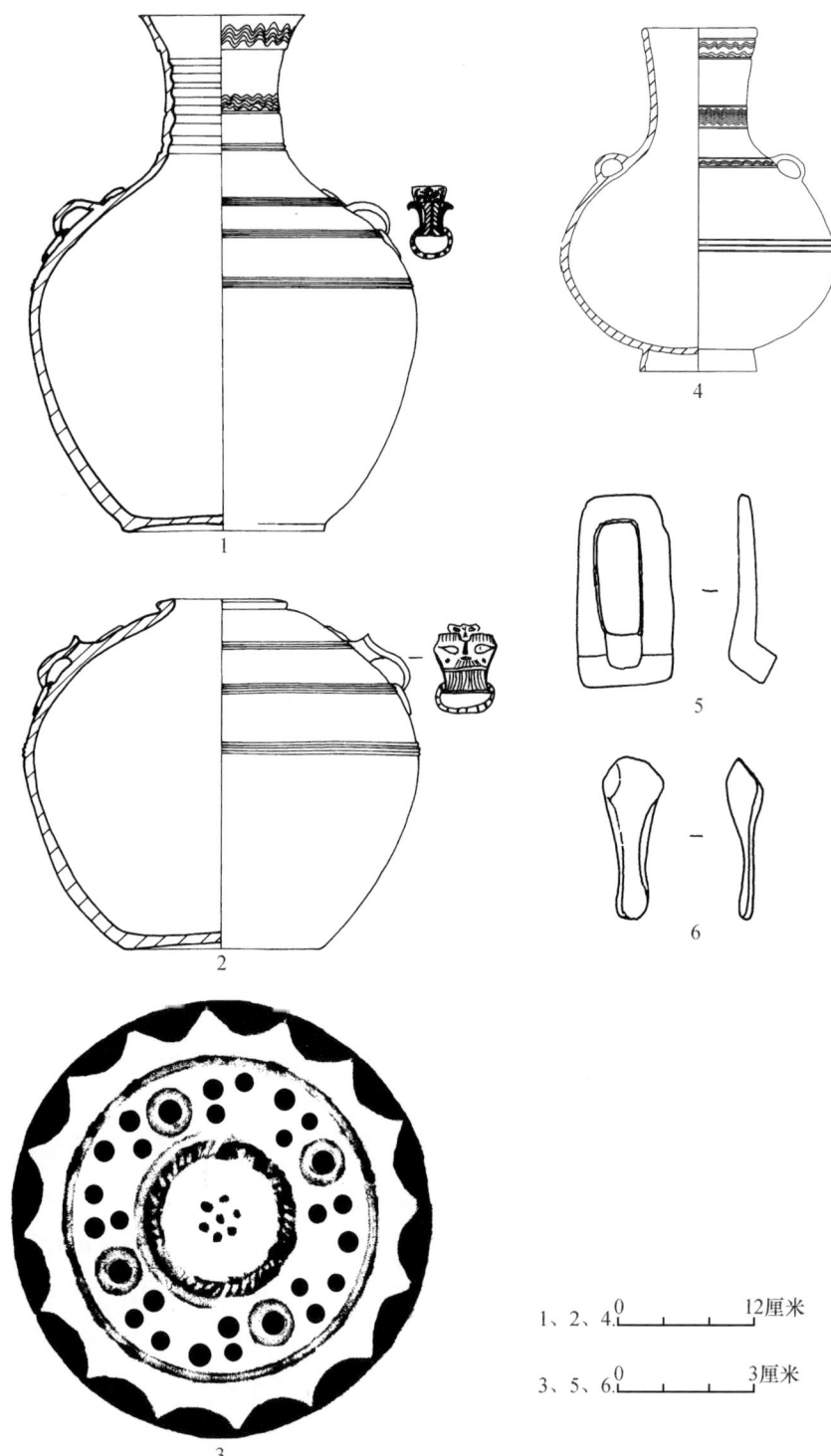

图二四七　M91出土器物

1、4.陶壶（M91：6、M91：7）　2.陶瓿（M91：17）　3.铜镜（M91：3）　5.铜鼎耳（M91：1）　6.铜鼎足（M91：2）

M92

1. 墓葬形制

凸字形土坑竖穴墓。方向283°。墓室长2.6、宽2、深2.4米。墓道位于墓室西壁中央，长方形斜坡状，长2~2.1、宽1.2米。墓道与墓室连接处设宽25、高15厘米的台阶。墓内填土为黄褐色花土，墓底有15厘米厚的青膏泥。墓室存单棺单椁残木，椁室长2.2、宽1.6、残高0.14米，椁板厚8厘米，底部由五块木板拼合而成。木棺为独木棺，长1.9、宽1.6、残高0.24米，棺板厚6厘米，两端挡板朽毁。随葬品有陶盒4件、罐2件、灶1件、井1件、猪圈1件和铜钱1枚（图二四八；图版八八，1）。

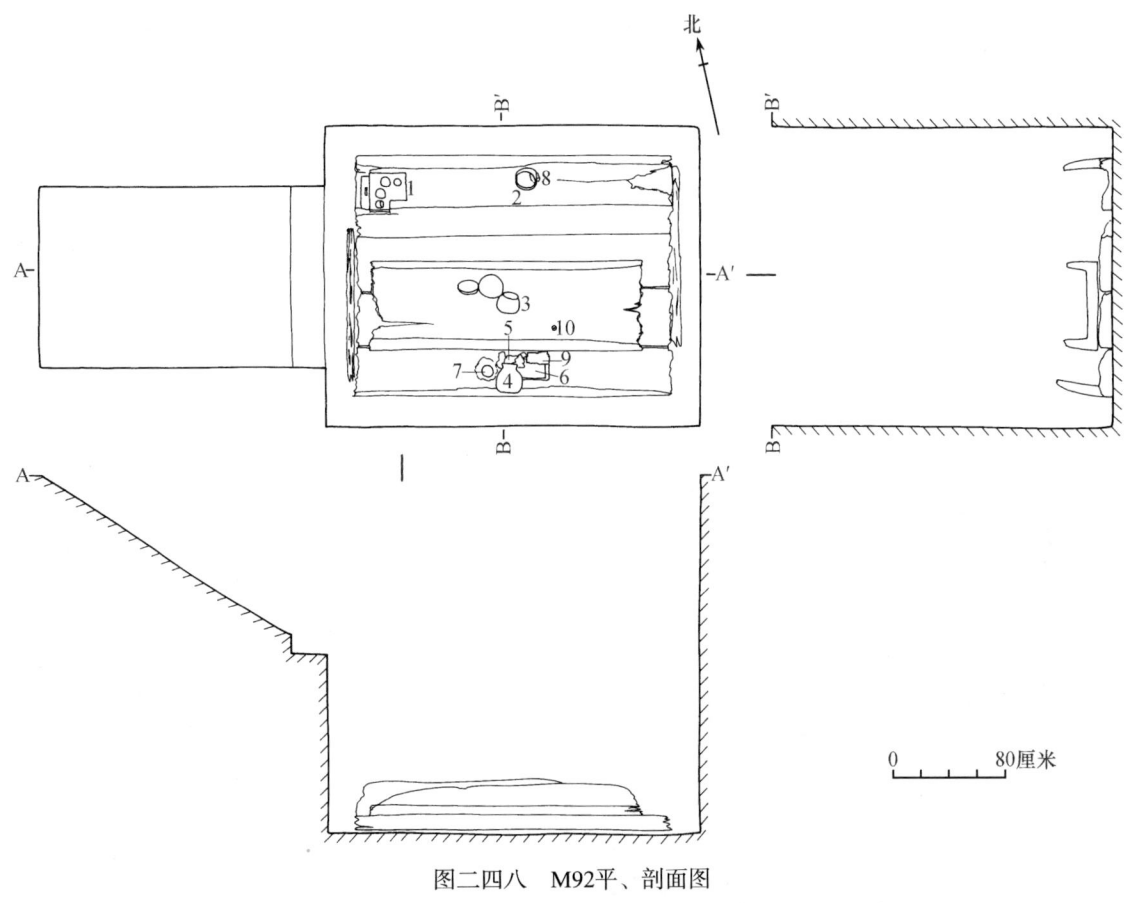

图二四八　M92平、剖面图
1.陶灶　2、3、7、8.陶盒　4.陶井　5、9.陶罐　6.陶猪圈　10.铜钱

2. 随葬品

陶盒　4件。M92：2，硬陶。子母口，斜弧腹，平底内凹。双附耳。覆钵形器盖。内表存轮制弦纹。口径14.8、底径8.2、通高12.8厘米（图二四九，2；图版八九，1）。M92：3，硬陶。子母口，斜弧腹，平底内凹。双附耳。覆钵形器盖，内表存轮制弦纹。口径16、底径9、通高14.4厘米（图二四九，4）。M92：7，红胎硬陶。子母口，斜弧腹，平底内凹。覆钵形器盖。通体存轮制弦纹。口径15.5、底径8、通高13.2厘米（图二四九，1；图版八九，5）。

M92：8，红胎硬陶。子母口，斜弧腹，平底内凹。覆钵形器盖。通体存轮制弦纹。口径15、底径8.6、通高14.2厘米（图二四九，3；图版八九，2）。

陶罐　2件。M92：5，泥质灰陶。侈口方唇，圆鼓腹，平底内凹。近底处饰绳纹。口径10.2、底径5、通高14.9厘米（图二四九，5；图版八九，3）。M92：9，泥质灰陶。侈口方唇，圆鼓腹，平底。素面。口径9.4、底径5、通高14.4厘米（图二四九，6；图版八九，4）。

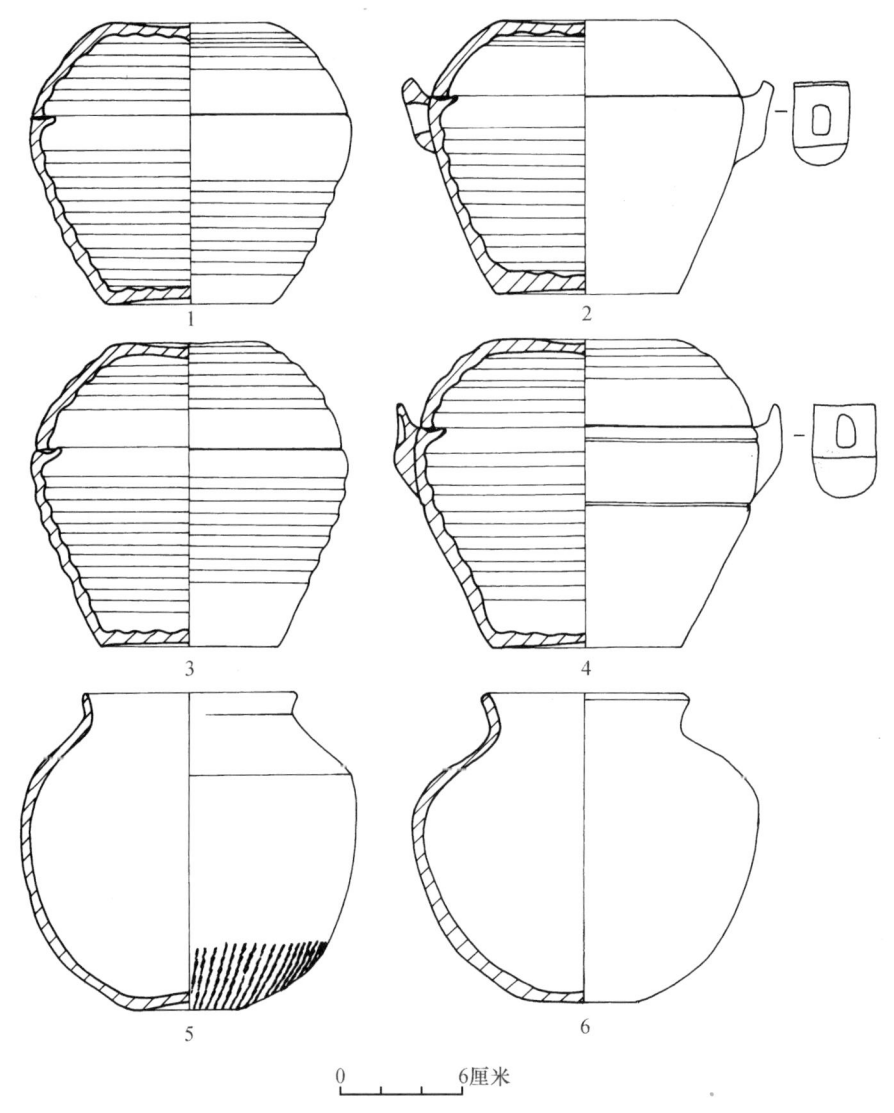

图二四九　M92出土陶器

1~4.盒（M92：7、M92：2、M92：8、M92：3）　5、6.罐（M92：5、M92：9）

陶灶　1件。M92：1，泥质灰陶。平面呈曲尺形，灶面三侧起高墙护栏。前端设双圆形灶门，后端有双烟道，两烟道在墙上合二为一，共用一实心烟囱。四个火眼，上置釜甑1组、釜3件。长28.2、宽21.4厘米（图二五〇，3）。

陶井　1件。M92：4，泥质灰陶。平口方唇，筒形，平底内凹。素面。口径10、底径11.8、通高12.4厘米（图二五〇，1）。

陶猪圈　1件。M92：6，泥质灰陶。平面呈方形，猪圈四周起圈栏高墙，底部布满圆形小窝。

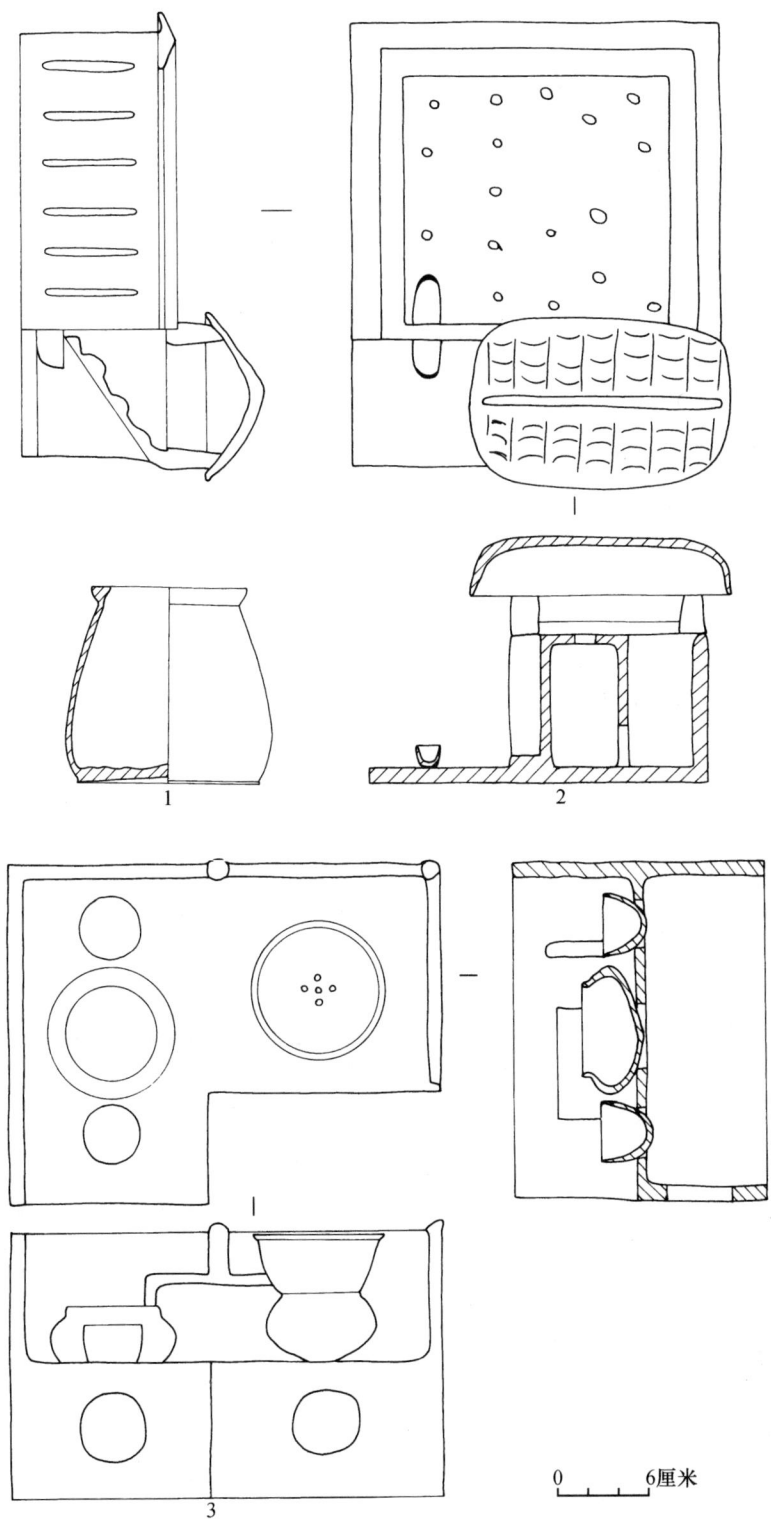

图二五〇 M92出土陶器
1. 井（M92∶4） 2. 猪圈（M92∶6） 3. 灶（M92∶1）

一角设椭圆形猪槽,一半在圈内,一半在圈外。猪圈外侧为厕屋、圈棚各一。厕屋为高台建筑,设有楼梯通往其上。坡式屋顶,屋顶上起瓦垄。圈棚有孔,与猪圈相通。长28、宽24.2厘米(图二五〇,2)。

铜钱　1枚。M92：10,为五铢钱(图二五一)。

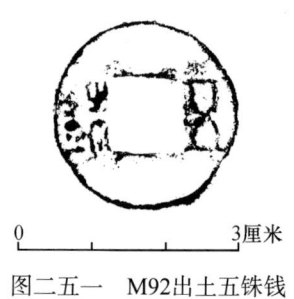

图二五一　M92出土五铢钱
M92：10

M93

1. 墓葬形制

长方形土坑竖穴墓。方向280°。墓口长2.6、宽1.4～1.5、深1.5米。墓内填土为黄褐色花土。随葬品有陶鼎1件、壶1件、罐1件、灶1件,均出土于墓室北侧。其中罐、鼎和壶残碎(图二五二;图版八八,2)。

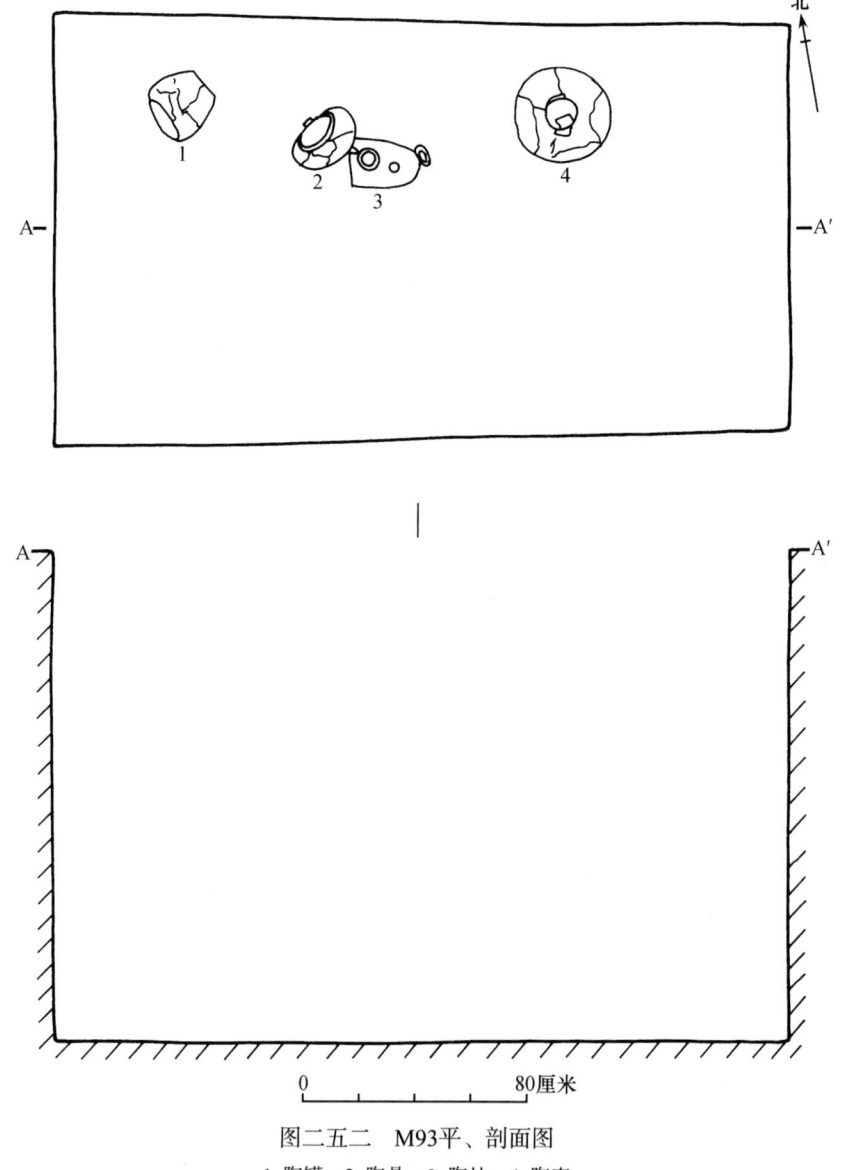

图二五二　M93平、剖面图
1.陶罐　2.陶鼎　3.陶灶　4.陶壶

2. 随葬品

陶鼎　1件。M93：2，残碎。

陶壶　1件。M93：4，残碎。

陶罐　1件。M93：1，残碎。

陶灶　1件。M93：3，泥质灰陶。平面呈前方后圆，前端设一拱形灶门，后端置一实心烟囱。灶面双火眼，前后各一，上置陶釜2件。长18、宽14.6厘米（图二五三；图版八九，6）。

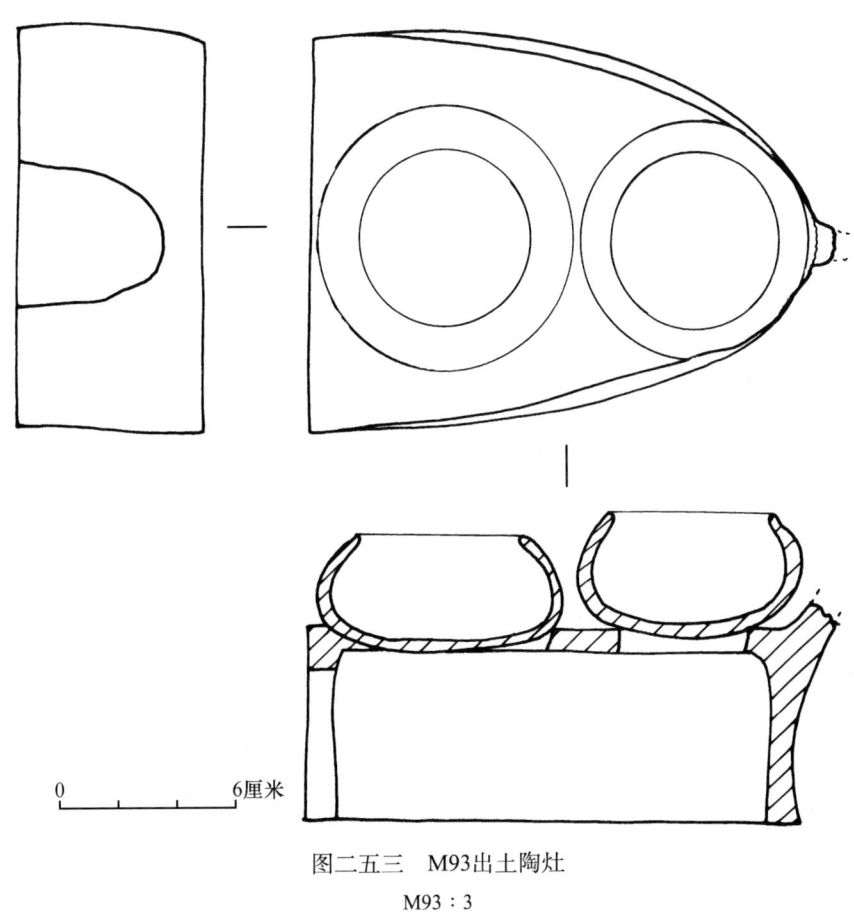

图二五三　M93出土陶灶
M93：3

M94

1. 墓葬形制

凸字形土坑竖穴墓。方向15°。墓室长3.44、宽2.5、深2.3米。墓道位于墓室北壁中央，长方形斜坡状，上口长1.42、宽1.2米。墓内填土为黄褐色花土。墓底发现有少量的青膏泥。随葬品有陶盒6件、壶3件、瓿2件、罐5件、灶1件；铜镜1件。其中M94：11、M94：16陶罐、M94：18陶灶残碎（图二五四；图版九〇，1）。

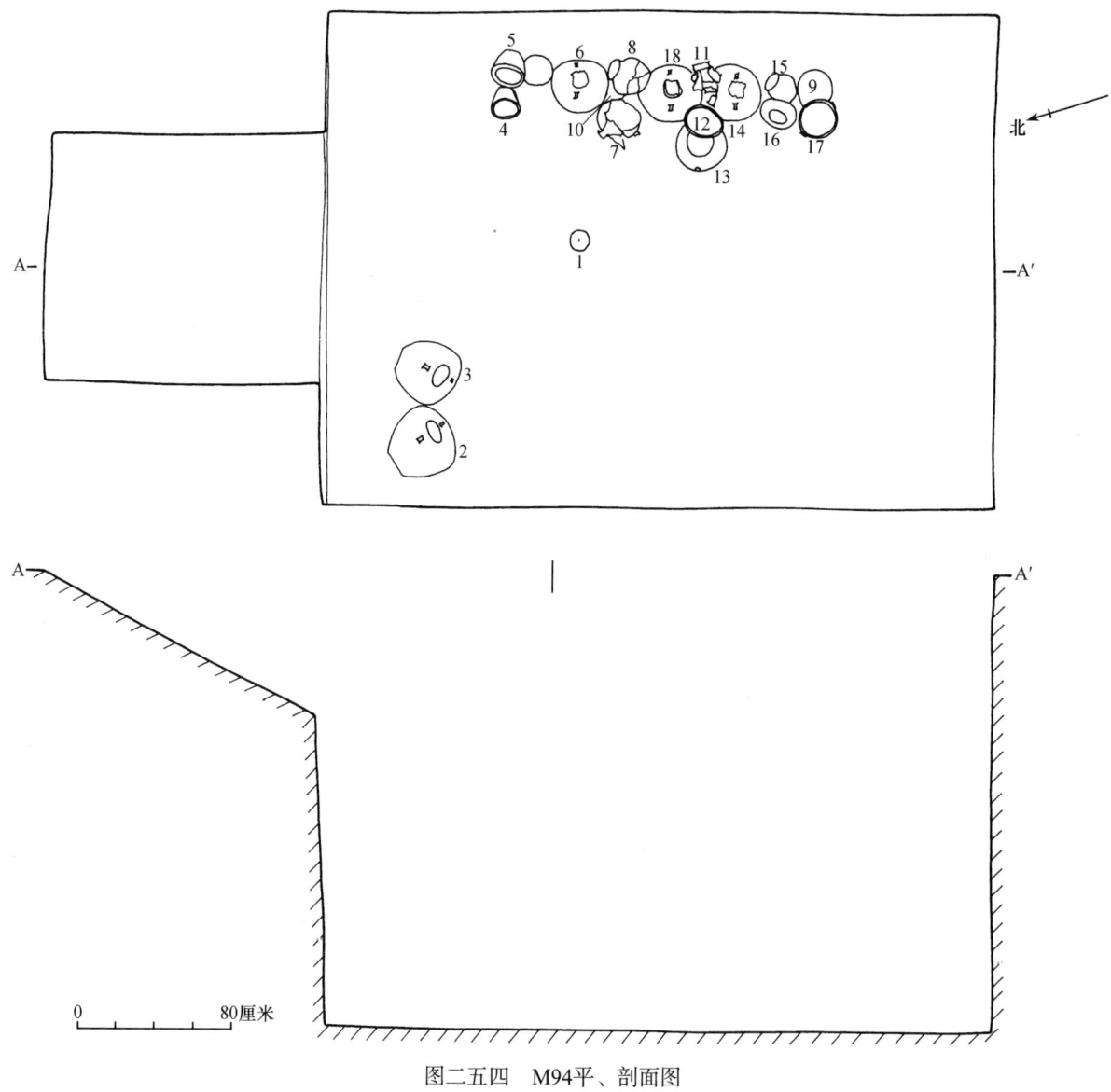

图二五四　M94平、剖面图

1. 铜镜　2、3. 陶瓿　4、5、7、12、13、17. 陶盒　6、9、14. 陶壶　8、10、11、15、16. 陶罐　18. 陶灶

2. 随葬品

陶盒　6件。M94：4，硬陶。子母口，斜弧腹，平底。覆钵形器盖。通体存轮制弦纹。口径17.1、底径11、通高14.3厘米（图二五五，2；图版九一，2）。M94：5，硬陶。子母口，斜弧腹，平底。覆钵形器盖。通体存轮制弦纹。口径17.2、底径10.4、通高15.2厘米（图二五五，4）。M94：7，硬陶。子母口，斜弧腹，平底内凹，内表残留轮制弦纹。双附耳。覆钵形器盖。腹内存轮制弦纹。口径17.7、底径10.4、通高14.8厘米（图二五五，1；图版九一，6）。M94：12，硬陶。子母口，斜弧腹，平底。覆钵形器盖。通体存轮制弦纹。口径

18、底径11.2、通高14.3厘米（图二五五，6；图版九二，2）。M94：13，硬陶。子母口，弧鼓腹，平底。双附耳。覆钵形器盖。腹内存轮制弦纹。口径17.6、底径11、通高14.1厘米（图二五五，5；图版九二，3）。M94：17，硬陶。子母口，弧鼓腹，平底。双附耳。覆钵形器盖。腹内存轮制弦纹。口径17.2、底径10、通高14厘米（图二五五，3；图版九三，3）。

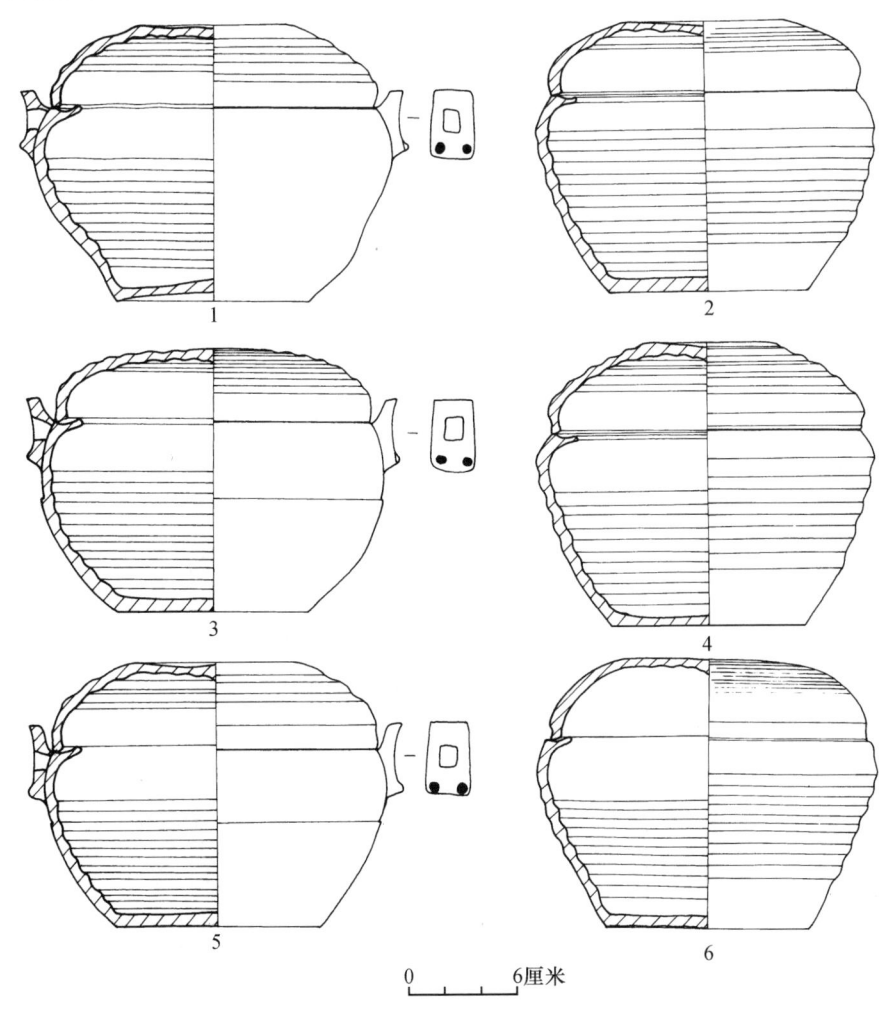

图二五五　M94出土陶盒
1. M94：7　2. M94：4　3. M94：17　4. M94：5　5. M94：13　6. M94：12

陶壶　3件。M94：6，釉陶。敞口，直颈，圆鼓腹，平底内凹。肩部饰叶脉纹桥形耳及两道弦纹，口部、颈部饰波浪纹及弦纹，通体存轮制弦纹。口径12.8、底径16.6、通高34.9厘米（图二五六，2；图版九一，4）。M94：9，釉陶。敞口，直颈，圆鼓腹，平底内凹。肩部饰叶脉纹桥形耳及两道弦纹，口部、颈部饰波浪纹及弦纹，通体存轮制弦纹。口径13.4、底径15.4、通高34.5厘米（图二五六，5；图版九二，4）。M94：14，釉陶。敞口，直颈，圆鼓腹，平底内凹。肩部饰叶脉纹桥形耳及两道弦纹，口部、颈部饰波浪纹及弦纹，通体存轮制弦纹。口径12.8、底径16.2、通高35厘米（图二五六，7；图版九二，5）。

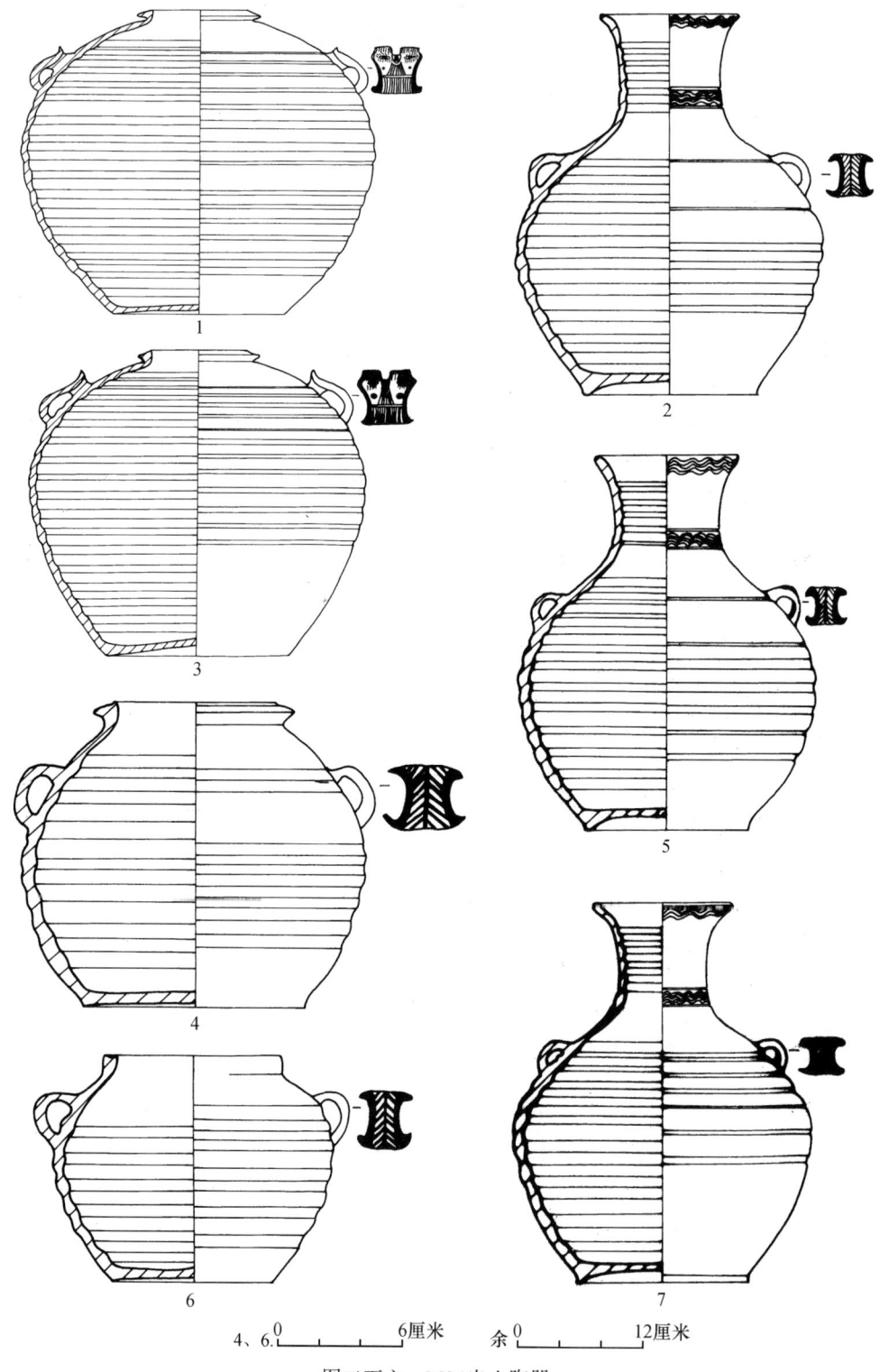

图二五六　M94出土陶器

1、3.瓿（M94:3、M94:2）　2、5、7.壶（M94:6、M94:9、M94:14）　4、6.罐（M94:8、M94:15）

陶瓿　2件。M94：2，硬陶。平口方唇，圆鼓腹，平底内凹。双兽面桥形耳。通体存轮制弦纹。口径9.1、底径17.2、通高28.2厘米（图二五六，3；图版九一，3）。M94：3，硬陶。平口方唇，圆鼓腹，平底内凹。双兽面桥形耳。通体存轮制弦纹。口径9、底径16.4、通高28厘米（图二五六，1；图版九一，5）。

陶罐　5件。M94：8，釉陶。平口方唇，圆鼓腹，平底内凹。双叶脉纹桥形耳。通体存轮制弦纹。口径7.6、底径10.6、通高14.1厘米（图二五六，4；图版九二，1）。M94：10，硬陶。侈口，圆鼓腹，平底内凹。素面。口径10.2、底径10.4、通高11厘米（图二五七，2）。M94：15，硬陶。直口方唇，圆鼓腹，平底内凹。双叶脉纹桥形耳。通体存轮制弦纹。口径8.4、底径7.6、通高10.4厘米（图二五六，6；图版九三，1）。M94：11、M94：16均残碎。

陶灶　1件。M94：18，残碎。

铜镜　1件。M94：1，昭明镜。连峰纽，圆形纽座，宽平缘。内区为八瓣内向连弧纹，外区为铭文带，铭文为"内清质以昭明，光之象夫日月，心忽而愿忠，雍然塞不泄"。直径12.2、缘厚0.6厘米（图二五七，1；图版九一，1）。

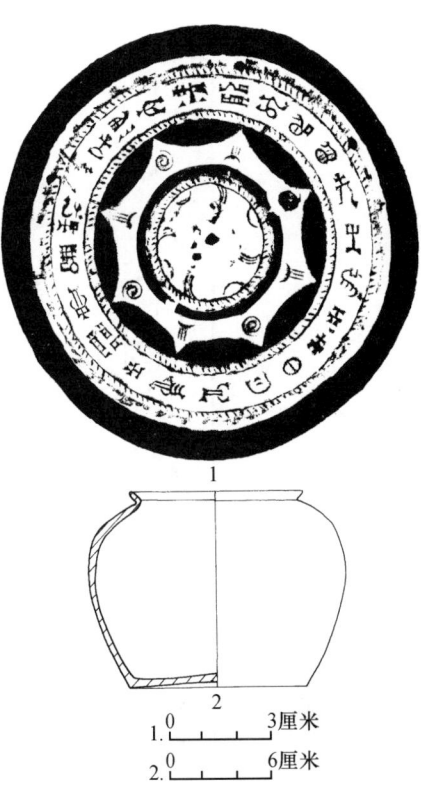

图二五七　M94出土器物
1. 铜镜（M94：1）　2. 陶罐（M94：10）

M95

1. 墓葬形制

长方形土坑竖穴墓。方向15°。墓口长2.7、宽1.5、残深0.9米。墓内填土为黄褐色花土。墓室底部南、北两端各有一宽约15厘米的棺椁枕木槽。随葬品有陶鼎1件、盒1件、壶2件、灶1件、井1件，置于墓室西侧，陶鼎残碎；铜钱6枚（图二五八；图版九○，2）。

2. 随葬品

陶鼎　1件。M95：4，残碎。

陶盒　1件。M95：5，泥质灰陶。子母口，斜弧腹，腹部残，平底。肩部饰两道凹弦纹，内表存轮制弦纹。口径18.4、底径11厘米（图二五九，5）。

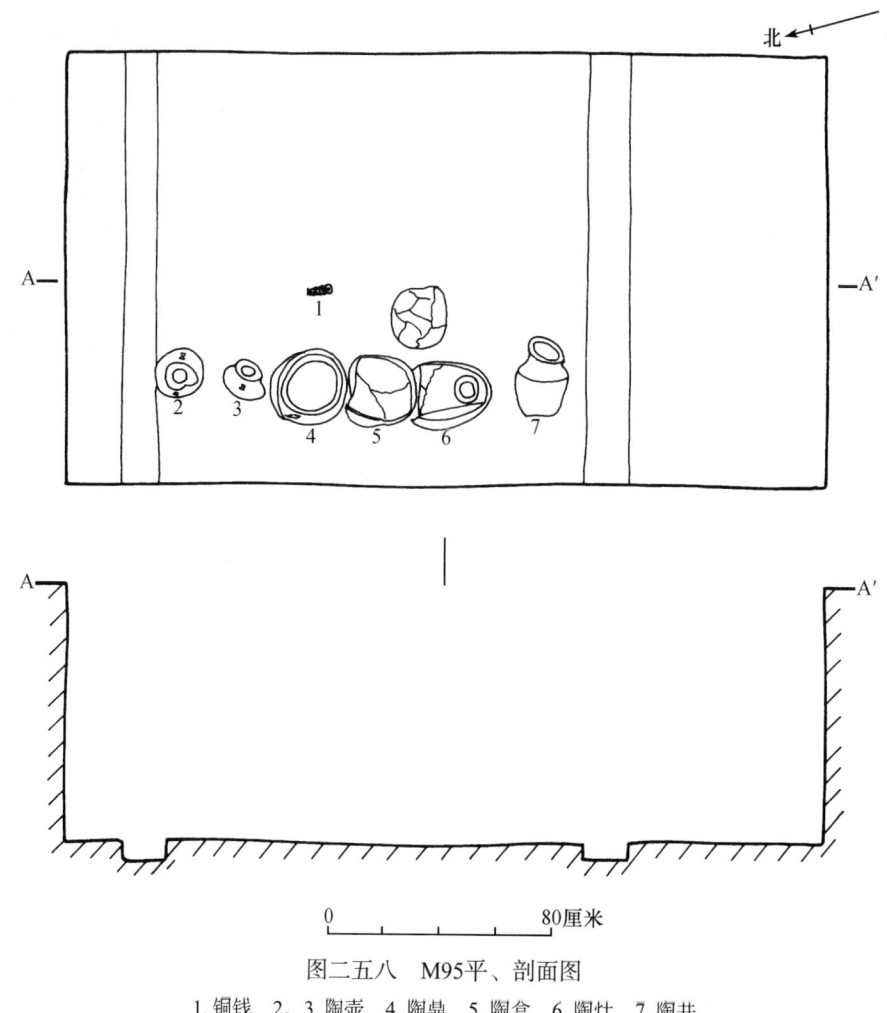

图二五八　M95平、剖面图
1.铜钱　2、3.陶壶　4.陶鼎　5.陶盒　6.陶灶　7.陶井

　　陶壶　2件。M95:2，釉陶，上半部施釉。敞口，束颈，弧鼓腹，平底内凹。肩部对饰叶脉纹桥形耳及两组弦纹，颈部饰波浪纹及弦纹，通体存轮制弦纹。口径13、底径11.6、通高26.1厘米（图二五九，3；图版九三，4）。M95:3，釉陶，上半部施釉。敞口，束颈，弧鼓腹，平底内凹。肩部对饰桥形耳及两组弦纹，颈部饰波浪纹及弦纹，通体存轮制弦纹。口径10.3、底径9.2、通高20.6厘米（图二五九，1；图版九三，2）。

　　陶灶　1件。M95:6，泥质灰陶。平面呈前方后圆形，前端设一拱形灶门。灶面置双火眼，前后各一。存釜1件。长23、宽13.4厘米（图二五九，2；图版九三，5）。

　　陶井　1件。M95:7，泥质灰陶。平口方唇，肩部残，折腹，平底。内表存轮制弦纹。口径11.4、底径11厘米。内置一汲水罐，侈口方唇，弧鼓腹，平底。双穿孔耳（图二五九，4）。

　　铜钱　6枚。锈蚀不辨。

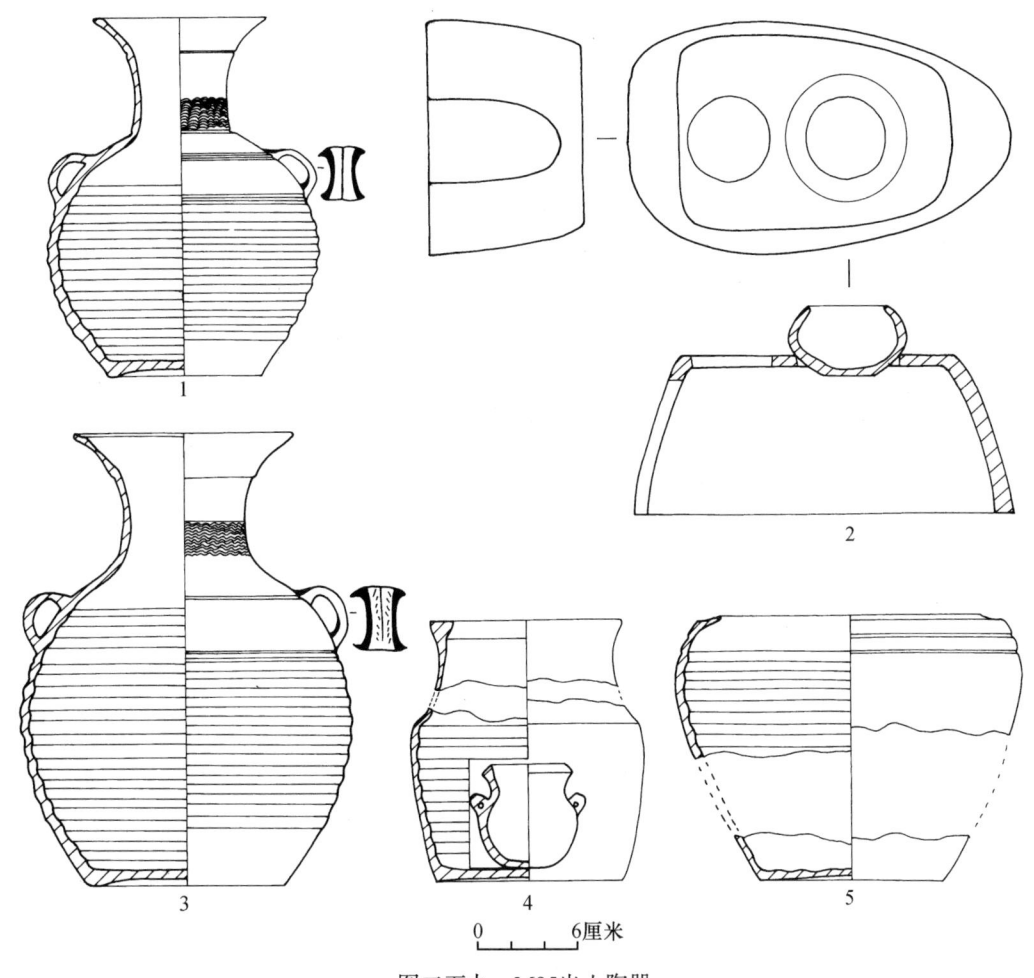

图二五九 M95出土陶器
1、3.壶（M95:3、M95:2） 2.灶（M95:6） 4.井（M95:7） 5.盒（M95:5）

M96

1. 墓葬形制

长方形土坑竖穴墓。方向95°。墓口长3.2、宽1.9、深1.7米。墓内填土为黄褐色花土，墓底有少量的青膏泥。随葬品有陶鼎1件、壶2件、罐1件、灶1件、井1件、猪圈1件，置于墓室北侧；铜镜1件、铜钱若干枚、未名铜器1件。其中M96:3陶壶、陶鼎、猪圈、灶、井残碎（图二六〇；图版九四，1）。

2. 随葬品

陶鼎　1件。M96:6，残碎。
陶壶　2件。M96:4，釉陶，上半部施釉。敞口，直颈，弧鼓腹，平底内凹。肩部对饰叶

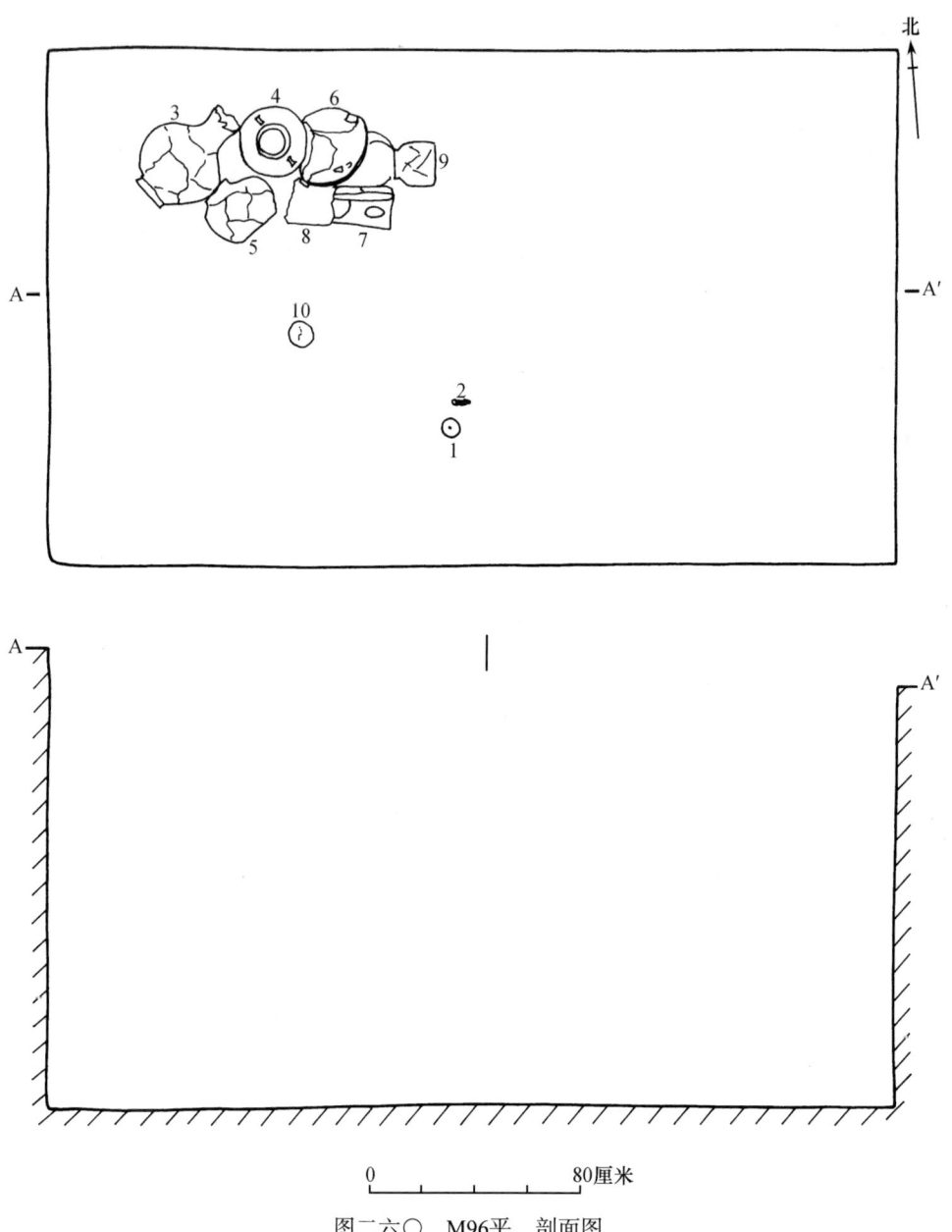

图二六〇　M96平、剖面图

1. 铜镜　2. 铜钱　3、4. 陶壶　5. 陶罐　6. 陶鼎　7. 陶猪圈　8. 陶灶　9. 陶井　10. 未名铜器

脉纹桥形耳及两组弦纹，颈部饰波浪纹及弦纹，通体存轮制弦纹。口径12.6、底径12.2、通高30.1厘米（图二六一，1；图版九五，3）。M96：3，残碎。

陶罐　1件。M96：5，硬陶。侈口圆唇，圆鼓腹，平底。双桥形耳。器表存轮制弦纹。口径9.4、底径10、通高16.1厘米（图二六一，4；图版九五，5）。

陶猪圈　1件。M96：7，残碎。

陶灶　1件。M96：8，残碎。

陶井　1件。M96：9，残碎。

铜镜　1件。M96：1，日光镜。半球状纽，圆形纽座。内区饰八瓣内向连弧纹，外区为铭文

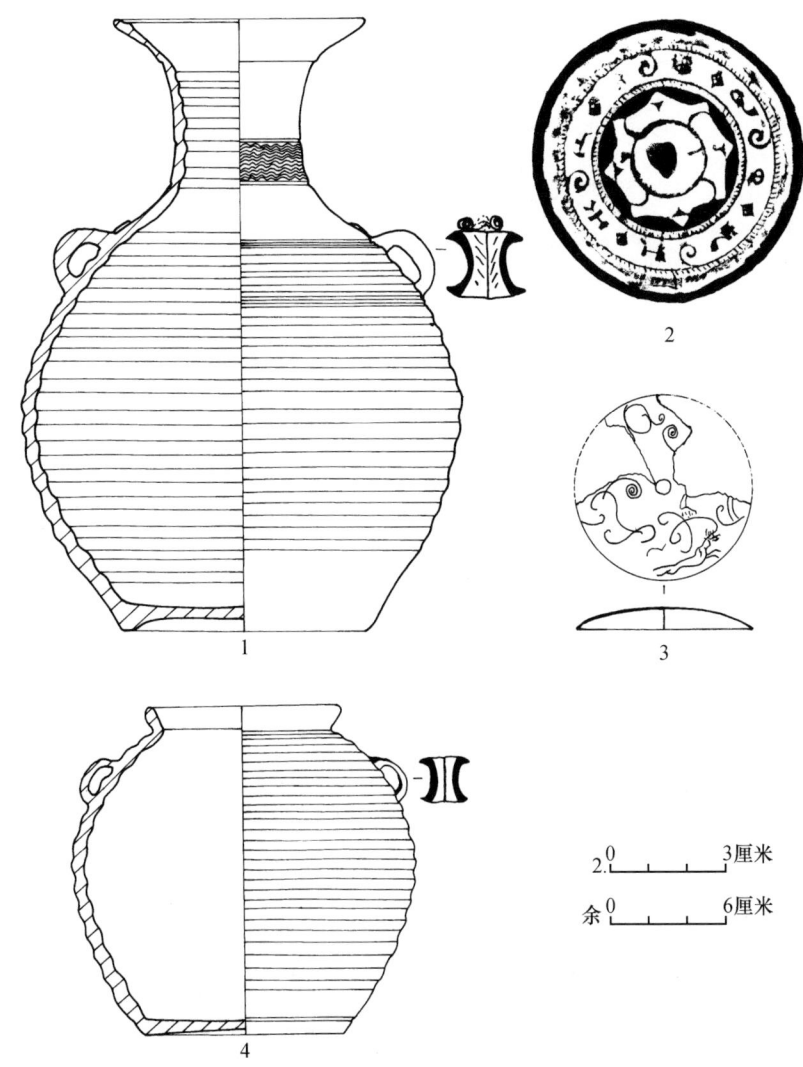

图二六一 M96出土器物

1. 陶壶（M96：4） 2. 铜镜（M96：1） 3. 铜器（M96：10） 4. 陶罐（M96：5）

带，铭文为"见日之光，天下大明"。直径6.2、缘厚0.35厘米（图二六一，2；图版九五，1）。

铜钱 M96：2，锈蚀严重，数量不清，部分可辨为五铢钱。

未名铜器 1件。M96：10，残，可辨有子母口。存器盖，盖上错银工艺绘制有流云纹和动物纹。直径9.2厘米（图二六一，3）。

M97

1. 墓葬形制

凸字形土坑竖穴墓。方向295°。墓室长3.1、宽1.6、深2.6米。墓道位于墓室西壁，长方形斜坡状，上口长1.76、宽1.12米。墓内填土为黄褐色花土。随葬品有陶鼎1件、壶3件、瓿1件、罐2件、熏炉1件、灶1件；铜剑1件、器底1件、铜钱17枚（图二六二；图版九四，2）。

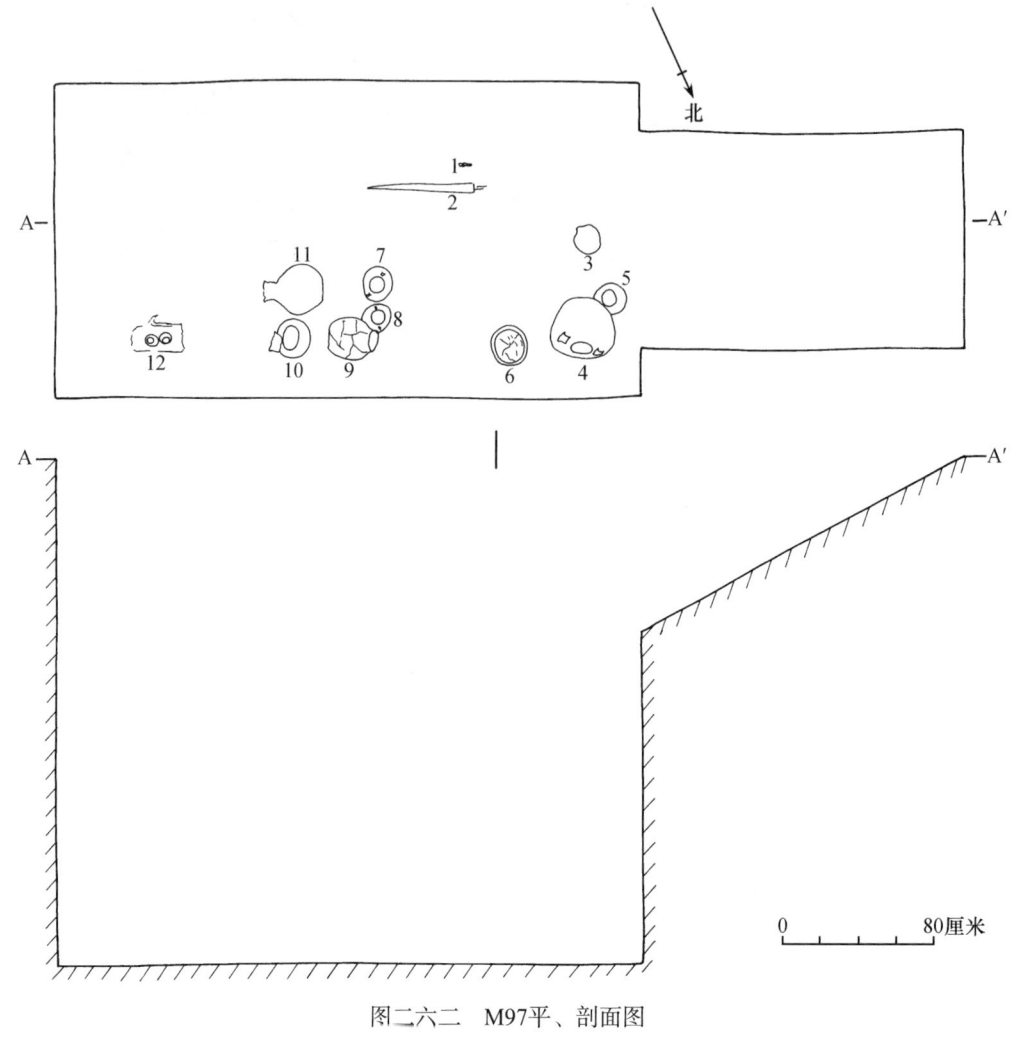

图二六二　M97平、剖面图

1.铜钱　2.铜剑　3.铜器底　4.陶瓿　5.陶熏炉　6.陶鼎　7、8、11.陶壶　9、10.陶罐　12.陶灶

2. 墓葬形制

陶鼎　1件。M97：6，泥质灰陶。子母口，弧鼓腹，圜底，三兽蹄足。双附耳。素面。口径16.2、通高15.6厘米（图二六三，2；图版九六，1）。

陶壶　3件。M97：7，釉陶，上半部施釉。微敞口圆唇，束颈，圆鼓腹，圈足。肩部对饰叶脉纹桥形耳及一道凹弦纹，口部、颈部饰波浪纹及弦纹，内表存轮制弦纹。口径8、底径6.5、通高19.2厘米（图二六四，1；图版九六，4）。M97：8，釉陶，上半部施釉。敞口，束颈，圆鼓腹，平底。双叶脉纹桥形耳。通体存轮制弦纹。口径6.2、底径7、通高12.9厘米（图二六四，2；图版九六，2）。M97：11，釉陶，上半部施釉。敞口方唇，束颈，弧鼓腹，平底。肩部对饰叶脉纹桥形耳及两组弦纹，颈部饰波浪纹及弦纹，通体存轮制弦纹。口径14.4、底径13.6、通高22.4厘米（图二六三，1；图版九六，5）。

陶瓿　1件。M97：4，釉陶，上半部施釉。平口方唇，圆鼓腹，平底。肩部对饰兽面桥形耳及四道凹弦纹。口径9.6、底径16.4、通高33.6厘米（图二六三，3；图版九五，4）。

陶罐　2件。M97：9，硬陶。侈口方唇，弧鼓腹，平底。器表拍印网格纹，口沿内存轮

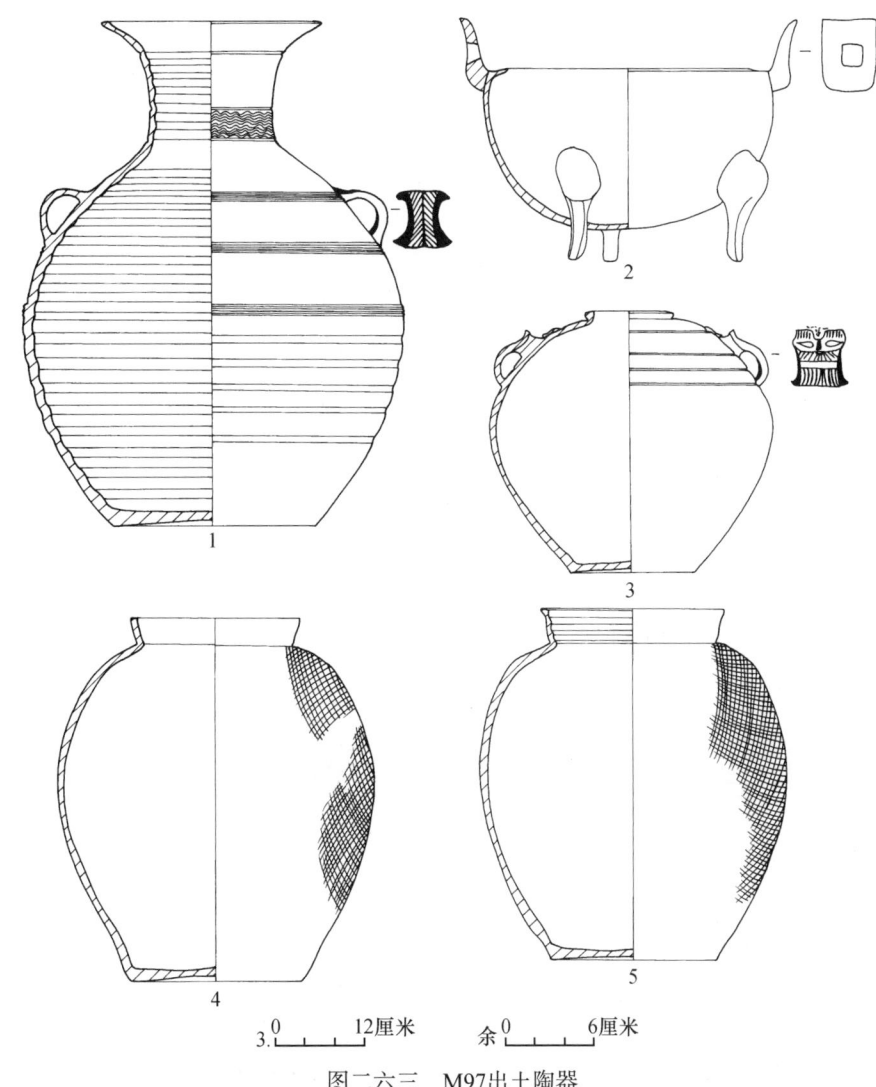

图二六三 M97出土陶器
1.壶（M97：11） 2.鼎（M97：6） 3.瓿（M97：4） 4、5.罐（M97：10、M97：9）

制弦纹。口径12.3、底径11.4、通高22.6厘米（图二六三，5）。M97：10，硬陶。侈口方唇，弧鼓腹，平底。器表拍印网格纹。口径11.4、底径11.2、通高23.4厘米（图二六三，4；图版九六，3）。

陶熏炉　1件。M97：5，泥质灰陶。短柄，喇叭形圈足。器盖为漏斗形，开设四孔，饰有叶脉纹和波折纹。器身上半部饰几何纹。底径11.8、通高21.1厘米（图二六四，4；图版九五，6）。

陶灶　1件。M97：12，仅附件陶釜2件。泥质灰陶。敛口，弧鼓腹，圜底。素面。M97：12-1，口径4.4、通高5厘米；M97：12-2，口径3.2、通高4厘米（图二六四，3）。

铜剑　1件。M97：2，残存剑身，锈蚀严重。残长46.6厘米（图二六四，5；图版九五，2）。

铜器底　1件。M97：3，素面。直径14.5厘米。

铜钱　17枚。M97：1，锈蚀严重，部分可辨为五铢钱（图二六四，6）。

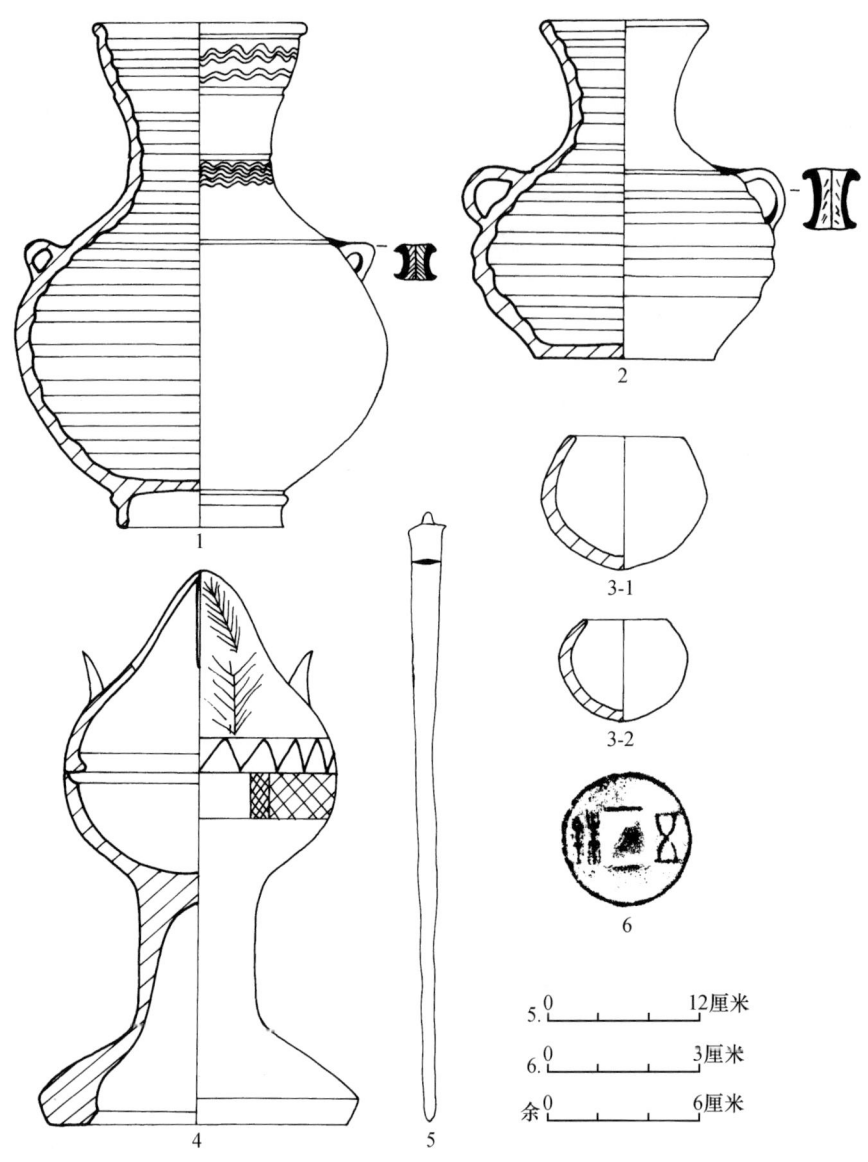

图二六四　M97出土器物

1、2. 陶壶（M97：7、M97：8）　3. 陶灶（M97：12，仅存陶釜）　4. 陶熏炉（M97：5）　5. 铜剑（M97：2）
6. 五铢钱（M97：1）

M98

1. 墓葬形制

凸字形土坑竖穴墓。方向285°。墓室长2.6、宽1.8、深1.7米。墓道位于墓室西壁，长方形斜坡状，上口长1.1、宽1.1米。墓内填土为黄褐色花土。墓底发现少量青膏泥。随葬品有陶鼎2件、盒2件、壶3件、罐2件、灶1件；铜镜1件（图二六五；图版九七，1）。

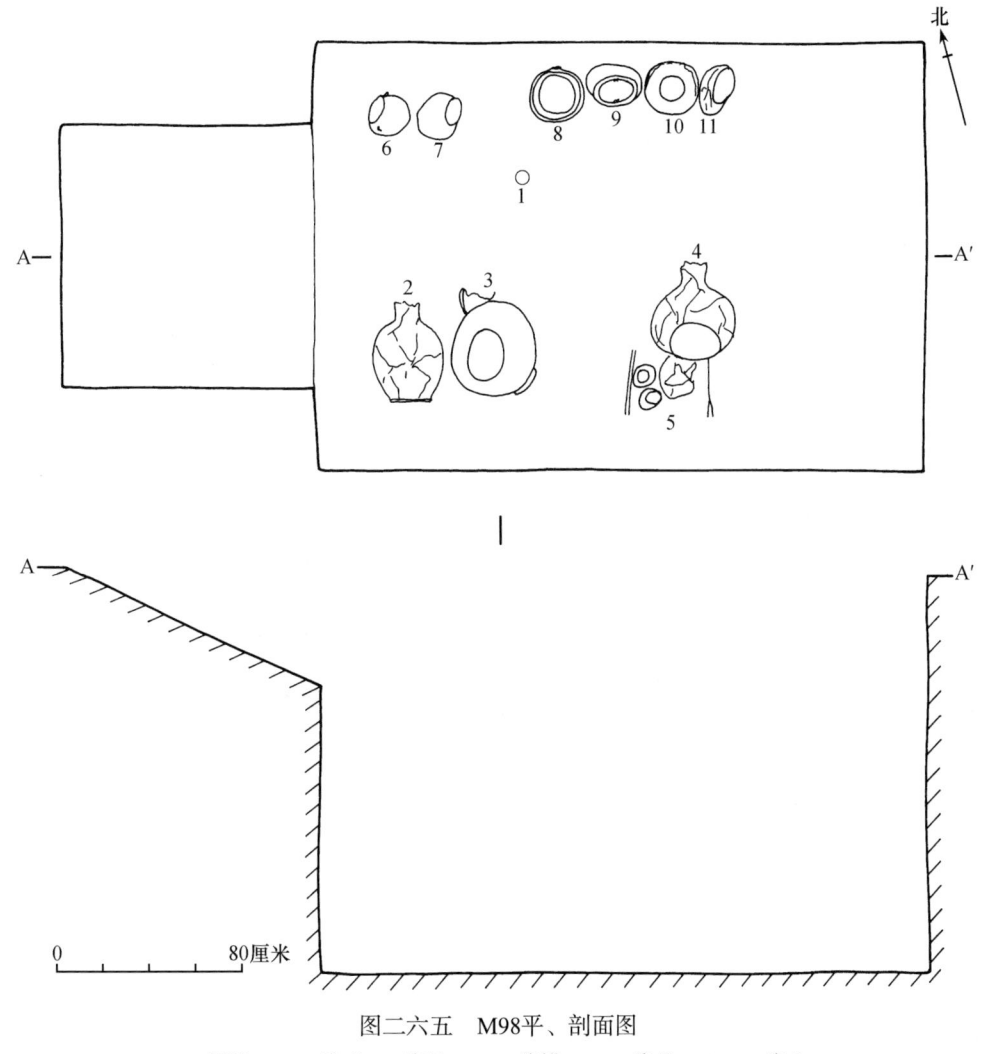

图二六五 M98平、剖面图
1. 铜镜 2~4. 陶壶 5. 陶灶 6、7. 陶罐 8、9. 陶鼎 10、11. 陶盒

2. 随葬品

陶鼎 2件。M98：8，泥质灰陶。子母口，口残，斜弧腹，圜底，三锥形足。双附耳。覆钵形器盖。素面。通高15厘米（图二六六，1）。M98：9，残。泥质红陶。斜弧腹，圜底，三锥形足。覆钵形器盖。近底处饰绳纹。残高10厘米（图二六六，3）。

陶盒 2件。M98：10，仅存残片。泥质灰陶。斜弧腹，平底。素面。M98：11，残。泥质灰陶。子母口，斜弧腹，底部残。通体存轮制弦纹。口径12.8、残高8厘米（图二六六，2）。

陶壶 3件。M98：2，仅存残片。泥质灰陶。束颈，圈足。M98：3，泥质灰陶。盘口，束颈，圆鼓腹，圈足。近底处饰绳纹，通体存轮制弦纹。口径15.6、底径16.2、通高35厘米（图二六六，5；图版九八，3）。M98：4，仅存残片。泥质红陶。圈足。

陶罐 2件。M98：6，仅存残片。泥质灰陶。弧鼓腹，平底。M98：7，泥质灰陶。侈口圆唇，弧鼓腹，平底内凹。素面。口径9.4、底径6.2、通高15厘米（图二六七，1；图版九八，2）。

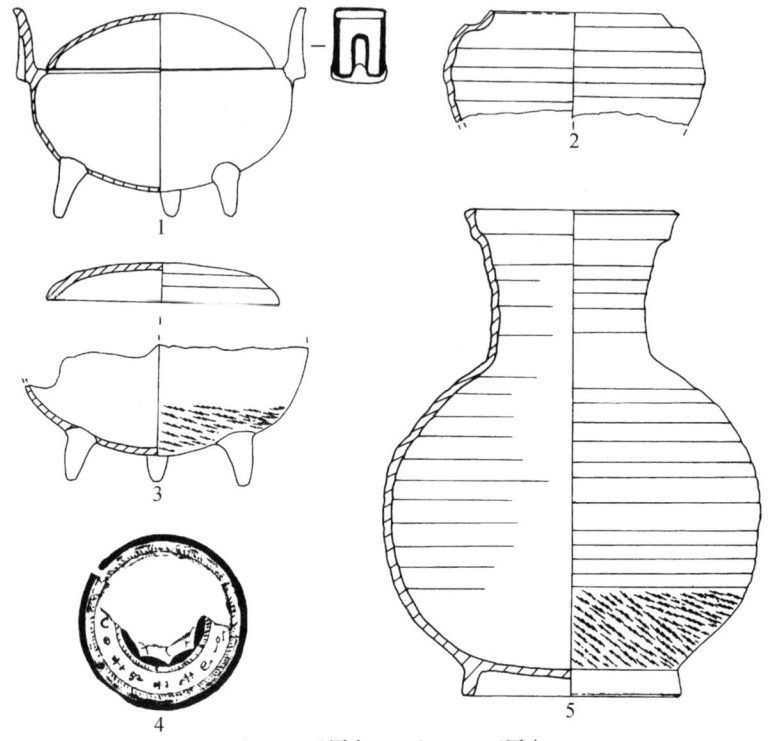

图二六六　M98出土器物

1、3.陶鼎（M98:8、M98:9）　2.陶盒（M98:11）　4.铜镜（M98:1）　5.陶壶（M98:3）

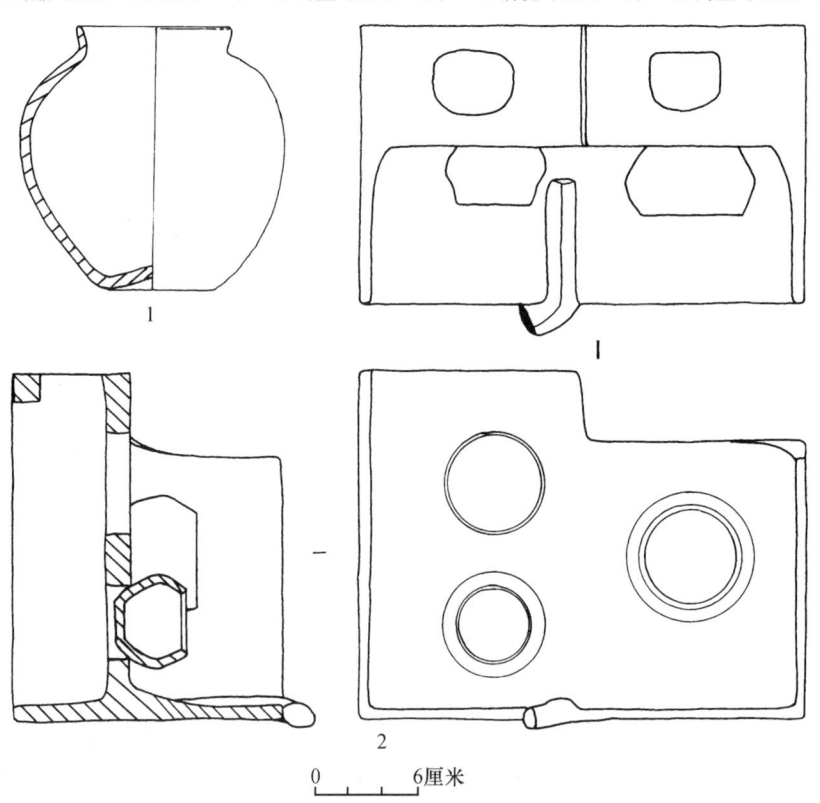

图二六七　M98出土陶器

1.罐（M98:7）　2.灶（M98:5）

陶灶　1件。M98：5，泥质灰陶。平面呈曲尺形，灶面三侧起高墙护栏。前端设双拱形灶门，后端有一实心烟囱。三火眼，上置陶釜2件。长26、宽20厘米（图二六七，2；图版九八，4）。

铜镜　1件。M98：1，昭明镜。残，窄素平缘。内区仅存四瓣内向连弧纹，外区为铭文带，残铭为"昭明，光象夫日月"。直径6.5、缘厚0.25厘米（图二六六，4；图版九八，1）。

M99

1. 墓葬形制

长方形土坑竖穴墓。方向105°。墓口长2.8、宽1.8、深0.9米。墓内填土为黄褐色花土。随葬品有陶壶1件（图二六八；图版九七，2）。

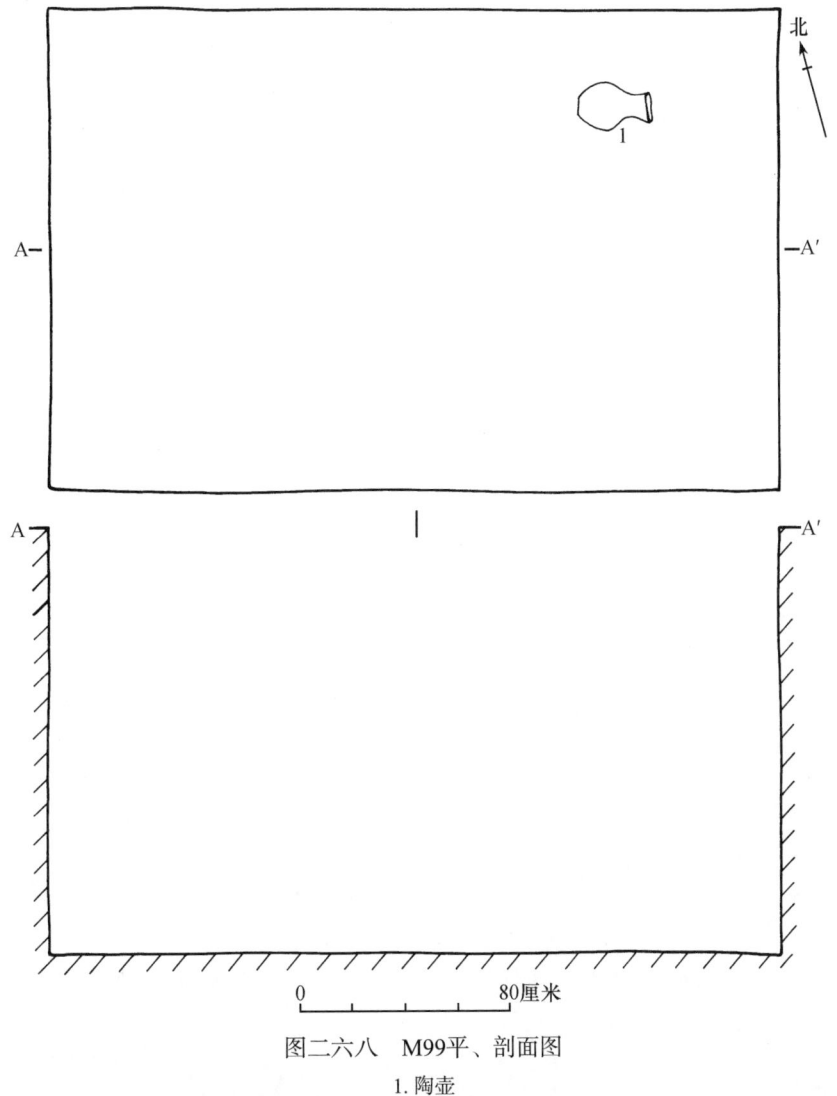

图二六八　M99平、剖面图
1.陶壶

2. 随葬品

陶壶 1件。M99：1，釉陶，上半部施釉。口残，束颈，弧鼓腹，平底。肩部对饰叶脉纹桥形耳及两组弦纹，颈部饰波浪纹及弦纹，通体存轮制弦纹。底径12.8、残高27.2厘米（图二六九；图版九八，5）。

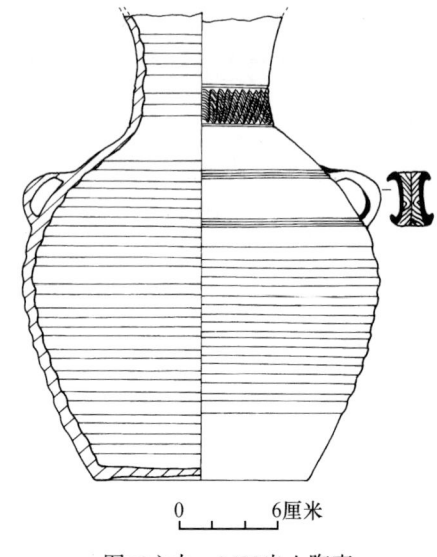

图二六九　M99出土陶壶 M99：1

M100

1. 墓葬形制

凸字形土坑竖穴墓。方向100°。墓室长3.6、宽2.4、深1.2米。墓道位于墓室东壁中央，长方形斜坡状，上口长2、宽1.6米。墓内填土为黄褐色花土。随葬品有陶瓿2件、罐3件、猪圈1件；铜剑1件、刀1件、镜2件。其中陶猪圈残碎（图二七〇；图版九九，1）。

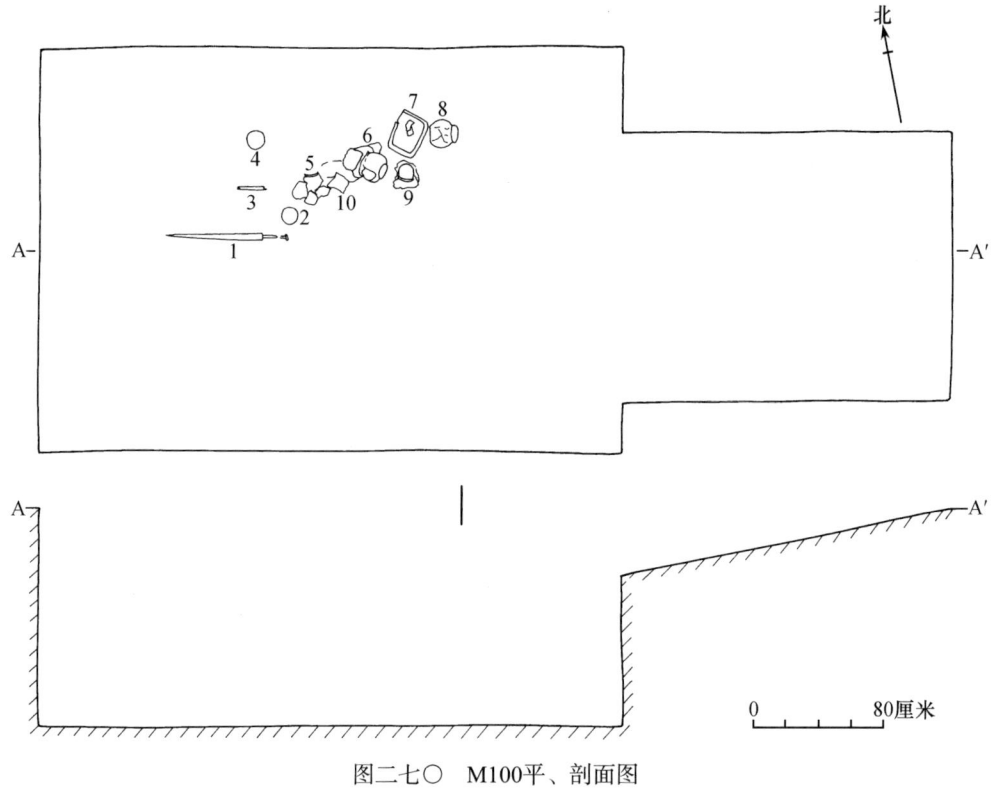

图二七〇　M100平、剖面图
1.铜剑　2、4.铜镜　3.铜刀　5、8、10.陶罐　6、9.陶瓿　7.陶猪圈

2. 随葬品

陶瓿　2件。M100：6，釉陶，上半部施釉。平口方唇，圆鼓腹，平底。肩部饰兽面桥形耳、两组弦纹及抽象动物纹，通体存轮制弦纹。口径8.3、底径13.8、通高25.2厘米（图二七一，1；图版一〇〇，6）。M100：9，釉陶，上半部施釉。平口方唇，圆鼓腹，平底。肩部饰兽面桥形耳及两组弦纹，通体存轮制弦纹。口径8.5、底径14.4、通高25厘米（图二七一，3；图版一〇二，3）。

陶罐　3件。M100：5，釉陶，上半部施釉。侈口圆唇，圆鼓腹，平底。肩部饰叶脉纹铺首耳及两组弦纹，通体存轮制弦纹。口径11.8、底径12、通高17.1厘米（图二七一，4；图版一〇〇，4）。M100：8，硬陶。侈口圆唇，圆鼓腹，平底。肩部饰叶脉纹桥形耳。通体存弦纹。口径11、底径9.4、通高15厘米（图二七一，2；图版一〇一，1）。M100：10，硬陶。平口圆唇，圆鼓腹，平底。肩部饰叶脉纹桥形耳及一道凹弦纹，通体存轮制弦纹。口径10.4、底径12.4、通高17厘米（图二七一，5；图版一〇一，4）。

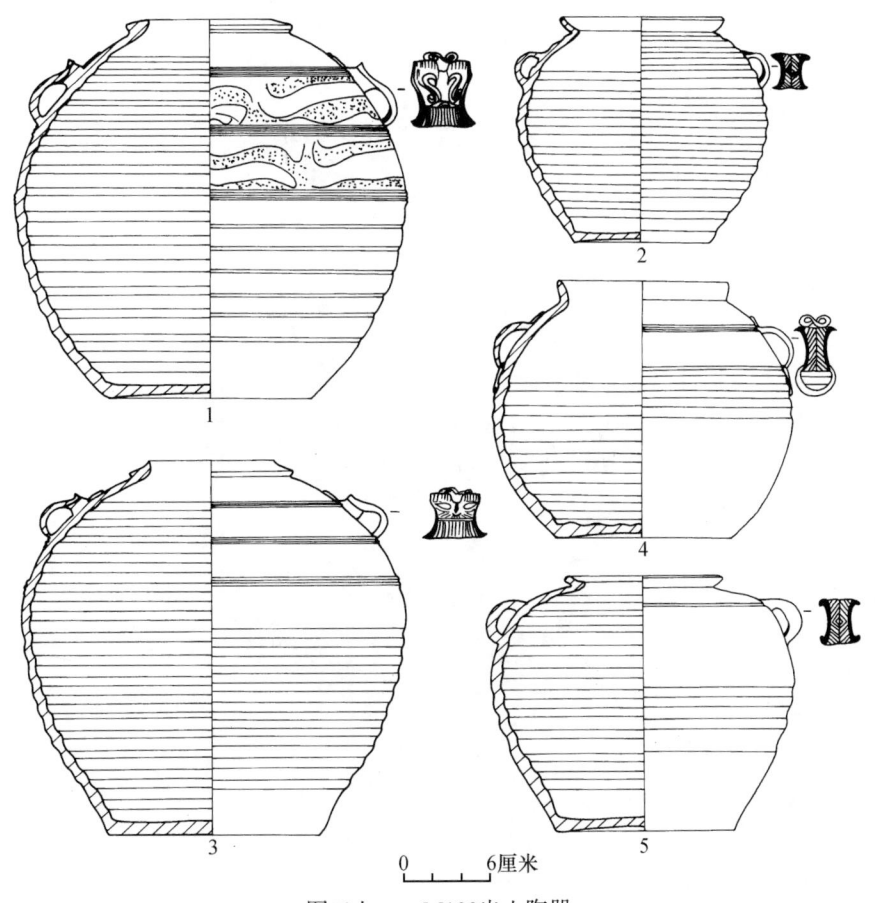

图二七一　M100出土陶器
1、3. 瓿（M100：6、M100：9）　2、4、5. 罐（M100：8、M100：5、M100：10）

陶猪圈　1件。M100∶7，残碎。

铜剑　1件。M100∶1，圆形剑首，扁平茎，剑脊隆起，剑身尾部收杀成锋。残长91.5厘米（图二七二，1；图版一〇〇，1）。

铜刀　1件。M100∶3，仅存刀身，剖面呈楔形。残长16厘米（图二七二，2；图版一〇〇，5）。

铜镜　2件。M100∶2，四乳四虺镜。半球状纽，圆形纽座，素平缘。内区为一周凸弦纹和短斜线纹，外区为四乳四虺纹。直径8.2、缘厚0.35厘米（图二七二，3；图版一〇〇，3）。M100∶4，昭明镜。半球状纽，圆形纽座，素平缘。座外分别为一周凸弦纹、八瓣内向连弧纹、斜短线纹。铭文为"内清以昭明，光象夫日月，□忽不"。直径10.6、缘厚0.4厘米（图二七二，4；图版一〇〇，2）。

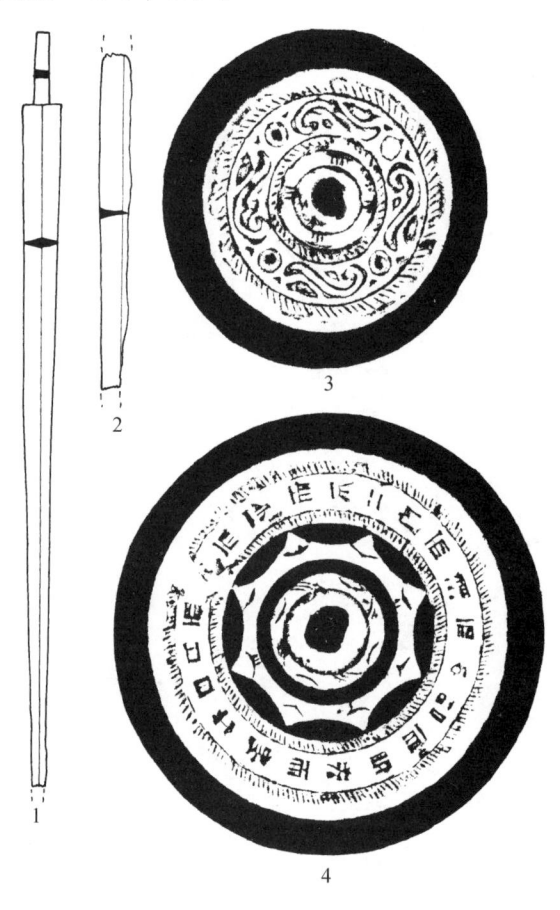

图二七二　M100出土铜器

1.剑（M100∶1）　2.刀（M100∶3）　3、4.镜（M100∶2、M100∶4）

M101

1. 墓葬形制

长方形土坑竖穴墓。方向110°。墓口长2.5、宽1.7、深1.57米。墓内填土为黄褐色花土。随葬品有陶鼎1件、盒2件、壶2件、罐3件、灶1件；铜镜1件（图二七三；图版九九，2）。

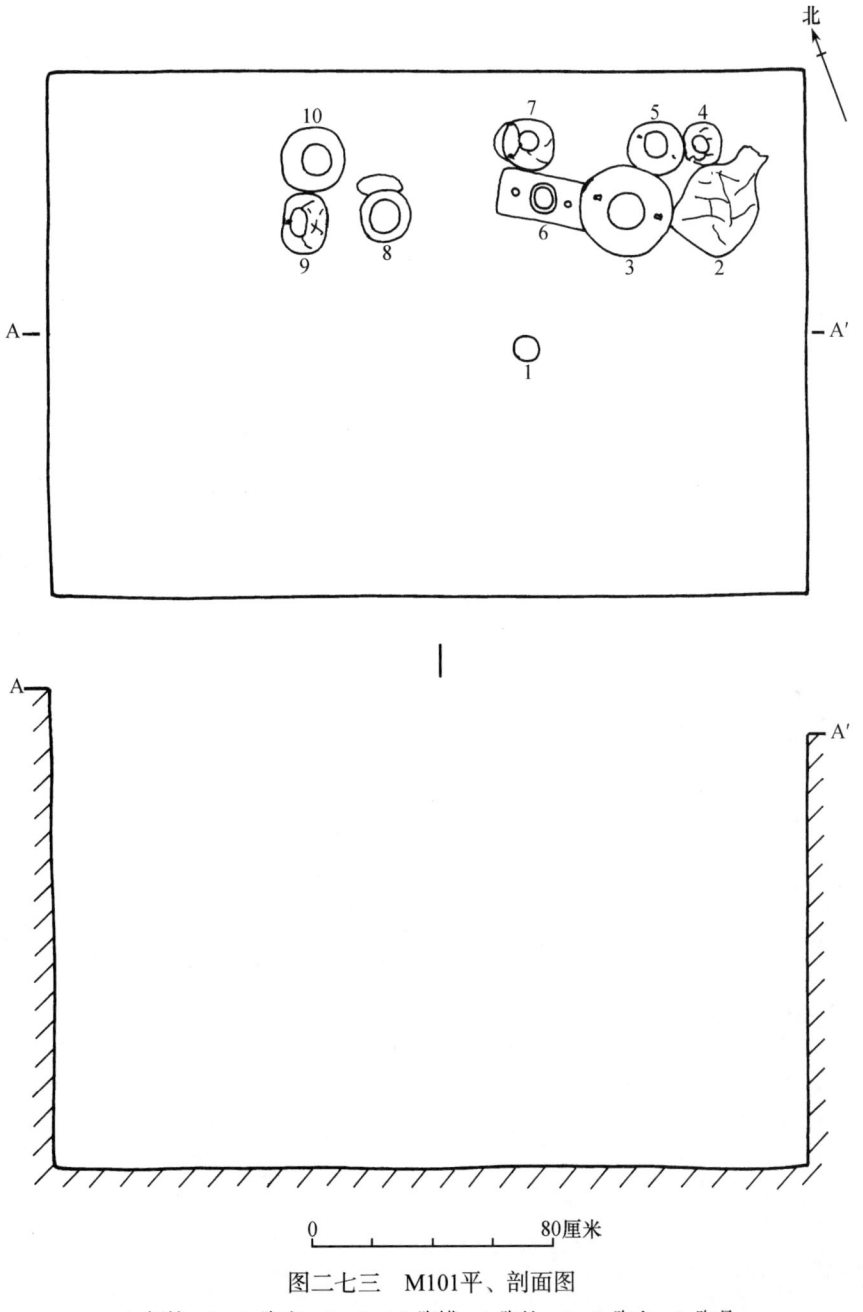

图二七三　M101平、剖面图
1.铜镜　2、3.陶壶　4、5、10.陶罐　6.陶灶　7、8.陶盒　9.陶鼎

2. 随葬品

陶鼎　1件。M101：9，泥质灰陶。子母口，弧鼓腹，平底内凹，三锥形足。双附耳。素面。口径11.2、底径10、通高12.6厘米（图二七五，1；图版一〇二，6）。

陶盒　2件。M101：7，泥质灰陶。子母口圆唇，弧鼓腹，平底内凹。通体存制弦纹。口径9.4、底径10.4、通高9.8厘米（图二七五，2；图版一〇二，2）。M101：8，泥质灰陶。子母口圆唇，弧鼓腹，平底内凹。内表存轮制弦纹。口径10、底径11.4、通高9.1厘米（图二七四，5；图版一〇二，4）。

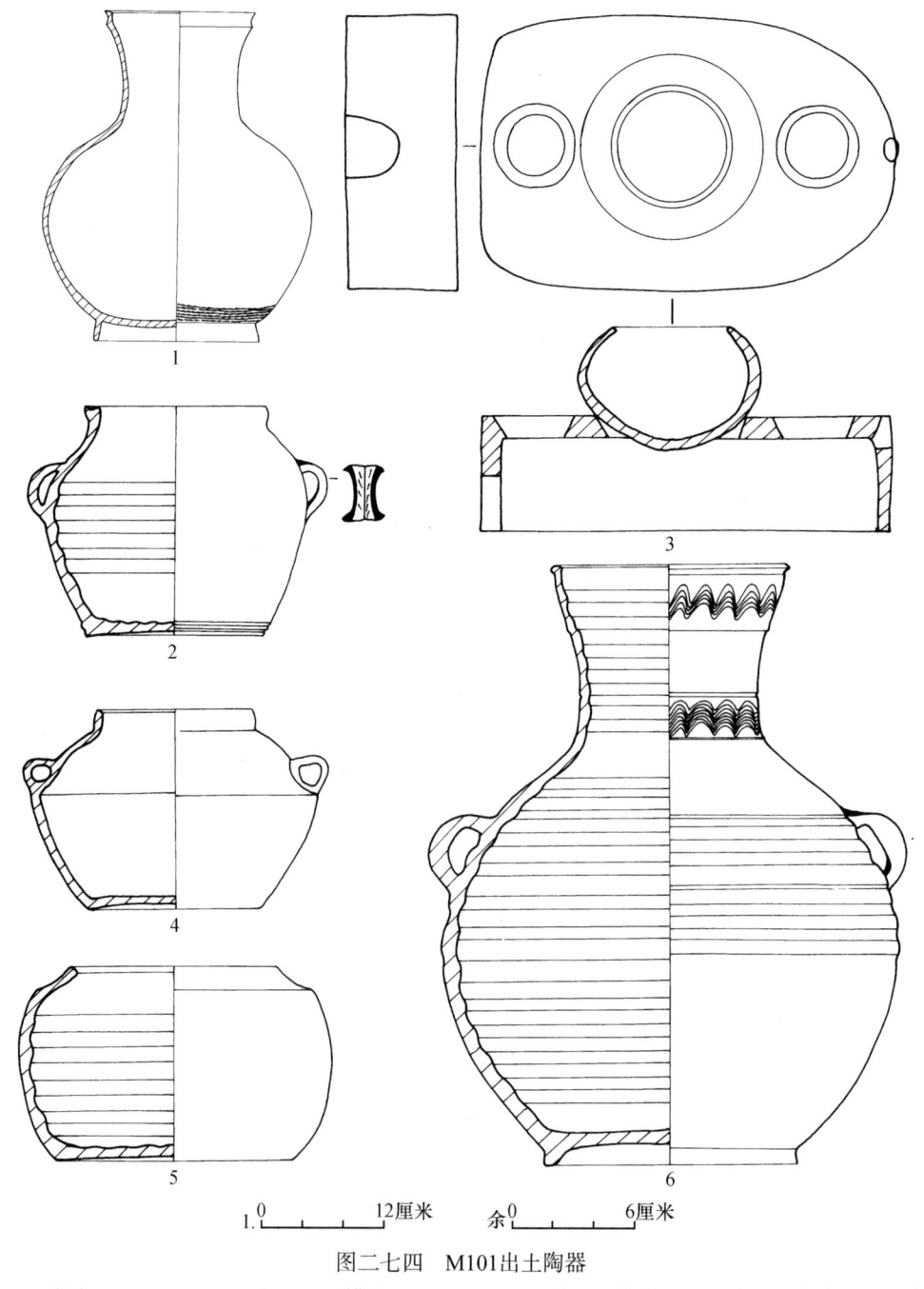

图二七四　M101出土陶器

1、6.壶（M101：2、M101：3）　2、4.罐（M101：5、M101：4）　3.灶（M101：6）　5.盒（M101：8）

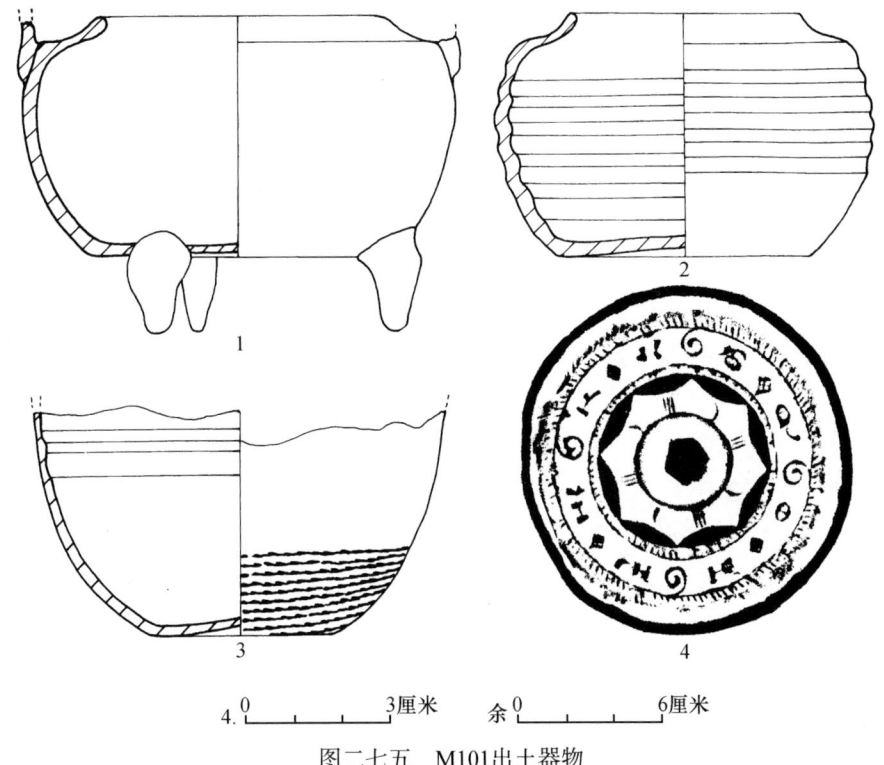

图二七五　M101出土器物
1. 陶鼎（M101∶9）　2. 陶盒（M101∶7）　3. 陶罐（M101∶10）　4. 铜镜（M101∶1）

陶壶　2件。M101∶2，泥质灰陶。盘口，束颈，圆鼓腹，圈足。近底处饰绳纹。口径14.8、底径16.2、通高31厘米（图二七四，1；图版一〇一，5）。M101∶3，釉陶，上半部施釉，有流釉现象。敞口，束颈，圆鼓腹，圈足。肩部饰双叶脉纹桥形耳及两组弦纹，口部、颈部饰波浪纹及弦纹，腹部及内表存轮制弦纹。口径11、底径12.2、通高28.2厘米（图二七四，6；图版一〇二，1）。

陶罐　3件。M101∶4，泥质灰陶。直口方唇，折肩，斜弧腹，平底内凹。双桥形耳。口径7.6、底径8.2、通高9.4厘米（图二七四，4；图版一〇二，3）。M101∶5，硬陶。直口方唇，弧鼓腹，平底内凹。双叶脉纹桥形耳。近底处及内表存轮制弦纹。口径9、底径8.6、通高10.8厘米（图二七四，2；图版一〇二，5）。M101∶10，泥质灰陶。上部残，斜弧腹，平底内凹。近底处饰绳纹，内表存轮制弦纹。底径7、残高9厘米（图二七五，3）。

陶灶　1件。M101∶6，泥质灰陶。平面呈前方后圆，前端设一拱形灶门，后端一孔为烟囱。灶面置三火眼，上置陶釜1件。长20.2、宽13.4厘米（图二七四，3）。

铜镜　1件。M101∶1，日光镜。半球状纽，圆形纽座，内区为八瓣内向连弧纹，外区为铭文带，铭文为"见日之光，天下大明"。直径7.2、缘厚0.4厘米（图二七五，4；图版一〇一，2）。

M102

1. 墓葬形制

长方形土坑竖穴墓。方向183°。墓口长2.7、宽1.9、深1.15米。墓内填土为黄褐色花土，土质较硬。随葬品有陶鼎1件、壶2件、瓿1件、罐4件、灶2件、井1件、器盖1件；铜镜1件、带钩1件、印章1枚、铜钱若干枚；石饰件1件。铜镜、带钩、铜钱、印章和石饰件出土于墓葬的西部，其余均出土于墓葬的东部。其中M102：6、M102：9陶罐和M102：15陶灶残碎（图二七六；图版一〇三，1）。

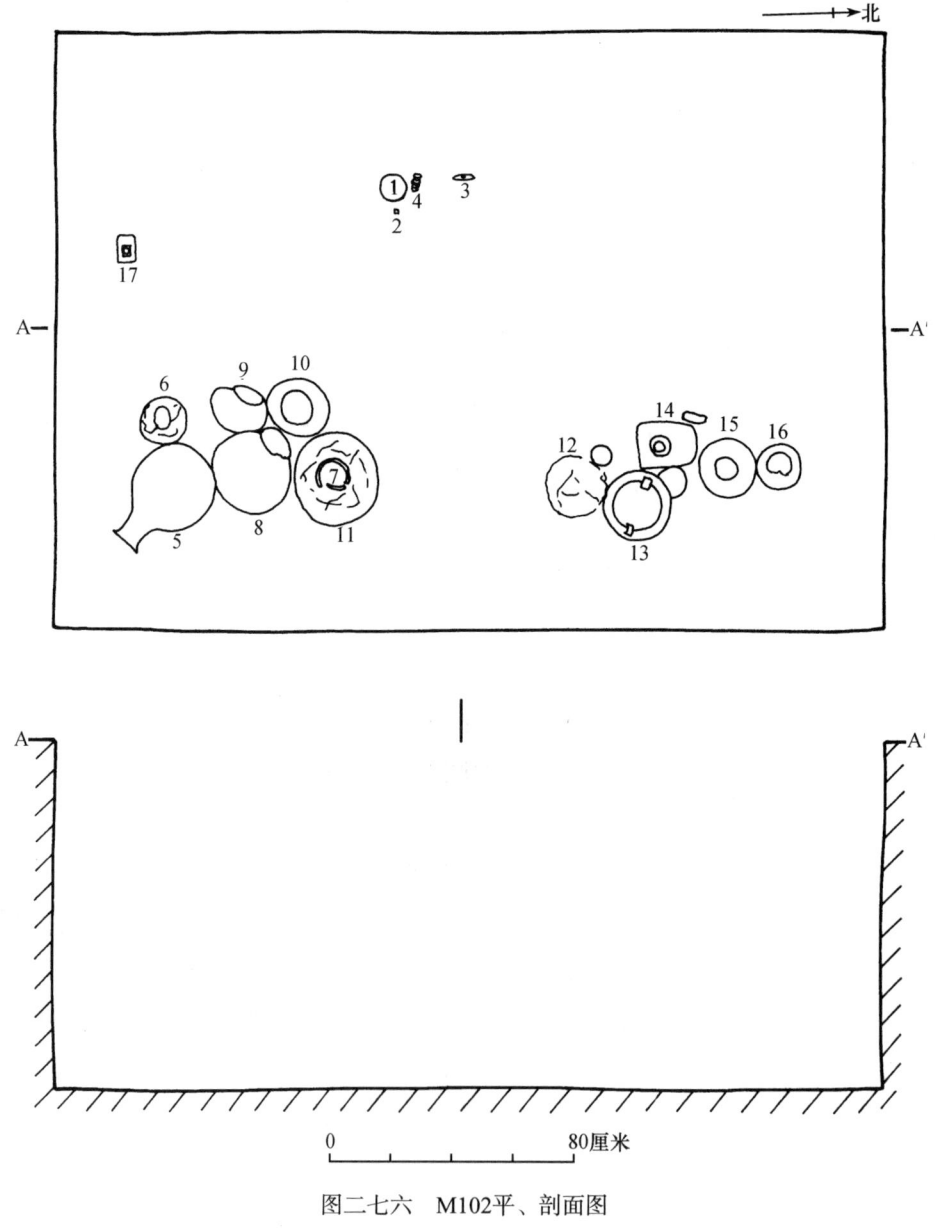

图二七六　M102平、剖面图

1.铜镜　2.铜印章　3.铜带钩　4.铜钱　5、8.陶壶　6、7、9、10.陶罐　11.陶瓿　12.陶器盖　13.陶鼎　14、15.陶灶　16.陶井　17.石饰件

2. 随葬品

陶鼎 1件。M102：13，泥质灰陶。子母口，斜弧腹，圜底，三锥足。双附耳。底部饰绳纹。口径14.4、通高13.4厘米（图二七八，3；图版一〇五，1）。

陶壶 2件。M102：5，釉陶，上半部施釉。敞口，束颈，圆鼓腹，平底内凹。肩部对饰桥形耳及三组弦纹，颈部饰波浪纹及弦纹，通体存轮制弦纹。口径13.6、底径13.8、通高32.6厘米（图二七七，2；图版一〇四，3）。M102：8，釉陶，上半部施釉。敞口，束颈，圆鼓腹，平底内凹。肩部对饰桥形耳及三组弦纹，颈部饰波浪纹及弦纹，通体存轮制弦纹。口径13.8、底径14、通高33.5厘米（图二七七，4；图版一〇四，2）。

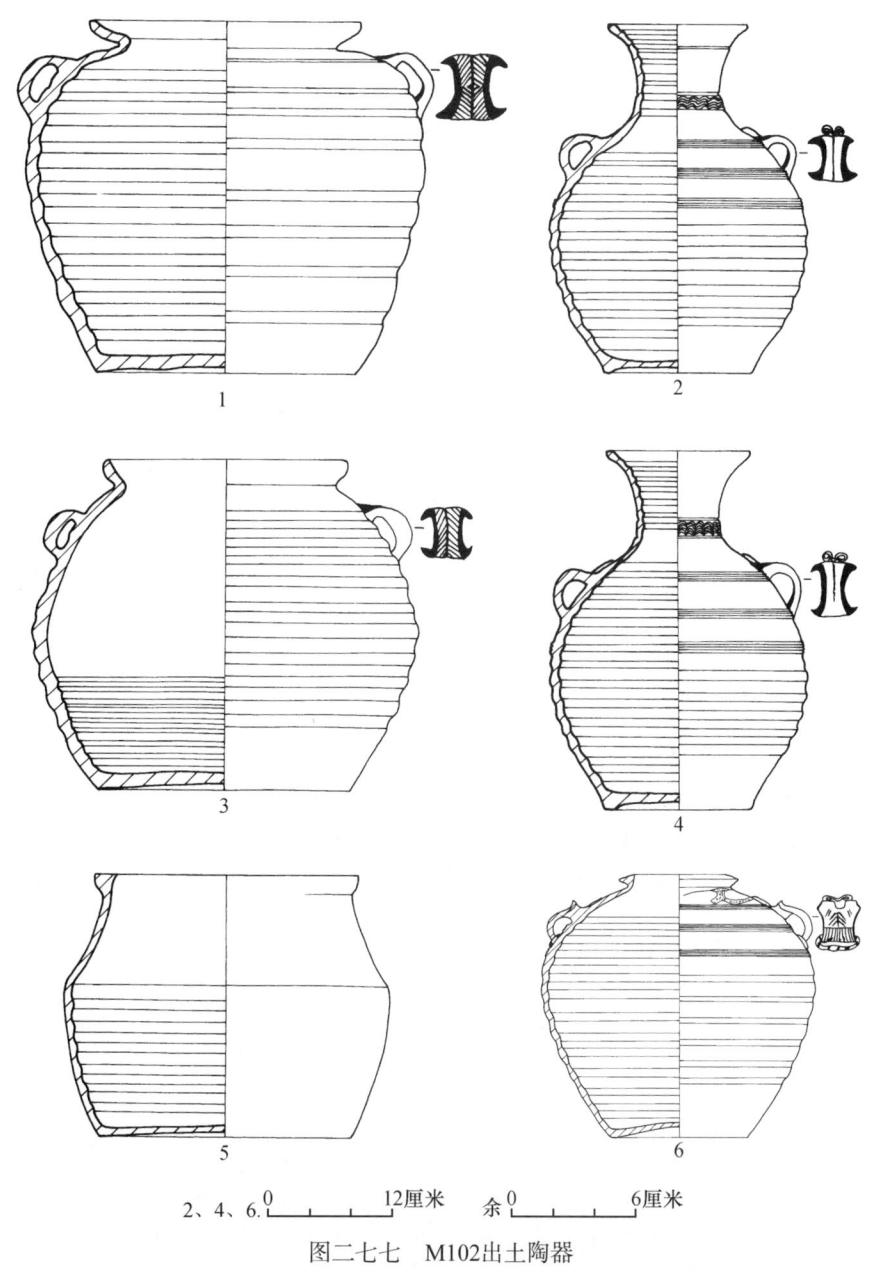

图二七七　M102出土陶器

1、3.罐（M102：10、M102：7）　2、4.壶（M102：5、M102：8）　5.井（M102：16）　6.瓿（M102：11）

陶瓿　1件。M102：11，釉陶，上半部施釉。平口方唇，圆鼓腹，平底内凹，双铺首耳。肩部饰三组弦纹及抽象动物纹，通体存轮制弦纹。口径8.8、底径13、通高24.6厘米（图二七七，6；图版一〇四，6）。

陶罐　4件。M102：7，硬陶。侈口圆唇，弧鼓腹，平底内凹。双叶脉纹桥形耳。通体存轮制弦纹。口径11.2、底径12、通高15.5厘米（图二七七，3；图版一〇四，5）。M102：10，釉陶。平口圆唇，弧鼓腹，平底内凹。双叶脉纹桥形耳。通体存轮制弦纹。口径13、底径12.4、通高16.5厘米（图二七七，1；图版一〇四，4）。M102：6、M102：9均残碎。

陶灶　2件。M102：14，泥质灰陶。平面呈前方后圆，前端设一拱形灶门，后端一孔为烟囱。灶面置三火眼，前后各一。上置陶釜1件。长20.8、宽15厘米（图二七八，1）。M102：15残碎。

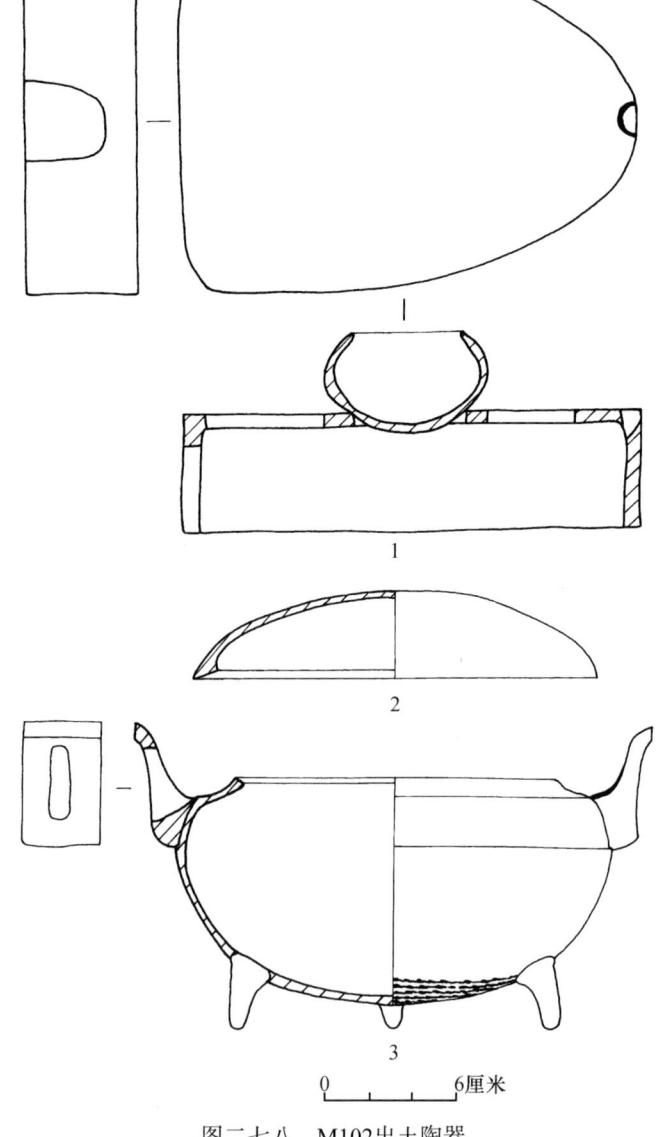

图二七八　M102出土陶器
1. 灶（M102：14）　2. 器盖（M102：12）　3. 鼎（M102：13）

陶井　1件。M102∶16，泥质灰陶。平口方唇，折腹，平底内凹。素面，内表存轮制弦纹。口径12.6、底径12、通高12.3厘米（图二七七，5）。

陶器盖　1件。M102∶12，泥质灰陶。覆钵形。素面。口径18.4、通高3.8厘米（图二七八，2）。

铜镜　1件。M102∶1，日光镜。半球状纽，圆形纽座，宽素平缘。内区为八瓣内向连弧纹，外区为铭文带，铭文为"见日之光，天下大明"。直径7.4、缘厚0.2厘米（图二七九，1；图版一〇四，1）。

铜带钩　1件。M102∶3，钩首、圆纽残。残长5.8厘米（图二七九，2）。

铜钱　M102∶4，锈蚀严重，不辨。

铜印章　1件。M102∶2，无纽，方形印面残。边长1.3厘米。印文残缺（图二七九，3）。

石饰件　1件。M102∶17，残。磨光，平面略呈长方形。厚约0.8厘米。

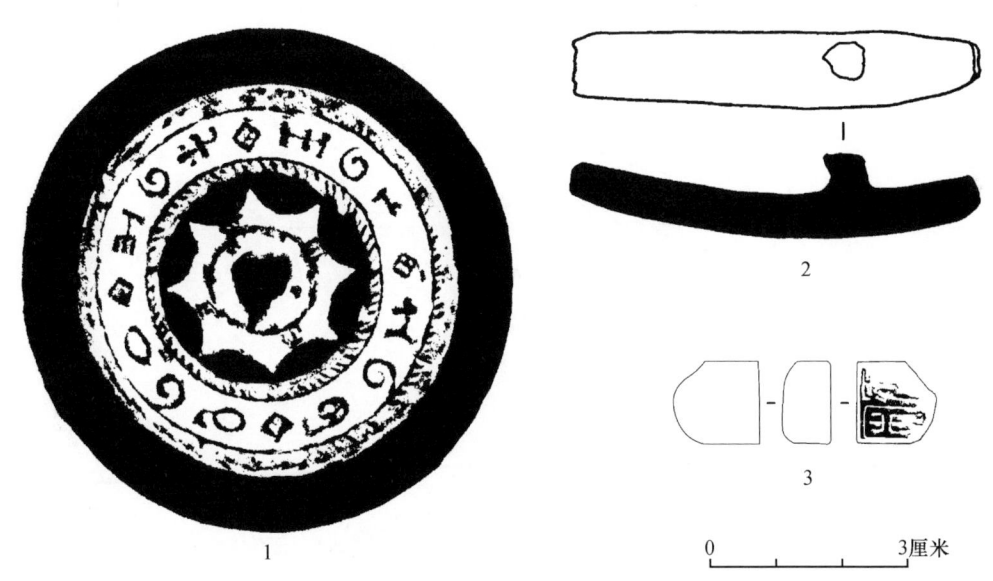

图二七九　M102出土铜器
1.镜（M102∶1）　2.带钩（M102∶3）　3.印章（M102∶2）

M103

墓葬形制

曲尺形土坑竖穴墓。方向187°。墓室长3.9、宽2.8、深1.2米。墓道位于墓室南壁一侧，长方形形斜坡状，上口长2.3、宽1.6米。墓内填土为黄褐色花土。无随葬品（图二八〇）。

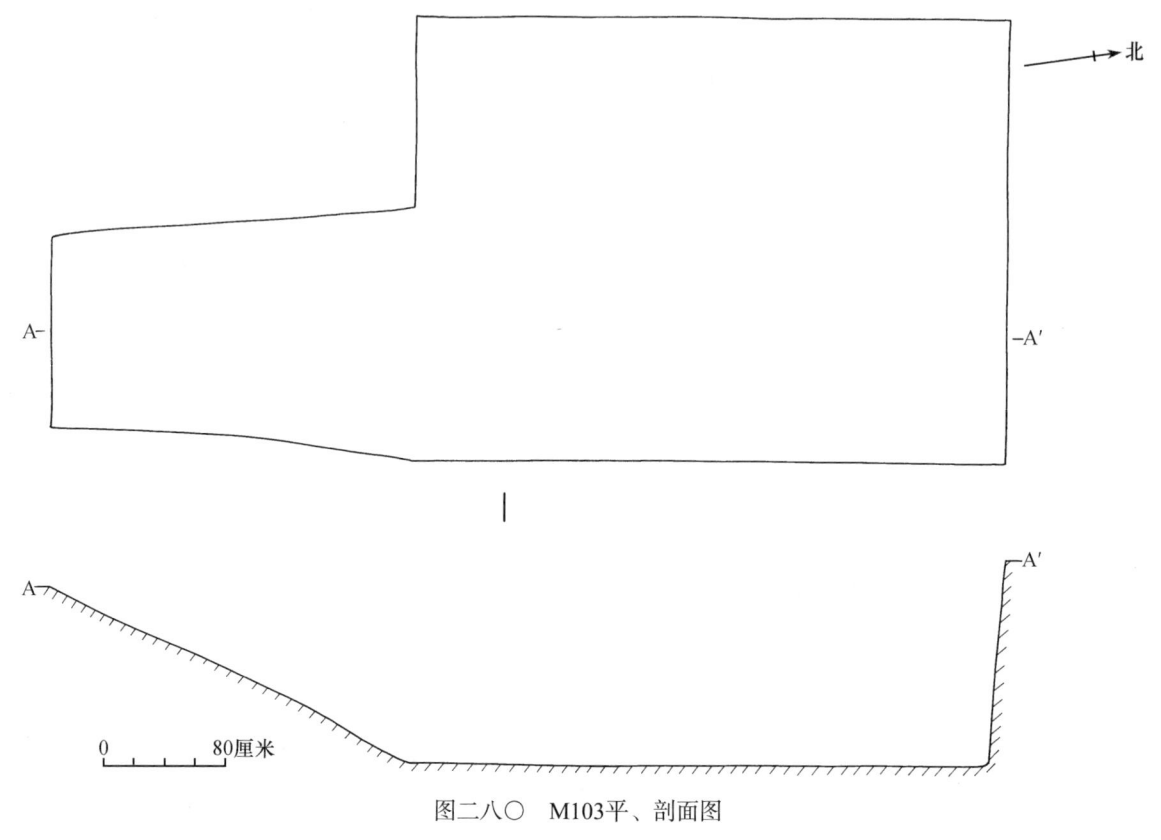

图二八〇　M103平、剖面图

M104

1. 墓葬形制

长方形土坑竖穴墓。方向195°。墓口长3.1、宽1.65、深1.2米。墓内填土为黄褐色花土。随葬品有陶鼎1件、壶1件、盒1件、罐2件、灶1件、井1件；铜刀1件、镜1件和印章1枚（图二八一；图版一〇三，2）。

2. 随葬品

陶鼎　1件。M104：6，泥质红陶。敛口，弧鼓腹，平底，三锥足。双附耳残。素面。口径8、残高4厘米（图二八二，5）。

陶盒　1件。M104：9，泥质红陶。平口，斜弧腹，平底。覆钵形器盖，盖上饰三乳丁纽。素面。口径15.6、底径7.2、通高10厘米（图二八二，2；图版一〇五，6）。

陶壶　1件。M104：4，釉陶，上半部施釉，有流釉现象。敞口，束颈，圆鼓腹，平底内凹。双叶脉纹桥形耳。颈部及肩部饰弦纹，通体存轮制弦纹。口径10.2、底径9.2、通高21.3厘米（图二八二，1；图版一〇五，2）。

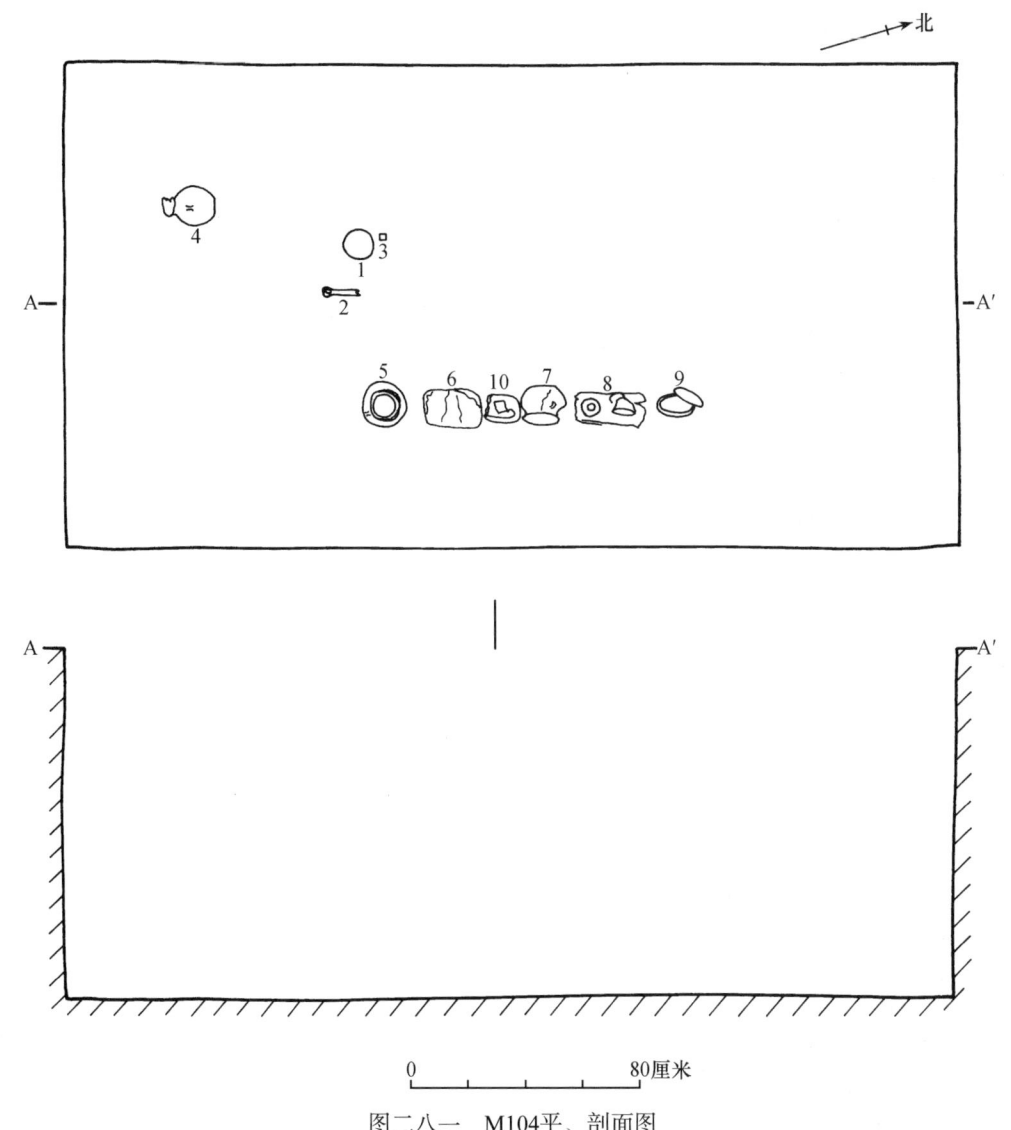

图二八一　M104平、剖面图
1.铜镜　2.铜刀　3.印章　4.陶壶　5、7.陶罐　6.陶鼎　8.陶灶　9.陶盒　10.陶井

陶罐　2件。M104：5，硬陶。侈口圆唇，圆鼓腹，平底。双桥形耳。通体存轮制弦纹。口径10.5、底径8.2、通高12.7厘米（图二八二，3；图版一〇五，4）。M104：7，硬陶。侈口圆唇，圆鼓腹，平底。双桥形耳。通体存轮制弦纹。口径10.2、底径8.4、通高12.8厘米（图二八二，7）。

陶灶　1件。M104：8，泥质红陶。存附件平底锅、釜各一。平底锅。口径7.6、底径5.2、通高2.4厘米。陶釜，敛口、折腹，平底。口径5.4、通高4厘米（图二八二，6）。

陶井　1件。M104：10，泥质红陶。平口方唇，筒形，下部残。颈部饰两道弦纹。口径12.4、残高9.8厘米（图二八二，4）。

铜刀　1件。M104：2，环首，刀身残，剖面呈楔形。残长11.7厘米（图二八三，2；图版一〇五，5）。

铜镜　1件。M104：1，四乳四虺镜。桥形纽，圆形纽座，宽素平缘。内区为一周短斜线纹，外区为四乳四虺纹。直径10、缘厚0.35厘米（图二八三，1；图版一〇五，3）。

印章　1件。M104：3，纽残，方座。边长1.3厘米。印文残缺（图二八三，3）。

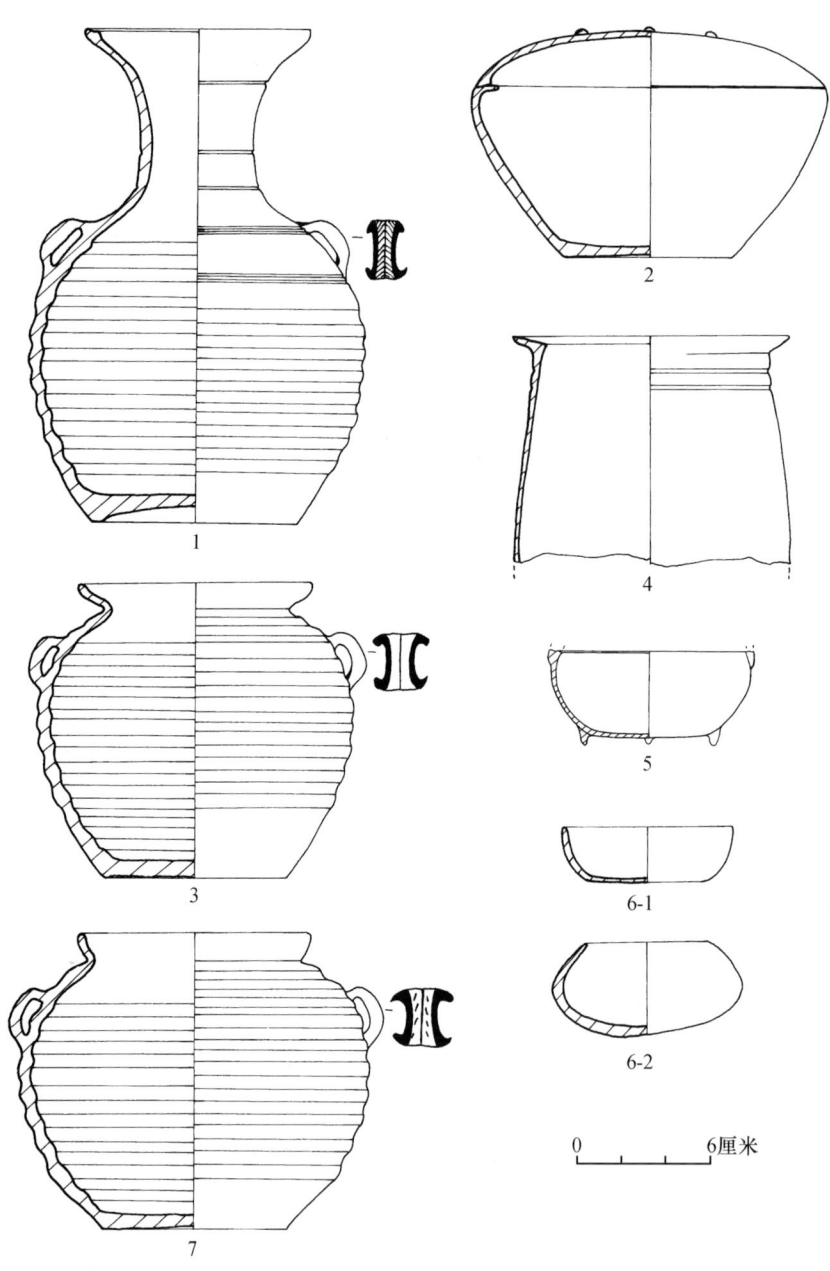

图二八二　M104出土陶器
1.壶（M104：4）　2.盒（M104：9）　3、7.罐（M104：5、M104：7）　4.井（M104：10）　5.鼎（M104：6）
6.灶（M104：8）

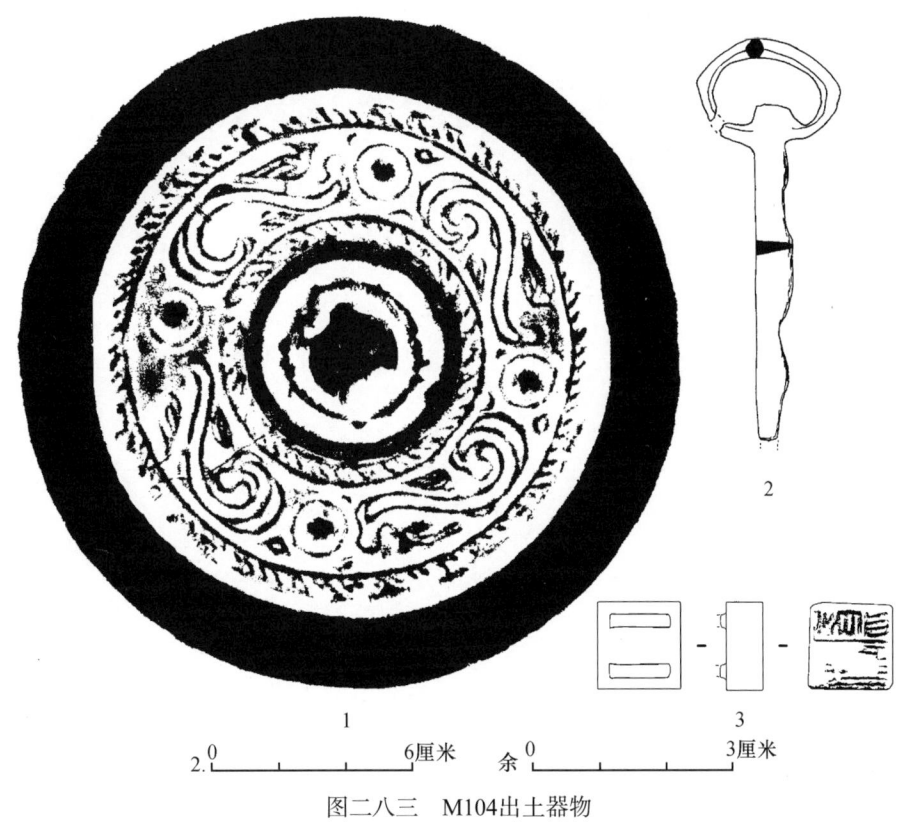

图二八三　M104出土器物

1. 铜镜（M104：1）　2. 铜刀（M104：2）　3. 印章（M104：3）

M105

1. 墓葬形制

土坑竖穴墓。方向17°。墓口长3.84、宽1.86~2.06、残深0.66米，墓壁因挤压呈弧形。墓内填土为黄褐色花土，底部有10厘米厚的青膏泥。随葬品有陶罐1件、灶1件（图二八四；图版一〇六，1）。

2. 随葬品

陶罐　1件。M105：1，硬陶。侈口方唇，斜弧腹，平底内凹。通体拍印网格纹，口沿内存轮制弦纹。口径15、底径14、通高32.7厘米（图二八五，2；图版一〇七，1）。

陶灶　1件。M105：2，泥质红陶。平面呈圆角方形，前端设一方形灶门，灶面置双火眼，前后各一。长17、宽14.8厘米（图二八五，1）。

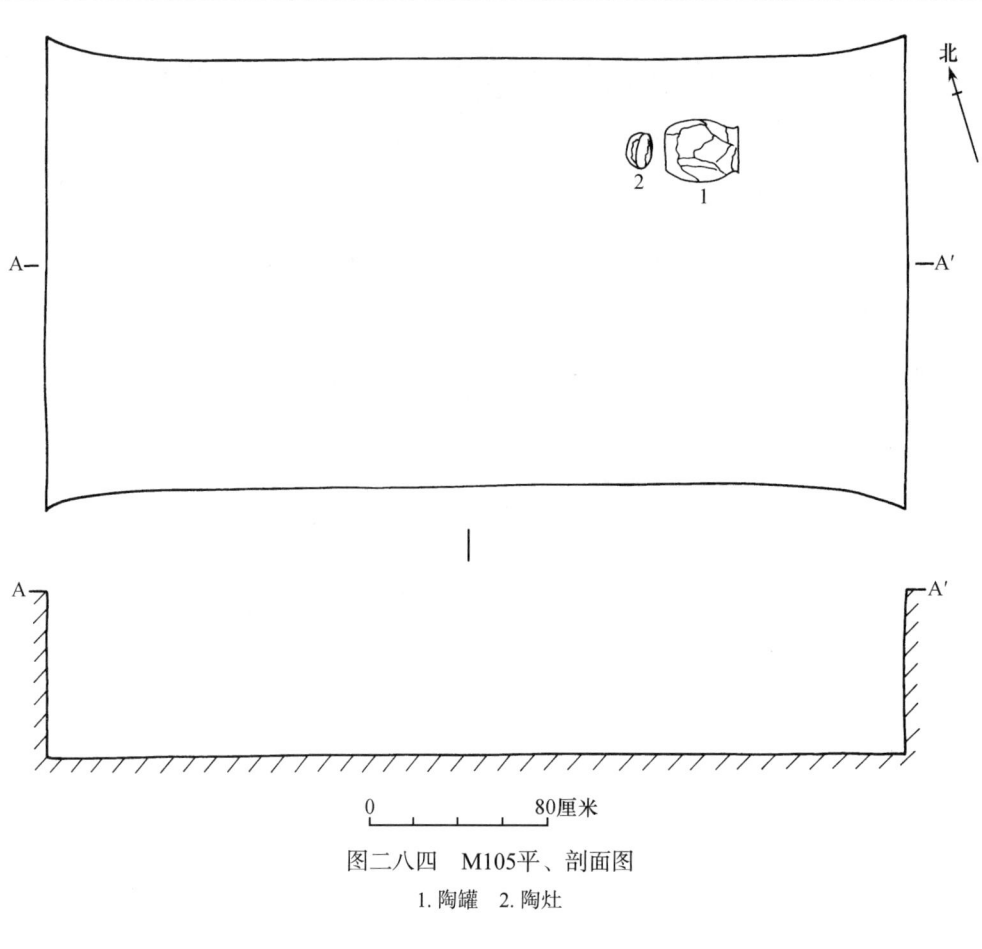

图二八四　M105平、剖面图
1. 陶罐　2. 陶灶

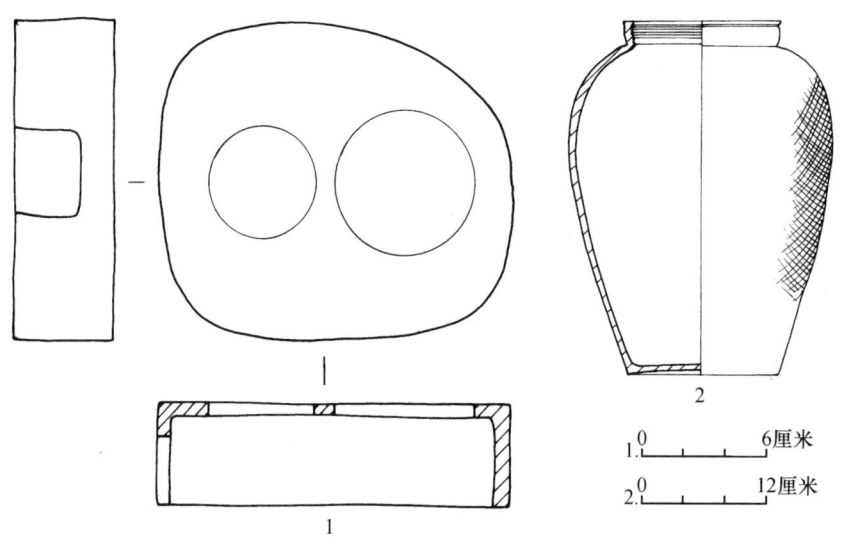

图二八五　M105出土陶器
1. 灶（M105∶2）　2. 罐（M105∶1）

M106

1. 墓葬形制

凸字形土坑竖穴墓。方向103°。墓室长6、宽3.6、深2.2米。墓道位于墓室东壁中央，长方形斜坡状，上口长3.5、宽1.3米。近年被盗，墓室内填土大面积扰动，填土内发现7件陶器，有陶鼎2件、盒1件、壶1件、瓿2件、罐1件，当为该墓的随葬品（图二八六；图版一〇六，2）。

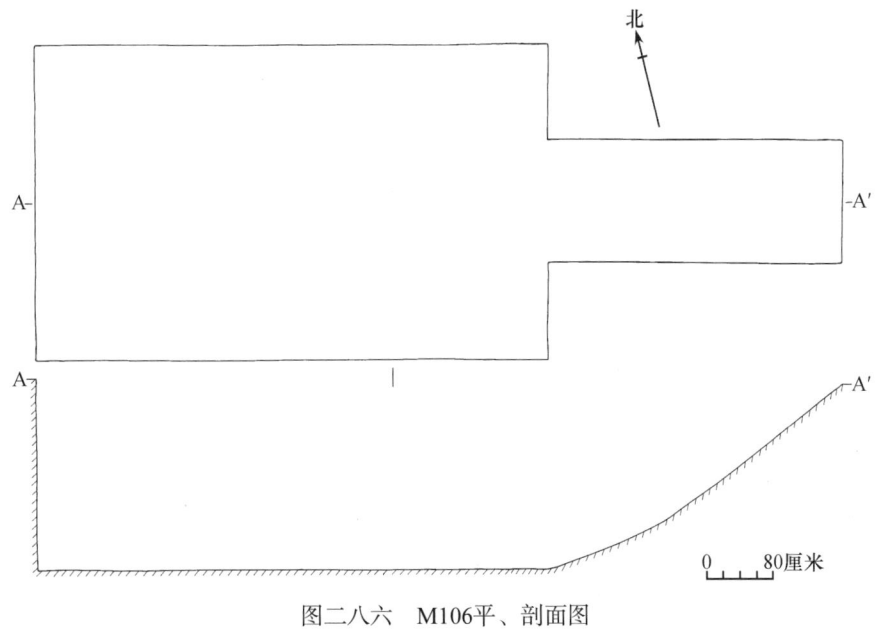

图二八六　M106平、剖面图

2. 随葬品

陶鼎　2件。M106：5，釉陶，盖上施釉。子母口，斜弧腹，平底，三兽蹄足。双叶脉纹附耳。覆钵形器盖，三乳丁。通体存轮制弦纹。口径21.4、底径14.4、通高21.6厘米（图二八七，1；图版一〇七，4）。M106：6，釉陶，盖上施釉。子母口，斜弧腹，平底，三兽蹄足。双叶脉纹附耳。覆钵形器盖。内表存轮制弦纹。口径22、底径13.8、通高22.2厘米（图二八七，3；图版一〇七，6）。

陶盒　1件。M106：4，釉陶，器盖施釉。子母口，斜直腹，平底。覆钵形器盖，三乳丁。通体存轮制弦纹。口径22.4、底径14.8、通高24.5厘米（图二八七，2；图版一〇七，2）。

陶壶　1件。M106：3，釉陶，上半部施釉。敞口圆唇，束颈，圆鼓腹，圈足。肩部饰叶脉纹桥形耳及三组弦纹、波浪纹，口部及颈部饰波浪纹及弦纹，内表存轮制弦纹。口径12.6、底径14、通高31.1厘米（图二八八，1；图版一〇七，5）。

陶瓿　2件。M106：1，釉陶，上半部施釉。平口方唇，圆鼓腹，平底内凹。肩部饰双兽面桥形耳、三组弦纹及波浪纹。口径10、底径17.6、通高34厘米（图二八七，4；图版一〇七，3）。M106：2，釉陶，上半部施釉。平口方唇，圆鼓腹，平底内凹。肩部饰双兽面桥形耳、三组弦纹及波浪纹。口径14.4、底径15、通高33.2厘米（图二八八，3）。

陶罐　1件。M106：7，泥质灰陶。侈口圆唇，弧鼓腹，平底。口径4.2、底径2.7、通高5.5厘米（图二八八，2）。

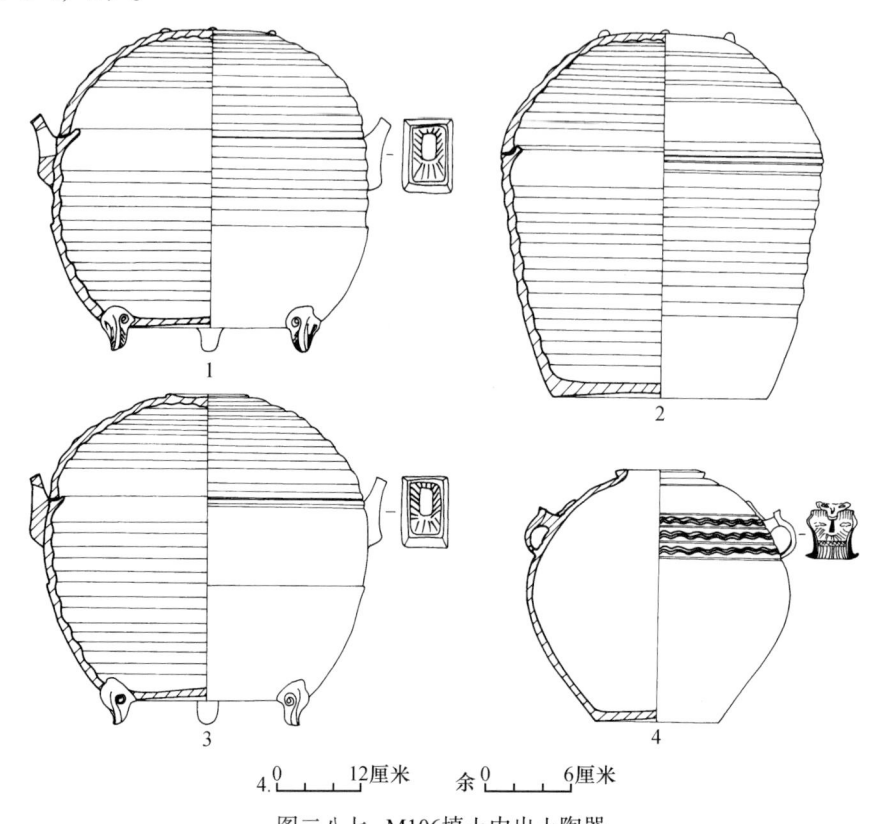

图二八七　M106填土内出土陶器
1、3.鼎（M106：5、M106：6）　2.盒（M106：4）　4.瓿（M106：1）

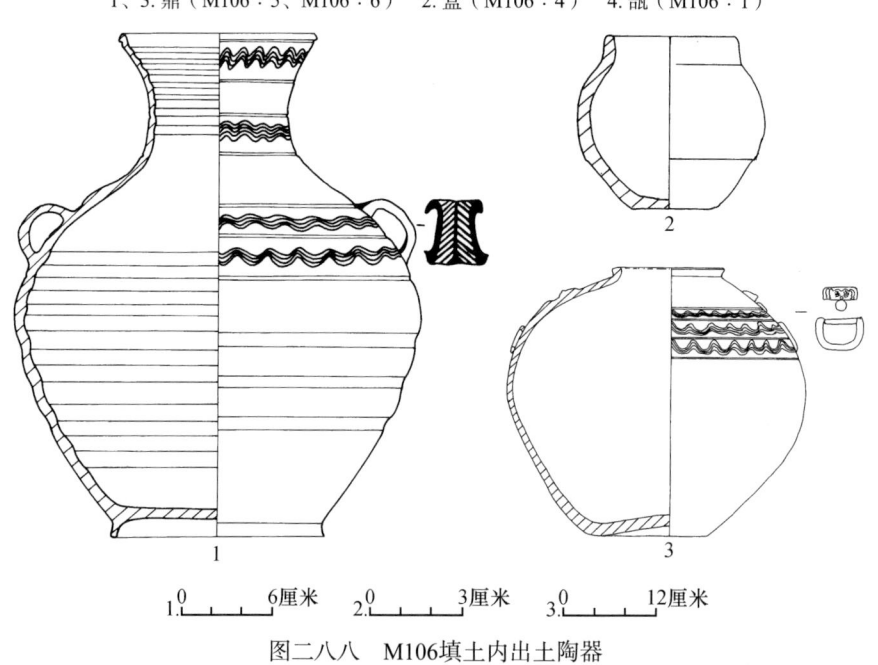

图二八八　M106填土内出土陶器
1.壶（M106：3）　2.罐（M106：7）　3.瓿（M106：2）

M107

1. 墓葬形制

长方形土坑竖穴墓。方向280°。墓口长2.6、宽1.4~1.5、深1.7米。墓内填土为黄褐色花土，土质紧密。墓底有少量青膏泥。随葬品有陶盒3件、壶4件、灶1件、井1件；铜洗1件、剑1件、镜1件、带钩1件、铜钱若干（图二八九；图版一〇八，1）。

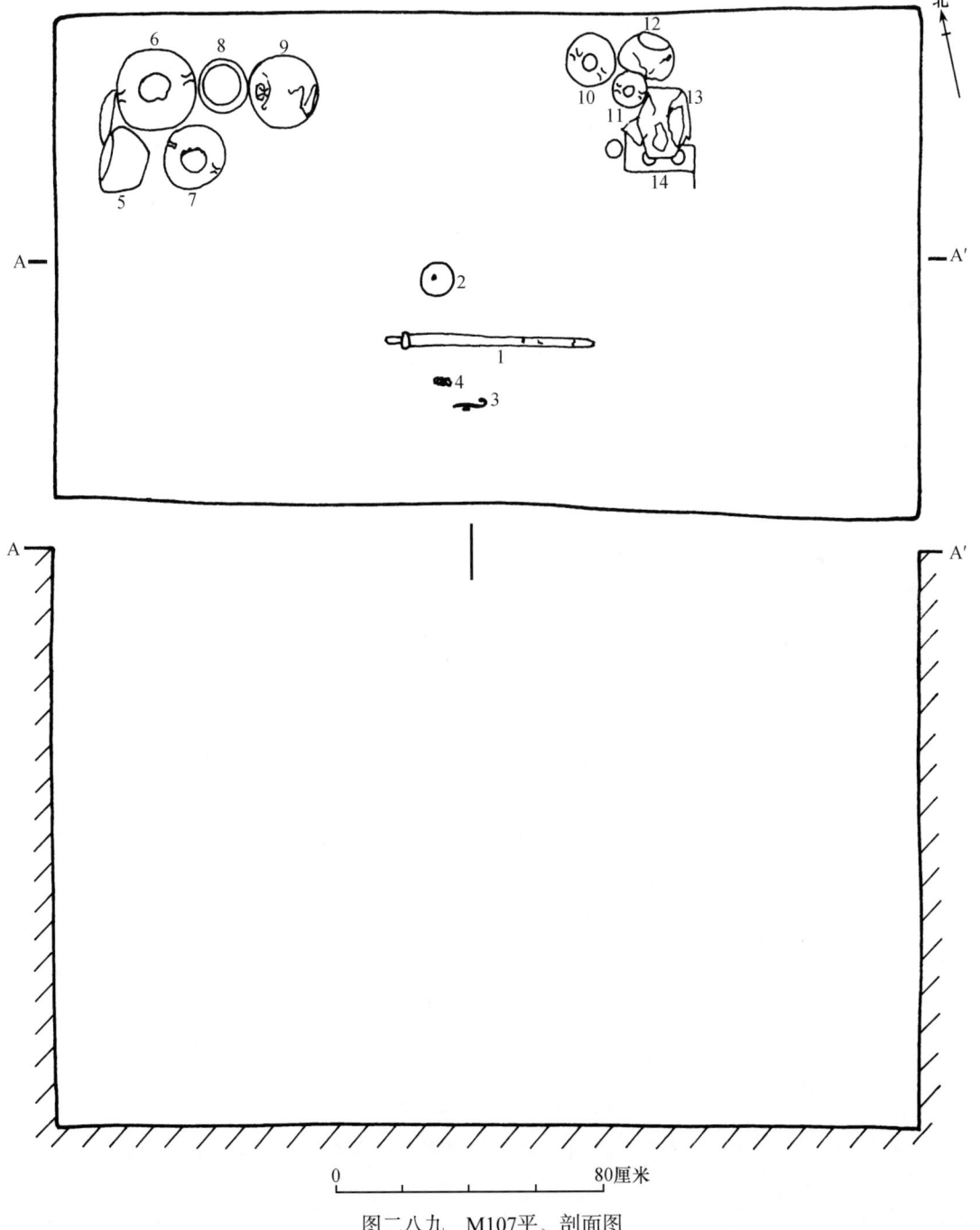

图二八九　M107平、剖面图

1.铜剑　2.铜镜　3.铜带钩　4.铜钱　5、8、12.陶盒　6、7、10、11.陶壶　9.铜洗　13.陶井　14.陶灶

2. 随葬品

陶盒　3件。M107：5，泥质灰陶。子母口，斜弧腹，平底内凹。覆钵形器盖。素面，内表存轮制弦纹。口径15、底径9.6、通高12厘米（图二九〇，2；图版一〇九，2）。M107：8，泥质灰陶。子母口，斜弧腹，平底内凹。覆钵形器盖。素面，内表存轮制弦纹。口径14.8、底径10.4、通高11.4厘米（图二九〇，4；图版一一〇，1）。M107：12，泥质灰陶。子母口，弧鼓腹，平底。肩部饰两组凹弦纹，内表存轮制弦纹。口径11.4、底径10.6、通高10.6厘米（图二九〇，5；图版一一〇，2）。

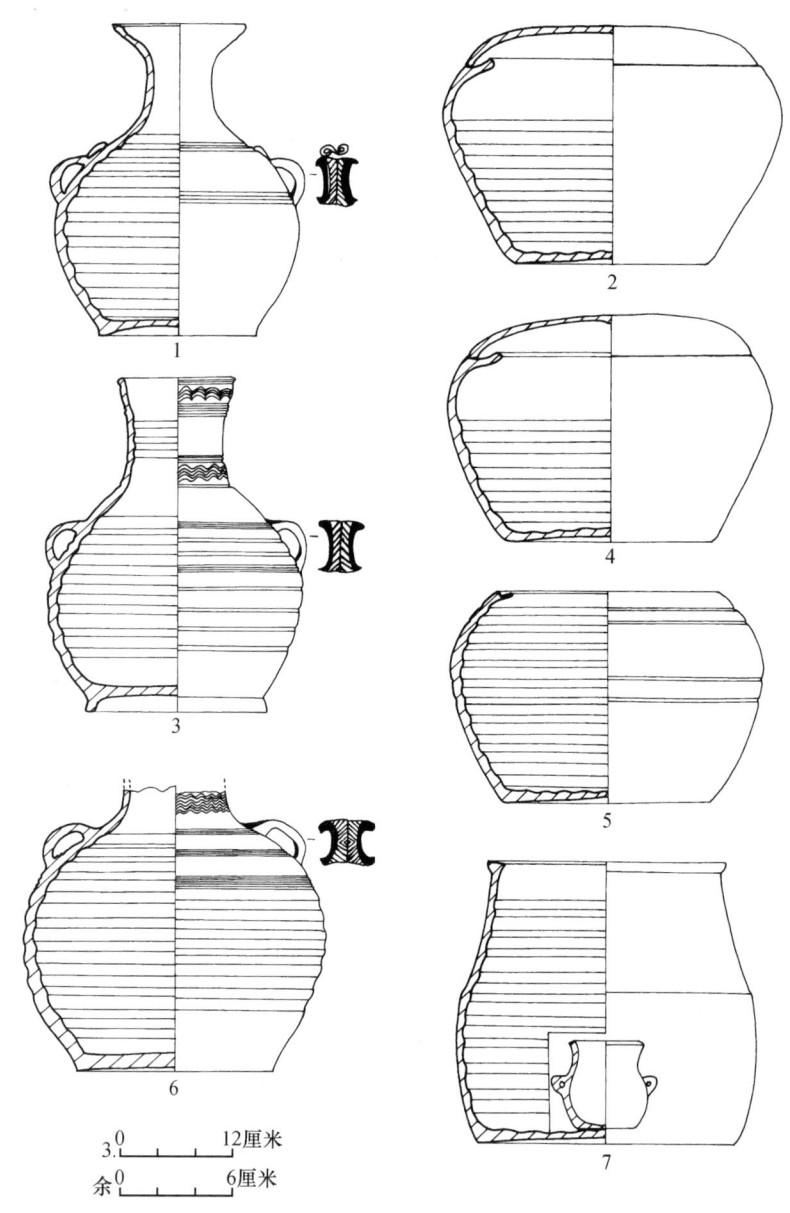

图二九〇　M107出土陶器
1、3、6.壶（M107：11、M107：6、M107：7）　2、4、5.盒（M107：5、M107：8、M107：12）　7.井（M107：13）

陶壶 4件。M107：6，釉陶，上半部施釉。敞口圆唇，直颈，弧鼓腹，圈足。双叶脉纹桥形耳。口部、颈部饰波浪纹与弦纹，肩部饰两组弦纹，通体存轮制弦纹。口径11.5、底径16.2、通高33.6厘米（图二九〇，3；图版一〇九，4）。M107：7，釉陶。口部、颈部残，弧鼓腹，平底。肩部对饰叶脉纹桥形耳及两组弦纹，颈部饰波浪纹，通体存轮制弦纹。底径10.2、残高14.3厘米（图二九〇，6；图版一〇九，6）。M107：10，釉陶，上半部施釉。敞口方唇，束颈，弧鼓腹，平底内凹。肩部对饰叶脉纹桥形耳及两组弦纹，颈部饰波浪纹及弦纹，通体存轮制弦纹。口径12.4、底径12.5、通高26.1厘米（图二九一，2；图版一一〇，3）。M107：11，釉陶，上半部施釉。敞口方唇，束颈，弧鼓腹，平底内凹。肩部对饰叶脉纹桥形耳及两组弦纹，内表存轮制弦纹。口径6.9、底径8.2、通高15.6厘米（图二九〇，1；图版一一〇，5）。

陶灶 1件。M107：14，泥质灰陶。平面呈前方后圆形。前端设一拱形灶门，后端有一孔为烟囱。灶面置双火眼，前后各一。附件釜甑1组、平底锅1件。长24、宽13厘米（图二九一，1；图版一一〇，6）。

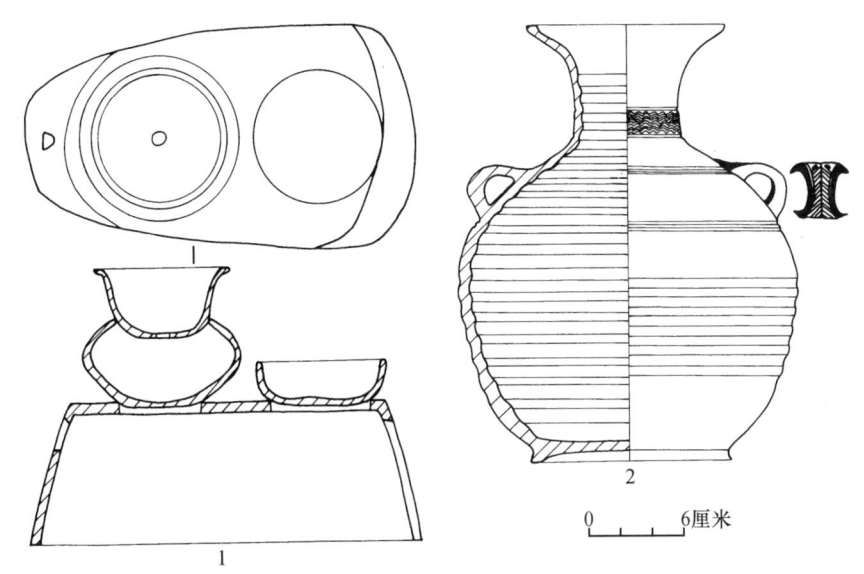

图二九一　M107出土陶器
1.灶（M107：14）　2.壶（M107：10）

陶井 1件。M107：13，泥质红陶。平口圆唇，折腹，平底。内表存轮制弦纹。口径12.3、底径13.2、通高14.2厘米。内置一汲水罐，泥质灰陶。侈口圆唇，弧鼓腹，平底。双穿孔耳。素面（图二九〇，7；图版一一〇，4）。

铜洗 1件。M107：9，残，存衔环铺首（图二九二，3）。

铜剑 1件。M107：1，扁平茎，凹字形剑格，剑脊隆起，剑身残。残长63厘米（图二九二，1；图版一〇九，1）。

铜镜 1件。M107：2，昭明镜。半球状纽，圆形纽座，宽素平缘。座外从内向外分别为一周凸弦纹、八瓣内向连弧纹、斜短线纹、铭文带。铭文为"内清以昭明，光象夫日月，心忽忠，不"。直径10.6、缘厚0.35厘米（图二九二，2；图版一〇九，3）。

铜带钩　1件。M107：3，兽首，圆纽。纽直径1.2、通长8厘米（图二九二，4；图版一〇九，5）。

铜钱　M107：4，锈蚀严重，不辨。

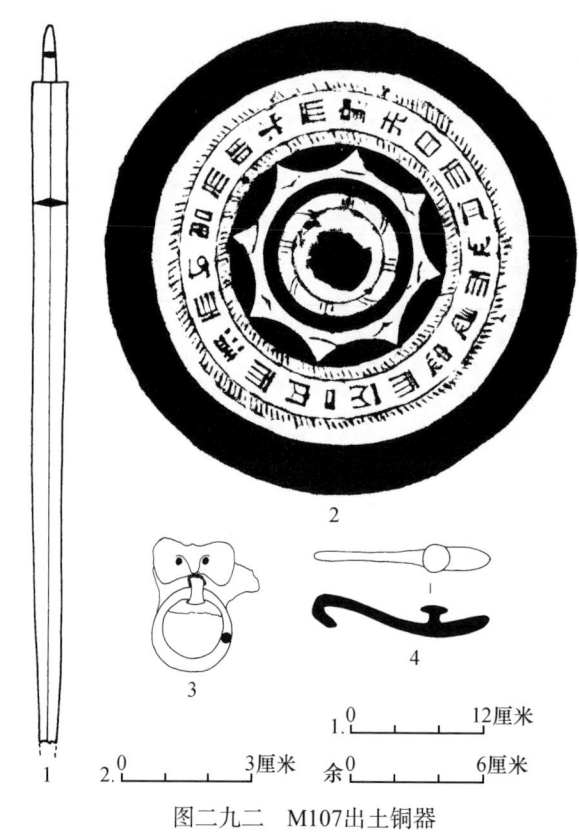

图二九二　M107出土铜器
1. 剑（M107：1）　2. 镜（M107：2）　3. 洗（M107：9）　4. 带钩（M107：3）

M108

1. 墓葬形制

凸字形土坑竖穴墓。方向10°。墓室长4.9、宽3.7、深2米。墓道位于墓室北壁中央，长方形斜坡状。墓口长4.3、宽1.6、深1.8米。墓内填土为黄褐色花土，土质较硬，墓底有约15厘米厚的青膏泥。发掘时墓壁坍塌。随葬品有陶鼎1件、盒1件、壶6件、瓿1件、罐1件、灶1件、井1件；铜镜1件、铜钱17枚；玉璧1件（图二九三；图版一〇八，2）。

2. 随葬品

陶鼎　1件。M108：12，釉陶。子母口，弧鼓腹，平底，三兽蹄足。双叶脉纹附耳。覆钵形器盖，器表饰弦纹。通体存轮制弦纹。口径20.6、底径12.2、通高21.4厘米（图二九四，7；图版一一一，3）。

陶盒　1件。M108：13，釉陶，器盖施釉。子母口，斜弧腹，平底内凹。覆钵形器盖。通体存轮制弦纹。口径21、底径13、通高20.8厘米（图二九四，8；图版一一二，4）。

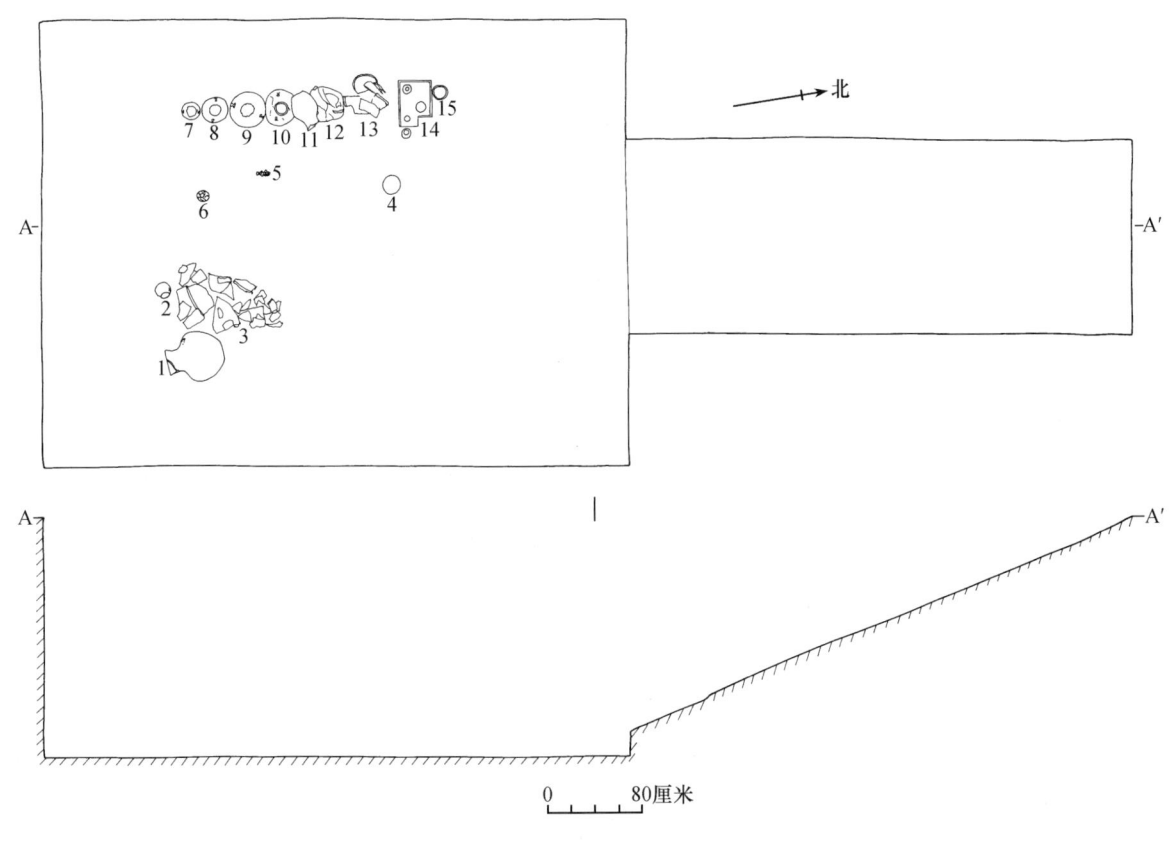

图二九三　M108平、剖面图

1、7~11.陶壶　2.陶罐　3.陶瓿　4.铜镜　5.铜钱　6.玉璧　12.陶鼎　13.陶盒　14.陶灶　15.陶井

陶壶　6件。M108：1，釉陶，上半部施釉。敞口，直颈，圆鼓腹，圈足。肩部对饰叶脉纹桥形耳、三组弦纹及波浪纹，口部、颈部饰波浪纹及弦纹，内表存轮制弦纹。口径18、底径18.2、通高45.2厘米（图二九四，5；图版一一一，1）。M108：7，硬陶。敞口圆唇，直颈，弧鼓腹，平底内凹。肩部饰双桥形耳、两组弦纹及波浪纹，口部、颈部饰波浪纹及弦纹，通体存轮制弦纹。口径9.6、底径10.2、通高21.5厘米（图二九四，6；图版一一一，6）。M108：8，釉陶。上半部施釉。敞口圆唇，直颈，弧鼓腹，平底内凹。肩部饰双叶脉纹铺首耳及两组弦纹，颈部饰波浪纹及弦纹，通体存轮制弦纹。口径10.8、底径12、通高26.9厘米（图二九四，4；图版一一二，1）。M108：9，釉陶，上半部施釉，有流釉现象。敞口圆唇，直颈，弧鼓腹，平底内凹。肩部饰双叶脉纹桥形耳、两组弦纹及波浪纹，口部、颈部饰波浪纹及弦纹，通体存轮制弦纹。口径14.4、底径15.2、通高34.6厘米（图二九四，9；图版一一二，3）。M108：10，釉陶。敞口圆唇，直颈，弧鼓腹，平底内凹。肩部饰双叶脉纹桥形耳、两组弦纹及波浪纹，口部、颈部饰波浪纹及弦纹，通体存轮制弦纹。口径11、底径12、通高31.3厘米（图二九四，1；图版一一二，5）。M108：11，釉陶，上半部施釉，有流釉现象。敞口圆唇，束颈，弧鼓腹，平底内凹。肩部饰双叶脉纹桥形耳、两组弦纹及波浪纹，口部、颈部饰波浪纹及弦纹，通体存轮制弦纹。口径11.2、底径12.6、通高25.6厘米（图二九四，2；图版一一二，2）。

陶瓿　1件。M108：3，釉陶，上半部施釉。平口方唇，圆鼓腹，平底内凹。肩部饰双兽面桥形耳及四组凹弦纹，内表存轮制弦纹。口径9.6、底径17.6、通高32.4厘米（图二九四，

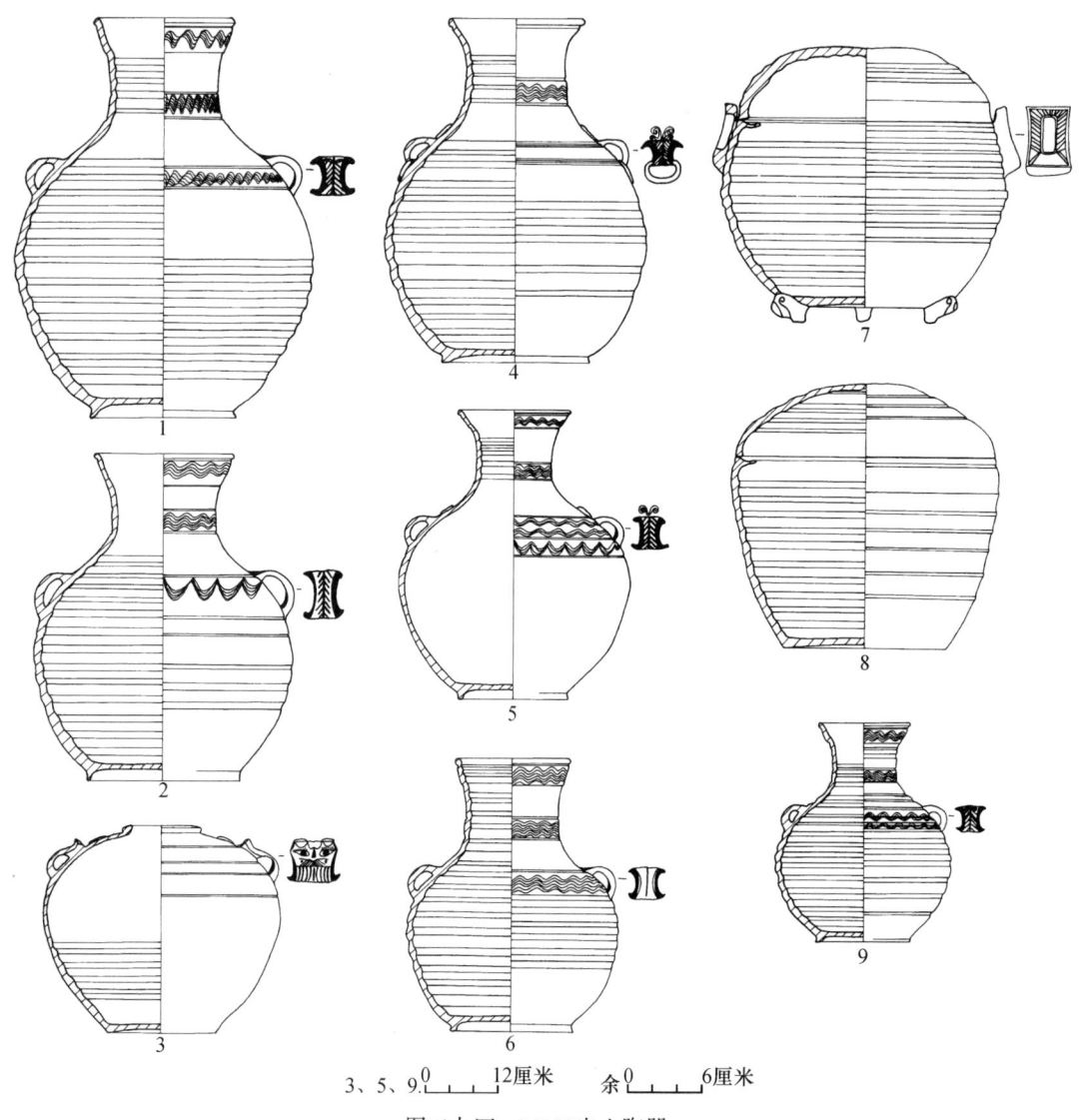

图二九四 M108出土陶器

1、2、4~6、9.壶（M108：10、M108：11、M108：8、M108：1、M108：7、M108：9） 3.瓿（M108：3） 7.鼎（M108：12） 8.盒（M108：13）

3；图版一一一，2）。

陶罐 1件。M108：2，硬陶。侈口圆唇，圆鼓腹，平底，耳残。通体存轮制弦纹。口径7.8、底径8.4、通高10厘米（图二九五，1；图版一一一，5）。

陶灶 1件。M108：14，泥质灰陶。平面呈曲尺形，灶面三侧起高墙护栏。前端设双拱形灶门，后端置双烟道，两烟道在墙上合二为一，共用一实心烟囱。灶面设四个火眼，上置釜1件。长29、宽25.2厘米（图二九五，2；图版一一二，6）。

陶井 1件。M108：15，夹砂灰陶。平口方唇，筒形，平底，肩部开双孔。腹部饰两道凹弦纹，内表存轮制弦纹。口径11.2、底径11、通高11.5厘米。内置一汲水罐，泥质灰陶。侈口圆唇，弧鼓腹，平底。双穿孔耳（图二九五，3）。

铜镜 1件。M108：4，昭明镜。半球状纽，十二并蒂连珠纹纽座，宽素平缘。纽外从内向外分别为一周凸弦纹和八瓣内向连弧纹，铭文为"内清质以昭明，光象夫日月，心忽扬而愿忠，然雍塞而不泄"。直径13、缘厚0.3厘米（图二九五，4；图版———，4）。

铜钱 17枚。M108：5，锈蚀，部分可辨为五铢钱。

玉璧 1件。M108：6，残碎，饰谷纹（图二九五，5）。

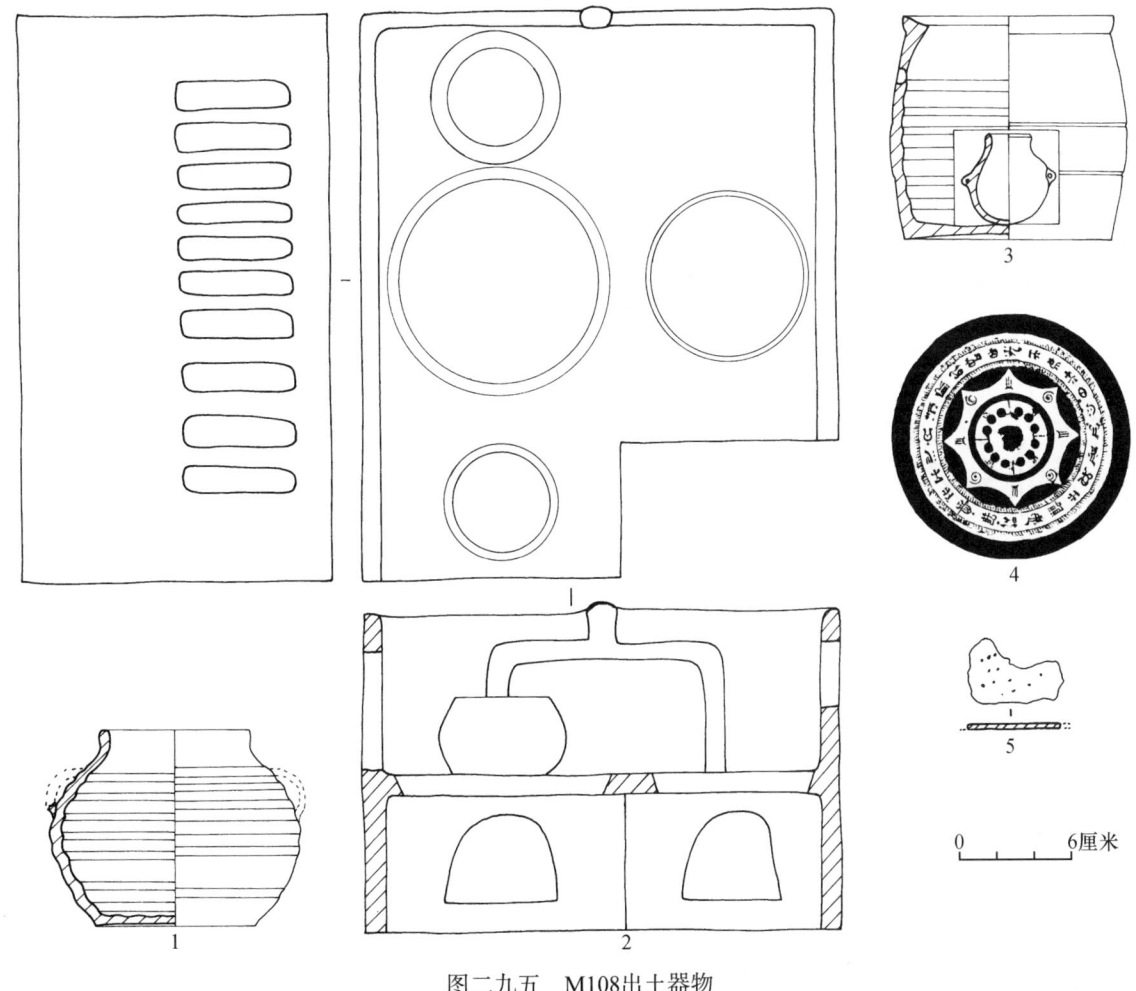

图二九五　M108出土器物

1. 陶罐（M108：2）　2. 陶灶（M108：14）　3. 陶井（M108：15）　4. 铜镜（M108：4）　5. 玉璧（M108：6）

M109

1. 墓葬形制

长方形土坑竖穴墓。方向100°。墓口长3.5、宽2、深1.2米。墓内填土为黄褐色花土。随葬品有陶壶4件、罐2件、猪圈1件、井1件；铜剑1件、镜1件、带钩1件、铜钱5枚，其中M109：10陶罐、M109：12陶壶残碎（图二九六；图版一一三，1）。

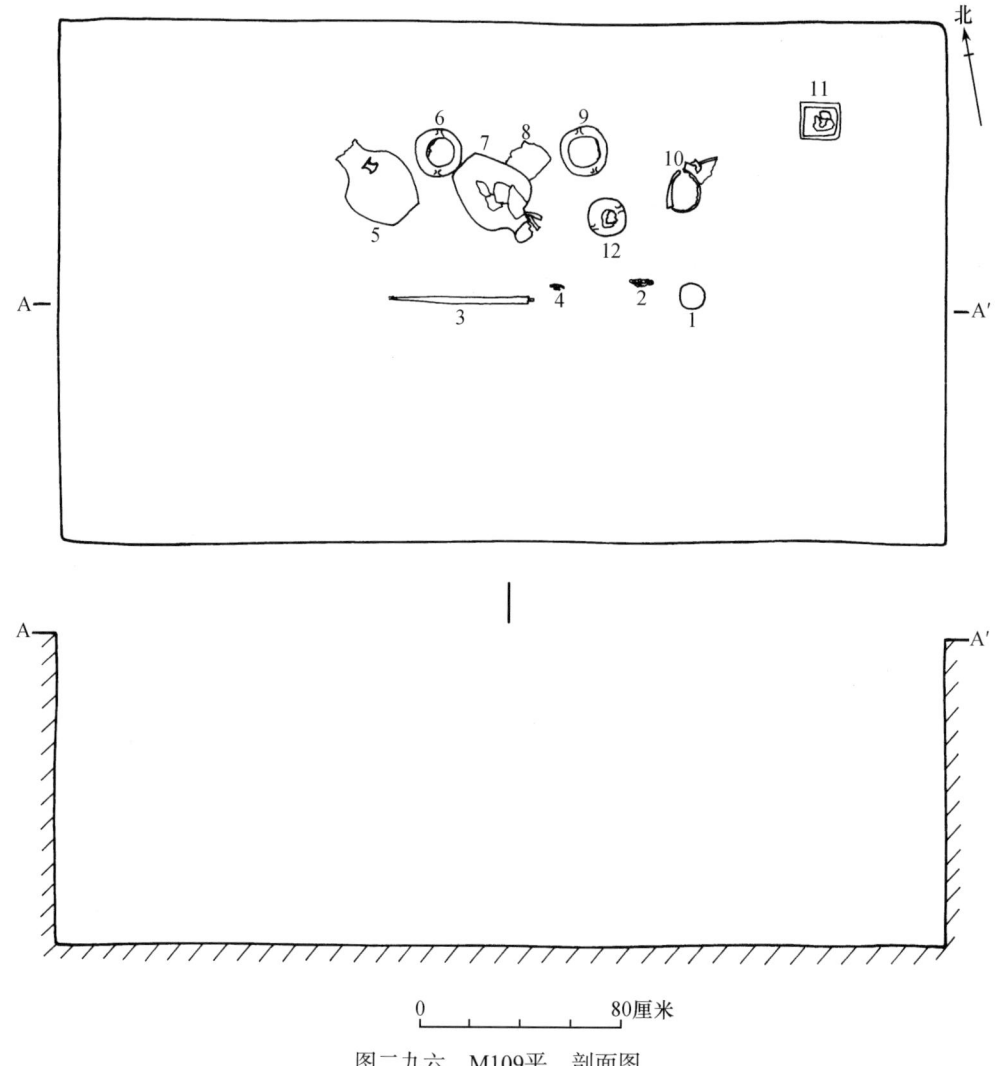

图二九六　M109平、剖面图

1.铜镜　2.铜钱　3.铜剑　4.铜带钩　5～7、12.陶壶　8.陶井　9、10.陶罐　11.陶猪圈

2. 随葬品

陶壶　4件。M109∶5，硬陶。敞口，束颈，弧鼓腹，平底。肩部饰双叶脉纹桥形耳及两组弦纹，颈部饰波浪纹及弦纹，通体存轮制弦纹。口径13.6、底径13.4、通高33.6厘米（图二九七，1）。M109∶6，釉陶，上半部施釉。敞口，束颈，圆鼓腹，平底内凹。肩部饰双叶脉纹桥形耳及两组弦纹，颈部饰波浪纹及弦纹，通体存轮制弦纹。口径15.4、底径11、通高26.9厘米（图二九七，5；图版一一四，2）。M109∶7，硬陶。敞口，束颈，弧鼓腹，平底内凹。肩部饰双叶脉纹桥形耳及两组弦纹，颈部饰波浪纹及弦纹，通体存轮制弦纹。口径14.8、底径13.8、通高37.1厘米（图二九七，3；图版一一四，3）。M109∶12，残碎。

陶罐　2件。M109∶9，红胎硬陶。侈口圆唇，圆鼓腹，平底。肩部对饰双桥形耳。通体存轮制弦纹。口径10、底径9.6、通高14厘米（图二九七，2；图版一一四，5）。M109∶10，残碎。

陶猪圈　1件。M109∶11，残。泥质灰陶。平面呈圆角方形，圈内以墙相隔，其中一角起柱。边长15.4厘米（图二九八，1；图版一一五，1）。

陶井　1件。M109：8，泥质灰陶。平口方唇，折腹，平底内凹。通体存轮制弦纹。口径9.6、底径11.6、通高10.2厘米（图二九七，4）。

铜剑　1件。M109：3，剑茎扁平，剑脊起隆，尾部收杀成锋。残长57.5厘米。铜剑璏残。残长8.5、宽2.5厘米（图二九八，2；图版一一四，4）。

铜镜　1件。M109：1，昭明镜。半球状纽，圆形纽座，宽素平缘。内区为一周凸弦纹和十二瓣内向八瓣连弧纹，外文为铭文带，铭文为"内清质以昭明，光象夫日月"。直径10、缘厚0.3厘米（图二九八，3；图版一一四，1）。

铜带钩　1件。M109：4，钩首残，圆纽。纽直径2、残长5.8厘米（图二九八，4）。

铜钱　5枚。M109：2，锈蚀，可辨为大泉五十。

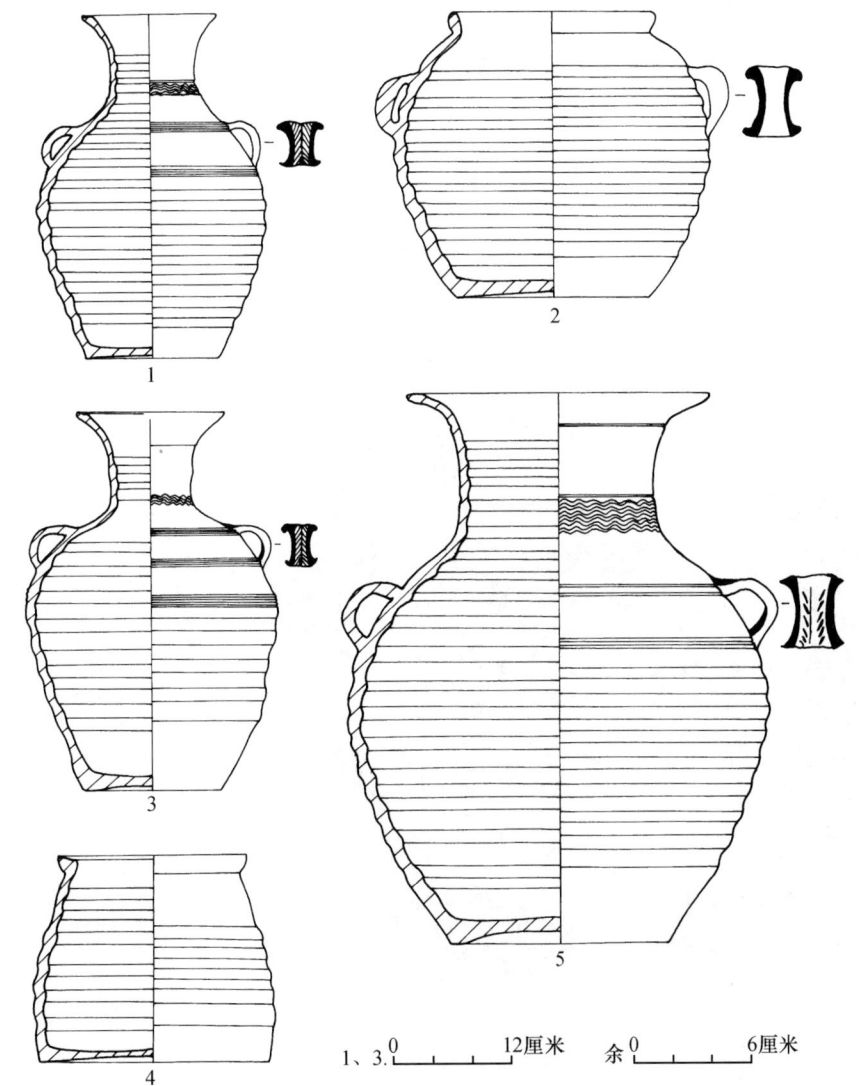

图二九七　M109出土陶器
1、3、5.壶（M109：5、M109：7、M109：6）　2.罐（M109：9）　4.井（M109：8）

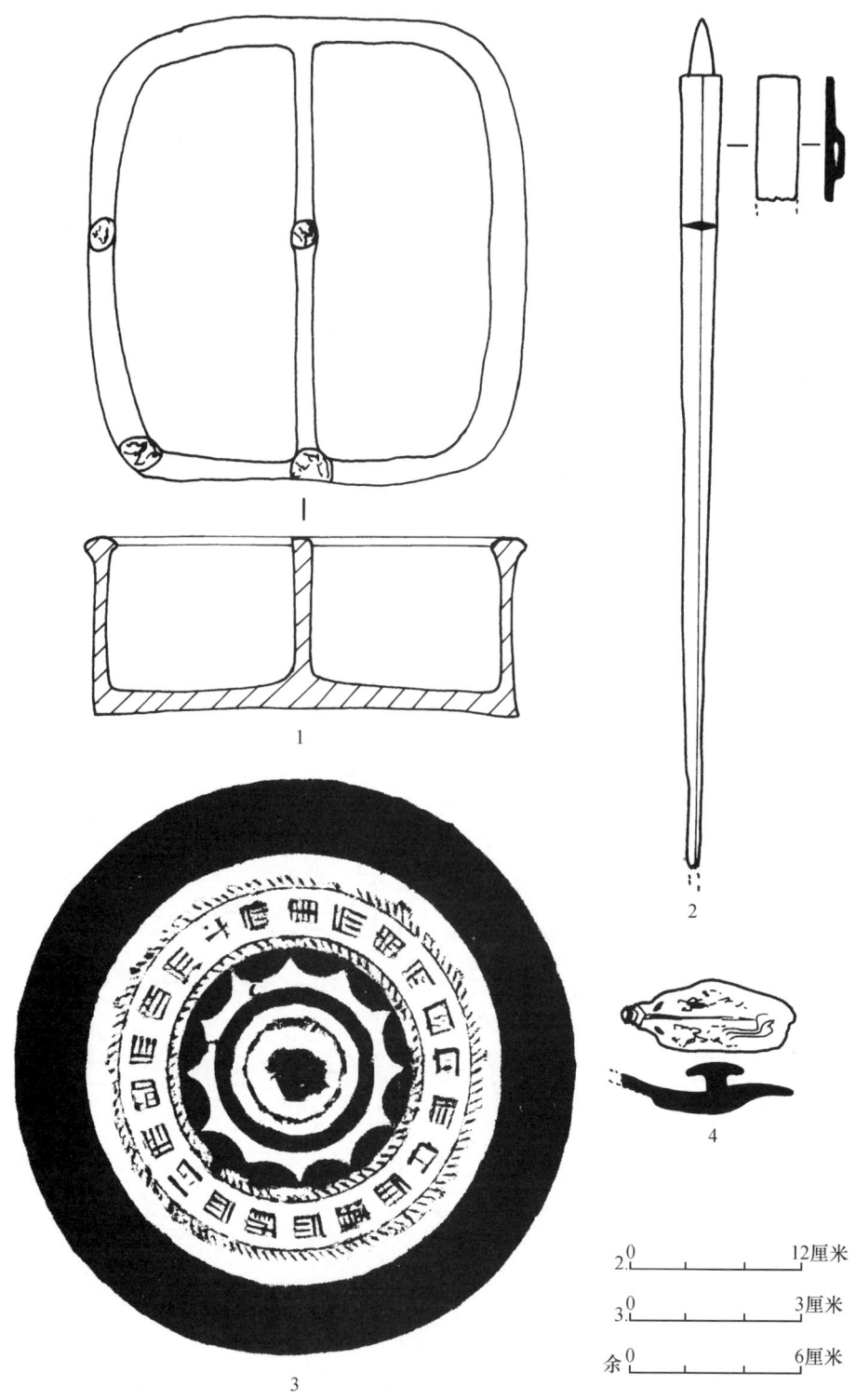

图二九八　M109出土器物

1. 陶猪圈（M109：11）　2. 铜剑（M109：3）　3. 铜镜（M109：1）　4. 铜带钩（M109：4）

M110

1. 墓葬形制

长方形土坑竖穴墓。方向187°。墓口长3.96、宽3.62、深1.3米。墓内填土为黄褐色花土。东壁南端原已坍塌。随葬品有陶壶2件、罐2件、井1件；铜盆1件、剑1件、刀1件、铜钱若干枚（图二九九；图版一一三，2）。

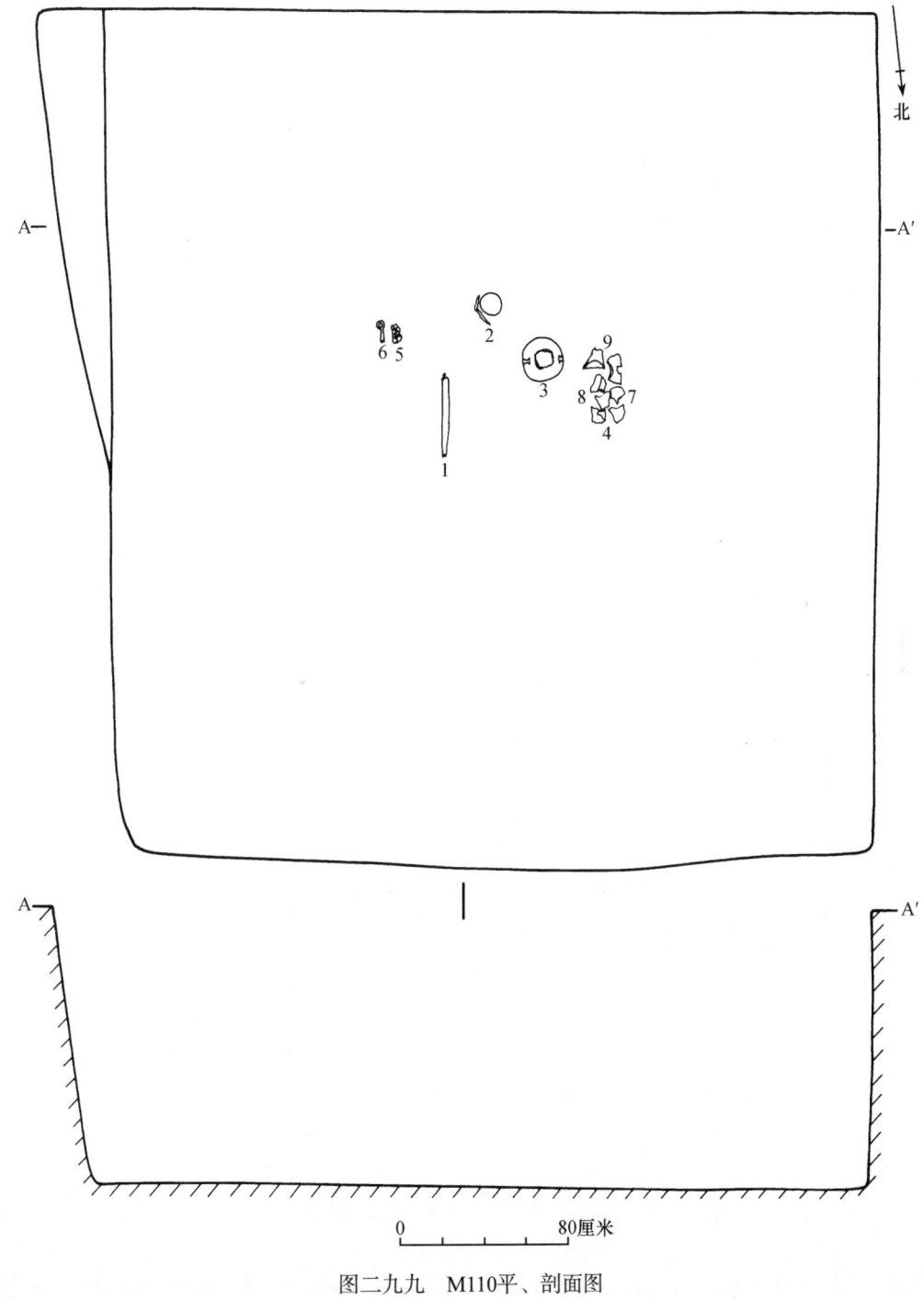

图二九九　M110平、剖面图
1.铜剑　2.铜盆　3、9.陶壶　4、8.陶罐　5.铜钱　6.铜刀　7.陶井

2. 随葬品

陶壶 2件。M110：3，釉陶。口残，直颈，弧鼓腹，平底内凹。肩部饰双叶脉纹桥形耳及两组弦纹，颈部饰波浪纹及弦纹，通体存轮制弦纹。底径10.6、残高24厘米（图三〇〇，5；图版一一五，5）。M110：9，釉陶，上半部施釉。敞口，直颈，弧鼓腹，平底内凹。肩部饰双叶脉纹桥形耳及弦纹，颈部饰弦纹，通体存轮制弦纹。口径13.4、底径11.4、通高28.6厘米（图三〇〇，1；图版一一五，6）。

陶罐 2件。M110：4，残。硬陶。弧鼓腹，平底内凹。通体存轮制弦纹。底径9.2、残高10.2厘米（图三〇〇，3）。M110：8，泥质灰陶。平口圆唇，圆鼓腹，平底。双桥形耳。通体存轮制弦纹。口径13.4、底径11.4、通高17厘米（图三〇〇，2；图版一一五，4）。

陶井 1件。M110：7，泥质红陶。平口圆唇，筒形。肩部饰波浪纹及两道弦纹，腹部饰波浪纹，内表存轮制弦纹。口径10、底径11.2、通高10.2厘米（图三〇〇，7；图版一一五，2）。

铜盆 1件。M110：2，残。器薄。存口沿下桥形耳及圈足（图三〇〇，4）。

铜剑 1件。M110：1，剑首残，扁平茎，凹字形剑格，剑身残。残长36.8厘米（图版一一五，3）。

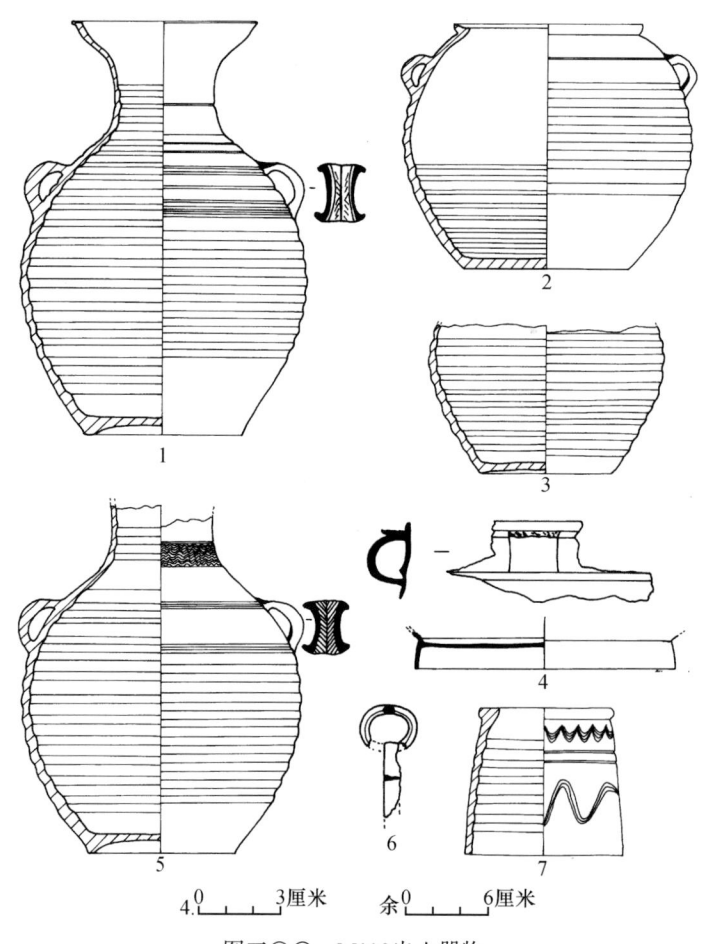

图三〇〇 M110出土器物

1、5.陶壶（M110：9、M110：3） 2、3.陶罐（M110：8、M110：4） 4.铜盆（M110：2） 6.铜刀（M110：6）
7.陶井（M110：7）

铜刀　1件。M110：6，残。环首，刀身剖面呈楔形。残长8厘米（图三〇〇，6）。

铜钱　M110：5，锈蚀严重，总量不清。其中2枚可辨为五铢钱，其余大部分为大泉五十。

M111

1. 墓葬形制

长方形土坑竖穴砖室墓。方向198°。早年即遭破坏，墓室仅余东、北壁。墓室残长3.6、宽1.8、残深0.9米。墓内填土为黄褐色花土，土质较硬。墓墙顺砌，墓底平铺。墓砖长38、宽18、厚6厘米。随葬品有陶盒1件、壶1件、罐3件、灶1件；铜镜1件、环1组（3件）、饰件1件及铁棺钉（图三〇一；图版一一六，1）。

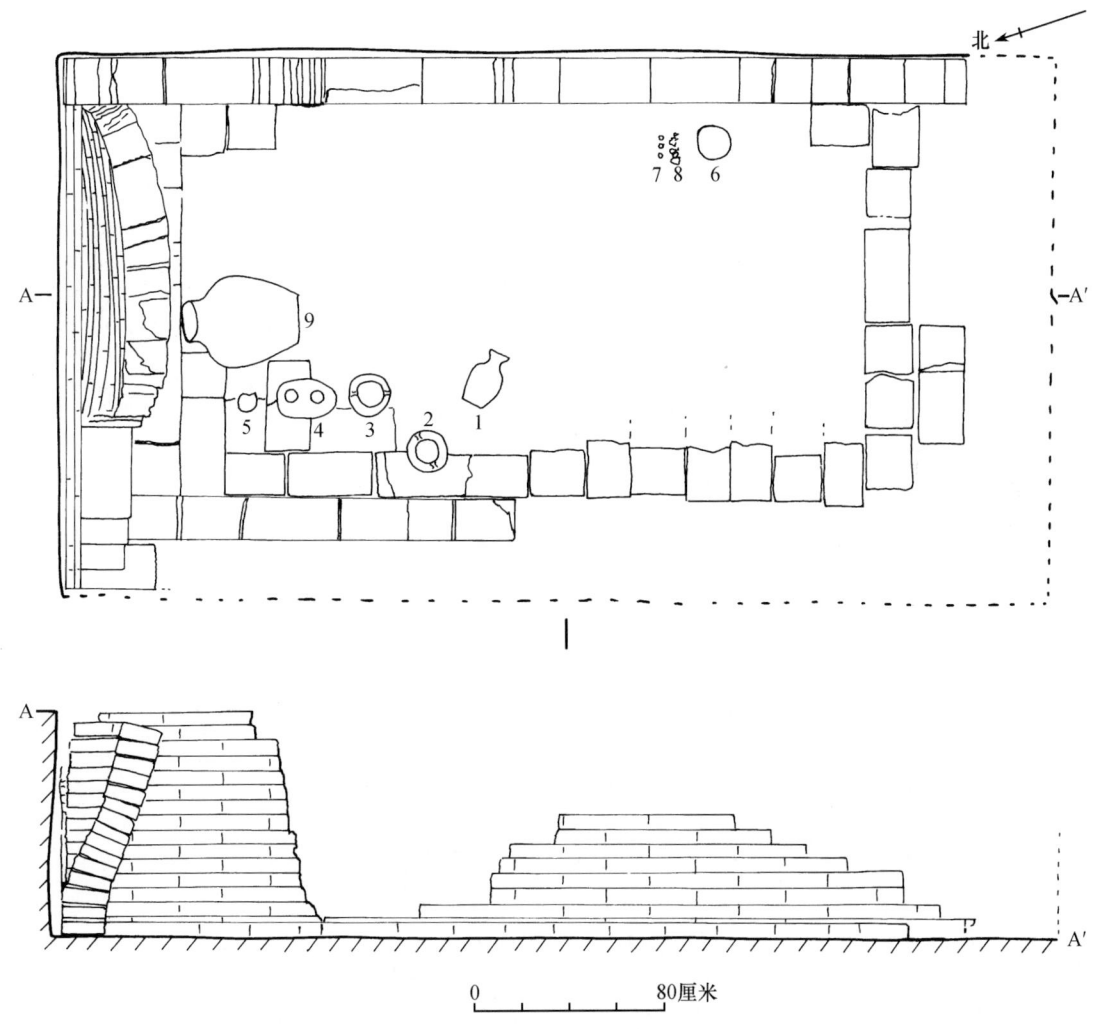

图三〇一　M111平、剖面图
1.陶壶　2.陶盒　3、5、9.陶罐　4.陶灶　6.铜镜　7.铜环　8.铜饰件

2. 随葬品

陶盒 1件。M111：2，红胎硬陶。子母口，斜弧腹，平底内凹。覆钵形器盖。素面，内表存轮制弦纹。口径16.7、底径9.8、通高13厘米（图三〇二，3；图版一一七，3）。

陶壶 1件。M111：1，硬陶。盘口，束颈，弧鼓腹，平底内凹。双叶脉纹桥形耳。通体存轮制弦纹。口径9.9、底径9.4、通高22.8厘米（图三〇二，2；图版一一七，1）。

陶罐 3件。M111：3，硬陶。侈口方唇，弧鼓腹，平底内凹。双桥形耳。通体存轮制弦纹。口径13.4、底径9.8、通高18.4厘米（图三〇二，1；图版一一七，5）。M111：5，泥质灰陶。敛口，斜弧腹，平底内凹。素面。口径11、底径6、通高5.2厘米（图三〇二，7；图版一一七，4）。M111：9，釉陶，上半部施薄釉，有流釉现象。侈口方唇，弧鼓腹，平底内凹。肩部饰两道凹弦纹，通体拍印网格纹。口沿内存轮制弦纹。口径20.8、底径18、通高42厘米（图三〇二，5；图版一一八，5）。

陶灶 1件。M111：4，残。泥质灰陶。平面呈椭圆形，前端设一拱形灶门，单侧起高墙护栏，栏上饰波浪纹。灶面置双火眼，前后各一。存甑1件，口部饰波浪纹。长21.2、宽15.4厘米（图三〇二，4；图版一一七，2）。

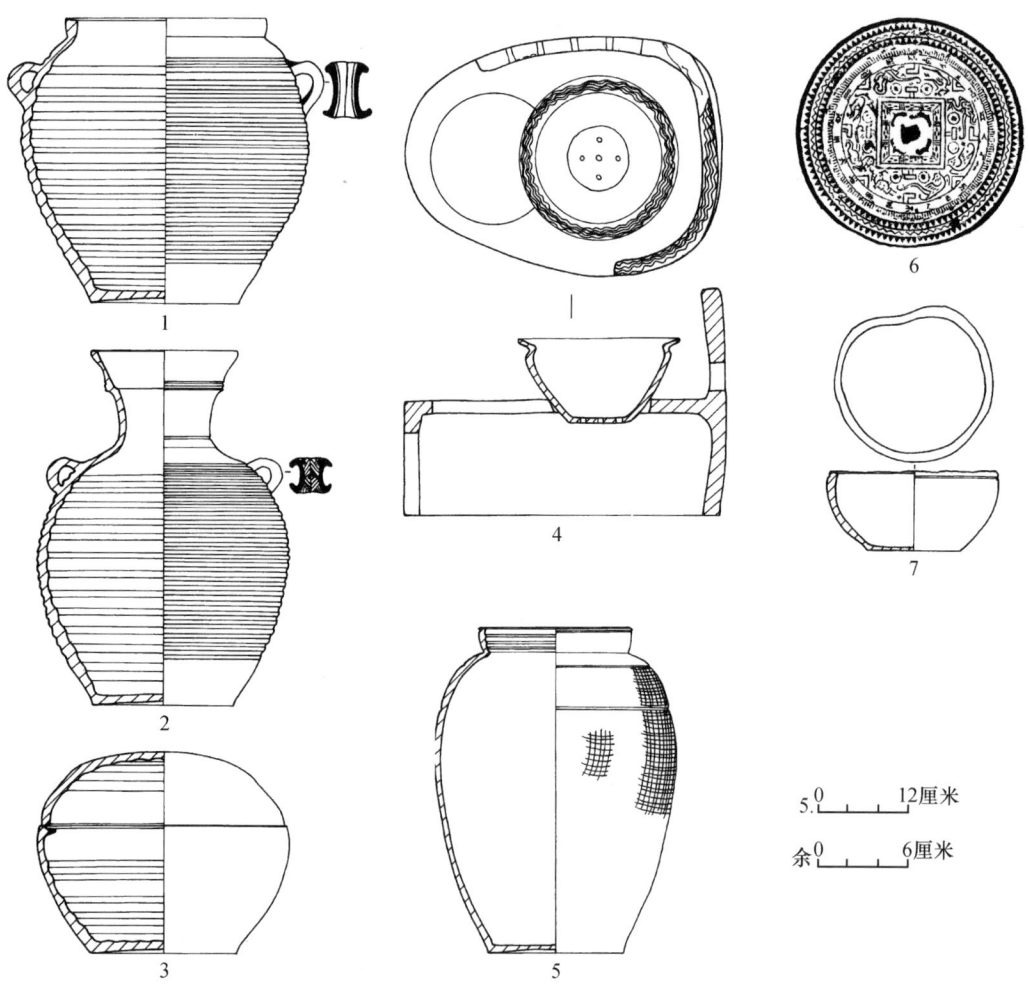

图三〇二　M111出土器物

1、5、7.陶罐（M111：3、M111：9、M111：5）　2.陶壶（M111：1）　3.陶盒（M111：2）　4.陶灶（M111：4）
6.铜镜（M111：6）

铜镜　1件。M111：6，尚方博局纹镜。半球状纽，四叶纹纽座。座外为方格，八乳丁将外区等分，间饰八禽兽及TLV纹。铭文为"尚方作竟真大巧，上有山人不知老，渴饮玉泉饥食枣"。缘上饰锯齿及波浪纹。直径15.5、缘厚0.3厘米（图三〇二，6；图版一一七，6）。

铜环　1组。M111：7，共3个。直径约2.3厘米（图版一一八，1）。

铜饰件　M111：8，存铺首及乳丁（钉帽）各3件，或为木棺饰件（图版一一八，3）。

M112

1. 墓葬形制

曲尺形土坑竖穴墓。方向15°。西临M85且被M85打破。发掘时墓壁坍塌。墓室长3.3、残宽1.62~1.9、深2米。墓道位于墓室北壁，为长方形斜坡状，上口长1.3、残宽1.1~1.2米。墓内填土为黄褐色花土。随葬品有陶壶3件、罐1件、釜1件、灶1件，其中M112：4陶壶和陶灶残碎。

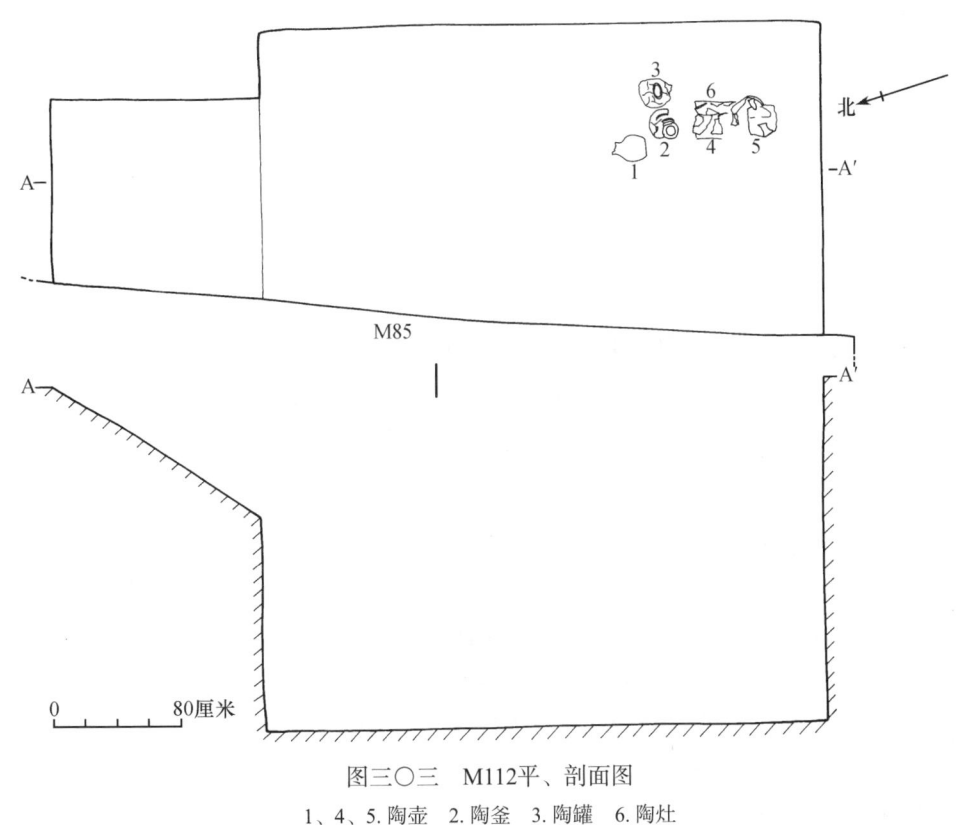

图三〇三　M112平、剖面图
1、4、5.陶壶　2.陶釜　3.陶罐　6.陶灶

2. 随葬品

陶壶　3件。M112：1，釉陶，上半部施釉。敞口，束颈，弧鼓腹，平底内凹。肩部饰双叶脉纹桥形耳及两组弦纹，颈部饰波浪纹及弦纹，通体存轮制弦纹。口径9.2、底径9.2、通高20.6厘米（图三〇四，2；图版一一八，2）。M112：5，泥质灰陶。口残，束颈，弧鼓腹，平底内凹。素面。底径14.2、残高22.8厘米（图三〇四，3）。M112：4，残碎。

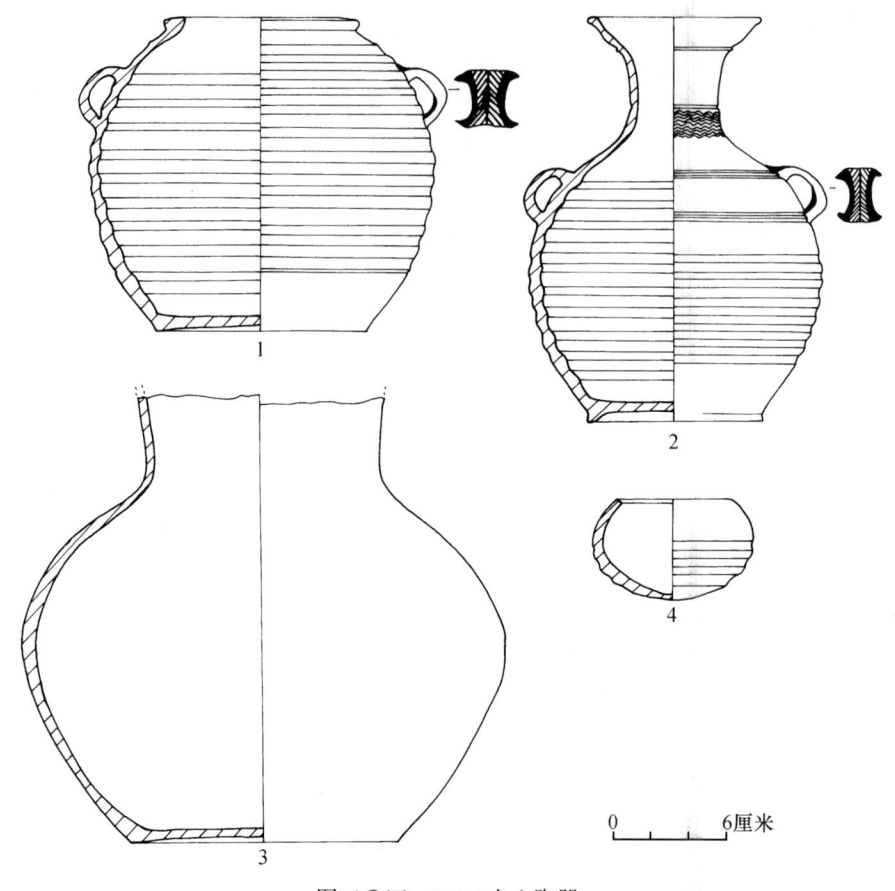

图三〇四　M112出土陶器
1. 罐（M112：3）　2、3. 壶（M112：1、M112：5）　4. 釜（M112：2）

陶罐　1件。M112：3，硬陶。平口方唇，圆鼓腹，平底。双叶脉纹桥形耳。通体存轮制弦纹。口径8.2、底径11.2、通高16厘米（图三〇四，1；图版一一八，6）。

陶釜　1件。M112：2，当为灶附件。泥质灰陶。敛口圆唇，弧鼓腹，圜底。器表存轮制弦纹。口径5.8、通高5.6厘米（图三〇四，4；图版一一八，4）。

陶灶　1件。M112：6，残碎。

M113

1. 墓葬形制

长方形土坑竖穴墓。方向182°。墓口长3.31、宽2.03、残深1.1米。墓内填土为黄褐色花土，填土经过夯实，夯层厚约10厘米，夯层间夹有石块。随葬品有陶鼎1件、盒1件、壶3件、罐4件、灶1件、井1件、未名陶器1件；铜釜1件、剑1件、镜1件、带钩1件、铜钱8枚，成一列置于墓室东侧，其中陶鼎残碎（图三〇五；图版一一九，2）。

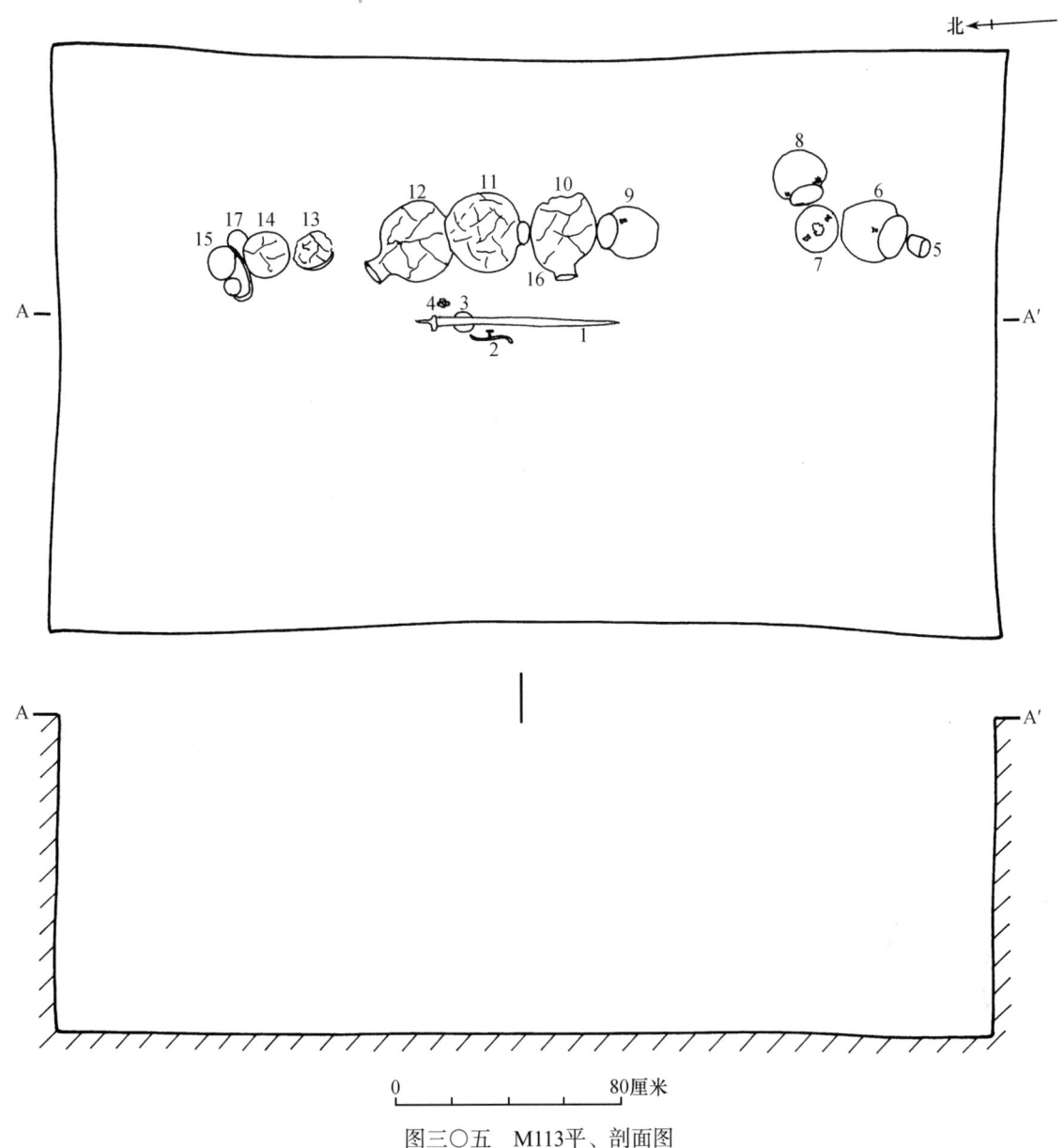

图三〇五　M113平、剖面图

1.铜剑　2.铜带钩　3.铜镜　4.铜钱　5.未名陶器　6、8、9、11.陶罐　7、10、12.陶壶　13.陶盒　14.铜釜　15.陶灶　16.陶鼎　17.陶井

2. 随葬品

陶鼎　1件。M113：16，残碎。

陶盒　1件。M113：13，泥质红陶。子母口，斜弧腹，平底。素面。口径12.2、底径7.8、通高7.1厘米（图三〇七，3；图版一二一，5）。

陶壶　3件。M113：7，釉陶，上半部施釉。敞口，束颈，圆鼓腹，平底。颈部饰弦纹，肩部饰双兽面桥形耳及两组弦纹，通体存轮制弦纹。口径11.4、底径9.8、通高19.4厘米（图三〇七，2；图版一二〇，4）。M113：10，泥质红陶，敞口，束颈，圆鼓腹，平底。双铺首耳。肩部、腹部各饰一组弦纹，内表存轮制弦纹。口径12.4、底径13.6、通高26.8厘米（图三〇六，1；图版一二一，3）。M113：12，泥质红陶，口、颈部残，弧鼓腹，平底。铺首耳。肩部及腹部各饰一组弦纹。底径12.8、残高23.6厘米（图三〇六，4）。

陶罐　4件。M113：6，硬陶，侈口圆唇，圆鼓腹，平底。双兽面桥形耳。通体存轮制弦纹。口径10、底径9、通高13厘米（图三〇六，3；图版一二〇，2）。M113：8，釉陶，上半部施釉。侈口圆唇，圆鼓腹，平底。肩部饰双叶脉纹桥形耳、两组弦纹及波浪纹。通体存轮制弦纹。口径8.6、底径8.6、通高14.2厘米（图三〇六，2；图版一二〇，6）。M113：9，釉陶，上半部施釉，有流釉现象。侈口圆唇，圆鼓腹，平底。肩部饰双兽面桥形耳及两组弦纹，通体存轮制弦纹。口径12.4、底径10.8、通高18厘米（图三〇六，5；图版一二一，1）。M113：11，泥质红陶。平口，圆鼓腹，上腹部残，平底。素面。口径10.4、底径13.2厘米（图三〇七，5）。

陶灶　1件。M113：15，泥质红陶。平面呈椭圆形。前端设一拱形灶门，单侧起高墙护栏，上饰几何纹。灶面置双火眼，前后各一，上置甑、圜底锅各一件。长20.6、宽16.2厘米（图三〇七，1；图版一二一，2）。

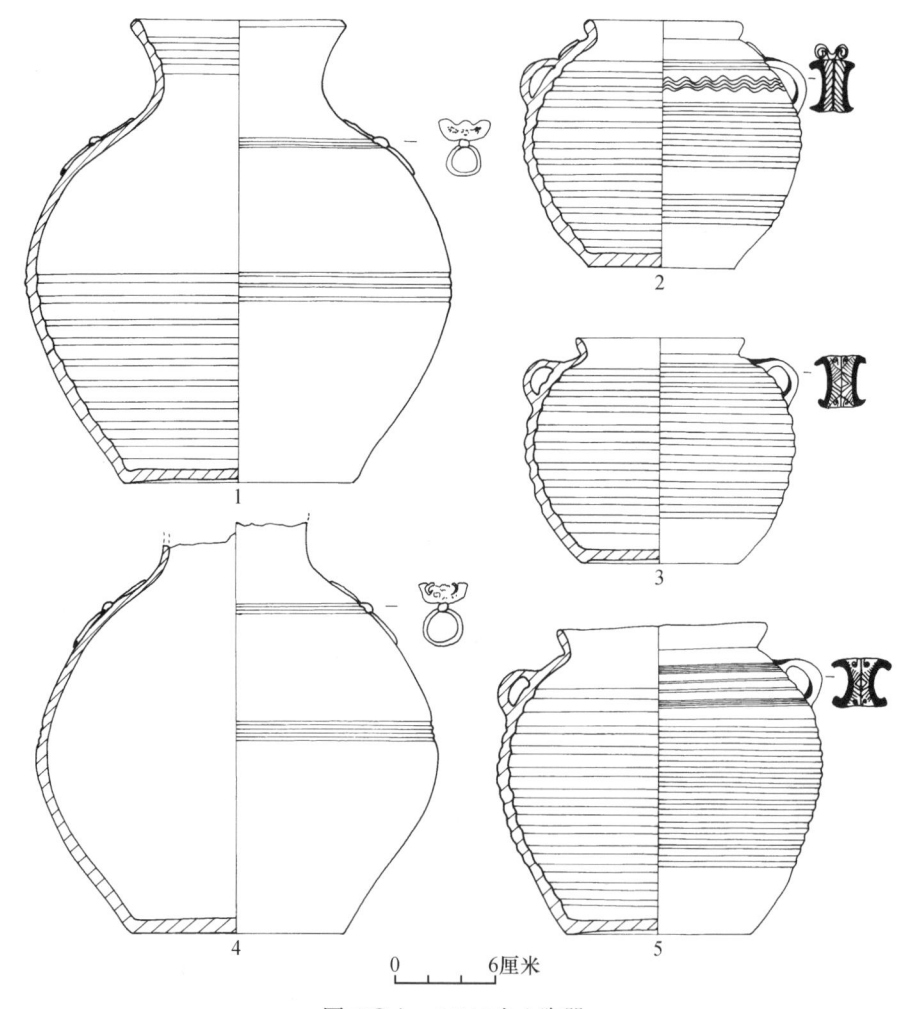

图三〇六　M113出土陶器

1、4.壶（M113：10、M113：12）　2、3、5.罐（M113：8、M113：6、M113：9）

陶井 1件。M113：17，泥质红陶。平口方唇，筒形。素面。口径7.8、底径8.4、通高7.8厘米（图三〇七，6）。

未名陶器 1件。M113：5，泥质红陶。椭圆筒形，中空，侧面开设一方形孔。器表饰几何纹饰。口径7、底径7.8、通高8.6厘米（图三〇七，4）。

铜釜 1件。M113：14，残。折沿，弧腹。双环耳。口径15.6厘米（图三〇八，1）。

铜剑 1件。M113：1，扁平茎，凹字形剑格，剑身残。残长29.5厘米。铜剑璏长8.7、宽2.8厘米（图三〇八，3；图版一二〇，1）。

铜镜 1件。M113：3，昭明镜。桥形纽，圆形纽座，素平缘。内区为十二瓣内向连弧纹，外区为铭文带，铭文为"内清以昭明，光日月"。直径8.8、缘厚0.3厘米（图三〇八，2；图版

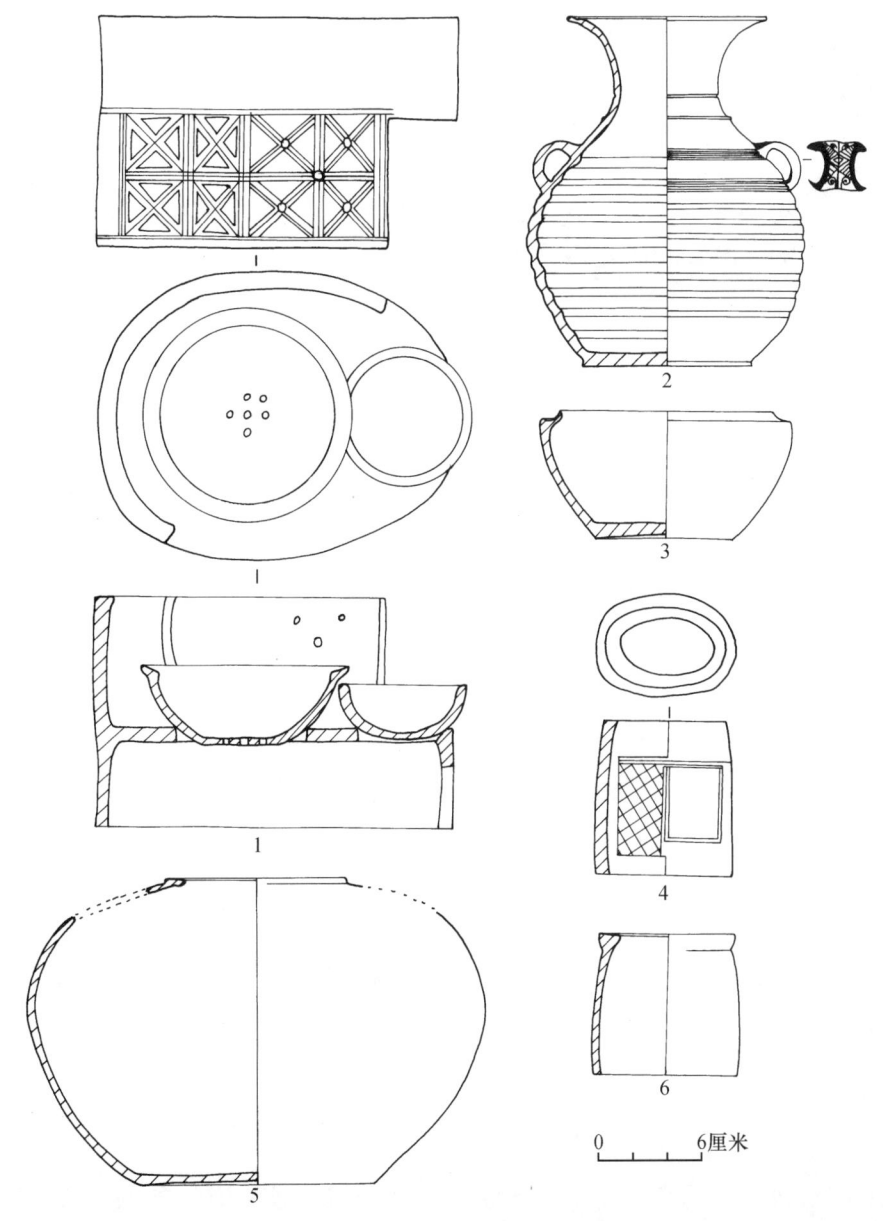

图三〇七　M113出土陶器
1. 灶（M113：15）　2. 壶（M113：7）　3. 盒（M113：13）　4. 未名陶器（M113：5）　5. 罐（M113：11）
6. 井（M113：17）

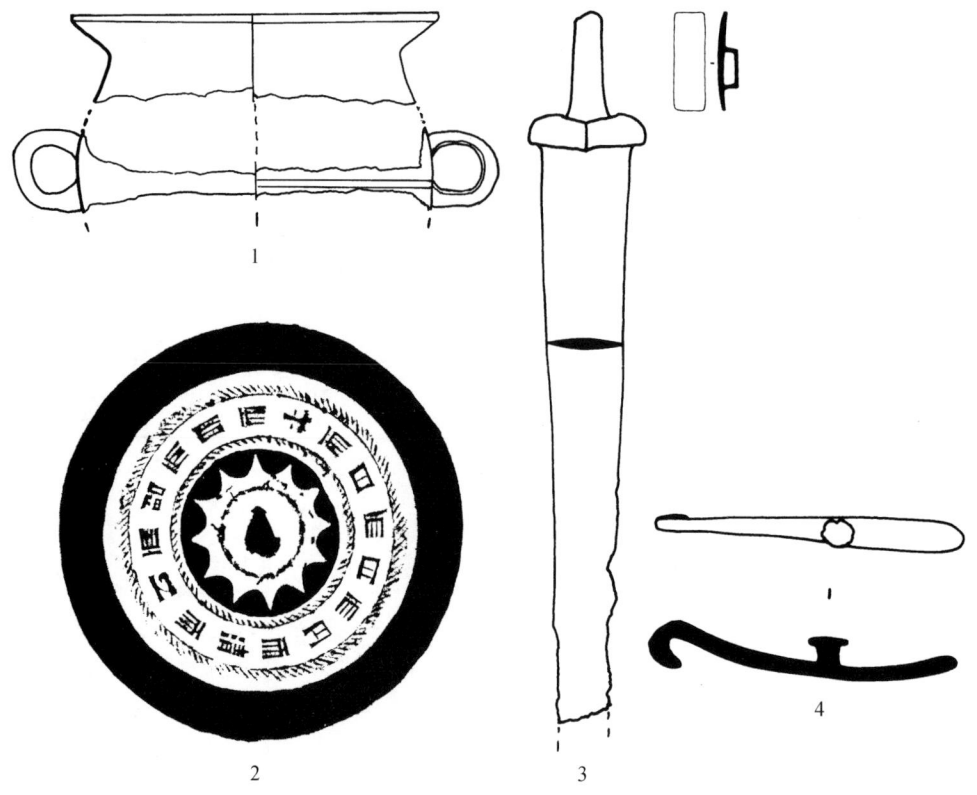

图三〇八　M113出土铜器
1. 釜（M113：14）　2. 镜（M113：3）　3. 剑（M113：1）　4. 带钩（M113：2）

一二〇，5）。

铜带钩　1件。M113：2，兽首形钩首，纽残。长13厘米（图三〇八，4；图版一二〇，3）。

铜钱　8枚。M113：4，锈蚀严重，不辨。

M114

1. 墓葬形制

长方形土坑竖穴墓。方向185°。墓口长3.3、宽1.7、深1.3米。墓内填土为黄褐色花土，被夯实，夯层厚约10厘米，夯层间夹有石块。随葬品有釉陶壶1件；铜镜1件和铜钱109枚（图三〇九；图版一一九，3）。

2. 随葬品

陶壶　1件。M114：1，釉陶，上半部施釉。敞口，直颈，弧鼓腹，平底内凹。肩部饰双叶脉纹桥形耳及两组弦纹，通体存轮制弦纹。口径12.6、底径10.6、通高27.2厘米（图三一〇，1；图

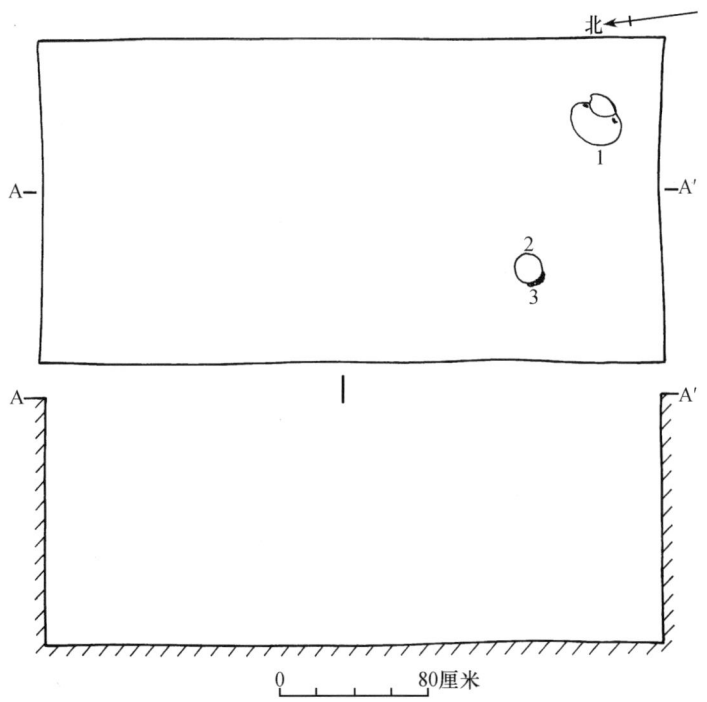

图三〇九 M114平、剖面图
1. 陶壶 2. 铜镜 3. 铜钱

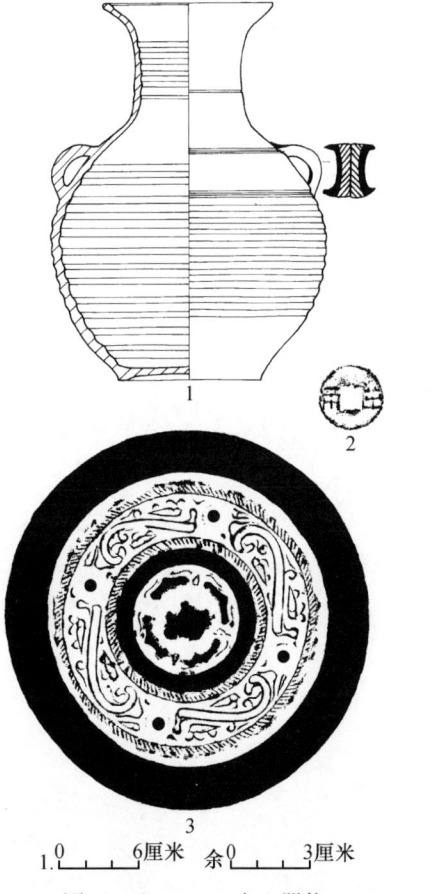

图三一〇 M114出土器物
1. 陶壶（M114：1） 2. 铜半两钱（M114：3） 3. 铜镜（M114：2）

版一二一,4)。

铜镜 1件。M114:2,四乳四虺纹镜。半球状纽,四叶纹纽座,宽素平缘。座外从内向外分别为一周凸弦纹和斜短线纹,外区为四乳四虺纹。直径13.9、缘厚0.5厘米(图三一〇,3;图版一二一,6)。

铜钱 约109枚。M114:3,锈蚀严重,可辨半两钱39枚(图三一〇,2)。

M115

1. 墓葬形制

凸字形土坑竖穴墓。方向105°。墓室长5.2、宽4.1、深2.6米。墓道位于墓室东壁中央,长方形斜坡状,上口长3.9、宽1.4米。墓内填土为黄褐色花土,土质较硬。随葬品有陶鼎3件、盒2件、壶5件、瓿2件、罐6件、灶2件、井1件;铜剑1件、镜2件、刀1件、铜钱30枚;未名石器1件、玉璧1件。其中M115:11陶鼎、M115:17、M115:24陶罐残碎(图三一一;图版一二二,1)。

图三一一 M115平、剖面图

1、2.铜镜 3、10、13、14、28.陶壶 4、12、16～18、24.陶罐 5.未名石器 6.铜剑 7.铜钱 8、15.陶瓿
9、22.陶灶 11、21、23.陶鼎 19、20.陶盒 25.玉璧 26.铜刀 27.陶井

2. 随葬品

陶鼎 3件。M115：21，硬陶。子母口，圆鼓腹，平底内凹，兽蹄足。双叶脉纹附耳。覆钵形器盖，盖上设略凸起的圈足形捉手。通体存轮制弦纹。口径22.4、底径14.4、通高22.8厘米（图三一三，3；图版一二五，2）。M115：23，硬陶。子母口，圆鼓腹，平底内凹，兽蹄足。双叶脉纹附耳。覆钵形器盖，盖上三乳丁。通体存轮制弦纹。口径21.2、底径14、通高21.8厘米（图三一三，2；图版一二五，6）。M115：11，残碎。

陶盒 2件。M115：19，釉陶，上半部存薄釉。子母口，斜弧腹，平底内凹。覆钵形器盖，盖上饰三乳丁。通体存轮制弦纹。口径21.6、底径13.2、通高23厘米（图三一三，4；图版一二五，3）。M115：20，硬陶，盖施薄釉。子母口，斜弧腹，平底内凹。覆钵形器盖，盖上设略凸起的圈足形捉手。通体存轮制弦纹。口径21.4、底径14、通高24.4厘米（图三一三，5；图版一二五，5）。

陶壶 5件。M115：3，釉陶，上半部施釉，有流釉现象。敞口，束颈，弧鼓腹，圈足。肩部饰双桥形耳、波浪纹及弦纹，颈部饰波浪纹及弦纹。口径12.8、底径13.6、通高32厘米

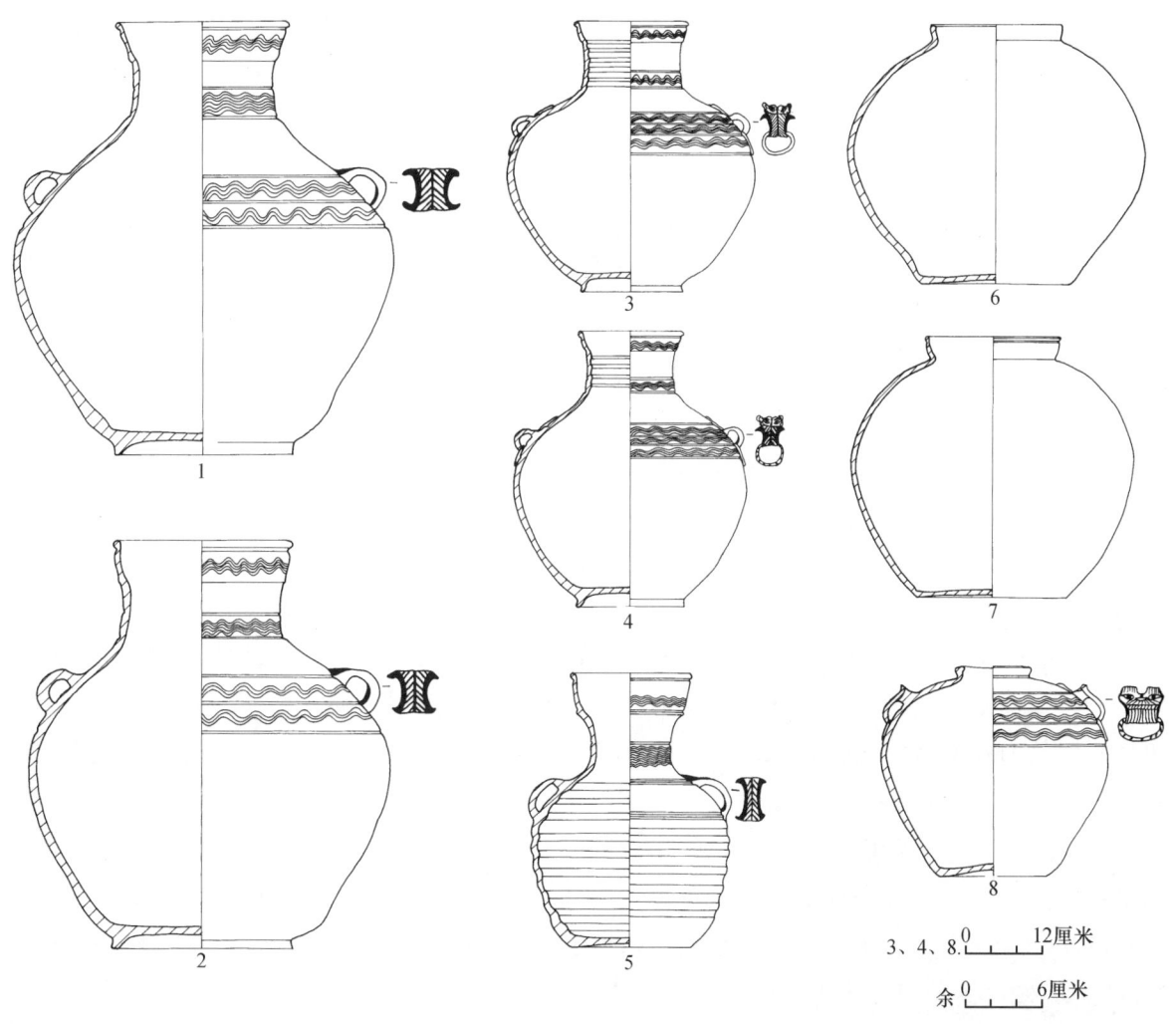

图三一二 M115出土陶器

1~5.壶（M115：3、M115：14、M115：10、M115：13、M115：28） 6、7.罐（M115：18、M115：16） 8.瓿（M115：15）

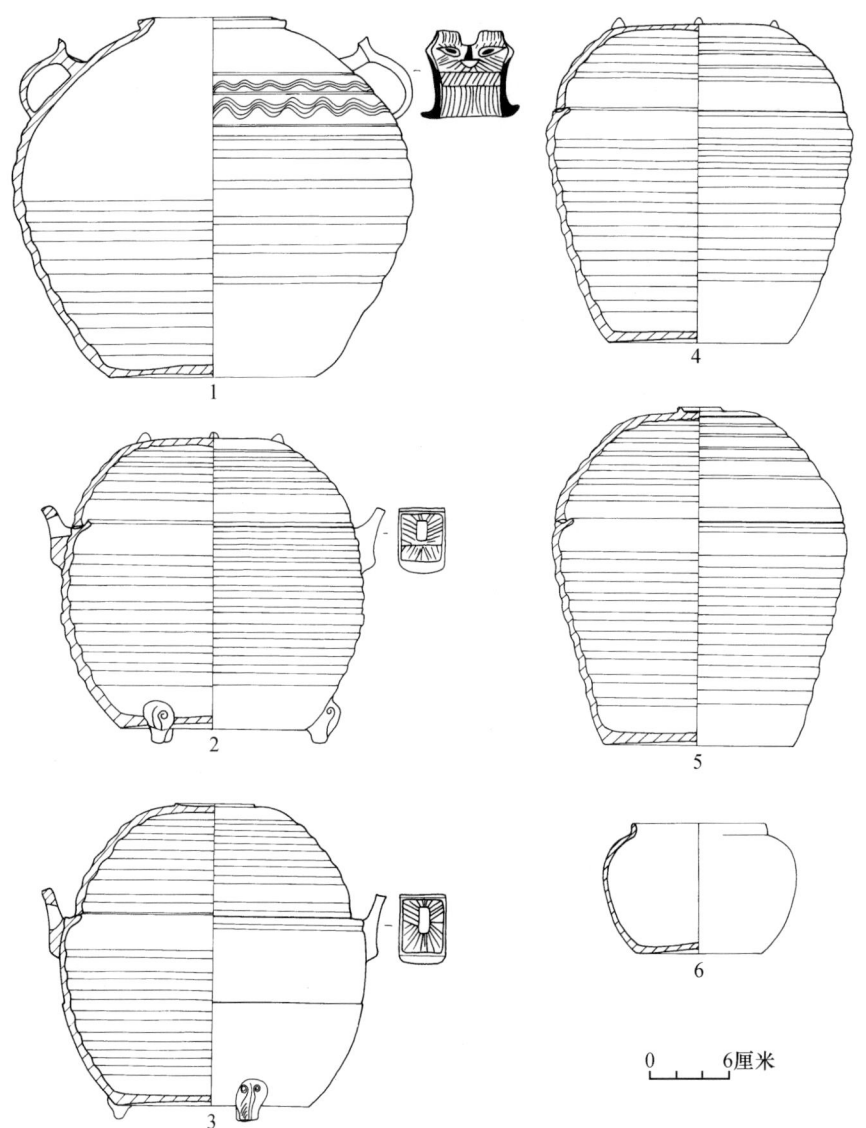

图三一三　M115出土陶器
1.瓿（M115：8）　2、3.鼎（M115：23、M115：21）　4、5.盒（M115：19、M115：20）　6.罐（M115：12）

（图三一二，1；图版一二三，5）。M115：10，釉陶，上半部施釉。敞口，直颈，圆鼓腹，圈足。肩部饰双铺首耳。口部、颈部、肩部饰波浪纹及弦纹。口径17、底径15.8、通高40厘米（图三一二，3；图版一二四，3）。M115：13，釉陶，上半部施釉。敞口，直颈，圆鼓腹，圈足。肩部饰双铺首耳。口部、颈部、肩部饰波浪纹及弦纹。口径15.8、底径16.6、通高40.8厘米（图三一二，4；图版一二四，5）。M115：14，釉陶，上半部施釉。敞口，直颈，圆鼓腹，圈足。双叶脉纹桥形耳。口部、颈部、肩部饰波浪纹及弦纹。口径13、底径14、通高30.2厘米（图三一二，2）。M115：28，硬陶。盘口，束颈，弧鼓腹，平底内凹。肩部饰双叶脉纹桥形耳及两组弦纹，口部、颈部饰波浪纹及弦纹，通体存轮制弦纹。口径9、底径9.2、通高20.3厘米（图三一二，5；图版一二六，2）。

陶瓿　2件。M115：8，釉陶，上半部施釉。平口方唇，圆鼓腹，平底内凹。肩部饰双兽面纹桥形耳、波浪纹及弦纹，通体存轮制弦纹。口径8.8、底径15.4、通高26厘米（图三一三，1；图版一二三，6）。M115：15，釉陶，上半部施釉。平口方唇，圆鼓腹，平底内凹。肩部饰双铺首耳、波浪纹及弦纹。口径9.2、底径16.2、通高31厘米（图三一二，8；图版一二四，4）。

陶罐　6件。M115：4，硬陶。侈口圆唇，圆鼓腹，平底。双兽面桥形耳。素面。口径8.8、底径7.4、通高8.2厘米（图三一四，3；图版一二四，2）。M115：12，硬陶。侈口圆唇，圆鼓腹，平底内凹。素面。口径9.8、底径9.2、通高9.4厘米（图三一三，6）。M115：16，泥质灰陶。侈口方唇，圆鼓腹，平底内凹。素面。口径10、底径11.4、通高19.3厘米（图三一二，7；图版一二四，6）。M115：18，泥质灰陶。侈口方唇，圆鼓腹，平底内凹。素面。口径10.1、底径11、通高19.2厘米（图三一二，6；图版一二五，1）。M115：17、M115：24残碎。

陶灶　2件。M115：9，泥质灰陶。平面呈前方后圆，前端设一梯形灶门，后端烟囱残，灶面三火眼，前后各一。长23、宽16厘米（图三一四，1；图版一二四，1）。M115：22，泥质红褐陶。平面呈梯形，三侧残留高墙护栏，前端设一拱形灶门，后端斜出一孔为烟囱。灶面设四火眼，长方形一、圆形三。长43、宽26、高23.4厘米（图三一四，2；图版一二五，4）。

陶井　1件。M115：27，泥质红褐陶。平口方唇，筒形，平底内凹。通体存轮制弦纹。口径11.8、底径12、通高12.7厘米（图三一四，4；图版一二六，5）。

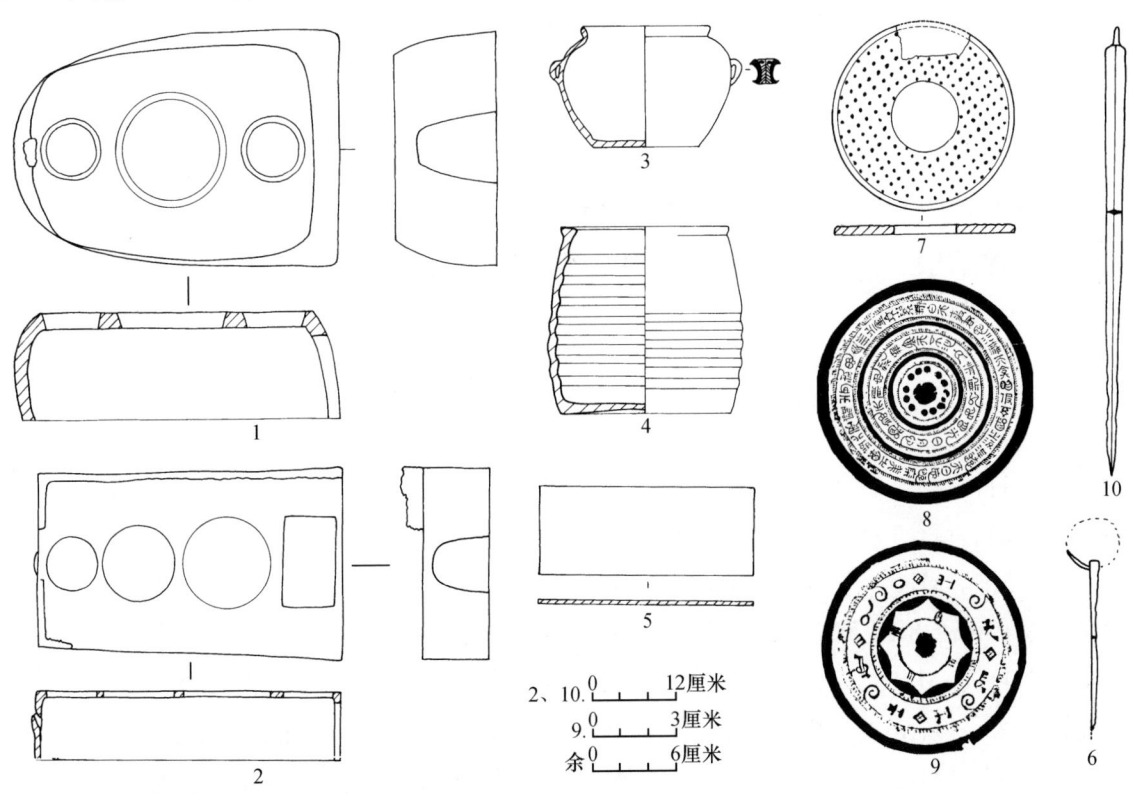

图三一四　M115出土器物

1、2. 陶灶（M115：9、M115：22）　3. 陶罐（M115：4）　4. 陶井（M115：27）　5. 未名石器（M115：5）　6. 铜刀（M115：26）　7. 玉璧（M115：25）　8、9. 铜镜（M115：1、M115：2）　10. 铜剑（M115：6）

铜剑　1件。M115：6，扁平茎，剑茎残，剑脊隆起，尾部收杀成锋。残长65.2厘米（图三一四，10；图版一二三，4）。

铜镜　2件。M115：1，昭明镜。半球状纽，并蒂纹十二连珠纽座，素平缘。内区为一周斜线纹，两周凸弦纹圈内为铭文带为："内清质以昭明，光日月，心穆忽而愿忠，然雍塞而不泄"。外区铭文为"絜（洁）精（清）白而事君，惌汉驩（欢）而拿明，彼玄锡之流泽，远而日忘，怀糜美之穷皑，外承驩（欢）之可说（悦），思叕（窈）兆（窕）之灵京（景）"。直径15.5、缘厚0.6厘米（图三一四，8；图版一二三，1）。M115：2，日光镜。半球状纽，圆形纽座，内区为一周斜线纹及八瓣内向连弧纹，外区为铭文带，铭文为"见日之光，长不而忘"。直径7.5、缘厚0.4厘米（图三一四，9；图版一二三，3）。

铜刀　1件。M115：26，环首。残长11.4厘米（图三一四，6；图版一二六，3）。

铜钱　30枚。M115：7，锈蚀严重，个别可辨为五铢钱。

玉璧　1件。M115：25，翠绿色，通体饰谷纹。直径12.5厘米（图三一四，7；图版一二六，1）。

未名石器　1件。M115：5，青灰色。平面呈长方形，四周有加工痕迹，一面光滑。长15.5、宽5.8厘米（图三一四，5；图版一二三，2）。

M116

1. 墓葬形制

长方形土坑竖穴墓。方向100°。墓室长3.7、宽2.8、深2米。墓内填土为黄褐色花土，土质较硬。随葬品有陶鼎1件、壶2件、瓿1件、罐2件、豆1件、灶1件；铜豆1件、镜1件。其中M116：7陶壶残碎（图三一五；图版一二二，2）。

2. 随葬品

陶鼎　1件。M116：5，泥质红褐陶。子母口，斜弧腹，圜底，三兽蹄足。双附耳。覆钵形器盖。素面。口径19.6、通高23厘米（图三一六，5；图版一二七，3）。

陶壶　2件。M116：6，泥质红褐陶。口残，直颈，圆鼓腹，圈足。肩部饰双兽面耳。通体存轮制弦纹。底径18.4、残高35.4厘米（图三一六，2；图版一二七，5）。M116：7，残碎。

陶瓿　1件。M116：9，硬陶。平口方唇，圆鼓腹，平底内凹。肩部饰双兽面桥形耳。通体存轮制弦纹。口径10.4、底径16.8、通高25.2厘米（图三一六，4；图版一二七，4）。

陶罐　2件。M116：3，硬陶。直口方唇，圆鼓腹，平底内凹。肩部对饰叶脉纹桥形耳。通体存轮制弦纹。口径11、底径12、通高15.5厘米（图三一六，1；图版一二七，1）。M116：10，泥质红褐陶。直口方唇，弧鼓腹，平底内凹。素面。口径11.8、底径12.6、通高13.3厘米（图三一六，3；图版一二七，6）。

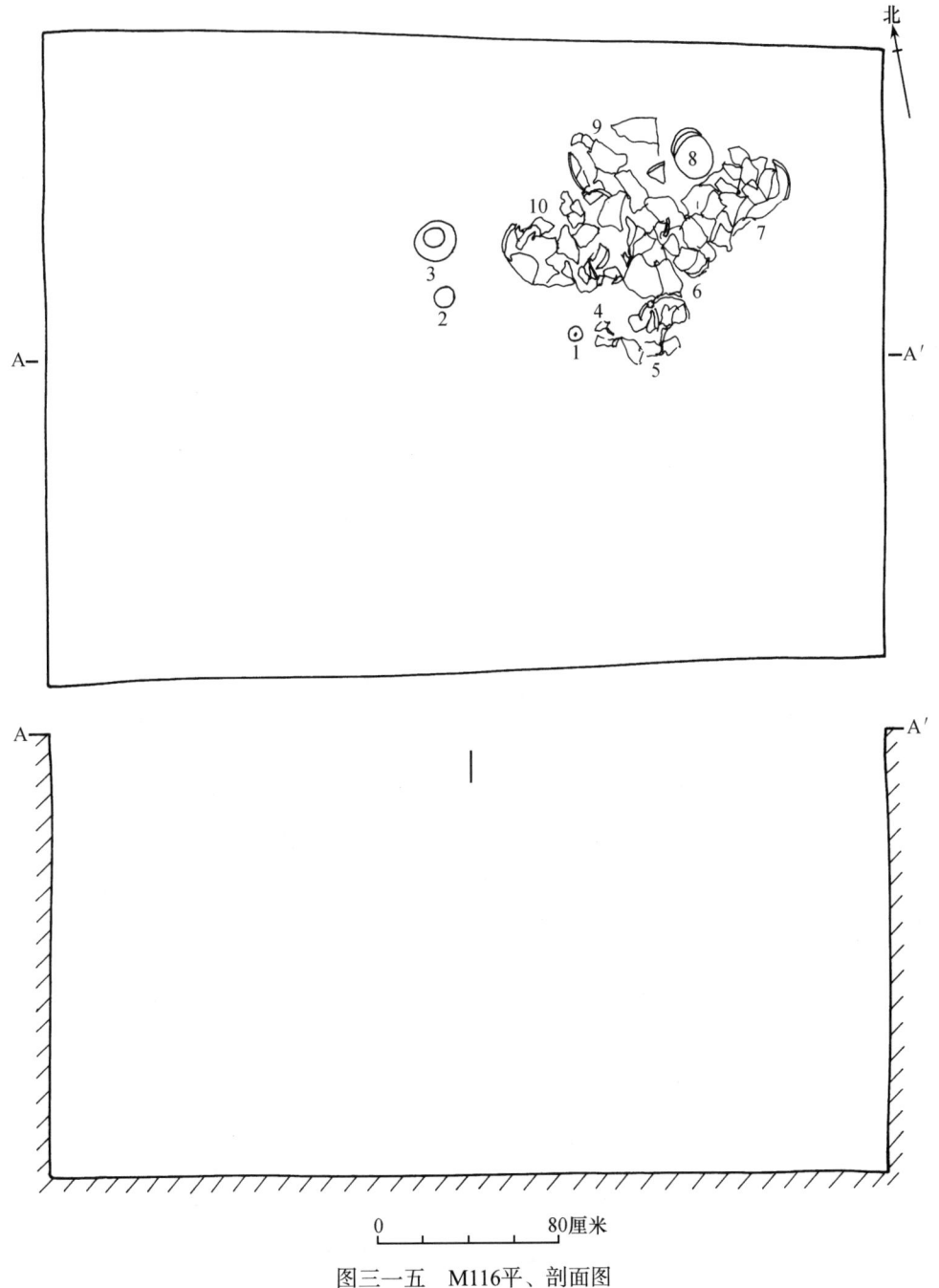

图三一五 M116平、剖面图
1.铜镜 2.铜豆 3、10.陶罐 4.陶豆 5.陶鼎 6、7.陶壶 8.陶灶 9.陶瓿

陶豆 1件。M116：4，泥质灰陶。侈口圆唇，折腹，短粗柄，圆座。素面。口径4.6、底径6.6、通高8.5厘米（图三一七，4）。

陶灶 1件。M116：8，泥质灰陶。平面呈曲尺形，灶面三侧起高墙护栏，护栏上刻划有网格纹。前端设双拱形灶门，后端置双烟道，两烟道在墙上合二为一，共用一实心烟囱，灶面开设五个火眼。长24、宽24厘米（图三一七，1；图版一二七，2）。

铜豆　1件。M116：2，豆盘敛口，弧腹，圜底，细短柄，喇叭形圈足略残，口部饰一道凸箍。口径9、底径6.8、残高7.4厘米（图三一七，3；图版一二六，6）。

铜镜　1件。M116：1，昭明镜。半球状纽，圆形纽座，窄素平缘。内区一周凸弦纹，外区为铭文带，铭文为"内清以昭明，光象夫日月，而不"。直径7.4、缘厚0.15厘米（图三一七，2；图版一二六，4）。

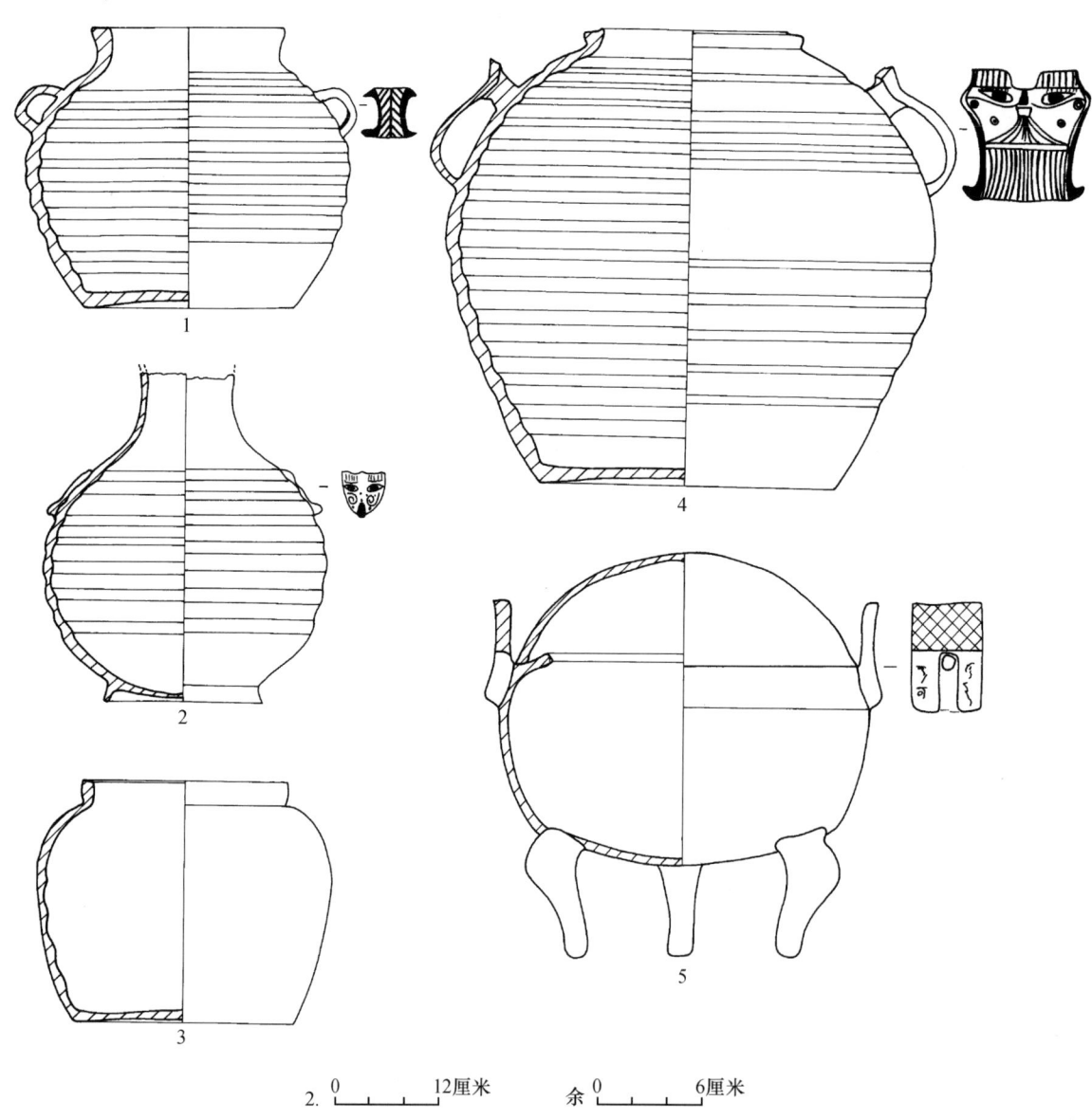

图三一六　M116出土陶器
1、3.罐（M116：3、M116：10）　2.壶（M116：6）　4.瓿（M116：9）　5.鼎（M116：5）

图三一七 M116出土器物

1. 陶灶（M116：8） 2. 铜镜（M116：1） 3. 铜豆（M116：2） 4. 陶豆（M116：4）

M117

墓葬形制

长方形土坑竖穴墓。方向15°。仅存墓底部分，墓室长4.9、宽2.4、残深0.3米。墓底北端略高，或有前后室之分。墓内填土呈黄褐色花土，土质较硬。没有发现随葬品（图三一八）。

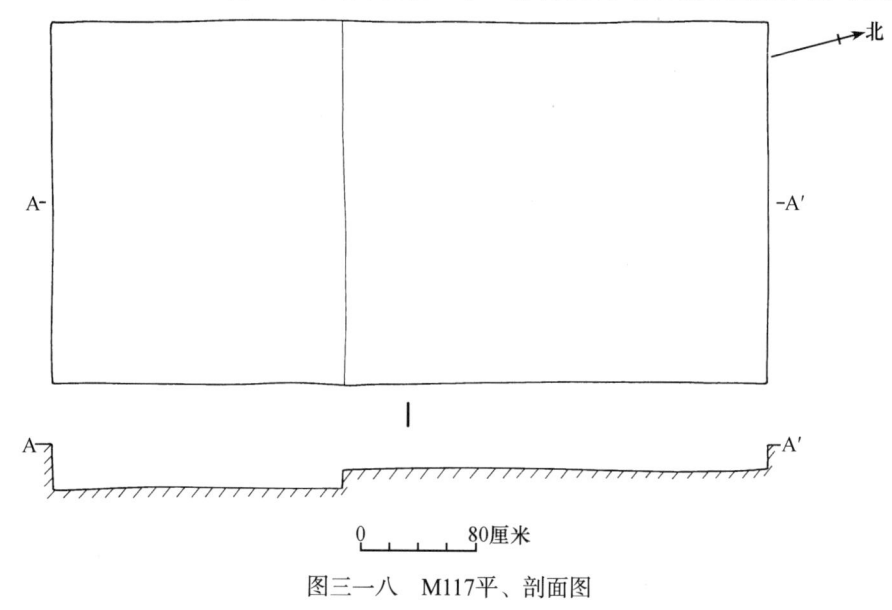

图三一八　M117平、剖面图

M118

1. 墓葬形制

长方形砖室墓。方向105°。墓室长5.5、宽2.3、残深1.14米。墓内填土为黄褐色花土，土质较硬。墓顶已破坏，四壁均用顺砖错缝垒砌。墓室东侧有较短甬道，由下至上起券，券顶已不存。甬道前端设封门。墓室东侧（前室）无铺地砖，西侧（后室）有铺地砖，错缝平铺，当为棺床。墓砖长39、宽19、厚6厘米，侧饰菱形纹。随葬品存陶灶1件、井1件（图三一九；彩版五一，1）。

2. 随葬品

陶灶　1件。M118：1，泥质灰陶。平面呈椭圆形，灶面四周及中间起凸棱，前端设一方形灶门。灶面置双火眼，前后各一。长39、宽20.6厘米（图三二〇，2；彩版五二，1）。

陶井　1件。M118：2，泥质灰陶。平口方唇，束颈，斜弧腹，平底内凹。素面。口径11.2、底径12、通高19.8厘米（图三二〇，1；彩版五二，3）。

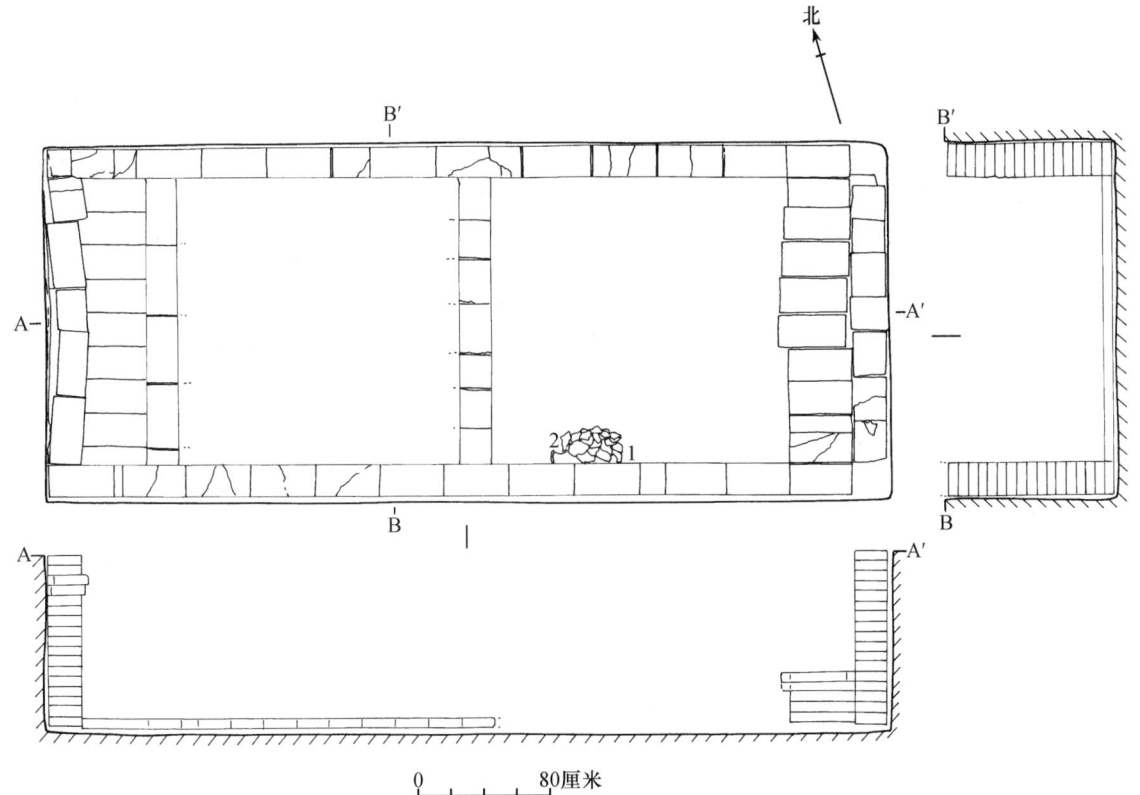

图三一九　M118平、剖面图
1. 陶灶　2. 陶井

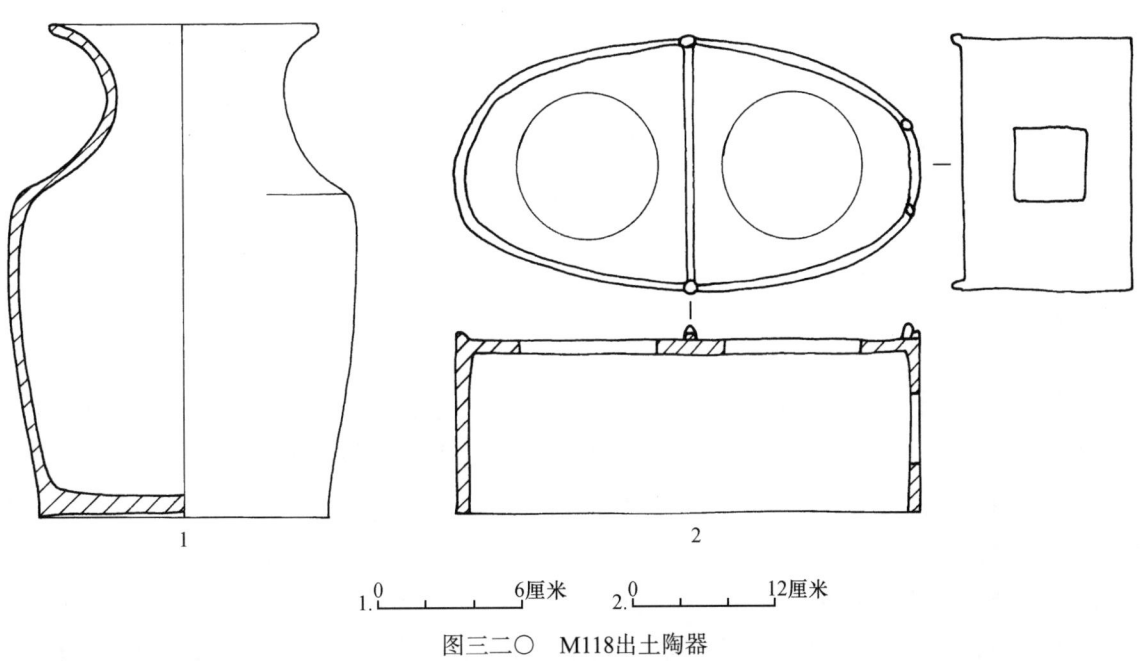

图三二〇　M118出土陶器
1. 井（M118:2）　2. 灶（M118:1）

M119

1. 墓葬形制

凸字形土坑竖穴砖室墓。方向110°。破坏严重，仅存铺地砖。墓坑长5.5、宽2.4、残深1.3米。墓道位于墓室东壁中央，长方形斜坡状，上口残长2、宽2米。墓内填土为黄褐色花土，较多乱砖。墓底局部残存两层砖壁，残高12厘米。墓砖长36、宽16、厚6厘米，素面。存随葬品有陶壶1件、井1件；铜钱34枚（图三二一；彩版五一，2）。

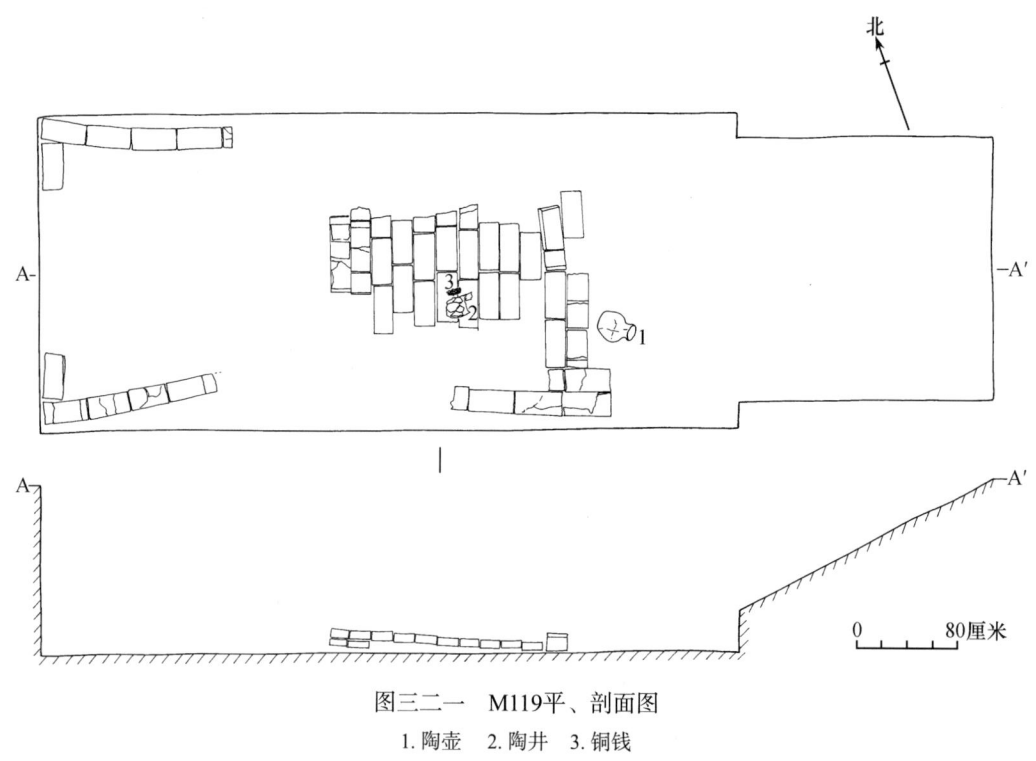

图三二一　M119平、剖面图
1. 陶壶　2. 陶井　3. 铜钱

2. 随葬品

陶壶　1件。M119∶1，釉陶，上半部施釉。盘口，束颈，斜弧腹，平底。肩部饰双叶脉纹桥形耳。颈部饰波浪纹及弦纹，通体存轮制弦纹。口径13、底径10.2、通高32.7厘米（图三二二，1；彩版五二，5）。

陶井　1件。M119∶2，泥质灰陶。上部残，筒形，平底。腹部饰两道凹弦纹，内表存轮制弦纹。底径8.2、残高9.4厘米（图三二二，2）。

铜钱　34枚。M119∶3，其中一枚为布泉，余皆为五铢钱（图三二二，3；彩版五四，2、4）。

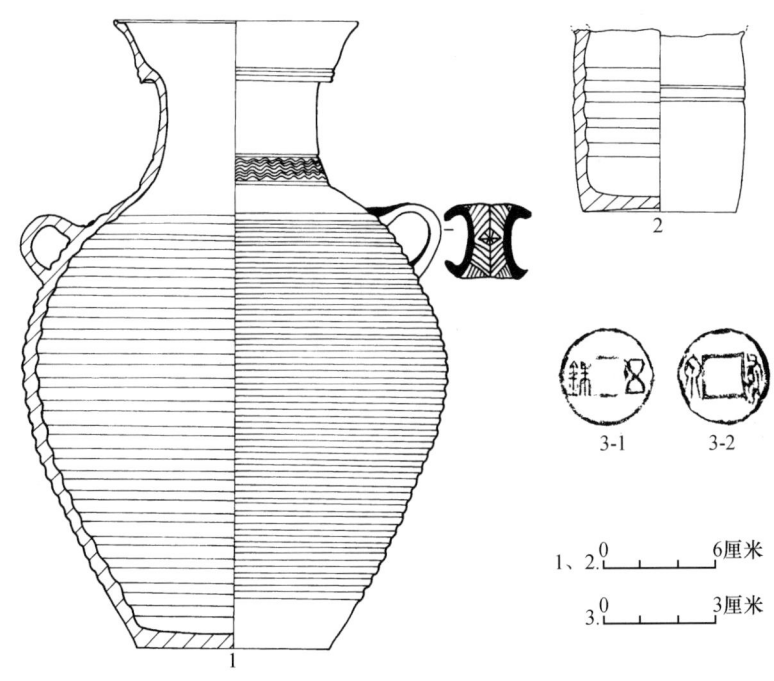

图三二二 M119出土器物
1. 陶壶（M119：1） 2. 陶井（M119：2） 3. 铜钱（M119：3）

M120

1. 墓葬形制

凸字形土坑竖穴墓。方向110°。墓室长4.4、宽2.68、深1.7米。墓道位于墓室东壁中央，长方形斜坡状，上口长3.3、宽1.7米。墓内填土为黄褐色花土，土质较硬。随葬品有陶壶3件、罐4件、簋1件、残陶器1件；铜器盖1件。其中M120：3陶器残碎，器形不辨（图三二三；彩版五一，3）。

2. 随葬品

陶壶 3件。M120：4，硬陶。侈口方唇，束颈，圆鼓腹，平底内凹。肩部饰双桥形耳及一道凹弦纹，内表存轮制弦纹。口径4、底径5.8、通高10.4厘米（图三二四，6；彩版五二，6）。M120：5，硬陶。盘口，直颈，圆鼓腹，平底。肩部饰双叶脉纹桥形耳。器表存轮制弦纹。口径11、底径10、通高26厘米（图三二四，4；彩版五三，1）。M120：6，硬陶。盘口，直颈，圆鼓腹，平底。肩部饰双叶脉纹桥形耳。通体存轮制弦纹。口径9、底径9.2、通高19.4厘米（图三二四，5；彩版五三，5）。

陶罐 4件。M120：7，泥质灰陶。上部残，斜弧腹，平底内凹。通体存轮制弦纹。底径9.4、残高10.4厘米（图三二四，3）。M120：8，泥质红陶。平口方唇，双耳残，弧鼓腹，平底。通体存轮制弦纹。口径12.8、底径10、通高14.8厘米（图三二四，8；彩版五三，4）。

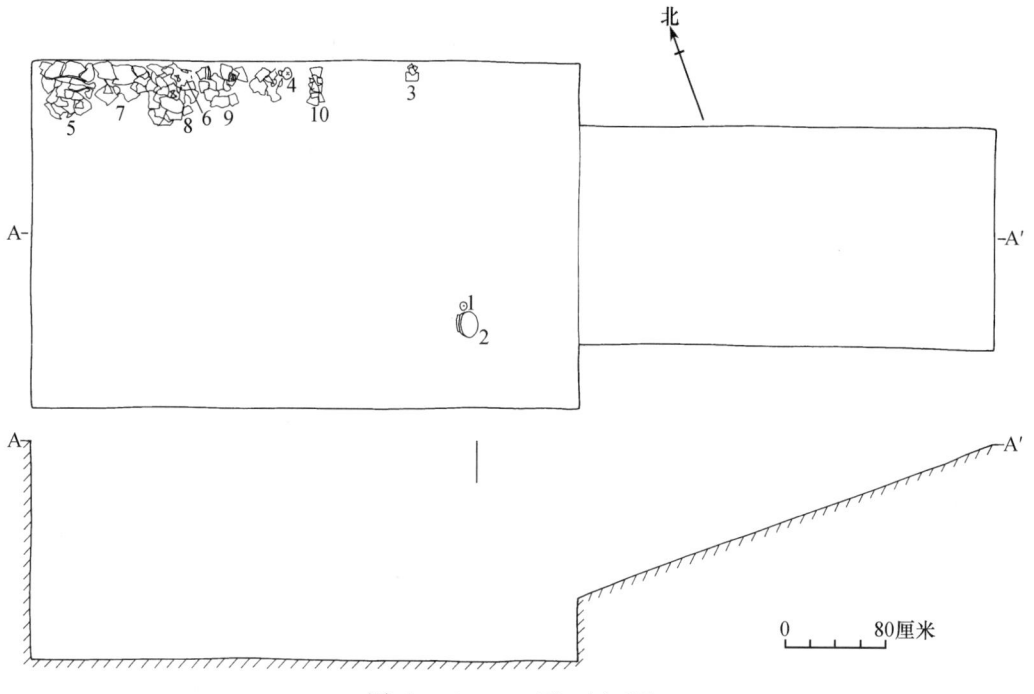

图三二三　M120平、剖面图

1.铜器盖　2.陶筥　3.陶器　4~6.陶壶　7~10.陶罐

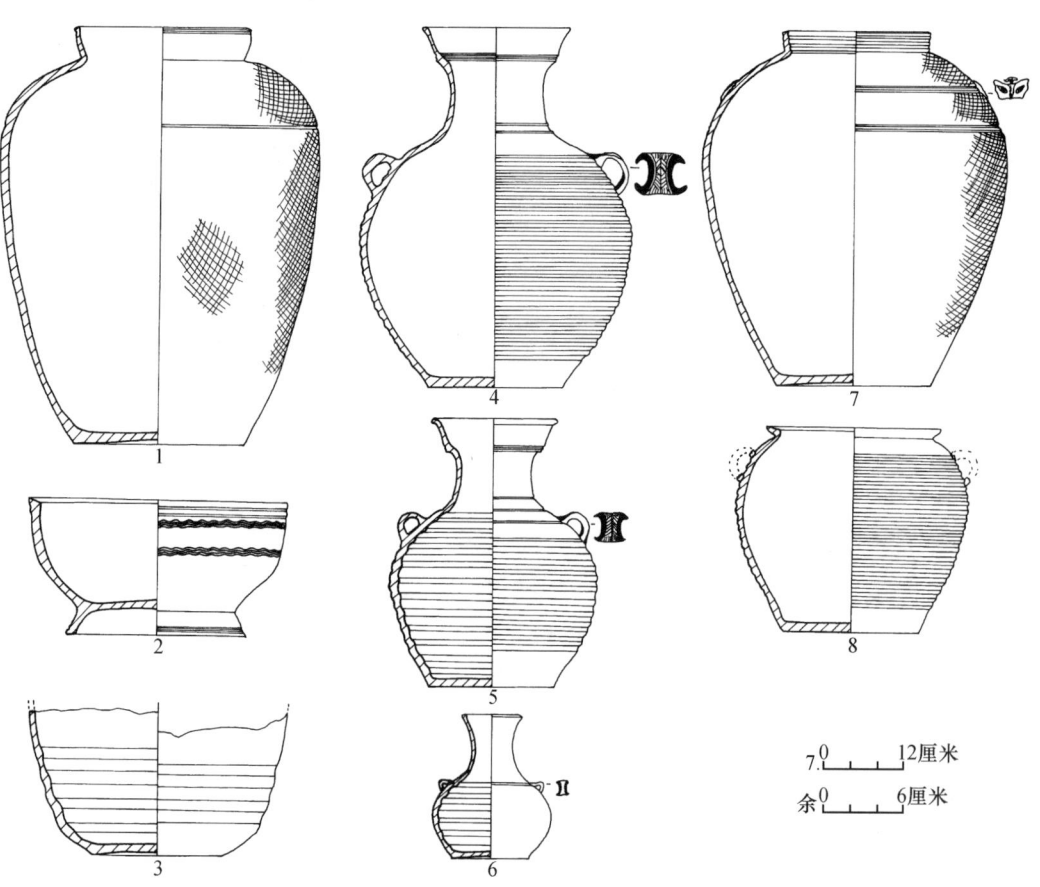

图三二四　M120出土陶器

1、3、7、8.罐（M120∶9、M120∶7、M120∶10、M120∶8）　2.筥（M120∶2）　4~6.壶（M120∶5、M120∶6、M120∶4）

M120∶9，硬陶。侈口方唇，斜弧腹，平底内凹。口部、肩部存轮制弦纹，通体拍印网格纹。口径12.6、底径12.4、通高38.2厘米（图三二四，1；彩版五三，2）。M120∶10，硬陶。侈口方唇，斜弧腹，平底内凹。肩部饰双兽面耳。口部、肩部残存轮制弦纹，通体拍印网格纹。口径20、底径22.6、通高51.2厘米（图三二四，7；彩版五三，3）。

陶簋　1件。M120∶2，硬陶。直口方唇，弧鼓腹，圈足。口部、圈足饰弦纹，腹部饰波浪纹。口径19.4、底径13.6、通高9.8厘米（图三二四，2；彩版五二，4）。

残陶器　1件。M120∶3，残碎，器形不辨。

铜器盖　1件。M120∶1，圆形器盖，子母口，盖上有一纽。直径5.1厘米（彩版五二，2）。

M121

墓葬形制

凸字形土坑竖穴砖室墓。方向200°。盗毁严重。墓室长4.5、宽2.3、残深0.7米。墓道位于墓室南壁中央，长方形斜坡状，上口残长42、宽128厘米。墓内填土为黄褐色花土。墓室四壁用砖砌成，均为顺砖错缝垒砌。墓室南端封门处有极短甬道，长38、宽166、残高42厘米。墓底两层砖平铺，挤压拱起。墓砖素面。没有发现随葬品（图三二五）。

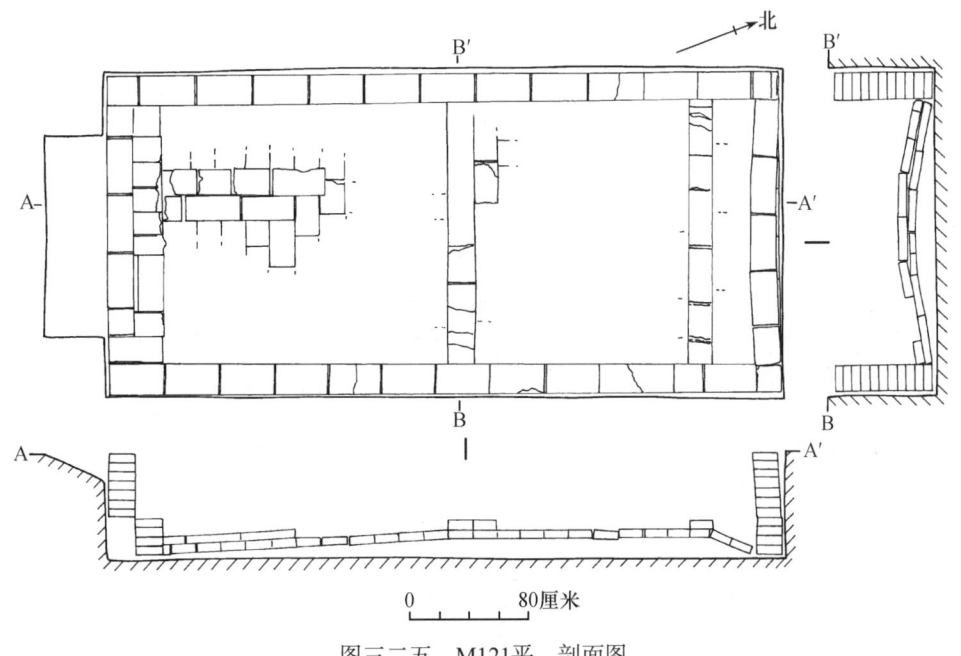

图三二五　M121平、剖面图

M122

墓葬形制

长方形土坑竖穴墓。方向115°。残存墓底,墓室长4.94、宽2.16、残深0.56米。墓内填土为黄褐色花土。没有发现随葬品(图三二六)。

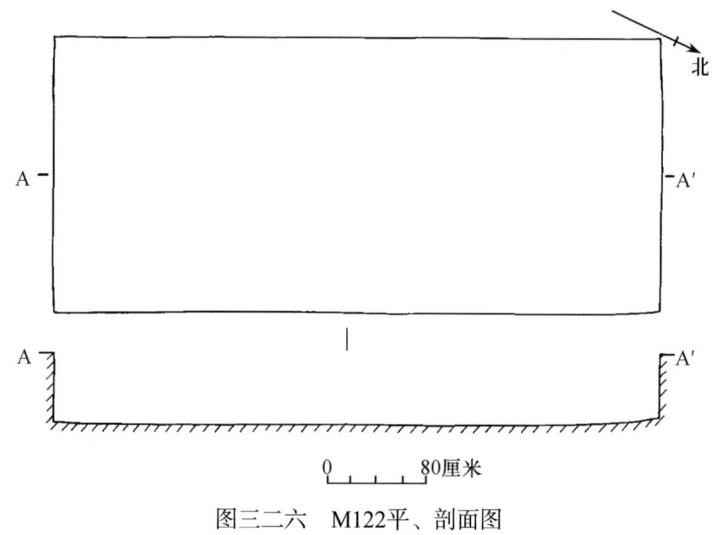

图三二六 M122平、剖面图

M123

墓葬形制

长方形土坑竖穴砖室墓。方向115°。砖室大部分已遭破坏,只在墓底西北角残存有少量的墓壁及铺地砖。墓坑长4.7、宽2、残深1.1米。砖壁为顺砖错缝垒砌,残高24厘米。平铺地砖,呈一字形。墓砖长39、宽19、厚6厘米,素面。没有发现随葬品(图三二七)。

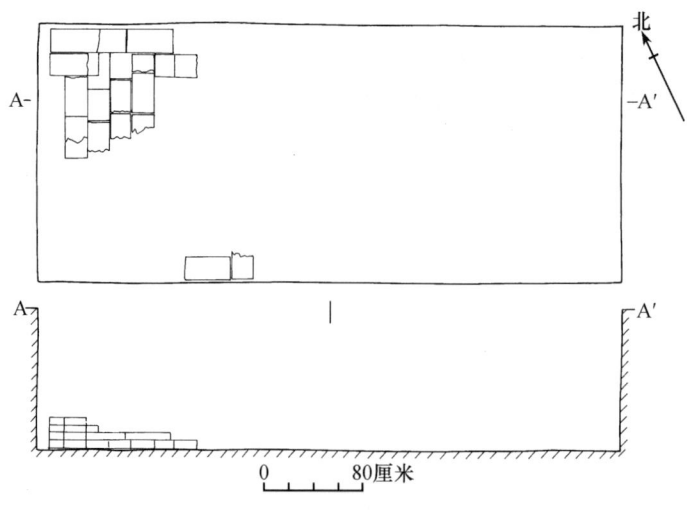

图三二七 M123平、剖面图

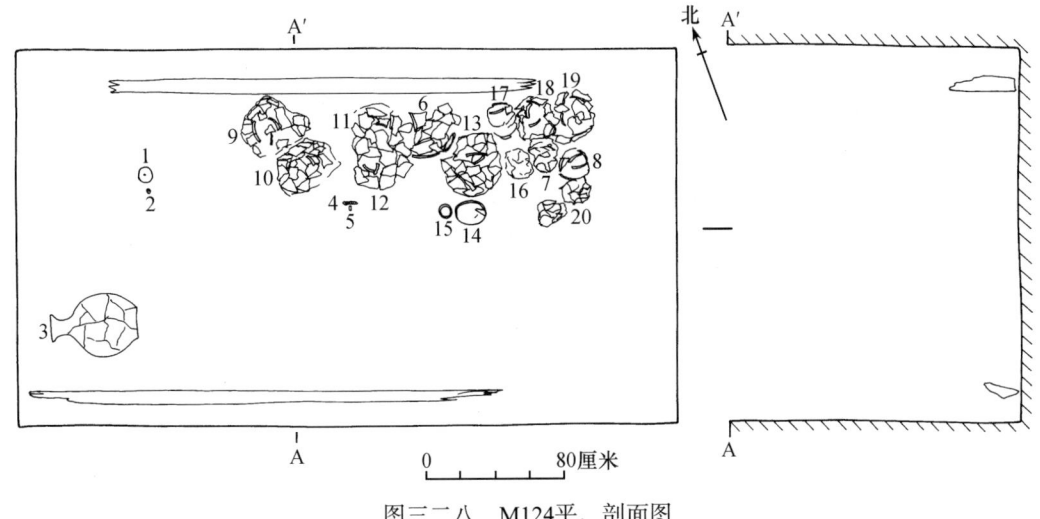

图三二八　M124平、剖面图

1.铜镜　2.铜珠　3、6、7.陶壶　4.铜钱　5.铜布币　8～13、16～20.陶罐　14.陶灶　15.陶井

M124

1. 墓葬形制

长方形土坑竖穴木椁墓。方向290°。墓室长3.8、宽2.1、深1.7米。墓内填土为黄褐色花土，土质较硬。残存木椁板。随葬品有陶壶3件、罐11件、灶1件、井1件；铜镜1件、珠1件、布币1枚、铜钱7枚。其中M124：9～M124：13、M124：16～M124：20陶罐、陶灶残碎（图三二八；图版一二八，1）。

2. 随葬品

陶壶　3件。M124：3，釉陶，上半部施釉。敞口，直颈，圆鼓腹，平底内凹。肩部饰双叶脉纹桥形耳及三组凸弦纹，口部、颈部饰波浪纹及弦纹，颈部内侧存轮制弦纹。口径16.2、底径15.4、通高40.1厘米（图三二九，3；图版一二九，5）。M124：6，釉陶，上半部施薄釉。敞口，直颈，弧鼓腹，平底内凹。肩部饰叶脉纹桥形耳及两组弦纹，颈部饰波浪纹及弦纹，通体存轮制弦纹。口径12.6、底径10.8、通高26.8厘米（图三二九，1；图版一二九，2）。M124：7，釉陶，上半部施釉。敞口，直颈，圆鼓腹，平底内凹。肩部饰双叶脉纹桥形耳。颈部饰波浪纹及弦纹，通体存轮制弦纹。口径10.2、底径8.6、通高20厘米（图三二九，4；图版一二九，4）。

陶罐　11件。M124：8，釉陶，上半部施釉。直口圆唇，圆鼓腹，平底内凹。肩部饰双桥形耳及两组弦纹，颈部饰波浪纹，通体存轮制弦纹。口径12.2、底径12、通高13.2厘米（图三二九，2；图版一二九，6）。M124：9～M124：13、M124：16～M124：20，均残碎。

陶灶　1件。M124：14，残碎。

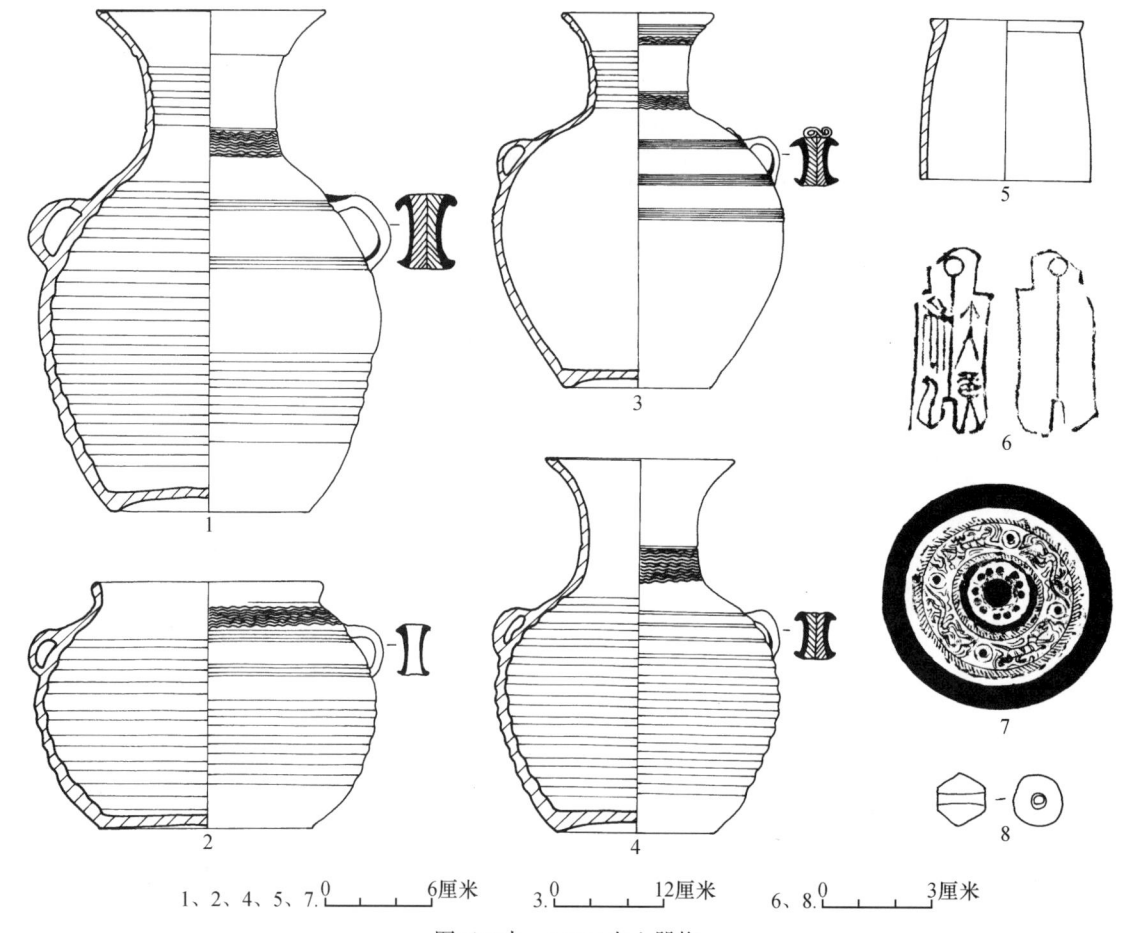

图三二九　M124出土器物

1、3、4.陶壶（M124∶6、M124∶3、M124∶7）　2.陶罐（M124∶8）　5.陶井（M124∶15）　6.铜布币（M124∶5）
7.铜镜（M124∶1）　8.铜珠（M124∶2）

陶井　1件。M124∶15，泥质红陶。平口方唇，筒形。素面。口径8.2、底径9.2、通高8.6厘米（图三二九，5）。

铜镜　1件。M124∶1，四乳四神兽镜。半球状纽，并蒂纹十二连珠纽座，宽素平缘。内区一周短斜线纹，外区为四乳四神兽。直径12.7、缘厚0.7厘米（图三二九，7；图版一二九，1）。

铜珠　1件。M124∶2，中部有一穿孔。高1.4厘米（图三二九，8；图版一二九，3）。

铜布币　2枚。M124∶5，为大布黄千（图三二九，6；彩版五四，3）。

铜钱　7枚。M124∶4，可辨有大泉五十，直径2.5厘米。其余铜钱直径1.5厘米，锈蚀不辩。

M125

1. 墓葬形制

凸字形土坑竖穴墓。方向110°。墓室长3.5、宽2.4、深2.5米。墓道位于墓室东壁中央，长方形斜坡状，上口长1.4、宽1.5米。墓内填土为黄褐色花土，土质较硬。随葬品有陶壶1件、罐1件（图三三〇；图版一二八，2）。

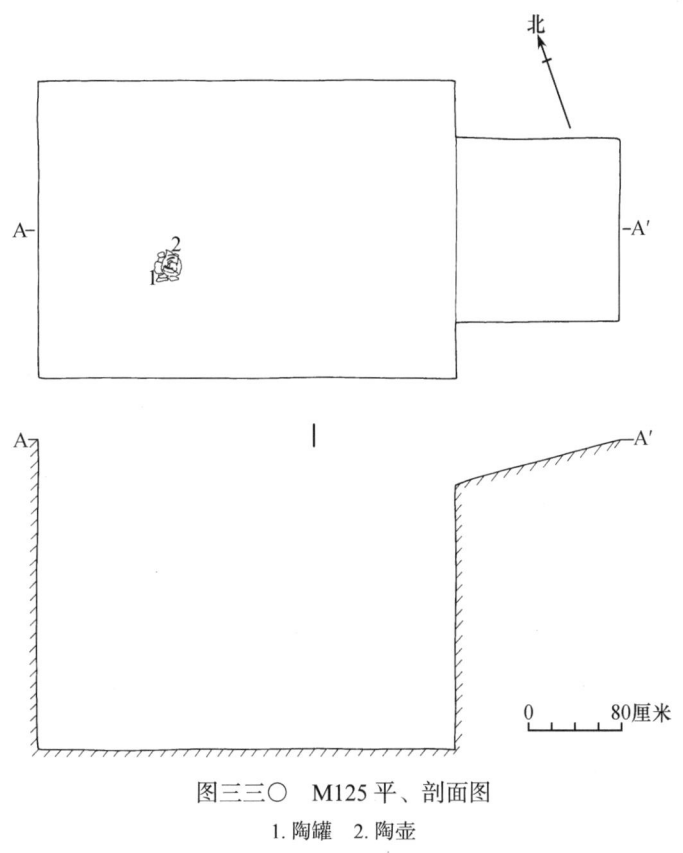

图三三〇　M125平、剖面图
1.陶罐　2.陶壶

2. 随葬品

陶壶　1件。M125∶2，釉陶，上半部施釉。敞口，直颈，圆弧腹，平底内凹。肩部饰双叶脉纹桥形耳及两组弦纹，颈部饰波浪纹及弦纹，通体存轮制弦纹。口径9.8、底径10.2、通高21.5厘米（图三三一，2；图版一三〇，3）。

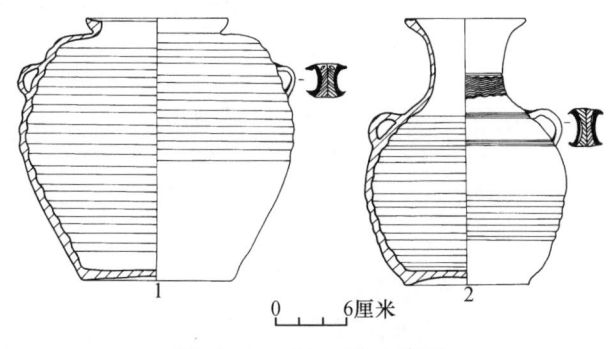

图三三一　M125出土陶器
1.罐（M125∶1）　2.壶（M125∶2）

陶罐　1件。M125：1，硬陶。平口方唇，斜弧腹，平底内凹。兽面桥形耳。通体存轮制弦纹。口径11.6、底径12、通高21.2厘米（图三三一，1；图版一三〇，1）。

M126

1. 墓葬形制

长方形土坑竖穴墓。方向110°。墓室长3.8、宽2、深1.3米。墓内填为呈黄褐色花土，土质较硬。随葬品有陶壶4件、罐2件（图三三二；图版一二八，3）。

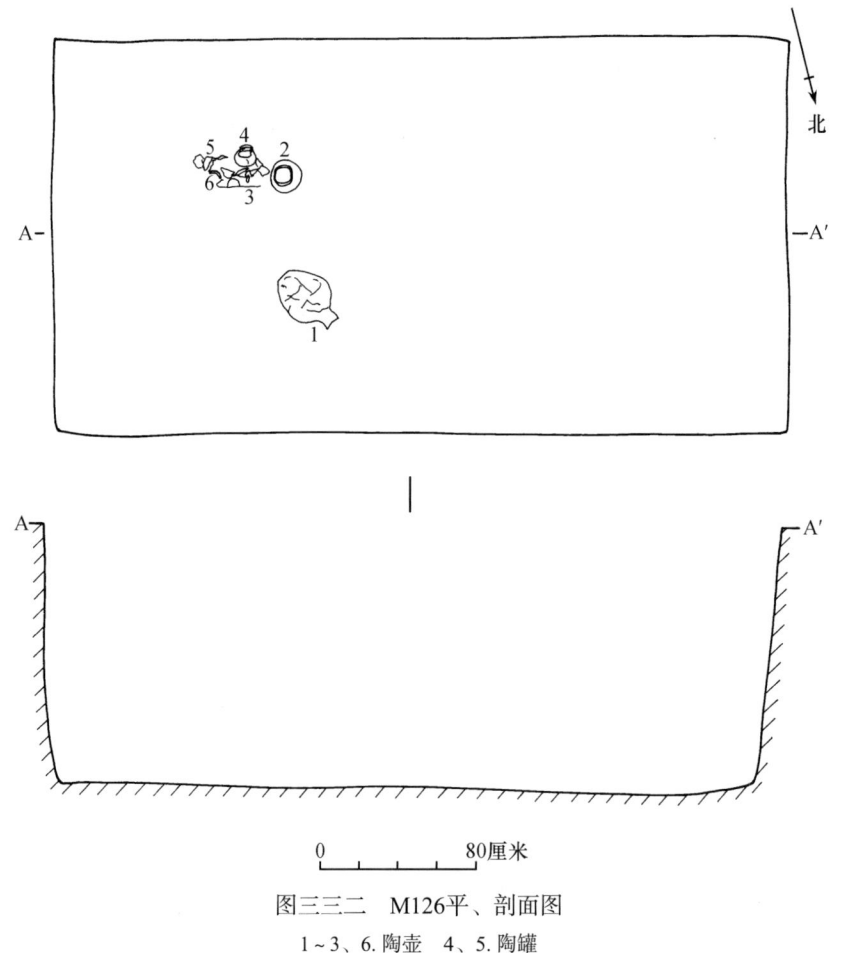

图三三二　M126平、剖面图
1~3、6.陶壶　4、5.陶罐

2. 随葬品

陶壶　4件。M126：1，釉陶。敞口，直颈，下部残。口部、颈部饰波浪纹及弦纹。口径13.1、残高14厘米（图三三三，2）。M126：2，酱釉陶，上半部施釉。敞口，束颈，圆鼓腹，平底。腹部存轮制弦纹。口径8、底径9.2、通高14.8厘米（图三三三，4；图版一三〇，5）。

M126：3，釉陶，上半部施釉。敞口，束颈，弧鼓腹，平底。肩部饰双穿孔耳、波浪纹及弦纹，内表存轮制弦纹。口径8.2、底径6.6、通高14.5厘米（图三三三，3）。M126：6，釉陶，上半部施釉。敞口，束颈，弧鼓腹，底部残。肩部饰双穿孔耳、波浪纹及弦纹，口部、颈部存轮制弦纹，内表存轮制弦纹。口径9.2、残高13厘米（图三三三，1；图版一三〇，6）。

陶罐　2件。M126：4，釉陶，上半部施釉。敛口，圆鼓腹，平底。口部饰波浪纹及弦纹。口径6.8、底径6.2、通高7.5厘米（图三三三，6；图版一三〇，2）。M126：5，釉陶，上半部施釉。平口方唇，圆鼓腹，平底。肩部饰波浪纹及弦纹。口径6.7、底径6.4、通高10厘米（图三三三，5；图版一三〇，4）。

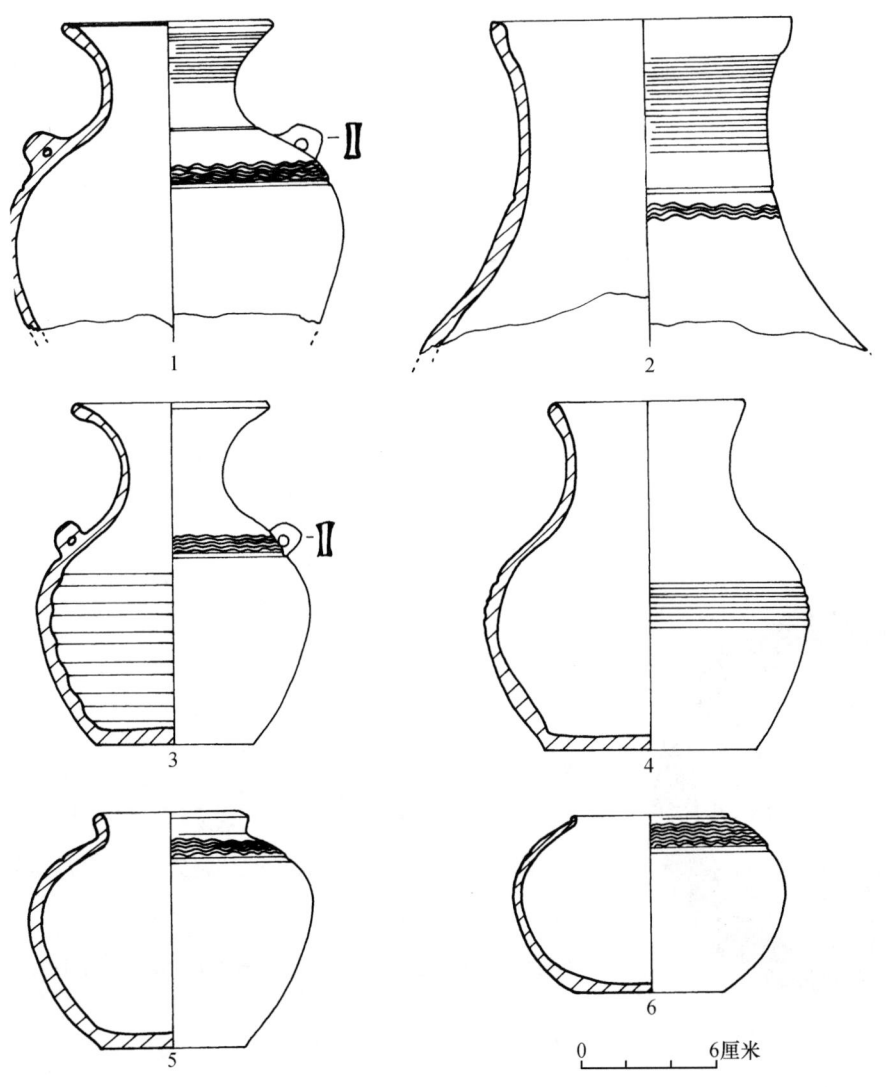

图三三三　M126出土器物
1~4.壶（M126：6、M126：1、M126：3、M126：2）　5、6.罐（M126：5、M126：4）

M127

1. 墓葬形制

长方形土坑竖穴墓。方向120°。墓室长3.55、宽1.45、残深0.63米。墓内填土为黄褐色花土，土质较硬。墓底有朽木棺的红、黑色漆皮残痕。随葬品有残陶器1件；铜镜1件、铜钱28枚。陶器残碎，器形不辨（图三三四；图版一三一，1）。

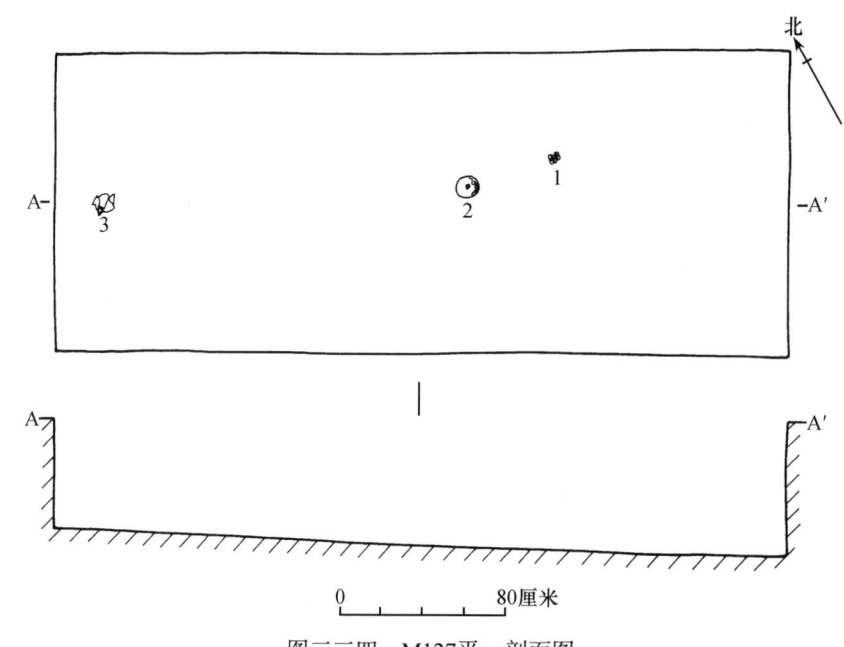

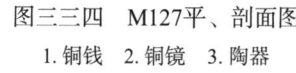

图三三四　M127平、剖面图
1. 铜钱　2. 铜镜　3. 陶器

2. 随葬品

残陶器　1件。M127：3，残碎，器形不辨。

铜镜　1件。M127：2，四乳四虺镜。半球状纽，圆形纽座，宽素平缘。内区为一周短斜线纹，外区为四乳四虺纹。直径9、缘厚0.25厘米（图三三五；图版一三二，1）。

铜钱　28枚。M127：1，锈蚀严重，个别可辨为五铢钱。

图三三五　M127出土铜镜
M127：2

M128

1. 墓葬形制

凸字形土坑竖穴墓。方向280°。墓室长4.4、宽2.6、残深0.8米。墓道位于墓室西壁中央，长方形台阶状，上口残长0.38、宽1.7米。墓内填土为黄褐色花土，土质较硬。随葬品有陶罐4件、灶2件、井1件，置于墓室东侧（图三三六；图版一三一，2）。

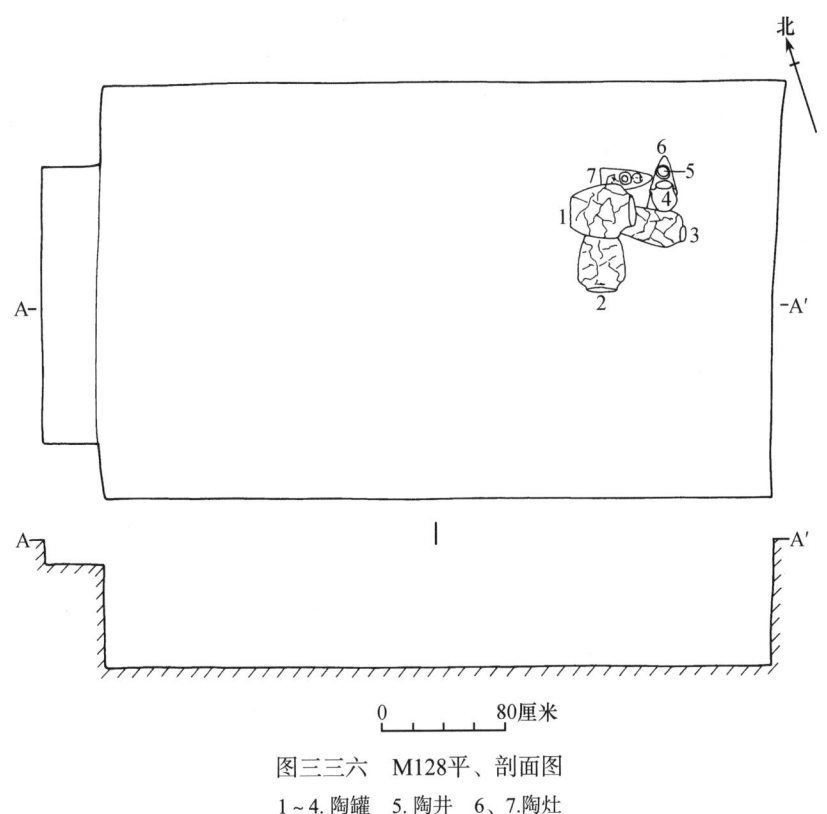

图三三六　M128平、剖面图
1~4.陶罐　5.陶井　6、7.陶灶

2. 随葬品

陶罐　4件。M128：1，硬陶。侈口方唇，斜弧腹，平底内凹。肩部饰一道凹弦纹，通体拍印网格纹。口径14.3、底径16、通高35.5厘米（图三三七，2）。M128：2，硬陶。侈口方唇，下半部残。肩部拍印网格纹。口径12.4、残高8厘米（图三三七，3）。M128：3，硬陶。平口，圆鼓腹，平底内凹。肩部饰双桥形耳。通体存轮制弦纹。口径11、底径8.4、通高14.5厘米（图三三七，4；图版一三二，3）。M128：4，硬陶。侈口方唇，斜弧腹，平底内凹。肩部饰一道凹弦纹，通体拍印网格纹。口径10.7、底径10.4、通高28.9厘米（图三三七，1；图版一三二，5）。

陶灶　2件。M128：6，泥质灰陶。平面呈船形，前端为拱形灶门，灶面设一椭圆形火眼。长24.4、宽14厘米（图三三七，6）。M128：7，泥质灰陶。平面呈船形，前端为拱形灶门，灶面设三火眼。长28、宽15.8厘米（图三三七，7）。

陶井　1件。M128：5，泥质灰陶。平口方唇，筒形，平底内凹。素面。口径9.4、底径9.6、通高9.6厘米（图三三七，5）。

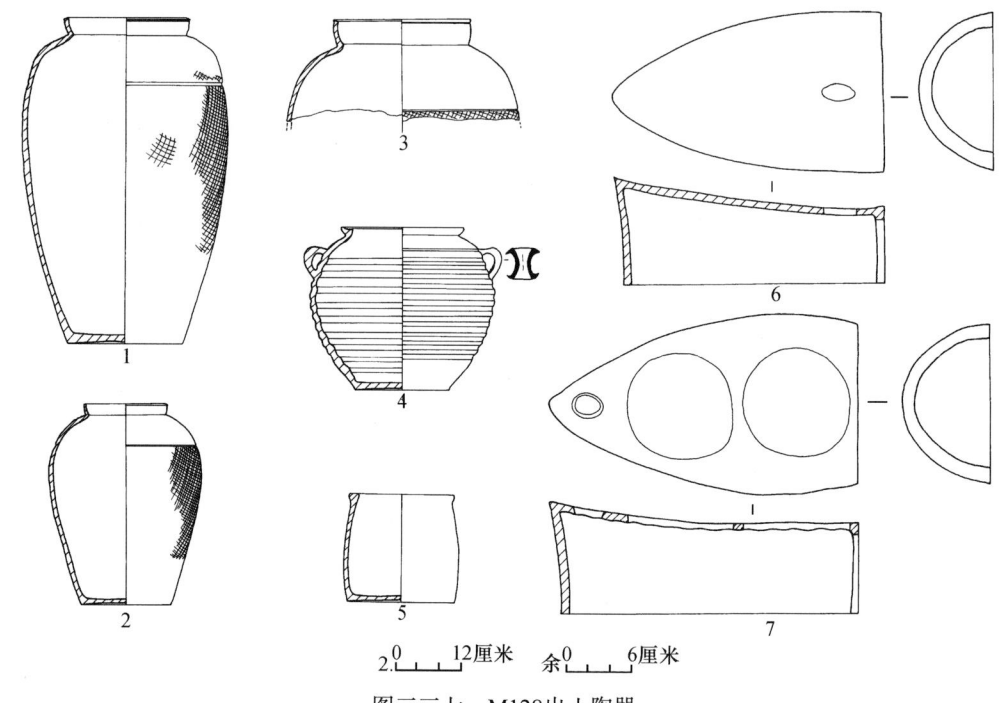

图三三七　M128出土陶器

1~4. 罐（M128∶4、M128∶1、M128∶2、M128∶3）　5. 井（M128∶5）　6、7. 灶（M128∶6、M128∶7）

M129

1. 墓葬形制

长方形土坑竖穴砖室墓。方向180°。残毁严重，仅存铺地砖。墓室长4.8、宽2.8、残深0.4米。墓内填土为黄褐色花土。墓底平铺人字形砖，砖长27、宽13、高5厘米，素面。墓室南、北侧有稍高台阶，南侧宽50、高20厘米，北侧宽30、高30厘米。墓内发现铁棺钉1根。随葬品有陶壶2件、釜1件、器底1件；铜带钩1件；铁剑1件（图三三八；图版一三一，3）。

2. 随葬品

陶壶　2件。M129∶1，硬陶。盘口，束颈，圆鼓腹，平底内凹。肩部对饰叶脉纹桥形耳。通体存轮制弦纹。口径9.5、底径9、通高18.9厘米（图三三九，1；图版一三二，2）。M129∶4，硬陶。盘口，束颈，圆鼓腹，平底内凹。肩部对饰叶脉纹桥形耳。通体存轮制弦纹。口径10、底径9、通高20.2厘米（图三三九，2；图版一三二，6）。

陶釜　1件。M129∶5，当为灶附件。泥质灰陶。敛口，折腹，圜底。素面。口径5.1、通高3.8厘米（图三三九，4）。

陶器底　1件。M129∶6，硬陶。平底内凹。通体存轮制弦纹。底径13.2、残高12厘米（图三三九，3）。

铜带钩　1件。M129∶3，钩首残，圆纽。纽直径1.2、残长5厘米（图三三九，5）。

铁剑　1件。M129∶2，锈蚀严重，残断（图版一三二，4）。

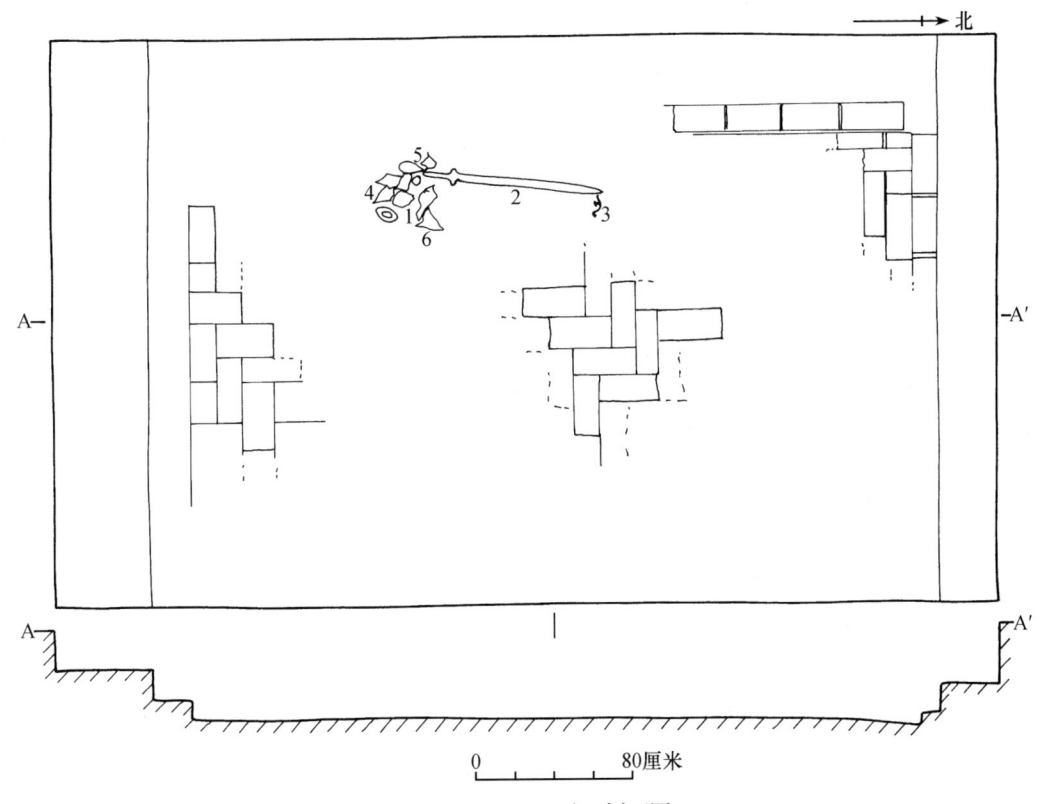

图三三八　M129平、剖面图

1、4.陶壶　2.铁剑　3.铜带钩　5.陶釜　6.陶器底

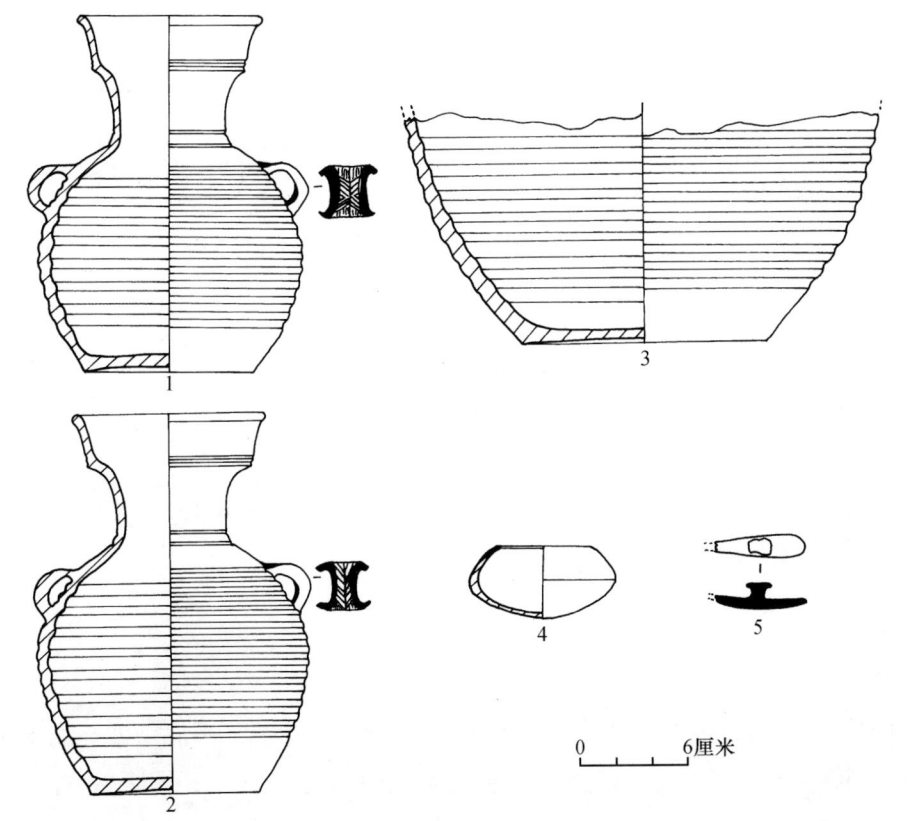

图三三九　M129出土器物

1、2.陶壶（M129：1、M129：4）　3.陶器底（M129：6）　4.陶釜（M129：5）　5.铜带钩（M129：3）

第二节 松棵墓地

共发掘汉墓11座,编号LSM1~LSM11(以下LS省略),均为土坑竖穴墓(图三四〇)。

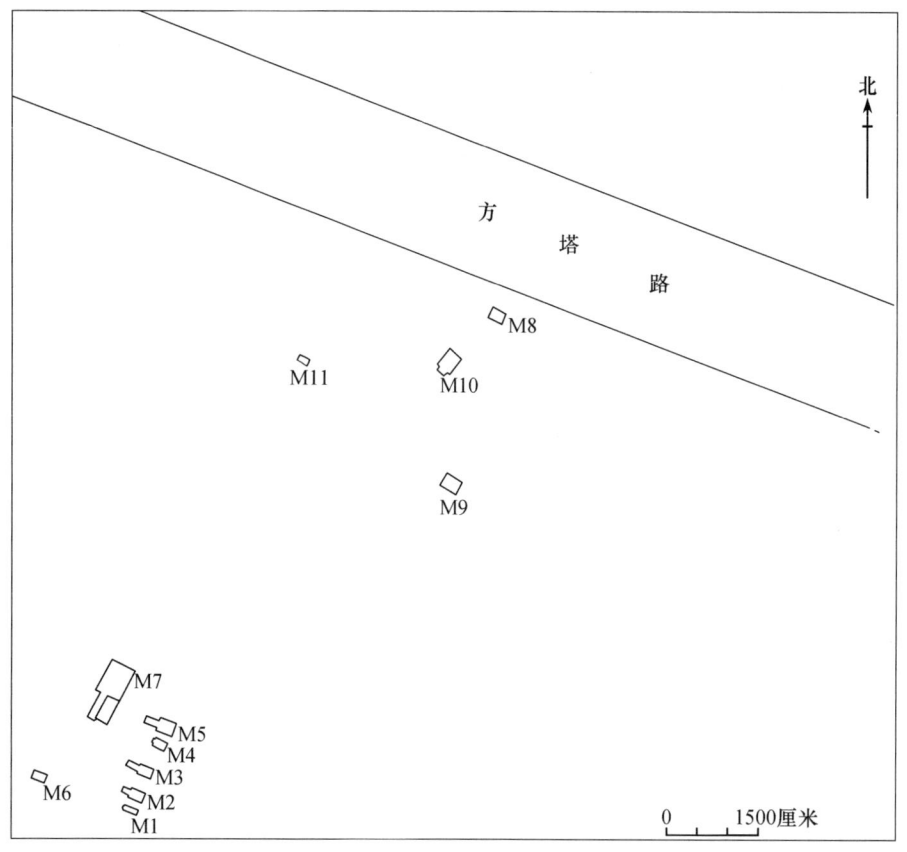

图三四〇 松棵墓地平面图

M1

1. 墓葬形制

长方形土坑竖穴墓。方向290°。墓室长2.5、宽0.69、残深0.8米。墓内填土为黄褐色花土。随葬品有陶罐1件,置于墓室西端(图三四一;图版一三三,1)。

2. 随葬品

陶罐 1件。M1:1,泥质灰陶。侈口方唇,束颈,斜直腹,平底微凹。肩部饰双桥形耳及弦纹,通体饰绳纹。口径10.8、底径12、通高24.7厘米(图三四二;图版一三四,1)。

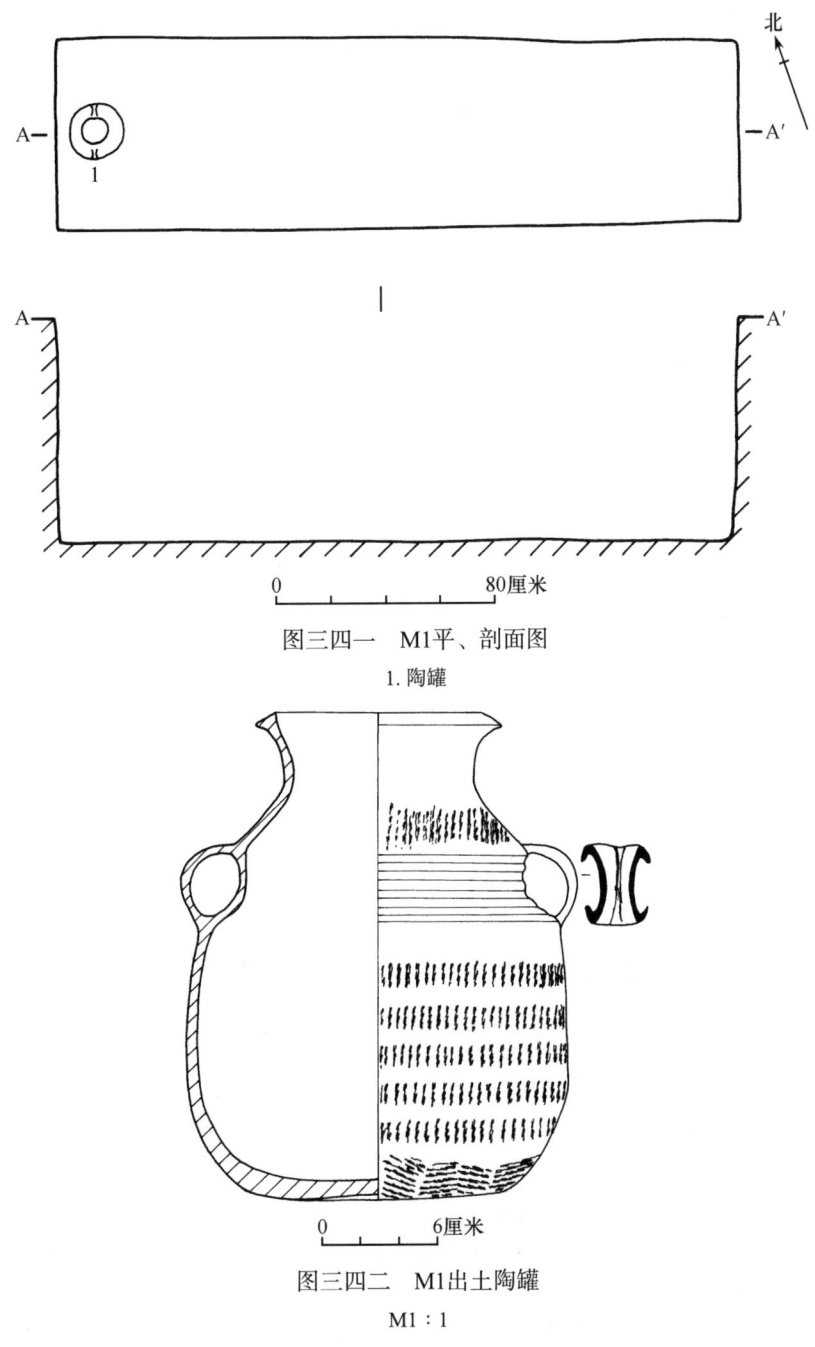

图三四一　M1平、剖面图

1. 陶罐

图三四二　M1出土陶罐

M1：1

M2

1. 墓葬形制

凸字形土坑竖穴墓。方向290°。墓室长2.6、宽1.76、残深1.5米。墓道位于墓室西壁中央，长方形斜坡状，被破坏，上口残长1.2、宽1.32米。墓室内填土为红褐色花土。随葬品有陶鼎2件、壶1件、罐4件、井1件，均出土于墓室南侧（图三四三；图版一三三，2）。

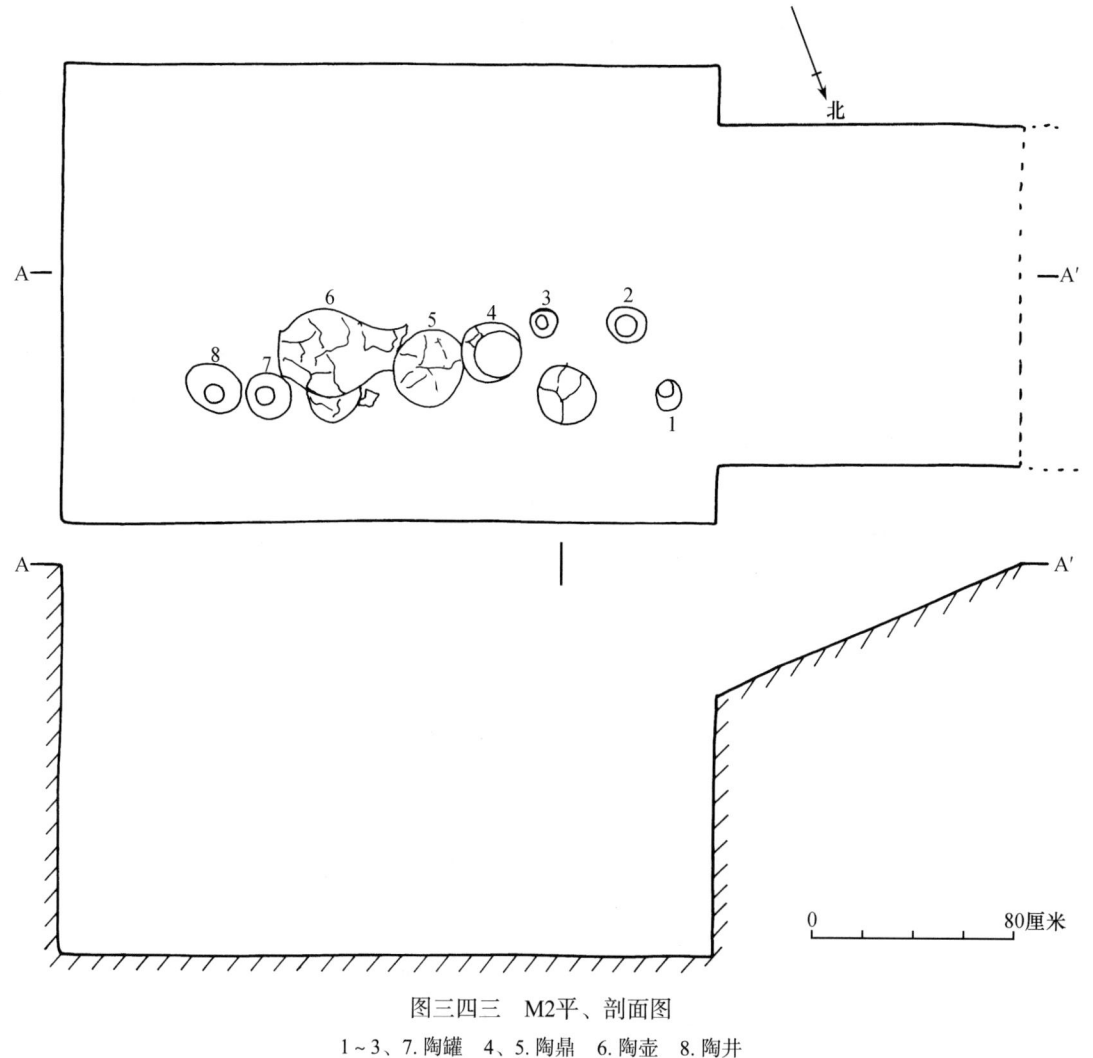

图三四三　M2平、剖面图
1~3、7. 陶罐　4、5. 陶鼎　6. 陶壶　8. 陶井

2. 随葬品

陶鼎　2件。M2：4，泥质褐陶。仅存残片，可辨子母口，兽蹄足。覆钵形器盖。器盖口径17.2、高4.4厘米。M2：5，泥质褐陶。仅存残片，可辨子母口，兽蹄足。附耳。覆钵形器盖。器表饰弦纹。口径19、高5厘米（图三四四，6）。

陶壶　1件。M2：6，泥质褐陶。盘口方唇，束颈，圆鼓腹，圈足。颈部内外表饰弦纹。口径11.6、底径18.8、通高35厘米（图三四四，1）。

陶罐　4件。M2：1，泥质灰陶。侈口圆唇，折腹，平底内凹。素面。口径9.1、底径6.6、通高9.5厘米（图三四四，7；图版一三四，3）。M2：2，泥质灰陶。侈口圆唇，折腹，平底。素面。口径9.4、底径7、通高9.6厘米（图三四四，5；图版一三四，5）。M2：3，泥质灰陶。侈口圆唇，弧鼓腹，平底。素面。口径6.7、底径6、通高7.1厘米（图三四四，2；图版一三四，2）。M2：7，泥质灰陶。侈口圆唇，折腹，平底内凹。素面。口径9.4、底径7.6、通高9.5厘米（图三四四，3；图版一三四，4）。

陶井　1件。M2：8，泥质灰陶。侈口方唇，束颈，斜腹，圜底。器表及内表存弦纹。口

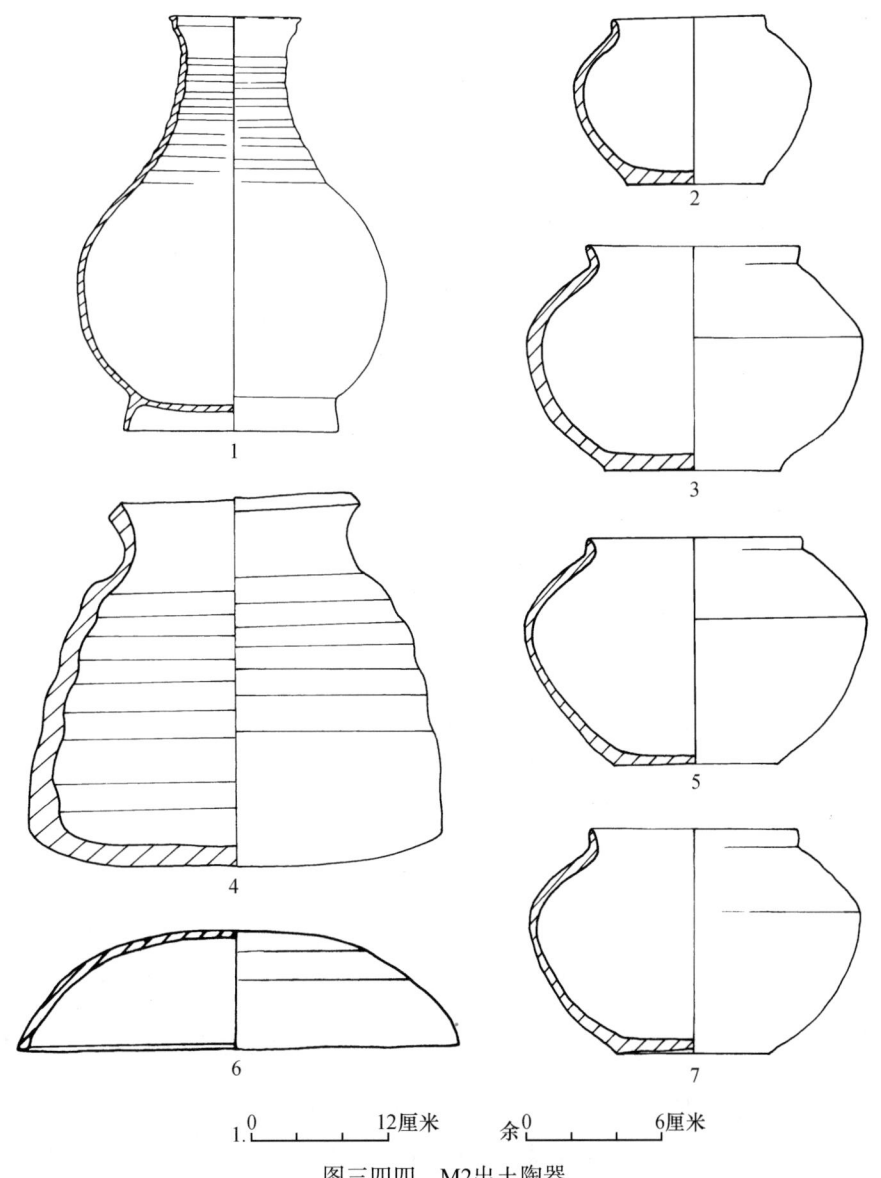

图三四四 M2出土陶器

1. 壶（M2:6） 2、3、5、7. 罐（M2:3、M2:7、M2:2、M2:1） 4. 井（M2:8） 6. 鼎盖（M2:5）

径10、通高15.8厘米（图三四四，4；图版一三四，6）。

M3

1. 墓葬形制

凸字形土坑竖穴墓。方向294°。墓室长2.54、宽1.85、深2米。墓道位于墓室西壁中央，长方形斜坡状，上口长2.1、宽1.4米。墓室内填土为黄褐色花土。随葬品有陶鼎2件、盒3件、壶2件、罐2件、灶1件；铜镜1件；漆盒1件，集中出土于墓室南侧。其中漆盒出土时仅存漆皮，未采集（图三四五；图版一三五，1）。

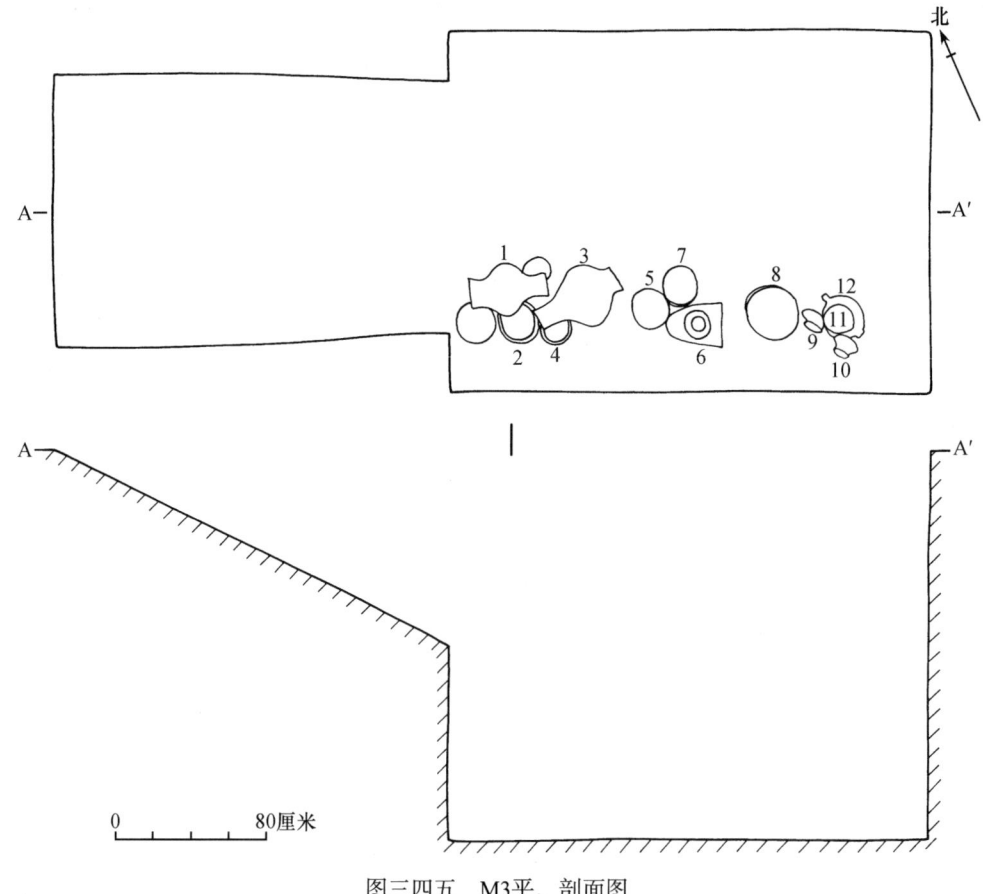

图三四五　M3平、剖面图
1、3.陶壶　2、12.陶鼎　4、5、8.陶盒　6.陶灶　7.漆盒　9、10.陶罐　11.铜镜

2. 随葬品

陶鼎　2件。M3∶2，泥质灰陶。子母口，斜弧腹，平底内凹，三兽蹄足。双附耳。覆钵形器盖。素面。口径18、底径6、通高14.4厘米（图三四七，5；图版一三六，3）。M3∶12，泥质灰陶。子母口，斜弧腹，平底内凹，三兽蹄足。双附耳。素面。口径15.6、底径6.2、通高14.2厘米（图三四七，4）。

陶盒　3件。M3∶4，泥质灰陶。子母口，斜弧腹，平底。素面。口径14.6、底径8.4、通高9.4厘米（图三四六，3；图版一三六，2）。M3∶5，泥质灰陶。子母口，斜弧腹，平底内凹。素面。口径12.2、底径9.4、通高9.7厘米（图三四六，5；图版一三六，4）。M3∶8，泥质灰陶。子母口，斜弧腹，平底内凹。素面。口径14、底径10.6、通高10.5厘米（图三四六，4）。

陶壶　2件。M3∶1，泥质灰陶。敞口方唇，束颈，垂腹，圈足。覆钵形器盖，外表存轮制弦纹。素面。口径14.8、底径17.2、通高42.2厘米（图三四六，2；图版一三六，1）。M3∶3，泥质灰陶。敞口方唇，束颈，垂腹，圈足。覆钵形器盖。素面。口径14.4、底径17.6、通高42.6厘米（图三四六，1；图版一三六，5）。

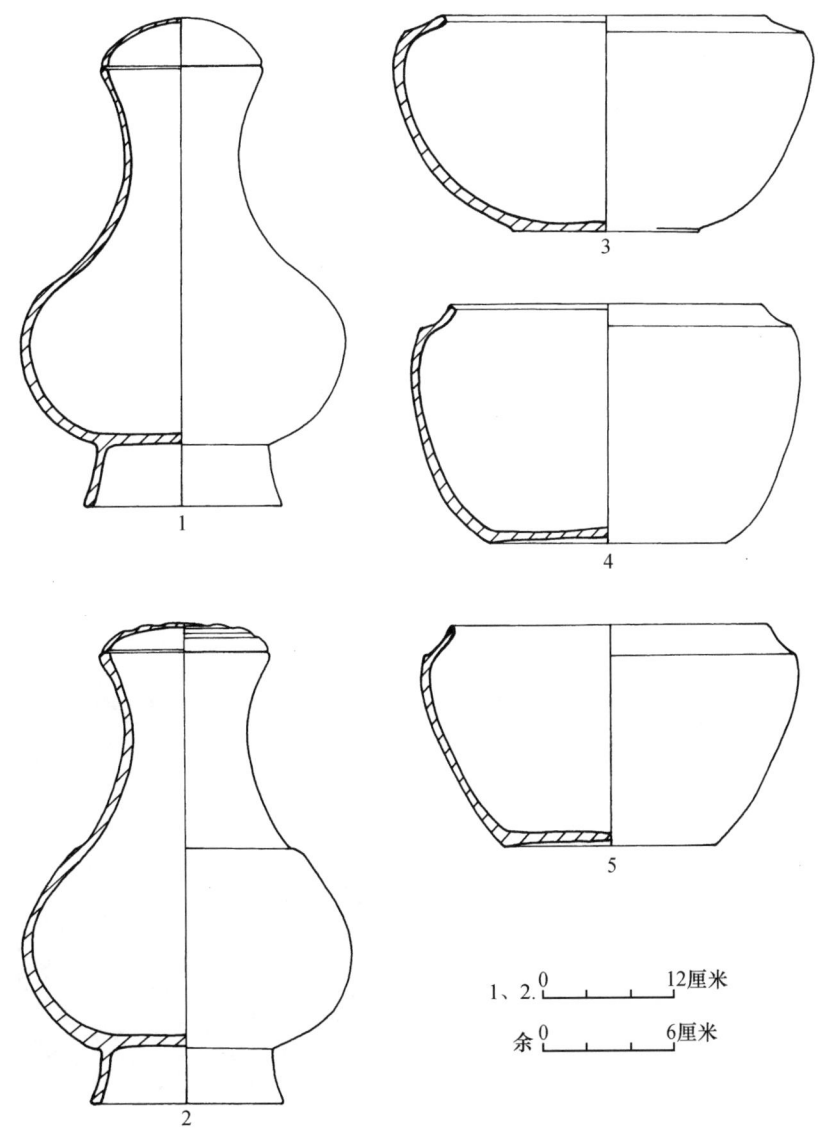

图三四六 M3出土陶器
1、2.壶（M3:3、M3:1） 3~5.盒（M3:4、M3:8、M3:5）

陶罐　2件。M3:9，泥质灰陶。侈口圆唇，折腹，平底。腹部饰弦纹。口径8.6、底径5.4、通高7.7厘米（图三四七，1；图版一三七，1）。M3:10，泥质灰陶。侈口圆唇，折腹，平底。素面。口径7.8、底径6、通高7.9厘米（图三四七，2）。

陶灶　1件。M3:6，泥质灰陶。平面呈前方后圆形，前端设一拱形灶门，后端开设一孔为烟囱。单火眼，上置釜甑1组。长20.4、宽15.4厘米（图三四七，3；图版一三六，6）。

铜镜　1件。M3:11，蟠螭纹镜。残，桥形纽，双龙纽座，内区为铭文带，铭文略残，笔画较细。外区四株三叠式花瓣纹将其等分四区，每区饰蟠螭纹。直径8.5厘米（图三四七，6；图版一三七，3）。

漆盒　1件。M3:7，出土时存漆皮，未采集。

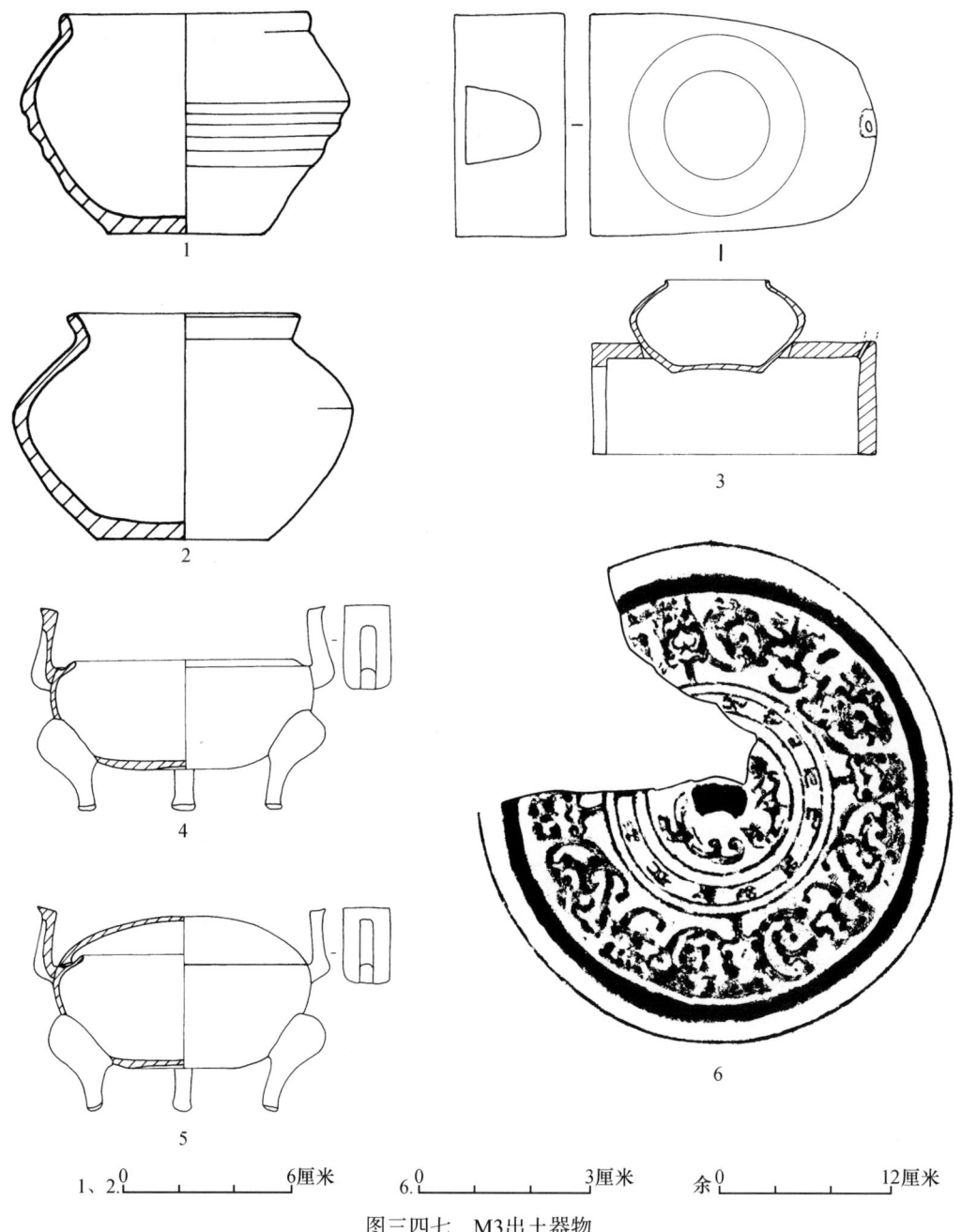

图三四七　M3出土器物

1、2. 陶罐（M3∶9、M3∶10）　3. 陶灶（M3∶6）　4、5. 陶鼎（M3∶12、M3∶2）　6. 铜镜（M3∶11）

M4

1. 墓葬形制

凸字形土坑竖穴墓。方向300°。墓室长2.36、宽1.4、深1.2米。墓道位于墓室西壁中央，长方形斜坡状，几乎被完全破坏。墓室内填土为黄褐色花土。随葬品有陶鼎1件、壶1件、盒1件、罐1件，置于墓室北部（图三四八；图版一三四，2）。

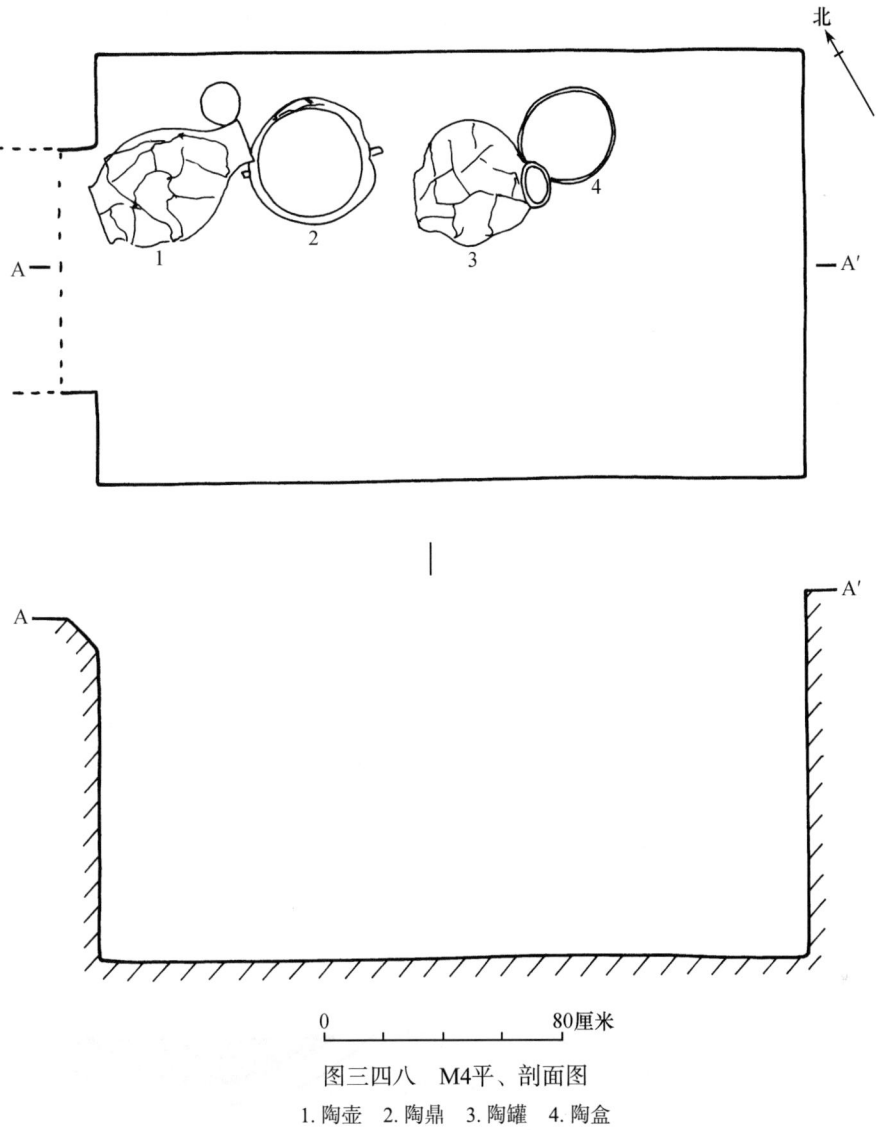

图三四八　M4平、剖面图
1. 陶壶　2. 陶鼎　3. 陶罐　4. 陶盒

2. 随葬品

陶鼎　1件。M4:2，泥质灰陶。子母口，弧鼓腹，圜底，兽蹄足。双附耳。口径19.6、通高15厘米（图三四九，3；图版一三七，2）。

陶盒　1件。M4:4，泥质红褐陶。子母口，弧鼓腹，平底内凹。通体存轮制弦纹。口径10.1、底径12.6、通高10.1厘米（图三四九，1；图版一三七，6）。

陶壶　1件。M4:1，泥质灰陶。敞口方唇，直颈，垂腹，圈足。颈部存轮制弦纹。口径14.2、底径17、通高35.7厘米（图三四九，2；图版一三七，5）。

陶罐　1件。M4:3，泥质灰陶。敞口方唇，直颈，圆鼓腹，圜底。肩部对饰桥形耳。腹部饰弦纹，近底处饰绳纹。口径12、通高25.6厘米（图三四九，4；图版一三七，4）。

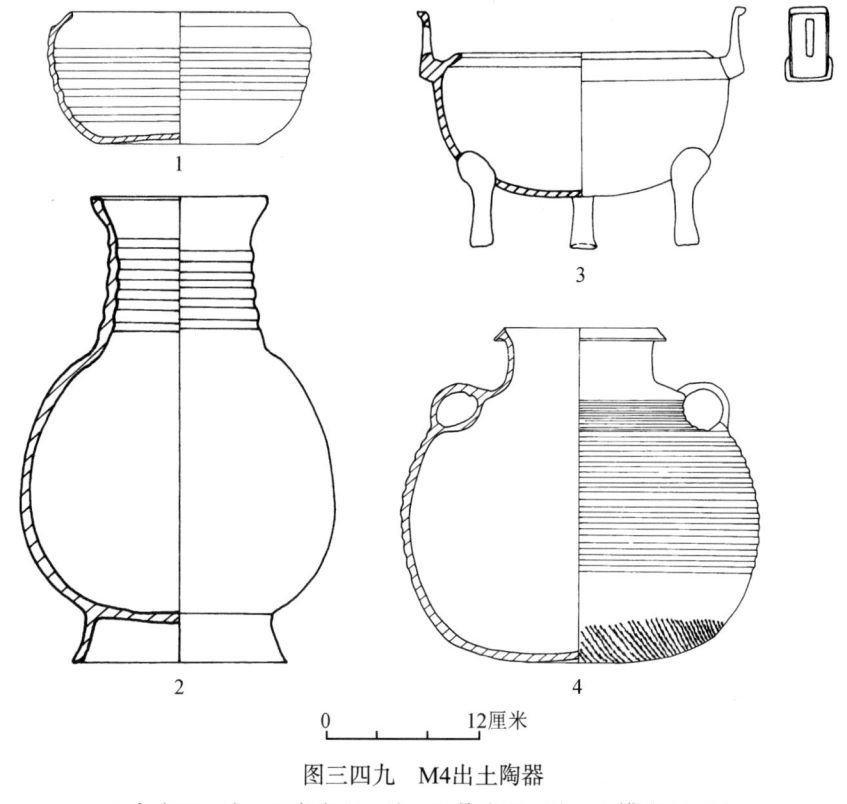

图三四九　M4出土陶器
1.盒（M4：4）　2.壶（M4：1）　3.鼎（M4：2）　4.罐（M4：3）

M5

1. 墓葬形制

凸字形土坑竖穴墓。方向290°。发掘时墓室坍塌。墓室长2.8、宽2.4、深2.6米。墓道位于墓室西壁中央，长方形斜坡状，上口长2.6、宽1.6米。墓室内填土为黄褐色花土。墓底存棺椁残木。随葬品存陶灶1件；铜镜1件（图三五〇；图版一三八，1）。

2. 随葬品

陶灶　1件。M5：2，泥质灰陶。平面呈梯形，前端设一拱形灶门，灶面三侧残留围栏。残存双火眼。长30.8、宽20厘米（图三五一，2；图版一三九，3）。

铜镜　1件。M5：1，蟠螭纹镜。三弦纽，内区为两周弦纹带，外区饰蟠螭纹。直径11.9厘米（图三五一，1；图版一三九，1）。

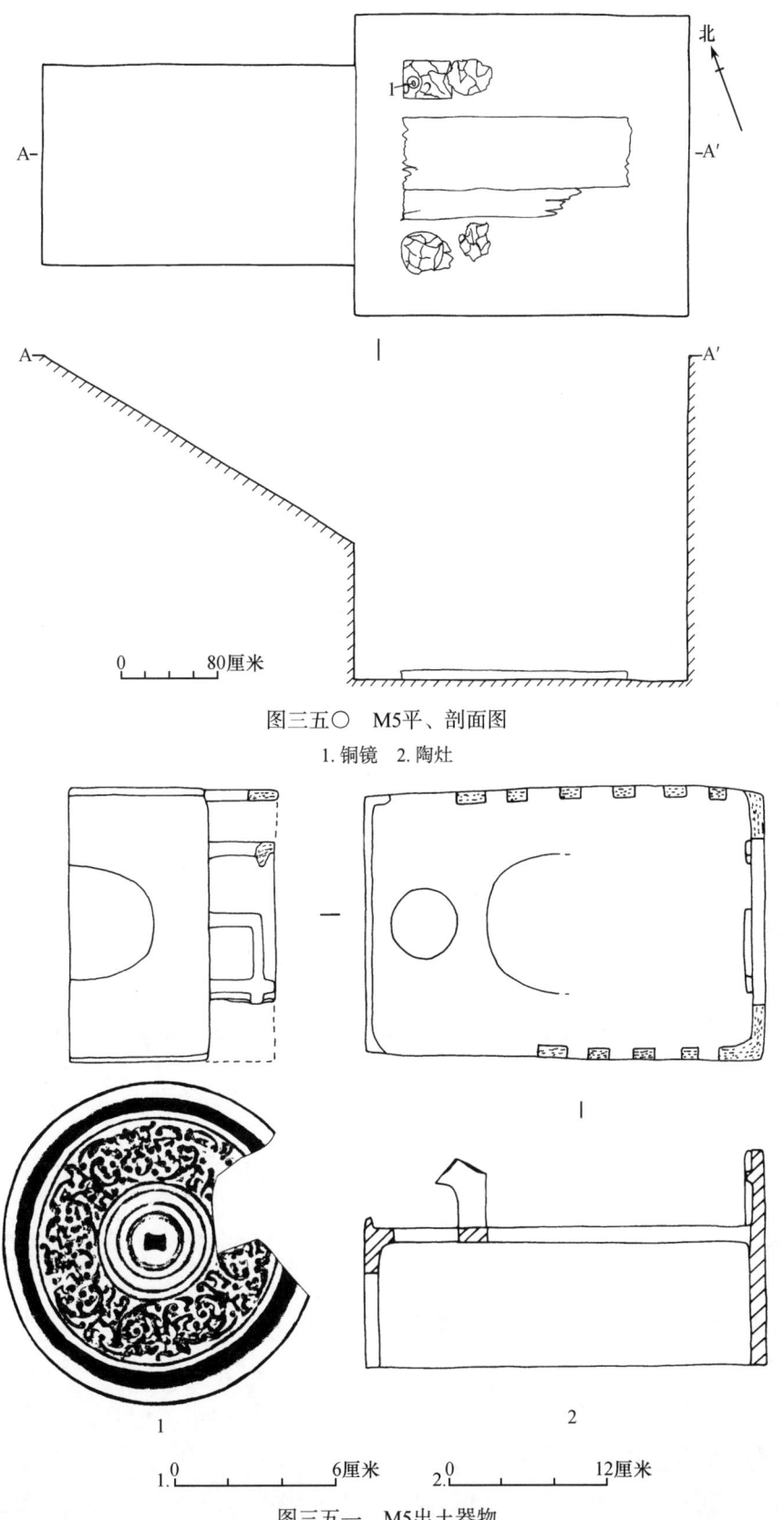

图三五〇　M5平、剖面图
1. 铜镜　2. 陶灶

图三五一　M5出土器物
1. 铜镜（M5∶1）　2. 陶灶（M5∶2）

M6

1. 墓葬形制

长方形土坑竖穴墓。方向290°。墓室长2.4、宽1.44、深0.9米。墓内填土为黄褐色花土。随葬品有陶罐4件（图三五二；图版一三八，2）。

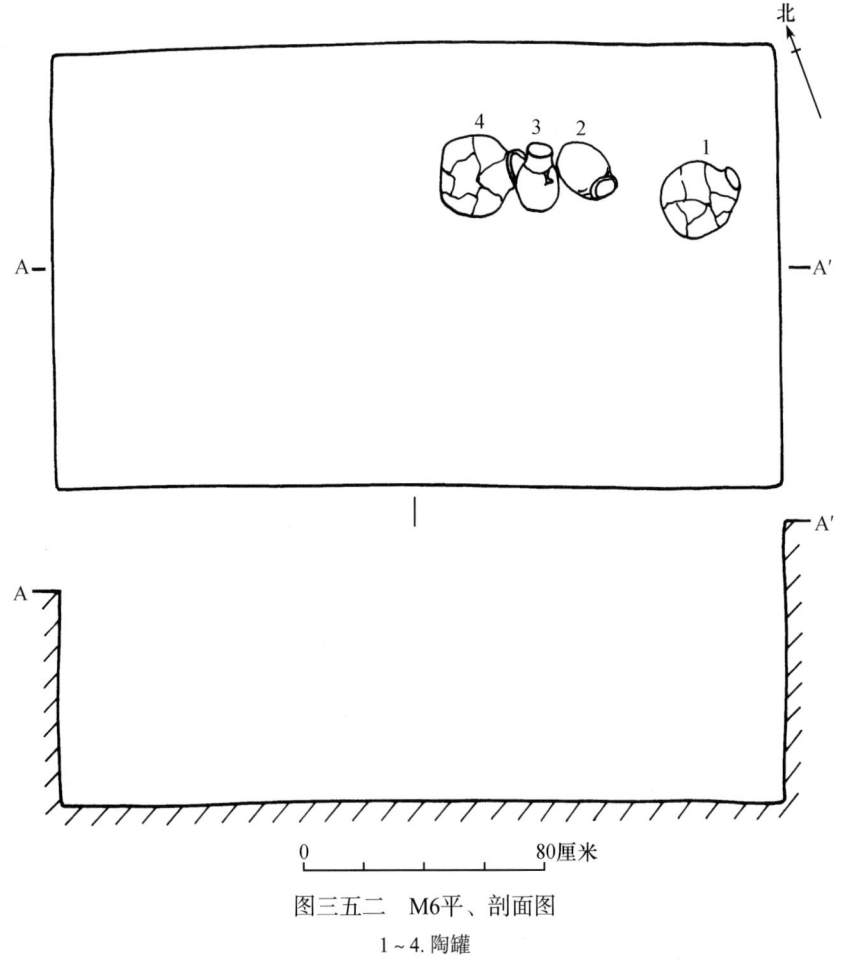

图三五二　M6平、剖面图
1~4.陶罐

2. 随葬品

陶罐　4件。M6：1，泥质灰陶。存残片，侈口方唇，直颈，平底。双桥形耳。M6：2，泥质灰陶。侈口方唇，直颈，斜弧腹，平底内凹。双桥形耳。素面。口径9.4、底径7、通高20.2厘米（图三五三，1；图版一三九，2）。M6：3，泥质灰陶。侈口方唇，直颈，斜弧腹，平底内凹。双桥形耳。肩部、近底处饰绳纹，腹部饰弦纹。口径10、底径6、通高22.1厘米（图三五三，3；图版一三九，4）。M6：4，泥质灰陶。侈口方唇，束颈，弧鼓腹，下腹部残。双桥形耳。腹部饰弦纹。口径12.4、残高22.4厘米（图三五三，2）。

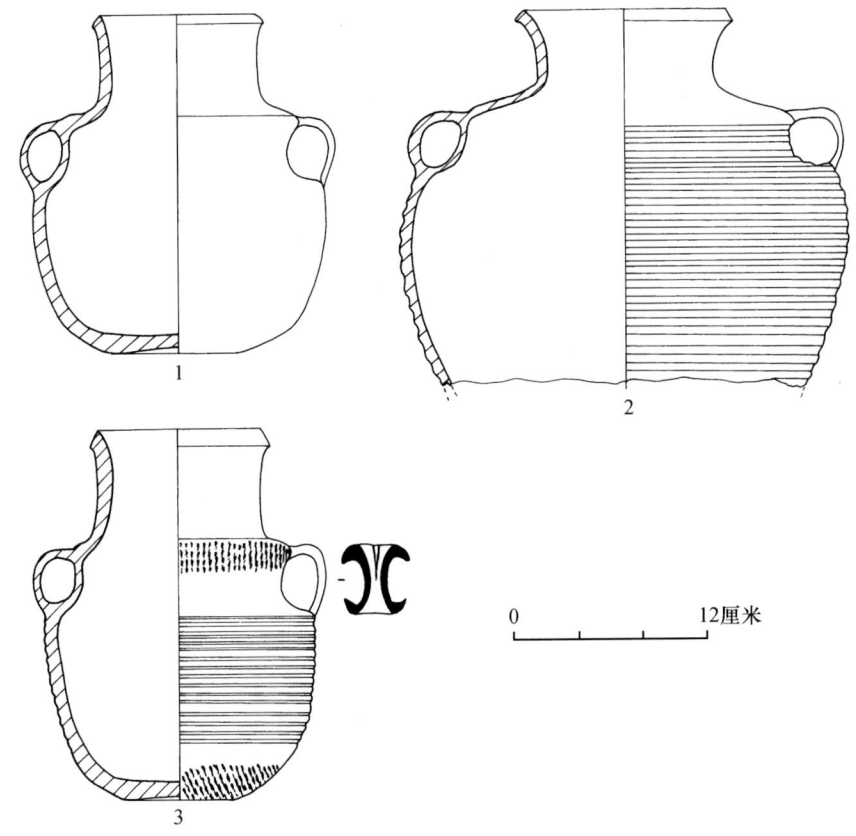

图三五三　M6出土陶罐
1. M6:2　2. M6:4　3. M6:3

M7

1. 墓葬形制

凸字形土坑竖穴墓。方向218°。墓道位于墓室南壁，存先后两条，均长方形斜坡状，上口长4.6、宽1.25~1.5米。墓室长5.3、宽4.4、深2.2米。墓内填土为黄褐色花土。墓室内存残木椁。随葬品有陶鼎4件、盒11件、壶6件、瓿5件、罐6件、豆1件、灶1件、猪圈1件；铜鼎1件、壶1件、洗2件、剑1件、矛1件、刀1件、镜3件、舀1件、饰件1件，大部分置于椁室东西两侧（边厢）。其中M7:14、M7:22、M7:23、M7:41陶盒、M7:19陶罐残碎。结合墓道、随葬品摆放位置情况，墓室内当有一椁双棺（图三五四；彩版五五，1）。

2. 随葬品

陶鼎　4件。M7:17，硬陶。子母口，斜弧腹，平底内凹，三短足。双附耳，覆钵形器盖。通体存轮制弦纹。口径18.8、底径12、通高19厘米（图三五七，3；彩版五七，3）。M7:18，硬陶。子母口，斜弧腹，平底内凹，三短足。双附耳。覆钵形器盖。内表存轮制弦

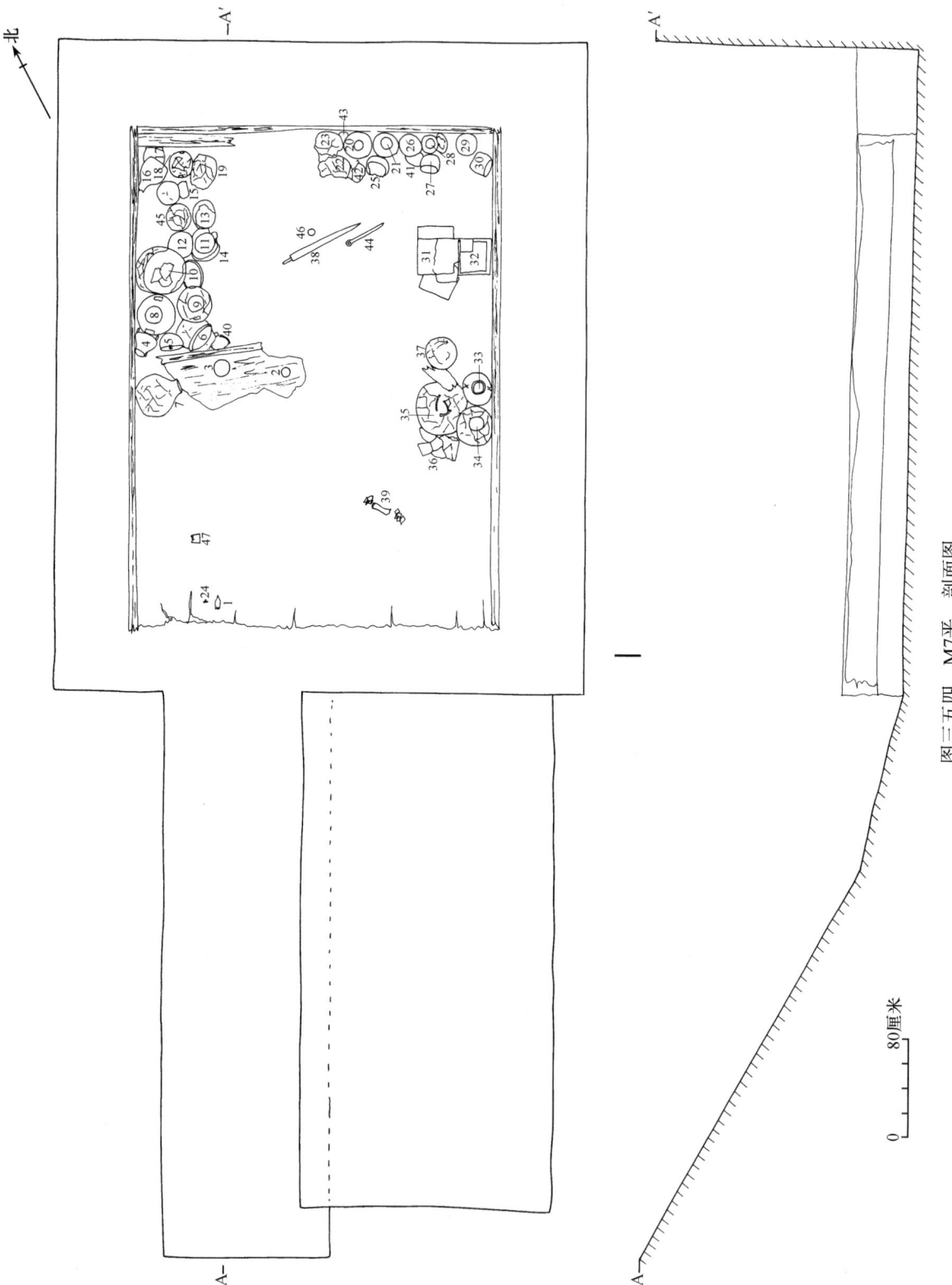

图三五四　M7平、剖面图

1. 铜矛　2、3、46. 铜镜　4. 铜壶　5. 铜鼎　6、37. 铜洗　7、16、21、33、34、40. 陶壶　8～10、35、36. 陶瓿　11～14、22、23、25、27、29、30、41. 陶盒　15、19、20、28、42、43. 陶罐　17、18、26、45. 陶鼎　24. 铜饰件　31. 陶灶　32. 陶猪圈　38. 铜剑　39. 陶豆　44. 铜刀　47. 铜面

纹。口径19.6、底径13.6、通高18.6厘米（图三五七，4；彩版五七，5）。M7∶26，硬陶。子母口，斜弧腹，平底内凹，三短足。双附耳。覆钵形器盖。通体存弦纹。口径19.2、底径12.4、通高17.4厘米（图三五七，2）。M7∶45，硬陶。子母口，斜弧腹，平底内凹，三短足。双附耳。覆钵形器盖。通体存弦纹。口径19.1、底径11、通高18.6厘米（图三五七，1）。

陶盒　11件。M7∶11，硬陶。子母口，斜弧腹，平底内凹。覆钵形器盖。通体存轮制弦纹。口径19.6、底径14、通高18.8厘米（图三六〇，4；彩版五六，4）。M7∶12，硬陶。子母口，斜弧腹，平底内凹。覆钵形器盖。通体存轮制弦纹。口径19.2、底径11、通高18.6厘米（图三五七，7）。M7∶13，硬陶。子母口，斜弧腹，平底内凹。覆钵形器盖。通体存轮制弦纹。口径19.4、底径11.6、通高18.8厘米（图三五七，8）。M7∶25，硬陶。子母口，弧鼓腹，平底内凹。覆钵形器盖。通体存轮制弦纹。口径18、底径11.6、通高15.8厘米（图三五八，6）。M7∶27，泥质灰陶，子母口，斜弧腹，平底内凹。内表存轮制弦纹。口径13.8、底径10.2、通高11.1厘米（图三五八，4）。M7∶29，硬陶。子母口，斜弧腹，平底内凹。双叶脉纹附耳。覆钵形器盖。通体存轮制弦纹。口径18.9、底径12.6、通高15.8厘米（图三五七，5；彩版五八，3）。M7∶30，硬陶，子母口，斜弧腹，平底内凹。覆钵形器盖。通体存轮制弦纹。口径18.4、底径11.2、通高17厘米（图三五七，6）。M7∶14、M7∶22、M7∶23、M7∶41，残碎。

陶壶　6件。M7∶7，釉陶，上半部施釉。敞口方唇，束颈，圆鼓腹，圈足。肩部对饰叶脉纹桥形耳及弦纹，颈部饰波浪纹及弦纹，通体存轮制弦纹。口径14.6、底径17、通高36.4厘米（图三五六，3；彩版五六，5）。M7∶16，硬陶。敞口方唇，束颈，圆鼓腹，平底内凹。双叶脉纹桥形耳。通体存轮制弦纹。口径11.3、底径12.4、通高28.8厘米（图三五六，5；彩版五七，1）。M7∶21，釉陶，上半部施釉。口部残，弧鼓腹，平底内凹。双桥形耳。通体存轮制弦纹。底径15、残高22.8厘米（图三五六，6；彩版五七，4）。M7∶33，釉陶，上半部施釉。敞口圆唇，束颈，圆鼓腹，圈足。肩部饰双叶脉纹桥形耳及波浪纹、弦纹，颈部饰波浪纹及弦纹，通体存轮制弦纹。口径12.7、底径14、通高32.6厘米（图三五六，2；彩版五八，4）。M7∶34，硬陶。敞口圆唇，束颈，圆鼓腹，圈足。肩部对饰叶脉纹桥形耳及波浪纹、弦纹，颈部饰波浪纹及弦纹，通体存轮制弦纹。口径13、底径15.4、通高33.3厘米（图三五六，1）。M7∶40，釉陶，上半部施釉。敞口圆唇，束颈，圆鼓腹，圈足。肩部对饰叶脉纹桥形耳及波浪纹、弦纹，颈部饰波浪纹及弦纹，通体存轮制弦纹。口径15.2、底径16、通高35.7厘米（图三五六，4；彩版五九，1）。

陶瓿　5件。M7∶8，硬陶。平口方唇，弧鼓腹，平底内凹。双兽面桥形耳。肩部饰波浪纹及弦纹，通体存轮制弦纹。口径11.3、底径14.8、通高26.4厘米（图三五五，2；彩版五六，2）。M7∶9，硬陶。平口方唇，弧鼓腹，平底内凹。双兽面桥形耳。肩部饰波浪纹及弦纹，通体存轮制弦纹。口径9.4、底径15.8、通高28厘米（图三五五，5）。M7∶10，硬陶。平口方唇，弧鼓腹，平底内凹。双兽面桥形耳。肩部饰波浪纹及弦纹，通体存轮制弦纹。口径11.2、底径15、通高26.8厘米（图三五五，1）。M7∶35，硬陶。平口方唇，弧鼓腹，平底内凹。

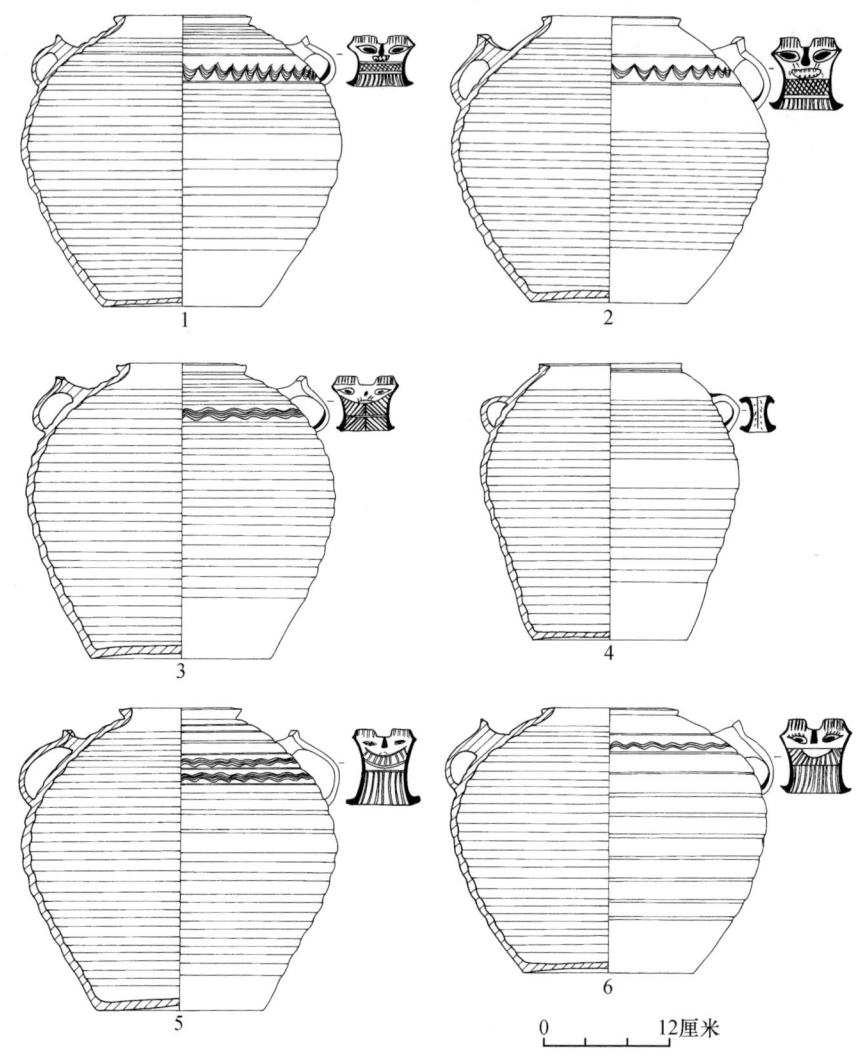

图三五五　M7出土陶器

1~3、5、6.瓿（M7:10、M7:8、M7:36、M7:9、M7:35）　4.罐（M7:20）

双兽面桥形耳。肩部饰波浪纹及弦纹，通体存轮制弦纹。口径10.6、底径16.2、通高24.4厘米（图三五五，6）。M7:36，硬陶，平口方唇，弧鼓腹，平底内凹。双兽面桥形耳。肩部饰波浪纹及弦纹，通体存轮制弦纹。口径10、底径17.2、通高27.2厘米（图三五五，3）。

陶罐　6件。M7:15，釉陶，上半部施薄釉。直口方唇，圆鼓腹，平底内凹。双桥形耳。通体存轮制弦纹。口径7.3、底径8.4、通高13厘米（图三五八，2；彩版五六，6）。M7:20，硬陶。平口方唇，弧鼓腹，平底内凹。双桥形耳。通体存轮制弦纹。口径13.6、底径14.6、通高25.4厘米（图三五五，4；彩版五七，2）。M7:28，釉陶，上半部施薄釉。直口方唇，圆鼓腹，平底内凹。双叶脉纹桥形耳。通体存轮制弦纹。口径7.6、底径8、通高10.1厘米（图三五八，3；彩版五八，1）。M7:42，釉陶，上半部施釉。直口方唇，圆鼓腹，平底内凹。双桥形耳。通体存轮制弦纹。口径9、底径8.2、通高10.4厘米（图三五八，1；彩版五九，

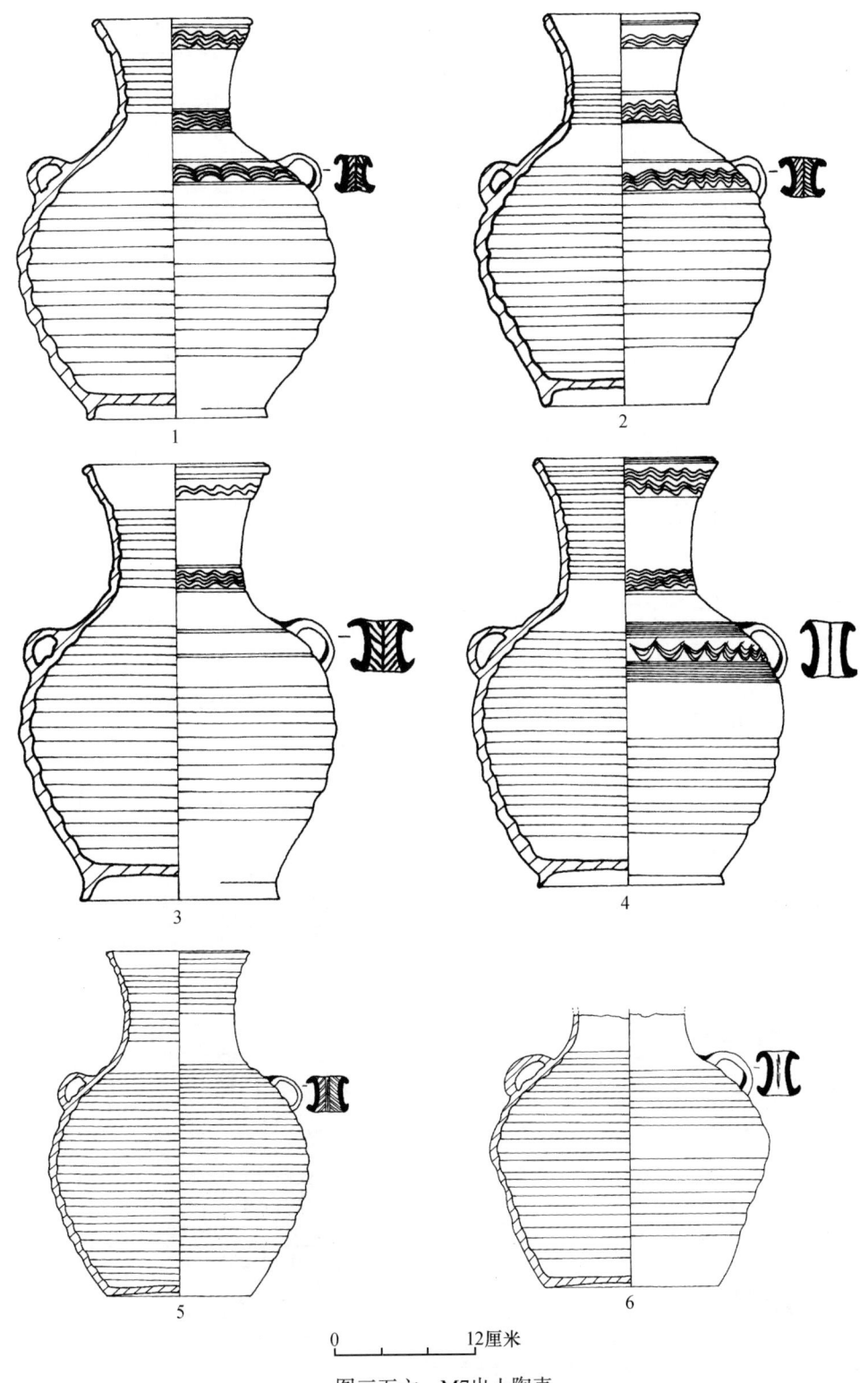

图三五六　M7出土陶壶

1. M7：34　2. M7：33　3. M7：7　4. M7：40　5. M7：16　6. M7：21

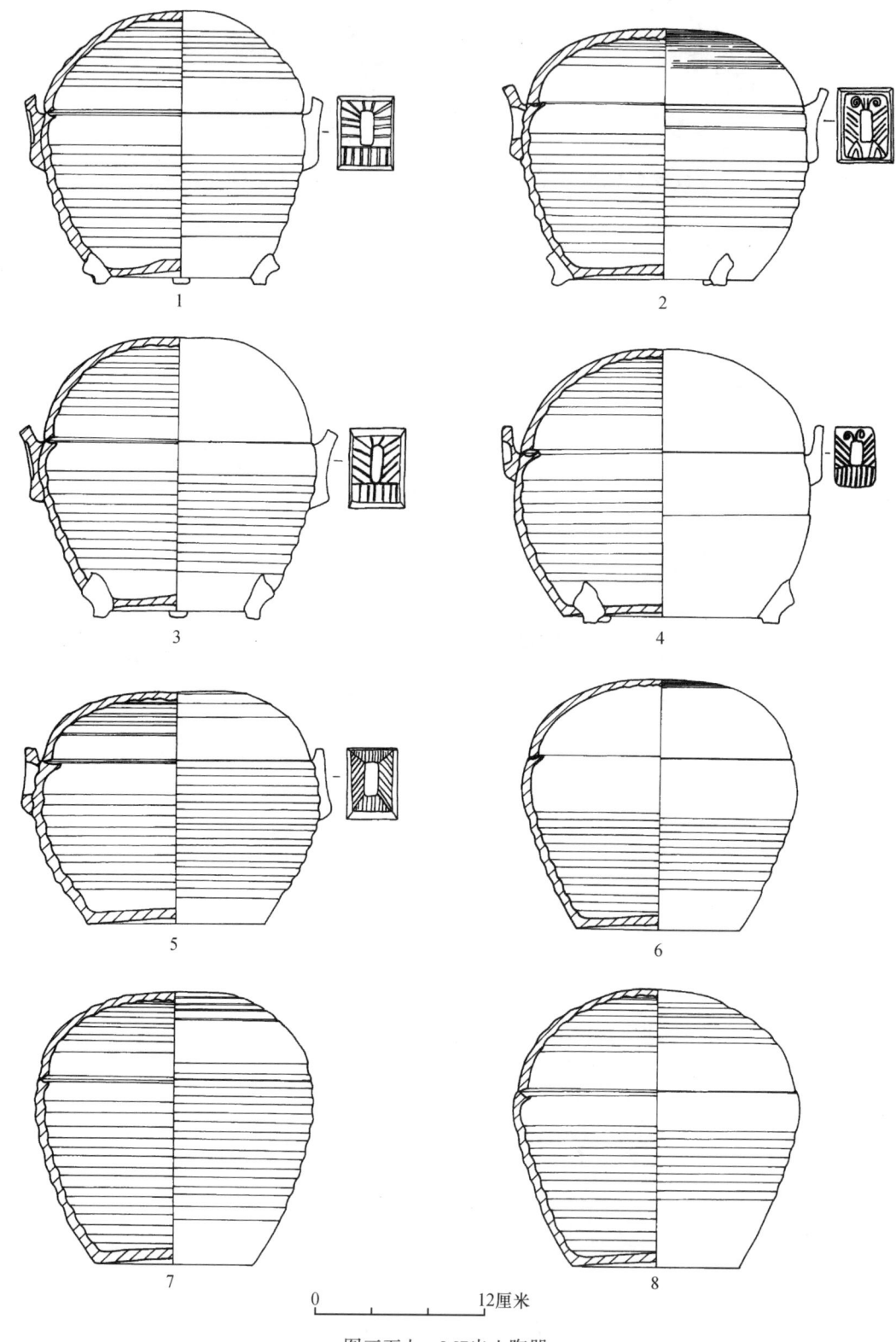

图三五七　M7出土陶器

1~4.鼎（M7:45、M7:26、M7:17、M7:18）　5~8.盒（M7:29、M7:30、M7:12、M7:13）

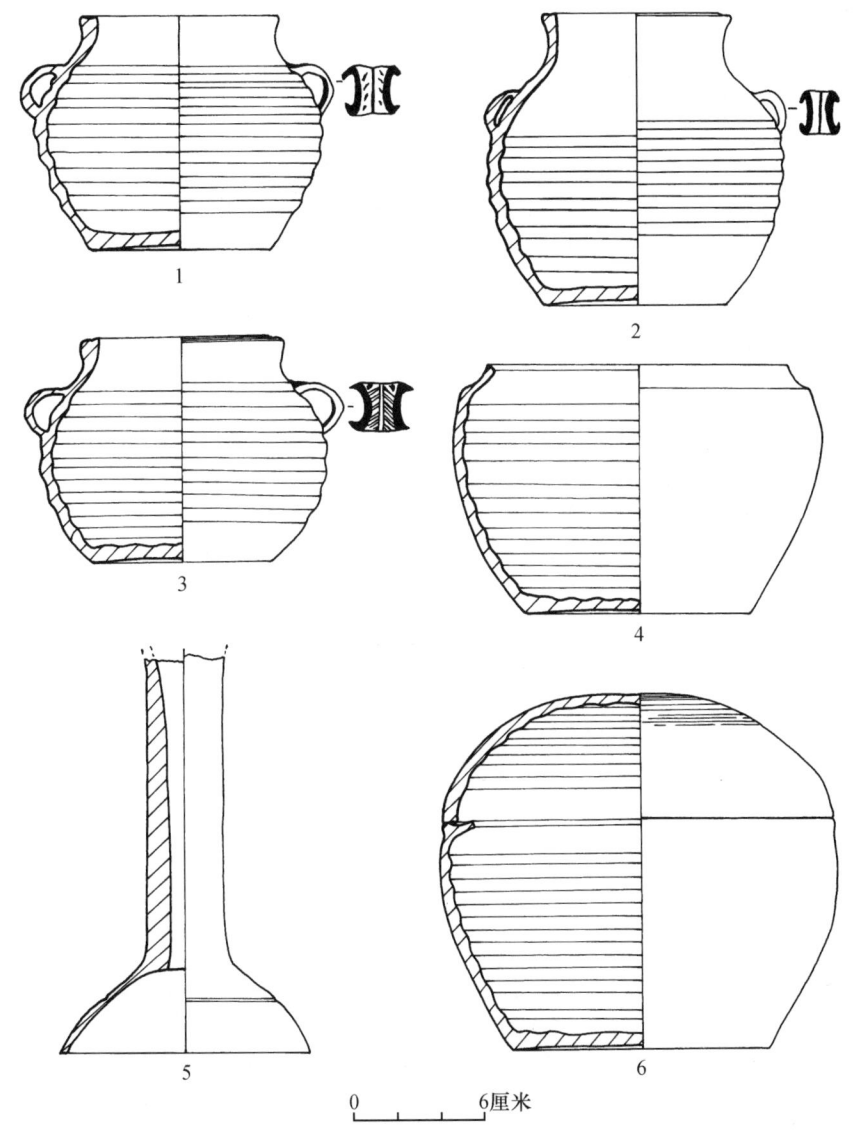

图三五八　M7出土陶器
1~3.罐（M7∶42、M7∶15、M7∶28）　4、6.盒（M7∶27、M7∶25）　5.豆（M7∶39）

3）。M7∶43，硬陶。平口方唇，弧鼓腹，平底内凹。双桥形耳。通体存轮制弦纹。口径13.9、底径14.6、通高25.4厘米（图三六〇，2；彩版五九，5）。M7∶19，残碎。

陶豆　1件。M7∶39，泥质灰陶。豆盘已残，细高柄，喇叭形圈足。底径11.5、残高17.6厘米（图三五八，5）。

陶灶　1件。M7∶31，泥质灰陶。平面呈曲尺形，灶面三侧起高墙。四面坡顶，顶上起瓦垄。前端设双拱形灶门，后端置双烟道，烟道在墙上合二为一，共用一实心烟囱。灶面设三火眼。长32、宽20厘米（图三五九；彩版五八，5）。

陶猪圈　1件。M7∶32，泥质灰陶。平面呈方形，四周起高墙。圈墙一角起柱搭设杆栏式厕屋一座，两坡顶。厕屋中间开设一孔，与圈内相同。外侧开设一门，供人出入。圈内置陶猪

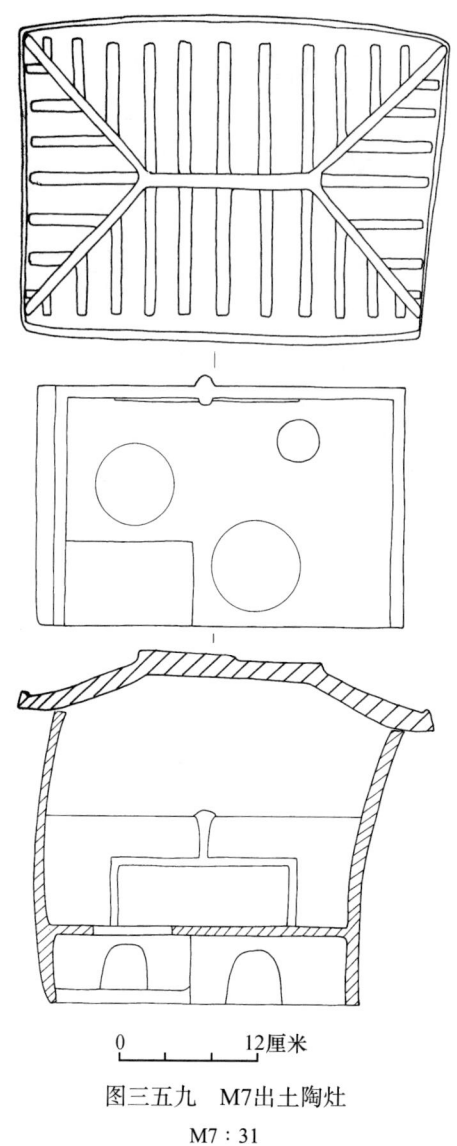

图三五九　M7出土陶灶
M7∶31

一头。长28.6、宽27厘米（图三六〇，1；彩版五八，2）。

铜鼎　1件。M7∶5，残，可辨子母口，兽蹄足。双附耳。附件铜勺1件（图三六一，2）。

铜壶　1件。M7∶4，残，子母口，肩部饰双衔环，提梁脱落。器盖平顶，上饰三环纽（图三六一，3）。

铜洗　2件。M7∶6，残，折沿，平底。肩部饰铺首环耳（图三六一，1）。M7∶37，存残片，可辨折沿，平底。肩部饰铺首耳及一组凸弦纹。

铜剑　1件。M7∶38，扁平茎，剑脊隆起，剑身剖面呈菱形。通长54.5厘米（图三六一，8；彩版五八，6）。

铜矛　1件。M7∶1，残，仅存矛身，呈柳叶形。残长9.4厘米（图三六一，5；彩版五六，1）。

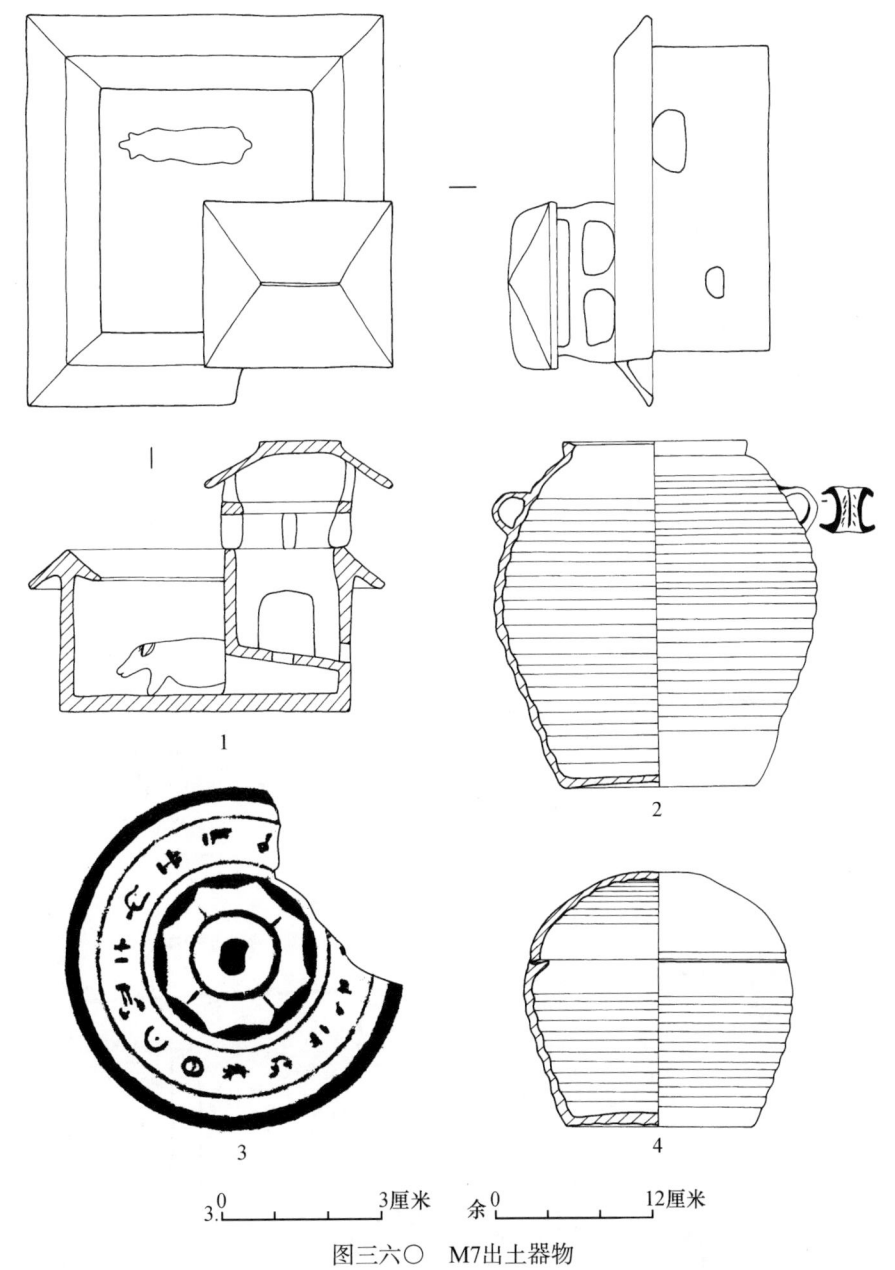

图三六〇　M7出土器物
1. 陶猪圈（M7:32）　2. 陶罐（M7:43）　3. 铜镜（M7:46）　4. 陶盒（M7:11）

铜刀　1件。M7:44，环首残，刀身剖面呈楔形，刃部锈蚀。残长20.4厘米（图三六一，7；彩版五九，2）。

铜镜　3件。M7:2，星云镜。连峰纽，圆形纽座，内向连弧纹缘。内区为十六瓣内向连弧纹，外区为星云纹。直径11、缘厚0.4厘米（图三六二，1；彩版五六，3）。M7:3，星云镜。连峰纽，纽座残，内向连弧纹缘。内区为十六瓣内向连弧纹，外区为星云纹。直径12.7、缘厚0.4厘米（图三六二，2）。M7:46，昭明镜。半球状纽，圆形纽座。内区为八瓣内向连弧纹,外区为铭文带,残铭为"内青…光象日月,心"。直径6.4、缘厚0.2厘米(图三六〇,3;彩版五九,4)。

铜甗 1件。M7:47,上半部残,中空,弧刃。残长8.6、宽8.1厘米(图三六一,4;彩版五九,6)。

铜饰件 1件。M7:24,残戈形,存三穿孔,其一残。残长4.2、残宽2.1厘米(图三六一,6;彩版五七,6)。

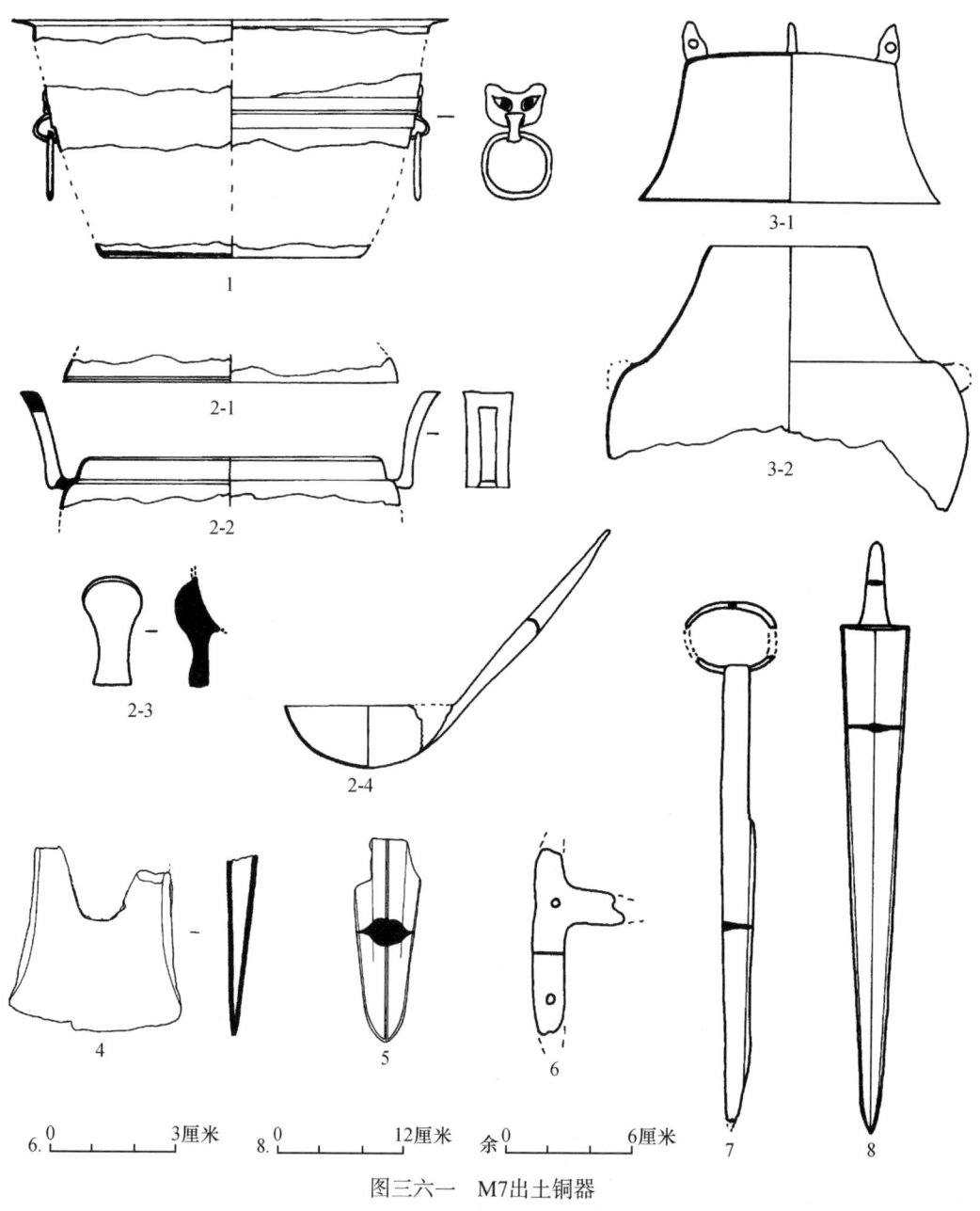

图三六一 M7出土铜器

1.洗(M7:6) 2.鼎(M7:5) 3.壶(M7:4) 4.甗(M7:47) 5.矛(M7:1) 6.饰件(M7:24)
7.刀(M7:44) 8.剑(M7:38)

图三六二　M7出土铜镜
1. M7∶2　2. M7∶3

M8

1. 墓葬形制

凸字形土坑竖穴墓。方向295°。墓室长2.7、宽1.91、深1.74米。墓道位于墓室西壁中央，已被破坏，长方形斜坡状，上口残长0.18、宽1.02米。墓底存木椁板。墓室内填土为黄褐色花土，墓底及椁板周围有青膏泥。随葬品有陶壶2件、灶1件、猪圈1件；铜弩机1件、刀2件、铜钱62枚。陶猪圈残碎（图三六三；彩版五五，2）。

2. 随葬品

陶壶　2件。M8∶1，釉陶，上半部施釉。敞口方唇，束颈，弧鼓腹，平底。肩部饰叶脉纹铺首耳及三组弦纹，颈部饰两道弦纹，通体存轮制弦纹。口径16.6、底径15.8、通高46厘米（图三六四，2；彩版六〇，1）。M8∶2，釉陶。敞口圆唇，束颈，弧鼓腹，圈足。肩部饰叶脉纹铺首耳及三组弦纹，口部、颈部饰绳纹及波浪纹，通体存轮制弦纹。口径11、底径12.6、

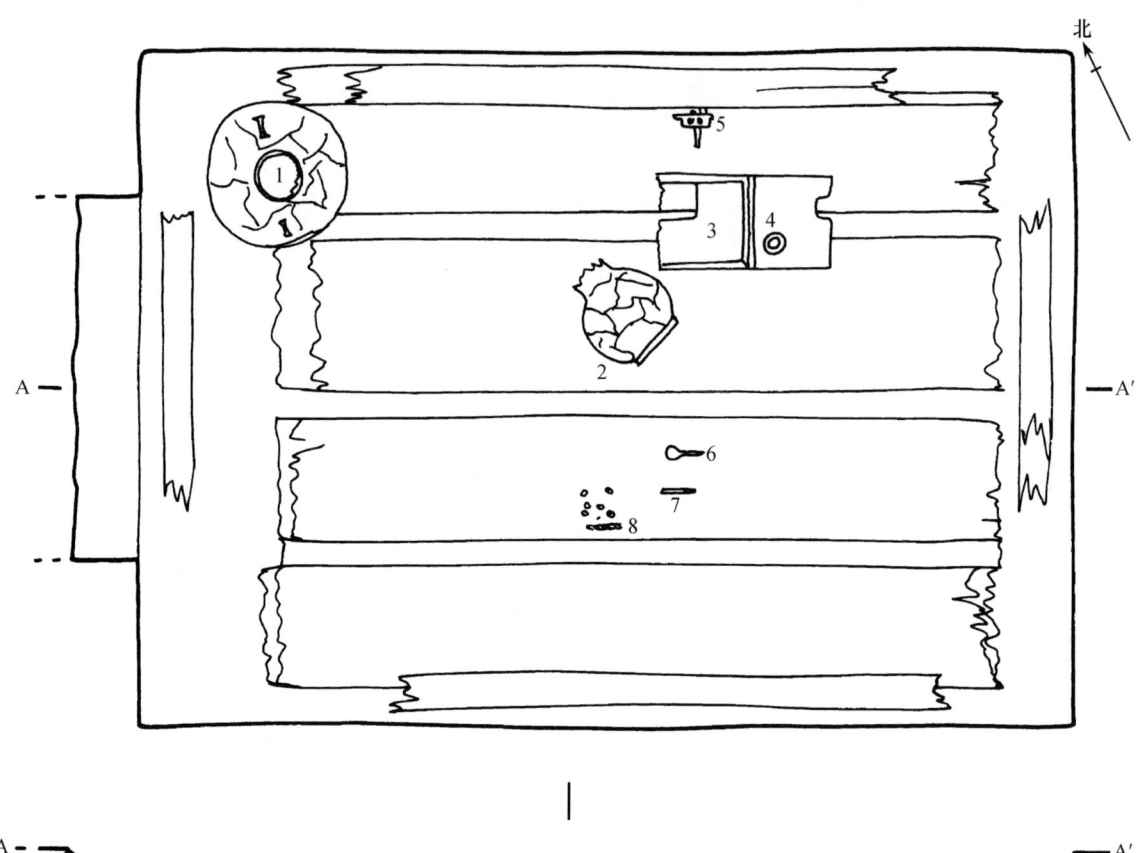
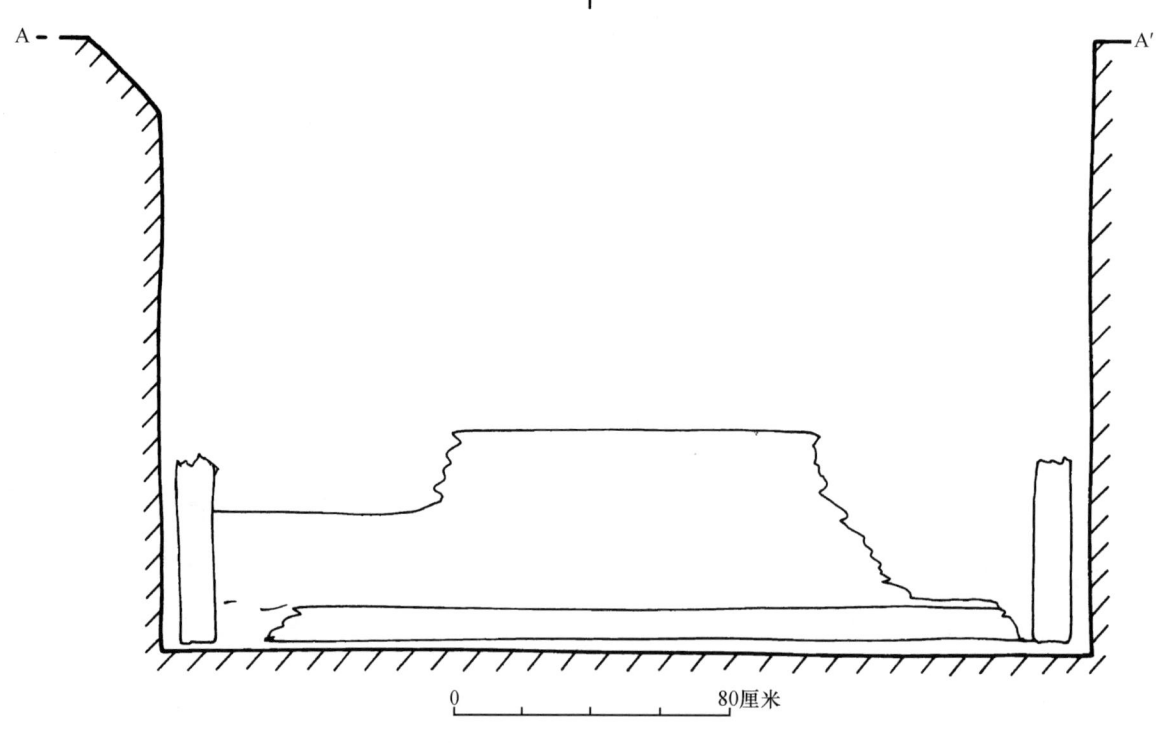

图三六三　M8平、剖面图

1、2.陶壶　3.陶猪圈　4.陶灶　5.铜弩机　6、7.铜刀　8.铜钱

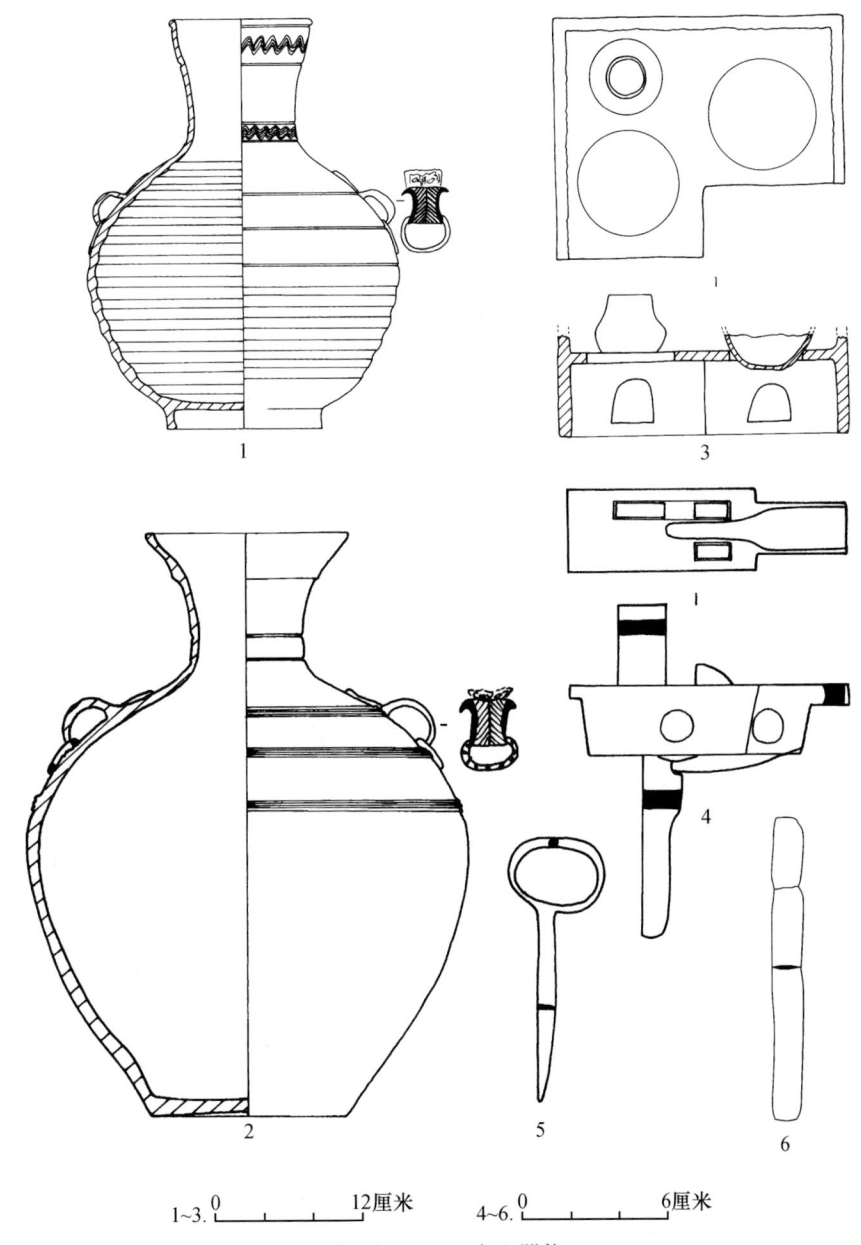

图三六四　M8出土器物

1、2.陶壶（M8:2、M8:1）　3.陶灶（M8:4）　4.铜弩机（M8:5）　5、6.铜刀（M8:6、M8:7）

通高32.3厘米（图三六四，1；彩版六〇，3）。

陶灶　1件。M8:4，泥质灰陶。平面呈曲尺形，三侧起围栏，已残。前端设双拱形灶门，三火眼，上置釜、平底锅各一。长23.6、宽19厘米（图三六四，3；彩版六〇，5）。

陶猪圈　1件。M8:3，泥质灰陶。残碎。

铜弩机　1件。M8:5，存铜郭、望山、悬刀。铜郭长11.9、宽3、通高13.5厘米（图三六四，4；彩版六〇，2）。

铜刀　2件。M8:6，环首，刀身残，剖面呈楔形。残长10.3厘米（图三六四，5；彩版六〇，4）。M8:7，仅存刀身。残长11.9厘米（图三六四，6；彩版六〇，6）。

铜钱　62枚。M8:8，锈蚀，可辨为五铢钱。

M9

1. 墓葬形制

凸字形土坑竖穴墓。方向300°。发掘前已遭施工破坏。墓室长3.4、宽2.5、残深1.5米。墓道被破坏。墓室内填土为黄褐色花土。墓底残存两块椁板。随葬品有陶壶2件、罐1件、器底1件、灶1件、猪圈1件；未名石器1组（图三六五；彩版六一，1）。

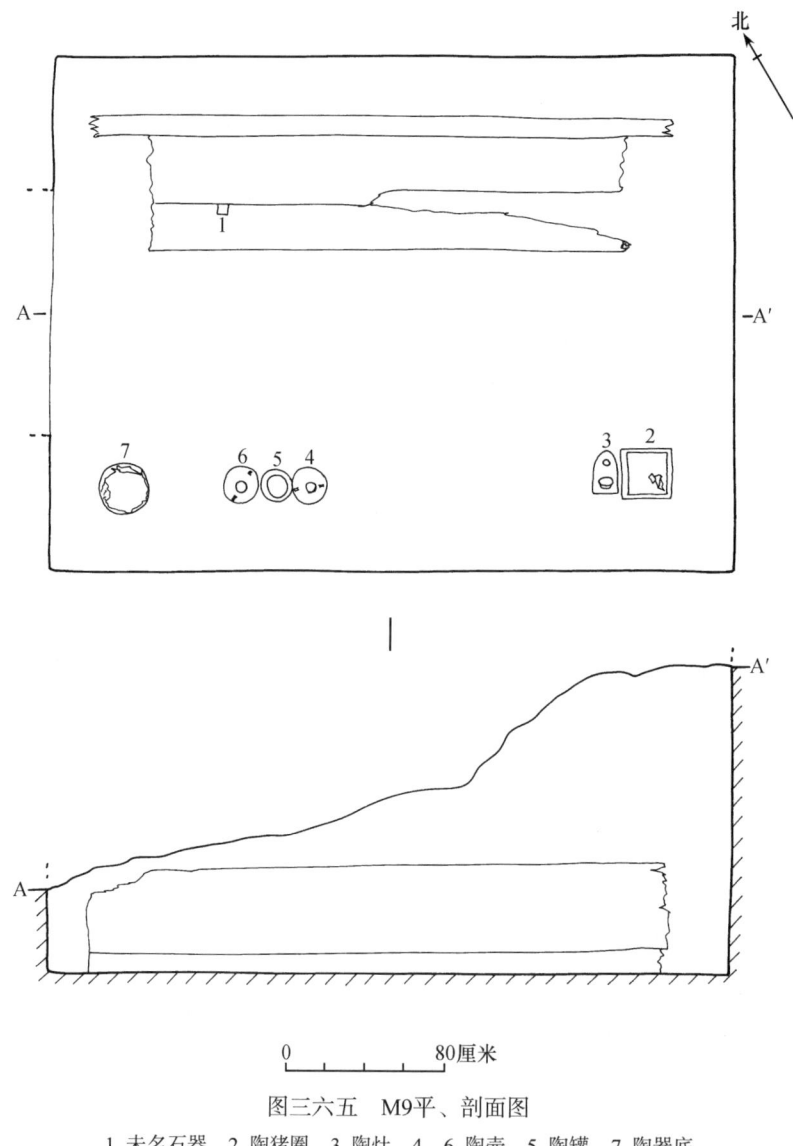

图三六五　M9平、剖面图
1. 未名石器　2. 陶猪圈　3. 陶灶　4、6. 陶壶　5. 陶罐　7. 陶器底

2. 随葬品

陶壶　2件。M9：4，硬陶。口部残，弧鼓腹，平底内凹。肩部饰双桥形耳及两组弦纹，通体拍印网格纹。底径9.6、残高18.8厘米（图三六六，1；彩版六二，2）。M9：6，釉陶，上

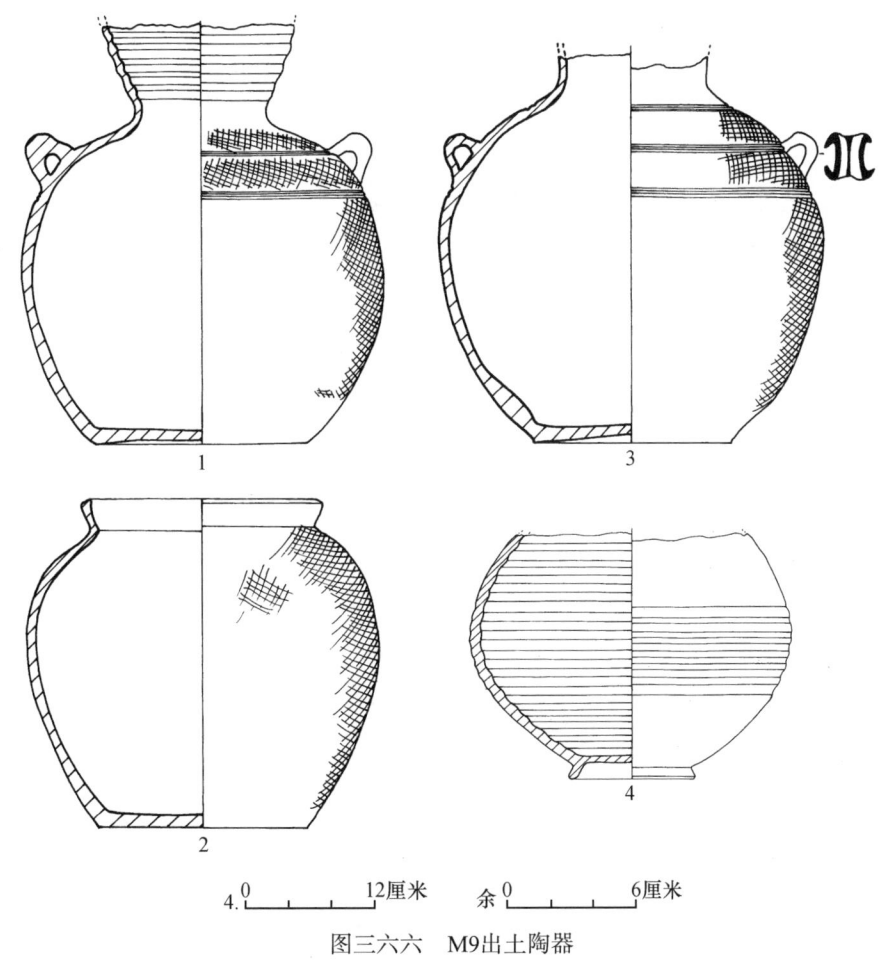

图三六六　M9出土陶器
1、3.壶（M9∶4、M9∶6）　2.罐（M9∶5）　4.器底（M9∶7）

半部施釉。口部残，圆鼓腹，平底内凹。肩部饰双桥形耳及三组弦纹，通体拍印网格纹。底径9.2、残高17.4厘米（图三六六，3；彩版六二，6）。

陶罐　1件。M9∶5，硬陶。侈口方唇，弧鼓腹，平底。通体拍印网格纹。口径10.4、底径9.6、通高14.8厘米（图三六六，2；彩版六二，4）。

陶器底　1件。M9∶7，硬陶。上部残，圆鼓腹，圈足。通体存轮制弦纹。底径11.6、残高22厘米（图三六六，4）。

陶灶　1件。M9∶3，泥质灰陶。平面呈前方后圆形，前端设一拱形灶门，灶面双火眼，上置釜、甑一组。长17.8、宽13.4厘米（图三六七，3；彩版六二，5）。

陶猪圈　1件。M9∶2，泥质灰陶。平面为方形，下部设一周圈栏，圈栏一侧起柱搭设厕屋一座，两坡顶，顶上刻划出瓦垄。厕屋左侧起高台，右侧设一门。圈栏内置一隔墙，隔墙上开设一孔，与圈内猪槽相通，圈底布满圆形小窝。圈内置陶猪一头。长27、宽25厘米（图三六七，1；彩版六二，3）。

未名石器　1组2件，大小、形状相近。M9∶1，青灰色，平面呈长方形，四周有加工痕迹，一侧磨光。残长6.1厘米（图三六七，2；彩版六二，1）。

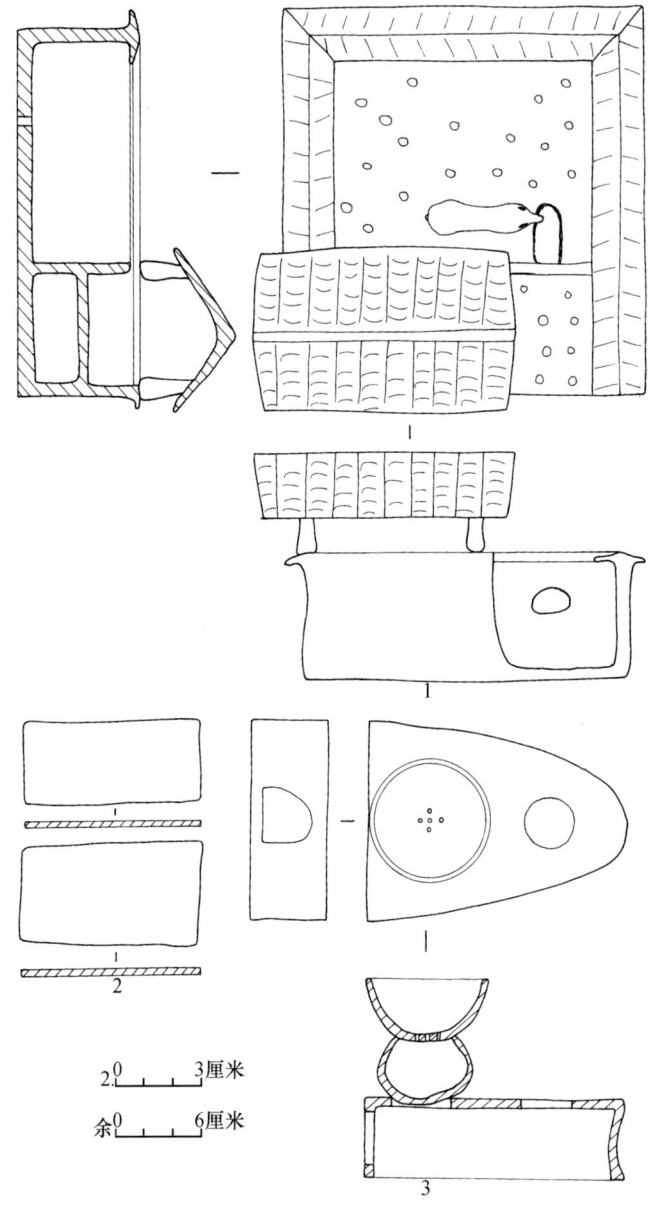

图三六七　M9出土器物

1. 陶猪圈（M9∶2）　2. 石器（M9∶1）　3. 陶灶（M9∶3）

M10

1. 墓葬形制

凸字形土坑竖穴墓。方向222°。墓室长3.3、宽2.96、深1.9米。墓道位于墓室南壁中央，已遭施工破坏。上口残长0.9、宽1.44米。墓内填土为黄褐色花土。墓室内存残木椁。随葬品有陶鼎2件、盒2件、壶2件、罐5件、灶1件、甑1件；铜镜1件、残铜器1件。陶器集中出土于墓室北侧（边厢），其中M10∶15陶罐、陶甑残碎（图三六八；彩版六一，2）。

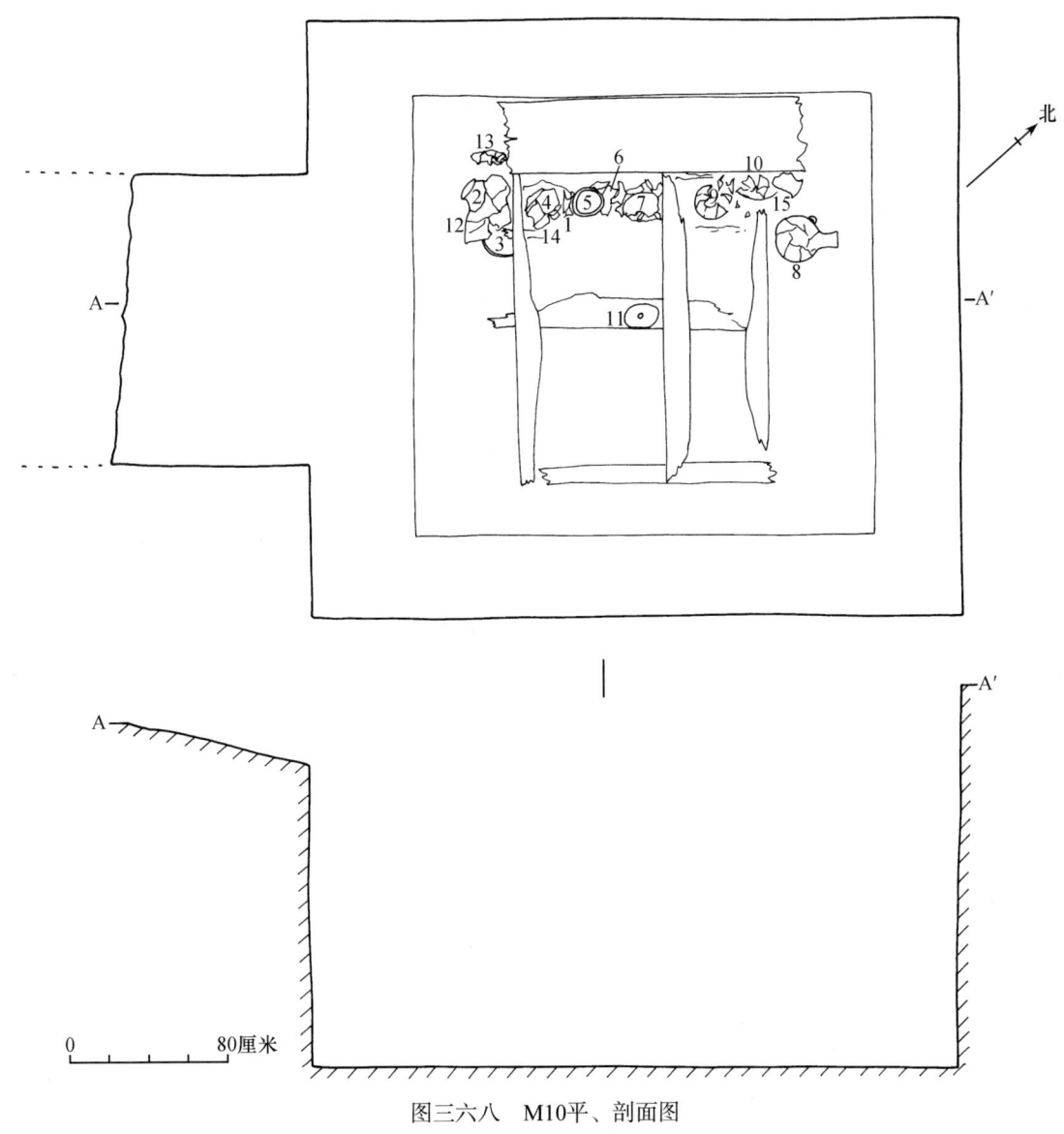

图三六八　M10平、剖面图
1.铜镜　2、5.陶壶　3、4.陶鼎　6、13.陶盒　7～10、15.陶罐　11.陶甑　12.陶灶　14.残铜器

2. 随葬品

陶鼎　2件。M10：3，泥质灰陶。子母口，弧鼓腹，圜底，兽蹄足。双附耳。覆钵形器盖。下腹饰绳纹。口径15.4、通高14.8厘米（图三七〇，2）。M10：4，泥质灰陶。子母口，弧鼓腹，圜底，兽蹄足。双附耳。覆钵形器盖。下腹饰绳纹。口径16.2、通高16.6厘米（图三七〇，4；彩版六三，5）。

陶盒　2件。M10：6，泥质灰陶。子母口，腹部残，平底内凹。覆钵形器盖。通体存轮制弦纹。口径17、底径11.4厘米（图三七〇，3）。M10：13，泥质灰陶。子母口，弧鼓腹，平底内凹。覆钵形器盖。内表存轮制弦纹。口径17.2、底径11.8、通高10.7厘米（图三七〇，1）。

陶壶　2件。M10：2，泥质灰陶。敞口方唇，束颈，圆鼓腹，圈足。下腹饰绳纹。口径

15.4、底径17、通高33厘米（图三六九，3；彩版六三，3）。M10：5，泥质灰陶。敞口方唇，束颈，圆鼓腹，圈足。下腹饰绳纹。口径16、底径18.2、通高35.5厘米（图三六九，2）。

陶罐　5件。M10：7，硬陶。敞口方唇，束颈，弧鼓腹，平底内凹。口部存轮制弦纹，腹部拍印网格纹。口径13.4、底径13.4、通高24.6厘米（图三六九，4；彩版六三，2）。M10：8，泥质灰陶。侈口方唇，直颈，弧鼓腹，平底内凹。双桥形耳。上腹饰弦纹，下腹饰绳纹。口径9.8、底径6.1、通高21.1厘米（图三七一，1；彩版六三，4）。M10：9，泥质灰陶。上部残，弧鼓腹，平底内凹。内表存轮制弦纹。底径12.5、残高12厘米（图三七〇，5）。M10：10，泥质灰陶。侈口圆唇，圆鼓腹，平底内凹。通体存轮制弦纹。口径10.9、底径13、通高17.6厘米（图三七〇，6；彩版六三，6）。M10：15，残碎。

陶灶　1件。M10：12，泥质灰陶。平面呈方形，前端设双拱形灶门，灶面置5个火眼，上置陶釜2件。长23.4、宽22.2厘米（图三六九，1；彩版六四，1）。

陶甑　1件。M10：11，当为陶灶附件，残碎。

铜镜　1件。M10：1，日光镜。半球状纽，圆形纽座，素平缘。内区为一周凸弦纹，外区为铭文带，铭文为"见日而光，天下大明"。直径8.6、缘厚0.45厘米（图三七一，2；彩版六三，1）。

残铜器　1件。M10：14，残容器薄片。

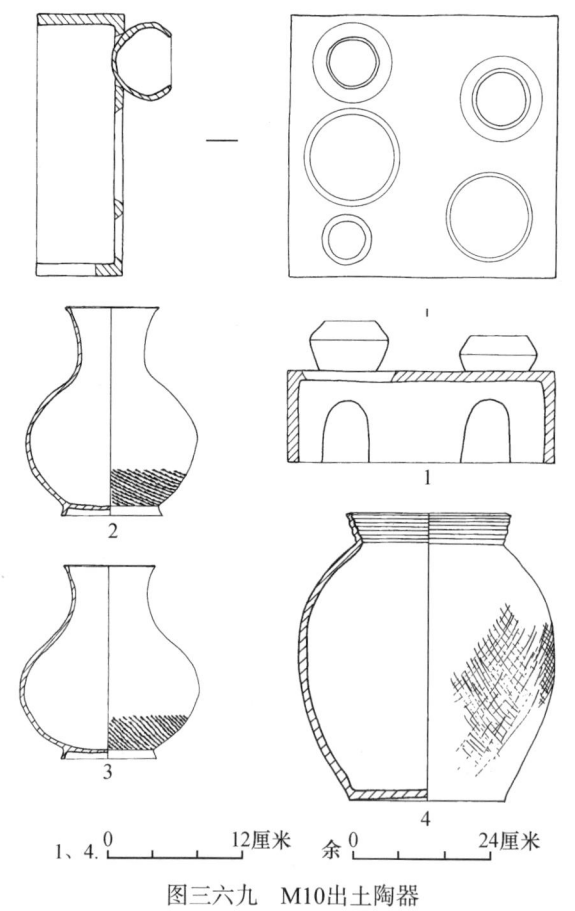

图三六九　M10出土陶器
1.灶（M10：12）　2、3.壶（M10：5、M10：2）　4.罐（M10：7）

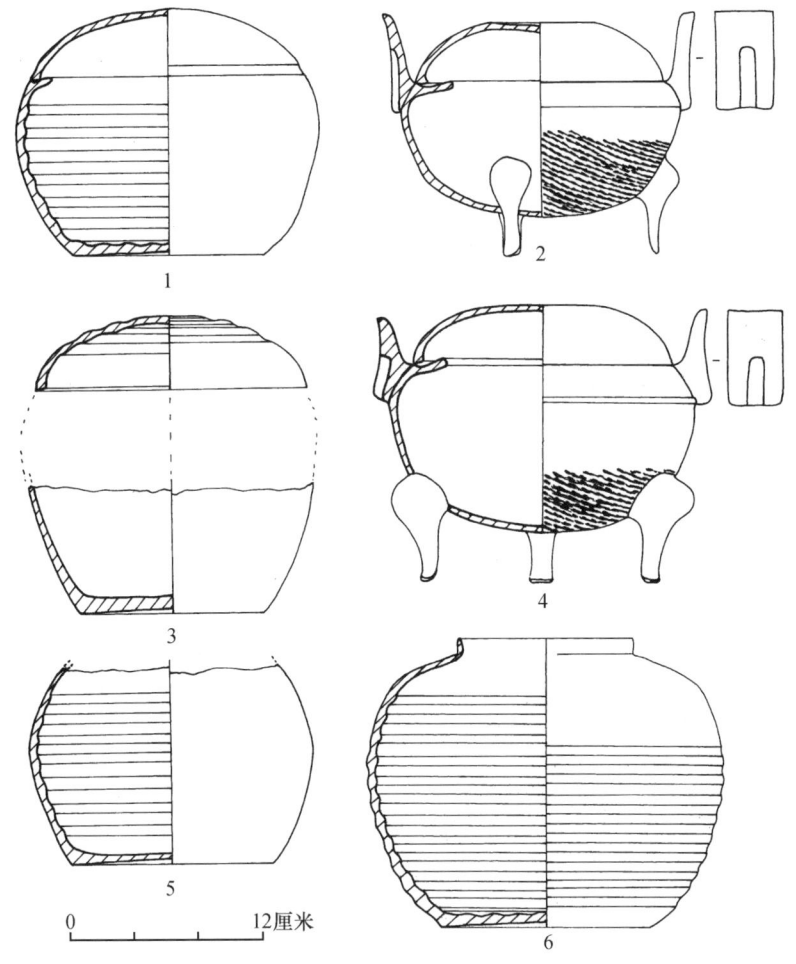

图三七〇　M10出土陶器

1、3.盒（M10∶13、M10∶6）　2、4.鼎（M10∶3、M10∶4）　5、6.罐（M10∶9、M10∶10）

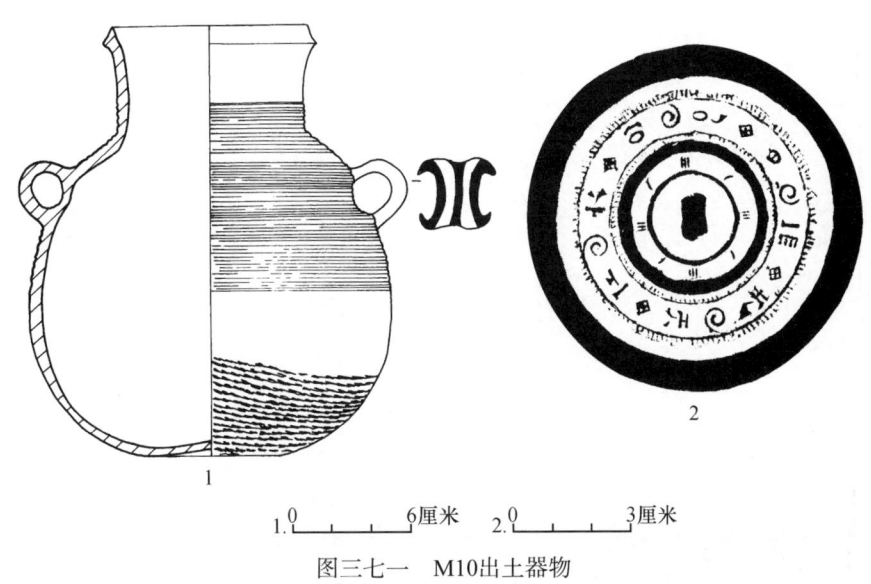

图三七一　M10出土器物

1.陶罐（M10∶8）　2.铜镜（M10∶1）

M11

1. 墓葬形制

长方形土坑竖穴墓。方向290°。发掘时上部已遭施工破坏，墓口长2.1、残宽1.3、残深1.68米。墓内填土呈黄褐色花土。墓底存朽棺灰痕。随葬品有陶鼎3件、盒1件、壶2件、罐5件、灶1件；铜镜1件。其中陶盒、M11：5陶鼎残碎（图三七二；彩版六一，3）。

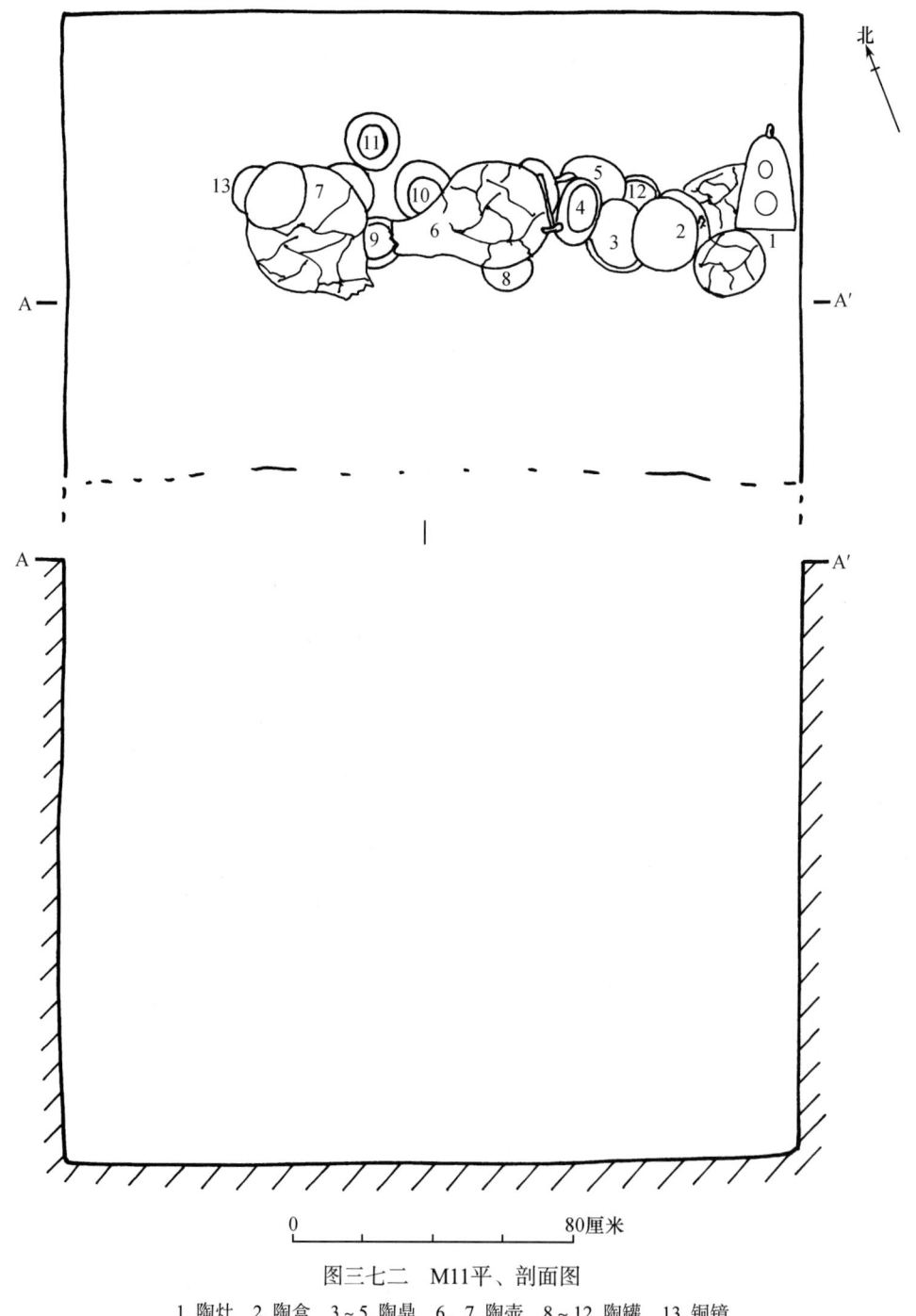

图三七二　M11平、剖面图

1.陶灶　2.陶盒　3~5.陶鼎　6、7.陶壶　8~12.陶罐　13.铜镜

2. 随葬品

陶鼎 3件。M11：3，泥质灰陶。子母口，弧鼓腹，圜底，三兽蹄足。双附耳。覆钵形器盖。素面。口径22、通高19厘米（图三七三，3；彩版六四，5）。M11：4，泥质灰陶。子母口，弧鼓腹，圜底，三兽蹄足。双附耳。素面。口径18.8、通高15.2厘米（图三七三，1）。M11：5，残碎。

陶盒 1件。M11：2，残碎。

陶壶 2件。M11：6，泥质灰陶。口、颈部残，垂腹，圈足。双兽面贴耳。素面。底径16.4、残高30.4厘米（图三七三，5）。M11：7，泥质灰陶，口、颈部残，垂腹，圈足。双兽面贴耳。肩部饰一道弦纹。底径16、残高29.4厘米（图三七三，6；彩版六四，2）。

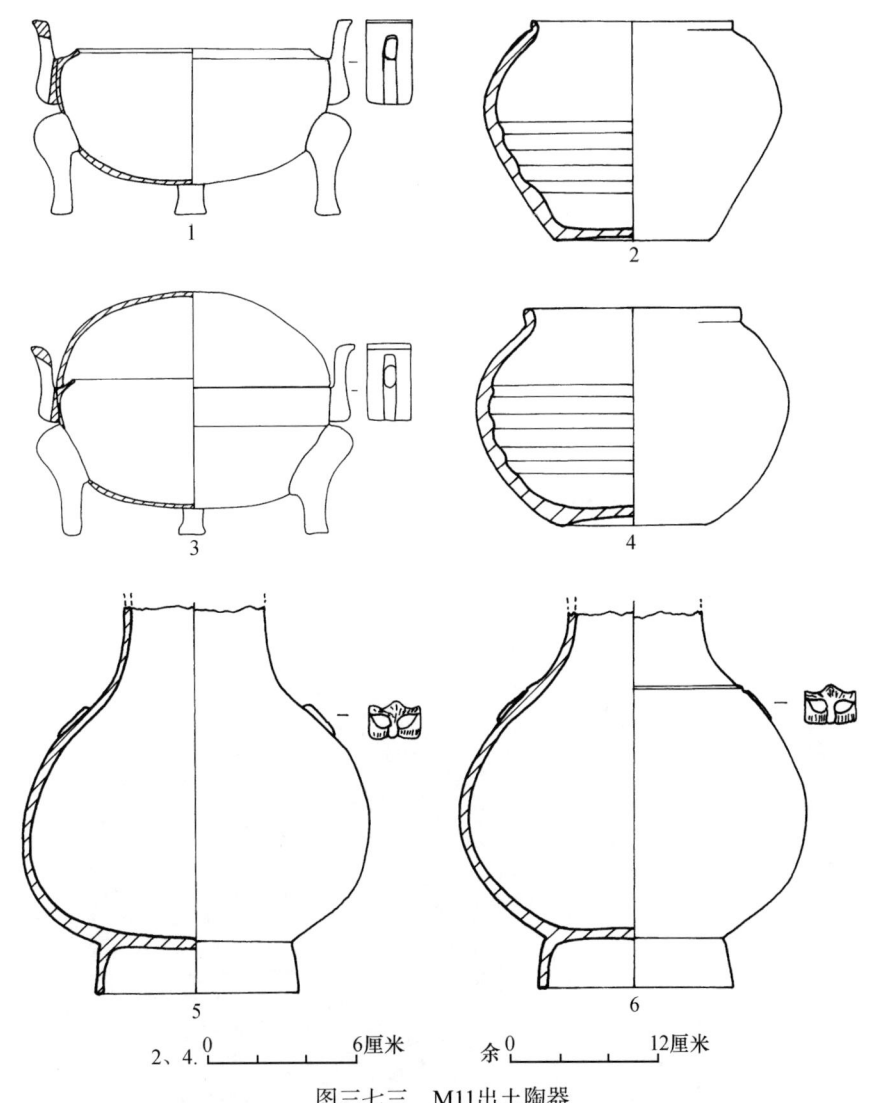

图三七三 M11出土陶器
1、3.鼎（M11：4、M11：3） 2、4.罐（M11：11、M11：10） 5、6.壶（M11：6、M11：7）

陶罐　5件。M11∶8，泥质灰陶。侈口圆唇，束颈，圆鼓腹，平底内凹。素面。口径8.7、底径8、通高9厘米（图三七四，3；彩版六四，4）。M11∶9，泥质红陶。侈口圆唇，折肩，斜弧腹，平底内凹。素面。口径8.8、底径7.4、通高8.9厘米（图三七四，4）。M11∶10，泥质灰陶。直口圆唇，弧鼓腹，平底内凹。素面，内表存轮制弦纹。口径8.8、底径5.8、通高8.5厘米（图三七三，4）。M11∶11，泥质红褐陶。侈口圆唇，折肩，斜弧腹，平底内凹。素面，内表存轮制弦纹。口径8.1、底径6.2、通高8.6厘米（图三七三，2）。M11∶12，泥质红陶。侈口圆唇，折肩，斜弧腹，平底内凹。素面。口径8.3、底径6.6、通高8.7厘米（图三七四，1）。

陶灶　1件。M11∶1，泥质灰陶。平面呈前方后圆形，前端设一拱形灶门，后端置一实心烟囱。双火眼，前后各一。长23.8、宽12.2厘米（图三七四，2；彩版六四，3）。

铜镜　1件。M11∶13，蟠螭纹镜。三弦纽，内区饰两周弦纹，外区为蟠螭纹。直径10.9厘米（图三七四，5；彩版六四，6）。

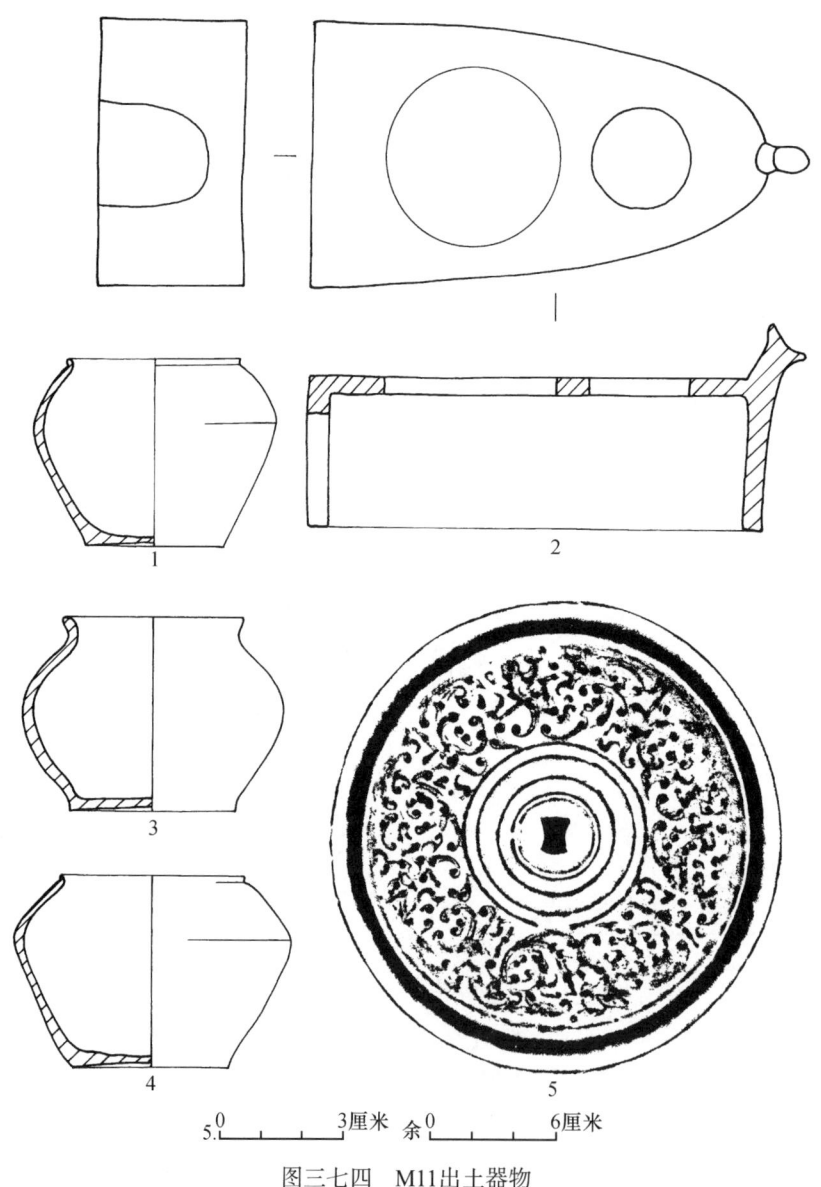

图三七四　M11出土器物

1、3、4.陶罐（M11∶12、M11∶8、M11∶9）　2.陶灶（M11∶1）　5.铜镜（M11∶13）

第三章 分期与年代

第一节 随葬器物的类型学研究

董院墓地与松稞墓地出土陶器1000余件，按质地可分为泥质陶、硬陶和釉陶三类，以硬陶和釉陶为主。泥质陶主要以灰陶为主，有少量的红陶，器形主要有鼎、盒、壶、罐及井、灶、猪圈等模型明器，另有少量的豆、勺、熏炉。硬陶与泥质陶相比，其烧制所用陶土黏性较强，烧制火候更高，质地更坚硬。釉陶则在硬陶上半部施一层浅绿色或浅黄色薄釉，下半部露胎，有脱釉和流釉现象，与北方地区常见的低温铅釉陶有别。硬陶和釉陶在器形、纹饰、制法方面大体相同，器形主要有鼎、盒、壶、瓿、罐，纹饰有弦纹、波浪纹、抽象动物纹、网格纹、叶脉纹等，以轮制为主。基于两者的相似性，下文将它们归为一类，统称为硬、釉陶器进行讨论。

（一）泥质陶器

以变化较明显的鼎、盒、壶、井来划分型式。

1. 鼎

根据足部形态分为二型。
A型　兽蹄足鼎。子母口，双附耳。根据腹、底部形态分为三式。
Ⅰ式：平底内凹，腹部较浅。如LSM3∶2（图三七五，1）。
Ⅱ式：浅圜底，腹部较Ⅰ式深。如LDM17∶7（图三七五，2）。
Ⅲ式：圜底，腹部较Ⅱ式深。如LDM97∶6（图三七五，3）。
演变趋势：腹部逐渐加深，底部由平底内凹变成圜底。
B型　锥足鼎。如LDM98∶8，子母口，斜弧腹，圜底。双附耳。覆钵形器盖（图三七五，4）。

2. 盒

根据整体形态分为二型。
A型　宽扁形。根据口、腹部形态分为二式。

Ⅰ式：子母口高于肩部，下腹部外鼓，上下腹部连接过渡平缓，无明显分界线。最大径位于肩部。如LSM3∶4（图三七五，9）。

Ⅱ式：子母口与肩部平齐，下腹部斜收，最大径下移到上腹部，将腹部分为上下两部分。如LDM50∶3（图三七五，10）。

演变趋势：子母口由高出肩部变为与肩部平齐，最大径由肩部下移到上腹部，并且越来越突出，下腹部由外鼓发展为斜直。

B型　扁形，较A型瘦高。根据底部形状分为二亚型。

Ba型　平底。根据口、腹部形态分为二式。

Ⅰ式：子母口明显高于肩部，最大径位于肩部，斜弧腹。如LSM3∶5（图三七五，11）。

Ⅱ式：子母口几乎与肩部平齐，下腹部近底处斜收。如LDM17∶5（图三七五，12）。

演变趋势：子母口由明显高于肩部发展为几乎与肩部平齐，下腹部斜收幅度趋大。

Bb型　圈足底。子母口几乎与肩部平齐。如LDM5∶19（图三七五，13）。

3. 壶

根据有无耳分为二型。

A型　有耳壶。圈足。根据腹部形态分为二式。

Ⅰ式：垂腹。双兽面贴耳。如LSM11∶6（图三七五，5）。

Ⅱ式：圆鼓腹。双铺首耳。如LDM5∶10（图三七五，6）。

演变趋势：腹部由垂腹发展为圆鼓腹。

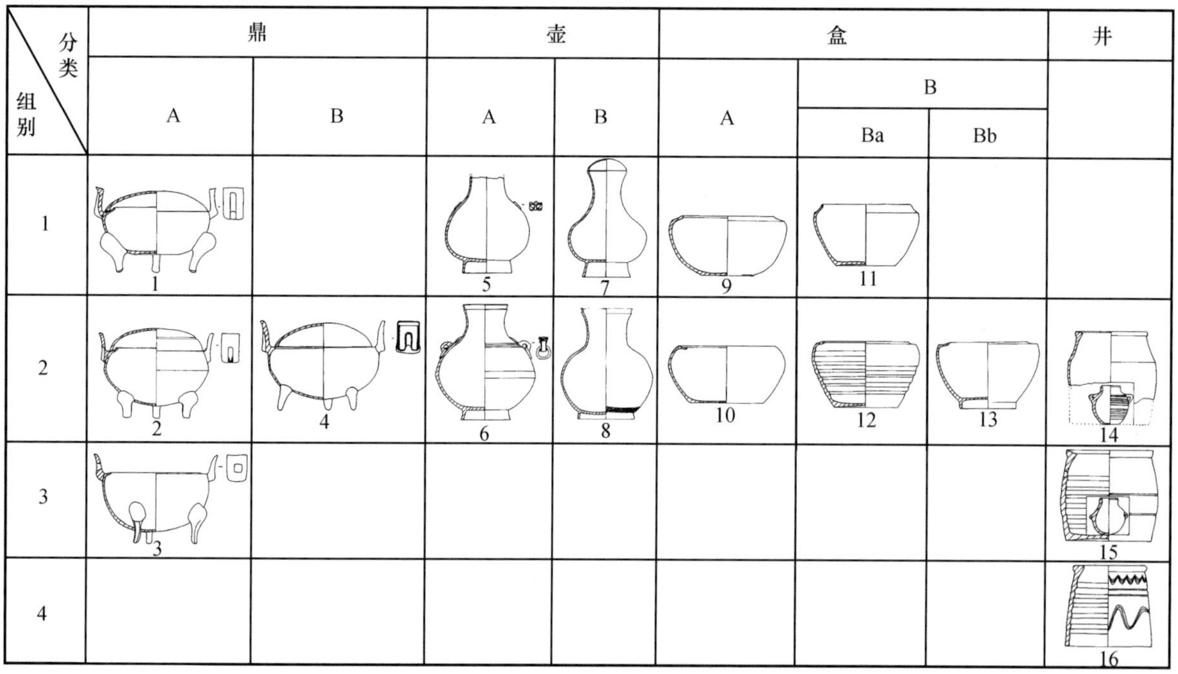

分类 组别	鼎		壶		盒			井
	A	B	A	B	A	B		
						Ba	Bb	
1	1		5	7	9	11		
2	2	4	6	8	10	12	13	14
3	3							15
4								16

图三七五　泥质陶典型器物演变图

1.LSM3∶2　2.LDM17∶7　3.LDM97∶6　4.LDM98∶8　5.LSM11∶6　6.LDM5∶10　7.LSM3∶3　8.LDM101∶2　9.LSM3∶4　10.LDM50∶3　11.LSM3∶5　12.LDM17∶5　13.LDM5∶19　14.LDM17∶22　15.LDM108∶15　16.LDM110∶7

B型　无耳壶。根据口、颈、腹部形态分为二式。

Ⅰ式：口外敞，长束颈，垂腹，高圈足。如LSM3∶3（图三七五，7）。

Ⅱ式：盘口，直颈，圆鼓腹，圈足。如LDM101∶2（图三七五，8）。

演变趋势：口部由敞口发展为盘口，颈部由束颈发展为直径，腹部由垂腹发展为圆鼓腹，圈足由高逐渐变矮。

4. 井

根据井身的形状分为三式。

Ⅰ式：井壁有明显的凸出，将井身分为上下两部分。如LDM17∶22（图三七五，14）。

Ⅱ式：井壁外鼓弧度平缓，井身上下为一体。如LDM108∶15（图三七五，15）。

Ⅲ式：井壁斜直。如LDM110∶7（图三七五，16）。

演变趋势：井壁由明显凸出发展为斜直，井身由上下两部分发展为浑然一体。

由上可知，A型鼎、壶以及Ba型盒的共同演变趋势为腹部逐渐加深。

（二）硬、釉陶器

以变化较明显的鼎、盒、瓿、罐、壶来划分型式。

1. 鼎

子母口，斜弧腹，平底，三短足。双附耳。覆钵形器盖。根据器腹、足、盖的形状分为二式。

Ⅰ式：覆钵形器盖，三短足。如LSM7∶17（图三七六，1）。

Ⅱ式：覆钵形器盖，较Ⅰ式浅，盖顶宽平，三短足贴在腹部，功能性完全消失。如LDM18∶21（图三七六，2）。

演变趋势：器腹趋深，器盖渐浅，盖顶趋平，足部由短足变为贴附于腹部，功能性完全消失。

2. 盒

根据有无耳分为二型。

A型　有耳盒。子母口，斜弧腹，平底。双附耳，覆钵形器盖。根据器腹及盖的形状分为二式。

Ⅰ式：器盖弧拱。如LSM7∶29（图三七六，3）。

Ⅱ式：器腹较深，器盖较Ⅰ式浅，盖顶宽平。如LDM94∶17（图三七六，4）。

演变趋势：器腹趋深，器盖趋浅，盖顶渐平。

B型　无耳盒。子母口，斜弧腹，平底内凹。覆钵形器盖。根据器腹、盖的形状分为二式。

Ⅰ式：器腹较浅，器盖弧拱。如LSM7：13（图三七六，5）。

Ⅱ式：器腹较深，器盖较Ⅰ式浅，盖顶宽平。如LDM18：27（图三七六，6）。

演变趋势：同A型。

3. 瓿

平口，鼓腹，平底内凹。肩部饰双兽面桥形耳。根据肩腹部形状分为三式。

Ⅰ式：圆鼓腹，最大腹径位于腹中部，器物的重心在中部。如LDM17：1（图三七六，7）。

Ⅱ式：鼓腹，最大腹径位于腹中部，下腹部斜收，器物的重心上移。如LDM89：5（图三七六，8）。

Ⅲ式：鼓腹，最大腹径位于腹中部，下腹部急斜收，器物的重心已转移到上半部。如LDM13：8（图三七六，9）。

演变趋势：器腹趋深，肩部愈凸出，下腹部内收幅度加大，器物重心由中部逐渐上移。

4. 罐

根据整体形态分为二型。

A型　双耳小罐。器形较小，鼓腹，平底。肩部饰双桥形耳。高10厘米左右。根据器腹、口部形态分为三式。

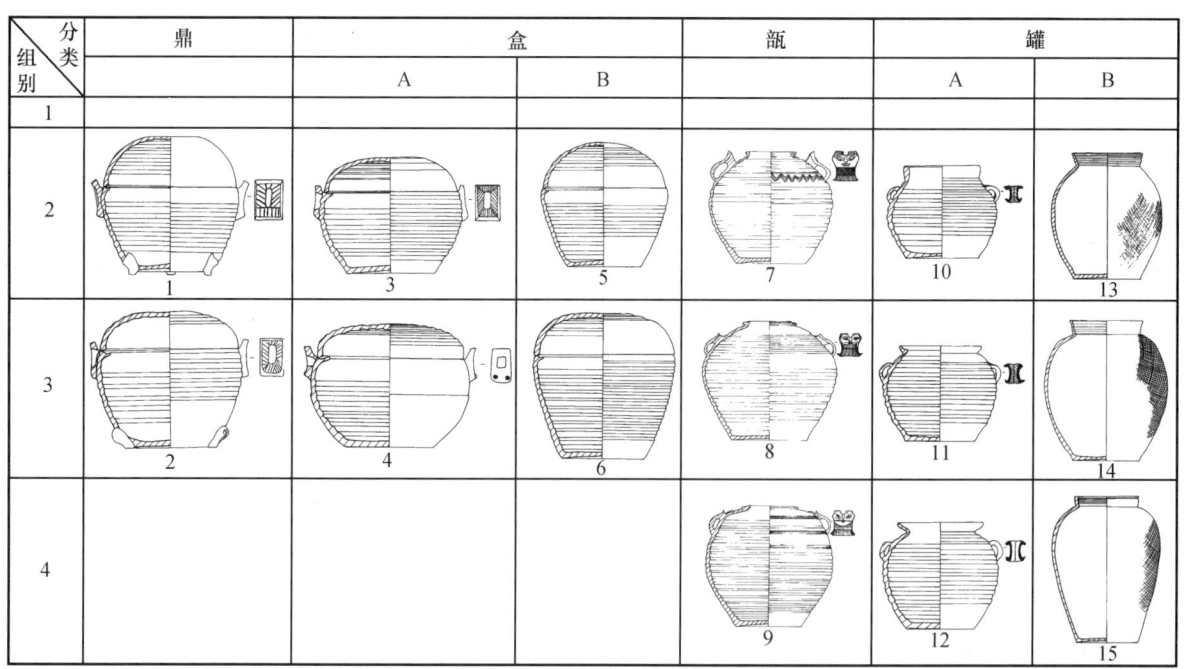

图三七六　硬、釉陶鼎、盒、瓿、罐演变图

1. LSM7：17　2. LDM18：21　3. LSM7：29　4. LDM94：17　5. LSM7：13　6. LDM18：27　7. LDM17：1　8. LDM89：5
9. LDM13：8　10. LDM59：9　11. LDM46：9　12. LDM104：5　13. LSM10：7　14. LDM97：9　15. LDM105：1

Ⅰ式：直口。如LDM59∶9（图三七六，10）。

Ⅱ式：侈口。如LDM46∶9（图三七六，11）。

Ⅲ式：口部外敞的程度较Ⅱ式更大。如LDM104∶5（图三七六，12）。

演变趋势：器腹趋深，口部由直口变为侈口，外敞程度趋大。

B型　印纹罐。器形较大，敞口方唇，鼓腹，平底。器表一般都拍印有网格纹。高20厘米以上。根据肩、腹部的差别分为三式。

Ⅰ式：溜肩，弧鼓腹，最大径位于腹中部，器物重心在中部。如LSM10∶7（图三七六，13）。

Ⅱ式：圆肩，弧鼓腹，最大径仍位于腹中部，器物重心上移。如LDM97∶9（图三七六，14）。

Ⅲ式：肩部较Ⅱ式更凸出，斜弧腹，器体较长，最大径位于肩部，器物中心已转移到上半部。如LDM105∶1（图三七六，15）。

演变趋势：器腹趋深，肩部愈凸出，最大径由腹部上移到肩部，器物重心上移。

由上可知，B型盒、瓿、罐的共同演变趋势为腹部逐渐加深。

5. 壶

高25厘米以上的壶。根据口、腹部形态分为三型。

A型　斜直口壶。根据腹部形态分为二式。

Ⅰ式：扁圆腹，圈足。如LDM91∶7（图三七七，6）。

Ⅱ式：长鼓腹，平底。如LDM18∶28（图三七七，7）。

演变趋势：由扁圆腹发展为长鼓腹，壶口趋外敞，壶腹趋深，底由圈足发展为平底。

B型　盘口壶。根据口、颈及腹部形态分为三式。

Ⅰ式：口部与颈部分界线不明显，圆鼓腹，圈足。如LDM17∶23（图三七七，8）。

Ⅱ式：口部与颈部分界线较Ⅰ式明显，圆鼓腹，下腹微斜收，圈足。如LDM37∶4（图三七七，9）。

Ⅲ式：口部与颈部分界线明显，直颈，长鼓腹，下腹斜收，平底。如LDM119∶1（图三七七，10）。

演变趋势：盘口越来越明显，颈部由斜直颈发展为直颈，腹部由圆鼓腹发展为长鼓腹，器腹趋深，底部由圈足发展为平底。

C型　喇叭口壶。根据颈部形态分为二亚型。

Ca型　粗颈喇叭口壶。弧鼓腹，平底内凹。双桥形耳。根据口、腹部部形态分为三式。

Ⅰ式：小敞口，矮圈足。如LDM17∶8（图三七七，11）。

Ⅱ式：敞口。如LDM69∶9（图三七七，12）。

Ⅲ式：大敞口。如LDM109∶6（图三七七，13）。

演变趋势：喇叭口外敞程度逐渐变大，壶腹趋深，圈足渐不明显。

Cb型　细颈喇叭口壶。弧鼓腹，圈足或者平底内凹。双桥形耳或者铺首耳。根据口、颈部

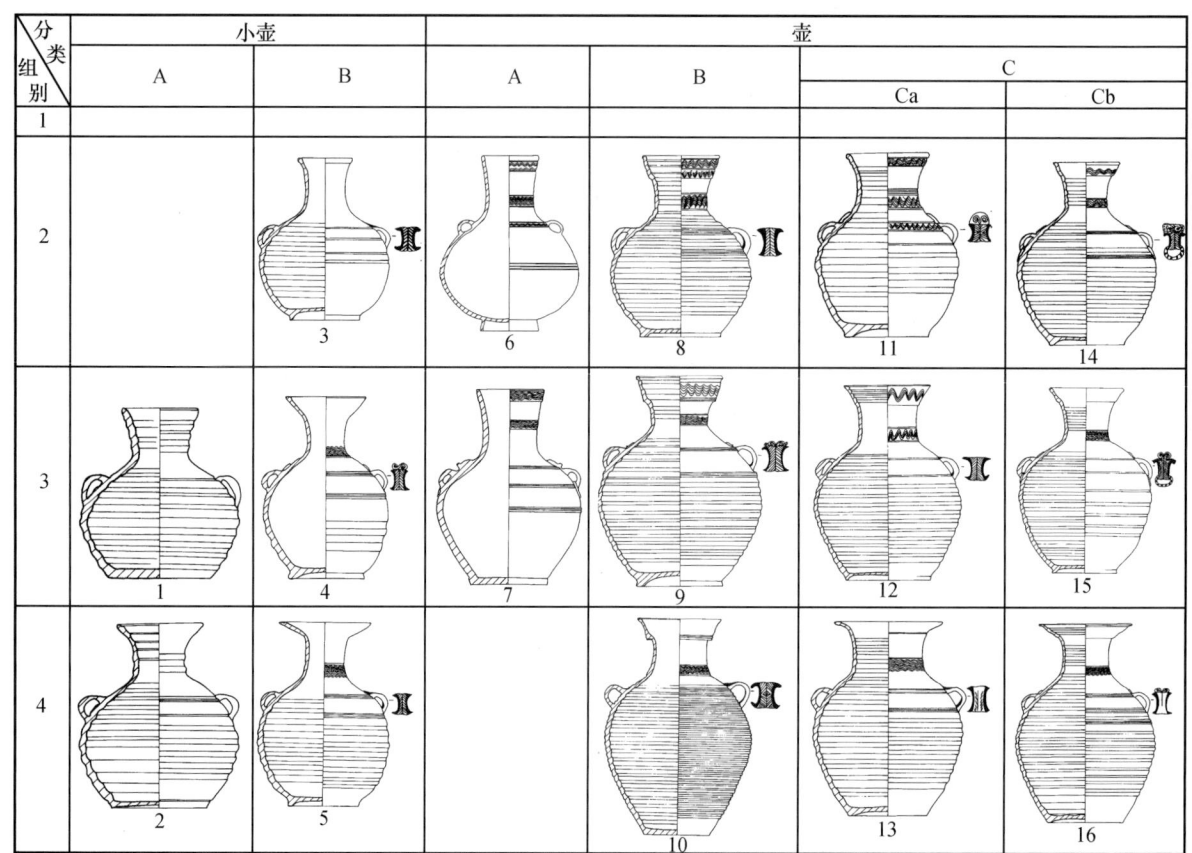

图三七七　硬、釉陶壶演变图

1. LDM26：14　2. LDM66：11　3. LDM48：7　4. LDM30：14　5. LDM73：8　6. LDM91：7　7. LDM18：28　8. LDM17：23
9. LDM37：4　10. LDM119：1　11. LDM17：8　12. LDM69：9　13. LDM109：6　14. LDM59：14　15. LDM46：5　16. LDM44：11

形态分为三式。

Ⅰ式：小敞口，斜直颈，矮圈足。如LDM59：14（图三七七，14）。

Ⅱ式：敞口，斜直颈。如LDM46：5（图三七七，15）。

Ⅲ式：大敞口，直颈。如LDM44：11（图三七七，16）。

演变趋势：喇叭口外敞幅度趋大，颈部由斜直颈发展为直颈，壶腹趋深，圈足渐不明显。

6. 小壶

高约20厘米，根据底部形态分为二型。

A型　平底壶。双桥形耳，扁圆鼓腹。根据口、颈部的形态分为二式。

Ⅰ式：微敞口，斜直颈。如LDM26：14（图三七七，1）。

Ⅱ式：敞口，束颈。如LDM66：11（图三七七，2）。

演变趋势：口部外敞幅度趋大，颈部由斜直颈发展为束颈，器腹趋深。

B型　圈足壶。直颈，鼓腹。双桥形耳。根据口、腹部形态分为三式。

Ⅰ式：微敞口，扁圆腹，矮圈足。如LDM48：7（图三七七，3）。

Ⅱ式：敞口，长鼓腹。如LDM30：14（图三七七，4）。

Ⅲ式：大敞口，长鼓腹。如LDM73：8（图三七七，5）。

演变趋势：口部外敞幅度趋大，腹部由扁圆腹发展为长鼓腹，壶腹趋深，圈足渐不明显。

由上可知，壶的演变规律为口部外敞幅度趋大，腹部逐渐加深，圈足渐不明显。

第二节　分期及年代

经过上述类型学分析，可以发现某一类器物或是某一属性有连续过渡的情况，如硬、釉陶壶口部外敞程度越来越大；或是多种并行不悖的属性有连续过渡的情况，如硬、釉盘口陶壶，盘口越来越明显，颈部由斜直颈发展为直颈，腹部由圆鼓腹发展为长鼓腹，腹部趋深，圈足渐不明显。且不同类别的器物在共有的属性方面有相同的连续过渡的性质，如器腹普遍加深。这些演变逻辑证明了上述发展阶段是连续的。

135座汉墓中，无随葬器物或者随葬品较少无法确切断定年代的墓葬共22座墓，其余的113座墓葬中，有两组打破关系，一组共存关系：M27打破M18的排水沟、M85打破M112；另一组共存关系：M28、M29共用一排水沟。

根据三组墓葬的地层关系，结合典型器物的演变逻辑及器物之间的共存关系，可将不同类型的器物分为四个年代组。分组情况如下（表一）。

表一　典型器物型、式划分与分组对应关系表

	泥质陶					硬、釉陶器											
	鼎	盒	壶	井		鼎		盒		壶				小壶		瓿	罐
	A	A	Ba	A	B	A	B	A	B	A	B	Ca	Cb	A	B		A	B
1	Ⅰ	Ⅰ	Ⅰ	Ⅰ	Ⅰ													
2	Ⅰ、Ⅱ	Ⅱ	Ⅰ、Ⅱ	Ⅱ	Ⅱ	Ⅰ	Ⅰ	Ⅰ	Ⅰ	Ⅰ	Ⅰ	Ⅰ	Ⅰ	Ⅰ	Ⅰ	Ⅰ	Ⅰ	Ⅰ
3	Ⅱ、Ⅲ	Ⅱ	Ⅱ、			Ⅰ、Ⅱ	Ⅰ、Ⅱ	Ⅰ、Ⅱ	Ⅰ、Ⅱ	Ⅰ、Ⅱ	Ⅰ、Ⅱ	Ⅰ、Ⅱ	Ⅰ、Ⅱ	Ⅱ	Ⅰ、Ⅱ	Ⅰ、Ⅱ	Ⅰ、Ⅱ	Ⅰ、Ⅱ
4		Ⅱ			Ⅰ、Ⅱ、Ⅲ					Ⅲ	Ⅱ、Ⅲ	Ⅱ、Ⅲ	Ⅱ、Ⅲ	Ⅱ、Ⅲ	Ⅱ、Ⅲ	Ⅰ、Ⅱ、Ⅲ	Ⅱ、Ⅲ	Ⅲ

在三组墓葬地层关系的基础上，根据类型学划分的结果，结合时代特征明显的铜镜和钱币，将董院、松棵两个墓地的主要墓葬分为四期（表二）。

一期：以LSM3为代表。墓葬形制为土坑竖穴墓，均为单人葬。陶器均为泥质灰陶，器形有AⅠ式鼎、AⅠ式壶、AⅠ式盒、BaⅠ式盒、侈口平底罐和灶。此外还共出有蟠螭纹镜和漆盒。蟠螭纹镜内区出现铭文，如LSM3：11。已有学者研究指出，蟠螭纹镜自战国时期已开始流行，西汉早期仍十分流行。其中内圈带多配置铭文的构图方式为西汉新的形式和手法[1]。不见五铢钱。由此推断这一期的绝对年代为西汉建立至汉武帝元狩五年（公元前118年）以前，即五铢钱发行之前。相对年代即为西汉早期。

---

[1] 孔祥星、刘一曼：《中国古代铜镜》，文物出版社，1984年。

表二　董院、松棵墓地墓葬分期表

期别	董院墓地	松棵墓地
1		LSM3、LSM5、LSM11
2	LDM1、LDM4、LDM5、LDM10、LDM12、LDM17、LDM25、LDM40、LDM48、LDM50、LDM52、LDM53、LDM54、LDM57、LDM58、LDM59、LDM80、LDM83、LDM84、LDM90、LDM91、LDM92、LDM98、LDM101、LDM106、LDM116	LSM2、LSM4、LSM6、LSM7、LSM10
3	LDM2、LDM3、LDM7、LDM8、LDM14、LDM15、LDM16、LDM18、LDM19、LDM22、LDM24、LDM26、LDM28、LDM29、LDM30、LDM31、LDM33、LDM36、LDM37、LDM38、LDM42、LDM46、LDM49、LDM51、LDM65、LDM68、LDM69、LDM72、LDM76、LDM78、LDM82、LDM88、LDM89、LDM94、LDM97、LDM100、LDM102、LDM107、LDM108、LDM112、LDM115、LDM129	LSM1、LSM8、LSM9
4	LDM6、LDM9、LDM13、LDM27、LDM39、LDM43、LDM44、LDM45、LDM47、LDM55、LDM66、LDM67、LDM70、LDM73、LDM74、LDM75、LDM81、LDM85、LDM86、LDM95、LDM96、LDM104、LDM105、LDM109、LDM110、LDM111、LDM113、LDM114、LDM119、LDM120、LDM124、LDM125、LDM126、LDM128	

二期：以LDM17为代表。墓葬形制同第一段。开始出现双人葬。泥质陶器中AⅠ式鼎、BaⅠ式盒，新出现AⅡ式鼎、B型鼎、AⅡ式壶、BⅡ式壶、AⅡ式盒、BaⅡ式盒、Bb型盒、Ⅰ式井、长颈罐和猪圈。硬陶和釉陶开始出现，器形有Ⅰ式鼎、AⅠ式盒、BⅠ式盒、AⅠ式壶、BⅠ式壶、CaⅠ式壶、CbⅠ式壶、BⅠ式小壶、Ⅰ式瓿、AⅠ式罐、BⅠ式罐。伴出半两钱和五铢钱。同期墓葬出土的五铢钱，"五"字交笔或是近直而略带微曲；或是两笔完全趋于平行，末端内收。这种五铢为汉武帝、昭帝、宣帝时期五铢的典型特征[1]。共出星云镜、日光镜和昭明镜。而星云镜主要流行于西汉中期武、昭、宣帝时期[2]。由此推断这一期的年代为西汉中期武、昭、宣帝时期。

三期：以LDM18为代表。墓葬形制主要为土坑竖穴墓，开始出现砖室墓。流行单人葬，双人葬仍然存在。泥质陶开始衰落，礼器多不成套，仅一种或两种。罐、灶、井、猪圈较常见。AⅡ式鼎、B式鼎、BaⅡ式盒、Ⅰ式井仍存在，新出现AⅢ式鼎、Ⅱ式井。硬陶和釉陶比较发达，Ⅰ式鼎、AⅠ式盒、BⅠ式盒、AⅠ式壶、BⅠ式壶、CaⅠ式壶、CbⅠ式壶、Ⅰ式瓿、AⅠ式罐、BⅠ式罐仍继续存在，新出现Ⅱ式鼎、AⅡ式盒、BⅡ式盒、AⅡ式壶、BⅡ式壶、CaⅡ式壶、CbⅡ式壶、AⅠ式小壶、BⅡ式小壶、AⅡ式罐、BⅡ式罐、Ⅱ式瓿。同期墓葬新出现"五"字两竖末端外放、形如对头之"炮弹"形的五铢钱。并出现数量较多的磨郭五铢钱。以

---

[1] 蒋若是：《秦汉钱币研究》，中华书局，1997年。
[2] 孔祥星、刘一曼：《中国古代铜镜》，文物出版社，1984年。

上五铢钱所表现的特征为西汉元帝至西汉末时期所有[①]。未出现新莽钱币。流行日光镜、昭明镜和四乳四虺纹镜。由此推断这一时期为元、成、哀、平帝时期，即西汉晚期。

四期：以LDM13为代表。墓葬形制以土坑竖穴为主，砖室墓逐渐增多。泥质陶器数量较少，鼎、盒非常少见，以罐、灶、猪圈较多。AⅡ式盒、B式盒、B式鼎、Ⅰ式井、Ⅱ式井仍存在。新出现Ⅲ式井。硬陶和釉陶数量较多，但器形种类较少，以壶、瓿、罐数量最多。BⅡ式小壶、CaⅡ式壶、CbⅡ式壶、AⅠ式罐、AⅡ式罐、Ⅱ式瓿仍存在，新出现AⅡ式小壶、BⅢ式小壶、BⅢ式壶、CaⅢ式壶、CbⅢ式壶、Ⅲ式瓿、AⅢ式罐、BⅢ式罐。钱币有五铢钱和新莽时期的大泉五十、布泉、大布黄千。铜镜有尚方博局镜、禽兽博局镜、洁白事君镜、昭明镜、日光镜、四乳禽兽镜。其中尚方规矩镜、禽兽规矩镜流行于王莽及东汉前期[②]。由此推断这一时期的绝对年代为新莽至东汉早期。

综上，庐江汉墓可以分为四期：第一期，西汉早期。绝对年代大致相当于西汉初到汉武帝元狩五年。第二期为西汉中期，绝对年代大致相当于武、昭、宣帝时期。第三期，西汉晚期，绝对年代大致相当于元、成、哀、平帝时期。第四期，新莽—东汉早期。

---

① 中国科学院考古研究所：《洛阳烧沟汉墓》，科学出版社，1959年。
② 孔祥星、刘一曼：《中国古代铜镜》，文物出版社，1984年。

第四章 结　　语

一、文化因素分析及其消长过程

（一）文化因素分析

通过对墓葬形制及随葬品组合、纹饰、烧制工艺、合葬方式等方面的观察，发现庐江汉墓中的文化因素包含以下几部分。

1. 汉代以前的文化因素遗留

（1）区域传统文化因素：庐江汉墓共出土千余件陶器，根据质地可以分为泥质陶、硬陶和黄绿色釉陶三类，硬陶和黄绿色釉陶占绝大多数。而硬陶和黄绿色釉陶在江浙皖地区商周时期便已出现[1]。因此庐江汉墓中出土的硬、釉陶应是区域传统文化的延续。

墓葬中出土的壶、瓿口沿多饰有成组的波浪纹与弦纹，而这种装饰手法在皖苏浙赣地区的战国晚期的墓葬中早已出现[2]。也应视为区域传统文化因素。

（2）楚文化因素：在庐江汉墓中填充有青膏泥的墓葬共32座，约占总墓葬数量的24%。而墓葬填充青膏泥在楚墓中常见。江淮地区在战国时期属楚地，楚都曾迁于寿春（今安徽寿县）。因此墓葬中填充青膏泥的做法应视为本地区战国时期楚文化因素的延续。

庐江汉墓135座墓葬中，仅有6座砖室墓，其余的均为土坑竖穴墓。土坑竖穴墓在战国时期各地普遍流行，但在西汉时期仅在除关中和洛阳地区以外的地域可以看到。就庐江而言，这种墓葬形制应是对战国时期楚文化土坑竖穴墓的沿用，亦可视为楚文化因素[3]。

2. 汉代文化因素

（1）汉代主体文化因素

庐江汉墓西汉早期和中期普遍使用仿铜陶礼器鼎、盒、壶。西汉晚期到东汉早期仿铜陶礼

---

[1] 张之恒：《略论我国东南沿海地区的印纹陶》，《文物集刊》（3），文物出版社，1981年。
[2] 余静：《中国南方地区两汉墓葬研究》，吉林大学博士学位论文，2009年。
[3] 张玲：《长江下游地区西汉至新莽中小型墓葬研究》，吉林大学硕士学位论文，2009年。

器中的鼎和盒衰落，数量大大减少，日用陶器所占比例大增，随葬钱币风气盛行。庐江汉墓中共有64座墓葬出土钱币，约占总墓葬数量的47%。这些均与汉文化在形成与发展过程中的整体趋势保持基本一致。如河南[①]、山东[②]、关中[③]、江汉[④]等地区的汉墓中均存在的鼎、盒、壶等仿铜陶礼器在西汉中、晚期渐少并趋于消失，而日用陶器和模型明器逐渐增多的过程。随葬钱币风气盛行，如洛阳烧沟共225座汉墓，162座出土钱币[⑤]，占墓葬总数的72%；长安汉墓共139座墓葬，93座出土钱币[⑥]，约占墓葬总数的67%。

庐江汉墓西汉早期流行单人葬，西汉中期出现异穴合葬墓与同穴合葬墓，西汉晚期开始出现砖室墓，王莽至东汉早期砖室墓逐渐增多。这与同时期其他地区的汉墓变化趋势基本保持一致。如在洛阳[⑦]、广州地区[⑧]，西汉早期均单人葬，西汉中期出现异穴合葬和同穴合葬。在河南[⑨]、山东[⑩]、关中地区[⑪]西汉中期出现砖室墓，西汉晚期至王莽时期流行砖室墓。

（2）本地的汉文化因素。LSM7∶31厨屋，四面坡顶，下面为一灶，灶面三侧起高墙。灶平面呈曲尺形，三火眼；类似的器物在巢湖放王岗M1[⑫]中出土一件，不见于其他地区，应是这一地区特有的器形。

（二）墓地不同时期文化因素的消长

西汉早期墓葬随葬的陶器均为泥质灰陶，器形有鼎、盒、壶陶礼器，日用陶器有罐，模型明器有灶，此外还随葬蟠螭纹镜。均为单人葬。这些都是汉代主体文化因素。采用楚文化因素的土坑竖穴墓。总之这一时期在庐江汉墓中汉文化主体因素与楚文化因素并存。

西汉中期，各种文化因素大量出现。区域传统文化因素的硬、釉陶器大量出现，成组的水波纹与弦纹装饰手法开始使用。楚文化因素中的土坑竖穴墓仍是墓葬的主要形制，墓葬中填充青膏泥的葬俗继续沿用。汉文化主体文化因素中的仿铜陶礼器鼎、盒、壶仍存在，但多为硬、釉陶质，是汉代主体文化与当地传统文化因素相结合的表现。仍以单人葬为主，开始出现合葬墓，同穴合葬和异穴合葬同时出现。合葬墓同样以楚文化因素的土坑竖穴墓表现出来。随葬钱币风气开始出现，代表本地汉文化因素的厨屋开始出现。庐江汉墓在与整体汉文化形成发展过程保持基本一致的同时，保留着本地的传统文化因素和楚文化因素。代表区域传统文化因素的

---

① 张翔宇：《河南中小型汉墓分析》，郑州大学硕士学位论文，2002年。
② 胡赵建：《山东汉墓初步研究》，郑州大学硕士学位论文，2005年。
③ 盛之翰：《关中地区西汉中小型墓葬研究》，吉林大学硕士学位论文，2004年。
④ 郭德维：《试论江汉地区楚墓、秦墓、西汉前期墓的发展与演变》，《考古与文物》，1983年2期。
⑤ 中国科学院考古研究所：《洛阳烧沟汉墓》，科学出版社，1959年。
⑥ 西安市文物保护考古所、郑州大学考古专业：《长安汉墓》，陕西人民出版社，2004年。
⑦ 中国科学院考古研究所：《洛阳烧沟汉墓》，科学出版社，1959年。
⑧ 广州市文物管理委员会、广州市博物馆：《广州汉墓》，文物出版社，1981年。
⑨ 张翔宇：《河南中小型汉墓分析》，郑州大学硕士学位论文，2002年。
⑩ 胡赵建：《山东汉墓初步研究》，郑州大学硕士学位论文，2005年。
⑪ 盛之翰：《关中地区西汉中小型墓葬研究》，吉林大学硕士学位论文，2004年。
⑫ 安徽省文物考古研究所、巢湖市文物管理所：《巢湖汉墓》，文物出版社，2007年。

硬、釉陶器，在西汉早期未发现，一直到西汉中期才出现，或许也与墓地中早期墓葬数量发现较少（仅三座）有关。

西汉晚期一直到王莽至东汉早期，新出现汉代主体文化因素的砖室墓。仿铜陶礼器中的鼎、盒衰落，随葬品组合以汉式壶、日用陶器和模型明器为主。已有学者指出这种变化趋势反映的是一种集体意识的转变，由强调死者生前所享有的政治地位和财富转变为关心死者在死后的世界中的财富和舒适生活[①]。这说明庐江汉墓的墓主人生前已接受了汉代主体文化的思想，并融入了汉主体文化，这种融合也体现于盛行随葬钱币、双人合葬中以异穴合葬为主等方面。而泥质陶器数量减少，以硬、釉陶器为主；墓葬形制继续沿用土坑竖穴墓，仍存填充青膏泥的葬俗，则是前期存在的区域传统文化因素和楚文化因素的孑遗。

综上可知，各文化因素在不同时期消长情况各异，但总体上，庐江汉墓所反映的文化面貌与汉文化的发展变化趋势基本保持一致，同时又有一些自己的特色，即以区域传统文化因素和楚文化因素的形式将汉文化主体因素表现出来。

二、关于合葬墓与家族墓地

（一）合葬墓

通过对庐江墓地墓葬布局的观察，可知在该墓地存在着不同的合葬方式。

1. 同穴合葬

包括LDM17、LDM18、LDM68、LDM79和LSM7五座墓葬。其特点：（1）棺椁为一椁双棺并列。LDM68和LDM79存棺椁残木，明显为一椁双棺并列，其余三座墓葬存棺椁痕迹，据棺椁痕迹推测亦为一椁双棺并列。（2）随葬品明显集中分布在两侧边厢。（3）除LDM79未随葬兵器外，其余四座墓葬其中一侧的随葬品中均有剑、矛等武器，另一侧则没有。根据以上情况判断，上述五座墓葬应该为双人合葬墓。墓主人性别应该为一男性一女性，随葬有武器的一侧应该为男性，另一侧为女性。LDM17随葬品分为东西两侧，西侧随葬品中有剑，东侧随葬品中无任何武器，所以西侧埋葬的应为男墓主人，东侧为女墓主人。以此类推可知LDM18北侧为女墓主人，南侧为男墓主人；LDM68北侧为男墓主人，南侧为女墓主人；LSM7西侧为男墓主人，东侧为女墓主人。

根据墓道情况可知同穴合葬墓的埋葬方式分为两种。一种为单墓道，如LDM68。其随葬品中陶器仅有1件，铜镜也均为同时代流行的类型。看不出随葬品有时间的差别，所以推测墓主人或是同时埋葬；或是两次埋葬时间比较相近，第一次埋葬时做了详细标识，第二次埋葬时未破坏墓道，下葬时直接覆盖第一次的墓道，将其完全打破。另一种为双墓道合葬墓，即在同一方向有两条长短不同的墓道，且两条墓道之间存在打破关系，有LDM17、LDM18、LDM79

---

① 蒲慕州：《墓葬与生死——中国古代宗教之省思》，中华书局，2008年。

和LSM7四座墓葬，说明合葬墓主是分两次埋葬的，偏晚的墓道是在第二次下葬时靠近后葬墓主一侧形成的。如LSM7偏晚的墓道在第一条墓道的东侧，男女墓主人东西并列，西侧埋葬的为男墓主人，东侧为女墓主人，由此可推测西侧男墓主人先埋葬，东侧女墓主人后埋葬。将LSM7中两侧的随葬品相比，具有明显的早晚差别，如陶盒和陶鼎，出土在女墓主人一侧的器盖均较浅，盖顶近平，处于西汉中期向晚期过渡的形态，亦是先后下葬的明证。以此类推，LDM17男墓主人先埋葬，女墓主人后埋葬；LDM18女墓主人先埋葬，男墓主人后埋葬。

剑是适用于近战的短兵器，具有一定杀伤力，多佩戴在腰间。墓主人随葬剑，在一定程度上有保护自己的意义。因此剑在墓葬中的摆放位置应为墓主人的腰部，剑首朝头部，剑锋朝脚。以此可以推测出墓主人的头向，LDM17头向为南，男女墓主人的停放位置为男左女右；LDM18的头向为东，男女墓主人的停放位置为男左女右；LDM68的头向为东，男女墓主人的停放位置为男右女左；LSM7的头向为南，男女墓主人的停放位置为男左女右。

LDM17、LSM7的年代为西汉中期，LDM18、LDM68为西汉晚期，LDM79未出土陶器，确切年代或有偏差，以铜镜观之，不出中晚期范围。这说明在庐江汉墓中，同穴合葬墓在西汉中期开始出现，一直沿用到西汉晚期。男女墓主人的摆放位置西汉中期为男左女右，西汉晚期男左女右和男右女左两种情况均存在。

2. 异穴合葬

董院墓地中有7对墓葬位置并列紧靠，方向相同，年代相同或者相近。包括LDM4与LDM5、LDM9与LDM10、LDM28与LDM29、LDM43与LDM44、LDM85与LDM95、LDM86与LDM87、LDM113与LDM114。其年代从西汉中期一直延续到王莽至东汉早期。

每一对墓葬中均有一个墓葬随葬有剑、矛等兵器，另一个则不随葬任何武器。据上文的讨论，可知每对墓葬均为男女并列，很可能为夫妇异穴合葬，并且可以根据剑的摆放位置推测墓主人的头向。如LDM10与LDM9南北并列，LDM10在北，随葬有剑，为男性，LDM9在南，未随葬兵器，为女性。根据剑的摆放位置可知LDM10的头向为东，因此两者埋葬位置为男右女左。以此类推LDM4的头向为东，与LDM5两者的埋葬位置为男左女右；LDM44的头向为北，与LDM43的埋葬位置为男右女左；LDM85的头向为北，与LDM95的埋葬位置为男左女右；LDM87的头向为南，与LDM86的埋葬位置为男右女左；LDM113的头向为北，与LDM114的埋葬位置为男右女左。LDM28与LDM29更是处于同一封土之下，以LDM28随葬铜镦看，为男性，埋葬位置为男左女右。

此外在庐江汉墓中还可判断有14对类似的异穴合葬墓，其随葬品中均不含有武器，无法辨识墓主人的性别。但基于两者位置紧靠、方向相同，年代相同或者相近，推测其可能也为夫妇异穴合葬墓。

两个墓地中共26对夫妻合葬墓，其中同穴合葬墓有5座，异穴合葬墓有21对。在可判定确切年代的20对合葬墓中，西汉中期异穴合葬墓有3对，同穴合葬墓有2座，西汉晚期异穴合葬墓有7座，同穴合葬墓2座，王莽至东汉早期异穴合葬墓6座，同穴合葬墓消失[①]。两种合葬墓从西汉中期同时出现，一直共存到西汉晚期。王莽至东汉早期夫妇同穴合葬墓消失，仅剩下夫妇异穴合葬墓。有学者认为从西汉中期以后一直到东汉，除帝陵外，夫妇一般都采用同穴合葬墓[②]，但在庐江汉墓中，异穴合葬一直是夫妇合葬墓的主要形式。

庐江汉墓在上述两种合葬方式中可以分辨男女位置的共有11对墓葬。按照中国古代男尊女卑的思想，男左女右的埋葬位置体现的是尚左，男右女左的埋葬位置则体现尚右礼制。西汉中期LDM4与LDM5、LDM17和LSM7三座墓葬的埋葬位置均为男左女右，体现尚左的思想。西汉晚期LDM18、LDM68两座墓葬的埋葬位置分别为男左女右和男右女左，LDM28与LDM29为男左女右，说明尚左和尚右的思想同时存在。王莽至东汉早期LDM10、LDM44、LDM87、LDM113、LDM85所在的五对墓葬中，前四对墓葬的埋葬位置为男右女左，剩余一对为男左女右。尚右和尚左两种思想同时存在，但尚右思想的影响逐渐占优势。史学界普遍认为秦汉以前以尚右为常[③]，而汉代尚右与尚左尚无定论[④]，由庐江汉墓观之，西汉中期流行尚左思想，西汉晚期尚左与尚右两种思想同时存在，王莽至东汉早期以尚右思想为主。推测王莽至东汉时期以尚右为主可能是受到王莽仿照先秦古制推行新政的影响。

（二）家族墓地

董院墓地中有四个墓葬分布比较集中的区域。第一个区域位于墓地的南部，包括LDM46、LDM47、LDM48、LDM49、LDM50五座墓葬；第二个区域位于第一区域的东北部，包括LDM37、LDM36、LDM45、LDM44、LDM43、LDM42、LDM41、LDM40、LDM39、LDM38十座墓葬（图三七八）；第三个区域位于墓地的北部，包括LDM84、LDM83、LDM26、LDM22、LDM25、LDM24、LDM19七座墓葬；第四个区域位于第三区域的北部，包括LDM99、LDM98、LDM89、LDM97、LDM96、LDM88、LDM87、LDM86、LDM104、LDM91、LDM90、LDM106、LDM95、LDM85、LDM112、LDM94、LDM92、LDM93十八座墓葬（图三七九）。第一区域的墓葬大致围成半周，第二和第三个区域的墓葬大致围成一周，所有墓葬的方向均指向中心，中间留有空白地带。第四个区域虽然不是所有墓葬方向明显指向中心，但是均向内聚拢。通过剑的位置判断上述各区域墓主人的头向亦均是朝向中心，如第二区域的LDM44和LDM43、第四区域的LDM86和LDM87。由各区域中心留有空白地带推测四个区域的中心当时应该有一定的标志或是公共祭祀场所，而墓葬都向中心聚拢则说明有一种力量维系着每一个区域中的所有墓葬。已有学者指出以氏族宗法为核心、以血缘关系为纽带的"族坟墓"制度，到西汉中期彻底崩溃，家族墓地开始出现。出现这种现象的原因是由于墓地可以自由买卖。如此即使有较亲血缘关系的宗族也不一定埋于同一墓地中，而一大面积的墓地中可

---

① 异穴合葬墓年代相近的，以偏晚的年代统计。
② 李如森：《汉代丧葬制度》，吉林大学出版社，1995年。
③ 常林炎：《尊右、尊左辩》，《北京师范大学学报》，1989年5期。
④ 姚国旺：《西汉官制尊左尊右考》，《历史研究》，1987年3期。

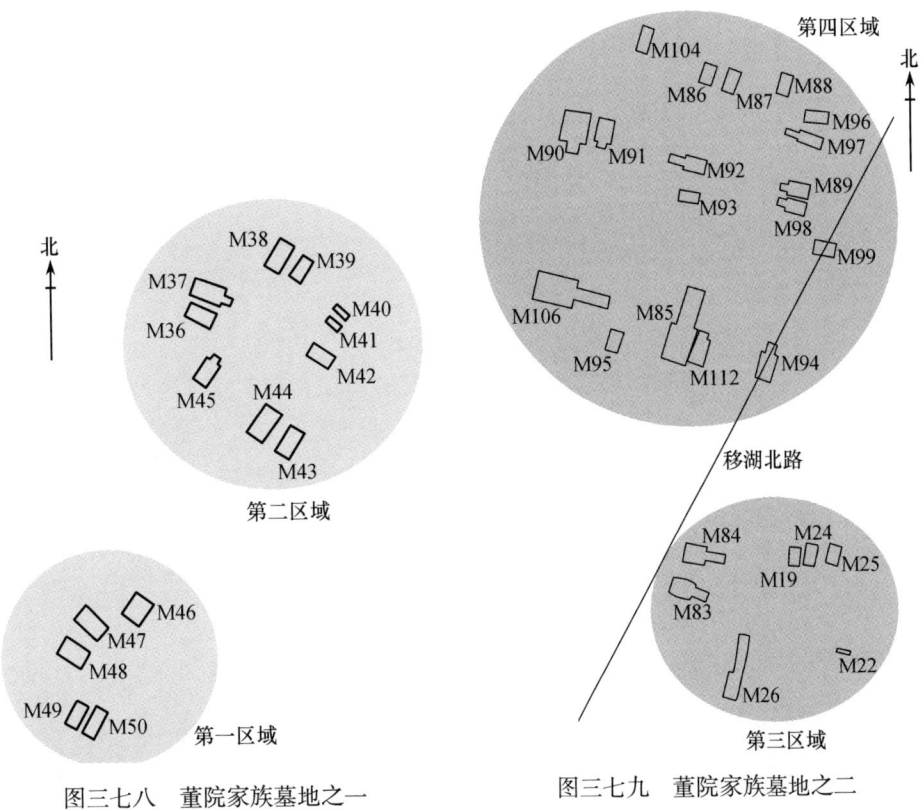

图三七八　董院家族墓地之一　　　　图三七九　董院家族墓地之二

能包括若干家族的茔地[①]。在董院墓地中可以观察到的四个区域，很可能是属于不同家族的墓地，即董院墓地包括了若干家族墓地，而在第二区域M38出土了印章"蔡众"，说明第二区域或为蔡氏的家族墓地。

第二区域中有7座填充有青膏泥的墓葬，占第二区域墓葬总数的70%。第四个区域中有7座青膏泥的墓葬，约占第四区域墓葬总数的39%。推测这两个区域的墓主人受楚文化因素影响较深或者是楚人的后裔。

四个墓葬集中区域内包含了15对夫妇合葬墓，占区域墓葬总数的75%。说明在家族墓地中，以夫妻关系为基础。有学者指出，汉代庄园经济的发展，财富的集中，必然松弛了同宗之间的血缘关系，加强了个人家庭的关系，而夫妇是家庭关系的基础[②]。董院墓地中夫妇合葬墓和家族茔地的普遍出现，即为这种关系在丧葬制度上的反映。

---

① 李如森：《汉代丧葬制度》，吉林大学出版社，1995年。
② 李如森：《汉代丧葬制度》，吉林大学出版社，1995年。

附　表

附表一　董院墓地墓葬登记表

墓号	方向（度）	形制	墓道	墓室尺寸（厘米）	葬具	随葬品	备注
M1	194	长方形土坑竖穴	无	280×164-60		陶鼎1、盒1、壶3、罐6、灶1	M1:3陶壶，M1:4陶鼎，M1:5陶罐残碎
M2	295	长方形土坑竖穴	无	320×180-120		陶鼎3、盒1、壶3、罐3、井1、猪圈1；铜钱5、镜1	M2:11陶盒，M2:12陶灶残碎
M3	200	曲尺形土坑竖穴	长方形斜坡	294×214-80	木棺	陶壶1、盒1、壶1、灶1；铜镜2、铜钱20	M3:5陶灶残碎
M4	115	长方形土坑竖穴	无	280×170-230		陶壶1、壶1、灶1；铜剑1、镜1	
M5	117	凸字形土坑竖穴	长方形斜坡	320×254-230	一棺一椁	陶鼎3、盒2、罐4、壶1、猪圈1；铜钱26	M5:17陶罐残碎；M5:4铜釜存残片
M6	205	凸字形土坑竖穴	长方形斜坡	334×174-204	一棺一椁	陶鼎1、盒3、壶2、罐3、井1、猪圈1；铜钱26	
M7	110	凸字形土坑竖穴	长方形斜坡	442×296-280	一棺一椁	陶鼎2、盒2、壶1、罐2、甑1、灶1、洗1、钵2、刀1、铜钱78	
M8	120	长方形土坑竖穴	无	398×302-160	一棺一椁	陶鼎1、盒1、壶3、罐3、甑1、井1、灶1、勺1；铜镜1、带钩1、铜钱45	M8:1铜洗残碎
M9	112	长方形土坑竖穴	无	270×164-90	木棺	陶盒2、壶2、灶1、刀1、熏炉1；铜镜2、料珠2	
M10	110	凸字形土坑竖穴	长方形斜坡	340×250-210	一棺一椁	陶盒4、壶2、罐3、甑2、灶1、矛1、刀1、洗1、剑（剑璏）1、剑2、猪圈1；铜钱11；玉璧1	
M11	297	长方形土坑竖穴	无	140×60-60		陶壶1	
M12	290	长方形土坑竖穴	无	220×126-110		陶壶2、罐3；铜镜1、铜钱30	M12:5陶罐残碎
M13	110	长方形土坑竖穴	无	244×202-180	一椁	陶盒2、甑2、罐1、灶1、猪圈1、鸟形铜杖首1、洗1、壶1、甑2、罐5、灶1；漆盘1；铜钱57	
M14	10	凸字形土坑竖穴	长方形斜坡	430×340-290	有棺椁	陶鼎2、盒2、壶1、甑2、罐5、灶1；漆盘1；铜剑1、镜1	M14:16漆盘未采集

续表

墓号	方向（度）	形制	墓道	墓室尺寸（厘米）	葬具	随葬品	备注
M15	205	长方形土坑竖穴	无	292×180-120		陶罐4、灶1；漆耳杯1；铜镜2、铜钱7	M15：9漆耳杯未采集
M16	43	凸字形土坑竖穴	长方形斜坡	400×300-130	有棺椁	陶鼎1、罐1、豆1、猪圈1、灶1、勺1；铜镜2、剑1、刀1、带钩1、铜钱若干	
M17	208	凸字形土坑竖穴	双长方形斜坡	540×380-230	双棺一椁	陶鼎2、盒3、壶2、瓿1、罐3、灶1、井1、猪圈1；铜釜1、洗1、镜2、剑1、刀1、铁剑1；铁剑1；钱95；玉璧1、环1、石器2	M17：9玉璧，M17：10玉环，M17：18铁剑残碎
M18	120	凸字形土坑竖穴	双长方形斜坡	550×484-260	双棺一椁	陶鼎5、盒2、壶2、瓿2、罐3、豆1、灶1、铜盆1、剑1、矛1、镜2、铜钱23；玉璧1	M18：11玉璧残碎
M19	185	长方形土坑竖穴	无	280×130-60		陶壶1、罐1	
M20	21	长方形土坑竖穴	无	160×60-36		无	
M21	10	长方形土坑竖穴	无	142×80-40		陶壶2	
M22	280	长方形土坑竖穴	无	170×50-20		陶罐2、陶片1	
M23	195	长方形土坑竖穴	无	250×154-170		陶鼎1、壶2、灶1、井1、猪圈1；铜镜1	
M24	187	长方形土坑竖穴	无	290×170-150		陶鼎2、壶2、盒2、罐3、灶2、井1、铜镜1	
M25	192	长方形土坑竖穴	无	274×166-154	有木椁	陶鼎2、壶7、瓿1、罐11、猪圈1、灶1、刀1、铜钱23；石器1	M25：11陶盒残碎
M26	15	曲尺形土坑竖穴	长方形斜坡	350×200-166		陶鼎2、盒2、壶8、罐6、灶1、井1；铜镜1、剑1、刀1、铜钱若干	
M27	22	凸字形土坑竖穴	长方形斜坡	360×220-200		陶壶5、盒4、罐5、瓿1、镜2、印章1、刀1、铜钱13	M27打破M18排水沟
M28	105	凸字形土坑竖穴	长方形斜坡	650×560-300	一棺一椁	陶壶9、盒4、罐5、瓿1；猪圈2；铜剑1、刀2、铜钱14；珠3	被盗
M29	105	凸字形土坑竖穴	长方形斜坡	736×715-300	一棺一椁	石饰件1	与M28共用一排水沟。被盗

续表

墓号	方向（度）	形制	墓道	墓室尺寸（厘米）	葬具	随葬品	备注
M30	16	凸字形土坑竖穴	长方形斜坡	324×180–210	一棺一椁	陶壶3、瓿2、灶1、猪圈1、井1、器盖2、器底1、器耳1；铜刀1、镜1、铜钱12；石器1	M30：16陶壶残碎
M31	110	凸字形土坑竖穴	梯形斜坡	270×260–172		陶壶2、罐2、灶1	
M32	115	长方形土坑竖穴	无	234×190–125	木椁	陶鼎1、壶1、罐1；铜刀1、镜1、印章1	M32：5陶罐，M32：6陶鼎残碎
M33	205	长方形土坑竖穴	无	236×232–136		陶鼎1、盒1、壶1、灶1；铜镜1	M33：5陶鼎，M33：6陶盒残碎
M34	285	长方形土坑竖穴	无	250×120–50		陶饼1、石器1	
M35	295	凸字形土坑竖穴	长方形斜坡	250×160–160	木椁	陶鼎1、盒1、壶1、罐3；铜镜1	M35：2、M35：3陶罐，M35：4陶盒，M35：6陶鼎残碎
M36	120	长方形土坑竖穴	无	290×180–140	木椁	陶鼎1、盒1、壶1、罐3、灶1；铜刀1、镜1、铜钱10	
M37	110	凸字形土坑竖穴	长方形斜坡	320×210–90	木椁	陶鼎1、盒1、壶1、罐4、灶1；猪圈1；铜镜2、铜钱11	
M38	210	长方形土坑竖穴	无	310×170–150		陶鼎1、盒1、壶1、罐3、井1、灶1；铜镜1、铜钱16；印章1	M38：10陶灶残碎
M39	220	长方形土坑竖穴	无	280×160–160		陶鼎1、盒1、壶1、罐3、灶2、井1；猪圈1；铜镜1、铜钱12	
M40	310	长方形土坑竖穴	无	210×54–30		陶壶2、罐1	
M41	310	长方形土坑竖穴	无	180×80–10		陶罐1	
M42	300	长方形土坑竖穴	无	270×156–144		陶壶4、器盖3、井1、灶1；铜镜1、猪圈1；铜钱8	
M43	30	长方形土坑竖穴	无	264×174–150		铜鼎1、盒1、罐2、灶1、井1、屋1；陶壶5、矛1、刀1、镜1、带钩1、铜钱若干；印章1	
M44	32	长方形土坑竖穴	无	360×190–154	木椁	陶鼎1、盒1、剑1、瓿1、罐2、灶1、井1、猪圈1；铜剑1、刀1、镜1、器盖2、器底1、铜钱45	M44：7陶鼎残碎
M45	35	凸字形土坑竖穴	长方形斜坡	286×160–218	木棺	陶壶3、罐3、灶1、井1、镜1、铜钱49	
M46	215	长方形土坑竖穴	无	260×210–150	木棺椁	铜剑1、器底2、铜钱49	

续表

墓号	方向（度）	形制	墓道	墓室尺寸（厘米）	葬具	随葬品	备注
M47	135	长方形土坑竖穴	无	300×172-180	一棺一椁	陶鼎1、壶3、罐4、灶1、未名陶器1；铜镜1	M47：10陶鼎残碎
M48	120	长方形土坑竖穴	无	310×200-130	木棺	陶盒1、壶3、罐1；铜剑1、镜1	M48：4陶盒、M48：6陶罐残碎
M49	30	长方形土坑竖穴	无	270×160-130		陶壶2、罐2、灶1、井1、猪圈1、带钩1；铜镜1、铜钱19	
M50	30	长方形土坑竖穴	无	310×150-80		陶鼎1、罐3、盆2、灶1、井1、猪圈1；铜镜19	M50：5、M50：7陶罐残碎
M51	105	长方形土坑竖穴	无	270×190-80	木棺	陶鼎2、盒2、壶2、罐1、井1、灶1、猪圈1；铜镜1、铜钱7	M51：3、M51：7陶壶、M51：8、M51：11陶盒残碎
M52	300	长方形土坑竖穴	无	250×120-120		陶鼎1、壶1、灶1、井1、器底1	铜洗剩残片
M53	17	长方形土坑竖穴	无	260×170-170	一棺一椁	陶鼎2、罐4、灶1、盒1；铜洗1	
M54	270	长方形土坑竖穴	无	260×210-80		陶鼎2、壶4、罐2、器底1、灶1；铜镜2	M54：4陶鼎残碎
M55	160	凸字形土坑竖穴	长方形斜坡	400×224-40	有棺椁	陶壶2、罐1；铜钱1	M55：5陶罐残碎
M56	205	长方形土坑竖穴	无	270×145-105		陶盒2、壶2、罐3、器底3、灶1	M56：1陶壶、M56：4陶盒残碎
M57	110	凸字形土坑竖穴	长方形斜坡	280×190-120	一棺一椁	陶鼎1、盒2、壶2、罐3、器底3、灶1；铜镜1	M57：5陶罐、M57：11陶盒残碎
M58	200	长方形土坑竖穴	无	262×150-72		陶鼎2、罐2、灶1	
M59	110	凸字形土坑竖穴	长方形斜坡	530×405-160		陶盒4、壶5、罐2、灶1；铜鼎1、洗1、镜1、铜钱21	设有排水沟
M65	110	凸字形土坑竖穴	长方形斜坡	240×145-175		陶鼎1、盒1、壶1、瓿1、罐1、灶1；铜刀1、铜环2	M65：2盒、M65：5陶鼎、M65：6灶残碎
M66	20	凸字形土坑竖穴	长方形斜坡	322×176-230	一棺一椁	陶盒2、壶6、罐1、灶1；铜钱19、印章1	M66：13陶灶、M66：14陶盒残碎
M67	115	长方形土坑竖穴	无	210×140-120		陶鼎1、壶2、灶3、井1	M67：1陶鼎残碎
M68	120	曲尺形土坑竖穴	长方形斜坡	440×300-270	双棺一椁	陶鼎1、刀1、带钩1、猪圈1、钗1、印章1、冥币1；铜剑1、镜3、铜钱41；漆盒1；银饰1	M68：13漆盒未采集，M68：15陶鼎残碎

续表

墓号	方向(度)	形制	墓道	墓室尺寸(厘米)	葬具	随葬品	备注
M69	214	长方形土坑竖穴	无	340×246-152	木椁木棺	陶壶2、瓿1、灶1、井1、刀1、带钩1、剑格1、铜钱36、耳杯1、印章1	M69:10陶井残碎，M69:13漆盘和M69:14耳杯未采集
M70	210	长方形土坑竖穴	无	320×180-130		陶鼎1、盒1、壶5、瓿2、灶1、井1、铜镜1、铜钱4	M70:7陶盒残碎
M71	200	长方形土坑竖穴	无	270×108-40			
M72	205	长方形土坑竖穴	无	306×142-70		陶罐1、壶2	M72:3陶壶残碎
M73	24	长方形土坑竖穴	无	320×148-120	有棺椁	陶壶5、罐2、井1、猪圈1、铜镜1、铜钱15	
M74	14	长方形土坑竖穴	无	315×174-140	一棺椁	陶壶3	
M75	290	长方形土坑竖穴	无	314×160-138	一棺一椁	陶壶2、陶器6；铜镜1、带钩1、铜钱12	图二〇六中编号4～9陶器器形未辨
M76	190	长方形土坑竖穴	无	260×160-130		陶罐3、瓿1、铜刀1、铜钱1	
M77	290	长方形土坑竖穴	无	250×110-100			
M78	290	凸字形土坑竖穴	长方形斜坡	320×200-190	一棺一椁	陶壶3、盒1、罐3、灶1、井1、猪圈1；铜镜2、剑1、刀1、铜钱16	M78:12陶盒残碎
M79	110	长方形土坑竖穴	双长方形斜坡	360×210-310	双棺一椁	铜镜2、带钩1、刀1、铜钱78	
M80	115	长方形土坑竖穴	无	300×160-160		陶盒4、壶2、罐2	M80:4陶壶，M80:1、M80:7陶罐残碎
M81	195	长方形土坑竖穴	无	320×210-95		陶瓿1、井1、灶1、猪圈1；铜镜2、剑1、铜钱若干	
M82	195	凸字形土坑竖穴	长方形斜坡	252×160-120	有棺椁	陶鼎1、壶2、罐4、灶1、器底1、灶1	M82:1、M82:7陶罐残碎
M83	105	凸字形土坑竖穴	长方形斜坡	272×210-200		陶盒2、壶4、罐2、瓿5、灶1；玉璧1	M83:1玉璧残碎
M84	100	凸字形土坑竖穴	长方形斜坡	286×240-210	有棺椁	陶壶5、罐1、罐3、灶1；铜镜1、剑1；玉璧1	M84:2陶壶残碎
M85	15	长方形土坑竖穴	长方形斜坡	504×330-210		陶壶2、罐5、井1、灶1；铜镜1、洗2、铜剑1、铜钱35	
M86	10	长方形土坑竖穴	无	290×170-130		陶壶1、罐4、猪圈1、井1；铜剑1、铜钱12	
M87	190	长方形土坑竖穴	无	320×180-190		陶壶2、罐1、灶1；镜1、铜钱9	M87:5～M87:7陶罐、M87:8陶壶、M87:11陶井残碎

附　表

续表

墓号	方向（度）	形制	墓道	墓室尺寸（厘米）	葬具	随葬品	备注
M88	15	长方形土坑竖穴	无	286×160-138		陶鼎1、盒1、壶1、罐2、井1、灶1；铜镜1、带钩1、印章1	铜钱残碎
M89	280	凸字形土坑竖穴	长方形斜坡	270×220-180		陶盒3、壶3、瓿2、罐2、井1、灶1；铜镜1、铜钱36；印章1	M89：8陶罐残碎
M90	190	凸字形土坑竖穴	长方形斜坡	390×330-236	一棺一椁	陶盒2、罐5、甑1、器盖1、猪圈1；玉璧1	M90：10陶猪圈残碎
M91	197	凸字形土坑竖穴	长方形斜坡	326×248-190		陶鼎2、盒2、壶3、瓿1、罐5、灶3、铜鼎足1、鼎耳1、镜1、铜钱6；玉璧1	陶鼎、M91：16、M91：10、M91：15、M91：19陶罐、M91：18陶壶、罐残碎
M92	283	凸字形土坑竖穴	长方形斜坡	260×200-240	一棺一椁	陶盒4、罐2、灶1、井1、罐1、猪圈1；铜钱1	
M93	280	长方形土坑竖穴	无	260×(140~150)-150		陶鼎1、壶1、灶1件	陶鼎、壶、罐残碎
M94	15	凸字形土坑竖穴	长方形斜坡	344×250-230		陶罐6、壶3、瓿2、罐5、灶1；铜镜1	M94：11陶罐、M94：16陶罐、M94：18陶灶残碎
M95	15	长方形土坑竖穴	无	270×150-90	有棺椁	陶鼎1、盒1、壶2、灶1、井1；铜镜6	陶鼎残碎
M96	95	长方形土坑竖穴	无	320×190-170		陶鼎1、壶2、罐1、灶1、井1、猪圈1；铜镜1、铜钱若干、未明铜器1	M96：3陶壶、鼎、猪圈、灶、井残碎
M97	295	长方形土坑竖穴	长方形斜坡	310×160-260		陶鼎、壶3、瓿1、罐2、熏炉1、剑1、器底1、铜钱17	
M98	285	凸字形土坑竖穴	长方形斜坡	260×180-170		陶盒2、盒2、壶3、罐2、灶1；铜镜1	
M99	105	长方形土坑竖穴	无	280×180-90		陶壶1	
M100	100	凸字形土坑竖穴	长方形斜坡	360×240-120		陶瓿2、罐3、猪圈1；铜剑1、刀1、镜2	陶猪圈残碎
M101	110	长方形土坑竖穴	无	250×170-157		陶鼎1、壶2、罐3、灶2、铜镜1	
M102	183	长方形土坑竖穴	无	270×190-115		陶鼎1、瓿2、罐4、灶1、井1、器盖1；铜镜1、带钩1、铜钱若干、印章1；石饰件1	M102：6、M102：9陶罐、M102：15陶灶残碎
M103	187	曲尺形土坑竖穴	长方形斜坡	390×280-120			

续表

墓号	方向（度）	形制	墓道	墓室尺寸（厘米）	葬具	随葬品	备注
M104	195	长方形土坑竖穴	无	310×165-120		陶鼎1、盒1、壶1、罐2、灶1、井1；铜刀1、镜1；印章1	
M105	17	土坑竖穴	无	384×(186~206)-66		陶罐1、灶1	被盗，填土内出土
M106	103	凸字形土坑竖穴	长方形斜坡	600×360-220		陶鼎2、盒2、壶1、瓿2、罐1	
M107	280	长方形土坑竖穴	无	260×(140~150)-170		陶盒3、壶2、灶4、井1；铜洗1、剑1、镜1、带钩1、铜钱若干	
M108	10	凸字形土坑竖穴	长方形斜坡	490×370-200		陶鼎1、盒1、壶1、瓿6、罐1、灶1、井1；铜镜1、铜钱17；玉璧1	
M109	100	长方形土坑竖穴	无	350×200-120		陶壶4、罐2、猪圈1、井1；铜剑1、刀1、镜1、铜钱5	M109:10陶罐，M109:12陶壶残碎
M110	187	长方形土坑竖穴	无	396×362-130		陶壶2、罐1、灶3、井1；铜盆1、剑1、刀1、铜钱	
M111	198	长方形土坑竖穴砖室墓	无	360×180-90		陶盒2、壶1、罐3、灶1；铜镜1、环1、饰件1	
M112	15	曲尺形土坑竖穴	长方形斜坡	330×(162~190)-210		陶壶3、罐3、釜1、灶1	被M85打破，M112:4陶壶，M112:6陶灶残碎
M113	182	长方形土坑竖穴	无	331×203-110		陶鼎1、盒1、壶3、罐4、灶1、井1、未名陶器1；铜剑1、镜1、带钩1、铜钱8	陶鼎残碎
M114	185	长方形土坑竖穴	无	330×170-130		陶壶2、罐1、镜1、铜钱109	
M115	105	凸字形土坑竖穴	长方形斜坡	520×410-260		陶壶3、盒2、壶5、瓿2、罐6、灶2、井1；铜剑1、铜钱30、未名石器1、玉璧1	M115:11陶鼎，M115:17、M115:24 陶罐残碎
M116	100	长方形土坑竖穴	无	370×280-200		陶鼎1、壶2、瓿1、罐2、豆1、镜1、铜豆1、镜1	M116:7陶壶残碎
M117	15	长方形土坑竖穴	无	490×240-30		无	
M118	105	长方形砖室墓	无	550×230-114		陶灶1、井1	

续表

墓号	方向（度）	形制	墓道	墓室尺寸（厘米）	葬具	随葬品	备注
M119	110	凸字形土坑竖穴砖室墓	长方形斜坡	550×240-130		陶壶1、井1；铜钱34	
M120	110	凸字形土坑竖穴砖室墓	长方形斜坡	440×268-170		陶壶3、罐4、奁1、陶器1；铜器盖1	M120：3陶器残碎
M121	200	凸字形土坑竖穴砖室墓	长方形斜坡	450×230-70		无	
M122	115	长方形土坑竖穴	无	494×216-56		无	
M123	115	凸字形土坑竖穴砖室墓	无	470×200-110		无	
M124	290	长方形土坑竖穴	无	380×210-170	木椁	陶壶3、罐11、灶1、井1；铜镜1、珠1、布币1、铜钱7	M124：9～M124：13、M124：16～M124：20陶罐，陶灶残碎
M125	110	凸字形土坑竖穴	长方形斜坡	350×240-250		陶壶1、罐1	
M126	110	长方形土坑竖穴	无	380×200-130		陶罐2	
M127	120	长方形土坑竖穴	无	355×145-63	木棺	陶器1；铜镜1、铜钱若干	
M128	280	凸字形土坑竖穴	长方形台阶	440×260-80		陶罐4、灶2、井1	
M129	180	长方形土坑竖穴砖室墓	无	480×280-40		陶壶2、釜1、器底1；铜带钩1；铁剑1	

附表二 松棵塞地墓葬登记表

墓号	方向（度）	形制	墓道	墓室尺寸（厘米）	葬具	随葬品	备注
M1	290	长方形土坑竖穴		250×69-80		陶罐1	
M2	290	凸字形土坑竖穴	长方形斜坡	260×176-150		陶鼎2、壶1、罐4、井1	
M3	294	凸字形土坑竖穴	长方形斜坡	254×185-200		陶鼎2、盒3、壶2、罐2、灶1、铜镜1；漆盒1	漆盒未采集
M4	300	凸字形土坑竖穴	长方形斜坡	236×140-120		陶鼎1、壶1、盒1、罐1	墓道被破坏
M5	290	凸字形土坑竖穴	长方形斜坡	280×240-260	木棺木椁	陶灶1；铜镜1	
M6	290	长方形土坑竖穴		240×144-90		陶罐4	
M7	218	凸字形土坑竖穴	长方形斜坡	530×440-220	双棺一椁	陶鼎4、盒11、壶6、瓿5、罐6、豆1、灶1、猪圈1；铜鼎1、壶1、洗2、剑1、矛1、刀1、镜3、弩机、铜弩机1、刀2、铜钱62	M7∶14、M7∶22、M7∶23、M7∶41陶盒，M7∶19陶罐残碎
M8	295	凸字形土坑竖穴	长方形斜坡	270×191-174	木椁	陶壶2、灶1、猪圈1、器底1、猪圈1；未名石器1	墓室、墓道被破坏
M9	300	凸字形土坑竖穴		340×250-150	木椁	陶罐2、壶2、罐5、灶1；铜镜1	
M10	222	凸字形土坑竖穴		330×296-190	木椁	陶鼎2、盒2、壶2、罐5、灶1、瓿1、残铜器1	M10∶15陶罐，陶瓿残碎。墓道被破坏
M11	290	长方形土坑竖穴		210×130-168	木棺	陶鼎3、盒1、罐2、壶2、灶1、铜镜1	陶盒，M11∶5陶鼎残碎。墓室被破坏

Abstract

The excavation report of *Lujiang Han Mu* (庐江汉墓, cemeteries of Han Dynasty found in Lujiang) includes the introduction of two cemeteries of Han Dynasty in Dongyuan and Songke. Both of them are located in the northern outskirt of Lucheng town, Lujiang County, Anhui Province. Geographically, this region belongs to the eastern hill flank of Dabieshan Mountain (大别山) between the Yangtze and Huai River. Because of the damage from the engineering program of field leveling, Anhui Institute of Archaeology and Cultural Relics had to carry out the excavation in term of salvage archaeology. There are 135 graves of Han Dynasty unearthed, among which 129 graves are in forms of vertical coffin pit, and 6 graves brick-constructed. More than a thousand pieces (or groups) of archaeological specimens were found, including pottery, bronze, jade and stone artifacts. Their dates extend from the period of early Western Han to the early Eastern Han.

The excavation report of *Lujiang Han Mu* consists of four parts as below.

Chapter one briefly introduces the physical environment and socio-historical background of the region where the cemeteries of Dongyuan and Songke were discovered. It also introduces the processes of the fieldwork, data analysis and report writing and editing.

Chapter two has two sections, Dongyuan and Songke. It introduces the form and burial goods of each grave. There are 124 graves in Dongyuan and 11 in Songke.

Chapter three is the part stressing the typological analysis on the pottery assemblage, which is represented by *ding*, *he* (box), *hu* (bottle), *bu* (瓿, small jar) and *guan* (jar). Based on this, four periods are presented in the classification of these graves. The first is the period of early Western Han, the detailed date equal to the stage from the beginning of Western Han to the fifth year of *Yuanshou*, *Han Wu Di* (Emperor Wu). The second is the period of Middle Western Han, that is, the stage crossing the reigns of emperors Wu, Zhao and Xuan. The third period is in the late Western Han, possibly corresponding to the time span of the emperors Yuan, Cheng, Ai and Ping. The last one is the period of Wangmang's Xin Dynasty to the early Eastern Han.

Chapter four is the summary section. It focuses on the study of grave patterns, unearthed artifact traits and their other properties. It is suggested that these cemeteries have some indigenously cultural factors, the Chu cultural factors as well as indeterminately regional factors, while they are generally consistent with the Han culture in dominance. The Han culture is represented in terms of the variants with regional factors or the ones from the Chu culture.

后　记

　　汉墓在抢救性考古发掘工作中大概是最普遍的。在安徽以往的发掘中，囿于工程范围，相对集中、完整的墓地不多，而发表的考古资料则几乎不见，多是一些零星分布的资料，这对于更深层次的研究无疑具有局限性。由于庐江工业园区较大面积的土地平整，使董院汉代墓地得到了较完整的揭露，该墓地124座汉墓多为中小型墓，鲜有精致的随葬品，但延续时间较长且连续不断，出土陶器丰富，蕴涵着较为明显的演变逻辑，发掘报告的意义正在于此。

　　后期资料整理工作分工如下。

　　器物的拼对与修复工作由王庆华、王灯良、李化承担；资料核对由陈超、侯卫东承担；器物图及墓葬遗迹图的清绘、拓片由李化、王灯良完成；器物卡片及所有线图的电子版制作由于焕金、聂卓慧完成；器物照片由程京安拍摄。

　　本报告由王峰主编，各章节分工如下。

　　第一章：王峰

　　第二章：王峰、于焕金、聂卓慧

　　第三、四章：于焕金、王峰、聂卓慧

　　特别感谢吉林大学边疆考古研究中心滕铭予老师帮助安排了她的博士研究生于焕金和硕士研究生聂卓慧前来安徽协助资料整理，还对报告的分期及相关问题的研究提出了宝贵意见。

　　本报告的编写和出版工作还得到了安徽省文物局、安徽省文物考古研究所诸领导的支持，吉林大学边疆考古研究中心陈胜前翻译了英文提要，科学出版社宋小军、王琳玮也为本书的出版付出了辛勤劳动，在此一并致谢。

编　者

2013年9月

彩版一

1. 董院墓地（镜向南）

2. 松棵墓地（镜向北）

工地原貌

彩版二

1. M5

2. M6

M5、M6

彩版三

1. 铜镜（M5∶1）

2. 陶鼎（M5∶9）

3. 陶罐（M5∶3）

4. 陶壶（M5∶10）

5. 陶鼎（M5∶6）

6. 陶罐（M5∶11）

M5出土随葬品

彩版四

1. 陶壶（M5：12）

2. 陶罐（M5：16）

3. 陶壶（M5：13）

4. 陶灶（M5：18）

5. 陶猪圈（M5：15）

6. 陶盒（M5：19）

M5出土随葬品

彩版九

1. 陶灶（M8∶6）

2. 陶罐（M8∶9）

3. 陶壶（M8∶10）

4. 陶壶（M8∶11）

5. 铜镜（M8∶12）

M8出土随葬品

彩版一〇

1. M13

2. M14

M13、M14

彩版一一

1. 鸟行铜杖首（M13:1）

2. 陶壶（M13:6）

3. 陶壶（M13:4）

4. 陶瓿（M13:8）

5. 陶罐（M13:5）

6. 陶瓿（M13:9）

M13出土随葬品

彩版一二

1. 铜剑及镦（M14：2、M12：1）

2. 陶鼎（M14：5）

3. 陶壶（M14：3）

4. 陶罐（M14：6）

5. 陶瓿（M14：4）

6. 陶灶（M14：7）

M12、M14出土随葬品

彩版一三

1. 陶壶（M14：8）

2. 陶盒（M14：12）

3. 陶瓿（M14：10）

4. 陶鼎（M14：14）

5. 陶罐（M14：11）

6. 陶罐（M14：17）

M14出土随葬品

彩版一四

1. M17

2. M18

3. M18墓室排水沟

M17、M18

彩版一五

1. 陶瓿（M17∶1）

2. 陶壶（M17∶8）

3. 铜洗（M17∶2）

4. 铜镜（M17∶12）

5. 陶鼎（M17∶7）

6. 铜镜（M17∶13）

M17出土随葬品

彩版一六

1. 石器（M17∶14）

2. 铜刀（M17∶19）

3. 石器（M17∶15）

4. 陶灶（M17∶20）

5. 铜剑（M17∶17）

6. 陶罐（M17∶21）

M17出土随葬品

1. 陶壶（M17：23）

2. 陶猪圈（M17：26）

3. 陶罐（M17：24）

4. 铜釜（M17：27）

5. 陶罐（M17：25）

6. 木片 M17

M17出土随葬品

彩版一八

1. 铜剑（M18∶1）

2. 铜洗（M18∶8）

3. 铜镜（M18∶2）

4. M18∶10 陶豆

5. 铜矛（M18∶3）

6. 陶鼎（M18∶12）

M18出土随葬品

彩版一九

1. 陶鼎（M18∶13）

2. 陶鼎（M18∶17）

3. 陶盒（M18∶15）

4. 陶壶（M18∶18）

5. 陶瓿（M18∶16）

6. 陶盒（M18∶19）

M18出土随葬品

彩版二〇

1. 陶壶（M18∶20）

2. 陶瓿（M18∶23）

3. 陶鼎（M18∶21）

4. 陶盒（M18∶24）

5. 陶鼎（M18∶22）

6. 陶罐（M18∶25）

M18出土随葬品

彩版二一

1. 陶壶（M18：26）

2. 陶罐（M18：29）

3. 陶盒（M18：27）

4. 陶罐（M18：30）

5. 陶壶（M18：28）

6. 陶壶（M18：31）

M18出土随葬品

彩版二二

1. M26

2. M27

M26、M27

1. 铜镜（M26:1）

2. 铜刀（M26:4）

3. 石器（M26:2）

4. 陶瓿（M26:6）

5. 铜剑（M26:3）

6. 陶猪圈（M26:7）

M26出土随葬品

彩版二四

1. 陶壶（M26∶8）

2. 陶壶（M26∶12）

3. 陶瓿（M26∶9）

4. 陶壶（M26∶13）

5. 陶壶（M26∶10）

6. 陶壶（M26∶14）

M26出土随葬品

1. 陶罐（M26：15）

2. 陶壶（M26：18）

3. 陶罐（M26：16）

4. 陶罐（M26：19）

5. 陶灶（M26：17）

6. 陶罐（M26：20）

M26出土随葬品

彩版二六

1. 陶罐（M26：21）

2. 陶罐（M26：24）

3. 陶罐（M26：22）

4. 陶罐（M26：25）

5. 陶罐（M26：23）

6. 陶盒（M26：26）

M26出土随葬品

彩版二七

1. 陶鼎（M26：27）

2. 陶罐（M26：30）

3. 陶盒（M26：28）

4. 汲水罐（M26：31）

5. 陶罐（M26：29）

6. 陶鼎（M26：32）

M26出土随葬品

彩版二八

1. 铜剑（M27：1）

2. 陶盒（M27：7）

3. 铜削（M27：2）

4. 陶壶（M27：9）

5. 陶罐（M27：4）

6. 陶壶（M27：13）

M27出土随葬品

彩版二九

1. 陶罐（M27:14）

2. 陶井（M27:19）

3. 陶罐（M27:16）

4. 陶罐（M27:20）

5. 陶灶（M27:18）

6. 陶壶（M27:23）

M27出土随葬品

彩版三〇

1. M28、M29

2. M28

3. M29

M28、M29

彩版三一

1. 铜刀（M28∶17）

2. 石珠（M28∶4）

3. 石印章（M28∶2）

4. 陶猪圈（M28∶6）

5. 石珠（M28∶3）

6. 陶壶（M28∶7）

M28出土随葬品

彩版三二

1. 陶壶（M28：8）

2. 陶壶（M28：11）

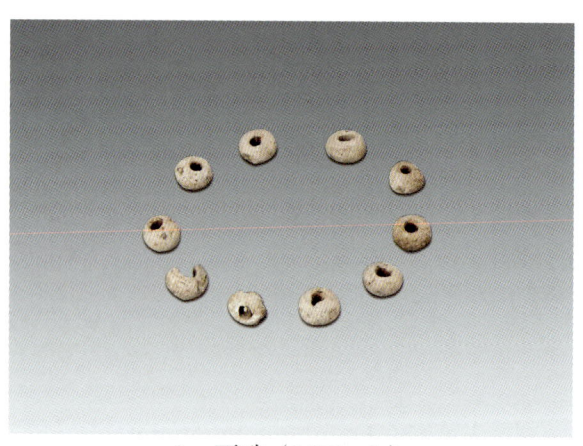

3. 石珠（M28：9）

4. 陶罐（M28：12）

5. 陶灶（M28：10）

6. 陶壶（M28：13）

M28出土随葬品

1. 陶鼎（M28：14）

2. 铜刀（M28：1）

3. 陶罐（M28：15）

4. 陶鼎（M28：18）

5. 铜镦（M28：16）

6. 陶盒（M28：19）

M28出土随葬品

彩版三四

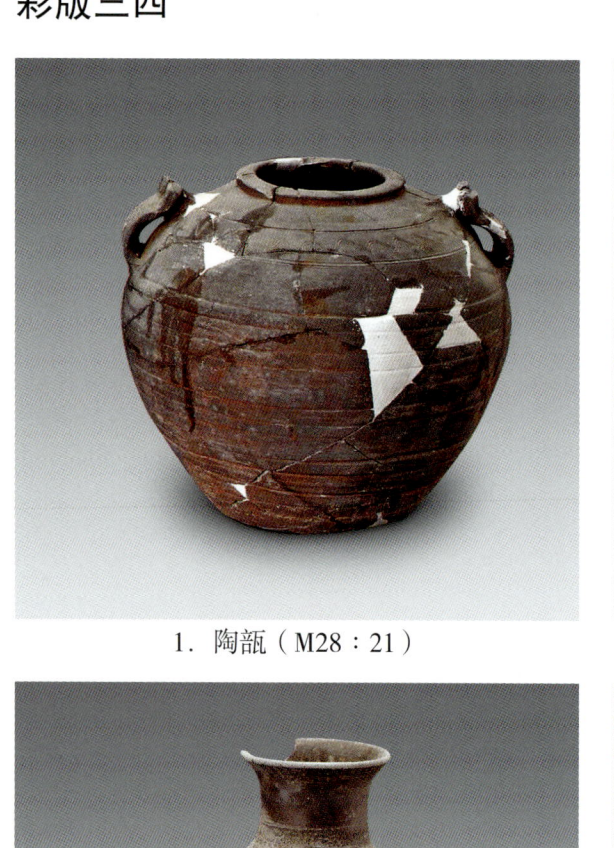

1. 陶瓿（M28∶21）

2. 陶壶（M29∶6）

3. 陶壶（M29∶1）

4. 陶壶（M29∶7）

5. 陶盒（M29∶2）

6. 陶瓿（M29∶8）

M28、M29出土随葬品

1. 陶壶（M29∶10）

2. 陶瓿（M29∶15）

3. 陶壶（M29∶12）

4. 陶盒（M29∶17）

5. 陶壶（M29∶14）

6. 陶盒（M29∶18）

M29出土随葬品

彩版三六

1. M58

2. M59

M58、M59

彩版三七

1. 陶壶（M58∶1）

2. 陶罐（M58∶4）

3. 陶灶（M58∶2）

4. 陶罐（M58∶5）

5. 陶壶（M58∶3）

6. 铜鼎（M59∶1）

M58、M59出土随葬品

彩版三八

1. 铜镜（M59∶2）

2. 陶瓿（M59∶6）

3. 陶盒（M59∶4）

4. 陶壶（M59∶7）

5. 陶盒（M59∶5）

6. 陶罐（M59∶9）

M59出土随葬品

彩版三九

1. 陶罐（M59：10）

2. 陶壶（M59：14）

3. 陶瓿（M59：11）

4. 陶壶（M59：15）

5. 陶盒（M59：13）

6. 陶盒（M59：17）

M59出土随葬品

彩版四〇

1. M67

2. M68

M67、M68

1. 陶盒（M67:2）

2. 陶壶（M67:5）

3. 陶壶（M67:3）

4. 铜钗（M68:1）

5. 陶壶（M67:4）

6. 铜剑（M68:2）

M67、M68出土随葬品

彩版四二

1. 铜印章（M68:3）

2. 石印章（M68:6）

3. 铜印章（M68:3）

4. 石印章（M68:6）

5. 铜带钩（M68:4）

6. 铜刀（M68:7）

M68出土随葬品

1. 铜镜（M68:8）

2. 铜镜（M68:12）

3. 铜镜（M68:9）

4. 陶壶（M68:14）

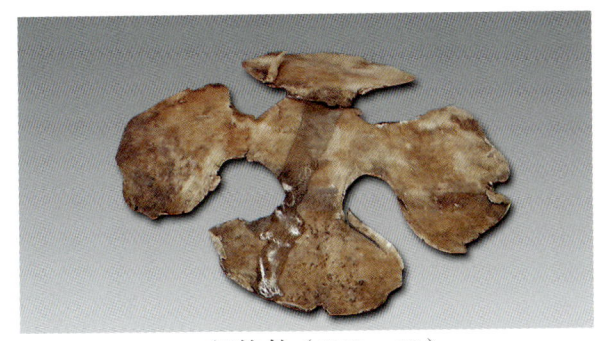
5. 银饰件（M68:10）

6. 陶冥币（M68:18）

M68出土随葬品

彩版四四

1. M69

2. M70

M69、M70

1. 铜镜（M69∶1）

2. 印章（M69∶4）

3. 铜镜（M69∶2）

4. 印章（M69∶4）

5. 铜刀（M69∶3）

6. 铜剑格（M69∶6）

M69出土随葬品

彩版四六

1. 陶瓿（M69：8）

2. 铜镜（M70：1）

3. 陶壶（M69：9）

4. 陶壶（M70：3）

5. 陶壶（M69：12）

6. 陶壶（M70：4）

M69、M70出土随葬品

彩版四七

1. 陶鼎（M70：5）

2. 陶壶（M70：11）

3. 陶壶（M70：9）

4. 陶壶（M70：12）

5. 陶壶（M70：10）

6. 陶瓿（M70：13）

M70出土随葬品

彩版四八

1. M74

2. M75

3. M76

M74、M75、M76

彩版四九

1. 陶壶（M74:1）

2. 铜带钩（M75:1）

3. 陶壶（M74:2）

4. 陶壶（M75:2）

5. 陶壶（M74:3）

6. 铜镜（M75:10）

M74、M75出土随葬品

彩版五〇

1. 铜刀（M76∶1）

2. 陶罐（M76∶5）

3. 陶罐（M76∶3）

4. 陶罐（M76∶4）

5. 陶瓿（M76∶6）

M76出土随葬品

彩版五一

1. M118

2. M119

3. M120

M118、M119、M120

彩版五二

1. 陶灶（M118:1）

2. 铜器盖（M120:1）

3. 陶井（M118:2）

4. 陶簋（M120:2）

5. 陶壶（M119:1）

6. 陶壶（M120:4）

M118、M119、M120出土随葬品

彩版五三

1. 陶壶（M120∶5）

2. 陶罐（M120∶9）

3. 陶罐（M120∶10）

4. 陶罐（M120∶8）

5. 陶壶（M120∶6）

M120出土随葬品

彩版五四

1. 半两
（左：M114∶3、右：M114∶3）

2. 大泉五十、布泉、五铢
（上排左起：大泉五十M6∶2、M13∶2、M75∶11、M75∶11；下排左起：布泉M119∶3、五铢M46∶4、M69∶7、M37∶3）

3. 大布黄千
（M124∶5）

4. 五铢
（上排左起：M5∶2、M6∶2、M7∶2、M8∶13；中排左起：M13∶2、M49∶3、M68∶5、M69∶7；下排左起：M78∶3、M79∶2、M79∶6、M119∶3）

董院墓地出土钱币

1. M7

2. M8

M7、M8

彩版五六

1. 铜矛（M7：1）

2. 陶瓿（M7：8）

3. 铜镜（M7：2）

4. 陶盒（M7：11）

5. 陶壶（M7：7）

6. 陶罐（M7：15）

M7出土随葬品

彩版五七

1. 陶壶（M7∶16）

2. 陶罐（M7∶20）

3. 陶鼎（M7∶17）

4. 陶壶（M7∶21）

5. 陶鼎（M7∶18）

6. 铜饰件（M7∶24）

M7出土随葬品

彩板五八

1. 陶罐（M7：28）

2. 陶猪圈（M7：32）

3. 陶盒（M7：29）

4. 陶壶（M7：33）

5. 陶灶（M7：31）

6. 铜剑（M7：38）

M7出土随葬品

彩版五九

1. 陶壶（M7：40）

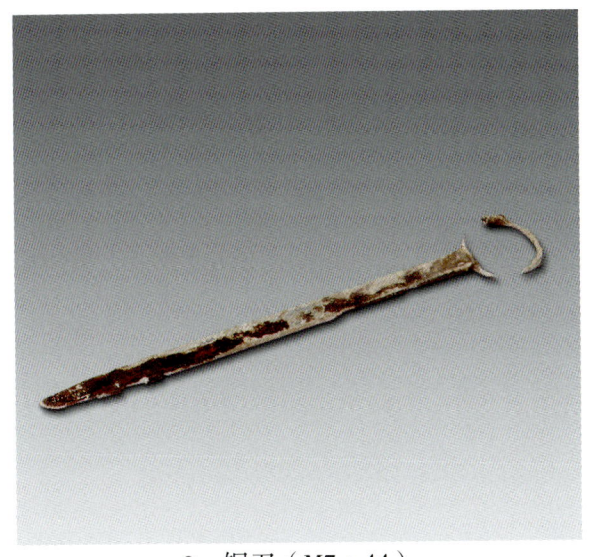

2. 铜刀（M7：44）

3. 陶罐（M7：42）

4. 铜镜（M7：46）

5. 陶罐（M7：43）

6. 铜甾（M7：47）

M7出土随葬品

彩版六〇

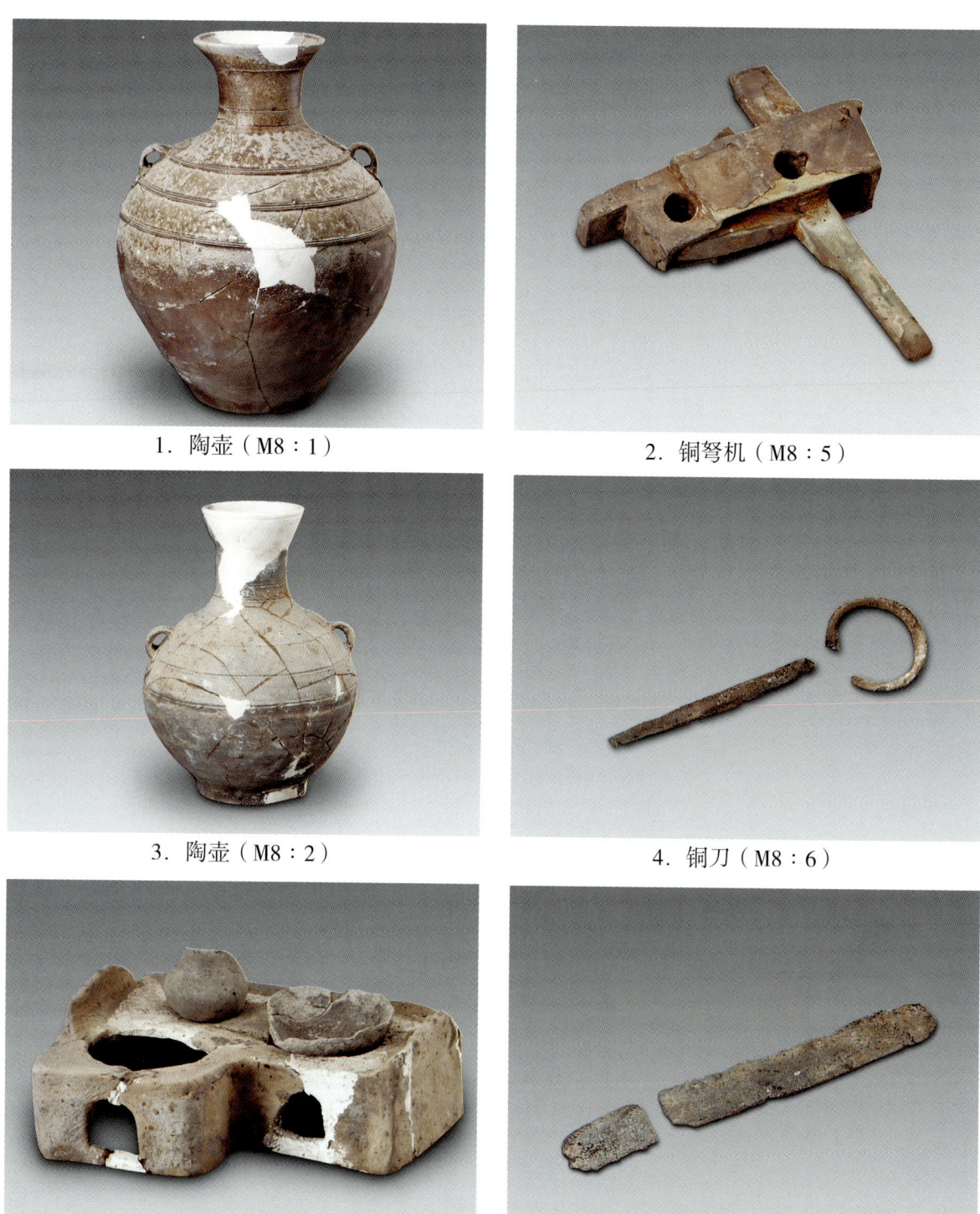

1. 陶壶（M8:1）   2. 铜弩机（M8:5）
3. 陶壶（M8:2）   4. 铜刀（M8:6）
5. 陶灶（M8:4）   6. 铜刀（M8:7）

M8出土随葬品

彩版六一

1. M9

2. M10

3. M11

M9、M10、M11

彩版六二

1. 石器（M9∶1）

2. 陶壶（M9∶4）

3. 陶猪圈（M9∶2）

4. 陶罐（M9∶5）

5. 陶灶（M9∶3）

6. 陶壶（M9∶6）

M9出土随葬品

彩版六三

1. 铜镜（M10∶1）

2. 陶罐（M10∶7）

3. 陶壶（M10∶2）

4. 陶罐（M10∶8）

5. 陶鼎（M10∶4）

6. 陶罐（M10∶10）

M10出土随葬品

彩版六四

1. 陶灶（M10:12）

2. 陶壶（M11:7）

3. 陶灶（M11:1）

4. 陶罐（M11:8）

5. 陶鼎（M11:3）

6. 铜镜（M11:13）

M10、M11出土随葬品

图版一

1. M1

2. M2

M1、M2

图版二

1. 陶罐（M1∶2）
2. 陶壶（M2∶1）
3. 陶罐（M1∶6）
4. 陶猪（M2∶2）
5. 陶灶（M1∶10）
6. 陶罐（M2∶3）

M1、M2出土随葬品

图版三

1. 陶壶（M2∶5）

2. 陶罐（M2∶8）

3. 陶壶（M2∶6）

4. 陶井（M2∶13）

5. 陶罐（M2∶7）

6. 铜镜（M2∶15）

M2出土随葬品

图版四

1. M3

2. M4

M3、M4

图版五

1. 陶壶（M3:2）

2. 陶壶（M4:2）

3. 铜镜（M3:3）

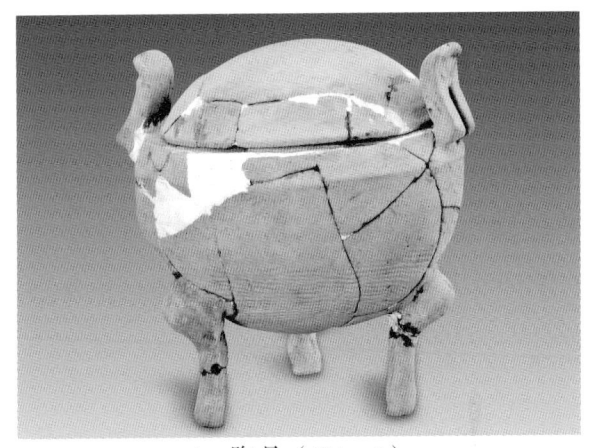

4. 陶鼎（M4:4）

5. 陶盒（M4:1）

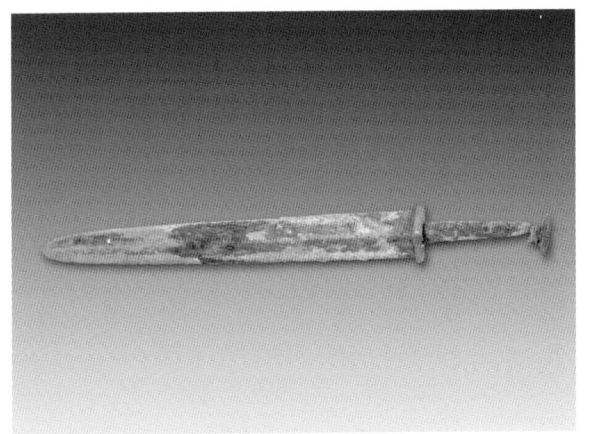

6. 铜剑（M4:5）

M3、M4出土随葬品

图版六

1. M9

2. M10

M9、M10

图版七

1. 料珠（M9：1）

2. 玉剑璏（M10：4）

3. 陶壶（M9：2）

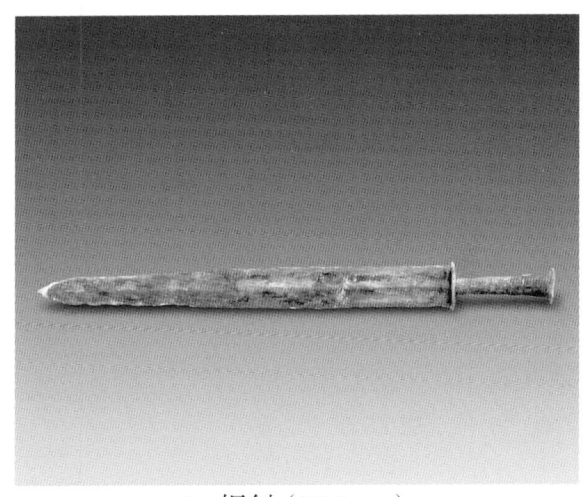

4. 铜剑（M10：4）

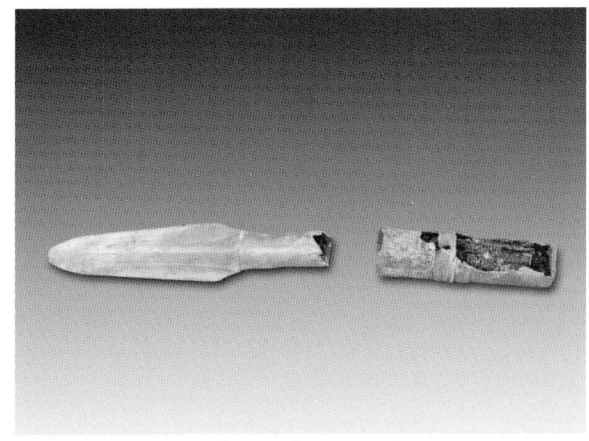

5. 铜矛（M10：1）

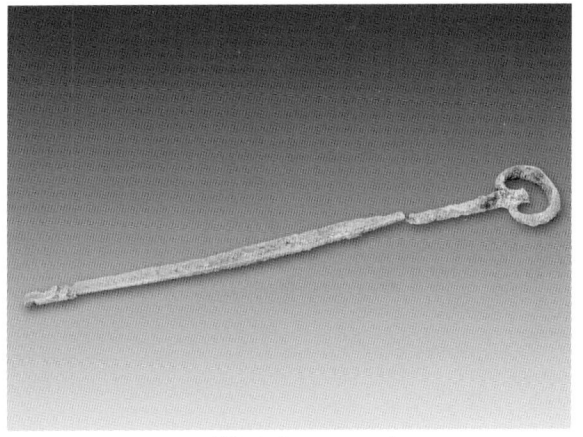

6. 铜刀（M10：5）

M9、M10出土随葬品

图版八

1. 陶盒（M10:7）

2. 陶盒（M10:10）

3. 陶盒（M10:8）

4. 陶罐（M10:11）

5. 陶盒（M10:9）

6. 陶灶（M10:12）

M10出土随葬品

图版九

1. 博山炉（M10:13）
2. 陶壶（M10:16）
3. 陶瓿（M10:14）
4. 陶壶（M10:17）
5. 陶瓿（M10:15）
6. 陶罐（M10:18）

M10出土随葬品

图版一〇

1. M11

2. M12

M11、M12

图版一一

1. 陶壶（M11∶1）

2. 陶壶（M12∶3）

3. 陶罐（M12∶1）

4. 陶壶（M12∶4）

5. 陶罐（M12∶2）

6. 铜镜（M12∶7）

M11、M12出土随葬品

图版一二

1. M15

2. M16

M15、M16

图版一三

1. 铜镜（M15:1）

2. 陶罐（M15:8）

3. 铜镜（M15:2）

4. 铜镜（M16:1）

5. 陶灶（M15:4）

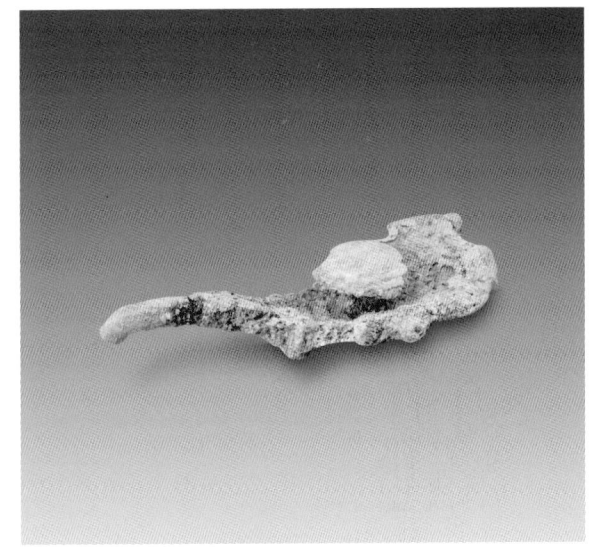
6. 铜带钩（M16:2）

M15、M16出土随葬品

图版一四

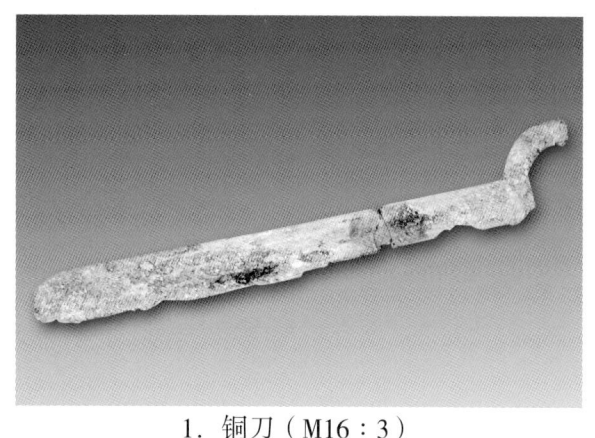
1. 铜刀（M16∶3）

2. 陶罐（M16∶7）

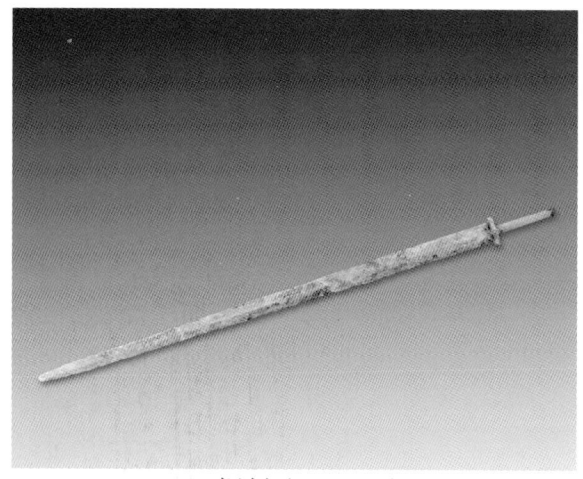
3. 铜剑（M16∶5）

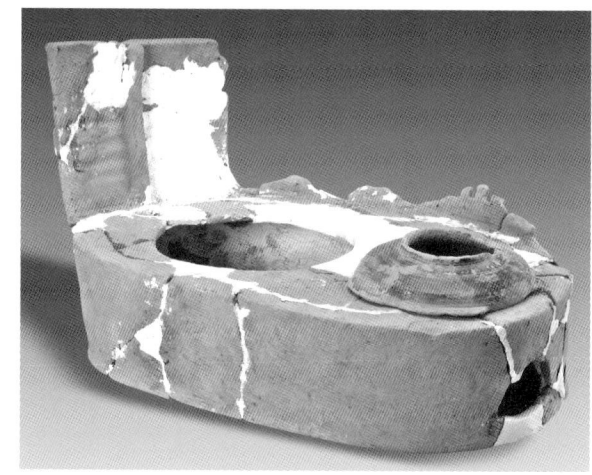
4. 陶灶（M16∶9）

5. 铜镜（M16∶6）

6. 陶井（M16∶10）

M16出土随葬品

图版一五

1. M19

2. M20

M19、M20

图版一六

1. M22

2. M23

M22、M23

图版一七

1. 陶壶（M19:1）

2. 陶壶（M22:1）

3. 陶罐（M19:2）

4. 陶罐（M20:1）

5. 陶罐（M23:1）

M19、M20、M22、M23出土随葬品

图版一八

1. M24

2. M25

M24、M25

图版一九

1. 陶壶（M24∶1）

2. 陶罐（M24∶5）

3. 陶壶（M24∶2）

4. 陶灶（M24∶6）

5. 陶罐（M24∶4）

6. 陶井（M24∶7）

M24出土随葬品

图版二〇

1. 铜镜（M24：10）

2. 陶壶（M25：3）

3. 陶壶（M25：1）

4. 陶鼎（M25：6）

5. 陶罐（M25：2）

6. 陶鼎（M25：7）

M24、M25出土随葬品

图版二一

1. 陶罐（M25∶8）

2. 铜镜（M25∶12）

3. 陶罐（M25∶9）

4. 陶井（M25∶10）

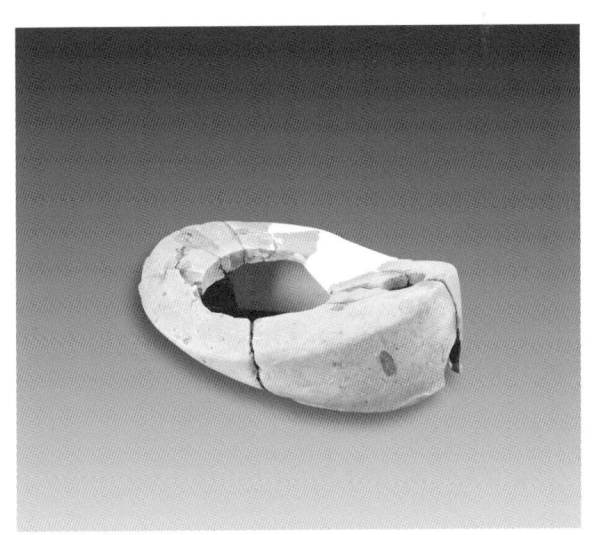
5. 陶灶（M25∶14）

M25出土随葬品

图版二二

1. M30

2. M31

M30、M31

图版二三

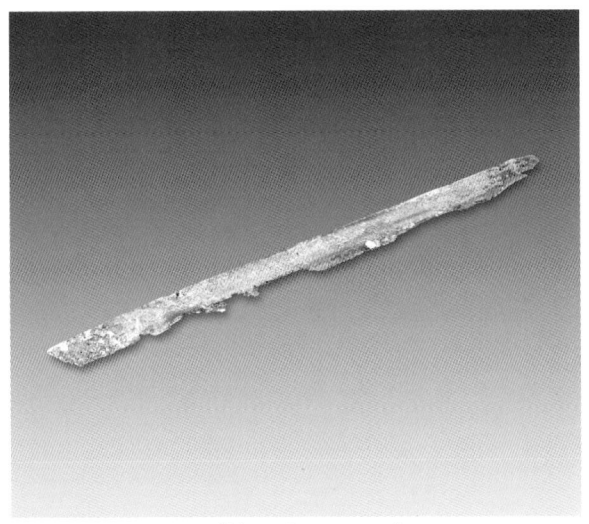

1. 铜刀（M30：1）

2. 陶瓿（M30：6）

3. 铜镜（M30：2）

4. 陶井（汲水罐）（M30：7）

5. 陶猪圈（M30：5）

6. 陶瓿（M30：8）

M30出土随葬品

图版二四

1. 陶灶（M30：9）
2. 陶罐（M31：2）
3. 陶壶（M30：13）
4. 陶罐（M31：3）
5. 陶壶（M31：1）
6. 陶壶（M31：4）

M30、M31出土随葬品

1. M32

2. M33

M32、M33

图版二六

1. 铜印章（M32∶1）

2. 铜镜（M33∶1）

3. 铜印章（M32∶1）

4. 陶壶（M33∶2）

5. 陶壶（M32∶3）

6. 陶罐（M33∶3）

M32、M33出土随葬品

图版二七

1. M34

2. M35

3. M36

M34、M35、M36

图版二八

1. 石器（M34:1）
2. 陶罐（M36:6）
3. 铜镜（M35:1）
4. 陶罐（M36:11）
5. 铜镜（M36:1）
6. 陶壶（M36:12）

M34、M35、M36出土随葬品

图版二九

1. M37

2. M38

M37、M38

图版三〇

1. 铜镜（M37:1）
2. 陶壶（M37:6）
3. 铜镜（M37:2）
4. 陶壶（M37:8）
5. 陶壶（M37:4）
6. 陶壶（M37:9）

M37出土随葬品

图版三一

1. 陶灶（M37∶10）

2. 陶罐（M38∶3）

3. 陶猪圈（M37∶12）

4. 陶罐（M38∶4）

5. 铜镜（M38∶1）

6. 陶罐（M38∶5）

M37、M38出土随葬品

图版三二

1. 陶盒（M38：6）

2. 陶井（M38：9）

4. 印章（M38：11）

4. 印章（M38：11）

3. 陶鼎（M38：8）

5. 印章（M38：11）

M38出土随葬品

图版三三

1. M39

2. M40

M39、M40

图版三四

1. 铜镜（M39∶1）

2. 陶罐（M39∶8）

3. 陶壶（M39∶3）

4. 陶灶（M39∶9）

5. 陶罐（M39∶7）

6. 陶灶（M39∶10）

M39出土随葬品

图版三五

1. 陶猪圈（M39：11）

2. 陶壶（M40：1）

3. 陶壶（M39：12）

4. 陶罐（M39：13）

5. 陶壶（M40：2）

M39、M40出土随葬品

图版三六

1. M42

2. M43

M42、M43

图版三七

1. 陶壶（M42∶1）

2. 陶壶（M43∶7）

3. 陶灶（M42∶3）

4. 陶壶（M43∶9）

5. 铜镜（M43∶1）

6. 陶壶（M42∶10）

M42、M43出土随葬品

图版三八

1. M44

2. M45

M44、M45

图版三九

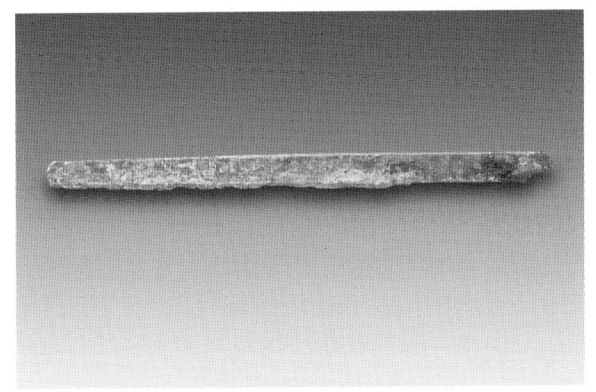

1. 铜刀（M44∶1）

2. 铜镜（M44∶3）

3. 铜剑（M44∶2）

4. 陶灶（M44∶6）

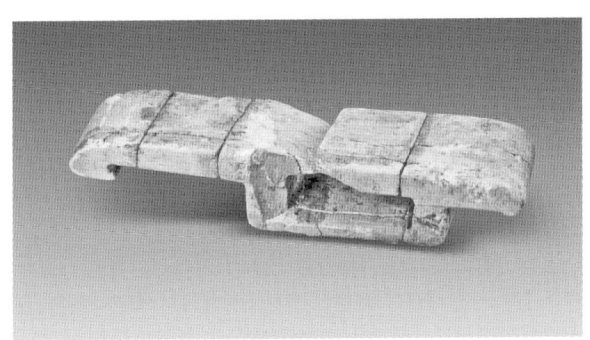

5. 玉剑璏（M44∶2）

6. 陶盒（M44∶8）

M44出土随葬品

图版四〇

1. 陶壶（M44:11）　　2. 陶壶（M44:14）

3. 陶壶（M44:12）　　4. 陶壶（M44:15）

5. 陶壶（M44:13）　　6. 陶罐（M44:16）

M44出土随葬品

图版四一

1. 陶罐（M44：17）

2. 铜剑（M45：1）

3. 铜矛（M44：19）

4. 铜镜（M45：2）

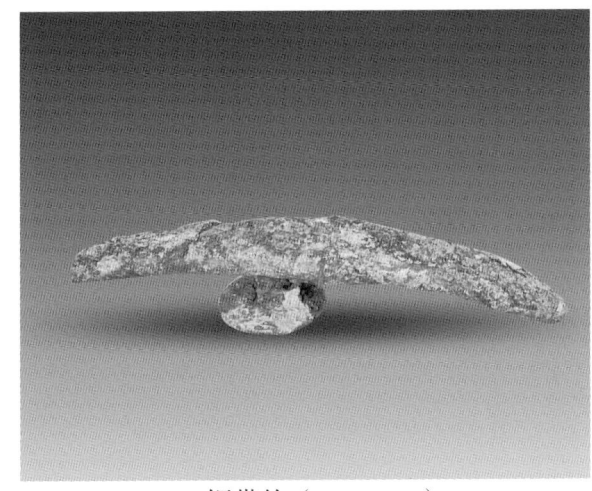

5. 铜带钩（M44：20）

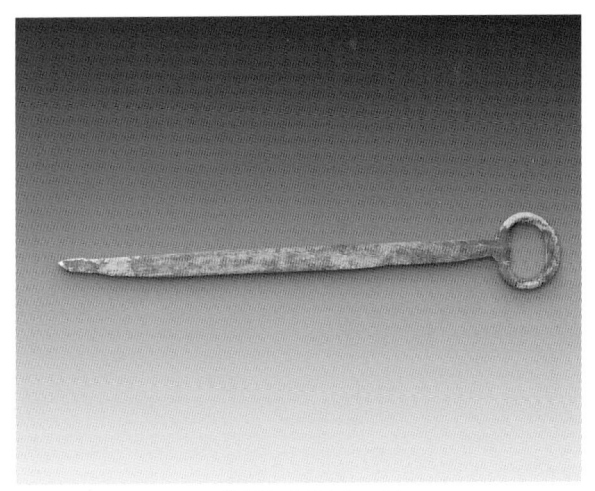

6. 铜刀（M45：4）

M44、M45出土随葬品

图版四二

1. 陶壶（M45∶5）

2. 陶壶（M45∶8）

3. 陶瓿（M45∶6）

4. 陶鼎（M45∶9）

5. 陶罐（M45∶7）

6. 陶壶（M45∶12）

M45出土随葬品

1. 陶壶（M45：13）

2. 陶猪圈（M45：17）

3. 陶壶（M45：14）

4. 陶壶（M45：18）

5. 陶壶（M45：16）

6. 陶罐（M45：19）

M45出土随葬品

图版四四

1. M46

2. M47

M46、M47

图版四五

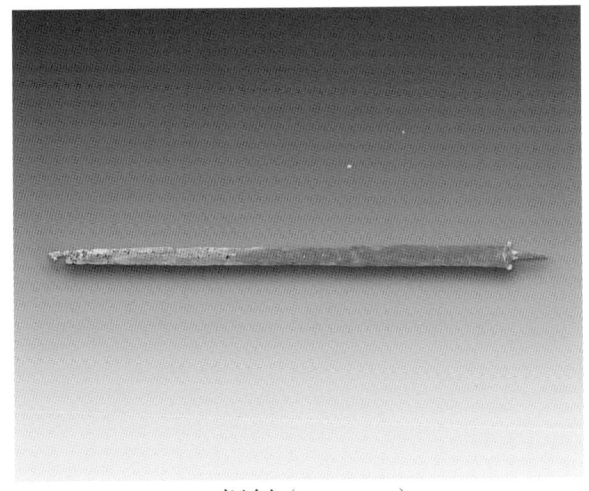

1. 铜剑（M46∶1）

2. 陶壶（M46∶5）

3. 铜镜（M46∶2）

4. 陶罐（M46∶6）

5. 铜镜（M46∶3）

6. 陶罐（M46∶8）

M46出土随葬品

图版四六

1. 陶罐（M46:9）　　2. 陶器底（M46:15）

3. 陶壶（M46:10）　　4. 铜镜（M47:1）

5. 陶壶（M46:11）　　6. 陶罐（M47:3）

M46、M47出土随葬品

图版四七

1. 陶罐（M47：4）

2. 陶罐（M47：7）

3. 陶壶（M47：5）

4. 陶壶（M47：8）

5. 陶罐（M47：6）

6. 陶壶（M47：9）

M47出土随葬品

图版四八

1. M48

2. M49

M48、M49

图版四九

1. 铜剑（M48∶1）

2. 陶壶（M48∶5）

3. 铜镜（M48∶2）

4. 陶壶（M48∶7）

5. 陶壶（M48∶3）

6. 铜镜（M49∶1）

M48、M49出土随葬品

图版五〇

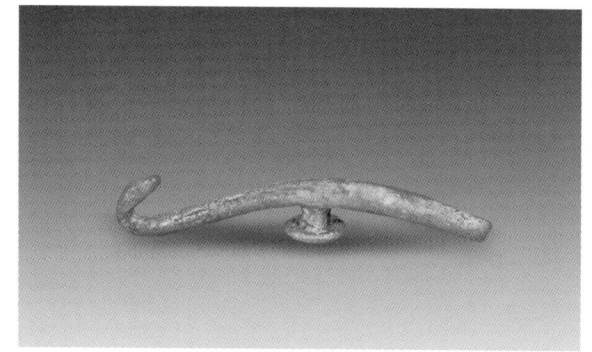

1. 铜带钩（M49∶2）

2. 陶汲水罐（M49∶6）

3. 陶壶（M49∶4）

4. 陶罐（M49∶8）

5. 陶壶（M49∶5）

6. 陶罐（M49∶10）

M49出土随葬品

1. M50

2. M51

M50、M51

图版五二

1. 铜镜（M50：1）

2. 陶罐（M50：6）

3. 陶盒（M50：3）

4. 陶灶（M50：9）

5. 陶釜（M50：4）

6. 陶鼎（M50：10）

M50出土随葬品

图版五三

1. 铜镜（M51∶1）

2. 陶鼎（M51∶9）

3. 陶灶（M51∶4）

4. 陶罐（M51∶10）

5. 陶井（M51∶5）

6. 陶猪圈（M51∶12）

M51出土随葬品

图版五四

1. M52

2. M53

M52、M53

图版五五

1. 陶壶（M52:2）
2. 陶罐（M53:4）
3. 陶壶（M53:2）
4. 陶盒（M53:5）
5. 陶罐（M53:3）
6. 陶罐（M53:7）

M52、M53出土随葬品

图版五六

1. M54

2. M55

M54、M55

图版五七

1. 陶壶（M54∶1）

2. 铜镜（M55∶1）

3. 陶壶（M54∶5）

4. 铜镜（M55∶2）

5. 陶鼎（M54∶8）

6. 陶壶（M55∶4）

M54、M55出土随葬品

图版五八

1. M56

2. M57

M56、M57

图版五九

1. 陶罐（M56∶2）

2. 陶鼎（M57∶9）

3. 陶灶（M56∶3）

4. 陶鼎（M57∶12）

5. 陶罐（M56∶5）

6. 铜镜（M57∶13）

M56、M57出土随葬品

图版六〇

1. M65

2. M66

M65、M66

图版六一

1. 铜环（M65：1）

2. 铜镜（M66：1）

3. 陶罐（M65：3）

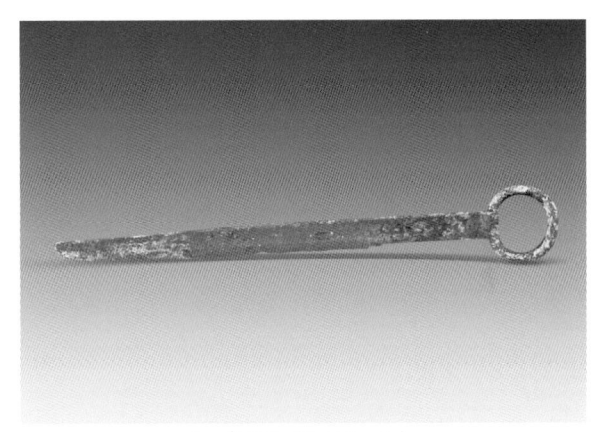

4. 铜刀（M66：2）

5. 陶瓿（M65：4）

6. 陶壶（M66：5）

M65、M66出土随葬品

图版六二

1. 铜印章（M66：4）

2. 陶壶（M66：7）

3. 铜印章（M66：4）

4. 陶瓿（M66：8）

5. 陶壶（M66：6）

6. 陶罐（M66：10）

M66出土随葬品

图版六三

1. M71

2. M72

3. M73

M71、M72、M73

图版六四

1. 陶壶（M71∶1）

2. 铜镜（M73∶1）

3. 陶罐（M72∶1）

4. 陶壶（M73∶3）

5. 陶壶（M72∶2）

6. 陶猪圈（M73∶4）

M71、M72、M73出土随葬品

图版六五

1. 陶罐（M73：5）

2. 陶罐（M73：9）

3. 陶壶（M73：7）

4. 陶壶（M73：10）

5. 陶壶（M73：8）

6. 陶壶（M73：11）

M73出土随葬品

图版六六

1. M78

2. M79

M78、M79

图版六七

1. 铜剑（M78∶1）

2. 铜洗（M78∶6）

3. 铜镜（M78∶2）

4. 陶罐（M78∶8）

5. 铜刀（M78∶4）

6. 陶壶（M78∶10）

M78出土随葬品

图版六八

1. 陶罐（M78：11）

2. 铜镜（M79：3）

3. 陶罐（M78：14）

4. 铜刀（M79：4）

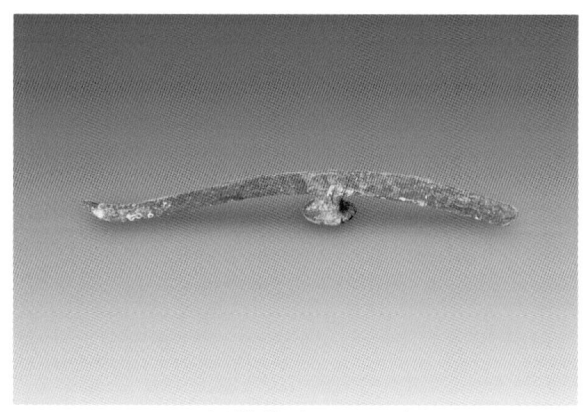

5. 铜带钩（M79：1）

6. 铜镜（M79：5）

M78、M79出土随葬品

图版六九

1. M80

2. M81

M80、M81

图版七〇

1. 陶盒（M80∶5）

2. 铜镜（M81∶2）

3. 陶盒（M80∶6）

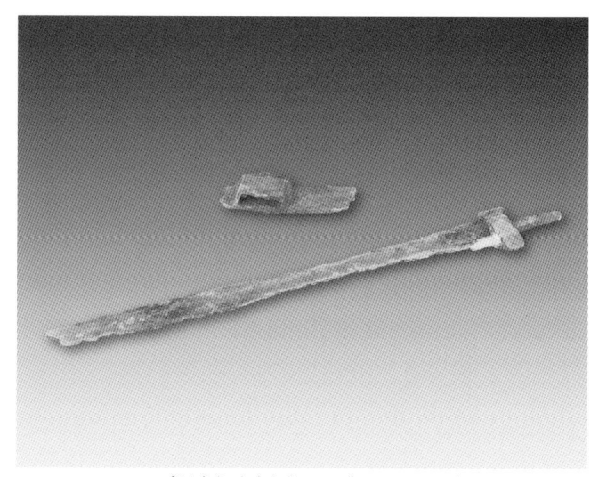

4. 铜剑（剑璏）（M81∶3）

5. 陶盒（M80∶8）

6. 陶瓿（M81∶6）

M80、M81出土随葬品

图版七一

1. M82

2. M83

M82、M83

图版七二

1. 陶壶（M82:2）

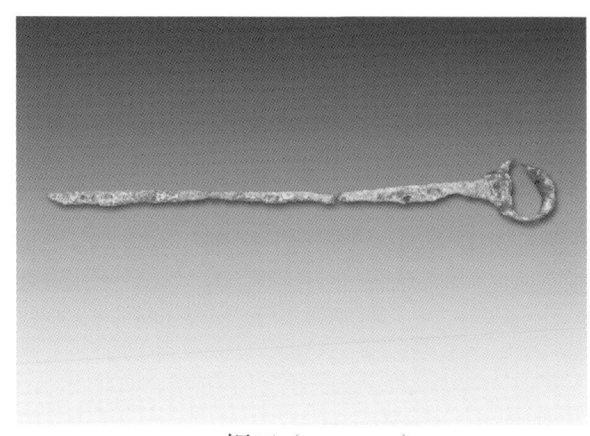
2. 铜刀（M83:2）

3. 陶灶（M82:4）

4. 陶壶（M83:3）

5. 陶罐（M82:8）

6. 陶壶（M83:4）

M82、M83出土随葬品

图版七三

1. 陶盒（M83：6）

2. 陶盒（M83：10）

3. 陶罐（M83：11）

4. 陶盒（M83：12）

5. 陶壶（M83：8）

6. 陶盒（M83：13）

M83出土随葬品

图版七四

1. M84

2. M85

M84、M85

图版七五

1. 陶壶（M84∶3）
2. 陶盒（M84∶6）
3. 陶盒（M84∶4）
4. 陶盒（M84∶7）
5. 陶罐（M84∶5）
6. 陶壶（M84∶8）

M84出土随葬品

图版七六

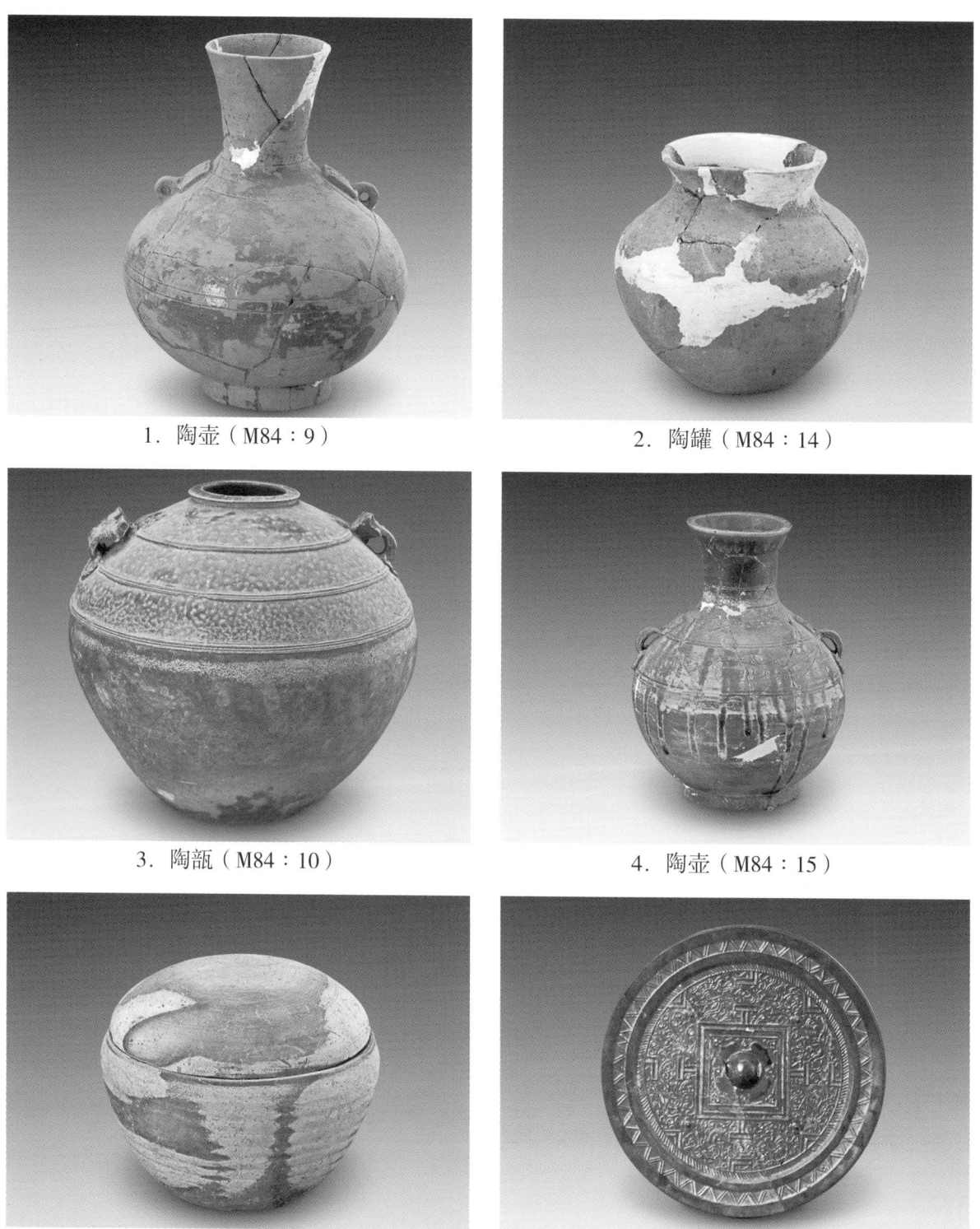

1. 陶壶（M84：9）
2. 陶罐（M84：14）
3. 陶瓿（M84：10）
4. 陶壶（M84：15）
5. 陶盒（M84：13）
6. 铜镜（M85：1）

M84、M85出土随葬品

图版七七

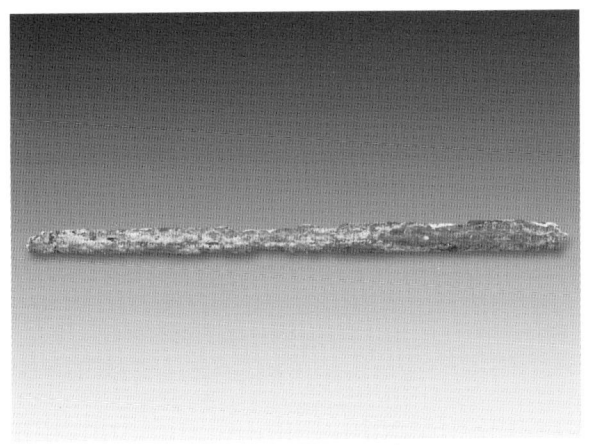

1. 铜剑（M85∶2）

2. 陶壶（M85∶6）

3. 陶壶（M85∶4）

4. 陶壶（M85∶5）

5. 陶壶（M85∶8）

M85出土随葬品

图版七八

1. M86、M87

2. M86

3. M87

M86、M87

图版七九

1. 铜镜（M86∶1）

2. 陶壶（M86∶5）

3. 铜镜（M86∶2）

4. 陶罐（M86∶6）

5. 陶壶（M86∶4）

6. 陶井（M86∶7）

M86出土随葬品

图版八〇

1. 陶灶（M86:8）

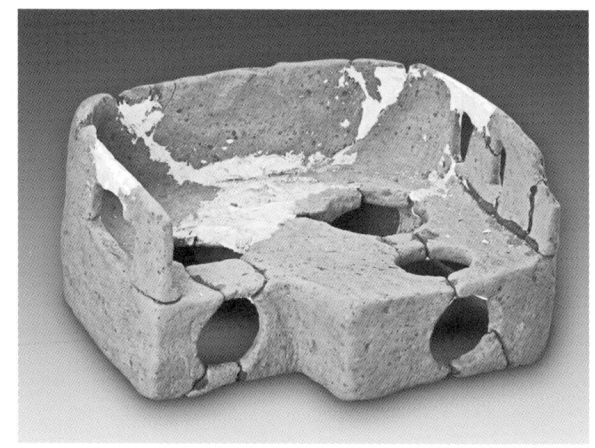

2. 陶灶（M87:9）

3. 铜剑（M87:1）

4. 铜镜（M87:2）

5. 陶猪圈（M87:10）

M86、M87出土随葬品

1. M88

2. M89

M88、M89

图版八二

1. 铜镜（M88∶1）

2. 陶罐（M88∶5）

3. 铜带钩（M88∶2）

4. 陶罐（M88∶6）

5. 陶壶（M88∶4）

6. 陶井（M88∶9）

M88出土随葬品

图版八三

1. 陶灶（M88：10）

2. 陶瓿（M89：5）

3. 铜镜（M89：1）

4. 陶壶（M89：6）

5. 陶瓿（M89：4）

6. 陶壶（M89：7）

M88、M89出土随葬品

图版八四

1. 陶盒（M89：9）

2. 陶盒（M89：12）

3. 陶盒（M89：10）

4. 陶井（M89：13）

5. 陶壶（M89：11）

6. 陶灶（M89：14）

M89出土随葬品

图版八五

1. M90、M91

2. M90

3. M91

M90、M91

图版八六

1. 玉璧（M90∶1）

2. 陶罐（M90∶5）

3. 陶罐（M90∶3）

4. 陶罐（M90∶6）

5. 陶罐（M90∶4）

6. 陶灶（M90∶7）

M90出土随葬品

图版八七

1. 铜镜（M91∶3）   2. 陶盒（M91∶8）
3. 陶壶（M91∶6）   4. 陶盒（M91∶9）
5. 陶壶（M91∶7）   6. 陶瓿（M91∶17）

M91出土随葬品

图版八八

1. M92

2. M93

M92、M93

图版八九

1. 陶盒（M92∶2）

2. 陶盒（M92∶8）

3. 陶罐（M92∶5）

4. 陶罐（M92∶9）

5. 陶盒（M92∶7）

6. 陶灶（M93∶3）

M92、M93出土随葬品

图版九〇

1. M94

2. M95

M94、M95

图版九一

1. 铜镜（M94∶1）

2. 陶盒（M94∶4）

3. 陶瓿（M94∶2）

4. 陶壶（M94∶6）

5. 陶瓿（M94∶3）

6. 陶盒（M94∶7）

M94出土随葬品

图版九二

1. 陶罐（M94∶8）

2. 陶盒（M94∶12）

3. 陶盒（M94∶13）

4. 陶壶（M94∶9）

5. 陶壶（M94∶14）

M94出土随葬品

图版九三

1. 陶罐（M94：15）

2. 陶壶（M95：3）

3. 陶盒（M94：17）

4. 陶壶（M95：2）

5. 陶灶（M95：6）

M94、M95出土随葬品

1. M96

2. M97

M96、M97

图版九五

1. 铜镜（M96：1）

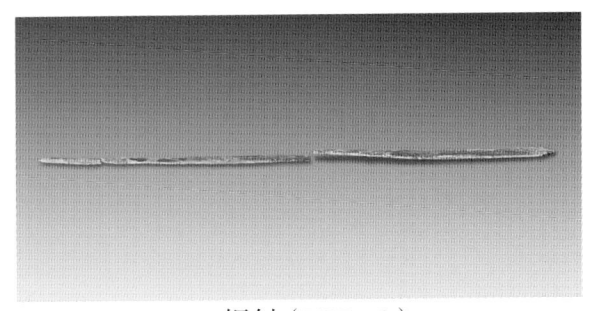

2. 铜剑（M97：2）

3. 陶壶（M96：4）

4. 陶瓿（M97：4）

5. 陶罐（M96：5）

6. 陶熏炉（M97：5）

M96、M97出土随葬品

图版九六

1. 陶鼎（M97∶6）

2. 陶壶（M97∶8）

3. 陶罐（M97∶10）

4. 陶壶（M97∶7）

5. 陶壶（M97∶11）

M97出土随葬品

图版九七

1. M98

2. M99

M98、M99

图版九八

1. 铜镜（M98：1）

2. 陶罐（M98：7）

3. 陶壶（M98：3）

4. 陶灶（M98：5）

5. 陶壶（M99：1）

M98、M99出土随葬品

1. M100

2. M101

M100、M101

图版一〇〇

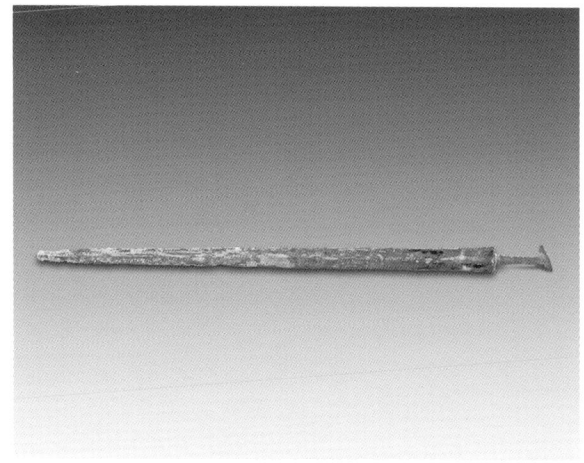

1. 铜剑（M100∶1）

2. 铜镜（M100∶4）

3. 铜镜（M100∶2）

4. 陶罐（M100∶5）

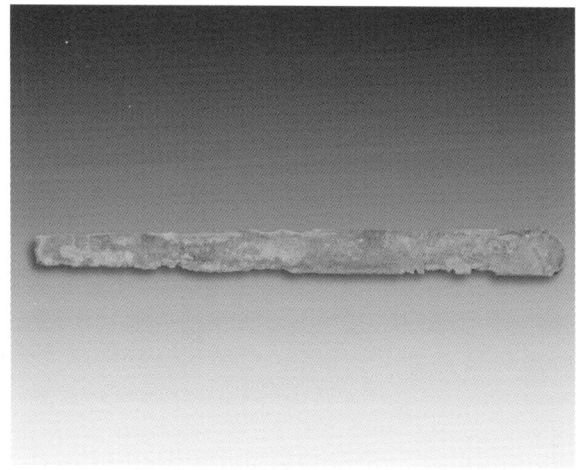

5. 铜刀（M100∶3）

6. 陶瓿（M100∶6）

M100出土随葬品

图版一〇一

1. 陶罐（M100：8）

2. 铜镜（M101：1）

3. 陶瓿（M100：9）

4. 陶罐（M100：10）

5. 陶壶（M101：2）

M100、M101出土随葬品

图版一〇二

1. 陶壶（M101∶3）

2. 陶盒（M101∶7）

3. 陶罐（M101∶4）

4. 陶盒（M101∶8）

5. 陶罐（M101∶5）

6. 陶鼎（M101∶9）

M101出土随葬品

1. M102

2. M104

M102、M104

图版一〇四

1. 铜镜（M102∶1）

2. 陶壶（M102∶8）

3. 陶壶（M102∶5）

4. 陶罐（M102∶10）

5. 陶罐（M102∶7）

6. 陶瓿（M102∶11）

M102出土随葬品

1. 陶鼎（M102∶13）

2. 陶壶（M104∶4）

3. 铜镜（M104∶1）

4. 陶罐（M104∶5）

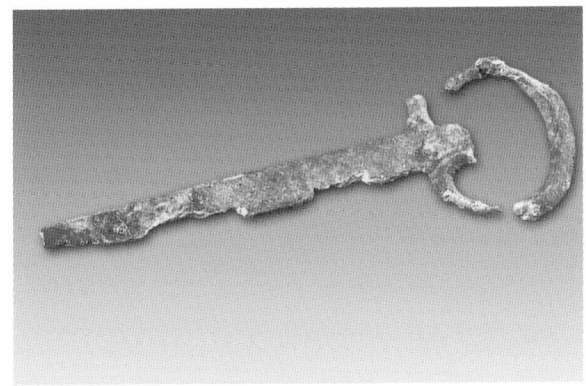

5. 铜刀（M104∶2）

6. 陶盒（M104∶9）

M102、M104出土随葬品

图版一〇六

1. M105

2. M106

M105、M106

图版一〇七

1. 陶罐（M105：1）
2. 陶盒（M106：4）
3. 陶瓿（M106：1）
4. 陶鼎（M106：5）
5. 陶壶（M106：3）
6. 陶鼎（M106：6）

M105、M106出土随葬品

图版一〇八

1. M107

2. M108

M107、M108

图版一〇九

1. 铜剑（M107：1）

2. 陶盒（M107：5）

3. 铜镜（M107：2）

4. 陶壶（M107：6）

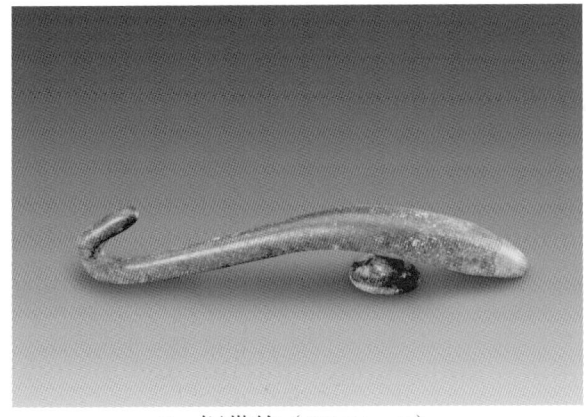
5. 铜带钩（M107：3）

6. 陶壶（M107：7）

M107出土随葬品

图版一一〇

1. 陶盒（M107:8）
2. 陶盒（M107:12）
3. 陶壶（M107:10）
4. 陶井（M107:13）
5. 陶壶（M107:11）
6. 陶灶（M107:14）

M107出土随葬品

图版一一一

1. 陶壶（M108：1）

2. 陶瓿（M108：3）

3. 陶鼎（M108：12）

4. 铜镜（M108：4）

5. 陶罐（M108：2）

6. 陶壶（M108：7）

M108出土随葬品

图版一一二

1. 陶壶（M108：8）

2. 陶壶（M108：11）

3. 陶壶（M108：9）

4. 陶盒（M108：13）

5. 陶壶（M108：10）

6. 陶灶（M108：14）

M108出土随葬品

图版一一三

1. M109

2. M110

M109、M110

图版一一四

1. 铜镜（M109：1）

2. 陶壶（M109：6）

3. 陶壶（M109：7）

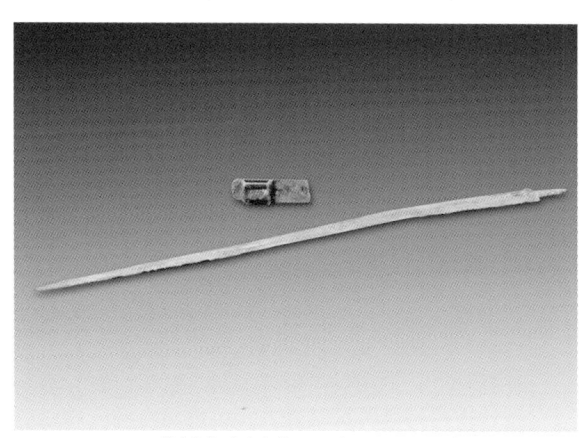

4. 铜剑（剑璏）（M109：3）

5. 陶罐（M109：9）

M109出土随葬品

图版一一五

1. 陶猪圈（M109:11）

2. 陶井（M110:7）

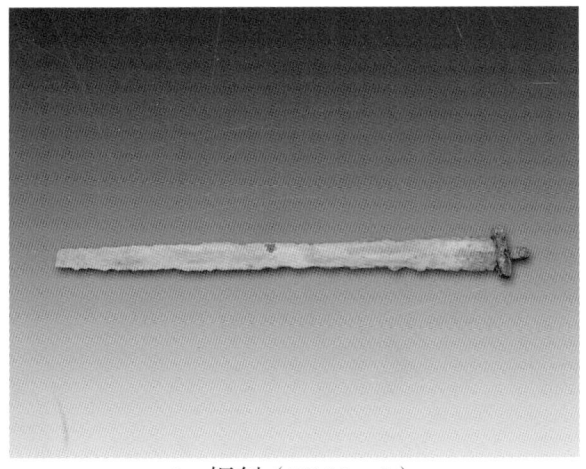
3. 铜剑（M110:1）

4. 陶罐（M110:8）

5. 陶壶（M110:3）

6. 陶壶（M110:9）

M110出土随葬品

图版一一六

1. M111

2. M112

M111、M112

图版一一七

1. 陶壶（M111∶1）

2. 陶灶（M111∶4）

3. 陶盒（M111∶2）

4. 陶罐（M111∶5）

5. 陶罐（M111∶3）

6. 铜镜（M111∶6）

M111出土随葬品

图版一一八

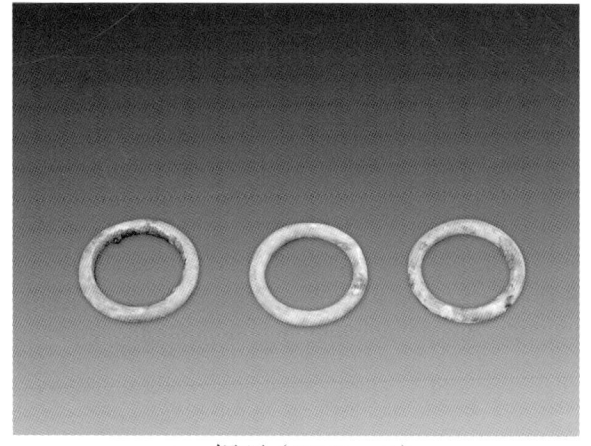

1. 铜环（M111∶7）

2. 陶壶（M112∶1）

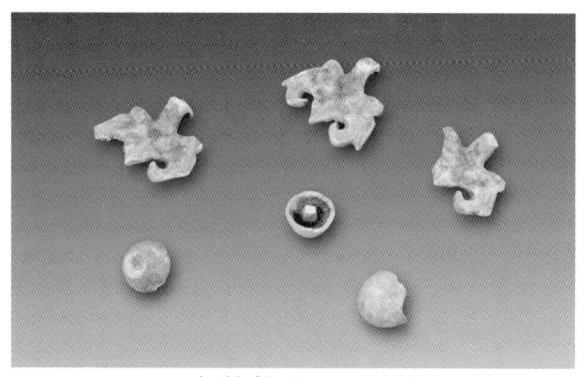

3. 铜饰件（M111∶8）

4. 陶釜（M112∶2）

5. 陶罐（M111∶9）

6. 陶罐（M112∶3）

M111、M112出土随葬品

图版一一九

1. M113、M114

2. M113

3. M114

M113、M114

图版一二〇

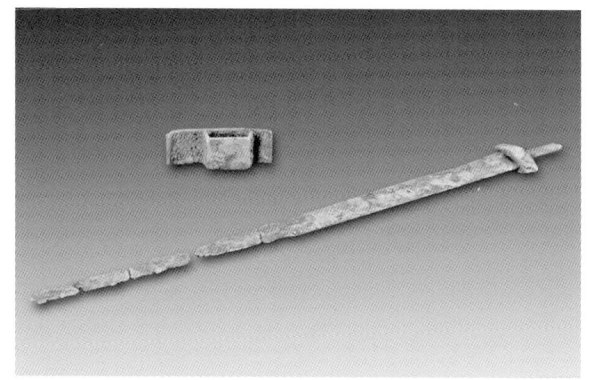

1. 铜剑（剑璏）（M113∶1）

2. 陶罐（M113∶6）

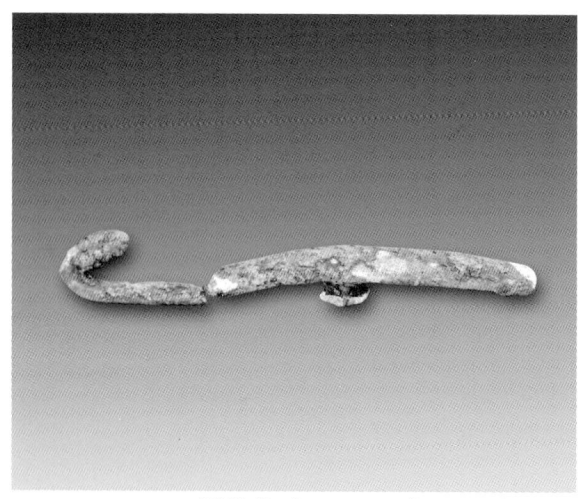

3. 铜带钩（M113∶2）

4. 陶壶（M113∶7）

5. 铜镜（M113∶3）

6. 陶罐（M113∶8）

M113出土随葬品

图版一二一

1. 陶罐（M113∶9）

2. 陶灶（M113∶15）

3. 陶壶（M113∶10）

4. 陶壶（M114∶1）

5. 陶盒（M113∶13）

6. 铜镜（M114∶2）

M113、M114出土随葬品

图版一二二

1. M115

2. M116

M115、M116

图版一二三

1. 铜镜（M115：1）

2. 石器（M115：5）

3. 铜镜（M115：2）

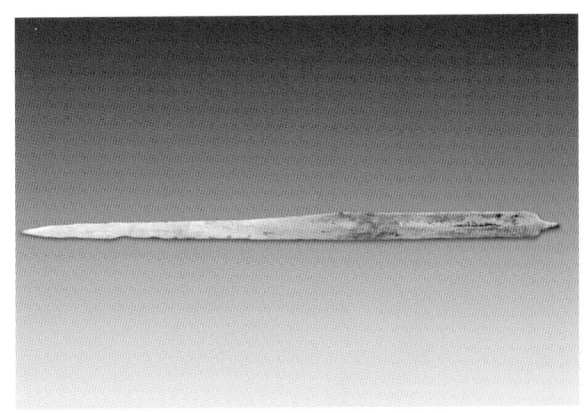

4. 铜剑（M115：6）

5. 陶壶（M115：3）

6. 陶瓿（M115：8）

M115出土随葬品

图版一二四

1. 陶灶（M115：9）
2. 陶罐（M115：4）
3. 陶壶（M115：10）
4. 陶瓿（M115：15）
5. 陶壶（M115：13）
6. 陶罐（M115：16）

M115出土随葬品

1. 陶罐（M115：18）

2. 陶鼎（M115：21）

3. 陶盒（M115：19）

4. 陶灶（M115：22）

5. 陶盒（M115：20）

6. 陶鼎（M115：23）

M115出土随葬品

图版一二六

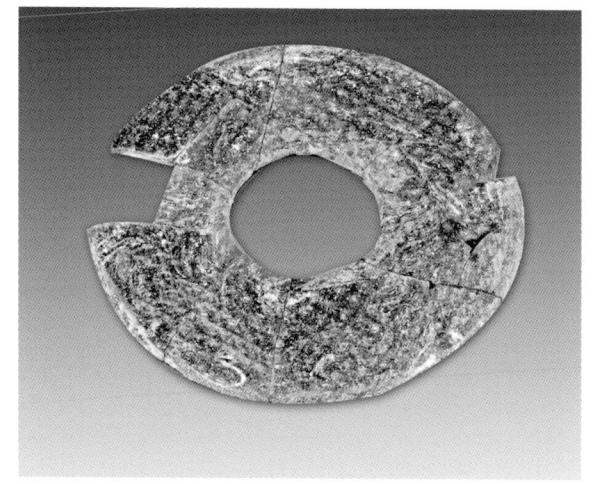
1. 玉璧（M115：25）

2. 陶壶（M115：28）

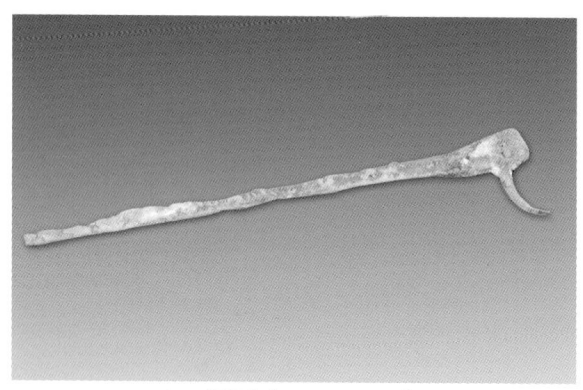
3. 铜刀（M115：26）

4. 铜镜（M116：1）

5. 陶井（M115：27）

6. 铜豆（M116：2）

M116出土随葬品

图版一二七

1. 陶罐（M116：3）

2. 陶灶（M116：8）

3. 陶鼎（M116：5）

4. 陶瓿（M116：9）

5. 陶壶（M116：6）

6. 陶罐（M116：10）

M116出土随葬品

图版一二八

1. M124

2. M125

3. M126

M124、M125、M126

图版一二九

1. 铜镜（M124∶1）

2. 陶壶（M124∶6）

3. 铜珠（M124∶2）

4. 陶壶（M124∶7）

5. 陶壶（M124∶3）

6. 陶罐（M124∶8）

M124出土随葬品

图版一三〇

1. 陶罐（M125∶1）

2. 陶罐（M126∶4）

3. 陶壶（M125∶2）

4. 陶罐（M126∶5）

5. 陶壶（M126∶2）

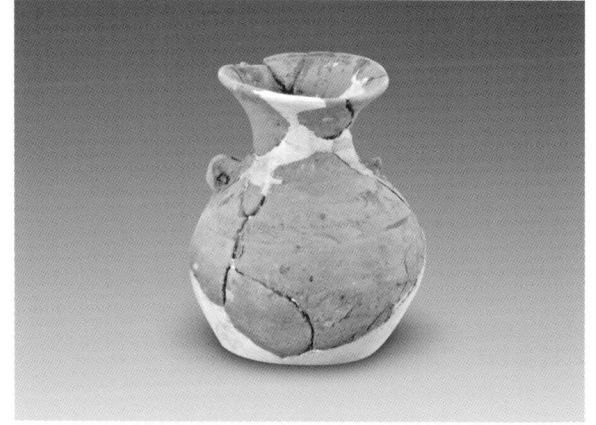
6. 陶壶（M126∶6）

M125、M126出土随葬品

图版一三一

1. M127

2. M128

3. M129

M127、M128、M129

图版一三二

1. 铜镜（M127：2）

2. 陶壶（M129：1）

3. 陶罐（M128：3）

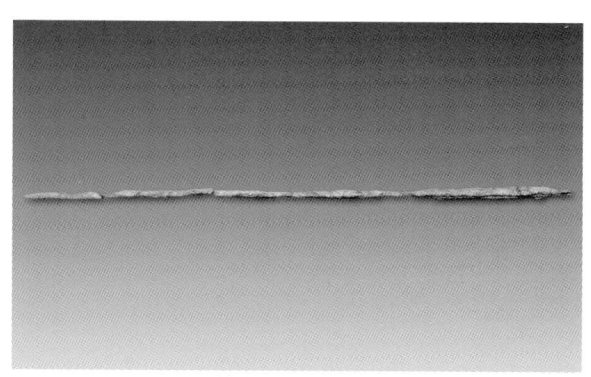

4. 铁剑（M129：2）

5. 陶罐（M128：4）

6. 陶壶（M129：4）

M127、M128、M129出土随葬品

图版一三三

1. M1

2. M2

M1、M2

图版一三四

1. 陶罐（M1:1）
2. 陶罐（M2:3）
3. 陶罐（M2:1）
4. 陶罐（M2:7）
5. 陶罐（M2:2）
6. 陶罐（M2:8）

M1、M2出土随葬品

1. M3

2. M4

M3、M4

图版一三六

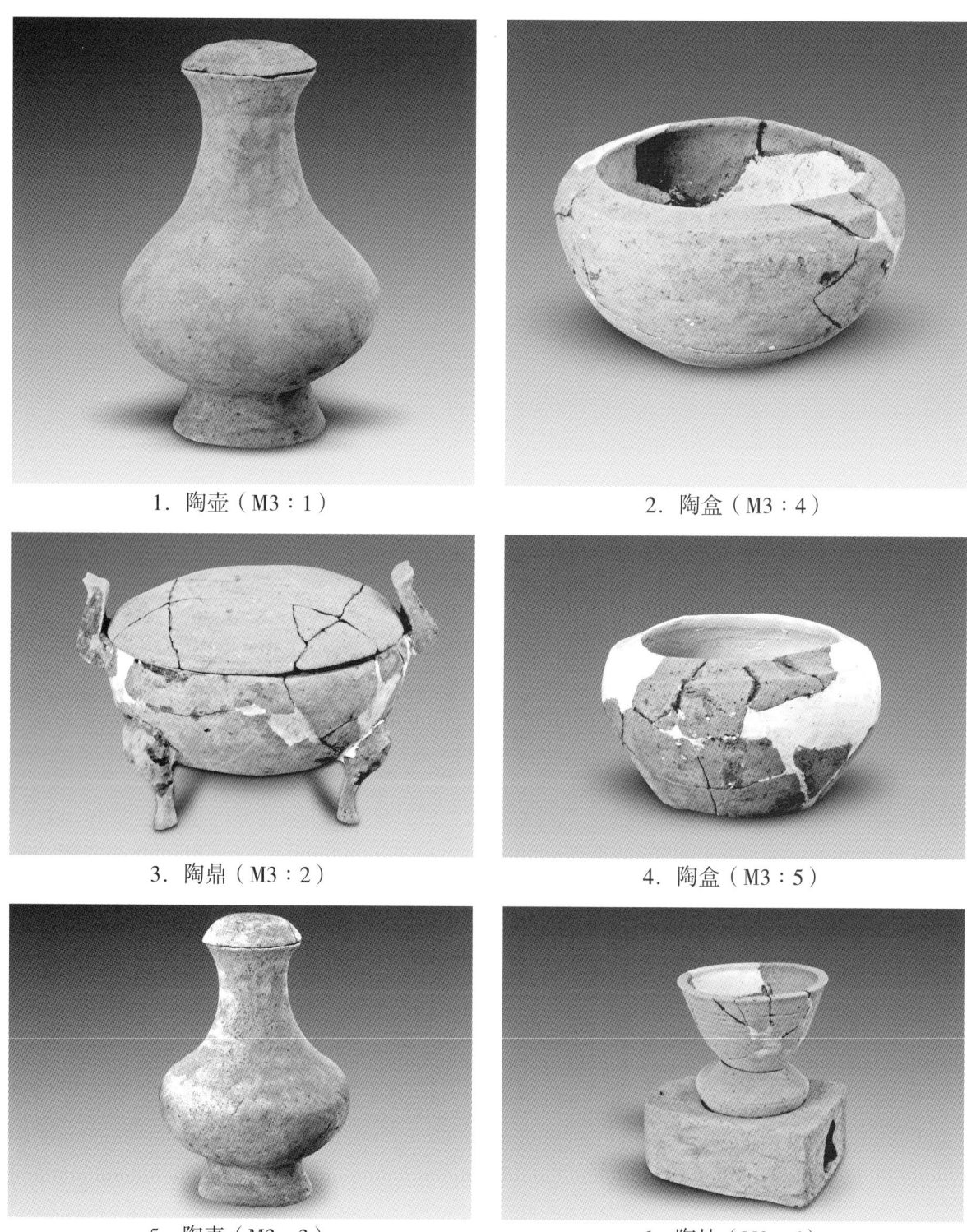

1. 陶壶（M3:1）
2. 陶盒（M3:4）
3. 陶鼎（M3:2）
4. 陶盒（M3:5）
5. 陶壶（M3:3）
6. 陶灶（M3:6）

M3出土随葬品

图版一三七

1. 陶罐（M3:9）

2. 陶鼎（M4:2）

3. 铜镜（M3:11）

4. 陶罐（M4:3）

5. 陶壶（M4:1）

6. 陶盒（M4:4）

M3、M4出土随葬品

图版一三八

1. M5

2. M6

M5、M6

图版一三九

1. 铜镜（M5∶1）

2. 陶罐（M6∶2）

3. 陶灶（M5∶2）

4. 陶罐（M6∶3）

M5、M6出土随葬品